대한민국 No.1 보고서 디자이너 이중구의

보고서 디자인
파워포인트 × 한글 × 한쇼

이중구 지음

BM 성안당

Foreign Copyright:
Joonwon Lee
Address: 127, Yanghwa-ro, Mapo-gu, Chomdan Building 6th floor,
　　　　　Seoul, Korea
Telephone: 82-70-4345-9818
E-mail: jwlee@cyber.co.kr

대한민국 No.1 보고서 디자이너 이중구의
보고서 디자인 파워포인트 × 한글 × 한쇼

2017. 7. 20. 1판 1쇄 인쇄
2017. 7. 28. 1판 1쇄 발행

> 저자와의
> 협의하에
> 검인생략

지은이 | 이중구
펴낸이 | 이종춘
펴낸곳 | BM 주식회사 성안당

주소 | 04032 서울시 마포구 양화로 127 첨단빌딩 5층(출판기획 R&D 센터)
　　　10881 경기도 파주시 문발로 112 출판문화정보산업단지(제작 및 물류)
전화 | 02) 3142-0036
　　　031) 950-6300
팩스 | 031) 955-0510
등록 | 1973. 2. 1. 제406-2005-000046호
출판사 홈페이지 | www.cyber.co.kr
도서 내용 문의 | leejg8552@naver.com
ISBN | 978-89-315-5518-9 (13000)
정가 | 29,000원

이 책을 만든 사람들
책임 | 최옥현
기획·진행 | 앤미디어, 박종훈
본문·표지 디자인 | 앤미디어
홍보 | 박연주
국제부 | 이선민, 조혜란, 김해영, 고운채, 김필호
마케팅 | 구본철, 차정욱, 나진호, 이동후, 강호묵
제작 | 김유석

이 책의 어느 부분도 저작권자나 BM 주식회사 성안당 발행인의 승인 문서 없이 일부 또는 전부를 사진 복사나 디스크 복사 및 기타 정보 재생 시스템을 비롯하여 현재 알려지거나 향후 발명될 어떤 전기적, 기계적 또는 다른 수단을 통해 복사하거나 재생하거나 이용할 수 없음.

■ 도서 A/S 안내

성안당에서 발행하는 모든 도서는 저자와 출판사, 그리고 독자가 함께 만들어 나갑니다.
좋은 책을 펴내기 위해 많은 노력을 기울이고 있습니다. 혹시라도 내용상의 오류나 오탈자 등이 발견되면 "좋은 책은 나라의 보배"로서 우리 모두가 함께 만들어 간다는 마음으로 연락주시기 바랍니다. 수정 보완하여 더 나은 책이 되도록 최선을 다하겠습니다.
성안당은 늘 독자 여러분들의 소중한 의견을 기다리고 있습니다. 좋은 의견을 보내주시는 분께는 성안당 쇼핑몰의 포인트(3,000포인트)를 적립해 드립니다.
잘못 만들어진 책이나 부록 등이 파손된 경우에는 교환해 드립니다.

Preface 머리말

필자는 지난 10년 동안 '프레젠테이션 디자인' 관련 책을 다섯 권 출간하여 10만 명 이상 독자들의 선택을 받았습니다. 최근에 출간한 『파워포인트&프레지 멀티 프레젠테이션』을 비롯하여 『프레젠테이션 디자인 콜렉션 100』, 『프레젠테이션 디자인 클리닉 100』, 『프레젠테이션 디자인 테크닉 100』 시리즈가 그것입니다.

프레젠테이션 디자인 책이 출간될 때마다 다음에는 '보고서 디자인' 책을 써야 한다는 숙제를 가지고 있었는데, 매번 뜻을 이루지 못하다가 이제야 중급자 수준의 『보고서 디자인』 책을 출간할 수 있게 되었습니다.

"프레젠테이션 디자인과 보고서 디자인은 어떻게 다를까요?", '프레젠테이션 및 보고서 디자인 과정'을 진행할 때마다 수강생들에게 질문해 봅니다. 14년 동안 강의를 하면서 이 두 가지를 정확하게 구분하는 수강생은 많지 않았습니다.

한마디로 프레젠테이션 디자인은 '스크린'을 위한 디자인이고, 보고서 디자인은 '프린트'를 위한 디자인이라 생각하면 틀리지 않습니다.

프레젠테이션 디자인은 화려하며, 이미지 중심이고, 멀티미디어와 애니메이션이 가미된 역동성을 가지고 있습니다. 반면 보고서 디자인은 심플하고, 텍스트 중심적이며, 도표, 차트, 사진 등이 조합된 편집(인쇄) 디자인 성격이 강합니다.

자, 그렇다면 현실적으로 '보고서 디자인'의 문제는 무엇일까요? 문제를 정확하게 알게 되면 해결 방법은 50% 이상 찾은 것이나 다름없습니다.

첫째, 프레젠테이션 디자인과 보고서 디자인을 구분 없이 사용하고 있다는 것입니다. 둘은 비슷한 것 같지만 엄밀하게 전혀 다른 용도로 활용됩니다. 때문에 디자인 방식도 다를 수밖에 없는데 실상은 그렇지 않습니다. 구분 없이 작성되고 활용되다 보니 전달 효과는 반감되고 디자인 측면에서도 완성도를 찾기 힘든 것이 사실입니다. 예복과 작업복을 구분하지 않고 입고 다니는 것과 같은 이치입니다.

둘째, 보고서를 작성하고 디자인할 때 쓰이는 툴(프로그램)도 문제입니다. 파워포인트, 엑셀, MS 워드, 한글, 한쇼 등 많은 프로그램이 존재하지만 보고서 용도에 맞게 툴을 적절하게 활용하지 못하고 있습니다. 대부분 어깨 너머로 배운 탓입니다. 실제로 필자가 '파워포인트와 한글을 활용한 보고서 디자인'을 교육하면서 수강생 대부분이 기능의 20%도 모르고 있다는 사실에 놀랐습니다.

셋째, 보고서를 디자인할 때 참고할 만한 책이 없다는 것입니다. 국내에서 '프레젠테이션 디자인' 관련 책은 많아도 '보고서 디자인' 관련 책을 찾기는 매우 힘듭니다. 보고서 디자인이라는 타이틀이 있다 하여도 자세히 살펴보면 프레젠테이션 디자인에 가깝습니다. 시각 디자이너 수준에서 볼 수 있는 편집 디자인 책은 너무 전문적이어서 비즈니스용 보고서 디자인(기획서/제안서)에 참고하기는 맞지 않습니다.

넷째, '보고서 디자인' 경험 부족입니다. 보고서 디자인 유형은 다양합니다. 가로 사이즈, 세로 사이즈가 있으며, 한글로 작성해야 하는 보고서(논문 형식/공공 문서형)와 PPT(전략 보고서/기획서/제안서)로 작성되는 보고서로도 구분할 수 있습니다. 텍스트가 중요한 보고서도 있고, 도해와 도표, 차트 등이 중요한 보고서도 있습니다. 연구 보고서, 컨설팅 보고서, 주주를 위한 보고서 등도 있습니다.

이러한 유형들에 맞춰 완성도 높은 보고서를 만들려면 다양한 디자인 탐색과 경험이 필요합니다. 그러나 대부분 디자인 경험보다는 있는 것을 짜깁기하는 편법으로 그때그때 상황을 해결하려는 측면이 강합니다. 대부분 보고서는 많이 써 봤는데 디자인 내공은 전무합니다. 여행은 많이 했는데 차창 밖에 풍경만 본 것과 같습니다.

이 책의 특징

이 책은 앞에서 거론했던 보고서 디자인의 문제를 해결하기 위해 기획되었습니다. 보고서 디자인을 명확하게 규정하고, 보고서 작성 툴을 효과적으로 활용할 수 있도록 최신 버전의 파워포인트 2016, 한글 NEO, 한쇼 NEO 중상급 테크닉을 다뤘습니다.

또한 보고서를 디자인할 때 참고서로 활용되고, 다양한 보고서 디자인 경험을 할 수 있도록 50가지 예제를 제공하였습니다.

이 책은 디자인이 필요한 보고서와 기획서, 제안서에 초점을 맞췄습니다. 단순하게 공공 문서 형식이나 논문 형식의 보고서를 작성하려면 이 책을 잠시 덮어 두어야 합니다. 그리고 편집 디자인 개념에서 접근하였습니다. 보고서 디자인도 시각 디자인 수준의 레이아웃이 가능하고 신문(잡지) 광고 못지않게 편집 디자인이 가능하다는 것을 보여주려 하였습니다.

한컴오피스 한글과 한쇼로 작성한 보고서도 세련된 편집 디자인이 가능하고 지금보다 훨씬 화려해질 수 있다는 것을 증명하려 하였습니다.

❶ 이론 부분

이 책은 이론 부분을 여섯 가지로 분류하였습니다. '왜 원스톱 플랜테이션이 필요한가?', '최적의 보고서 디자인 도구는 무엇인가?', 'PSG, 보고서 디자인 스타일 가이드'를 통해 최적화된 보고서를 기획하고, 논리적으로 작성한 다음 디자인할 수 있도록 비책을 제시하고 체크해야 할 사항들을 다뤘습니다.

또한 '파워포인트 2016/한쇼 NEO/한글 NEO 10가지 핵심 기능'을 통해 보고서 디자인 초급 수준에서 중급자에 이르기까지 프로그램별로 각각 꼭 알아야 할 기능들을 설명하였습니다.

(이론의 핵심 내용을 간추려 한 시간 가량의 동영상 강좌로 제공합니다.)

❷ 예제 부분

이 책은 50가지 보고서 디자인 레이아웃과 테크닉(중급~중상급 수준)을 제시하였습니다. 구체적으로 살펴보면 파워포인트 보고서 예제 25개와 한글 보고서 예제 25개입니다. 파워포인트 보고서 예제 25개는 파워포인트 2016 버전으로 최적의 보고서 디자인 테크닉을 습득할 수 있도록 하였고, 한글 보고서 예제 25개는 한쇼 NEO+한글 NEO를 연계한 최상급 편집디자인 테크닉을 제시하였습니다.

- 이 책에 수록된 예제 50개는 아트컴피티 아카데미(http://cafe.naver.com/artcomptacademy)에 접속하여 질문하면 바로 답변할 수 있도록 '직통 라인'을 개설하였습니다. 독자에게 제공한 답변 중에 이해가 어려운 부분은 '동영상'으로 제작하여 상세하게 설명할 예정입니다.
- 50개 예제 디자인에 적용된 한글 폰트는 대부분 네이버 '나눔 글꼴'을 적용하였기 때문에 반드시 '나눔 글꼴'을 설치해야 합니다.

결론적으로 "보고서는 내용이 중요할까요? 디자인이 중요할까요?", 당연하지만 내용이 중요합니다. 거화취실(去華就實)이라는 말이 있습니다. 겉으로 드러나는 화려함보다 내실을 취해야 한다는 말입니다. 그러나 내용이 튼실하게 구성되었다면 이제부터는 디자인입니다. 이왕이면 다홍치마죠. 문제는 디자인이 쉽지 않다는 것입니다. 이 책은 분명 디자인 문제를 어느 정도 해결해 줄 것입니다. 이 책에 수록된 '보고서 디자인 예제 50개'를 따라하면서 스스로 단련하다 보면 착착 디자인 내공이 다져질 것입니다. 디자인 내공은 이제까지 경험하지 못했던 완성도를 맛보게 해 줄 것입니다. 보고서가 문서 수준을 넘어 작품이 될 수 있는 그 날까지 독자 여러분과 함께 하겠습니다.

고마운 분들

책은 절대 혼자 만들 수 없다는 것을 매번 배우게 됩니다. 인내심을 갖고 기다려 주신 성안당의 최옥현 상무님과 박종훈 부장님께 우선 감사드립니다. 이 책이 나올 때까지 절대적으로 힘이 되어 주신 앤미디어의 김남권 실장님, 그리고 정성을 다해 책을 만들어 주신 김지은 님께 감사드립니다. 사랑하는 아내와 너무도 소중한 큰 딸 지영과 작은 딸 지원에게 고마운 마음을 전합니다. 마지막으로 디자인과 글 쓰는 재능을 주시고 이 책이 나올 때까지 크나 큰 성원을 아끼지 않으신 대전에서 투병 중인 어머니께 이 책을 바칩니다.

이중구

Guide 부록 사용하기

이 책은 예제 및 완성 파일과 동영상 강좌를 부록으로 제공하며, 부록은 성안당 홈페이지(http://www.cyber.co.kr/)에서 다운로드할 수 있습니다.

성안당 홈페이지에서 다운로드할 때 '회원가입'을 클릭하여 회원으로 가입한 다음 로그인하고 메인 화면에서 '자료실'을 클릭하세요. [부록CD] 탭을 클릭하고 검색 창에 '보고서 디자인'을 입력한 다음 〈검색〉 버튼을 클릭하면 예제 파일 및 완성 파일이 검색됩니다.

검색된 목록을 클릭하고 〈자료 다운로드 바로가기〉 버튼을 클릭하여 예제 및 완성 파일을 다운로드한 다음 찾기 쉬운 위치에 압축을 풀어 사용하세요.

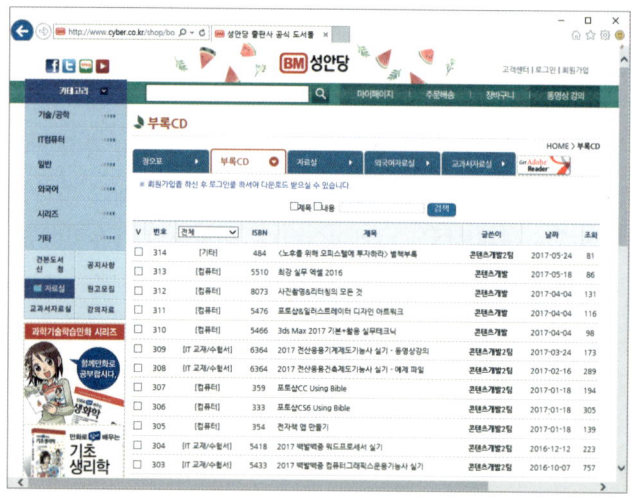

- **예제 파일** : 50개 예제 파일 = 파워포인트 2016(*.PPTX) 예제 25개, 한글 NEO(*.HWP) 예제 25개
  ※ 특정 예제를 따라 하기 전에 예제 파일을 열어 전체적으로 작업한 내용을 리뷰하면 좋습니다. (반드시 '나눔 글꼴' 중 해당 폰트를 설치해야 제공한 디자인을 온전하게 볼 수 있습니다.)

- **4컬러 파일** : 50개 예제 × 4컬러(50개 예제별 4컬러 제공)
  ※ 4컬러를 원본 파일로 제공하였기 때문에 일부 원하는 색상으로 변경하여 활용할 수 있습니다.

- **단계별 따라 하기 파일** : 8단계에서 24단계로 나눠진 파워포인트(*.PPTX)와 한쇼(*.SHOW) 파일
  ※ 따라 하기 중 막히는 단계가 생길 때 원본 파일로 제공되었기 때문에 열어보면 도움이 됩니다.

- **이미지 소스** : 50개 예제별 따라 하기에 필요한 이미지(사진) 파일 및 PNG, EMF 파일
  ※ 이미지 소스는 따라 하기뿐만 아니라 실전 보고서 디자인에 활용해도 좋습니다.

- **동영상 강좌** : 이론 강좌 제공
  ※ 보고서 작성을 위한 '원스톱 플랜테이션', '최적의 보고서 디자인 도구' 등의 이론을 동영상 강좌로 제공합니다.

Preview 미리 보기

이론 보고서 작성과 디자인의 이해

'왜 원스톱 플랜테이션이 필요한가?', '최적의 보고서 디자인 도구는 무엇인가?', 'PSG, 보고서 디자인 스타일 가이드'를 통해 보고서 작성에 필요한 상식과 디자인 개념을 다뤘습니다.

파워포인트 2016/한쇼 NEO/한글 NEO 핵심 기능
초급 수준에서 중급자에 이르기까지 프로그램별로 각각 꼭 알아야 할 기능들을 설명하였습니다.

실습 예제 50 각 예제별 디자인 개요와 디자인 포인트 제시

50개 예제별로 디자인 개요와 디자인 포인트를 통하여 단순하게 테크닉을 습득하는 수준을 넘어 디자인 관점에서 예제를 풀어 나갈 수 있도록 기획하였습니다.

예제별 인터넷 URL 제공
예제별 디자인은 '아트컴피티 아카데미' 카페에 접속하여 화면으로 크게 볼 수 있으며, 궁금한 부분을 스마트폰이나 PC를 통해 질문하고 즉답을 통해 해결할 수 있도록 하였습니다.

4컬러 베리에이션 제시
실전에 참고할 수 있도록 50개 예제별로 네 가지 컬러를 제시하였습니다.

Tip & Tech 제공
숨은 기능뿐만 아니라 디자이너 관점에서 크고 작은 조언들을 제시하였습니다.

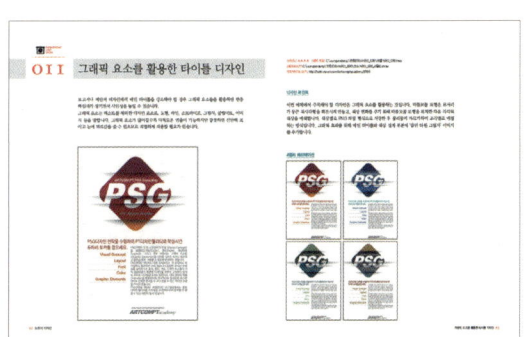
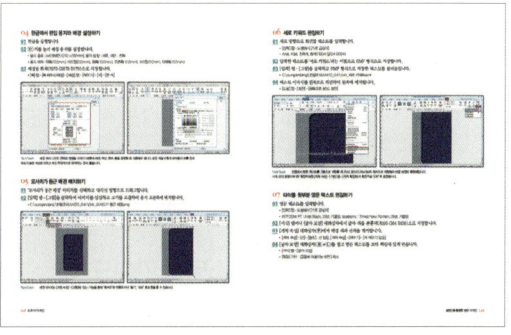

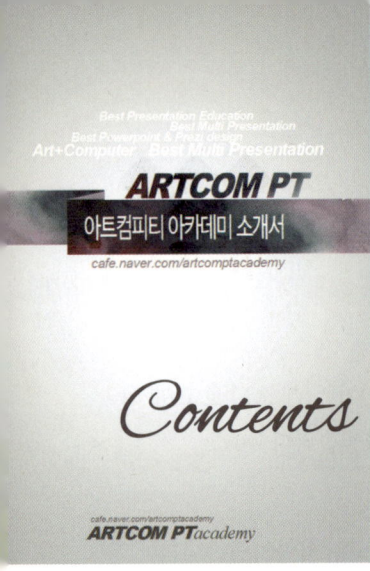
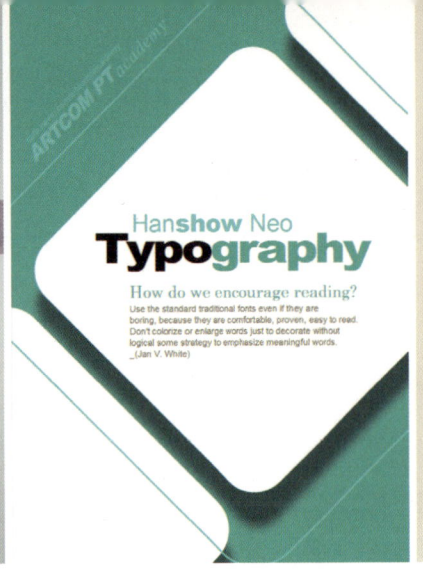
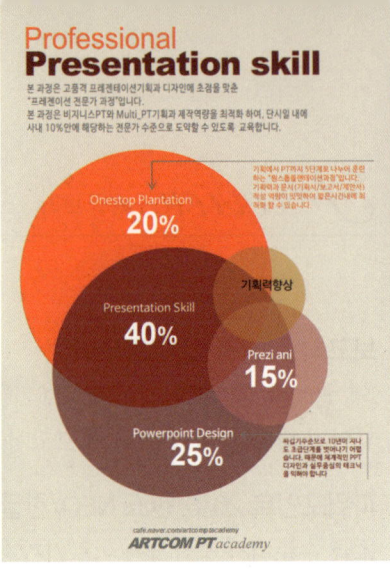
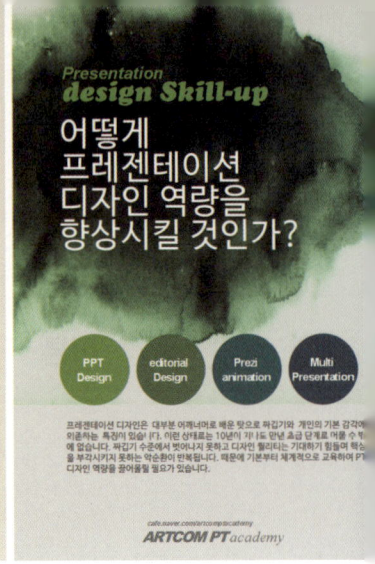

머리말	03
부록 사용하기	06
미리 보기	07
차례	08
카페 소개	11

Part 01
보고서 디자인을 위한 기획 및 실무 이론

001 왜 원스톱 플랜테이션이 필요한가? 14
1. 구상(보고서 착상/설계)
2. 분석(자료 조사 및 분석)
3. 컨셉(전략/대안/방향 설정)
4. 작성(보고서/기획서/제안서 작성)
5. 발표(브리핑/프레젠테이션)

002 최적의 보고서 디자인 도구는 무엇인가? 20
1. 파워포인트 2016의 장단점
2. 한쇼 NEO의 장단점
3. 한글 NEO의 장단점
4. 보고서 디자인을 잘하는 방법

003 PSG, 보고서 디자인 스타일 가이드 26

1. 시각적 컨셉(Visual Concept)
2. 레이아웃(Layout)
3. 색상(Color)
4. 폰트(Font)
5. 그래픽 요소(Graphic Elements)

004 파워포인트 2016 핵심 기능 알아보기 41
1. 지정된 색상과 폰트 사용하기
2. 사진 배경을 투명하게 만들기
3. 색상 배색 쉽게 하기
4. 개체나 텍스트 배경을 투명하게 저장하기
5. 효과적으로 도형 병합하기
6. 그라데이션 표현하기
7. 그림자 표현하기
8. 타이포그래피 작업하기
9. 짜임새 있게 텍스트 편집하기
10. 템플릿 사용하기

005 한쇼 NEO 핵심 기능 알아보기 56
1. 한쇼에서 작업한 파일을 파워포인트와 호환하기
2. 한쇼를 제대로 활용하기
3. 타이포그래피 작업하기
4. 파워포인트처럼 색상 추출하기
5. 파워포인트처럼 템플릿 만들기
6. 사진 편집하기
7. 점 편집하기
8. 도형이나 텍스트에 그림 넣기
9. 한셀에서 만든 차트를 한쇼에서 활용하기
10. 도표 디자인하기

006	한글 NEO 핵심 기능 알아보기	74
	1. 배경 색상 지정하기	
	2. 파워포인트처럼 레이아웃 작업하기	
	3. 텍스트를 짜임새 있게 편집하기	
	4. 글머리표와 텍스트 간격 조절하기	
	5. 도형에 직접 글쓰기	
	6. 여러 색상의 그라데이션 적용하기	
	7. 그림 그리기	
	8. 사진 편집하기	
	9. 워드아트 편집하기	
	10. 부드러운 그림자 만들기	

Part 02
파워포인트 보고서 디자인

001	라인 아트를 활용한 표지 디자인	90
002	동심원을 모티브로 하는 표지 디자인	96
003	삼각 패턴을 활용한 표지 디자인	102
004	접힌 느낌의 볼륨감이 있는 표지 디자인	108
005	여러 개의 색띠를 활용한 표지 디자인	114
006	모노톤 사진을 활용한 목차 디자인	120
007	타원 구성을 활용한 목차 디자인	126
008	라인 아트를 적용한 섹션 디자인	132
009	텍스트에 사진을 넣은 타이포그래피	138
010	커팅된 느낌을 활용한 타이포그래피	144
011	투명 배경 사진을 활용한 타이포그래피	150
012	기본 도형을 활용한 본문 레이아웃	156
013	모노톤 배경을 활용한 본문 레이아웃	162
014	회전형 도해가 있는 제안서 디자인	168
015	숫자를 활용한 제안서 본문 디자인	174
016	타원 텍스트 박스를 활용한 디자인	180
017	동일한 도형만을 활용한 본문 디자인	188
018	둥근 사각형을 활용한 본문 디자인	194
019	종이에 칼집 효과를 낸 본문 디자인	200
020	특정 이니셜을 강조한 본문 디자인	206
021	도넛형 차트를 부각한 본문 디자인	212
022	가로 누적 그래프를 부각한 본문 디자인	218
023	원형 그래프를 부각한 본문 디자인	224
024	세로 누적 그래프를 부각한 본문 디자인	230
025	세로 막대그래프를 부각한 본문 디자인	238

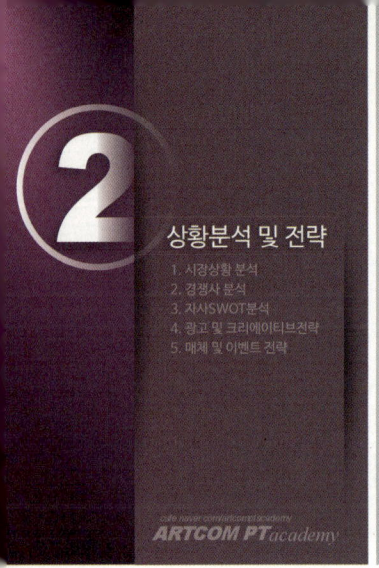

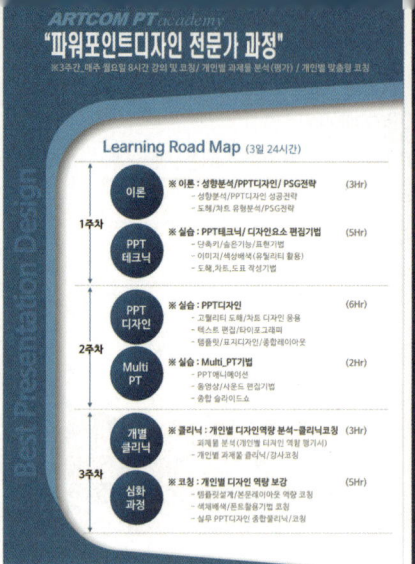
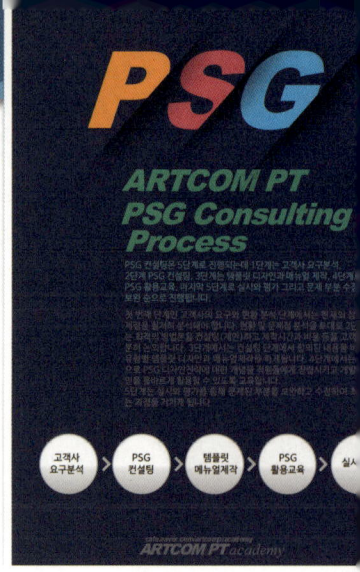

Part 03
한쇼 & 한글 보고서 디자인

001	붓 터치와 액자를 활용한 표지 디자인	248
002	수채 번짐 효과를 활용한 표지 디자인	254
003	수채 번짐 효과를 활용한 목차 디자인	262
004	그림자 효과를 활용한 목차 디자인	272
005	타원과 도넛 도형을 활용한 섹션 디자인	280
006	배경과 숫자를 활용한 섹션 디자인	290
007	마름모꼴을 활용한 타이포그래피	298
008	도넛형을 활용한 편집 디자인	306
009	칼집 효과를 활용한 타이틀 디자인	316
010	그라데이션을 활용한 타이틀 디자인	326
011	그래픽 요소를 활용한 타이틀 디자인	336
012	타원과 도넛 도형을 활용한 본문 디자인	346
013	흐름도를 활용한 본문 디자인	356
014	육각형을 활용한 본문 디자인	368
015	역삼각형을 활용한 본문 디자인	378
016	설명선을 활용한 본문 디자인	388
017	배경에 무늬를 적용한 본문 디자인	398
018	수채 번짐 효과를 활용한 본문 디자인	410
019	붓 터치 효과를 활용한 본문 디자인	416
020	셀로판지 느낌을 활용한 본문 디자인	422
021	직접 그린 그래프를 활용한 본문 디자인	432
022	도표와 도넛 그래프를 배치한 디자인	444
023	도표 형식을 변형한 본문 디자인	460
024	도표의 항목을 강조한 본문 디자인	472
025	도표 테두리가 강조된 본문 디자인	484

찾아보기   495

Introduction 카페 소개

'아트컴피티 아카데미(Artcompt Academy)' 카페 소개

아트컴피티 아카데미(Artcompt Academy)는 아트컴피티 연구소에서 운영 중인 네이버 카페입니다. 프레젠테이션과 보고서 디자인 관련하여 스스로 학습하는 독자를 지원하는 학습의 장이며, 커뮤니케이션 통로입니다.

현재 3,200여 회원이 활동 중이며 프레젠테이션과 보고서 디자인 관련 보다 깊이 있는 정보와 업그레이드된 디자인 요소들을 무료로 제공하고 있습니다.

아트컴피티 연구소에서 출간한 책의 예제들은 대부분 이곳 '아트컴피티 아카데미'에서 제공된 것이며, 보다 심도 있는 내용들은 이곳에서 보충 받을 수 있습니다.

cafe.naver.com/artcomptacademy

보고서 디자인 관련 메뉴

- **한컴오피스 2016(NEO)**
  한쇼 NEO 디자인 : 50선(가로형 디자인)
  한글 NEO 디자인 : 50선(세로형 디자인)

- **ARTCOM PT 자료실**
  보고서(PT) 디자인을 위한 PPT 디자인 소스, 템플릿, 배경, 이미지 제공

- **100문 100답(보고서/PT)**
  한쇼100문 100답/PPT 100문 100답
  한글100문 100답

- **PPT 초왕초급 강의**
  PPT 극강 초급반/PPT 초급 테크닉 100을 통해 왕초급 수준이라도 부담 없이 트레이닝할 수 있는 100가지 이상의 예제 제공

- **PPT 중고급 강의**
  PPT 초중급 테크닉/중급 테크닉
  중고급 테크닉/고급 테크닉/PT 디자인 표현 기법 등을 통해 최상급 디자인 예제 제공
  (PT 색채학 : 보고서 디자인에도 동일하게 적용)

보고서 디자인을 위한 기획 및 실무 이론

001 왜 원스톱 플랜테이션이 필요한가? • 002 최적의 보고서 디자인 도구는 무엇인가? • 003 PSG, 보고서 디자인 스타일 가이드 • 004 파워포인트 2016 핵심 기능 알아보기 • 005 한쇼 NEO 핵심 기능 알아보기 • 006 한글 NEO 핵심 기능 알아보기

001 왜 원스톱 플랜테이션이 필요한가?

직장인이라면 누구나 보고서 작성을 잘하고 싶은 생각이 있을 것입니다. 여기서 말하는 보고서는 전략이나 대안이 필요한 보고서뿐만 아니라 기획서와 제안서를 말합니다.

상사로부터 "이것을 보고서라고 써 왔나?", 이런 소리를 듣는다면 어떨까요?

정말 만감이 교차할 것입니다. 글을 잘 쓰기 위해 영혼까지 팔겠다는 어느 소설가의 말처럼 보고서를 잘 쓸 수 있다면 무엇이든 수용해야 할 판입니다.

'쓰인 것의 결함은 쓰이기 전에 발생한다'는 말이 있습니다.
보고서에 결함이 있다면 그 원인이 분명히 있는 것입니다. 오직 작성자 자신만 모르고 있을 뿐입니다. 문제를 잘 알면서 무모하게 보고서를 제출하지는 않았을 것입니다.
보고서 작성 비법이 따로 있을까요?

해법은 '원스톱 플랜테이션(One-stop Plantation)'에 있습니다.
원스톱 플랜테이션은 최적의 보고서 작성을 위해 기획 단계부터 보고서 작성과 브리핑(PT)까지를 하나의 사이클(시스템)로 보고 체계적으로 준비하고 작성하는 과정을 말합니다.
단계별로 문제가 될 수 있는 것들을 보완하면서 최적의 결과물을 만드는 과정이 원스톱 플랜테이션입니다.

원스톱 플랜테이션 5단계는 보고서를 기획하고, 작성하고 보고하는 과정입니다.

1단계 : 구상(보고서 착상/설계) → 2단계 : 분석(자료 조사/분석) → 3단계 : 컨셉(전략/대안 설정) → 4단계 : 작성(보고서/기획서/제안서 작성) → 5단계 : 브리핑(PT)으로 단계적으로 전개됩니다.

원스톱 플랜테이션 사이클

1. 구상(보고서 착상/설계)

구상 단계는 보고서(기획서/제안서)의 목적과 목표를 정의하고 어떻게 진행할 것인지 스케치하는 단계입니다.

첫 단추를 끼우는 단계이므로 방향을 잘못 잡으면 이후 단계에서부터 불필요한 일을 하게 됩니다.
여행을 가기 전에 목적지를 정하고 예상되는 문제는 무엇인지를 생각하는 단계이자, 건물을 세우기 전에 설계도를 그리는 단계입니다.

구상을 할 때 필요한 도구는 마인드 맵입니다. 마인드 맵을 통하여 예상되는 문제들을 체크해 볼 필요가 있습니다. 마인드 맵 작성만으로도 보이지 않던 문제가 보이기 시작하고 앞으로 준비하는 과정에서 무엇을 어떻게 할지 생각할 수 있게 됩니다.

구상 단계 CHECK LIST

☐ **이 보고서(기획서/제안서)의 목적은 무엇인가?**

어떤 일이든 시작하기 전에 목적을 정해야 하고 방향을 잡아야 합니다. 그리고 일을 잘했느냐 못했느냐는 목적을 달성했느냐 못했느냐에 달려 있습니다. 보고서의 경우 의사 결정권자가 의사결정을 하는 데 명확한 정보를 제공하는 것이 목적이 될 수 있고, 기획서의 경우에는 기획안이 통과되는 데 목적이 있으며, 제안서의 경우 제안이 수주로 이어질 수 있어야 목적을 달성했다고 할 수 있습니다.

☐ **의사 결정권자는 누구인가?**

보고서는 작성자의 의도가 아닌 의사 결정권자에 의해 결정되는 경향이 강합니다. 때로는 보고서를 상세하게 작성할 필요가 있을 수도 있고 단 한 장으로 축약하여 핵심 내용만 작성해야 할 때도 있습니다. 짧고 심플하게 보고를 받고 싶어 하는 의사 결정권자에게 수십 페이지의 보고서는 그야말로 난감한 일입니다. 반대로 상세한 보고서를 기대했는데 단 한 장의 보고서로 축약했다면 꼬리에 꼬리를 무는 질문에 대처해야 할 일이 생길 수도 있습니다.

☐ **보고는 언제, 어디서, 누가하는가?**

보고서는 보고자가 작성하는 것이 상식이지만 때로는 직원들이 작성하고 관리자가 보고하는 경우가 종종 있습니다. 보고서는 타이밍입니다. 보고서 작성이 너무 늦어져 미쳐 내용을 숙지하지 못한 상태에서 최종 의사 결정권자에게 보고하는 경우 직접 작성한 보고서가 아니기 때문에 매우 난감한 일이 생길 때가 있습니다. 이런 경우 중간에 보고서를 검토하고 수정할 수 있는 시간을 주어야 합니다. 자신이 직접 작성한 보고서라 하더라도 내용 숙지는 물론 예상 질문서를 만든 상태에서 보고해야 합니다.

2. 분석(자료 조사 및 분석)

1단계 구상한 것을 바탕으로 구체적으로 자료를 조사하고 분석하는 단계입니다. 이 세상에서 현재 작성하고자 하는 보고서(기획서/제안서)에 딱 맞게 준비된 자료는 없다고 생각하는 것이 옳습니다.

수백 톤의 모래 중에서 사금을 골라내듯, 될 수 있으면 폭넓게 자료를 수집하고 분석해야 합니다. 양질의 자료가 수집되고 만들어질 때까지 적지 않은 시간이 투자될 것입니다.

자료는 많으면 많을수록 좋으나 언제까지 어느 정도 퀄리티의 자료를 찾을 것인가를 분명히 해야 합니다. 자료 수집과 분석 시간이 길어지면 보고서 작성 시간이 짧아지고 수정할 시간이 부족해 부실한 보고서를 만드는 일이 생길 수 있습니다.

분석 단계 CHECK LIST

☐ **자료 수집 경로는?**

자료 수집 경로는 다양합니다. 인터넷에서 수집된 정보는 A급이라 하기 어렵습니다. 남들도 수집 가능한 보편적인 정보이기 때문입니다. 보고서에 쓰이는 정보는 최신 자료이면 좋고 "이런 정보 어떻게 구했어?"할 정도로 참신할 필요가 있습니다. 그렇기 때문에 자료 수집 경로를 다양화할 필요가 있습니다. (자료 수집할 때 필수적으로 출처를 함께 정리해 놓아야 합니다.)

☐ **수집된 자료의 분류와 분석 방법은?**

수집된 자료는 A, B, C등급으로 구분하여 분류해 놓습니다. A등급은 즉시 필요한 자료이고, B등급은 이번 보고서와 관련 있는 참고 자료, C등급은 향후에 필요할 수 있는 자료로 분류합니다. 자료는 HWP, PPTX, XLSX, PDF 등의 형식이 좋습니다. A등급과 B등급 자료는 반드시 백업을 받아 놓아 만약에 불상사에 대비할 수 있어야 합니다.

☐ **보고서 디자인에 참고할 자료는?**

보고서 작성을 위한 자료 수집 단계에서 보고서 디자인 관련 자료도 함께 수집합니다. 디자인 자료(PPT 템플릿, 도해, 차트, 이미지, 클립아트 등)를 수집했다 하더라도 막상 사용하려면 쓸 만한 것이 거의 없습니다. 열 개 중 한 개 쓴다는 생각으로 디자인 자료를 보다 폭넓게 수집할 필요가 있습니다. 영양가 있는 자료는 저작권자가 따로 있을 가능성이 높기 때문에 문제가 되지 않도록 사전에 점검할 필요가 있습니다.

3. 컨셉(전략/대안/방향 설정)

보고서(기획서/제안서) 작성의 핵심은 컨셉입니다.

단순한 업무 보고서나 현황 보고서는 컨셉 단계가 필요하지 않습니다. 3단계에서 말하는 컨셉 수립은 문제에 대한 해결 방안이나 전략이 필요한 보고서(기획서/제안서)를 말하는 것입니다. 의사 결정권자의 판단이나 승인을 위해 해결 방안이나 전략을 제시하는 것입니다.

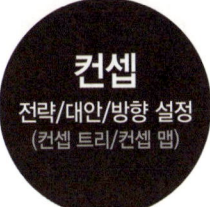

컨셉
전략/대안/방향 설정
(컨셉 트리/컨셉 맵)

영업 보고서의 경우 경기 침체와 경쟁 심화로 지속적으로 매출이 하락하고 있다고 할 때 보고를 받은 입장에서는 "그래서 어떻게 매출 목표를 달성할 거야?"하고 묻기 전에 보고서에 해결 방안(전략/대안)이 제시되어야 합니다. 사업 보고서나 연구 보고서의 경우도 비슷한 맥락으로 작성되어야 합니다.

1페이지 보고서(기획서/제안서)를 작성한다 하더라도 '원인-문제-대책'순으로 작성하는 것이 일반적인데 여기서 대책이 바로 컨셉이라고 할 수 있습니다.

3단계 컨셉 단계에서는 2단계에서 자료를 수집하고 분석한 내용을 바탕으로 전략과 대안을 수립해야 합니다. 예를 들어 시장 조사 보고서를 작성해야 한다면 경쟁사 분석, 현황 분석, 문제점 분석 등을 통해 어떻게 현 상황에 대처하여 매출을 올릴 것인가를 컨셉 단계에서 명확히 해야 합니다. 그렇기 때문에 컨셉 단계는 원스톱 플랜테이션 5단계 중에서 가장 중요한 단계입니다.

컨셉이 부실한 상태에서 보고서 작성은 무의미한 일입니다.

컨셉 단계   CHECK LIST

☐ **방향은 적절한가?**
컨셉은 보고서 방향을 정하는 과정이며, 논리를 분명히 세우는 과정입니다. 예를 들어 현재 경기가 침체되고 경쟁이 치열하니 발을 빼자는 생각과 이럴수록 더욱 더 정공법으로 나가자는 생각으로 방향을 잡을 수 있습니다. 보고서 방향이 잘못되면 최상급 자료를 동원하고, 최적의 문장으로 작성하고, 전문 디자이너가 디자인하였다 하더라도 무의미한 일이 되고 맙니다.

☐ **실현 가능한가?**
보고서에 쓰인 전략과 대안이 실현 가능한가를 살펴보아야 합니다. 현재의 자원(자본)과 인력으로 충분히 실현 가능한 전략이 수립되어야 의사 결정권자도 공감할 수 있습니다. 막대한 자본과 많은 인력, 그리고 오랜 기간이 걸려야 실현 가능한 전략이라면 보고서(기획서/제안서) 채택이 어려워질 것입니다.

☐ **시의적절한가?**
컨셉은 타이밍입니다. 병도 고쳐야 할 타이밍이 있듯이 전략이나 대안도 타이밍을 놓치면 약효가 반감되는 법입니다. 매우 우수한 마케팅 전략을 수립하였다 하더라도 경쟁사가 이미 비슷한 마케팅을 하고 있다면 타이밍을 놓친 것이 되고 맙니다. 경쟁사 따라 하기 밖에는 되지 않습니다.

4. 작성(보고서/기획서/제안서 작성)

보고서의 컨셉(전략/대안/방향)이 정해졌으면 이제부터 보고서를 작성해야 합니다.

보고서를 작성하기 전에 여러 가지를 고려해야 합니다.
시간에 따라, 의사 결정권자에 따라, 용도에 따라, 작성자 역량에 따라, 자료에 따라, 작성 프로그램에 따라 크고 작은 변수가 작용할 수 있기 때문입니다.

구상–분석–컨셉 단계에서도 체크하고 있었겠지만 작성 단계에서 종합적으로 여러 가지 사항을 체크하면서 어떻게 보고서를 작성해야 하는지 생각해야 합니다.

- 보고서 용도는?
- 보고 라인은?
- 의사 결정권자의 성향은?
- 내부용인가 외부용인가?
- 긴급한 것인가?
- 컨셉(전략/대안)은 명확한가?
- 보고서의 분량은?
- 보고자가 소화할 수 있는가?
- 보고서 작성 시간은?
- 수집한 자료는 충분한가?
- 참고할 보고서는 있는가?
- 보고서 작성 프로그램은?

작성 단계 CHECK LIST

☐ **보고서 작성 시간은 적절한가?**

착수–자료 수집–작성–수정–중간 보고–수정을 통해 보고서가 완성되는 동안 적지 않은 시간이 소요됩니다. 그렇기 때문에 적절한 작성 시간을 확보하지 않으면 작성 시간은 초읽기에 몰리게 되고 부실한 보고서가 만들어지게 됩니다. 보고서 착수와 자료 수집 시간이 너무 걸리지 않도록 시간 관리를 잘해야 합니다.

☐ **보고서는 내부용인가 외부용인가?**

보고서가 내부용인가, 외부용인가는 의외로 중요합니다. 보고서가 내부용일 경우 디자인에 너무 힘을 주면 좋은 말을 듣지 못합니다. "이렇게 디자인할 시간에 보고서 내용에 신경 써"라는 핀잔을 들을 수도 있습니다. 그러나 외부용인 경우 디자인 전문 회사에 의뢰해야 할 만큼 보고서 디자인에도 신경을 써야 합니다.

☐ **자료는 적절한가?**

자료가 적절하게 준비되었다면 보고서 쓰는 일은 큰 문제가 없습니다. 초급자라도 안심입니다. 그러나 자료가 부실할 경우 보고서 전문가라 하더라도 소설을 써야 하는 문제가 발생합니다. '좋은 보고서 = 좋은 자료'입니다. 훌륭한 요리에는 양질의 재료가 필수인 것과 이치가 같습니다.

5. 발표(브리핑/프레젠테이션)

보고서 작성이 끝났다면 보고하는 일만 남았습니다. 보고서는 문서 제출로 끝나는 경우도 많지만 브리핑이나 프레젠테이션까지 이어지는 경우도 있습니다. 글 쓰는 것만큼 말하는 것도 쉬운 일이 아닙니다. 보고서 브리핑 과정에서 상황이 나빠질 수도 있고 다소 부실했던 보고서였는데 브리핑(PT)를 통해 반전시킬 수도 있습니다.

브리핑(PT)을 할 때 보고서를 보고 읽는 발표자도 있는데 매우 잘못된 것입니다. 보고 내용을 충분히 숙지하고 의사 결정권자를 보면서 보고할 수 있어야 하며 질문에는 바로 대답할 수 있도록 참고 자료도 사전에 준비해 놓아야 합니다. 의사 결정권자의 성향, 주어진 브리핑 시간, 참석자 경향, 보고 방식 등에 따라 슬라이드를 만들어야 하고 충분한 리허설을 하면서 브리핑(PT)에 대비해야 합니다.

절대로 보고서 자체를 스크린으로 띄우는 일이 있어서는 안되며, 스크린을 보면서 낭독하는 일이 없어야 합니다.

발표 단계 CHECK LIST

☐ **브리핑(PT)의 대상자는?**

브리핑과 프레젠테이션은 엄밀하게는 다른 것입니다. 여기서 말하는 브리핑은 소규모 대상자에게 보고(설명/전달)하는 정도를 의미합니다. 간단하게 보고서 내용을 말로 전달하는 정도이므로 스토리보드까지 작성하지 않아도 좋습니다. 그러나 프레젠테이션의 경우에는 대상자가 20명 이상인 것이 보통이며, 외부용 보고서(기획서/제안서)가 대부분입니다. 반드시 스토리보드를 작성하고 리허설을 통해 지속적으로 발표 내용을 수정하면서 실수가 없도록 대비해야 합니다.

☐ **리허설할 시간은 확보하였는가?**

10일 동안 보고서를 작성하고 프레젠테이션을 해야 한다면 최소한 하루 정도는 리허설 시간을 확보해야 합니다. 프레젠테이션은 브리핑과 다르게 대상자가 수십, 수백 명에 달하기 때문에 청중을 분석하여 그들의 성향에 맞춰 프레젠테이션 슬라이드를 준비하고 실전과 같은 리허설을 할 필요가 있습니다. 리허설을 하지 않으면 프레젠테이션의 달인이라 하더라도 최상의 발표를 하기 어렵습니다.

☐ **발표 장소와 발표 장비를 점검하였는가?**

간단한 브리핑이라 하더라도 컴퓨터와 파일 상태를 점검해야 합니다. 브리핑 당일 USB가 깨져서 브리핑이 어려운 상황도 종종 발생합니다. 인터넷을 통해 즉시 다운로드할 수 있도록 브리핑할 자료를 준비할 필요도 있습니다. 작성한 보고서 폰트가 브리핑할 컴퓨터에 설정되지 않아 폰트가 변경되고 글줄이 뒤틀려 발표에 문제가 생길 수도 있습니다. 브리핑보다 여러모로 준비해야 할 것이 많은 프레젠테이션은 더욱 더 꼼꼼하게 발표 장소와 장비를 점검해야 합니다. 발표 전에 발표 장소에 가서 제반 사항들을 점검할 필요도 있습니다. 인터넷 접속 여부, 마이크, 스피커, 빔프로젝트 상태, 발표장 컴퓨터의 파워포인트 버전까지 체크리스트를 만들어 점검해야 합니다. 발표장의 컴퓨터는 변수가 많기 때문에 될 수 있으면 발표자의 노트북으로 리허설하고 발표 당일에도 발표자의 노트북을 직접 가져가는 것이 상책입니다.

002 최적의 보고서 디자인 도구는 무엇인가?

'보고서'하면 MS의 파워포인트(PowerPoint)로 작성된 보고서와 한컴오피스 한글로 작성된 보고서가 떠오릅니다. 둘 다 각자의 영역에서 최적의 성능을 자랑하고 있습니다.

파워포인트 보고서는 도해나 차트 중심으로 사용되고, 디자인을 중요시하고 있습니다.
파워포인트는 이미 그래픽 프로그램이자 편집 프로그램으로 충분한 기능을 갖추고 있어 그 자체로 보고서 디자인을 최적화할 수 있습니다.
파워포인트 보고서를 조금만 수정하면 바로 브리핑이나 프레젠테이션이 가능하기도 합니다.

한글 보고서는 공문서나 논문 형식의 텍스트 위주로 작성할 때 매우 효과적입니다. 텍스트 편집 관련 기능이 매우 정교하기 때문입니다. 그러나 디자인에 힘을 주고 싶어도 그래픽 기능이 약하기 때문에 디자인 구현이 어렵습니다. 아무리 전문가적인 테크닉을 발휘해도 한글 자체의 기능으로는 부족합니다.

한글 보고서나 기획서를 파워포인트 보고서처럼 보다 세련되게 만들 수 있는 방법은 없을까요?

해결 방법은 한글의 부족한 기능을 다른 프로그램과 연계하여 활용하는 것입니다.
파워포인트+한글 조합은 이상적이지만 한쇼(NEO)+한글(NEO) 조합만으로 충분히 최상급 보고서 디자인이 가능합니다. 한쇼에서 그래픽 요소를 만들고 한글에서 편집하는 방식으로 효과와 효율을 높여야 합니다. 한쇼와 한글 상호 간에 장점을 적극 수용하고 단점을 보완하면 생각 이상으로 시너지 효과를 낼 수 있습니다.

파워포인트 : 한쇼 : 한글 장단점

구 분	텍스트 편집	그래픽 디자인	애니메이션	멀티미디어 편집	호환성
파워포인트(2016)	⊙	◎	◎	◎	○
한쇼(NEO)	⊙	⊙	⊙	○	○
한글(NEO)	◎	△	-	-	△

◎ 매우 우수 ⊙ 대체로 우수 ○ 보통 이상 △ 보통

한컴오피스 한쇼 NEO+한글 NEO=시너지 효과(성공적인 보고서 작성)

'시너지 효과'라는 말이 있습니다. 1+1=2가 아니라 그 이상의 효율을 만드는 것을 의미합니다. 한쇼 NEO는 생각 이상으로 가성비가 좋습니다. 한글의 그래픽 결핍을 한쇼에서 충분히 해결할 수 있습니다. 파워포인트 만큼 최적의 기능을 갖추지는 않았지만 보고서 디자인에는 전혀 문제가 되지 않습니다.

한글과 한쇼, 한셀은 한컴오피스라는 한 식구이기 때문에 이질감도 없습니다. 한쇼에서 만든 텍스트와 워드아트, 사진, 그래픽 요소, 타이포그래피, 도해, 차트, 도표 등은 한글에서 바로 활용할 수 있습니다. 문제가 될 수 있는 것들은 PNG 파일 형식이나 EMF 형식으로 이미지화하면 그만입니다.

1. 파워포인트 2016의 장단점

파워포인트는 마이크로소프트의 간판 소프트웨어이며 정식 이름은 마이크로소프트 오피스 파워포인트입니다. 약칭으로는 PPT라고도 합니다. 파워포인트는 누구나 알고 있듯이 전 세계에서 가장 많이 사용되는 도구입니다.

문서 작성은 물론 프레젠테이션 도구로 가장 익숙합니다. 여타의 프로그램은 다룰 줄 몰라도 파워포인트는 다룰 수 있어야 직장 생활에 지장이 없을 정도로 업무와도 직간접적으로 연결되어 있습니다.

파워포인트의 장점

❶ **보편적 프레젠테이션 도구입니다.**

파워포인트는 프레젠테이션 도구의 최강자로 전 세계 90% 이상의 점유율을 차지하고, 10억대 이상의 컴퓨터에 설치되어 있는 매우 보편적인 프로그램입니다. 인터넷에서 무료로 사용할 수 있는 파워포인트 템플릿이나 클립아트, 이미지 등도 쉽게 찾을 수 있습니다. 실제 보고서 작성이나 프레젠테이션 자료를 만들 때 파워포인트는 선택이 아닌 필수 프로그램으로 인식되고 있습니다. 오래전부터 익숙하게 사용했던 도구를 바꾸기란 쉬운 일이 아닙니다.

❷ **강력한 그래픽 저작 도구입니다.**

파워포인트는 그래픽 프로그램이 필요 없을 정도로 진화에 진화를 거듭하고 있습니다. 즉, 포토샵 의존도가 그만큼 낮아진 것이죠. SmartArt 기능과 WordArt 기능으로 포토샵 없이도 텍스트 편집이나 도해를 작성할 때 디자인 퀄리티를 한층 높일 수 있습니다. 여기에 그라데이션 효과, 입체 효과, 그림자 효과, 3차원 회전 효과 등을 적용하면 보다 차별화되고 퀄리티 높은 디자인(도해, 차트, 타이포그래피 등)이 가능합니다.

예전에는 특정 전문가에 의해서만 만들 수 있었던 것들입니다. 포토샵과 3D 프로그램을 동원해 많은 시간을 들여야 했으나 이제는 초보자도 할 수 있을 정도로 단순한 기술이 되었습니다.

❸ 지속적으로 업그레이드되고 있습니다.

파워포인트 2003부터 그래픽 제작 기능이 제대로 갖춰지게 되고, 2007에서 더욱 강력해 졌습니다. 파워포인트 2010에서는 사진 편집 기능이 좋아지고, 도형 병합 기능이 추가되어 도형 편집이 더욱 간편해졌습니다.

파워포인트 2013에서는 스포이트 기능이 추가되어 컬러 배색의 어려움을 단번에 해결할 수 있게 되었습니다. 파워포인트 2016에서는 모핑 기능이 추가되어 프레지 못지않은 줌인 줌아웃을 자연스럽게 구현할 수 있게 되었습니다. 보고서 브리핑을 할 때 활용해도 좋을 강력한 기능입니다.

파워포인트의 단점

❶ 비쌉니다.

한쇼에 비해 여러모로 기능은 최적화되었지만 가격이 부담스럽습니다.
이미 파워포인트 2010으로도 편집 디자인에 큰 문제가 없는데 파워포인트 2013을 거쳐 파워포인트 2016을 또 구매해야 한다는 것은 부담입니다.

❷ 한글과 호환이 어렵습니다.

한글과 꼭 호환되어야 한다는 것은 아니지만 한컴오피스 한글을 많이 사용하는 공기업이나 일반 기업 입장에서 한글 따로 파워포인트 따로 작성하는 것이 불만일 수 있습니다.
파워포인트나 한글에서 만든 텍스트와 그래픽 요소들이 상호 무리 없이 호환될 수 있다면 얼마나 좋을까요.

❸ 기능이 세밀해지면서 점점 메뉴가 많아지고 있습니다.

초급자의 경우 예전에 비해 오히려 작업의 어려움을 호소합니다. "메뉴 찾다 시간 다 간다"는 하소연이 여기 저기서 터져 나옵니다. 사용자 편의를 위한 개선된 인터페이스라 말하지만 이전 버전에 익숙했던 사용자들은 파워포인트 버전이 업그레이드될 때마다 혼란스럽습니다.

2. 한쇼 NEO의 장단점

한컴오피스 한쇼는 파워포인트와 거의 비슷한 기능을 갖추고 있습니다. 예전에는 한컴 슬라이드라 불렸었고, 한쇼 2014를 거쳐 최신 버전은 한쇼 NEO입니다. 한컴오피스 한쇼, 한셀, 한글이 한 세트로 구성되어 보고서 작성에 최적화되고 있습니다.

물론 한쇼는 파워포인트에 비해 기능이 약한 부분이 있습니다. 그러나 보고서 작성은 그다지 많은 기능을 필요로 하지 않기 때문에 가성비 측면에서는 분명히 장점이 있습니다.

파워포인트를 잘 다룬다면 한쇼를 따로 배우지 않아도 바로 문서 작성이 가능할 정도로 기능이 비슷합니다.

한쇼의 장점

❶ 가성비가 좋습니다.

가성비(가격 대비 성능) 때문인지 학교를 중심으로 활용도가 높아지고 있습니다.
체험 프로그램 덕분에 접할 기회도 많아지고 있습니다. 파워포인트에 비해 저렴한 가격으로 부담이 크지 않습니다. 기능은 파워포인트와 비슷하기 때문에 크게 전문적인 작업을 하지 않는 한 한쇼로 보고서를 작성해도 전혀 문제가 없습니다.

❷ 한글과 호환성이 좋습니다.

한쇼에서 작업한 것을 복사하여 한글로 붙이면 바로 편집이 가능합니다.
한글은 그래픽 기능이 약하기 때문에 한쇼에서 그래픽 작업을 하여 한글로 불러들이면 한층 디자인 미감을 살릴 수 있어 매우 유용합니다. 한쇼에서 작업한 텍스트는 한글에서 바로 편집이 가능하며, 디자인 요소들은 PNG 파일 형식으로 저장하고 불러들이는 방식이라면 문제가 없습니다.

❸ 지속적으로 업그레이드가 되고 있습니다.

한쇼는 지속적으로 기능이 업그레이드되고 있어 현재 사용자가 점점 늘어나는 추세입니다. 이전 버전에 비해 한쇼 NEO는 한층 기능이 업그레이드되었습니다. 아직까지는 파워포인트에 미치지 못하는 기능들이 있지만 지속적으로 좋아지고 있다는 것은 분명합니다.

한쇼의 단점

❶ 파워포인트에 비해 익숙하지 않습니다.

그렇기 때문에 거부 반응부터 나오는 것이 사실입니다. 파워포인트와 비슷한 기능들을 가시고 있으나 부분적으로 미흡하고 따로 공부해야 하는 부담 때문에 불편함이 있습니다.
며칠만 참고 견디며 프로그램을 활용하다 보면 가성비가 좋은 도구라는 사실을 바로 알 수 있을 텐데 그 시간조차 허락하지 않습니다.

❷ 한쇼와 파워포인트 사이 호환이 완전하지 않습니다.

일반적으로 한쇼와 파워포인트는 호환된다고 알려져 있지만 조금만 깊이 들어가면 호환에 어려움이 있는 것을 알 수 있습니다. 한쇼에서 '3차원 서식'과 '3차원 회전' 효과 등을 적용한 경우 파워포인트에서 그대로 받아 들이지 못할 수 있습니다.
한쇼에서 작업한 워드아트도 파워포인트에서 다시 작업해야 하는 경우가 있습니다.
애니메이션도 파워포인트에서 문제가 있을 수 있습니다.

반대로 파워포인트에서 작업한 것들이 한쇼에서 일부 변경되어 다시 작업해야 하는 경우도 있습니다. PPTX 확장자가 같아도 호환에는 아직 문제가 있습니다.

❸ 조정 기능들이 미세하지 않습니다.

파워포인트에 비해 조정 기능이 미세하지 않아 불편한 점이 있습니다. 그만큼 세밀한 작업을 할 때 결과물이 다소 거칠게 나올 수 있습니다. 난이도 높은 표현에서는 파워포인트가 우세하다는 것은 분명합니다.

3. 한글 NEO의 장단점

1989년 한글 1.0부터 현재 한글 NEO에 이르기까지 한글은 진화에 진화를 거듭하면서 대한민국 대표 워드 프로세서라 할 정도로 익숙한 편집 프로그램으로 자리 잡았습니다.

관공서와 공기업 직원이라면 대부분 한글을 기본적으로 다루고 있습니다. 학교에서도 한글은 가장 기본으로 접할 수 있는 워드 프로세서입니다. 관공서와 관련된 일을 하려면 한글은 기본적으로 활용할 수 있어야 합니다. 문서 양식이 한글로 작성되기 때문입니다.

한글의 장점

❶ 익숙한 텍스트 편집 도구입니다.

텍스트로 작성된 문서는 대부분 한글로 작성된 것을 알 수 있습니다. 특유의 스타일 때문인지 인쇄된 문서를 보면 바로 알 수 있습니다. "이것은 한글로 작성하였군"하고 말입니다. 업무상 가벼운 보고서를 작성할 때 파워포인트보다는 한글이 편리하다는 것을 알 수 있습니다. 한글은 디자인을 요구하지 않기 때문에 더욱 부담이 없습니다.

❷ 한쇼와 호환성이 좋습니다.

한글과 한쇼, 한셀은 한 셋트입니다. 서로 호환성이 약하다면 오히려 문제가 있겠죠.
각각의 프로그램마다 강점과 약점이 존재하기 때문에 강점은 살리면서 약점을 보완할 수 있습니다. 한쇼는 그래픽 기능이 강하고 한글은 그래픽 기능이 약하기 때문에 한쇼를 통해 그래픽 지원을 받을 수 있어 한글에서 신문 광고 수준의 편집 디자인이 가능하게 되었습니다.

❸ 지속적으로 업그레이드되고 있습니다.

한글은 편집 디자인 프로그램으로 거듭나고 있습니다. 이제까지 워드 프로세서 수준이었다면 그래픽 편집 프로그램 못지않은 완성도 높은 보고서 디자인이 가능해졌습니다.
한글 버전이 낮은 경우 PNG 파일 배경이 흰색으로 변환될 정도로 열악했지만 한글 NEO에 이르러 옛말이 되었습니다. 파워포인트처럼 자유로운 레이아웃 작업도 가능합니다.
딱딱한 워드 프로세서 수준이 아닌 편집 디자인 프로그램으로 진화하고 있습니다.

한글의 단점

❶ 그래픽 기능이 약합니다.

한글 기능만으로 세련된 보고서 디자인은 기대하기 어렵습니다. 당장 글맵시 기능으로 파워포인트 워드아트 수준의 퀄리티를 내기가 어렵습니다. 부드러운 그림자 효과도 기대하기 어렵습니다. 원하는 형태로 도형을 그릴 수도 없습니다. 사진 편집도 최소한의 수준에서 가능합니다. 한글에 그래픽 디자인 기능들이 지원되지만 완성도를 위해서는 다른 그래픽 프로그램을 병행해야 합니다.

❷ 인터페이스가 직관적이지 못합니다.

한글은 진화에 진화를 거듭하여 여러 가지 측면에서 개선된 것이 많습니다.
그러나 인터페이스는 여전히 불편합니다. 한마디로 직관적이지 못하다는 것입니다. 숨은 기능들도 많아 제대로 공부해야 활용할 수 있을 정도입니다.

4. 보고서 디자인을 잘하는 방법

어떻게 하면 보고서 디자인을 잘 할 수 있을까요?

❶ **마인드를 바꿔야 합니다.**

왜 보고서 디자인은 10년이 지나도 초급 수준을 면하지 못할까요? '게으른 자는 밥 먹는 숟가락도 무겁다'는 말이 있습니다. 어려운 것을 피하고 쉽게 가려다 보니 10년이 지나도 실력은 늘 제자리입니다. 한마디로 끈기 부족입니다.

프로그램은 어깨 넘어로 대략 익히고, 디자인은 짜깁기로 대처하려는 태도가 문제입니다. 대부분 재주탓만 하며 지속적으로 실력을 업그레이드하려는 의지가 부족합니다.

늘 "시간이 없어서 어떻게 할 수 없었어"라고 자기합리화를 하지 않았는지 생각해 봐야 합니다. 생각이 바뀌면 보고서 디자인도 바뀌게 될 것입니다.

❷ **기능보다 디자인에 우선순위를 두어야 합니다.**

파워포인트나 한글의 기능을 아무리 많이 알아도 디자인 감각이 약하면 보고서 디자인은 언제나 평가 절하당할 수 있습니다. 화장품에 대한 상식이 풍부해도 정작 자신의 얼굴에 화장을 제대로 하지 못하는 이치와 같습니다.

따라서 기능보다 디자인에 우선순위를 두고 보고서를 작성해야 합니다. 좋은 보고서 디자인을 많이 보고 답습하면서 수준을 높이려는 노력이 필요합니다.

❸ **보고서 작성 도구를 제대로 활용할 수 있어야 합니다.**

'위대한 장인은 도구 탓을 하지 않는다'했지만, 보고서 디자인을 잘 하려면 도구(프로그램)를 제대로 선택하고 활용할 필요가 있습니다.

파워포인트는 그 자체로 편집 디자인과 그래픽 디자인이 가능한 최적의 프로그램입니다. 당연히 보고서 디자인을 최상급 수준으로 뽑아 낼 수 있습니다.

그러나 대부분 파워포인트 기능을 20%도 알지 못하고 있으며, 세련된 디자인을 찾아보기 힘듭니다. 정말 좋은 악기를 가지고 소음에 가까운 연주를 하는 것과 같습니다. 도구는 최적이지만 도구를 다루는 사람이 문제인 것입니다.

한글과 한쇼를 같이 쓸 수만 있다면 파워포인트 못지않은 보고서 디자인을 기대할 수 있습니다. 도구 두 개를 이용하여 시너지 효과를 낼 수 있기 때문입니다.

한글의 경우 그래픽 기능이 취약하기 때문에 한쇼의 그래픽 강점을 적극 활용할 필요가 있습니다. 한쇼와 한글을 따로 볼 것이 아니라 젓가락과 숟가락처럼 동시에 사용할 수 있어야 한층 완성도 높은 보고서 디자인을 기대할 수 있습니다.

003 PSG, 보고서 디자인 스타일 가이드

PSG는 파워포인트 스타일 가이드(PPT Style Guide)로, '파워포인트로 만든 보고서 디자인 통합 계획'을 의미합니다. 이는 한컴오피스 한글 NEO로 작성한 보고서에도 그대로 적용됩니다.

보고서의 내용과 디자인 중 어느 쪽이 더 중요할까요? 당연히 내용이 중요합니다.

그러나 내용을 보다 효과적으로 전달하기 위해서는 디자인이 절대적으로 필요합니다. 우선순위에서 밀린다 하더라도 디자인의 비중은 절대 무시할 수 없습니다.

디자인을 무시한 보고서들을 보면 PSG 개념이 전혀 고려되지 않은 것을 발견할 수 있습니다. 보고서 템플릿, 색상 배색, 글꼴, 레이아웃, 디자인 요소 등이 짜깁기와 개인 취향에 따라 작성되어 조잡하기까지 한 보고서가 생각 이상으로 많습니다. 또한 보고서와 프레젠테이션 슬라이드를 구분하지 못하는 실무자가 대부분입니다. 때문에 작성한 보고서를 프레젠테이션에 그대로 활용하고 프레젠테이션 슬라이드를 짜깁기하여 보고서로 활용하는 실정입니다.

보고서는 파워포인트 외에 한컴오피스 한글을 많이 활용하고 있는데 한글 디자인 또한 다를 것이 없습니다. 현란한 색상, 어울리지 않는 클립아트, 밋밋한 글머리 기호, 조잡한 텍스트 박스, 가독성이 고려되지 않은 폰트 등 디자인 측면에서는 개선되어야 할 부분이 한두 가지가 아닙니다.

이러한 문제를 해결하기 위해 PSG(보고서 디자인 통합 계획)가 필요합니다. 글쓰기에 논리가 필요하듯이 보고서 디자인에도 '조형 논리'를 세워야 합니다. 보고서 내용에 맞는 최적의 템플릿을 설계하고, 폰트, 색채, 레이아웃, 디자인 요소 등을 규정하여 보다 완성도 높은 보고서 디자인을 전개해야 합니다.

파워포인트를 위한 PSG(보고서 디자인 통합 계획)

파워포인트는 애니메이션(멀티미디어) 기능뿐만 아니라 편집 디자인에도 탁월한 기능을 갖추고 있습니다. 파워포인트는 파워포인트 2007부터 이미 편집 디자인을 위한 최적의 기능을 갖추고 있으며 퀄리티 또한 좋습니다.

전문 그래픽 프로그램이나 편집 프로그램에 의존하지 않고도 파워포인트 기능만으로 충분히 최적의 편집 디자인이 가능합니다. 퀄리티 높은 템플릿 개발은 물론, 세련된 색채 배색, 타이포그래피 작업, 짜임새 있는 레이아웃 작업, 섬세한 표현 기법이 요구되는 디자인 요소 개발 등을 모두 파워포인트 기능만으로 할 수 있습니다.

막강한 기능을 자랑하는 파워포인트에 PSG(보고서 디자인 통합 계획)를 적용한다면 분명 최적의 보고서 디자인이 가능할 것입니다.

한글을 위한 PSG(보고서 디자인 통합 계획)

기업뿐만 아니라 공공기관에서는 대부분 한컴오피스 한글로 보고서를 만드는 만큼, 한글은 매우 친숙한 도구입니다. 한글로 만든 보고서는 대부분 디자인에 무게를 두지 않고 내용에 충실합니다. 한글은 텍스트 편집에 중점을 두고 개발된 만큼 그래픽 제작 기능이 파워포인트에 비해 상대적으로 약한 것이 사실입니다.

그렇기 때문에 한글만으로 고퀄리티 보고서 디자인 통합 계획(PSG)을 수립한다는 것은 사실상 어렵습니다. 하지만 한글 NEO(한글 2016)와 한쇼 NEO(한쇼 2016)를 연계하면 전문 잡지 광고 수준의 편집 디자인이 가능합니다.

한글이 그래픽이 취약한 점을 한쇼에서 대부분 보완할 수 있기 때문입니다.

이제부터 한글과 한쇼를 셋트로 활용할 수 있다면 파워포인트 못지않은 PSG 디자인 전략을 수립할 수 있고, 한층 세련되고 품격 있는 보고서 디자인이 가능합니다.

PSG 다섯 가지 디자인 요소

PSG는 크게 다섯 가지 요소를 매뉴얼화하고 디자인 스타일을 규정합니다.

1. 시각적 컨셉(Visual Concept)
2. 레이아웃(Layout)
3. 색상(Color)
4. 폰트(Font)
5. 그래픽 요소(Graphic Elements)

---

1. 시각적 컨셉(Visual Concept)

시각적 컨셉은 보고서 내용에 맞춰 디자인 방향을 정하는 것으로, 보고서 템플릿을 통해 정의할 수 있습니다.
(연구 보고서나 비즈니스 보고서를 작성하는 데 귀엽거나 고전적인 느낌의 템플릿을 적용한다면 방향이 크게 잘못된 것입니다.) 보고서 템플릿은 표지, 목차, 섹션, 본문, 클로징 페이지까지 5~7페이지 정도의 디자인 형식(서식)을 정의해 놓은 것입니다. 인터넷에서 무료로 배포되는 템플릿도 있고 유료로 판매되는 템플릿도 많습니다.

프로와 아마추어의 가장 큰 차이는 템플릿을 따로 개발할 수 있는가 없는가에 있습니다. 초급자에게는 처음부터 디자인 방향을 설정하고 스스로 템플릿을 개발하는 것이 절대 쉬운 일이 아닙니다. 일반적으로 기존 보고서 템플릿을 변형하여 사용하거나 인터넷을 통해 템플릿을 구하는 경우가 대부분입니다. 그러나 보고하려는 내용과 딱 맞는 템플릿을 찾기는 쉬운 일이 아닙니다.

중요한 보고서나 기획서, 제안서의 경우 경쟁사 대비 디자인 퀄리티가 높아야 합니다. 그렇기 때문에 퀄리티 높은 템플릿은 내부 디자이너가 개발하거나 외부에 디자인 발주를 내는 경우가 많습니다.

파워포인트 보고서 비주얼 컨셉

파워포인트는 기본적으로 서식 파일을 제공하고 있으나 안성맞춤의 템플릿이 제공되지 않기 때문에 비주얼 컨셉에 맞춰 다섯 페이지를 한 셋트로 서식(템플릿)을 직접 개발하는 것이 효과적입니다. (한 셋트 템플릿 : 표지/목차/섹션/본문/클로징)

템플릿 표지는 보고서 얼굴에 해당되고 목차와 본문도 일관성 있게 디자인 스타일이 연결되야 하기 때문에 특히 중요합니다. 표지와 목차, 본문순으로 디자인을 전개하는 방법과 본문 페이지 설계를 먼저하고 목차와 표지를 디자인하는 방법이 있습니다. 템플릿을 설계할 때는 PSG의 5요소를 모두 고려해야 합니다. (PSG의 5요소 : 시각적 컨셉, 레이아웃, 색상, 폰트, 그래픽 요소)

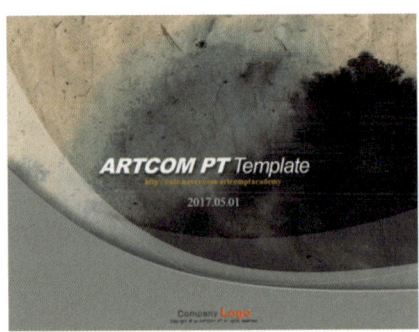
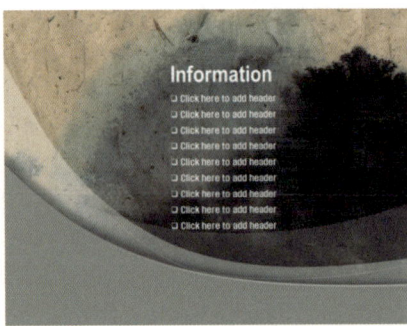
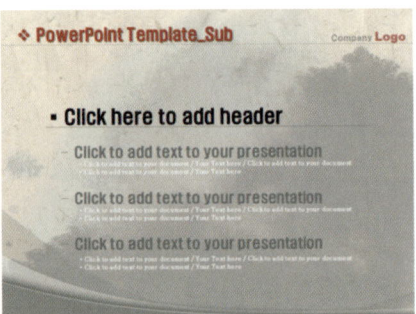
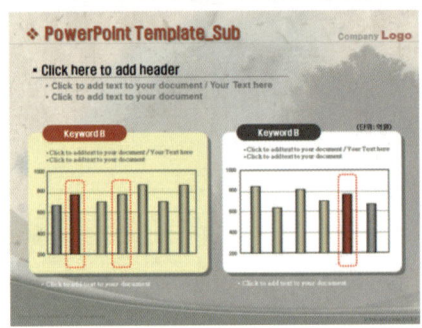
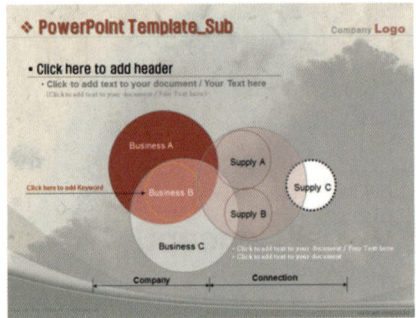
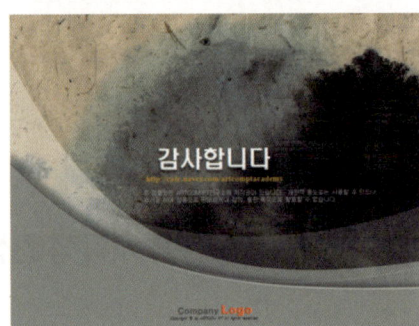

비즈니스 관련 보고서와 한국 문화 연구 보고서 중 어느 쪽에 더 어울릴까요?
출처 : http://cafe.naver.com/artcomptacademy/56

한글 보고서 비주얼 컨셉

한컴오피스 한글은 파워포인트와 달리 디자인 서식 파일을 제공하지 않습니다. 템플릿이라는 개념이 없기 때문에 디자인 방향이라는 말이 적합할 수 있습니다.

중요 페이지에 해당하는 표지, 목차, 섹션, 본문, 클로징 페이지가 한 세트처럼 느껴지도록 디자인 계획을 세워야 합니다. 파워포인트 템플릿은 가로형, 한글은 세로형 보고서가 많기 때문에 그에 적합한 디자인 계획이 필요합니다.

한글 보고서는 텍스트와 복잡한 도해, 도표, 차트 등이 많은 것이 특징이므로 이러한 요소들을 충분히 수용할 수 있고 조화를 이룰 수 있도록 디자인 방향을 정하는 것이 특히 중요합니다.

주변 디자인 요소가 강하면 본문이 약화되기 때문에 부분이 아닌 전체를 보면서 디자인 방향을 정해야 무리가 없습니다. 한글 보고서는 특성상 파워포인트 보고서에 비해 한층 심플할 필요성이 있습니다.

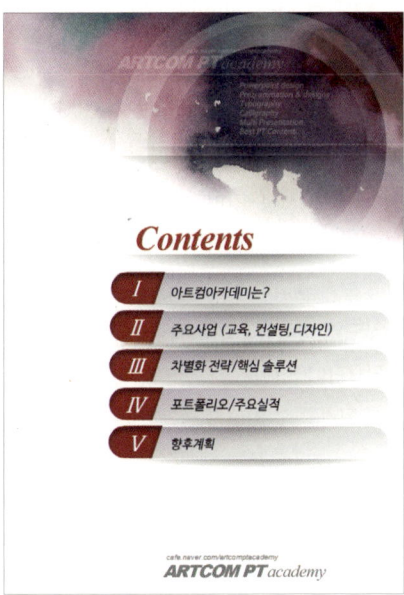
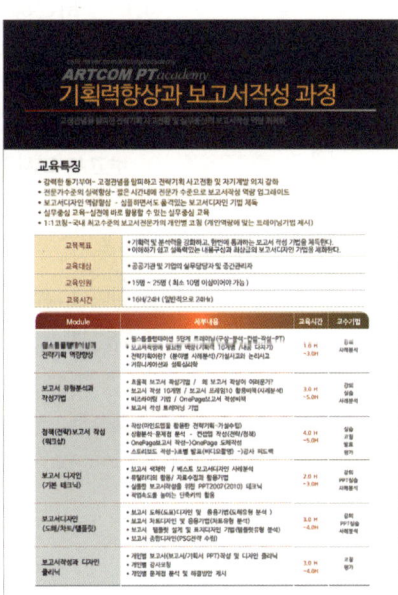

세로형으로 디자인된 한글 보고서
출처 : http://cafe.naver.com/artcomptacademy

2. 레이아웃(Layout)

레이아웃 작업은 디자인 컨셉에 맞게 구성 요소들을 짜임새 있게 배치하는 것입니다. 레이아웃은 전달 효과를 높이기 위한 수단이며 편집 디자인에서 가장 중요한 부분이라 할 수 있습니다.

레이아웃은 텍스트, 사진, 클립아트, 도해, 차트 등의 구성 요소들이 조형 논리에 맞게 배열되었을 때 시각적 안정감을 주게 됩니다. 짜임새 있는 레이아웃은 안정감을 줄 뿐아니라 보다 정확하게 메시지를 전달할 수 있습니다.

레이아웃 작업을 할 때 한정된 공간에 텍스트와 개체(이미지, 도해, 차트 등)를 효과적으로 배치하는 일이 중요합니다. 텍스트나 개체의 중요도(서열)에 따라 크기를 조정하고, 색상을 배색하고, 여백을 확보하는 모든 것이 레이아웃 작업에서 이루어집니다.

신문이나 잡지, 사보 등의 레이아웃 작업을 할 때 그리드 시스템을 통해 구성하는데 파워포인트와 한글에서도 그리드 시스템 개념을 도입하면 전체 페이지에 일관성이 생기고 보다 짜임새 있는 레이아웃 작업이 가능해집니다.

> **보고서 디자인 레이아웃의 다섯 가지 조건**
> 주목성 : 의사 결정권자의 시선을 끌어들이고 집중시켜야 합니다.
> 가독성 : 핵심 메시지가 한눈에 파악되어야 하고 크고 작은 텍스트는 제대로 읽혀져야 합니다.
> 심미성 : 짜임새 있고 보기 좋아야 합니다. 보기 좋은 떡은 먹기도 좋은 법입니다.
> 차별성 : 식상하지 않도록 레이아웃에도 과감하게 변화를 주어야 합니다. (영업 제안서의 경우 디자인 차별화가 필요합니다.)
> 회상성 : 정보를 오래 기억할 수 있도록 중요한 페이지의 레이아웃을 연구해야 합니다.

파워포인트 보고서 레이아웃

파워포인트로 만든 보고서는 가로형이 많기 때문에 가로형에 적합하도록 레이아웃 작업을 해야 합니다. 레이아웃 작업은 표지, 목차, 본문 어디에나 해당하며 이 중에서 가장 중요한 부분은 본문 페이지입니다.

본문 내용을 구성하는 텍스트, 도해, 도표, 차트, 이미지 등이 상호 조화를 이루면서 짜임새 있게 배치되어야 좋은 레이아웃입니다. 전체적으로 배치된 것들이 안정감이 있으면서 시선을 자연스럽게 유도해야 완성도 높은 레이아웃이라 할 수 있습니다.

파워포인트에서는 레이아웃의 편의를 위해 슬라이드 마스터에서 일정한 레이아웃 형식을 제공하거나 도해 작성의 편의를 위해 스마트아트를 제공하고 있으나 레이아웃 퀄리티를 높이려면 수작업 형식으로 하나하나 배치하며 레이아웃을 전개하는 것이 좋습니다.
(레이아웃은 시각적 균형이 중요하기 때문에 슬라이드 마스터에서 제공하는 레이아웃 스타일을 적용하여 인위적으로 편집하면 오히려 짜임새를 잃게 됩니다.)

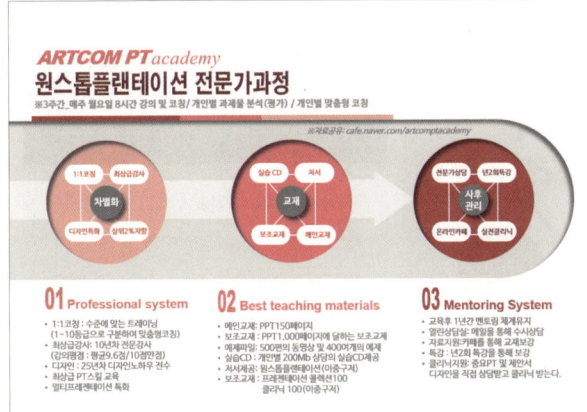
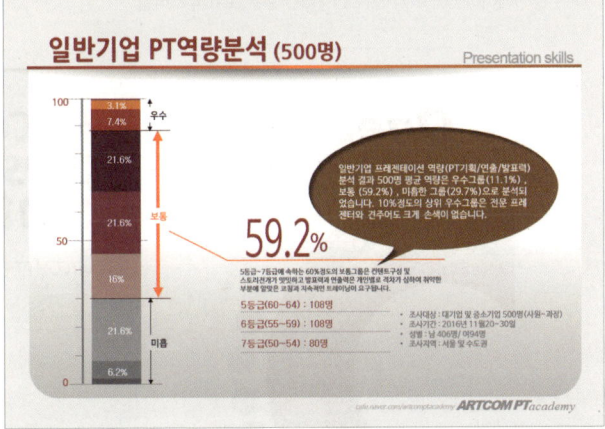

텍스트와 개체 간에 조화를 이루면서 디자인 미감을 살린 파워포인트 보고서

한글 보고서 레이아웃

한글 편집에서 가장 어려운 부분이 레이아웃 작업이었습니다. 그러나 지속적으로 기능이 업그레이드되어 이제는 파워포인트만큼 원하는 스타일로 레이아웃 작업을 할 수 있게 되었습니다.

복잡하고 섬세한 그래픽 요소는 한쇼나 파워포인트에서 만들어 불러들이고 텍스트와 도표 등은 한글에서 만들어 편집하면 상상하고 있는 어떠한 형식이라도 레이아웃 작업이 가능해집니다.

한글은 공문서 작성용으로 활용되면서 디자인이 크게 필요하지 않았지만, 편집 디자인 도구로 관점을 바꿔 활용한다면 레이아웃 작업이 잘된 신문이나 잡지 광고 수준까지 도달할 수 있습니다.

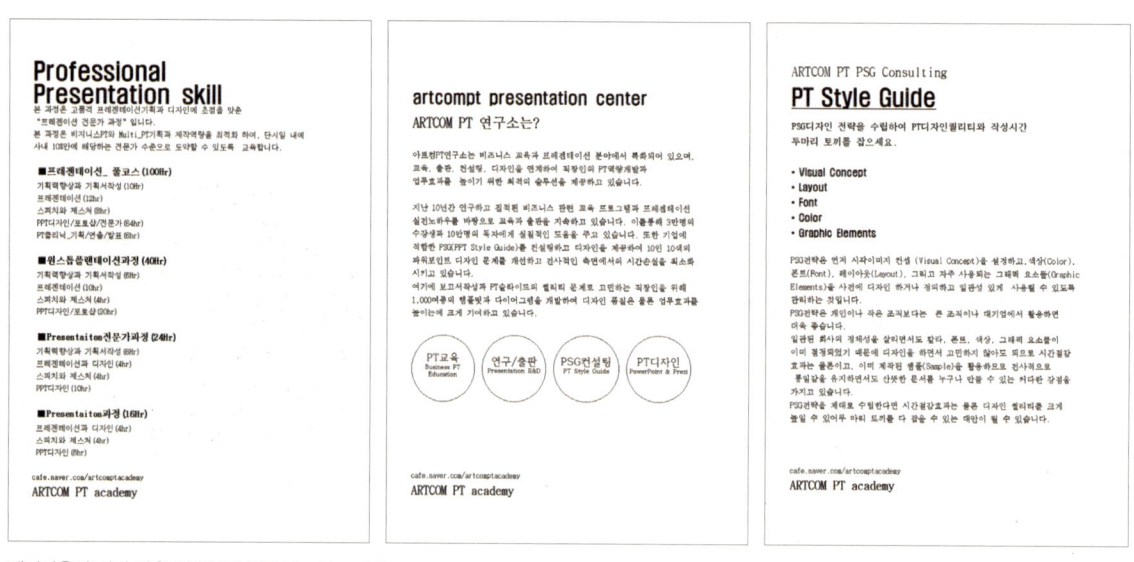

레이아웃이 되지 않은 전형적인 한글 보고서 스타일

  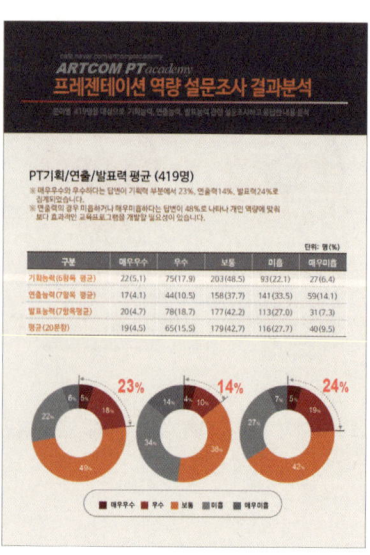

PNG 파일 형식의 그래픽 요소와 텍스트를 조합한 한글 보고서(PNG 파일 형식으로 만들어진 그래픽 요소는 한글에서 만들어진 텍스트와 도표, 도형과 자연스럽게 조화를 이룰 수 있어 레이아웃 작업하기에 한층 효과적입니다.)

3. 색상(Color)

보고서 디자인에 사용되는 색상은 PSG(보고서 디자인 통합 계획)에 따라 규정하는 것이 무엇보다 중요합니다. 규정된 색상은 배경색과 도해, 차트, 텍스트에 적용되어 일관성 있게 배색되어야 합니다.

퀄리티가 떨어지는 보고서의 공통점은 색상 배색이 잘못된 것입니다. 지나치게 색상을 많이 사용하고, 원색 계열의 채도가 높은 색상을 무절제하게 사용한 데 있습니다. 색상은 다양한 것보다는 오히려 부족하다 싶은 것이 좋습니다. 메인 컬러와 서브 컬러를 선정할 때 우선 조직(회사, 공공단체 등)의 문서 작성 규정이나 CI에 명시된 컬러 계획을 참고하는 것도 좋은 방법입니다. 일정한 규정이 없을 경우에는 디자인 컨셉에 맞춰 색상을 배색하면 되는데, 컬러는 전 페이지에 영향을 미치므로 신중하게 컬러 계획을 세우는 것이 좋습니다.

파워포인트 보고서 컬러

파워포인트에서 색상 계획을 수립할 때는 우선 메인 컬러(Basic Color)와 서브 컬러(Application Color), 포인트 컬러(Point Color)를 선정하는데, 도합 3색~7색 이내로 제한하는 것이 좋습니다. 메인 컬러와 서브 컬러를 규정한 컬러 팔레트를 만들어 색상을 일관성 있게 배색합니다. 파워포인트에서는 [표준 색]과 [사용자 지정]에서 색상을 배색할 수 있는데 [표준 색]에서 색상을 지정하면 대체로 채도가 높은 선명한 색상을 배색할 수 있고, [사용자 지정]에서는 보다 부드럽고 깊이 있는 색상을 배색할 수 있어 두 가지 기능을 모두 활용하는 것이 좋습니다.

메인 컬러와 서브 컬러를 적용하여 배색한 파워포인트 보고서

한글 보고서 컬러

한글에서의 컬러는 파워포인트 컬러와 같이 RGB에 의해 색상을 만들 수 있기 때문에 수천만 컬러를 사용할 수 있습니다. 그라데이션 색상 배색도 가능하기 때문에 보다 다채롭게 색상 배색이 가능합니다. 때문에 파워포인트와 같이 색상을 규정할 필요가 있습니다.

색상을 규정하지 않으면 전체적으로 통일감을 잃기 쉽고, 개인적 취향에 따라 색상을 배색하게 되기 때문입니다. 밋밋하고 딱딱했던 한글 편집도 컬러 배색만 제대로 해도 한층 세련되고 다채로운 보고서로 탈바꿈될 것입니다.

물론 공문서 형식의 보고서의 경우 컬러에 대한 부담은 없습니다. 모두 흑백으로 처리되기 때문입니다.(일부는 색상을 넣기는 하지만 매우 제한적이기 때문에 컬러 배색이라 할 수 없습니다.)

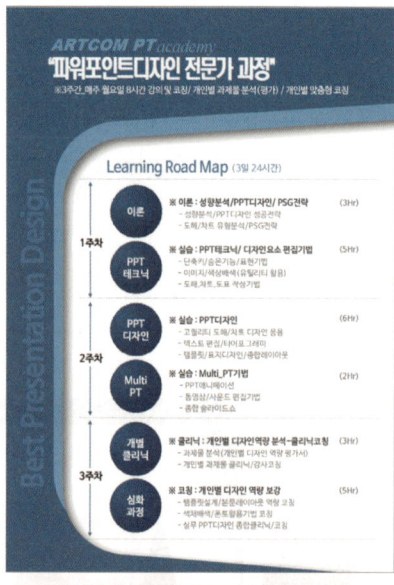 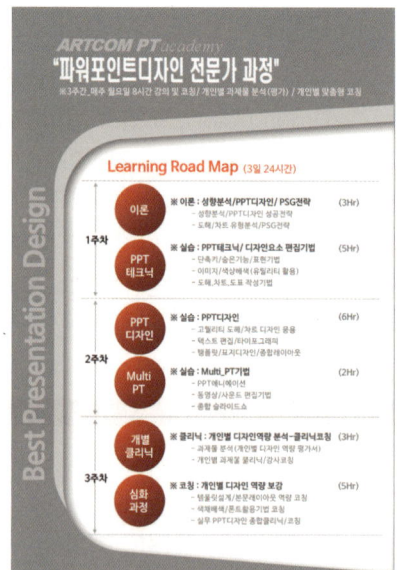
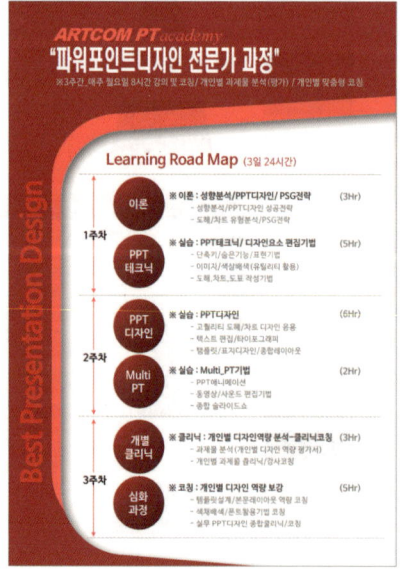 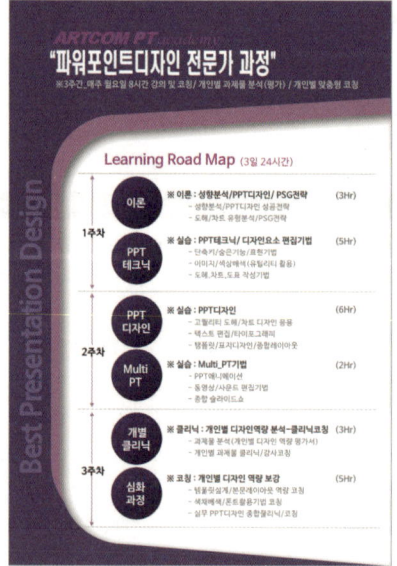

컬러 계획에 따라 네 가지 색상으로 배색한 한글 보고서

4. 폰트(Font)

PSG는 수천 개의 폰트 중 보고서에 적용되는 폰트를 최소한으로 제한합니다. 너무 많은 폰트는 통일감뿐만 아니라 가독성에 문제가 되기도 합니다.

폰트는 디자인 컨셉에 따라 폰트 종류와 크기, 색상을 정의해야 합니다.

보고서 작성에서 폰트 선정은 매우 중요합니다. 본문 디자인 요소 중 텍스트가 70% 정도 차지하기 때문입니다. 폰트를 잘못 선정하면 가독성 문제뿐만 아니라 주변 디자인 요소와도 조화를 이루지 못하여 퀄리티가 떨어지는 직접적인 원인이 됩니다.

폰트는 크게 한글용 폰트와 영문용 폰트를 분명히 구분하여 적용하는 것이 좋습니다. 한글은 한글 폰트를, 영문은 영문 폰트를 사용하는 것을 원칙으로 해야 합니다. 한글과 영문이 혼용될 경우 한글 세 종, 영문 두 종을 넘지 않아야 합니다.

보고서의 본문 폰트를 지정할 때 감성적인 부분은 명조 계열을, 가독성이나 시인성을 높여야 할 경우에는 고딕 계열을 사용하면 크게 문제가 없습니다.

파워포인트 보고서 폰트

본문 폰트(Body Font), 헤드라인(Headline), 설명이나 사진 캡션을 위한 폰트, 이미지에 사용되는 폰트 등을 구분하여 세부적으로 정의하는 것이 중요합니다. 제목에 해당하는 폰트는 고딕 계열로, 가독성, 심미성 등에 문제가 없으면서 굵은 글씨체가 좋습니다.

본문에 사용되는 폰트는 가는 것이 좋으며 텍스트가 여러 줄 배열되었을 때 짜임새가 있어야 합니다. 요즘 무료 폰트 중에서도 가독성, 심미성이 뛰어난 폰트기 많기 때문에 제대로 선택하면 디자인 완성도를 한층 높일 수 있습니다.

> · **파워포인트 보고서 추천 폰트**
> 헤드라인(제목) : 헤드라인체, 견명조, 견고딕, 나눔고딕 ExtraBold, 나눔바른고딕OTF
> 서브헤드(부제목) : 나눔고딕OTF, 나눔명조 ExtraBold, 나눔바른고딕OTF
> 본문 : 맑은고딕, 바탕, 굴림, 나눔바른고딕
> 한문 : 견명조, 견고딕, 한양해서, (한)hcho_HANGUL
> 영문 : Arial, Arial Black, Impact, Times New Roman, Tahoma

> **파워포인트 텍스트 효과**
> 파워포인트에서는 텍스트 효과를 위한 기능들이 많습니다. 평범한 텍스트를 디자인 의도에 따라 다양하게 표현할 수 있습니다. (파워포인트 역량이 중급 이상되면 이러한 기능들을 자유자재로 활용할 수 있어야 합니다.)
> 밋밋했던 텍스트에 그림자, 반사, 네온, 입체 효과, 3차원 회전, 변환 기능 등을 적절하게 적용하면 그래픽 프로그램 못지않은 타이포그래피 디자인이 가능합니다.

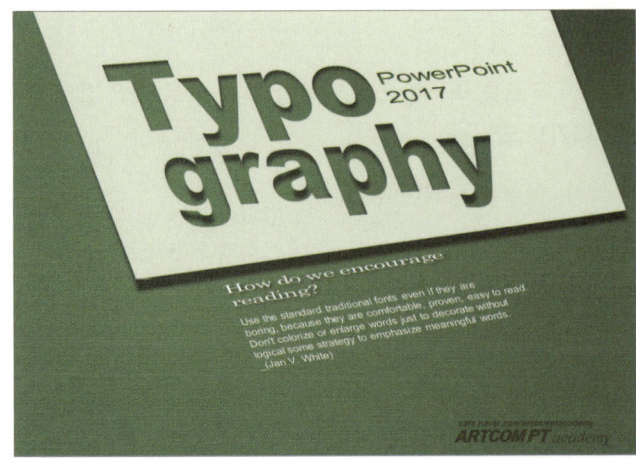

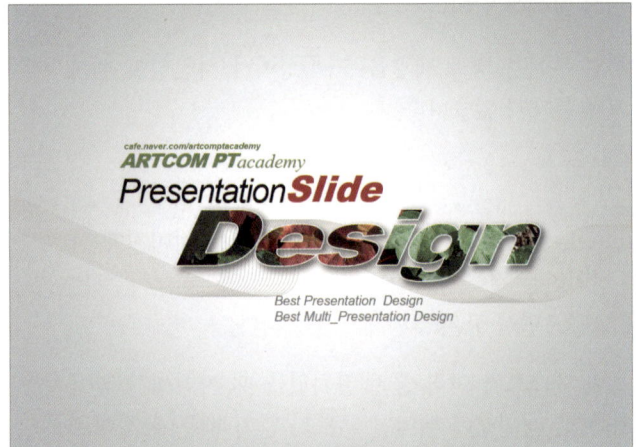

다섯 종 이내의 한글과 영문 글꼴로 편집한 파워포인트 보고서

한글 보고서 폰트

한글 폰트는 파워포인트와 같이 기본으로 제공되는 폰트 외에 글꼴을 등록하면 무한대로 폰트를 쓸 수 있기 때문에 폰트 종류는 무한대라 할 수 있습니다. 활용 가능한 폰트가 많지만 정작 써야 할 폰트는 제한해야 합니다. 난무하게 적용된 폰트는 보고서 디자인에 절대로 도움이 되지 않기 때문입니다.

기본적으로 HY헤드라인체, 바탕체, 굴림체, 돋음체, 함초롬바탕체 등을 제목이나 본문 폰트로 활용하는 경우가 많습니다. 글맵시 기능을 통해 파워포인트 워드아트 형식의 폰트 변형도 가능합니다.

한글 보고서 폰트는 파워포인트 폰트와 같이 한글용 폰트와 영문용 폰트를 분명히 구분하여 적용하는 것이 좋습니다.

한글과 영문이 혼용될 경우 한글 세 종, 영문 두 종을 넘지 않아야 합니다.

· 한글 보고서 추천 폰트

헤드라인(제목) : 헤드라인체, 견명조, 견고딕, 나눔고딕 ExtraBold, 나눔바른고딕OTF

서브헤드(부제목) : 나눔고딕OTF, 나눔명조 ExtraBold, 나눔바른고딕OTF

본문 : 함초롬바탕, 맑은고딕, 바탕, 굴림, 나눔바른고딕

한문 : 견명조, 견고딕, 한양해서, (한)hcho_HANGUL

영문 : Arial, Arial Black, Impact, Times New Roman, Tahoma

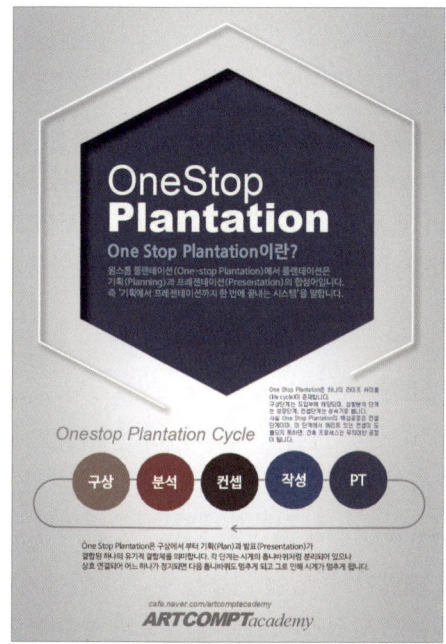

다섯 종 이내의 한글과 영문 글꼴로 편집한 한글 보고서

5. 그래픽 요소(Graphic Elements)

보고서 디자인에서 그래픽 요소는 메시지를 보조하거나 디자인 미감을 살리는 장식적 요소라 할 수 있습니다. 그래픽 요소에는 라인, 스트라이프, 텍스트 박스, 도형, 화살표, 클립아트, 붓 터치, 타이틀 바, 타이포그래피, 배경 이미지, 패턴 등이 포함됩니다. 표지, 목차, 도해, 도표, 차트 등을 디자인할 때 그래픽 요소가 적용될 수 있으며 그 외에도 텍스트 박스나 타이틀 바 등에 그래픽 요소가 부분적으로 활용됩니다. 그래픽 요소는 철저히 PSG 디자인 컨셉에 의해 개발되어야 합니다. 예를 들면 모던한 느낌으로 디자인 컨셉이 정해졌다면 그래픽 요소는 세련된 패턴, 흑백 컬러, 직선 라인, 대비가 강한 요소, 도시적 이미지 등을 사용해야 합니다.

고전적인 컨셉이라면 또한 그에 적합한 패턴, 색상, 라인, 이미지가 필요합니다.

차별화된 디자인을 원한다면 기존의 것을 활용하는 것보다 직접 개발하는 것이 좋습니다. 그러나 초급자에게는 쉬운 일이 아닙니다. 직접 개발은 물론 기존의 그래픽 요소를 선택하는 것조차 어렵습니다. 그렇기 때문에 초급자들의 슬라이드를 보면 그래픽 요소가 조잡하게 구성되어 있는 것을 볼 수 있습니다. 그래픽 요소를 선택하는 안목과 직접 개발할 수 있는 역량은 초급자와 전문가를 가르는 척도가 될 수 있습니다.

파워포인트 보고서 그래픽 요소

파워포인트 그래픽 요소는 단순하게는 그림자 이미지, 라인, 화살표, 글머리 기호, 기본 도형 등이며, 좀 더 복잡하고 높은 퀄리티를 요구하는 것으로는 타이틀 바, 텍스트 박스, 스트라이프, 패턴, 라인 아트, 먹물 번짐, 일러스트, 회화적 배경, 배경 이미지 등이 포함됩니다.

파워포인트는 그래픽 요소를 개발할 수 있는 기능을 갖추고 있어 상상하고 있는 어떤 표현도 가능합니다. (물론 난이도 높은 합성이나 먹물 번짐 효과 등을 표현하기 위해서는 포토샵을 활용해야 할 수도 있습니다.)

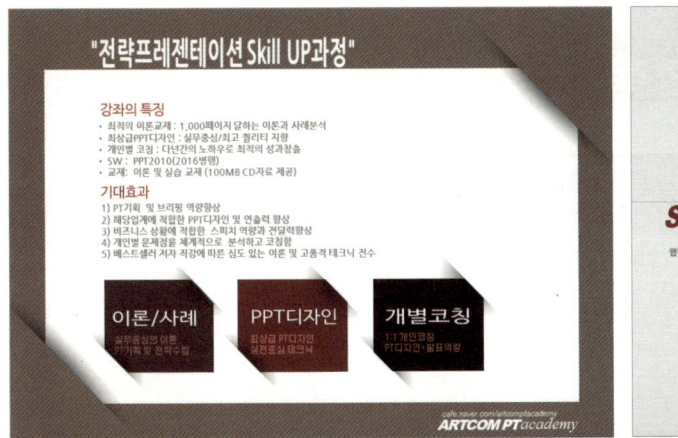 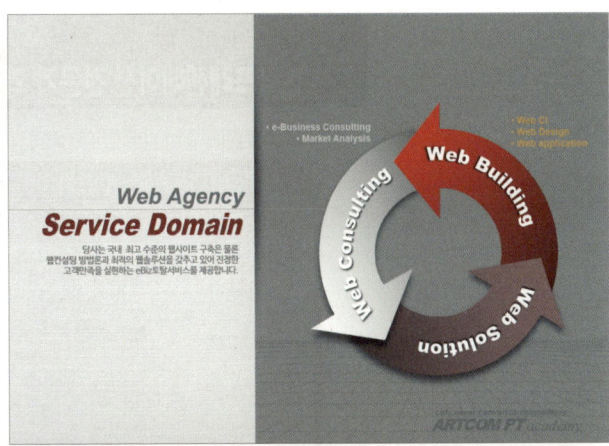
 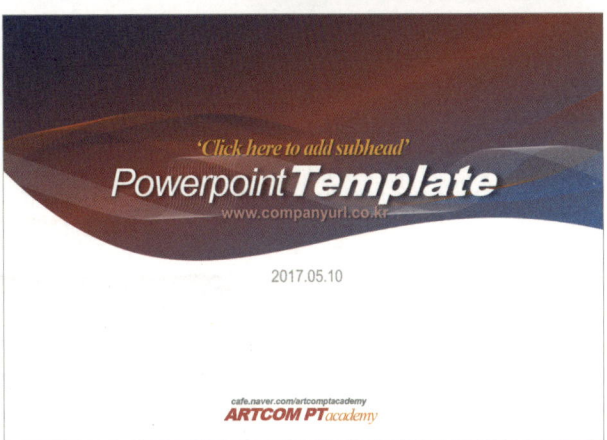

질린 타원 그림자, 회선형 노해, 라인아트 등의 그래픽 요소를 적용한 파워포인트 보고서

한글 보고서 그래픽 요소

한글에서 직접 그래픽 요소를 개발(디자인)하는 것은 어렵습니다. 디자인을 하였어도 퀄리티를 보장하기 어렵기 때문에 한쇼나 파워포인트에서 PNG 파일 형식으로 만들어 한글로 불러들여 배치하는 것이 효과적입니다.

공문서 형식의 한글 보고서에는 그래픽 요소가 거의 필요하지 않지만 디자인을 요하는 보고서에는 파워포인트와 동일하게 디자인 요소를 필요로 합니다. 한글 보고서에 필요한 그래픽 요소는 디자인된 타이틀 바, 텍스트 박스, 스트라이프, 패턴, 라인아트, 먹물 번짐, 일러스트, 회화적 배경, 배경 이미지 등이 모두 해당됩니다.

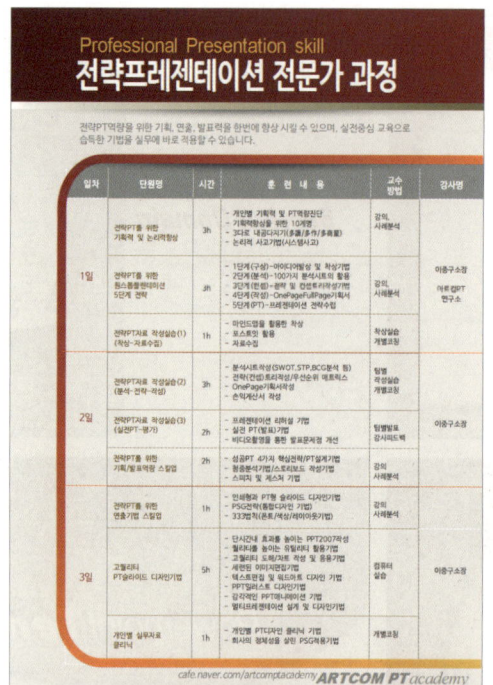

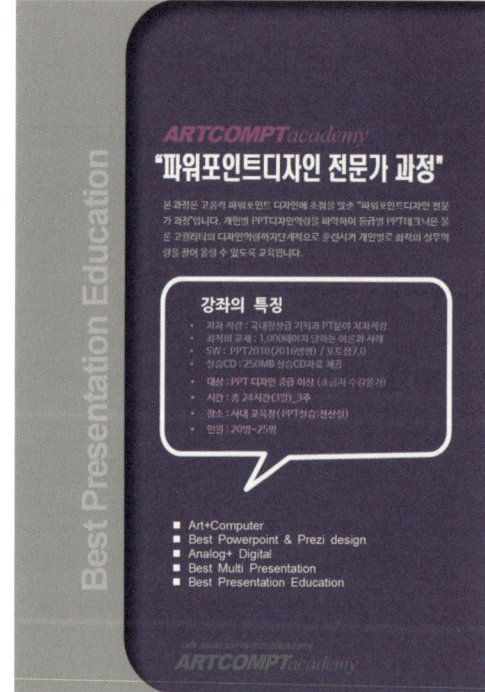
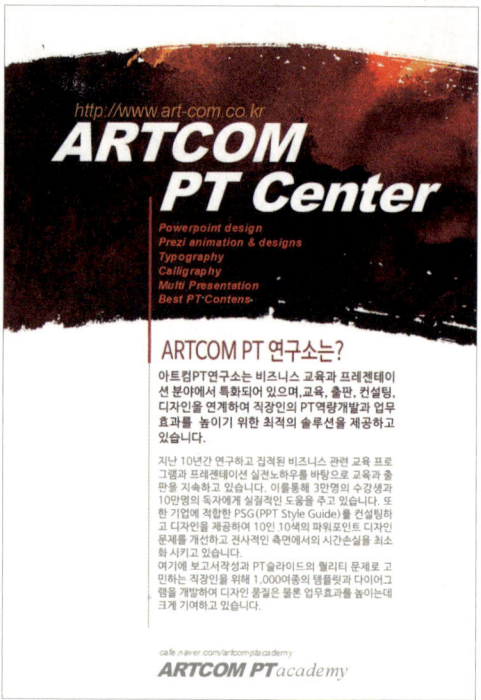

라인, 패턴, 그림자 효과 등으로 그래픽 요소를 적용한 한글 보고서
한글 보고서는 대부분 세로형으로 구성하기 때문에 그래픽 요소 또한 세로형에 적합하게 개발되어야 하고 배치하였을 때 겉돌지 않아야 합니다.

004 파워포인트 2016 핵심 기능 알아보기

파워포인트는 진화에 진화를 거듭해 파워포인트 2016에 이르러 더 이상 업그레이드를 기대하지 않아도 좋을 만큼 기능이 최적화되었습니다. 프레젠테이션뿐만 아니라 보고서 디자인에 있어서 더할 나위 없이 훌륭한 프로그램입니다.

세련된 템플릿 개발은 물론 도해, 차트, 타이포그래피, 사진 편집, 전문적인 인포그래픽까지 파워포인트 기능만으로 완성도 높은 디자인을 할 수 있게 되었습니다.
필자는 파워포인트를 활용한 '보고서 디자인 실습' 시간에 수강생들과 질의 응답 시간을 자주 갖습니다. 많은 질문 내용 중 초급 수준에서 반드시 알아야 할 열 가지 핵심 내용만 간추려 보았습니다.

1. 지정된 색상과 폰트 사용하기

도형을 그리거나 텍스트를 입력할 때 내가 지정한 도형 색상이나 지정한 폰트로 바로 작업할 수 있을까요?
예를 들면 도형을 그릴 때 기본 색상은 하늘색으로 나오게 하고, 텍스트를 입력할 때 '맑은 고딕(본문)'이 기본 폰트로 되어 있는데 '나눔바른고딕OTF' 폰트, 크기는 '20pt', 색상은 '하늘색'으로 바로 입력하고 싶습니다.

'기본 도형으로 설정'과 '기본 텍스트 상자로 설정' 기능을 활용하면 간단하게 해결할 수 있습니다.
'기본 도형으로 설정'과 '기본 텍스트 상자로 설정'을 하지 않으면 매번 색상을 변경하고 폰트를 변경해야 하기 때문에 번거롭겠죠.

❶ 기본 도형으로 설정하기

'기본 도형으로 설정'하기를 하려면 도형과 테두리 색을 원하는 색상으로 배색한 다음 마우스 오른쪽 버튼을 클릭하고 [기본 도형으로 설정]을 실행하면 앞으로 그리는 모든 도형들은 지정 색상으로 나오게 됩니다.

테두리 두께와 색도 설정한 대로 그려집니다. 예를 들어 하늘색으로 하고 싶다면 색상을 하늘색으로 지정하고 [기본 도형으로 설정]을 실행하세요.

❷ **기본 텍스트 상자로 설정하기**

'기본 텍스트 상자로 설정'하기를 하려면 텍스트 상자에 원하는 폰트를 지정하고 글꼴 크기와 색상을 지정한 다음 [기본 텍스트 상자로 설정]을 실행하면 됩니다. 앞으로 폰트를 입력하면 지정한 폰트로 시작할 수 있습니다.

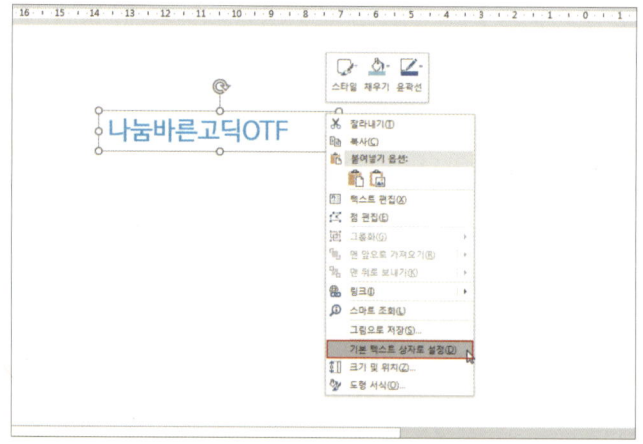 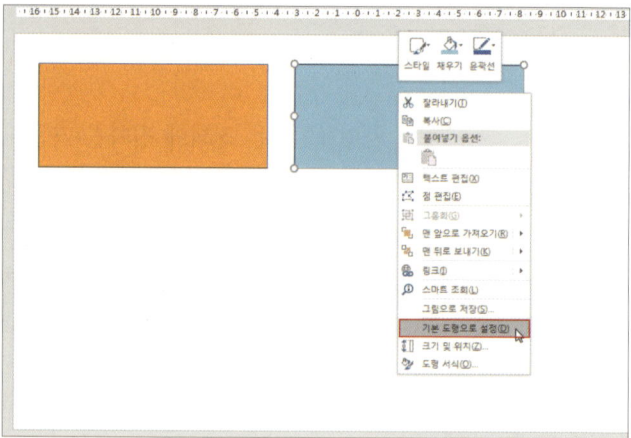

2. 사진 배경을 투명하게 만들기

사진 중에서 원하는 이미지만 남기고 불필요한 배경은 제거하여 투명하게 만들 수 있을까요?

사진 배경은 파워포인트의 [배경 제거] 기능과 [투명한 색 설정] 기능을 이용하여 쉽게 제거할 수 있습니다.

배경을 제거하는 방법은 의외로 간단하지만 사진 해상도와 배경 상태에 따라 작업 시간이 많이 걸리는 경우도 있고, 결과물의 완성도가 떨어지는 경우가 있기 때문에 무엇보다 원본 사진 상태가 중요합니다.

사진 배경을 제거하는 방법은 두 가지가 있는데 우선 [배경 제거] 기능을 활용해 보고 완성도가 떨어질 경우 배경색을 동일하게 만든 후 [투명한 색 설정] 기능을 활용해 보세요.

❶ 배경 제거하기

사진을 선택하고 [그림 도구]-[서식] 탭-[배경 제거]를 클릭한 다음 [보관할 영역 표시]와 [제거할 영역 표시]를 이용하여 그림과 같이 메인 이미지만 남기고 배경을 제거합니다. (보라색 부분이 배경이 제거되는 영역입니다.)

❷ 투명한 색 설정하기

- 배경 부분을 단일색을 만들기 위해 [자유형:도형]을 이용하여 그려 줍니다. (그림과 같이 점 편집 기능을 이용하여 형태를 보다 정교하게 수정합니다.)
- 개체와 배경을 모두 선택한 다음 그룹으로 묶고 그림으로 저장합니다. (이때 파일 형식을 EMF로 지정합니다.)
- 저장된 그림을 불러와 '투명한 색 설정'을 선택한 다음 하늘색 부분을 클릭하면 배경이 제거됩니다.

3. 색상 배색 쉽게 하기

색상 배색을 쉽게 하면서 세련되게 하는 방법이 있을까요?

파워포인트 2013부터 제공되는 스포이트 기능은 색 배색 감각이 약한 독자에게는 정말 최고의 선물입니다. 스포이트 기능을 제대로 사용한다면 디자이너 못지않은 색상 배색이 가능합니다.

예전에는 컬러 콥(Color Cop)이라는 유틸리티를 이용하여 RGB 값을 알아낸 다음 [색] 대화상자를 열고 [사용자 지정]에서 RGB 값을 입력하여 색상을 배색할 수 있었습니다. 그러나 파워포인트 2013에 스포이트 기능이 추가되면서 이러한 불편은 해소되었습니다.

구글이나 네이버에서 '컬러 배색'이라는 키워드를 입력하면 수많은 컬러 배색을 접할 수 있는데 이 중 필요한 컬러 배색 이미지를 선택하고 '스포이트'로 색상을 추출하면 초급자도 어렵지 않게 세련된 컬러 배색이 가능해집니다.

이제부터 색상을 배색하는 능력은 색상을 보는 안목에서 좌우됩니다.

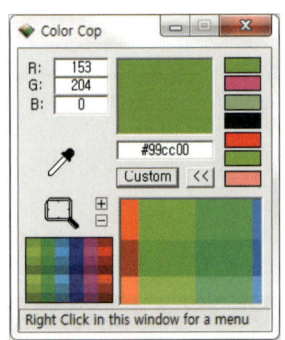
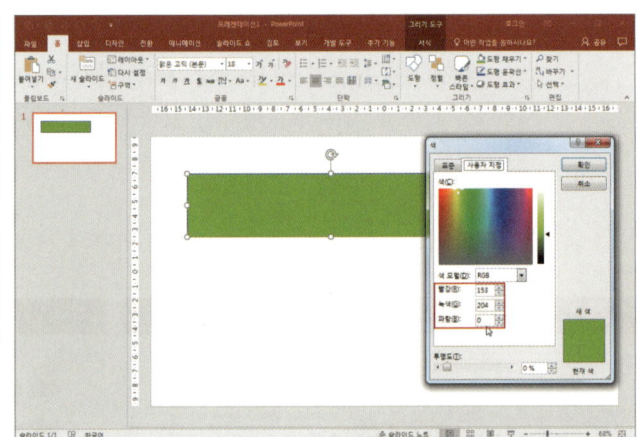

컬러 콥을 이용한 색상 배색

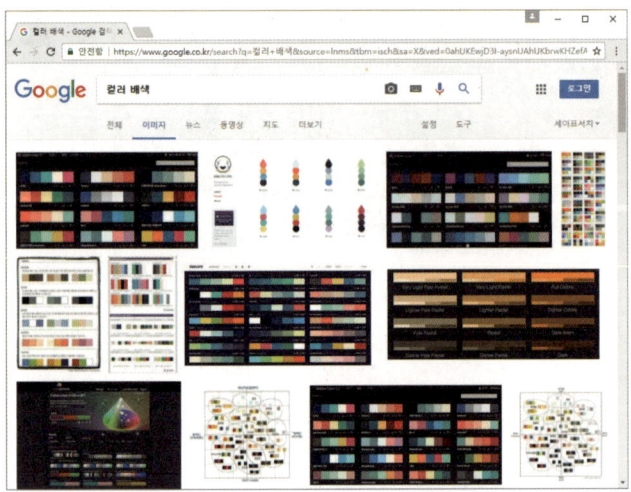

구글에서 '컬러 배색' 검색

❶ 도형 채우기 스포이트 활용하기

색상 배색할 도형을 먼저 선택한 후 [도형 채우기]에서 [스포이트]를 선택하고 원하는 색상에 스포이트를 이동한 다음 클릭하면 도형 색상이 바로 변경됩니다.

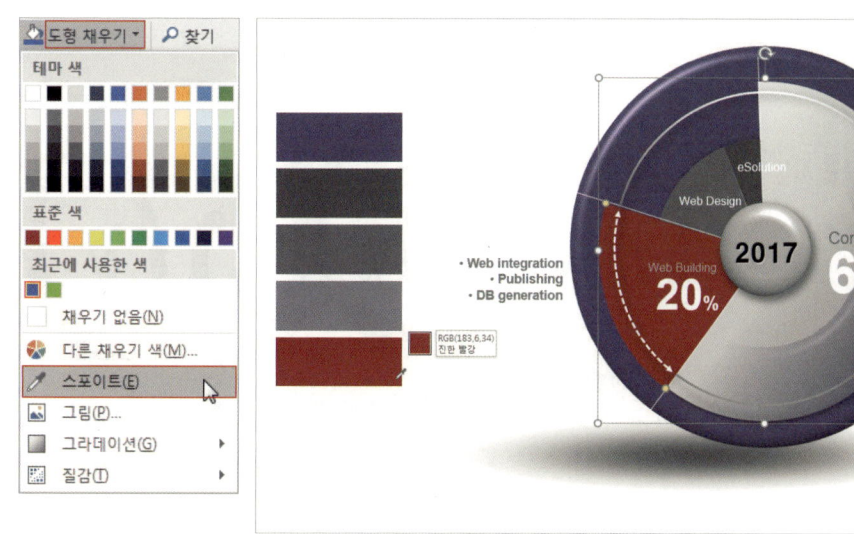

❷ 도형 윤곽선 스포이트 활용하기

색상 배색할 라인을 먼저 선택한 후 [도형 윤곽선]에서 [스포이트]를 선택하고 원하는 색상에 스포이트를 이동한 다음 클릭하면 도형 윤곽선(라인) 색상이 바로 변경됩니다.

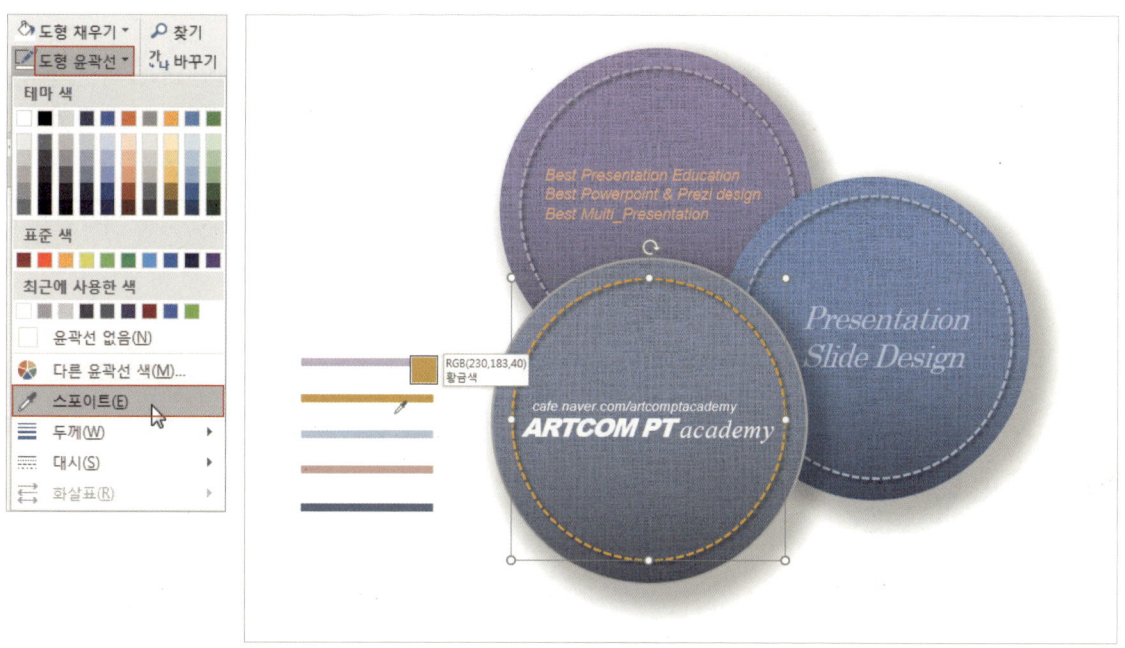

❸ 글자 색 스포이트 활용하기

색상 배색할 텍스트를 먼저 선택한 후 [글꼴 색]에서 [스포이트]를 선택하고 원하는 색상에 스포이트를 이동한 다음 클릭하면 글꼴 색상이 바로 변경됩니다.

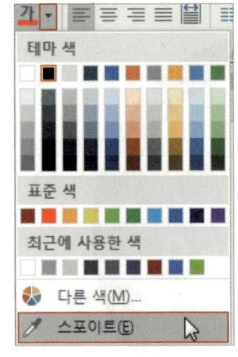
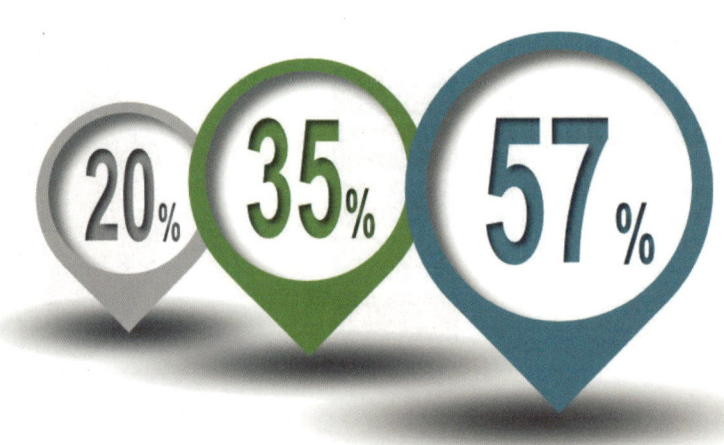

4. 개체나 텍스트 배경을 투명하게 저장하기

파워포인트에서 작업한 개체나 텍스트 배경을 투명한 상태로 저장하려면 어떻게 해야 할까요?

파워포인트에서 디자인한 개체나 텍스트 배경을 투명하게 하려면 PNG 파일 형식이나 EMF 파일 형식으로 이미지를 저장해야 합니다. 배경이 투명한 이미지는 도해 작업이나 편집 디자인을 할 때 아주 유용하게 활용할 수 있습니다.

한번 만들어 놓은 PNG 파일은 폴더를 만들어 유형별로 관리하면 향후 디자인을 할 때 바로 꺼내 쓸 수 있어서 디자인 퀄리티는 높이면서 제작 시간은 크게 단축할 수 있습니다.

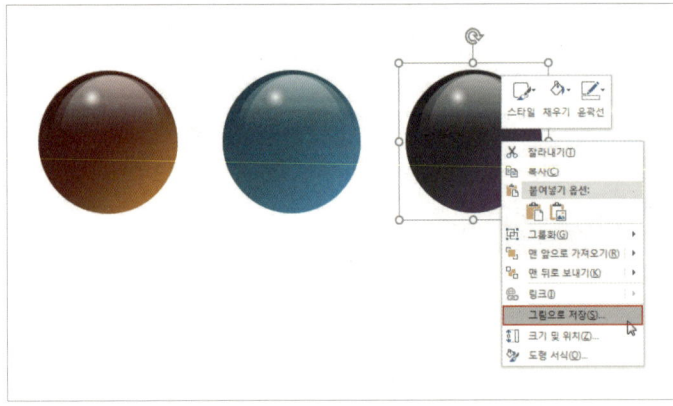
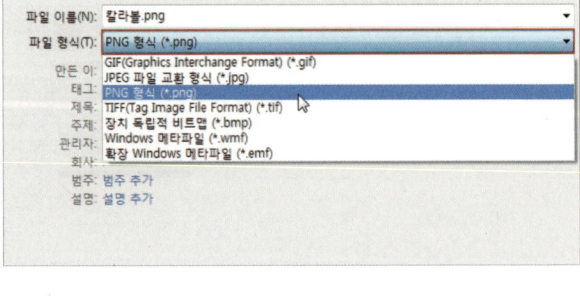

파워포인트에서 제작한 이미지를 PNG 파일 형식으로 저장하는 모습

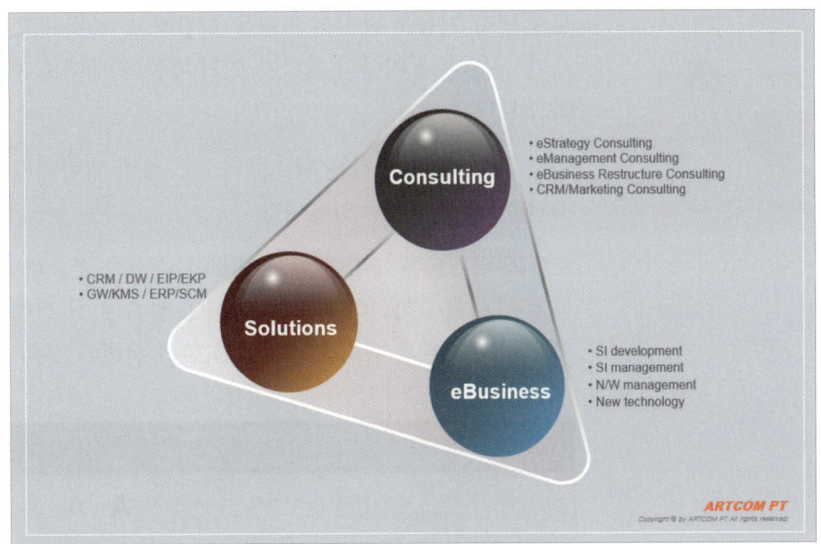

저장해 놓았던 PNG 파일 이미지를 불러들여 의도에 맞게 구성한 모습

PNG 파일 형식의 라인아트를 불러들여 구성한 표지 디자인

PNG 파일 형식의 컬러 볼, 워드아트, 타원 그림자 등을 불러들여 의도에 맞게 구성한 모습

5. 효과적으로 도형 병합하기

파워포인트에서 간단한 로고 디자인을 하고 싶은데 도형 병합 기능을 활용하면 쉽게 만들 수 있다고 합니다. 도형 병합은 무엇이고 언제하는 것일까요?

도형 병합 기능은 파워포인트 2010부터 지원되는 기능입니다. (파워포인트 2010은 '빠른 실행 도구 모음'에서 '셰이프 결합', '교차', '병합', '빼기'를 등록해야 사용할 수 있습니다.)

파워포인트 2013에서는 [서식]에 도형 병합 기능이 있으며 [조각] 기능이 추가되어 도형 병합 작업이 한층 편리해졌습니다.

도형 병합 기능은 단순히 도형을 결합하고, 조각내고, 일부 도형을 제거하는 기능으로 이해하기 쉬운데 그 이상의 가치가 있기 때문에 제대로 기능을 숙지하고 응용 범위를 넓혀 나가야 합니다.

파워포인트 2013부터는 텍스트와도 도형이 병합되기 때문에 그야말로 최적의 그래픽 제작 조건을 갖췄다 할 수 있습니다.

도형과 텍스트를 병합할 때 선택하는 순서가 중요합니다. (병합, 결합, 조각, 교차, 빼기 모두 순서가 중요합니다.) (ⓐ와 같이 도형을 먼저 선택하고 텍스트를 나중에 선택한 것과 ⓑ와 같이 텍스트를 먼저 선택하고 도형을 선택한 것은 차이가 있습니다.)

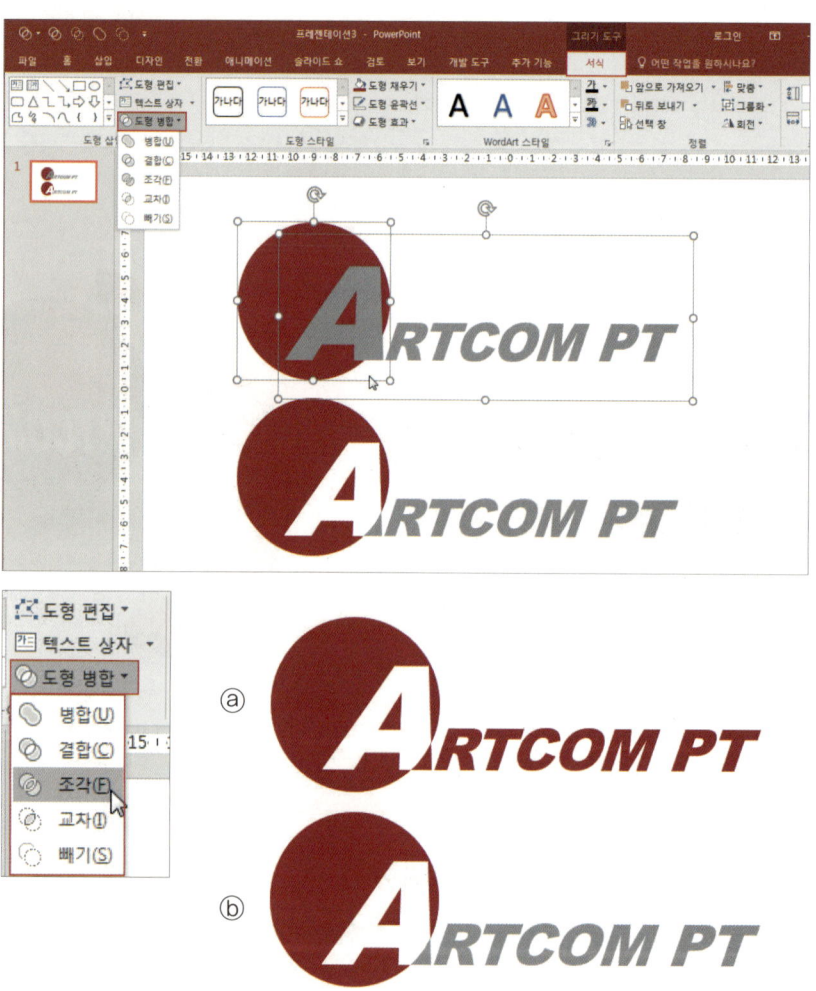

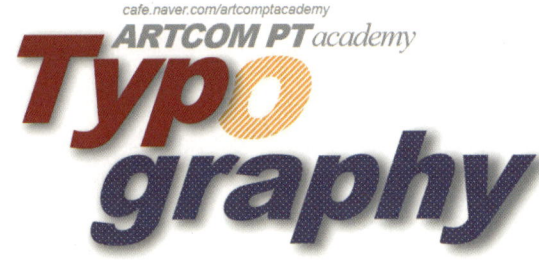 

파워포인트의 [도형 병합] 기능을 활용한 타이포그래피
출처 : http://cafe.naver.com/artcomptacademy/2325

6. 그라데이션 표현하기

그라데이션을 실제감 나게 표현하려면 어떻게 해야 할까요?

파워포인드로 보고서를 만들 때 색상 배색은 단색 배색과 그라데이션 배색 두 가지가 있습니다.

색상을 단색으로 배색하면 심플한 맛이 있고, 그라데이션 효과를 적용하면 한층 실제감이 나면서 디자인 완성도를 높일 수 있습니다. 그러나 그라데이션을 아무 때나 적용하면 오히려 효과가 반감될 뿐 아니라 인쇄에도 문제가 있을 수 있습니다.

꼭 필요한 곳에 필요한 만큼만 그라데이션 효과를 적용하는 것이 좋습니다. 그라데이션은 두 개 이상 색상이 자연스럽게 섞이면서 미묘한 효과를 내게 됩니다.

그라데이션 종류는 선형, 방사형, 사각형, 경로형으로 나눌 수 있고 중지점에 의해 색상을 배색하고 간격을 조절할 수 있습니다.

중지점은 색상이 시작되는 점을 말하는데 세 개의 색상으로 그라데이션하려 한다면 중지점이 세 개가 되는 것입니다. (중지점은 최소 두 개부터 최대 열 개까지 추가할 수 있습니다.)

동일한 그라데이션이라 하더라도 그라데이션 위치, 투명도, 방향, 각도, 밝기 등에 따라 미묘한 차이가 생기므로 그야말로 그라데이션을 다루는 감각이 필요합니다.

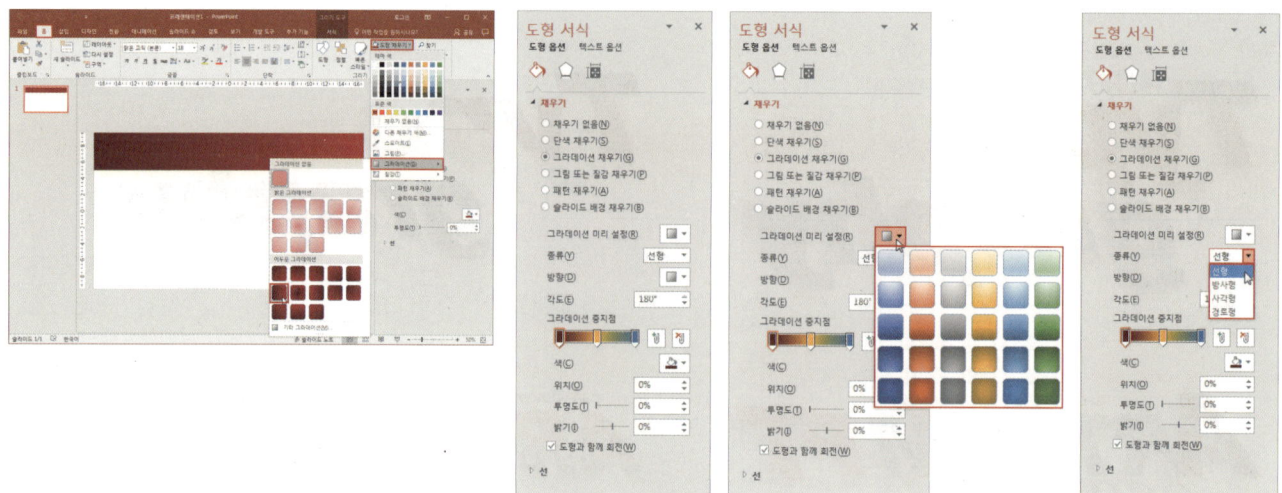

파워포인트 2016 : 다양한 그라데이션 옵션을 통해 완성도 높은 그라데이션 작업이 가능합니다.

파워포인트 그라데이션 기능을 활용한 텍스트 박스와 타이틀 바
출처 : http://cafe.naver.com/artcomptacademy/2259

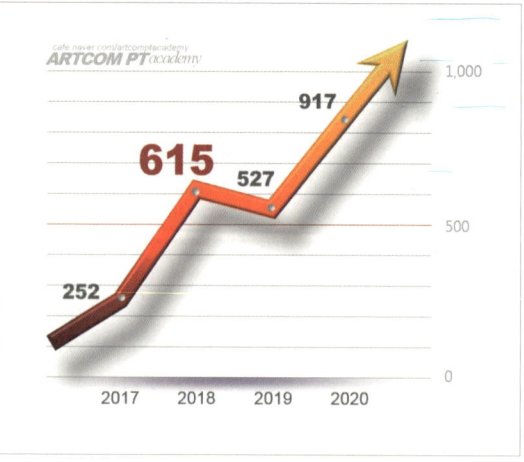

파워포인트 그라데이션 기능을 활용한 메탈 느낌의 도넛 도형과 꺾은선형 그래프
출처 : http://cafe.naver.com/artcomptacademy/2295

7. 그림자 표현하기

기본적으로 제공하는 그림자 효과는 다소 형식적이고 딱딱한 느낌이 납니다. 그림자를 보다 사실적으로 표현하려면 어떻게 해야 할까요?

그림자 표현 방법은 두 가지가 있는데 첫 번째는 주어진 옵션으로 그림자 효과를 표현하는 방법이고 두 번째는 직접 그리는 방법입니다.

직접 그리는 방법은 투명도와 그라데이션 효과, 부드러운 가장자리 효과 등을 복합적으로 활용하기 때문에 작업 난이도가 높지만 완성도 측면에서는 효과적입니다.

 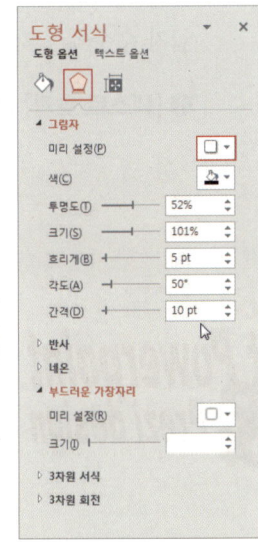 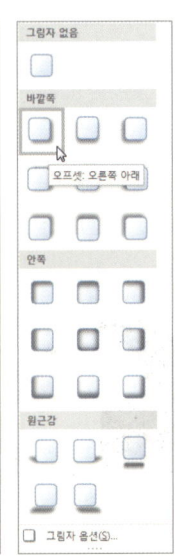

그림자 옵션을 지정하여 만든 그림자
출처 : http://cafe.naver.com/artcomptacademy/2356

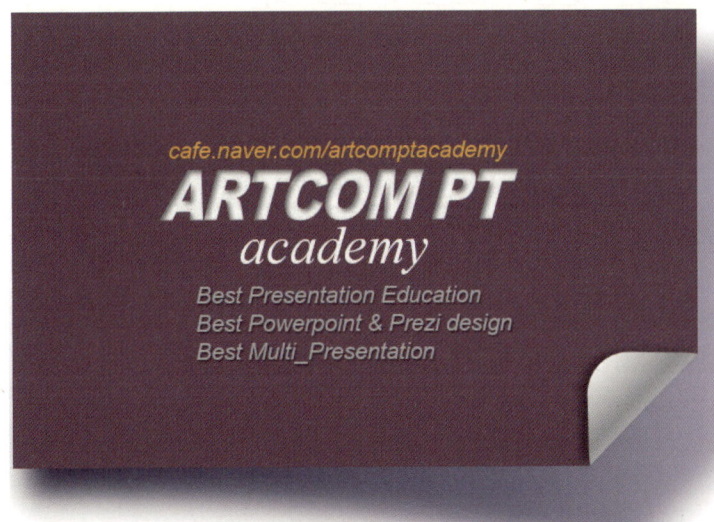 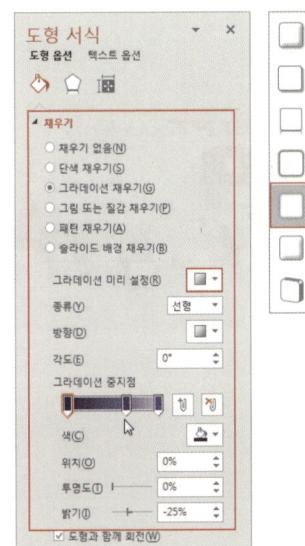 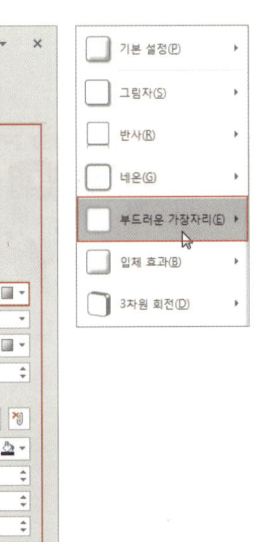

자유형 도형(⌐)으로 그림자 형태를 그리고 그라데이션 효과와 부드러운 가장자리 효과를 적용하여 만든 그림자

8. 타이포그래피 작업하기

타이틀이나 중요 키워드를 본문 텍스트와 구분되면서 눈에 확 들어오게 타이포그래피 작업을 하는 방법이 있을까요?

파워포인트에서 제공하는 [텍스트 효과] 기능을 활용하면 타이틀이나 메인 키워드를 확실하게 부각할 수 있습니다.

뿐만 아니라 타이포그래피 퀄리티도 크게 향상시킬 수 있어 매우 유용합니다.
파워포인트 기능 중 [텍스트 효과] 기능은 단연 수준급이라 할 수 있습니다.

다음 디자인은 아트컴피티 아카데미(http://cafe.naver.com/artcomptacademy)에서 초중급자 수준에서 따라할 수 있도록 개발된 타이포그래피 예제들입니다.

❶ [텍스트 효과] 기본 기능(변환-사각형)을 이용한 파워포인트 타이포그래피

❷ 입체 효과와 3차원 회전 효과를 적용한 파워포인트 타이포그래피

❸ [패턴 채우기] 및 [그림 또는 질감 채우기] 기능을 활용한 파워포인트 타이포그래피

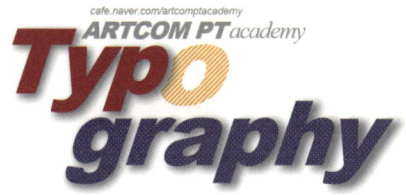 

아트컴피티 아카데미(네이버 카페)에 접속하면 2,000여 건의 파워포인트 및 한쇼, 한글 디자인을 접할 수 있습니다. 파워포인트 기능으로 작성 가능한 다양한 타이포그래피 예제들을 볼 수 있으며 디자인 소스를 다운로드하여 활용할 수도 있습니다. (http://cafe.naver.com/artcomptacademy)

9. 짜임새 있게 텍스트 편집하기

보고서 작성을 할 때 텍스트 자간과 행간을 보다 정교하게 조절하는 기능이 있을까요?

본문 텍스트 편집에서 자간과 행간(줄 간격) 조절은 매우 중요합니다. 특히 텍스트가 많을 때는 더욱 그렇습니다.

일반적으로 자간과 행간을 수정하지 않는 경우가 많은데 보다 짜임새 있는 편집 디자인을 위해서는 자간과 행간 조절에 신경 써야 합니다.

텍스트의 자간과 행간을 조금 더 좁히거나 조금 더 넓힌 상태에 따라 디자인이 달라지기 때문에 보다 섬세하게 작업할 필요가 있습니다.

❶ 정교하게 자간 조절하기

자간 조절을 할 때 문자 간격(간▼)에서 '좁게' 또는 '넓게'를 선택하면 급격하게 자간이 좁아지고 넓어지기 때문에 '기타 간격'을 통해 글 간격을 정교하게 조절합니다.
([기타 간격]에서 '좁게'를 선택하면 기준 값이 '1pt'가 나오는데 '0.5pt' 정도의 값을 주면 적절하게 자간이 좁혀집니다. 자간을 더 좁히고 싶을 때 '1.5pt' 정도로 수치를 올립니다.)

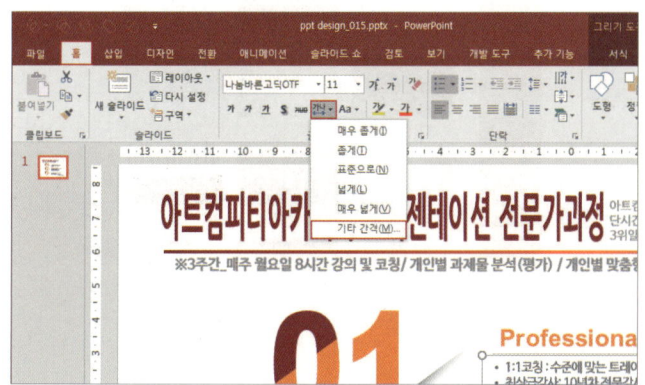 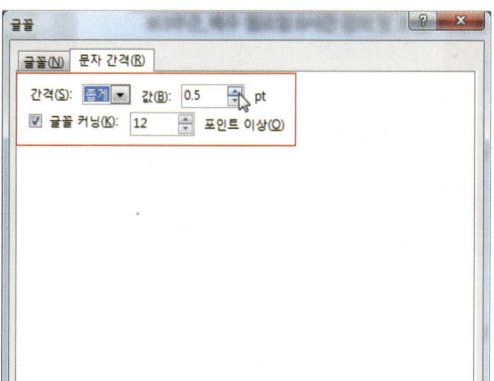

❷ 정교하게 행간(줄 간격) 조절하기

행간(줄 간격)을 조절할 때 줄 간격( )에서 '1.5', '2.0' 등을 선택하면 급격하게 행간이 넓어지기 때문에 [줄 간격 옵션]을 통해 행간을 정교하게 조절합니다.

('고정'을 선택하고 값을 입력하면 미세하게 행간을 조절할 수 있습니다. 수치를 입력하고 행간 정도를 확인한 다음 조금씩 수치를 더 높이거나 낮추면서 최적의 줄 간격을 유지합니다.)

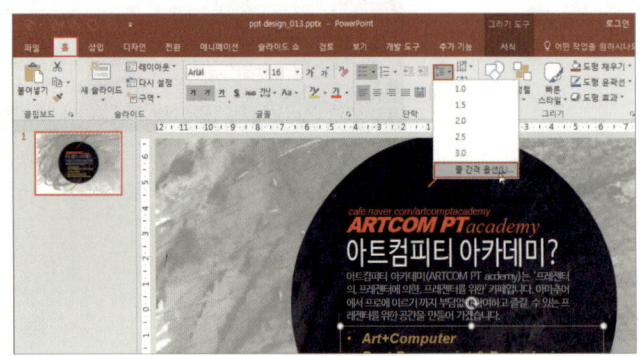 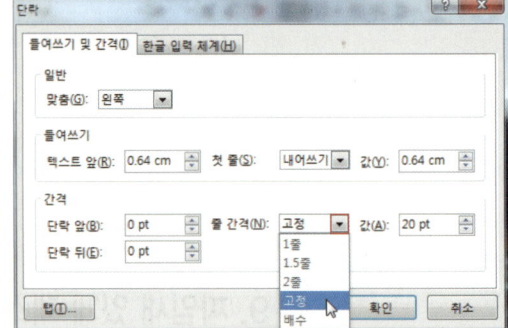

10. 템플릿 사용하기

파워포인트에서 제공되는 템플릿을 어떻게 사용할까요? 템플릿을 직접 개발하려면 어떻게 해야 할까요?

파워포인트에서 새로 만들기를 하면 기본으로 제공되는 주요 서식 파일이 표시되는데 이 중에서 선택하거나 추천 검색어를 통해 보다 다양하게 제공되는 템플릿을 선택할 수 있습니다. 선택한 템플릿을 그대로 활용할 수 있고 원하는 색상과 폰트로 수정도 가능합니다.

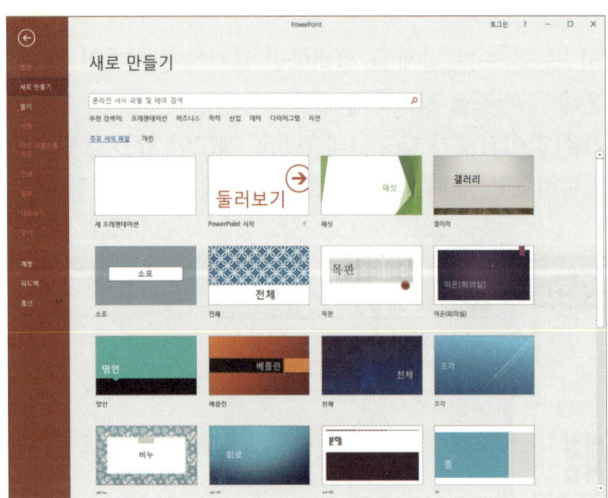 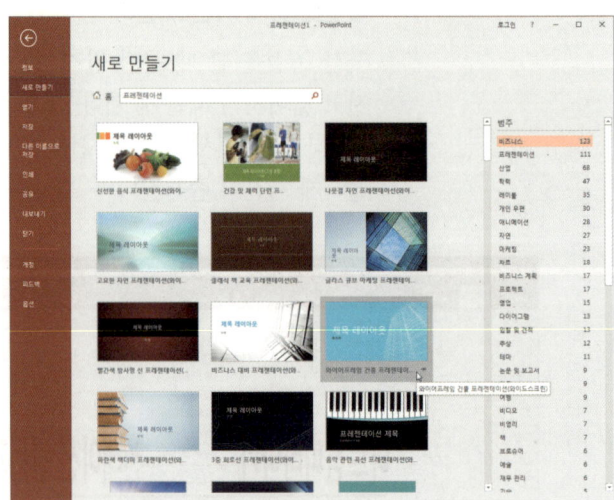

'슬라이드 마스터'는 슬라이드에 공통으로 들어가는 배경 이미지, 타이틀 바, 라인, 글꼴, 색 테마, 바닥글, 번호, 마크 로고 등을 지정하는 곳입니다. 슬라이드 마스터에서 설정한 내용들은 서식 파일(*.potx)로 저장합니다. PPT 템플릿으로 등록된 서식 파일은 영구적으로 활용할 수 있습니다.

수십 페이지 보고서 배경을 한번에 바꾸거나 텍스트를 한번에 변경해야 할 경우 슬라이드 마스터 작업은 필수입니다.

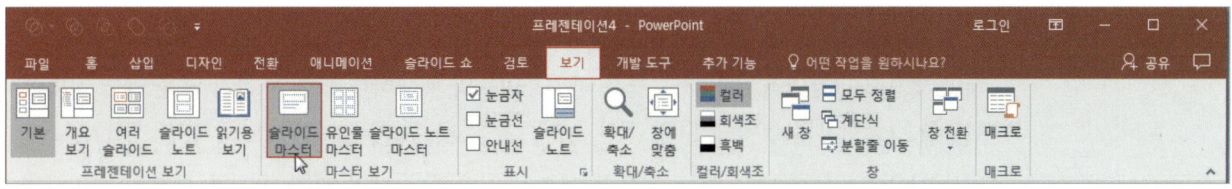

슬라이드 마스터에서 첫 번째 슬라이드 마스터(Office 테마 슬라이드 노트)와 두 번째 슬라이드(제목 슬라이드 레이아웃)는 기본으로 남기고 레이아웃에 해당되는 마스터 페이지는 대부분 삭제하는 것이 관리하기에 좋습니다.

슬라이드 마스터에서 정의한 디자인은 두 번째 표지 슬라이드에도 그대로 적용되기 때문에 [배경 그래픽 숨기기]에 체크 표시합니다.

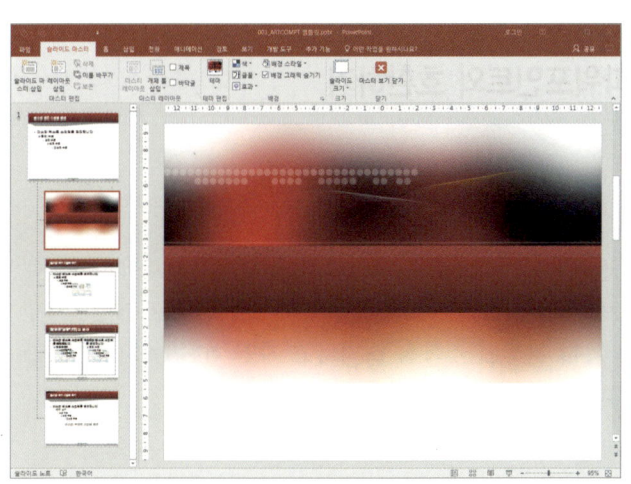

슬라이드 마스터에서 직접 템플릿 개발(불필요한 마스터 페이지는 삭제)
출처 : http://cafe.naver.com/artcomptacademy/55

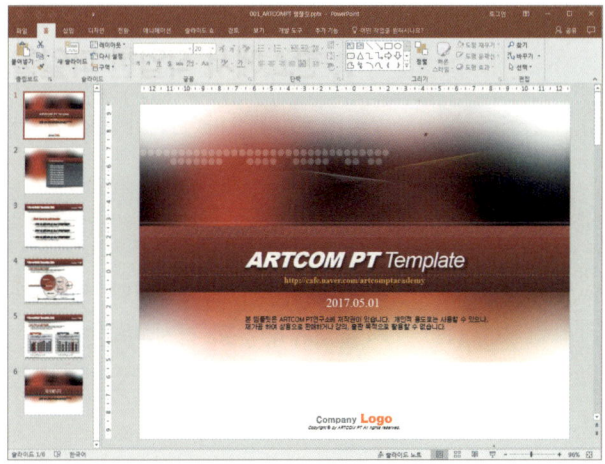

개발된 템플릿을 활용한 슬라이드

005 한쇼 NEO 핵심 기능 알아보기

한컴오피스 한쇼는 파워포인트와 어깨를 나란히 할 만큼 최적화된 프로그램이라 말할 수 없지만 보고서 디자인을 위한 기능들은 파워포인트와 비교하여 크게 뒤지지 않을 만큼 진화에 진화를 거듭하고 있습니다.

일부 사용자들이 혹평을 하는 경우가 있으나 사용하다 보면 몇몇 미진한 부분을 제외하면 가성비가 뛰어나다는 것을 알게 될 것입니다.

한쇼와 한글이 같은 DNA를 가지고 있는 관계로 상호 호환 관계가 좋습니다. 우리가 한글(*.hwp)을 보고서 표준 프로그램으로 활용하고 있는 만큼 한쇼에 대한 편견을 바꿔야 할 필요가 있습니다. 필자가 한쇼를 활용한 '보고서 작성과 디자인 과정'을 강의하는 동안 수 많은 질문을 받게 되는데 그 중에서 가장 기본적인 수준에서 독자가 꼭 알아야 할 10가지만 간추려 보겠습니다.

1. 한쇼에서 작업한 파일을 파워포인트와 호환하기

한쇼로 작업 파일을 파워포인트에서 열 수 있을까요?

한쇼와 관련하여 가장 많이 나오는 질문입니다. 한쇼로 작업한 것은 파워포인트에서 열 수 있고 편집도 가능합니다. 또한 파워포인트(*.pptx)로 작업한 슬라이드를 한쇼로 열었을 때, 문제가 없을까 걱정부터 합니다. 몇 가지 문제될 것들을 숙지하고 작업한다면 한쇼와 파워포인트 호환에 아무런 문제가 없습니다.

> **한쇼와 파워포인트를 호환할 때 유의사항**
> - 3차원 입체 효과, 3차원 회전 효과는 깨질 수 있습니다.
> - 파워포인트에서 라인이나 워드아트에 입체 효과를 적용했다면 한쇼에서는 평면으로 보일 수 있습니다.
> - 파워포인트에서 작업한 스마트아트와 워드아트는 한쇼에서 열었을 때 문제가 있을 수 있습니다.
> - 파워포인트 템플릿(슬라이드 마스터 작업)을 활용했다면 한쇼에서 일부 문제가 있을 수 있습니다.
> - 파워포인트에서 차트 삽입을 통해 작성된 그래프가 변형될 수 있습니다.
> - 애니메이션 및 화면 전환 효과는 일부 호환되지 않을 수 있습니다.
> - 작성된 폰트가 다른 폰트로 대체될 수 있습니다.
>
> 출처 : http://cafe.naver.com/artcomptacademy/2109

한쇼의 파일 형식은 *.show입니다. 한쇼에서 작업한 내용을 파워포인트로 보거나 편집하려면 반드시 *.pptx로 저장해야 합니다.

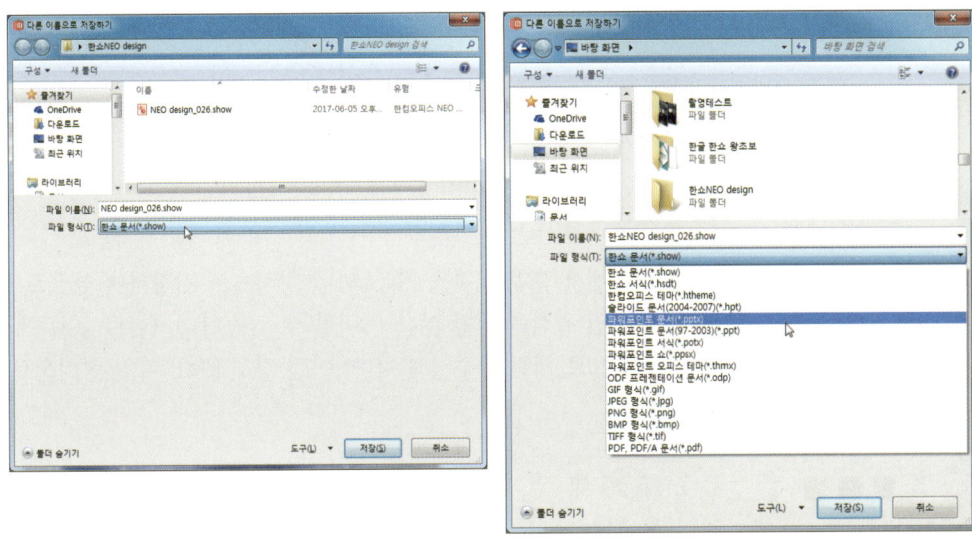

다음 슬라이드는 한쇼 NEO에서 제공하는 포토 이미지와 다양한 기능들을 이용하여 디자인한 사례입니다. (한쇼에서 디자인하고 *.pptx로 저장한 다음 파워포인트에서 열었을 때 전혀 문제가 없었습니다.)

출처 : http://cafe.naver.com/artcomptacademy/2109

2. 한쇼를 제대로 활용하기

한글에서 보고서 작업을 많이 하는 경우, 한글과 연계하여 한쇼를 제대로 활용하는 방법이 있을까요?

한쇼 NEO는 파워포인트와 기능이 같습니다. 한쇼는 프레젠테이션 도구이자, 가성비가 높은 그래픽 디자인 도구이며, 유용한 편집 디자인 도구입니다. 파워포인트에서 특화된 몇몇 기능을 제외하면 보고서 디자인 작업에 아무 문제가 없습니다.

그리고 한쇼에서 작업한 것을 PNG 파일 형식으로 저장하여 한글로 불러들이는 방식이라면 한글의 디자인 결점을 상당 부분 커버할 수 있습니다. (한글 2007에서는 PNG 파일의 투명 배경이 흰색으로 채워질 수 있습니다. 이런 경우 EMF 파일 형식으로 저장합니다.)

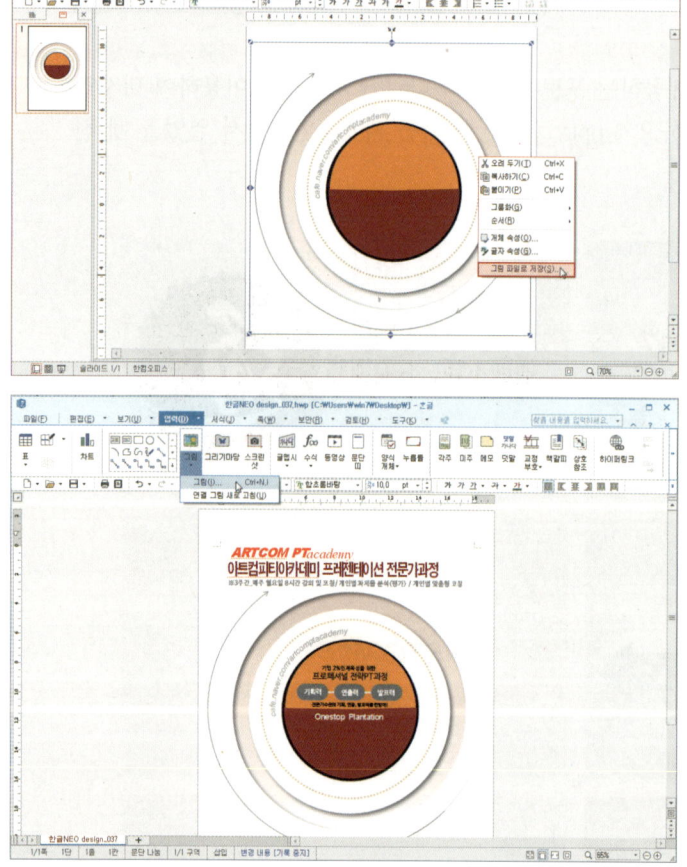

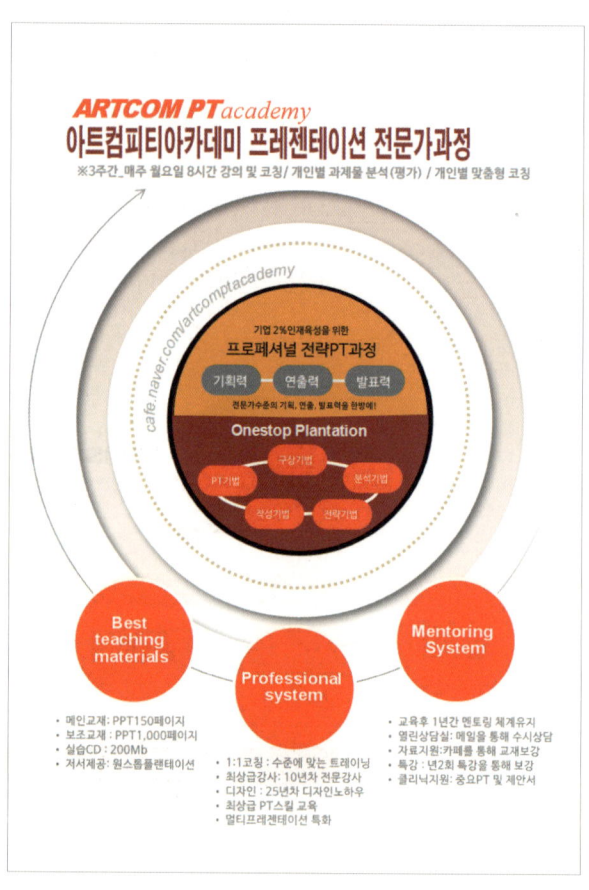

출처 : http://cafe.naver.com/artcomptacademy/2215

 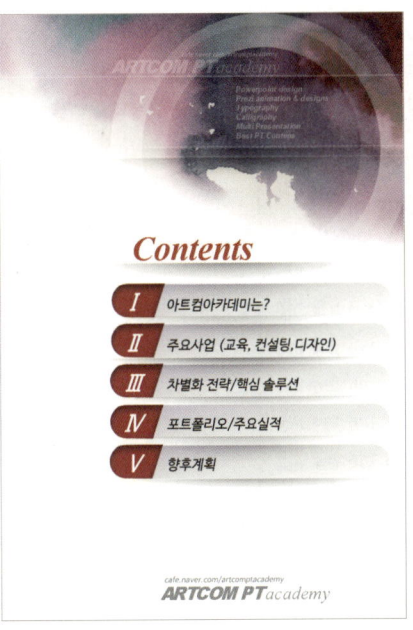 

한쇼에서 그래픽 요소를 만들어 PNG 파일로 저장하고 한글에서 불러들여 한글의 도형과 텍스트를 조합하여 디자인한 모습
출처 : http://cafe.naver.com/artcomptacademy/2172

3. 타이포그래피 작업하기

한쇼로 완성도 높은 타이포그래피 작업이 가능할까요? 파워포인트처럼 워드아트 기능이 있을까요? 텍스트를 편집할 때 자간과 행간을 정교하게 조절하려면 어떻게 해야 할까요?

한쇼에 있는 텍스트 편집 관련 기능만으로 완성도 높은 타이포그래피 작업이 가능합니다.

기본적으로 워드아트 스타일로 텍스트를 변형하려면 텍스트를 선택한 후 [글자 효과]-[변환]-[휘기]-[사각형]을 클릭하고 글자의 장평 및 기울기 정도를 조절합니다.

텍스트를 사다리꼴 형태로 변형할 수도 있고 원호형으로 둥글게 돌릴 수도 있습니다.

예를 들어 텍스트를 원호 형태로 둥글게 돌리려면 텍스트를 선택하고 [글자 효과]-[변환]-[모양]-[위쪽 원호]나 [둥글게]를 선택한 후 형태를 조절합니다. (본문 Part 03 예제 008 참고)

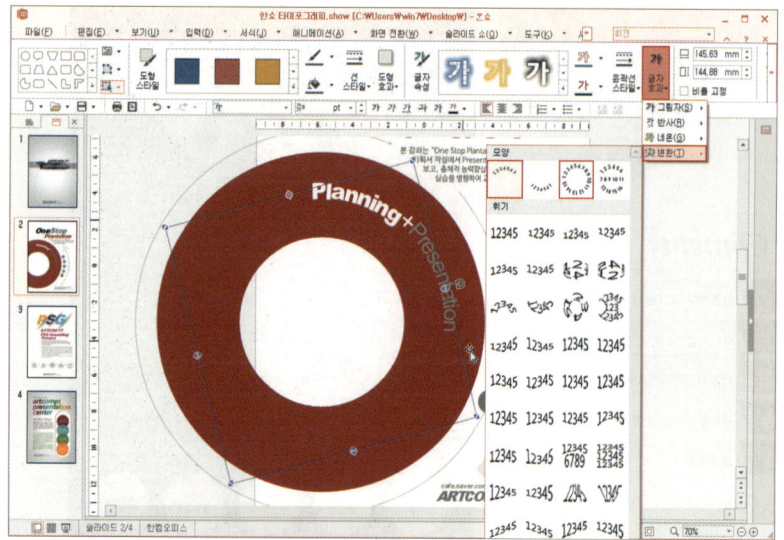
원호 형태로 텍스트를 둥글게 돌려 편집한 모습

워드아트 기능과 동일한 한쇼의 [워드숍]

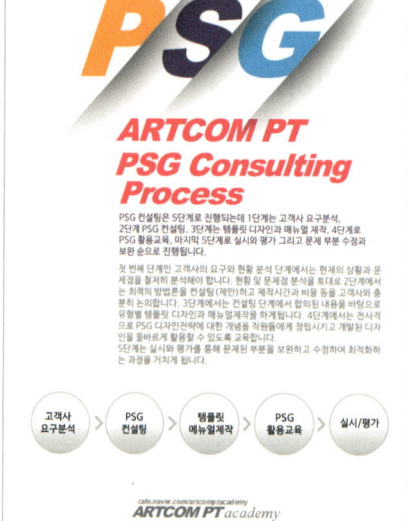
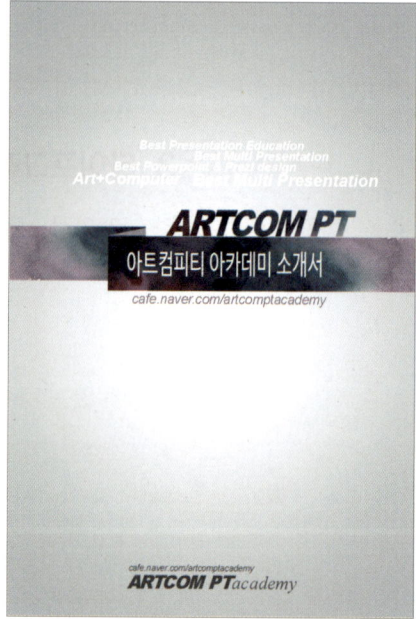

한쇼로 작업한 타이포그래피
출처 : http://cafe.naver.com/artcomptacademy/2186

자간과 행간에 대하여

한쇼는 파워포인트처럼 미세하게 자간과 행간을 조절할 수 있습니다. [서식] 탭-[글자 모양]을 클릭하고 [글자 모양] 탭에서 자간을 디테일하게 조절할 수 있으며, [문단 모양] 탭-[고정] 기능을 통해 행간(줄 간격)을 보다 정교하게 조절할 수 있습니다.

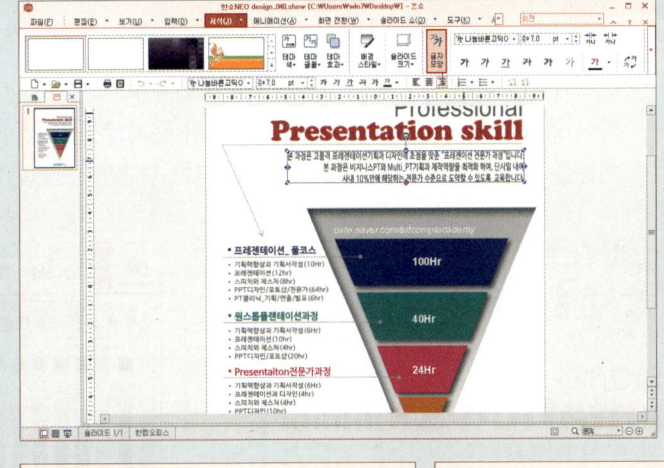

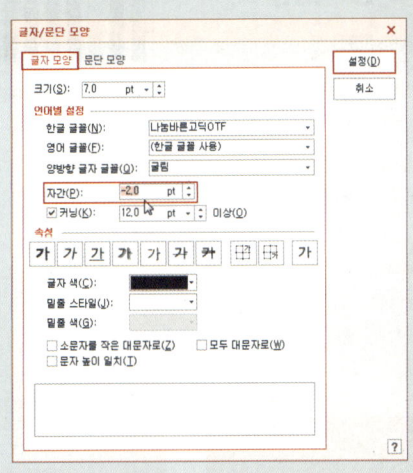
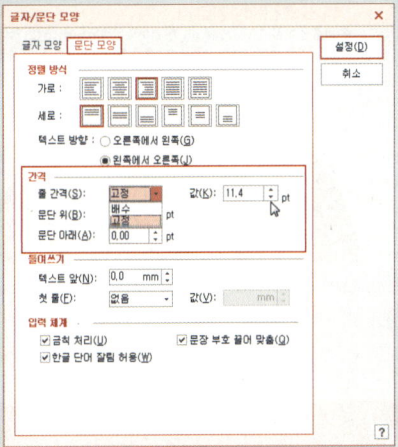

텍스트 편집에서 자간과 행간(줄 간격)을 보다 정교하게 조절해야 완성도를 높일 수 있습니다.

4. 파워포인트처럼 색상 추출하기

한쇼도 파워포인트처럼 스포이트 기능이 있을까요?

한쇼에도 파워포인트와 같은 [스포이트] 기능이 있어 매우 유용합니다. [색 골라내기] 기능인데 텍스트, 선, 도형 등에 색상을 배색할 때 매우 유용한 기능입니다.

스포이트를 이동시켜 대상 색상을 클릭하면 바로 도형이나 텍스트에 색상이 배색되므로 색 감각이 없는 독자라 하더라도 전문 디자이너 못지않은 색상 배색 작업이 가능합니다. 스포이트 기능을 제대로 활용하면 디자인 시간을 크게 단축할 수 있습니다.

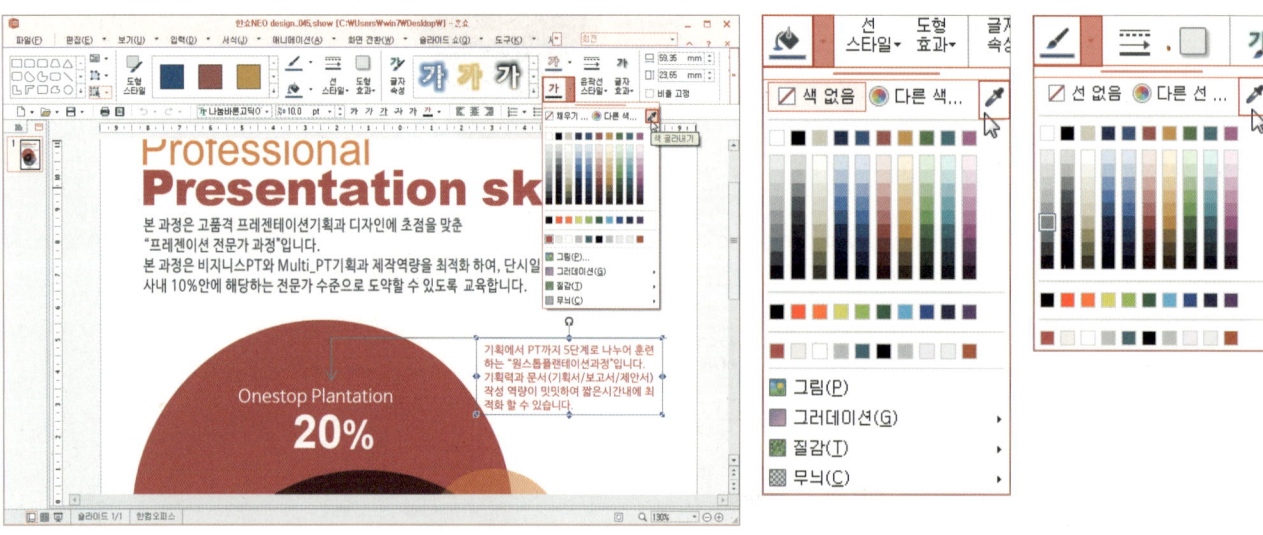

색상을 배색해야 하는 곳에는 항상 스포이트(색 골라내기) 기능이 있어 매우 편리합니다.

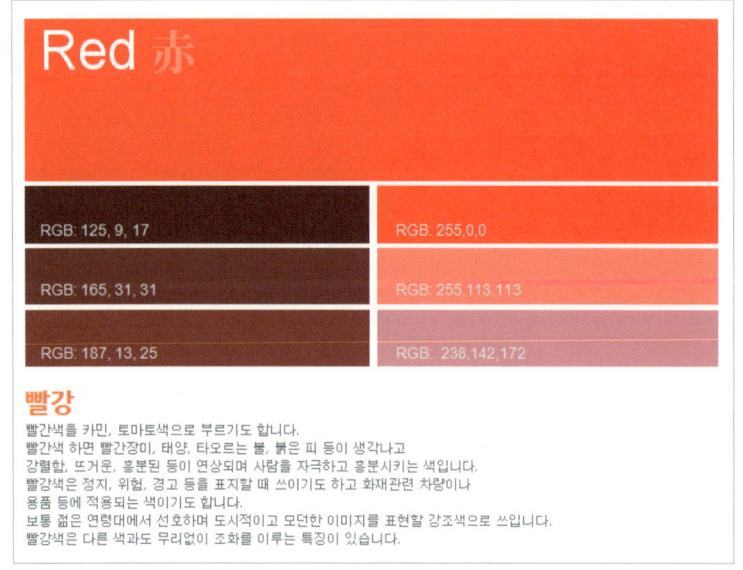

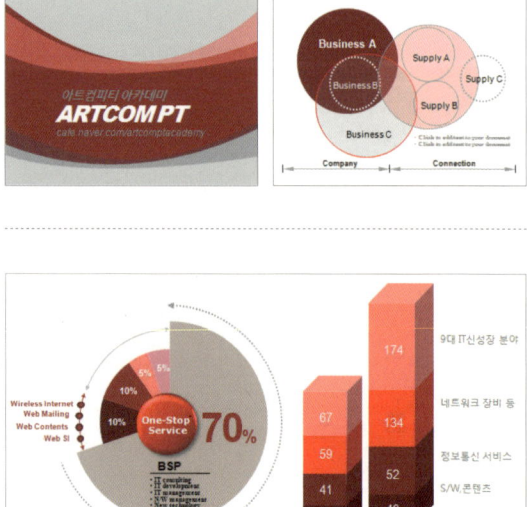

빨간색도 톤에 따라 느낌이 다르기 때문에 눈대중보다는 스포이트(색 골라내기) 기능을 최대한 활용하면 좋습니다.
출처 : http://cafe.naver.com/artcomptacademy/330

5. 파워포인트처럼 템플릿 만들기

파워포인트에서는 템플릿을 기본적으로 제공하고 템플릿을 직접 만들 수도 있어 보고서를 작성하기에 매우 편리합니다. 한쇼에서도 파워포인트처럼 템플릿을 만들 수 있을까요?

한쇼는 파워포인트처럼 기본으로 제공하는 40여종의 테마(템플릿)가 있습니다. 테마 색, 테마 글꼴, 테마 효과를 보고서 내용에 맞게 변경하여 사용할 수 있으며, 한쇼(NEO) 슬라이드 마스터에서 템플릿(테마)을 직접 디자인할 수도 있습니다.

슬라이드 마스터에는 맨 위쪽에 [한컴오피스] 슬라이드 마스터가 있고 바로 밑에 표지 템플릿에 해당하는 제목 슬라이드 레이아웃 마스터가 있습니다. (불필요한 레이아웃 템플릿은 제거하는 것이 관리하기에 편리합니다.)

[한컴오피스] 슬라이드 마스터에서 디자인한 것은 제목 슬라이드 레이아웃에도 그대로 적용되기 때문에 [배경 스타일]-[배경 그래픽 숨기기]를 합니다.

[편집] 탭-[레이아웃]에서 원하는 레이아웃을 선택하면 슬라이드 레이아웃이 변경됩니다. 이 모든 기능들이 작성자의 편의를 돕고자 만들어진 것이기 때문에 제대로 숙지하고 활용할 수 있다면 보고서 작성 시간을 크게 단축할 수 있습니다. (다만 디자인 측면에서 권고사항은 아닙니다.)

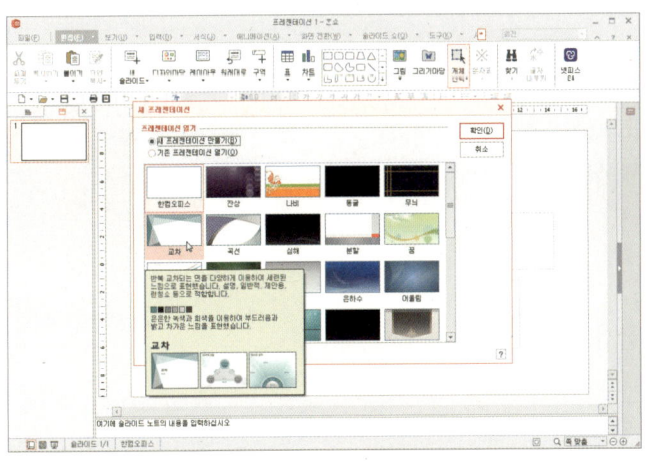 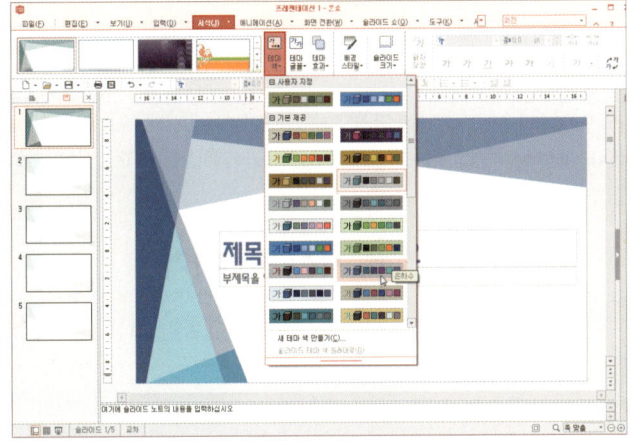

한쇼에서 제공하는 템플릿을 선택하고 원하는 레이아웃을 선택합니다.   제목 슬라이드 배경 그래픽 숨기기

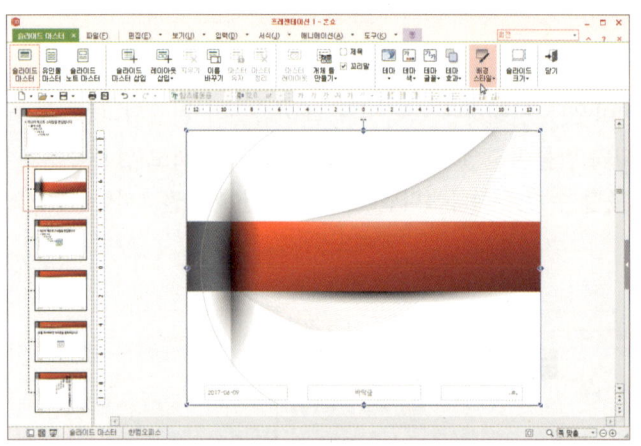
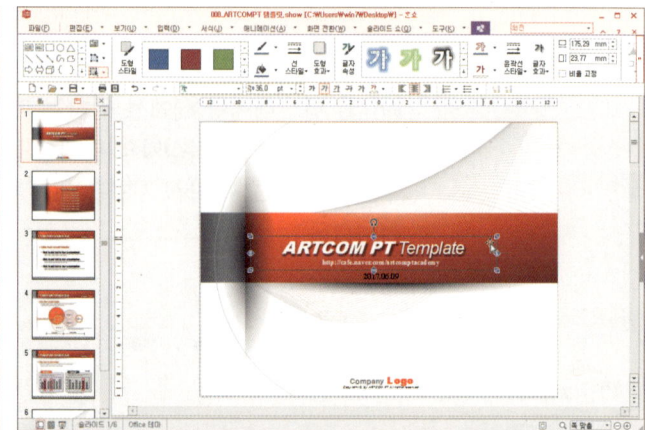

한쇼 슬라이드 마스터에서 직접 템플릿 개발(불필요한 마스터 페이지는 삭제)   개발된 템플릿을 활용한 슬라이드

6. 사진 편집하기

한쇼에서 사진 편집이 어느 정도 가능할까요?

한쇼에서도 파워포인트 못지않은 기능으로 사진 편집이 가능합니다.

특히 그림 효과, 색조 조정, 밝기, 대비, 자르기 기능을 통하여 동일한 사진도 수십, 수백 가지 느낌으로 표현할 수 있습니다.

또한 [한포토]로 사진을 보정할 수 있고, 사진의 배경을 제거하여 투명하게 할 수 있습니다.

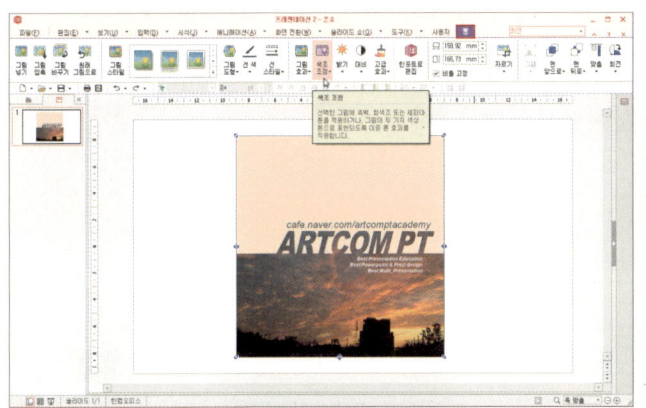

❶ 그림 효과/색조 조정

그림 효과 기능은 그림자와 반사 효과 네온 효과, 엷은 테두리 효과, 장식 효과 등을 지정할 수 있습니다.

이 중에서 [그림자] 효과와 [엷은 테두리] 효과는 매우 중요하기 때문에 충분히 숙지하고 활용할 필요가 있습니다.

[색조 조정] 효과의 경우에는 사진을 보다 모던하고 세련되게 표현할 수 있는 기능이므로 다양하게 테스트해 보면서 감도를 익혀야 합니다.

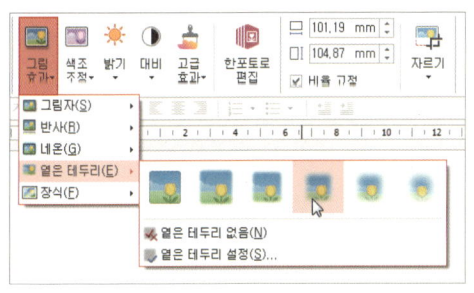

[색조 조정] 효과를 이용한 사진 편집(모노톤＋컬러 사진 조합)

❷ 밝기 효과/대비 효과

밝기 효과는 사진 밝기를 조절합니다. 사진 밝기와 대비 효과 적용은 언제 해야 한다는 명확한 규정이 없습니다. 사진 상태, 레이아웃 상황, 텍스트의 가독성 정도에 따라 사진 밝기와 대비를 조정해야 합니다. 동일한 사진도 밝기와 대비 효과에 따라 완성도가 달라지기 때문에 사진을 다루는 감각이 필요합니다.

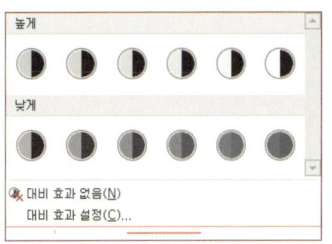

❸ 고급 효과/사진 꾸미기

고급 효과는 평범한 사진을 한층 멋스럽게 표현할 수 있게 합니다. 고급 효과 중 [흐리게] 효과는 포토샵에서 작업할 수 있는 기술을 손쉽게 표현합니다.

고급 효과 종류 중 하나를 선택하고 [고급 효과 설정]에서 보다 미세하게 조절할 수 있기 때문에 매우 유용합니다.

사진 꾸미기 기능은 사진을 보다 다양하게 표현할 때 활용할 수 있습니다.

고급 효과 중에서 [흐리게] 기능을 이용해 원근감을 표현한 이미지

❹ 자르기

사진 트리밍(자르기)은 매우 중요한 기능입니다. 다른 것을 몰라도 사진 자르기 기능은 반드시 숙지해야 하고 트리밍(자르기) 감각도 키워야 합니다. 단순히 자르는 방법을 아는 것으로는 사진을 효과적으로 트리밍할 수 없습니다.

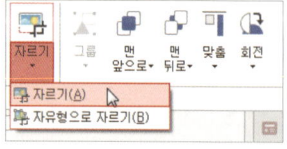

[자르기] 기능을 이용하여 텍스트를 중심으로 트리밍한 모습

[자유형으로 자르기] 기능을 이용하여 트리밍(자르기)하고 [그림 효과] 중 [옅은 테두리] 효과를 적용한 모습

7. 점 편집하기

파워포인트에서는 점 편집 기능으로 간단한 도형에서부터 다소 복잡한 표지 디자인까지 가능합니다. 한쇼의 점 편집 기능으로도 표지 디자인을 할 수 있을까요?

한쇼에도 파워포인트와 동일한 점 편집 기능이 있습니다. 당연히 점 편집 기능을 활용하여 템플릿 디자인이 가능합니다. 한쇼 NEO에서 기본 도형을 그리거나 자유형으로 도형을 그리면 자동으로 점이 만들어집니다.

한쇼의 점 편집 기능으로 간단한 도형 편집부터 복잡한 지도를 그리거나 난이도 높은 일러스트 작업도 가능합니다. 점 추가, 삭제, 경로 열기, 부드러운 점, 직선 점, 꼭짓점 등과 핸들 조절 방법만 알면 기능 숙지는 끝납니다.

기능 숙지는 몇 분이면 충분합니다. 문제는 '감각'입니다. 동일한 물감과 붓을 주면 누구는 작품을 만들고, 누구는 낙서를 하는 것과 같습니다.

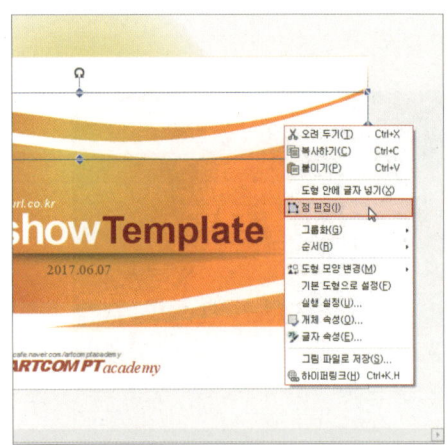

[점 편집] 기능만으로 표지 디자인이 가능합니다.

한쇼의 점 편집 기능을 활용한 보고서 표지 디자인
출처 : http://cafe.naver.com/artcomptacademy

8. 도형이나 텍스트에 그림 넣기

한쇼에도 도형이나 텍스트에 그림을 넣을 수 있는 기능이 있을까요?

파워포인트와 같이 한쇼에도 도형이나 텍스트에 사진을 넣을 수 있는 기능이 있습니다. 사진뿐만 아니라 질감 넣기도 가능합니다.

한쇼의 [그리기마당]에서 제공하는 다양한 사진이나 클립아트를 이용할 수 있어 더욱더 표현 반경을 넓힐 수 있습니다.

텍스트에 그림을 넣으려면 [개체 속성]-[채우기] 탭-[질감/그림]-[그림]을 선택하고 원하는 이미지를 넣으면 됩니다.

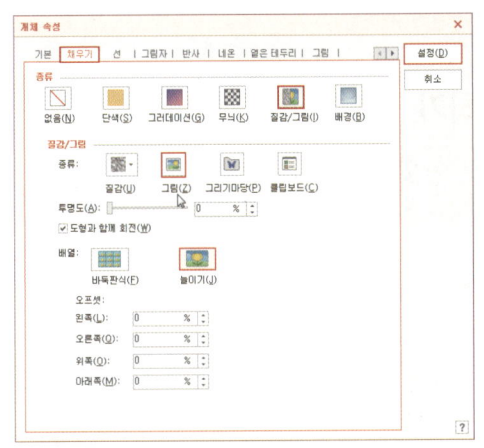

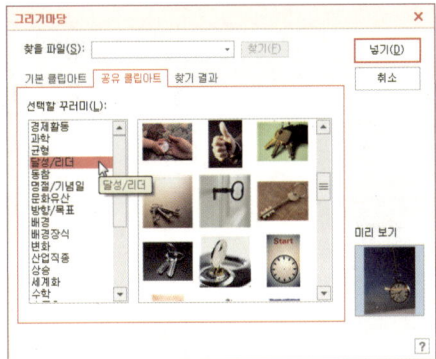

[개체 속성]-[채우기] 탭-[질감/그림]을 이용하여 개체에 사진을 넣거나 질감을 적용할 수 있습니다.

그림 넣기 기능으로 완성한 투명 유리볼 이미지

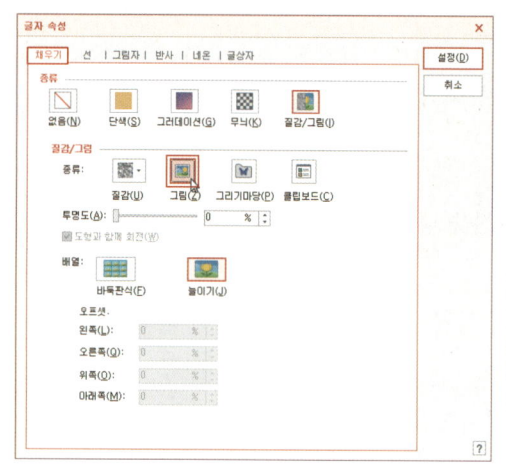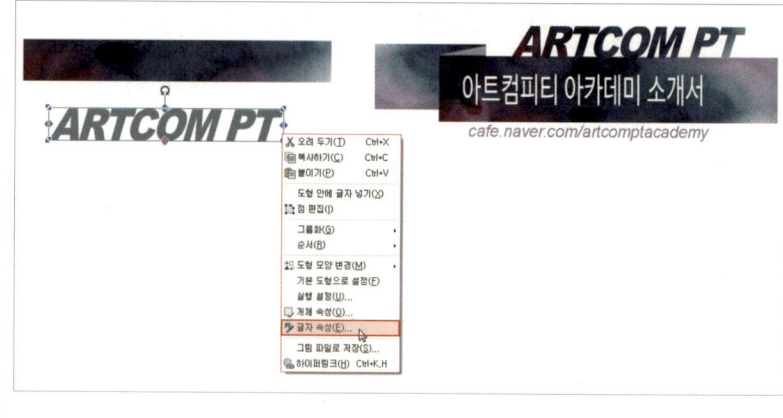

[글자 속성]을 이용해 이미지를 삽입한 타이틀 디자인
출처 : http://cafe.naver.com/artcomptacademy/2204

9. 한셀에서 만든 차트를 한쇼에서 활용하기

한셀에서 작업한 차트를 한쇼에서 불러들여 편집할 수 있나요?

한셀에서 작성한 차트를 한쇼에 불러들여 편집할 수 있습니다.

한셀(엑셀) 상태 그대로 슬라이드에 붙여넣고 가공하지 않는 경향이 많은데 이는 보고서 디자인 가치를 낮추는 원인이 됩니다.

한셀(엑셀)에서 작성된 차트는 반드시 재가공하여 디자인 완성도를 높여야 합니다.

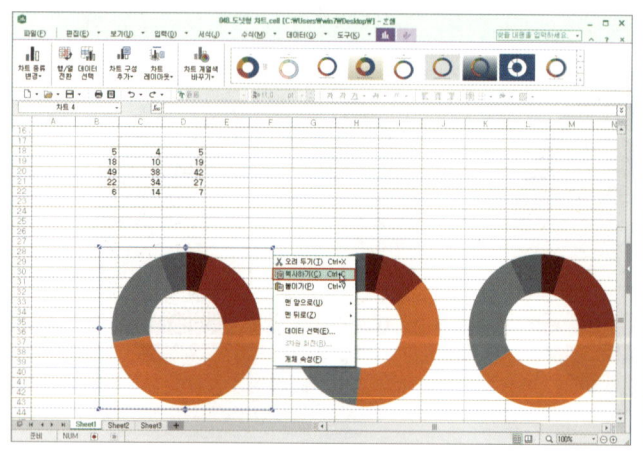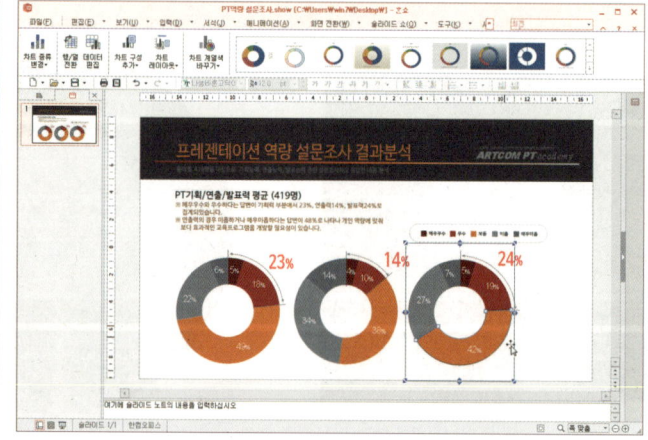

한셀에서 작성한 도넛 차트를 한쇼로 불러들이고 디자인 완성도를 높인 모습
출처 : http://cafe.naver.com/artcomptacademy/2235

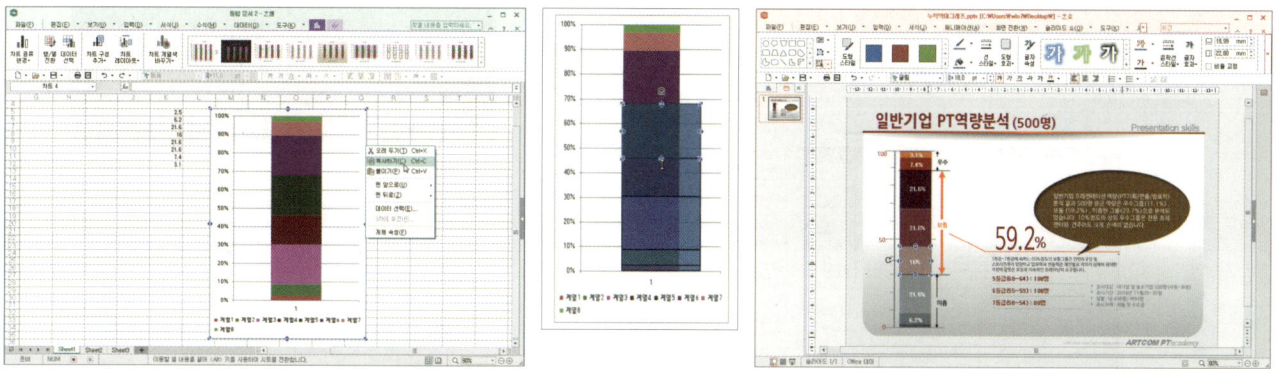

한셀에서 작성한 누적 막대그래프를 한쇼로 불러들인 다음 직사각형으로 트레이싱하여 새롭게 그래프를 완성한 모습

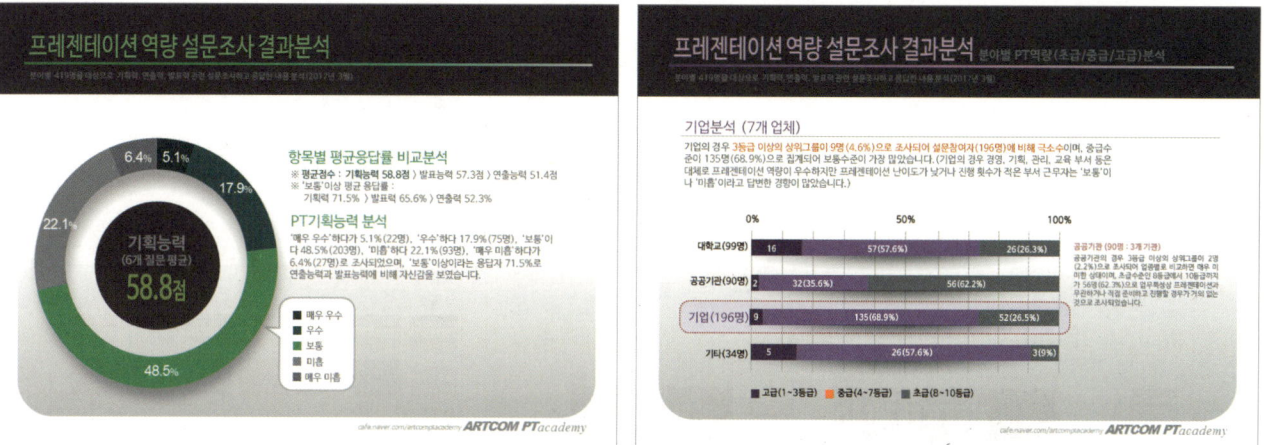

한쇼 NEO와 한글 NEO로 작업한 차트는 파워포인트에서 작업한 차트와 구분하기 힘들 정도로 완성도가 높습니다.
출처 : http://cafe.naver.com/artcomptacademy/2228

10. 도표 디자인하기

한쇼에서 한셀에서 작성한 도표를 불러들이면 어느 정도 디자인이 가능할까요?

한셀에서 작성한 차트를 한쇼에 불러들여 편집할 수 있습니다.
한셀(엑셀) 상태 그대로 슬라이드에 붙여넣고 가공하지 않는 경향이 많은데 이는 보고서 디자인 가치를 낮추는 원인이 됩니다. 한셀(엑셀)에서 작성된 차트는 반드시 재가공하여 디자인 완성도를 높여야 합니다.

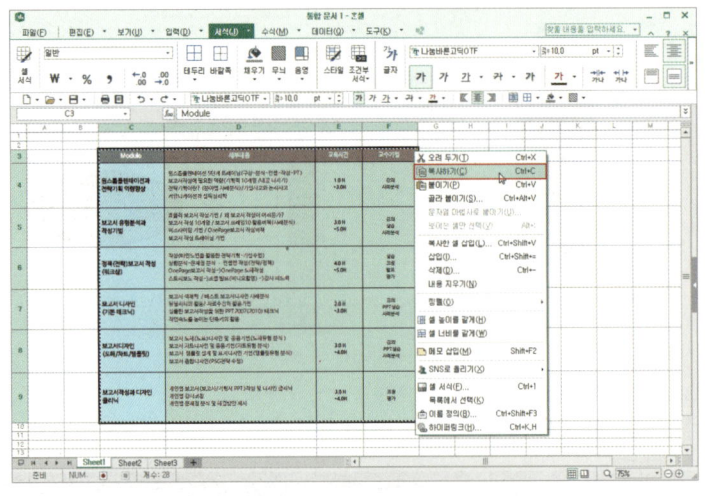
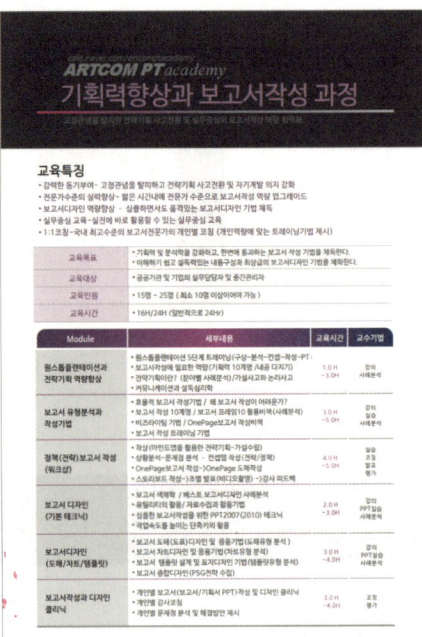

한셀에서 작성한 도표를 복사한 다음 한쇼에서 불러들여 재편집하여 완성한 보고서(한글에서도 동일한 디자인이 가능합니다.)

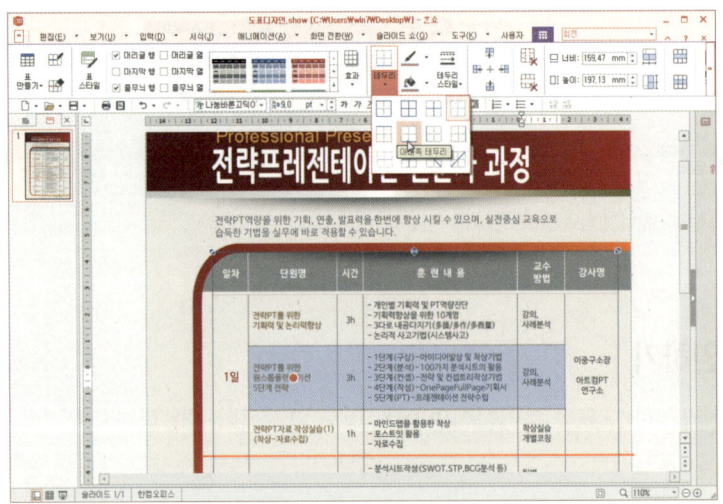

한쇼의 기능만으로 최적의 도표 디자인이 가능합니다.

한쇼에서 제공하는 다양한 표 스타일

일차	단원명	시간	훈련 내용	교수 방법	강사명
1일	전략PT를 위한 기획력 및 논리력향상	3h	- 개인별 기획력 및 PT역량진단 - 기획력향상을 위한 10계명 - 3C로 내공다지기(多讀/多作/多商量) - 논리적 사고기법(시스템사고)	강의, 사례분석	이중구소장 아트컴PT 연구소
	전략PT를 위한 원스톱프레젠테이션 5단계 전략	3h	- 1단계(구상)-아이디어발상 및 착상기법 - 2단계(분석)-100가지 분석시트의 활용 - 3단계(컨셉)-전략 및 컨셉트리작성기법 - 4단계(작성)-OnePageFullPage기획서 - 5단계(PT)-프레젠테이션 전략수립	강의, 사례분석	
	전략PT자료 작성실습(1) (착상-자료수집)	1h	- 마인드맵을 활용한 착상 - 포스트잇 활용 - 자료수집	착상실습 개별코칭	
2일	전략PT자료 작성실습(2) (분석-전략-작성)	3h	- 분석시트작성(SWOT,STP,BCG분석 등) - 전략(컨셉)트리작성/우선순위 매트릭스 - OnePage기획서작성 - 손익계산서 작성	팀별 작성실습 개별코칭	이중구소장
	전략PT자료 작성실습(3) (실전PT-평가)	2h	- 프레젠테이션 리허설 기법 - 실전 PT (발표)기법 - 비디오촬영을 통한 발표문제점 개선	팀별발표 강사피드백	
	전략PT를 위한 기획/발표역량 스킬업	2h	- 성공PT 4가지 핵심전략/PT설계기법 - 청중분석기법/스토리보드 작성기법 - 스피치 및 제스처 기법	강의 사례분석	
3일	전략PT를 위한 연출기법 스킬업	1h	- 인쇄형과 PT형 슬라이드 디자인기법 - PSG전략(통합디자인 기법) - 333법칙(폰트/색상/레이아웃기법)	강의 사례분석	이중구소장
	고퀄리티 PT슬라이드 디자인기법	5h	- 단시간내 효과를 높이는 PPT2007작성 - 퀄리티를 높이는 유틸리티 활용기법 - 고퀄리티 도해/차트 작성 및 응용기법 - 세련된 이미지편집기법 - 텍스트편집 및 워드아트 디자인 기법 - PPT일러스트 디자인기법 - 감각적인 PPT애니메이션 기법 - 멀티프레젠테이션 설계 및 디자인기법	컴퓨터 실습	
	개인별 실무자료 클리닉	1h	- 개인별 PT디자인 클리닉 기법 - 회사의 정체성을 살린 PSG적용기법	개별코칭	

동일한 도표도 [표 스타일]을 통해 변형시키고 일부를 수정하면 세련되게 표현할 수 있습니다.

006 한글 NEO 핵심 기능 알아보기

공기업이나 관공서에서 보고서 작성을 했다면 '한글로 했겠지'라고 생각할 만큼 '보고서 작성=한컴오피스 한글'이라고 인식되고 있습니다.

한글로 작성된 보고서 대부분은 디자인이 고려되지 않습니다. 검은색 텍스트와 엑셀에서 만든 도표와 차트가 전부입니다. 여기저기 돌아다니는 클립아트와 텍스트 박스를 짜깁기 한 것들이 있는데 오히려 조잡한 느낌마저 주게 됩니다.

한글로 세련되게 디자인을 하고 싶어도 파워포인트에 비해 현저히 디자인 기능이 약하기 때문에 디자인을 할 수 없는 프로그램으로 인식되어 왔습니다.

그러나 한글 NEO에 이르러 이러한 인식을 바꿀 때가 왔습니다. 한글 NEO로 완성도 높은 신문 광고 수준까지 편집 디자인이 가능해졌기 때문입니다. 물론 한글 자체로 지원되는 디자인 기능은 한계가 있으나 이웃사촌격인 한쇼 NEO의 기능을 활용한다면 충분히 디자인 결핍을 해결할 수 있습니다.

필자가 '한글로 작성하는 보고서 디자인'을 강의하면서 수강생으로부터 질문 받았던 내용 중 기초적인 열 가지만 추려서 정리하였습니다. 여기서 제시하는 열 가지 방법만 제대로 이해하고 실전에 적용한다면 보고서 디자인 완성도를 한 차원 높일 수 있습니다.

1. 배경 색상 지정하기

한글 배경색을 바꾸고 싶을 경우 페이지별로 동일하게 색상을 배색하고 특정 페이지만 색상을 바꾸는 방법이 있을까요?

한글에서 배경색은 [쪽 테두리/배경색]에서 바꿀 수 있습니다. 배경색뿐만 아니라 배경 이미지 삽입도 가능합니다.

특정 페이지만 색상을 바꾸는 것도 가능합니다. 배경색 바꾸기는 매우 쉽지만 디자인 측면에서 주의가 필요합니다. 자칫 유치해질 수 있으며 프린트에도 문제가 있을 수 있기 때문입니다.

배경색이나 배경 이미지는 텍스트와 디자인 요소 등에 많은 영향을 주므로 신중하게 결정해야 합니다.

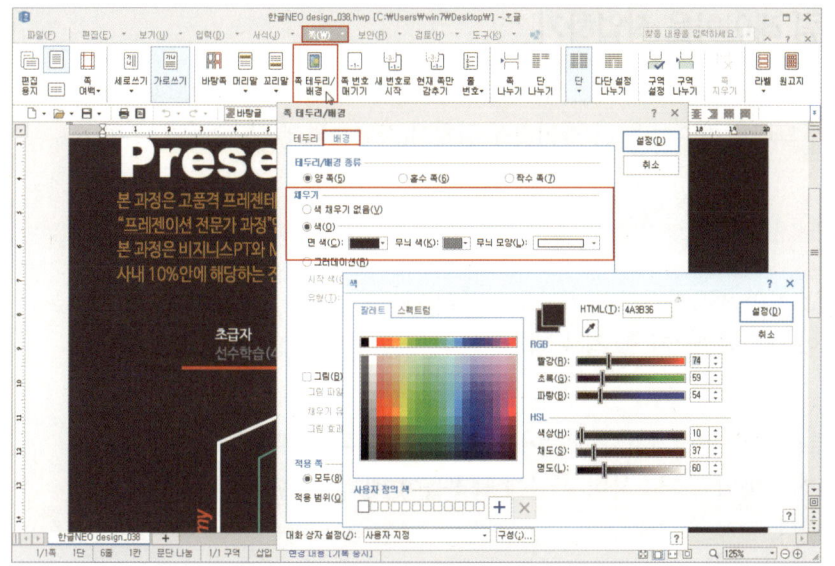
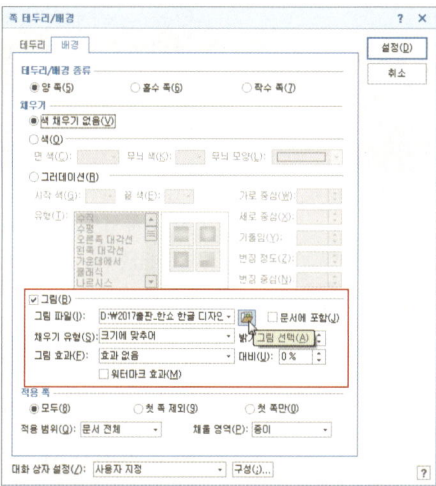

한글에서 배경색은 [쪽 테두리/배경]–[배경] 탭–[채우기]를 통해 지정할 수 있습니다.

배경 이미지도 [쪽 테두리/배경]–[배경] 탭–[그림]을 통해 삽입할 수 있습니다.

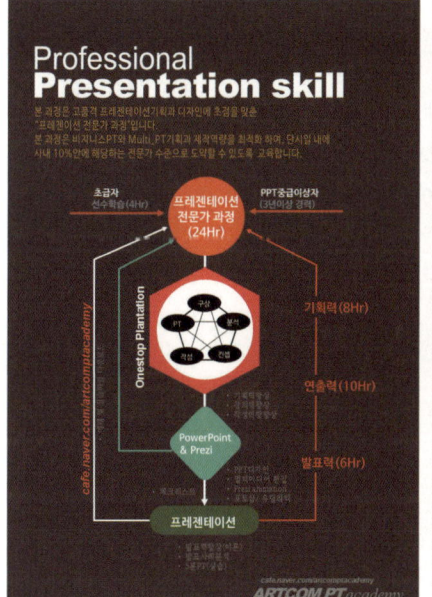
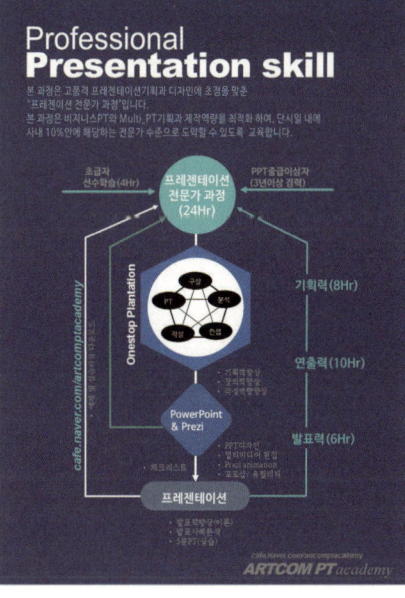
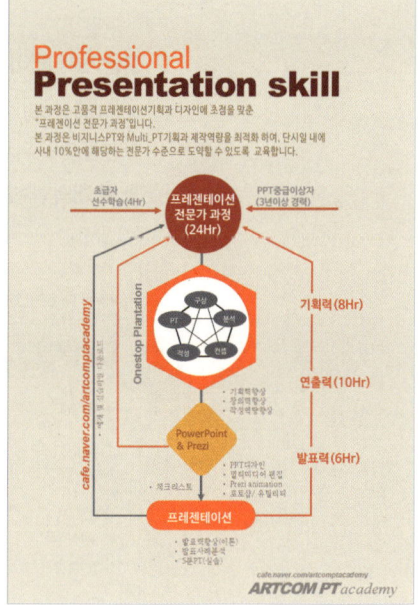

배경색에 따라 텍스트 색상과 디자인 요소의 색상을 모두 바꿔야 합니다.

2. 파워포인트처럼 레이아웃 작업하기

한글도 파워포인트처럼 타이틀(워드아트), 텍스트, 텍스트 박스, 차트, 도표, 도해, 사진, 클립아트 등 텍스트와 그래픽 요소들을 한 페이지에 겹쳐서 자연스럽게 레이아웃 작업할 수 있을까요?

한글에서도 파워포인트처럼 자유자재로 레이아웃 작업이 가능합니다.
파워포인트처럼 레이아웃 작업하고자 할 경우 텍스트와 개체들을 모두 그림으로 생각해야 합니다.

타이틀과 본문 텍스트는 모두 글상자를 통해 입력하고 편집합니다. 디자인 요소들은 한쇼나 파워포인트를 통해 PNG 파일로 저장하여 한글에 불러들여 배치(편집)하는 방식으로 레이아웃 작업을 해야 합니다.

배경색이나 배경 이미지는 텍스트와 디자인 요소 등에 많은 영향이 있으므로 신중하게 결정해야 합니다.

한글에서 레이아웃 작업할 때 유의사항
① [개체 속성] 대화상자에서 개체나 글상자에 [글자처럼 취급]이 체크되어 있으면 해제하세요.
② 본문과의 위치를 상황에 맞게 선택합니다(텍스트와 개체가 겹쳐져야 할 때 중요).
③ 몇 개의 개체와 텍스트가 겹쳐질 때 반드시 순서를 정해야 편집이 가능합니다.

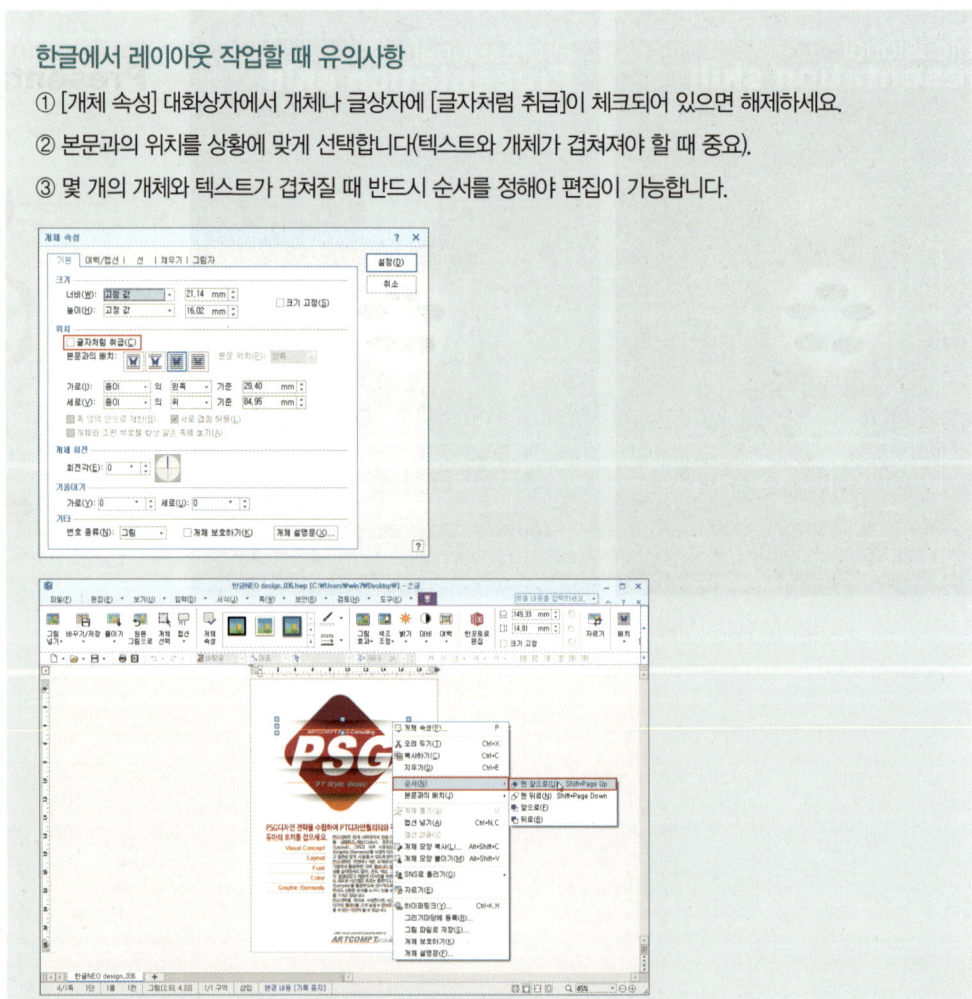

한글에서도 파워포인트처럼 도형과 텍스트, 디자인 요소를 겹칠 수 있습니다.

 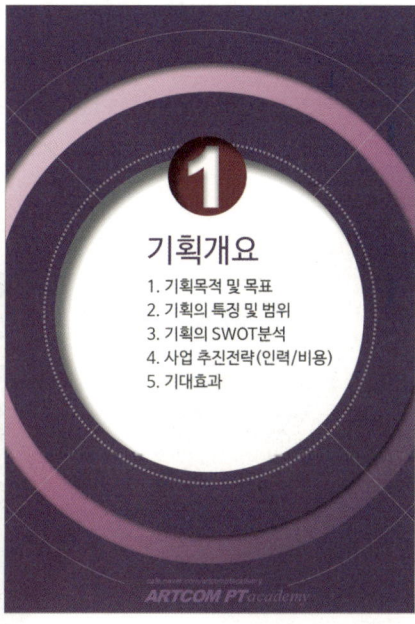 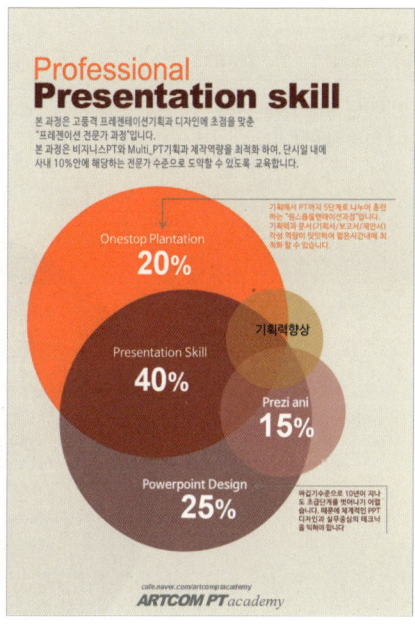

한글 NEO에서는 어떠한 형식으로도 레이아웃 작업이 가능합니다.

3. 텍스트를 짜임새 있게 편집하기

한글에서 텍스트를 작성하면 퍼져 보입니다. 보다 짜임새 있게 편집하는 방법이 있을까요?

한글은 편집 도구입니다. [서식] 탭에 있는 기능을 제대로 활용하면 짜임새 있는 텍스트 편집이 가능해집니다.

기본적으로 [서식] 탭의 [기본 도구 상자]와 [서식 도구 상자]를 통해 글꼴, 크기, 자간, 줄 간격 등의 텍스트를 편집합니다.

한글 폰트는 영문 폰트와 다르게 기본적으로 퍼져 보이므로 반드시 자간과 줄 간격을 조정하여 짜임새 있게 편집하는 것이 중요합니다.

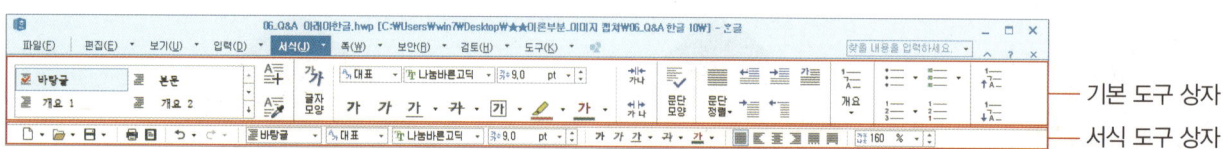

기본 도구 상자
서식 도구 상자

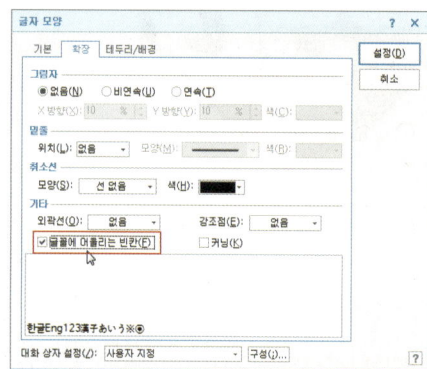
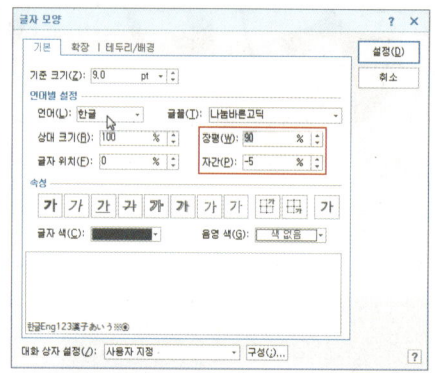
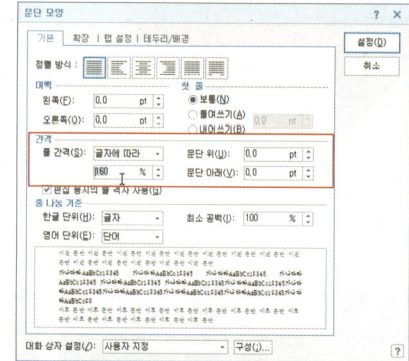

[글자 모양], [문단 모양] 대화상자를 열어 보다 미세하게 텍스트의 장평, 자간, 빈칸, 줄 간격 등을 조정합니다. [글꼴에 어울리는 빈칸]에 체크 표시하면 퍼져 보였던 텍스트가 한층 짜임새 있게 정렬됩니다.

텍스트 편집이 잘못된 모습   한글 NEO의 기능을 이용하여 짜임새 있게 편집한 모습

OneStop
Plantation

본 강좌는 "One Stop Plantation" 교육과정으로 기획서 작성에서 Presentation까지를 하나의 싸이클로 보고, 총체적 능력향상을 목표로 심도있는 이론과 실습을 병행하여 교육합니다.

장평, 자간 등이 조절 안 된 사례

OneStop
Plantation

본 강좌는 "One Stop Plantation" 교육과정으로 기획서 작성에서 Presentation까지를 하나의 싸이클로 보고, 총체적 능력향상을 목표로 심도있는 이론과 실습을 병행하여 교육합니다.

영문 : 장평(110), 자간(-10), [글꼴에 어울리는 빈칸] 체크
한글 : 장평(100), 자간(-3), [글꼴에 어울리는 빈칸] 체크

4. 글머리표와 텍스트 간격 조절하기

보고서를 작성할 때 글머리표(글머리 기호)를 많이 사용합니다. 글머리표와 텍스트와의 간격을 조절하려면 어떻게 해야 할까요?

글머리표는 한글 편집 작업에서 가장 많이 쓰이는 기능 중에 하나입니다.
번호를 붙이지 않고 텍스트나 단락을 구분지을 때 글머리표를 주로 사용합니다. 작성자에 따라 불필요할 정도로 글머리표를 남용하는 경우도 있는데 과유불급입니다. 지나치면 모자람과 같은 것이죠. 잘못 적용한 글머리표는 득보다 실이 많을 수 있어 주의해서 적용해야 합니다.

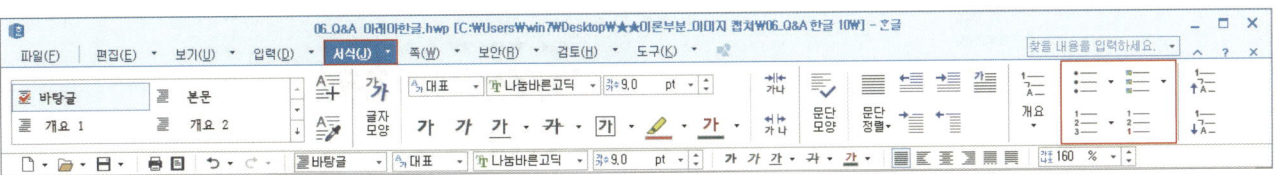

[서식] 탭-[기본 도구 상자] 오른쪽에 있는 글머리표

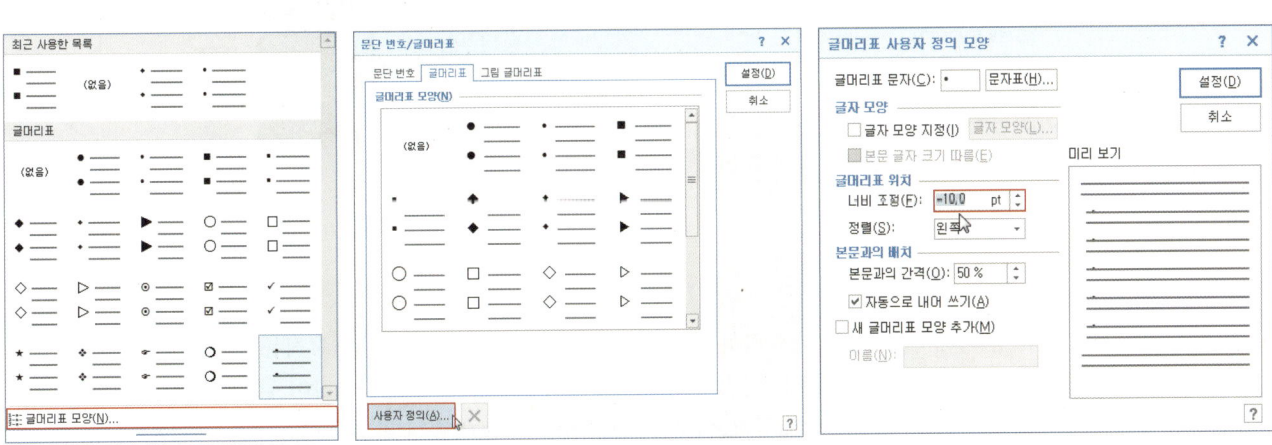

글머리표와 텍스트와의 간격을 조절하려면 [글머리표 모양]을 실행하고 [문단 번호/글머리표] 대화상자에서 [사용자 정의] 버튼을 클릭한 다음 [글머리표 위치]에서 너비를 조절합니다.

글머리표와 텍스트 간격이 벌어지고 불필요한 글머리표를 적용한 모습

텍스트와의 간격을 좁히고 (-13pt) 불필요한 글머리표를 제거한 모습

5. 도형에 직접 글쓰기

한글로 문서를 작성할 때 글상자에 텍스트를 입력하는 방법 외에 도형에 직접 글쓰기가 가능할까요?

도형에 직접 글쓰기가 가능합니다. [도형 안에 글자 넣기]로 도형이 글상자 역할을 하게 할 수 있습니다. 한글에서 작성한 어떠한 도형에도 텍스트를 입력할 수 있습니다. [글상사 속성 없애기]를 실행하면 텍스트는 사라지고 본래의 도형으로 돌아갑니다.

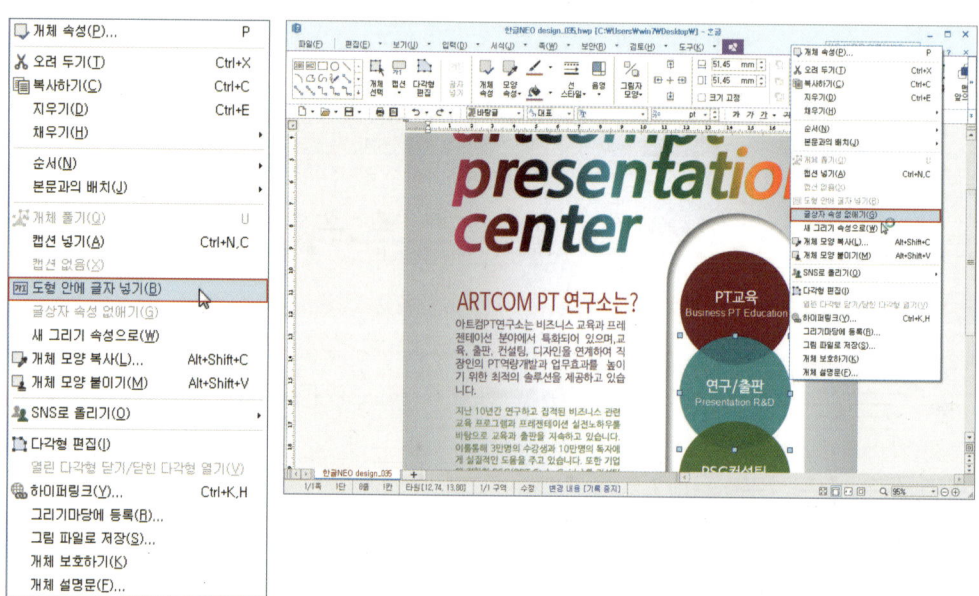

도형 안에 글자 넣기는 관리하기에 편리함이 있는 반면 여러 기능을 적용해야 할 경우 의외로 작업이 까다롭습니다. 다음 이미지에서 오른쪽 예시 이미지와 같이 글상자 각각에 텍스트를 입력하여 도형에 배치하는 방법이 더 편리할 수 있습니다.

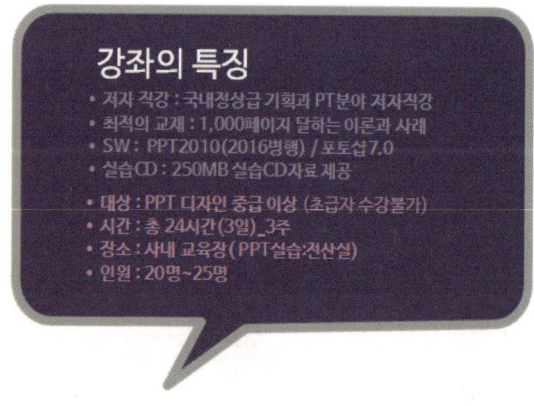
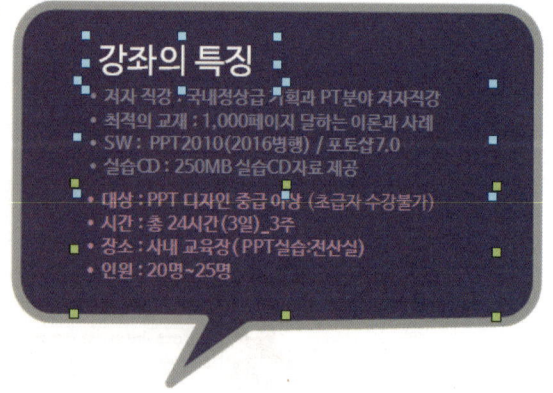

도형 안에 글자 넣기 방식으로 편집(여백, 글머리표 넣기, 단락 간격 조절 등)이 쉽지 않습니다.)

글상자에 텍스트를 넣고 도형 위에 배치(배치 후에 [개체 묶기]를 합니다.)

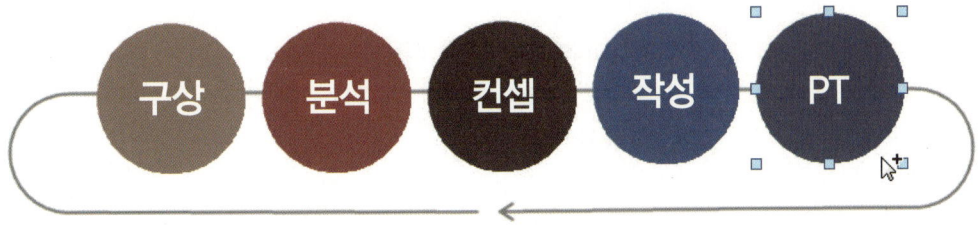

간단한 텍스트는 글상자를 겹치는 방식보다 도형에 직접 텍스트를 입력하면 레이아웃 작업할 때 편리합니다.

6. 여러 색상의 그라데이션 적용하기

한글에서도 그라데이션 편집이 가능할까요?

한글에서도 그라데이션 편집이 가능합니다. 중지점 개념이 없기 때문에 기본적으로 두 가지 색상만 편집이 가능합니다. 다양한 색상의 그라데이션을 만들려면 약간의 편법을 써야 합니다. 두 가지 색상의 그라데이션을 여러 개 만들어 붙여 놓고 그림으로 저장하는 방식입니다 (PNG 파일 형식). 만들어 놓은 그라데이션 이미지는 도형뿐만 클립아트, 글맵시 텍스트에도 적용이 가능하여 보다 표현 반경을 넓힐 수 있습니다.

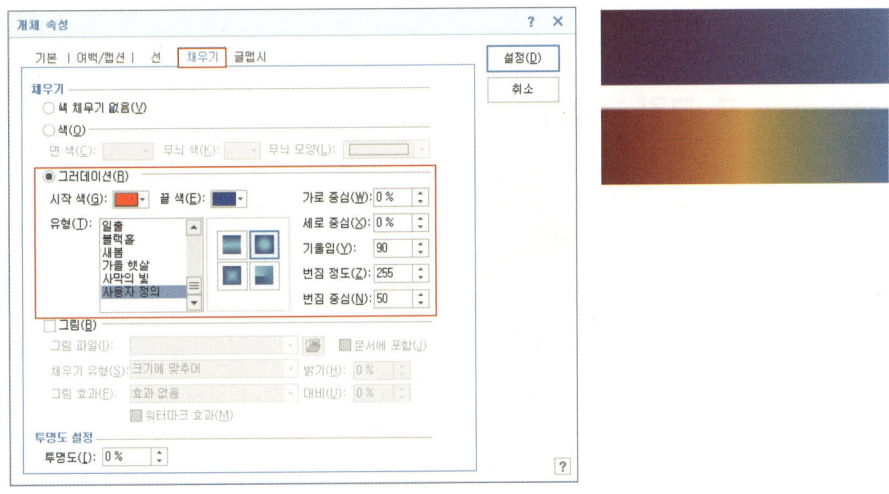

한글의 그라데이션은 두 색만 지원합니다. 간단한 트릭으로 세 색상 그라데이션이 가능합니다.

텍스트에 그라데이션 효과를 적용하려면?

글맵시를 통해 텍스트를 만들고, [개체 속성]–[채우기] 탭–[그림 파일]에서 PNG 파일로 저장한 그라데이션 이미지를 불러들입니다.

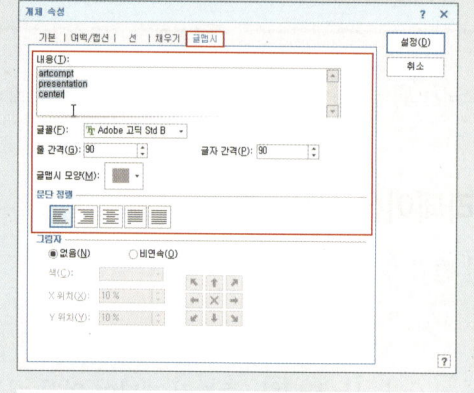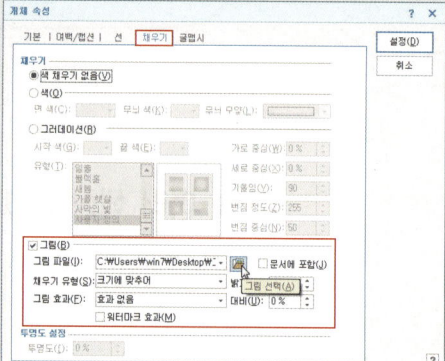

7. 그림 그리기

한쇼나 파워포인트와 같이 한글에서도 그림을 그릴 수 있나요?

다각형, 곡선, 자유선 등을 이용하여 간단한 형태를 그릴 수 있습니다. 즉, 간단한 흐름도나 복잡하지 않은 도해 작성을 할 때 한글의 '그리기' 기능을 활용하면 무리가 없습니다.

그러나 파워포인트처럼 '모양 조절 핸들'이 없어 정교한 작업은 어렵습니다.

정교한 것은 한쇼나 한셀에서 작업하여 불러들이는 것이 효과적입니다. 한쇼의 [점 편집] 기능을 이용하면 세밀한 클립아트나 일러스트도 그릴 수 있습니다. (한셀 NEO에서도 [점 편집] 기능이 지원되어 정교한 작업이 가능합니다.)

한글 작업에서 가장 필요한 기능 중 하나가 바로 한쇼의 [점 편집] 기능일 것입니다.

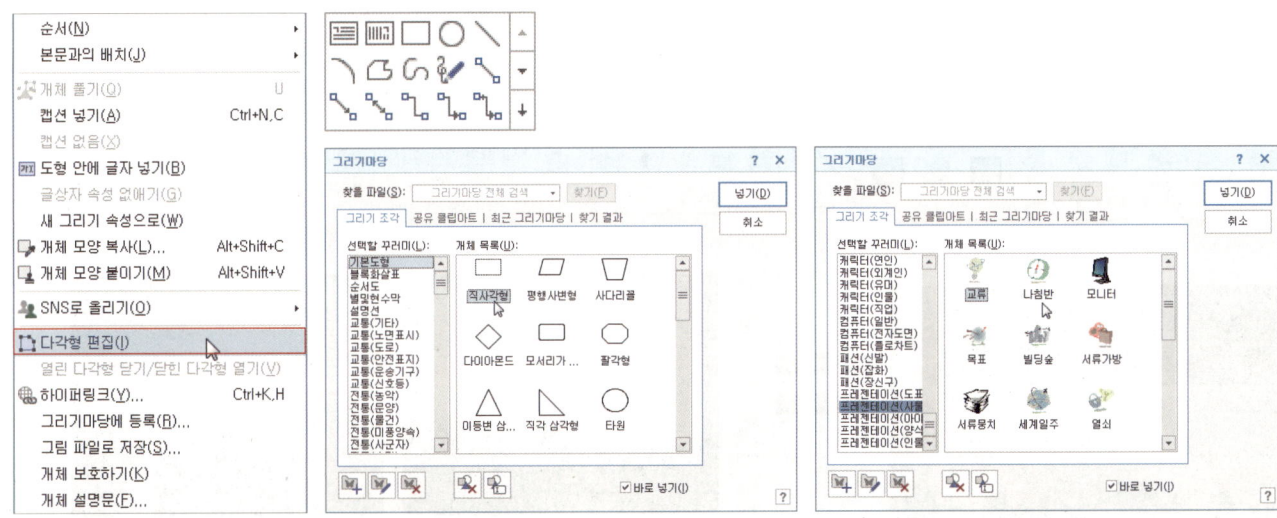

한글의 그리기 마당을 통해 기본적인 도형이나 클립아트 등을 활용할 수 있습니다.

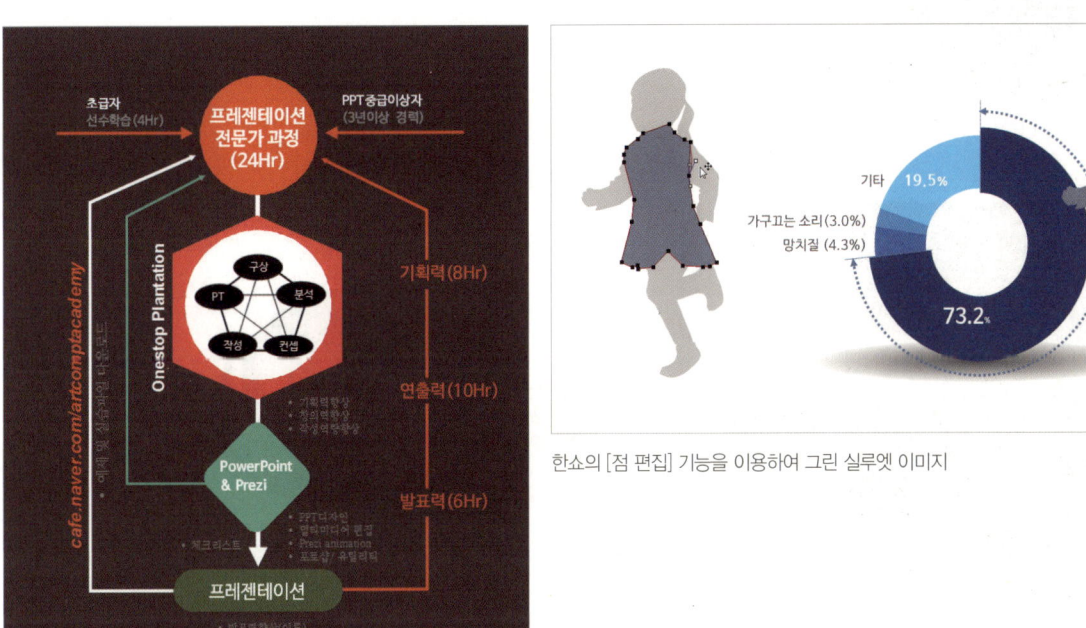

한글의 [다각형] 기능으로 그린 꺾인 라인

한쇼의 [점 편집] 기능을 이용하여 그린 실루엣 이미지

8. 사진 편집하기

한글에서 사진 편집이 가능할까요? 배경을 투명하게 제거하는 기능이 있을까요?

포토샵처럼 섬세하게 표현하기는 어렵지만 생각 이상으로 사진을 다양한 표현할 수 있습니다. 한글에서 사진을 편집할 수 있는 기능은 파워포인트에 비해 다소 미약하지만 [그림 효과], [밝기], [대비], [자르기] 기능을 제대로 활용하면 사진을 보다 다채롭게 편집할 수 있습니다.

또한 [한포토]로 사진을 보정할 수 있어 보다 완성도를 높일 수 있습니다.

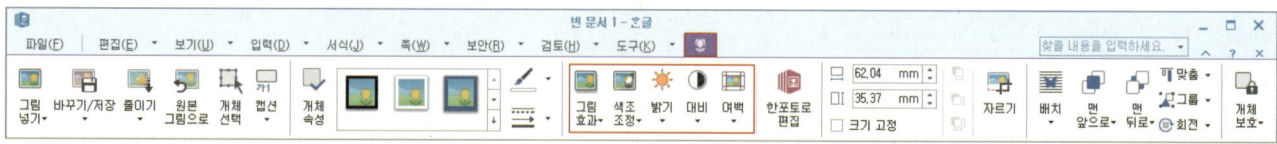

[한 포토로 편집]-[간편 보정] 기능으로 사진을 보다 강렬한 느낌으로 보정한 모습

[한포토로 편집]-[투명 효과] 기능으로 사진 배경을 제거하여 투명하게 한 모습

 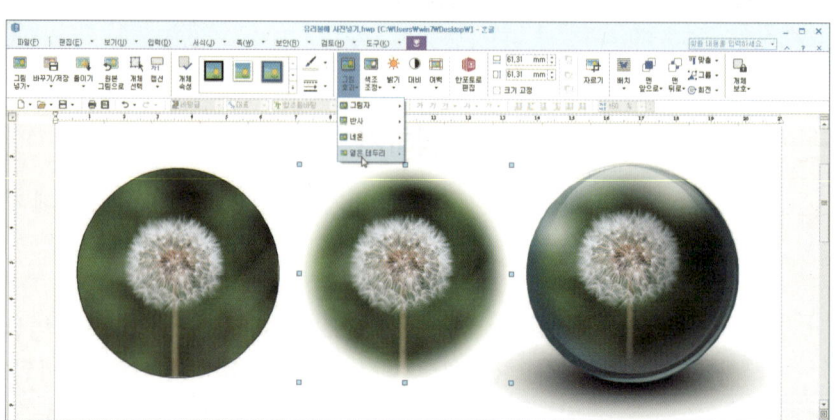

한글의 [그림 채우기] 기능과 [옅은 테두리] 효과를 활용하여 사진 편집 완성도를 한층 높인 모습

9. 워드아트 편집하기

한쇼나 파워포인트와 같이 한글에서도 워드아트 작업이 가능한가요?

파워포인트의 '워드아트'를 한쇼는 '워드숍' 한글에서는 '글맵시'라 부릅니다.

표지의 타이틀이나 특정 키워드를 크게 강조하려 할때 워드아트(글맵시)를 활용하는데 글맵시 기능을 잘 못 쓰면 오히려 평범한 텍스트보다 못할 수가 있어 주의해야 합니다. 글맵시 자체 기능으로 텍스트를 편집하면 다소 거칠기 때문에 보다 완성도를 높일 수 있는 방법을 연구해야 합니다.

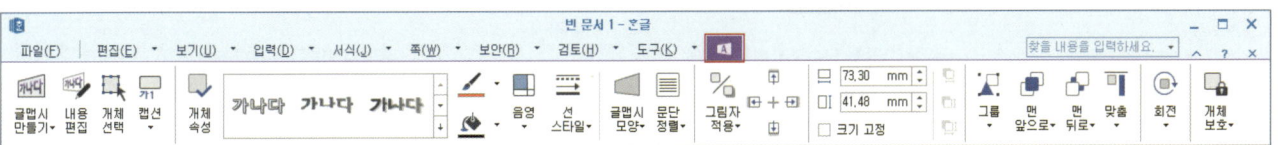

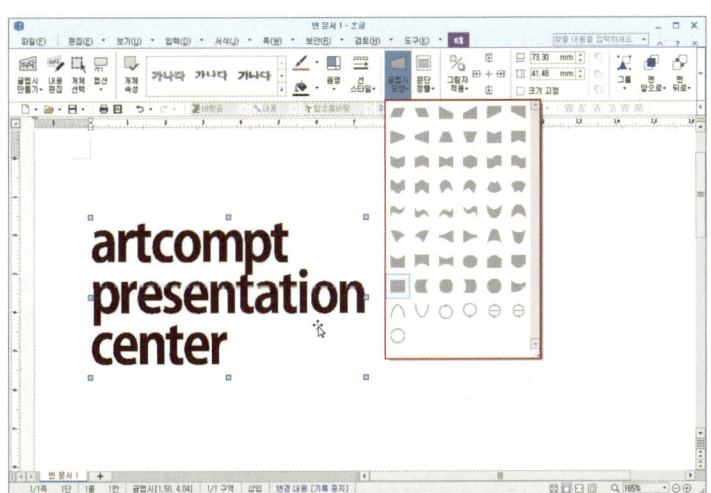

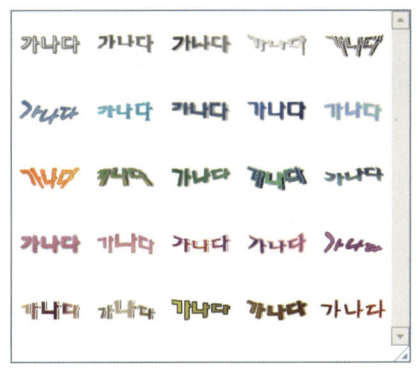

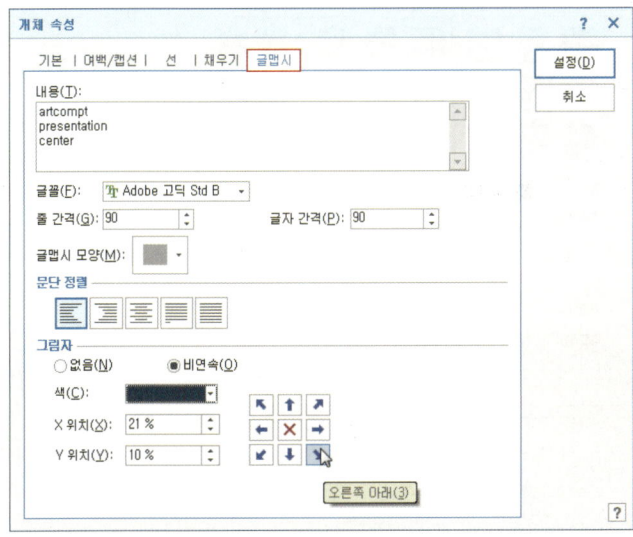

글맵시에서 텍스트 작업을 하고 그림자를 적용한 모습

글맵시에서 텍스트 작업을 하고 그림자는 한쇼에서 작업하여 조합한 모습

글맵시 기능을 단순하게 활용한 모습　　　　　　　글맵시 기능을 응용한 모습

10. 부드러운 그림자 만들기

한글에서 그림자 효과를 보다 자연스럽고 부드럽게 표현하는 방법이 있을까요?

도형에 그림자를 적용할 때 한글에서 제공되는 그림자 효과는 딱딱하고 단순하기 때문에 편법이 필요합니다.

도형을 그림(EMF 파일)으로 저장한 다음 불러들여 이미지에 제공되는 기능 중 [그림자 효과]와 [옅은 테두리 효과], [네온 효과] 등을 적용하면 한층 부드러운 그림자를 만들 수 있습니다.

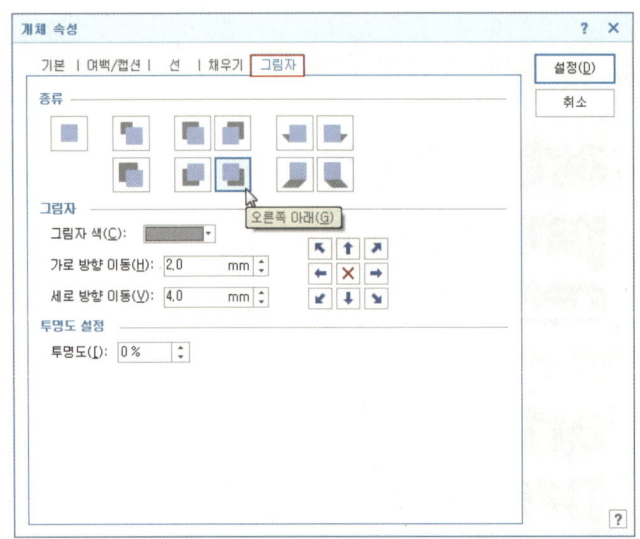
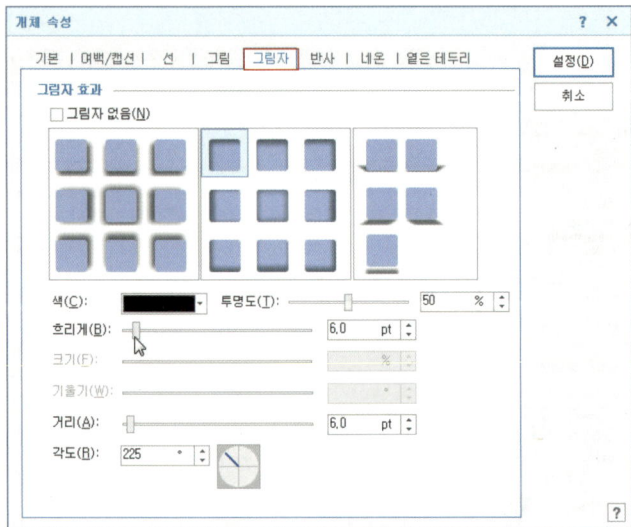

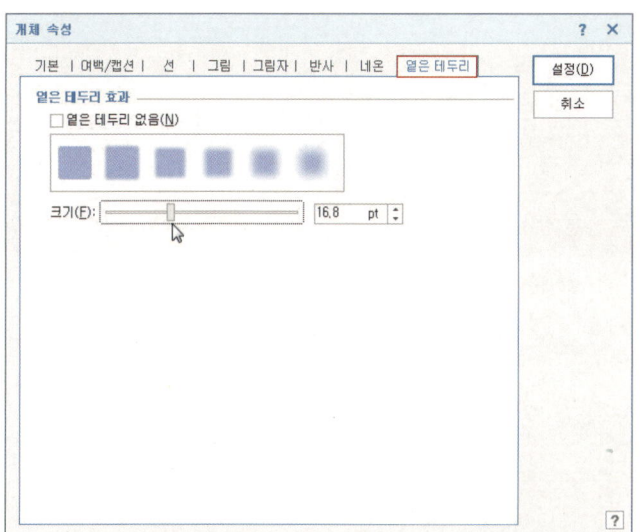
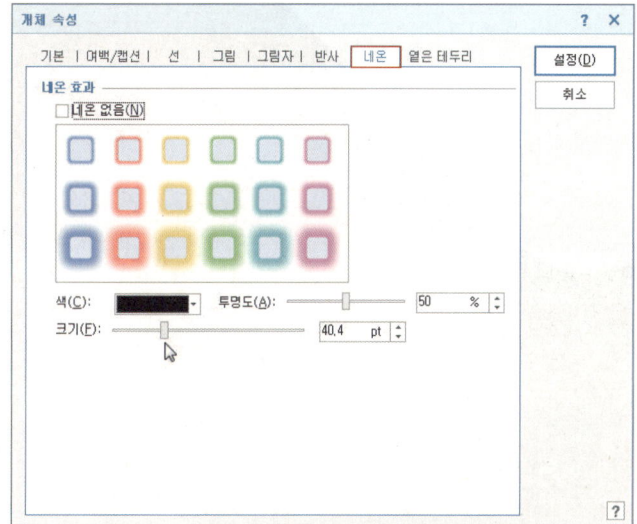

한글에서 제공하는 일반적인 그림자 효과

회색 육각형 도형을 이미지(EMF 파일)로 저장한 다음 불러들여 옅은 테두리 효과를 적용한 모습

일반적인 그림자 효과

마름모 도형을 이미지(EMF 파일)로 저장한 다음 불러들여 [대각선 왼쪽 위] 그림자를 적용한 모습

PART 02

파워포인트
보고서 디자인

001 라인 아트를 활용한 표지 디자인 • 002 동심원을 모티브로 하는 표지 디자인 • 003 삼각 패턴을 활용한 표지 디자인 • 004 접힌 느낌의 볼륨감이 있는 표지 디자인 • 005 여러 개의 색띠를 활용한 표지 디자인 • 006 모노톤 사진을 활용한 목차 디자인 • 007 타원 구성을 활용한 목차 디자인 • 008 라인 아트를 적용한 섹션 디자인 • 009 텍스트에 사진을 넣은 타이포그래피 • 010 커팅된 느낌을 활용한 타이포그래피 • 011 투명 배경 사진을 활용한 타이포그래피 • 012 기본 도형을 활용한 본문 레이아웃 • 013 모노톤 배경을 활용한 본문 레이아웃 • 014 회전형 도해가 있는 제안서 디자인 • 015 숫자를 활용한 제안서 본문 디자인 • 016 타원 텍스트 박스를 활용한 디자인 • 017 동일한 도형만을 활용한 본문 디자인 • 018 둥근 사각형을 활용한 본문 디자인 • 019 종이에 칼집 효과를 낸 본문 디자인 • 020 특정 이니셜을 강조한 본문 디자인 • 021 도넛형 차트를 부각한 본문 디자인 • 022 가로 누적 그래프를 부각한 본문 디자인 • 023 원형 그래프를 부각한 본문 디자인 • 024 세로 누적 그래프를 부각한 본문 디자인 • 025 세로 막대그래프를 부각한 본문 디자인

001 라인 아트를 활용한 표지 디자인

보고서(기획서/제안서) 표지 디자인은 본문 내용을 암시하는 중요한 역할을 합니다. 그렇기 때문에 표지 디자인은 본문 내용과 상관없이 잘 만들어진 표지를 짜깁기하거나 취향에 따라 만들어서는 안 됩니다. 본문 내용에 맞춰 표지 디자인에 역동감을 주고 싶을 때 다양한 방법이 있으며 라인 아트를 활용하는 것도 좋습니다. 라인 아트는 그 자체만으로도 디자인 미감을 살릴 수 있으며 무엇보다 역동감을 표현할 때 매우 효과적입니다.

|난이도| ★★★☆☆ |예제 폴더| Part 02\01 |완성 파일| Part 02\01\완성\ppt design_001.pptx
|과정 파일| Part 02\01\완성\ppt design_001_8단계.pptx
|색상 베리에이션| Part 02\01\완성\ppt design_001_4컬러.pptx
|인터넷으로 보기| http://cafe.naver.com/artcomptacademy/2100

디자인 포인트

이번 예제에서 주목해야 할 디자인은 라인 아트입니다. 라인 아트는 곡선 한 가닥으로 모양을 만든 다음 곡선 라인을 촘촘하게 복제하여 리본이 꼬여진 느낌을 표현합니다. 라인에 배경색에 맞춰 색상과 투명도를 적용하면 더욱 세련되고 현실적인 느낌을 살릴 수 있습니다. 주변 디자인 요소 또한 웨이브를 주어 자연스러운 흐름을 유지하면서 라인 아트와 조화를 이룰 수 있도록 연출합니다.

4컬러 베리에이션

01 직사각형 그리기

01 표지 디자인을 새로 만들기 위해 테마 선택 창에서 [새 프레젠테이션]을 선택합니다.

※ 용지 종류는 [A4 용지], 슬라이드 방향은 [가로]입니다. 용지는 [디자인] 탭-[사용자 지정] 그룹-[슬라이드 크기]-[사용자 지정 슬라이드 크기]에서 설정합니다.

02 슬라이드에 직사각형을 그립니다.
- [삽입] 탭-[일러스트레이션] 그룹-[도형]-[사각형]-[직사각형]

03 슬라이드 윗부분에 전체 화면 1/2 정도 크기로 직사각형을 그립니다.

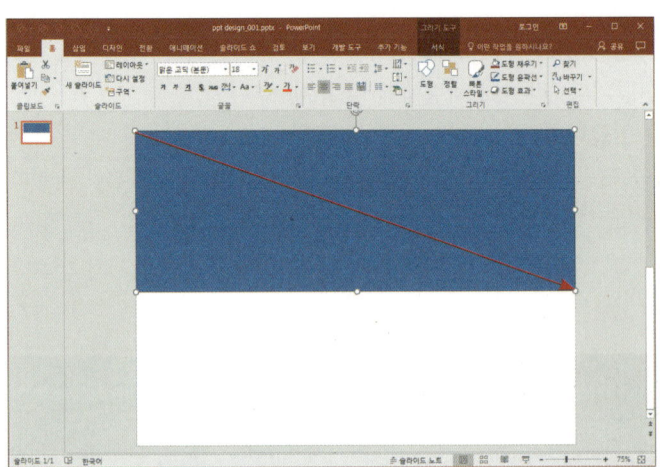

Tip & Tech 표지 디자인은 처음부터 슬라이드 마스터에서 작업하는 방식과 기본 슬라이드에서 디자인을 완성하고 슬라이드 마스터에 표지 디자인을 붙여넣는 방식이 있습니다.
슬라이드 마스터 작업은 [보기] 탭-[슬라이드 마스터]에서 할 수 있습니다.

02 직사각형 아랫부분에 S자 웨이브 형태 만들기

01 직사각형을 선택한 다음 마우스 오른쪽 버튼을 클릭하고 [점 편집]을 실행합니다.

02 직사각형 아랫부분 조절점을 클릭하면 모양을 조정할 수 있는 핸들이 나오는데, 이 핸들을 움직여 S자 웨이브 형태를 만듭니다.

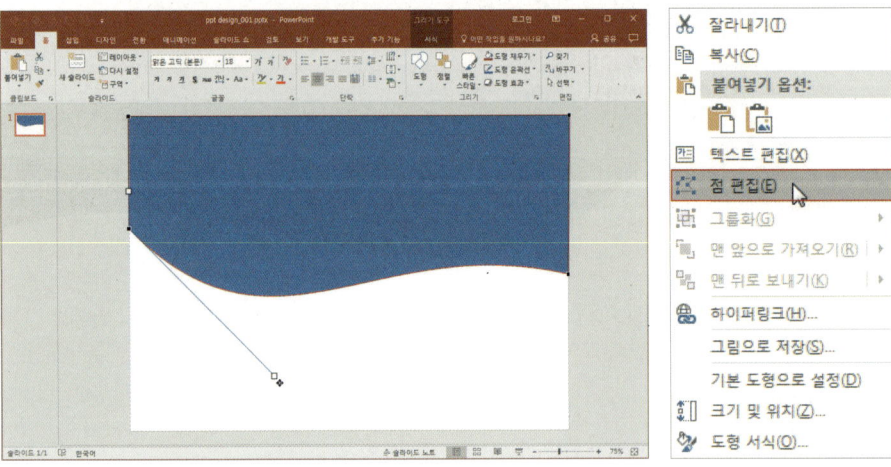

Tip & Tech 초급자의 경우 웨이브를 만들 때 조절점을 여러 개 만드는 경향이 있는데, 조절점이 많아지면 부드러운 느낌을 표현하기 어렵습니다. 조절점은 최소화하고 핸들 두 개를 이용하여 원하는 형태를 만들 수 있어야 합니다.

03 S자 웨이브 도형에 그라데이션 효과 적용하기

01 완성된 S자 웨이브 도형을 마우스 오른쪽 버튼으로 클릭하고 [도형 서식]을 실행합니다.

02 [도형 서식]-[채우기]-[그라데이션 채우기]를 선택하여 그라데이션 효과를 적용합니다.

- [그라데이션 채우기] 각도 : 45°, 도형과 함께 회전
- [색상] 중지점 1/3 → 위치 : 0%, 색 : R27 G58 B97, 투명도 : 0%, 밝기 : 0%
  중지점 2/3 → 위치 : 47%, 색 : R179 G66 B63, 투명도 : 0%, 밝기 : -10%
  중지점 3/3 → 위치 : 100%, 색 : R65 G128 B203, 투명도 : 0%, 밝기 : 0%

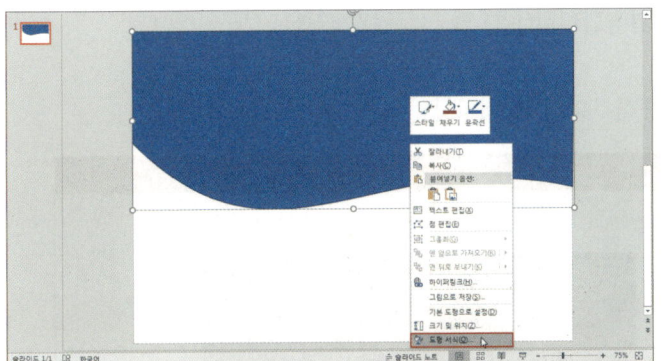
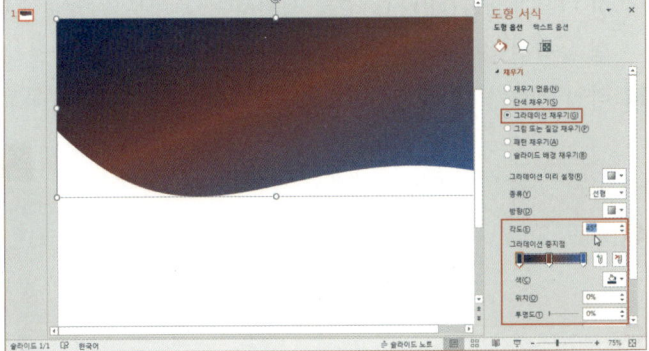

Tip & Tech 그라데이션 배색에서 색상과 명도는 매우 중요합니다. 중지점 개수나 순서 또한 디자인 미감을 살리는 데 중요한 역할을 합니다. 그라데이션 배색은 자칫 유치해질 수 있고, 느낌이 무겁거나 가벼워질 수 있습니다.

04 풀잎 모양 웨이브 도형 만들기

01 [자유형 : 도형(⌒)]을 클릭하여 ⓐ와 같이 웨이브의 기본 형태를 만듭니다.
- [삽입] 탭-[일러스트레이션] 그룹-[도형]-[선]-[자유형]

02 그린 자유형 도형을 마우스 오른쪽 버튼으로 클릭하고 [점 편집]을 실행합니다.

03 조절점을 클릭하면 ⓑ와 같이 모양을 조정할 수 있는 핸들이 나오는데 이 핸들을 움직여 풀잎 모양 웨이브 형태를 만듭니다.

04 ⓒ와 같이 과정 03의 그라데이션 색상을 서식 복사하고 중간에 배치합니다.

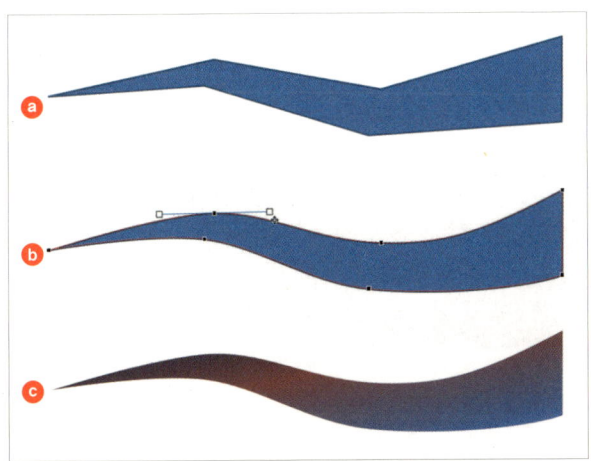
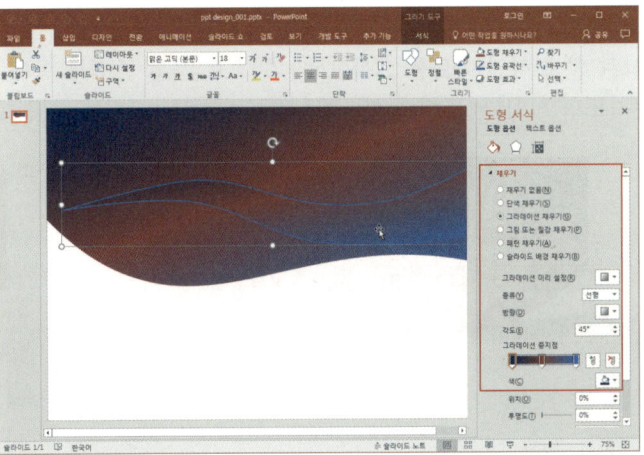

Tip & Tech 동일한 그라데이션 색상은 [홈] 탭-[클립보드] 그룹-[서식 복사]를 클릭하면 손쉽게 복사됩니다.

05 첫 번째 라인 아트를 만들고 중심부 위쪽에 배치하기

01 [삽입] 탭-[일러스트레이션] 그룹-[도형]-[선]-[곡선]을 선택하고 ⓐ와 같은 형태를 완성합니다. 라인 두께는 라인을 선택한 상태에서 마우스 오른쪽 버튼을 클릭하고 [도형 서식]을 실행한 다음 [도형 옵션]-[선]-[실선]-[너비]에서 '0.75pt'로 설정합니다.

02 ⓑ와 같이 완성된 웨이브를 한 개 복제하고 간격을 좁게 하여 배치한 다음 ⓒ와 같이 Ctrl+D 키를 계속 눌러 꼬여진 리본 모양 웨이브를 완성합니다.

03 ⓓ와 같이 라인 색상을 배색하려면 [도형 서식]-[도형 옵션]-[선]-[실선]-[색]-[다른 색]을 클릭한 다음 'R255 G102 B0'으로 설정하고, 투명도를 '70%'로 설정합니다([홈] 탭-[그리기 그룹]-[도형 윤곽선]을 통해 지정해도 결과는 같습니다).

04 라인 아트가 완성되었으면 전체를 그룹(Ctrl+G)으로 묶고 중심부 위쪽에 배치합니다.

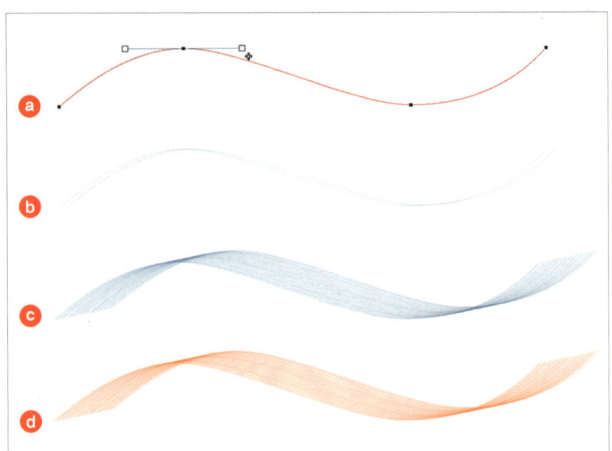 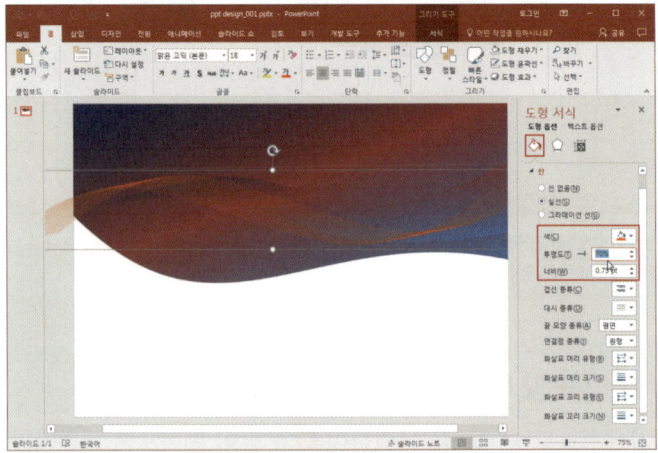

Tip & Tech 라인 아트 디자인은 라인을 복제하는 과정에서 라인 사이 간격과 각도에 따라 리본 모양이 달라집니다. 그렇기 때문에 단번에 완성하려 하지 말고 다양하게 모양을 만들어 본 다음 가장 완성도가 높은 것을 선택해야 합니다.

06 두 번째 흰색 라인 아트를 만들고 회전하기

01 이전 과정과 같은 방식으로 라인 아트 형태를 만듭니다.

02 라인 색상은 흰색에 투명도를 '80%'로 설정합니다.

03 완성된 흰색 라인 아트를 그룹(Ctrl+G)으로 묶고 중심부 쪽에 배치한 다음 각도를 조절합니다. 각도는 [도형 서식]-[도형 옵션]-[크기 및 속성]-[크기]-[회전]을 통해 조절합니다.

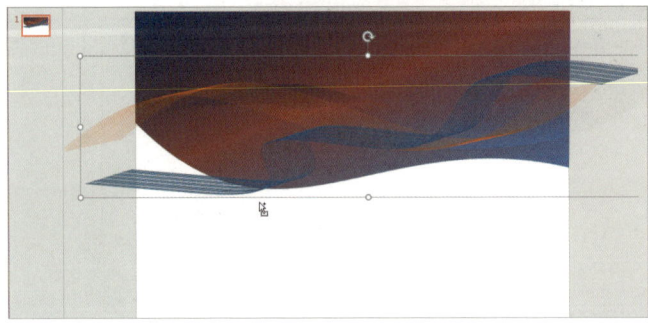 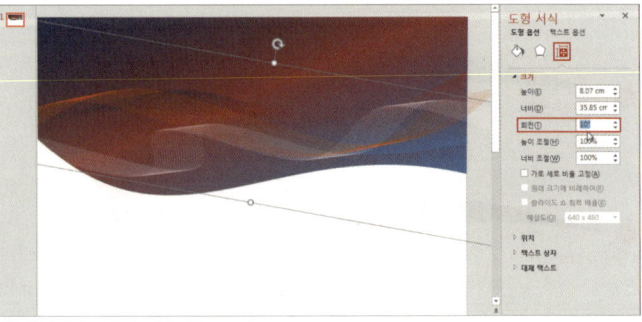

Tip & Tech 라인 아트는 라인의 형태, 두께, 색상, 투명도, 배치된 상태, 각도 등에 따라 느낌이 각각 달라집니다. 그렇기 때문에 타이틀과 서브 텍스트가 입력되어 완성된 상태에서 세부적인 수정 작업이 필요합니다.

07 타이틀을 입력하고 그림자 효과 적용하기

01 텍스트를 입력하기 위해 [삽입] 탭-[텍스트] 그룹-[텍스트 상자]-[가로 텍스트 상자]를 클릭하고 제목(Powerpoint Template)을 입력합니다.

02 글꼴은 [홈] 탭-[글꼴] 그룹-[글꼴 색]에서 흰색을 배색하고 글꼴, 기울임, 그림자 등을 지정합니다.
- Powerpoint : Arial, 기울임꼴, 텍스트 그림자
- Template : Arial Black, 기울임꼴, 텍스트 그림자

03 보다 부드러운 텍스트 그림자를 만들기 위해 텍스트를 선택한 상태에서 마우스 오른쪽 버튼을 클릭하고 [텍스트 효과 서식]-[도형 서식]-[텍스트 옵션]-[텍스트 효과]-[그림자]를 선택합니다.
- 투명도 : 60%, 크기 : 102%, 흐리게 : 10pt, 각도 : 45°, 간격 : 3pt

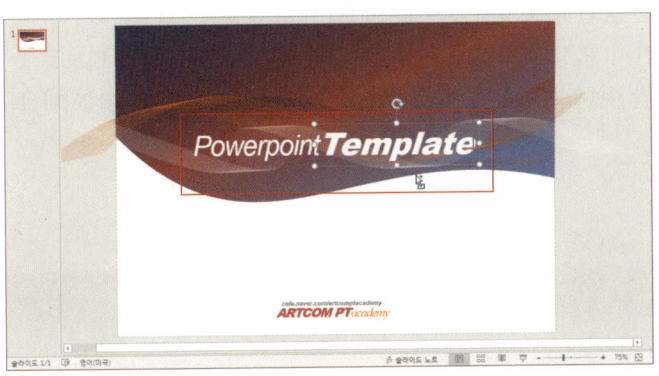
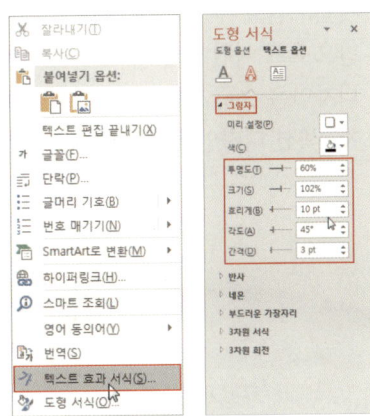

08 서브 텍스트를 입력하고 색상 배색하기

01 서브 텍스트 작업은 이전 과정의 타이틀 텍스트를 입력하고 디자인 효과를 적용하는 방식과 같습니다.
- Click here to... : Times New Roman, 28pt, 굵게, 기울임꼴, 텍스트 그림자
- www.companyurl... : Aria, 20pt, 굵게, 텍스트 그림자

※ 텍스트를 WordArt 스타일로 변환하기 위해서는 텍스트를 선택하고 [서식] 탭-[WordArt 스타일] 그룹-[텍스트 효과]-[변환]-[휘기]-[사각형]을 클릭한 다음 크기를 조정합니다.

02 [홈] 탭-[글꼴] 그룹-[글꼴 색]에서 서브 텍스트에 색상 배색을 합니다.
- Click here to... : R255 G192 B0
- www.companyurl... : R217 G150 B148

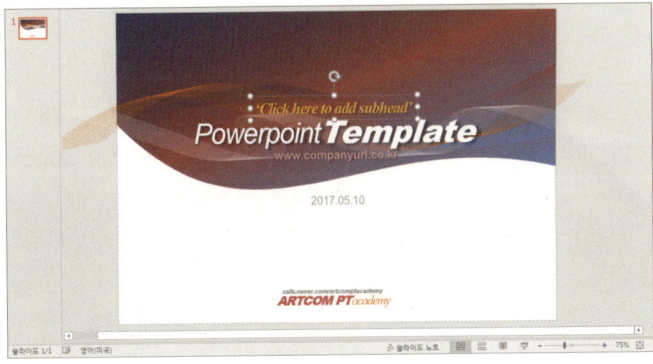
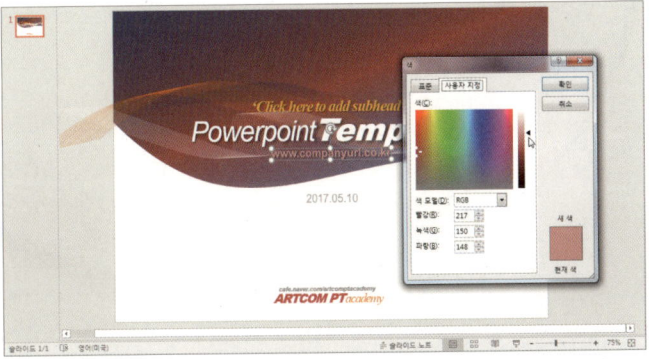

002 동심원을 모티브로 하는 표지 디자인

보고서나 제안서 표지를 쉽게 만드는 방법 중 하나가 타원이나 도넛 도형을 이용하여 디자인하는 것입니다. 보고서 디자인에 일반적으로 사용하는 직사각형의 딱딱한 느낌과는 다르게 한결 자연스럽고 부드러운 느낌을 줍니다. 타원과 도넛형을 여러 개 겹쳐 동심원을 그리듯 표현한 것만으로도 어렵지 않게 보고서나 제안서 표지 디자인을 만들 수 있습니다. 동심원을 모티브로 한 디자인은 초급자도 만들기 쉬울 뿐만 아니라 시각적 안정감을 주기 때문에 표지 디자인이나 목차, 섹션 디자인에 잘 어울립니다.

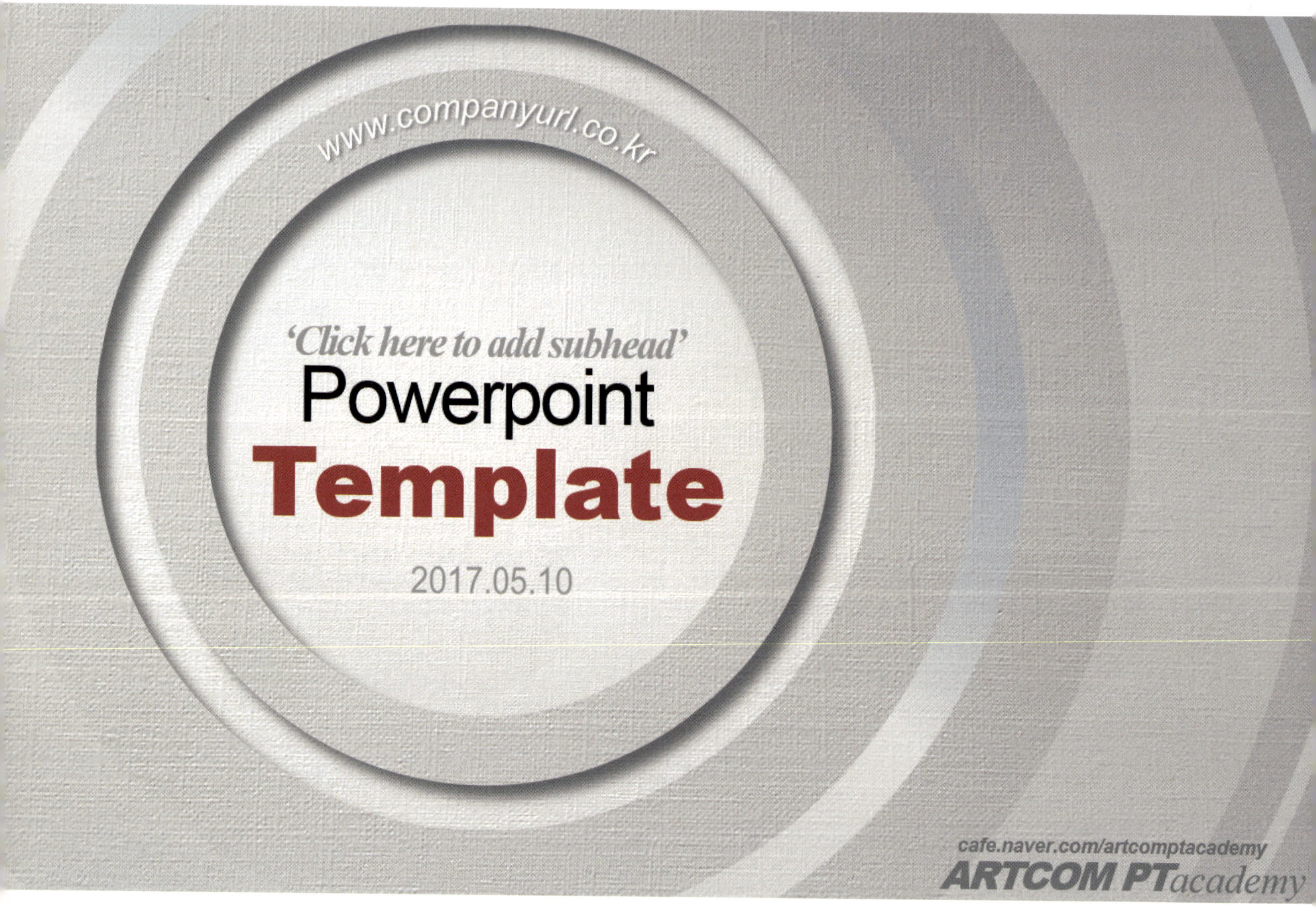

|난이도| ★★★★☆ |예제 폴더| Part 02\02 |완성 파일| Part 02\02\완성\ppt design_002.pptx
|과정 파일| Part 02\02\완성\ppt design_002_8단계.pptx
|색상 베리에이션| Part 02\02\완성\ppt design_002_4컬러.pptx
|인터넷으로 보기| http://cafe.naver.com/artcomptacademy/2105

디자인 포인트

이번 예제에서 주목해야 할 디자인은 동심원입니다. 간격을 동일하게 유지하는 것보다 좁고 넓게 불규칙적으로 배치하는 것이 변화가 있어 좋고 현실적인 느낌을 살릴 수 있습니다. 동심원을 모티브로 한 디자인은 타이틀을 중심으로 펼쳐 나가는 것이 중요한 디자인 포인트입니다. 동심원 방식을 응용하면 삼각형이나 사각형, 마름모꼴, 육각형 도형을 펼치는 방식도 가능합니다.

4컬러 베리에이션

01 배경 만들고 타원에 배경 이미지 넣기

01 표지 디자인을 새로 만들기 위해 테마 선택 창에서 [새 프레젠테이션]을 선택합니다.

※ 용지 종류는 [A4 용지], 슬라이드 방향은 [가로]입니다. 용지는 [디자인] 탭-[사용자 지정] 그룹-[슬라이드 크기]-[사용자 지정 슬라이드 크기]에서 설정합니다.

02 [삽입] 탭-[이미지] 그룹-[그림]을 선택하여 파일을 불러와 슬라이드에 맞춰 크기를 조절합니다.
- Part 02\02\배경.png
- 높이 : 11.38cm, 너비 : 11.38cm

03 [삽입] 탭-[일러스트레이션] 그룹-[도형]-[기본 도형]-[타원]을 클릭하여 타원을 왼쪽에 그립니다.

04 타원에 정사각 배경 이미지를 불러들입니다.
- 마우스 오른쪽 버튼 클릭-[도형 서식]-[도형 옵션]-[채우기]-[그림 또는 질감 채우기]-[파일]-파일 삽입
- Part 02\02\정사각.png

02 그림자 적용하기

01 타원 ⓑ를 PNG 그림 파일 형식으로 저장합니다.
- 마우스 오른쪽 버튼 클릭-[그림으로 저장]-파일 이름 지정-파일 형식 PNG로 지정

02 저장한 타원을 [삽입] 탭-[이미지] 그룹-[그림]을 선택하여 불러들인 다음 ⓒ와 같이 밝기/대비 효과를 주어 배경 이미지보다 밝게 만듭니다.
- ④에서 불러들인 타원 이미지 선택-[서식] 탭-[수정]
- 밝기 : 0%, 대비 : +40%

03 타원 이미지를 마우스 오른쪽 버튼을 클릭하고 [그림 서식]-[그림 서식]-[도형 옵션]-[그림자]-[안쪽]-[왼쪽 위]를 클릭하여 '안쪽 그림자'를 적용해 ⓓ와 같이 눌려진 엠보싱 느낌을 표현합니다.
- 투명도 : 50%, 흐리게 : 10pt, 각도 : 225°, 간격 : 10pt

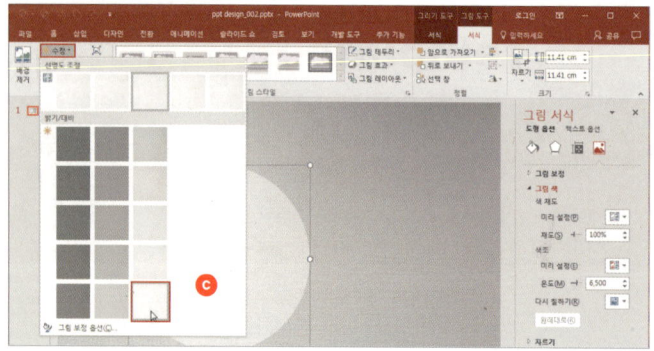 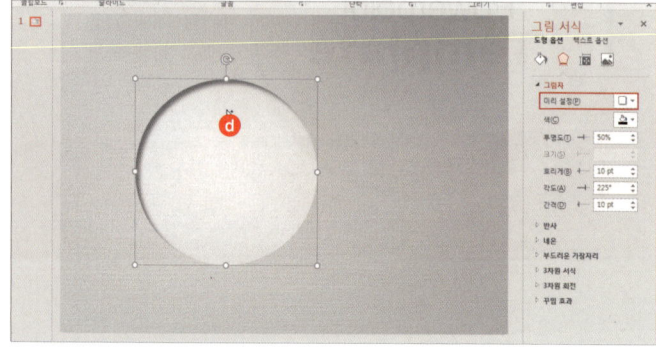

03 첫 번째 도넛형에 서식 복사하기

01 도넛형을 타원보다 크게 그려 넣습니다([Shift] 키를 누른 상태로 드래그해야 높이와 너비가 같게 됩니다).
- [삽입] 탭 – [일러스트레이션] 그룹 – [도형] – [기본 도형] – [도넛]
- 마우스 오른쪽 버튼 클릭 – [도형 서식] – [도형 옵션] – [크기 및 속성]
- 높이 : 15.88cm, 너비 : 15.88cm

02 과정 02에서 작업한 타원 이미지를 선택하고 [홈] 탭 – [클립보드] 그룹 – [서식 복사]를 클릭합니다.

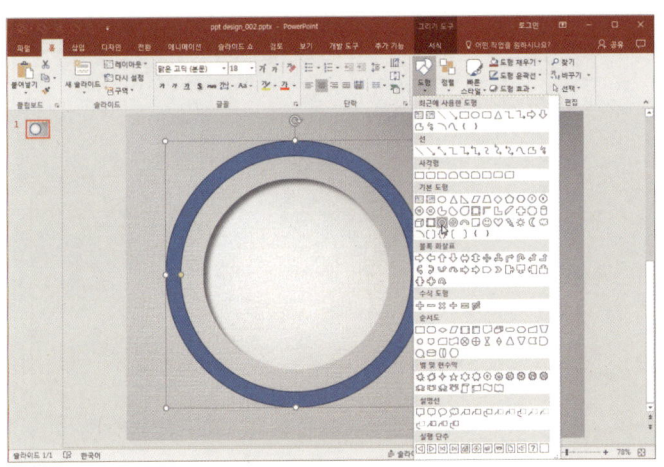 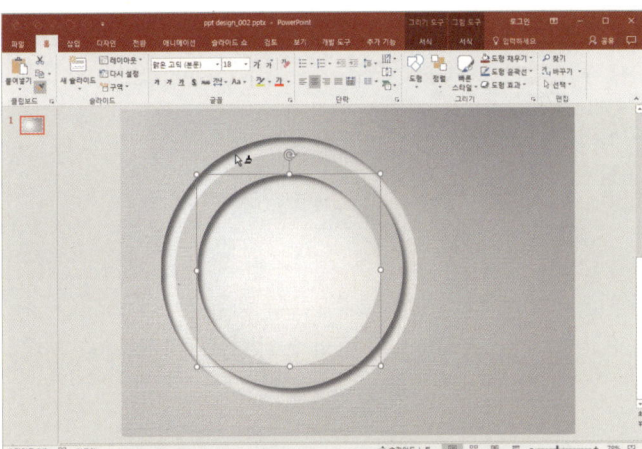

Tip & Tech   도넛형 안쪽 노란색 조절점을 드래그하면 도넛의 너비를 조절할 수 있습니다.

04 두 번째 도넛형에 그라데이션 효과 적용하기

01 이전 과정과 같은 방법으로 도넛형을 그립니다.
- 높이 : 21.95cm, 너비 : 21.95cm, 회전 : 35°

02 [도형 서식] – [도형 옵션] – [채우기] – [그라데이션 채우기] – [종류] – [선형]을 클릭하여 그라데이션 효과를 적용합니다.
- [그라데이션 채우기] 각도 : 90°, 도형과 함께 회전
- [색상] 중지점 1/3 → 위치 : 0%, 투명도 : 100%, 색 : R79 G129 B189
  중지점 2/3 → 위치 : 50%, 투명도 : 39%, 색 : R255 G255 B255
  중지점 3/3 → 위치 : 100%, 투명도 : 100%, 색 : R255 G255 B255

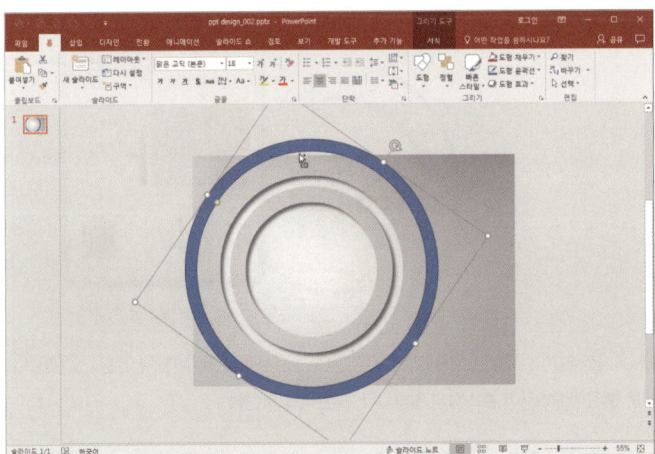 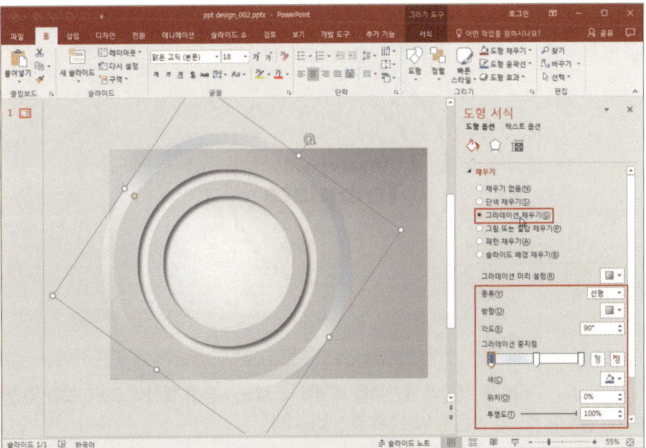

05 세 번째와 네 번째 도넛형 디자인하기

01 세 번째 도넛형을 그린 다음 색을 지정합니다.
- [도넛형 크기] 높이 : 33.52cm, 너비 : 33.52cm, 회전 : 0°
- [색상] 단색 채우기, 흰색, 투명도 : 81%

02 네 번째 도넛형을 그리고 이전 단계의 그라데이션을 [서식 복사]합니다.
- [도넛형 크기] 높이 : 36.1cm, 너비 : 36.1cm, 회전 : 346°

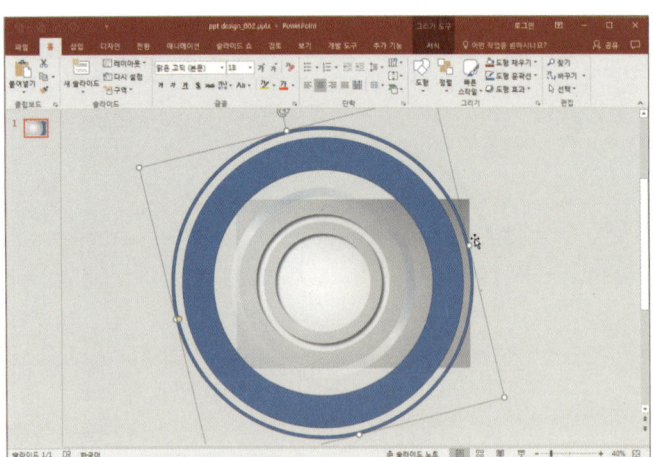
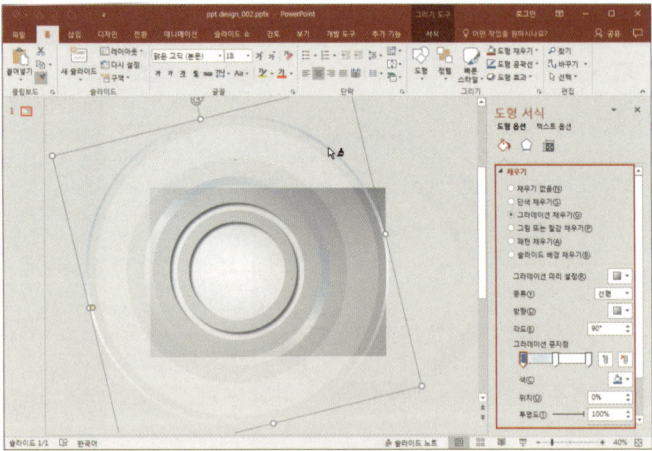

Tip & Tech 동심원 디자인을 할 때 점점 타원이나 도넛형 크기가 커지기 때문에 슬라이드를 60%~40% 정도 축소하여 전체를 보면서 디자인해야 합니다.

06 타이틀 텍스트 입력하고 색상 배색하기

01 텍스트를 입력하기 위해 [삽입] 탭 – [텍스트] 그룹 – [텍스트 상자] – [가로 텍스트 상자]를 클릭하고 타이틀(Powerpoint와 Template)을 각각 입력합니다.

02 글꼴과 크기, 색상 등은 [홈] 탭 – [글꼴] 그룹에서 지정합니다.
- Powerpoint : Arial, 44pt, 검정
- Template : Arial Black, 54pt, 빨강(R195 G0 B0)

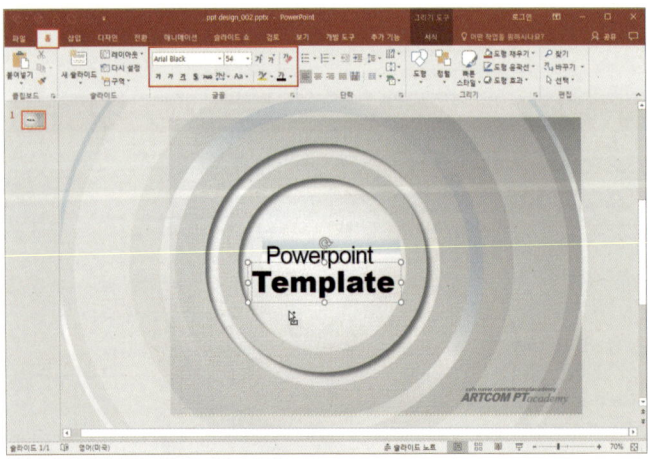
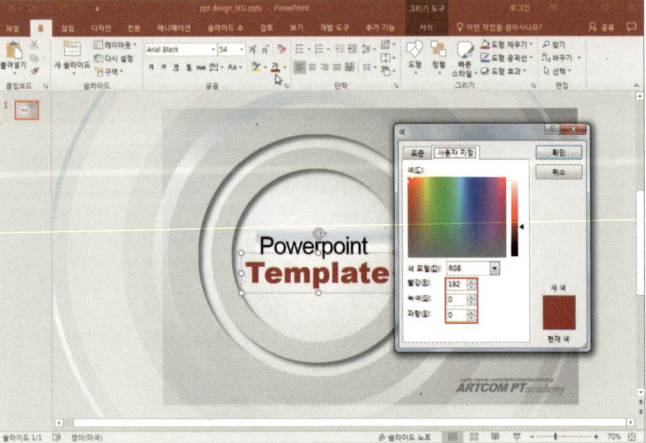

Tip & Tech 타이틀 색상에 빨간색을 배색할 때 채도가 높은 빨간색(R255)보다 약간 어두운 빨간색(R195)이 촌스럽지 않습니다. 노란색과 파란색, 녹색의 경우도 채도가 높은 원색일수록 촌스럽습니다.

07 윗부분 서브 텍스트 둥글게 돌리기

01 [삽입] 탭-[텍스트] 그룹-[텍스트 상자]-[가로 텍스트 상자]를 클릭하고 'www.companyurl. co.kr'을 입력합니다.
- www.companyurl.co.kr : Arial, 기울임꼴, 텍스트 그림자, 흰색

02 입력한 텍스트를 워드아트 스타일로 변환하기 위해서는 텍스트를 선택하고 [서식] 탭-[WordArt 스타일]-[텍스트 효과]-[변환]-[모양]-[위쪽 원호]를 선택합니다.

03 타원을 중심으로 조절점을 상하좌우로 늘려가며 정사각형으로 모양을 만듭니다.

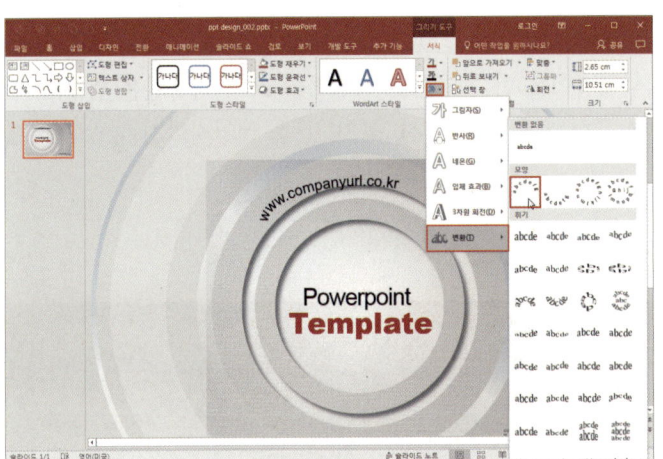 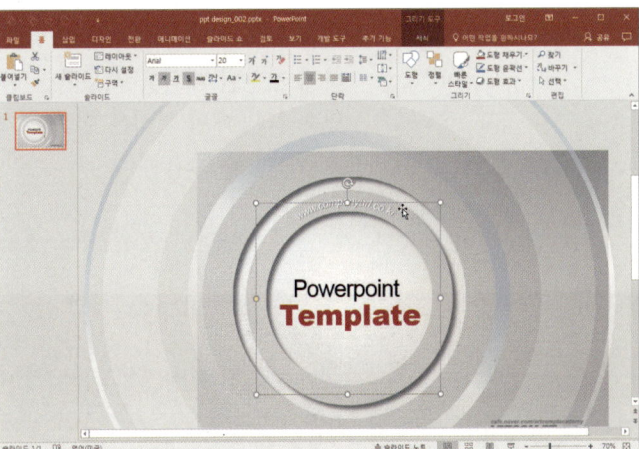

Tip & Tech 둥근 텍스트가 타원과 도넛형 중심부에 배치될 수 있도록 Ctrl + Shift + Alt 키를 동시에 누르고 대각선 방향으로 드래그하면서 크기를 조절합니다.

08 중심부 서브 텍스트 입력하고 색상 배색하기

01 서브 텍스트 작업은 과정 07의 타이틀 텍스트를 입력하고 디자인 효과를 적용하는 방식과 같습니다.
- Click here to add sabhead : Times New Roman, 24pt, 굵게, 기울임꼴, 회색(R166 G166 B166)

02 연도 및 날짜 입력하고 WordArt 스타일로 변환합니다.
- 2017. 05. 10 : Arial, 18pt, 회색(R166 G166 B166)

Tip & Tech 텍스트를 WordArt 스타일로 변환할 때는 텍스트를 선택하고 [서식] 탭-[텍스트 효과]-[변환]-[휘기]-[사각형]을 클릭한 다음 크기를 조절합니다. 텍스트를 WordArt 스타일로 변환할 때는 예상되는 크기보다 텍스트 크기를 작게 입력하고 크기를 키워 나가는 것이 작업하기 좋습니다.

003 삼각 패턴을 활용한 표지 디자인

보고서나 제안서 표지가 밋밋할 때 중심부에 패턴을 적용하면 제목 부분에 시선을 집중시킬 수 있습니다. 패턴은 대부분 도형으로 만들지만 회사의 로고나 마크를 활용할 수도 있습니다. 특별하게 개발된 패턴을 적용하면 별다른 디자인을 하지 않아도 차별화된 표지 디자인을 완성할 수 있습니다. 패턴 형식은 템플릿 개발에 특히 유용한데, 표지, 목차, 본문 페이지까지 일관성 있게 적용하면 좋습니다.

|난이도| ★★★★☆ |예제 폴더| Part 02\03 |완성 파일| Part 02\03\완성\ppt design_003.pptx
|과정 파일| Part 02\03\완성\ppt design_003_8단계.pptx
|색상 베리에이션| Part 02\03\완성\ppt design_003_4컬러.pptx
|인터넷으로 보기| http://cafe.naver.com/artcomptacademy/2122

디자인 포인트

이번 예제에서 주목해야 할 디자인은 패턴입니다. 직각 삼각형에 색상과 그림자 효과, 그라데이션 효과 등을 적용하여 나열하는 것으로 패턴 디자인은 완성됩니다. 색상이 촌스럽지 않으려면 채도가 높은 원색조의 색채보다는 파스텔 조의 색상을 배색하는 것이 좋습니다. 패턴 디자인의 핵심은 디자인 모티브가 되는 도형과 색상입니다.

4컬러 베리에이션

01 배경 이미지 삽입하기

01 표지 디자인을 새로 만들기 위해 테마 선택 창에서 [새 프레젠테이션]을 선택합니다.

※ 용지 종류는 [A4 용지], 슬라이드 방향은 [가로]입니다. 용지는 [디자인] 탭-[사용자 지정] 그룹-[슬라이드 크기]-[사용자 지정 슬라이드 크기]에서 설정합니다.

02 [삽입] 탭-[그림]을 선택하여 배경 이미지 파일을 불러와 슬라이드 크기에 맞춰 크기를 조절합니다.
- Part 02\03\배경.png

 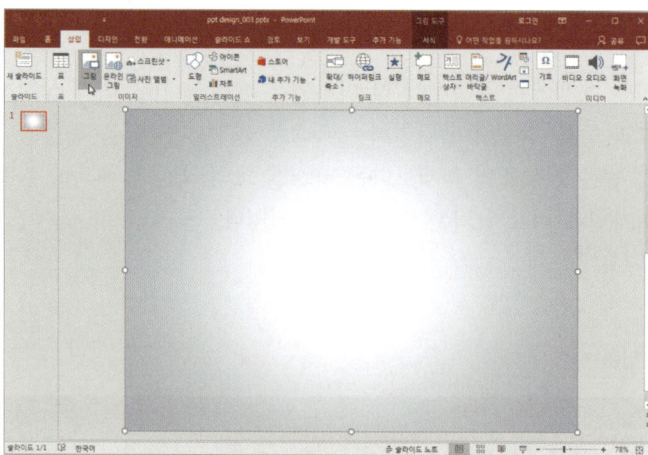

Tip & Tech 템플릿 작업을 할 때마다 배경을 만들면 시간이 오래 걸립니다.
평소 배경을 수집하거나 작업한 것을 모아 놓으면 실전에서 짧은 시간 안에 완성도 높은 표지 디자인을 할 수 있습니다.

02 직사각형으로 윗부분 배경 만들기

01 직사각형을 윗부분 슬라이드의 1/2 크기로 그려 넣습니다.
- [삽입] 탭-[일러스트레이션] 그룹-[도형]-[사각형]-[직사각형]
- 높이 : 10.56cm, 너비 : 27.53cm

02 직사각형의 색상은 [사용자 지정]을 통해 배색(R55 G67 B89)합니다.
- 색상 배색 ⓐ : [홈] 탭-[그리기] 그룹-[도형 채우기]-[다른 채우기 색]-[사용자 지정]
- 색상 배색 ⓑ : [도형 서식]-[도형 옵션]-[채우기]-[단색 채우기]-[색]-[다른 색]-[사용자 지정]

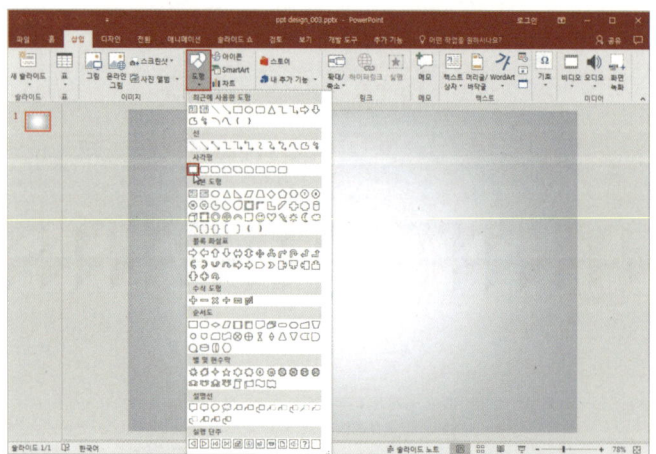 

Tip & Tech 최초의 배경 색상은 타이틀과 디자인 요소 색상에 영향을 미치기 때문에 배색에 신중해야 합니다.

03 원형 그림자 효과 삽입하기

01 [삽입] 탭 - [이미지] 그룹 - [그림]을 선택하여 타원 그림자를 불러옵니다.
- Part 02\03\타원 그림자.png

02 타원 그림자의 너비와 높이를 조절합니다.

Tip & Tech 서식 복사하는 방법은 디자인된 원본을 선택하고 [홈] 탭 - [클립보드] 그룹 - [서식 복사]를 클릭합니다.
마우스 포인터가 붓 모양으로 변했을 때 복사할 대상을 클릭하면 서식 복사됩니다.

04 직각 삼각형으로 패턴 만들기

01 직각 삼각형을 그린 다음 ⓐ와 같이 회전시켜 옆으로 복제하여 붙여 놓습니다.
- [홈] 탭 - [그리기] 그룹 - [정렬] - [회전] - [좌우 대칭] - [상하 대칭]

02 ⓑ와 같이 색상을 배색합니다. 색상은 채도가 높은 것보다는 파스텔 조의 색상을 배색합니다.

03 ⓒ와 같이 그림자 효과를 지정한 다음 직각 삼각형은 아래쪽에 그려 줍니다.
- [도형 서식] - [도형 옵션] - [효과] - [그림자] - [안쪽] - [안쪽 대각선 왼쪽 위]
- 색상 : 검은색, 투명도 : 50%, 흐리게 : 10pt, 각도 : 315°, 간격 : 9pt

04 ⓓ와 같이 흰색 직각 삼각형에 그라데이션효과를 적용한 다음 ⓒ 패턴에 맞춰 붙여놓습니다.
- [그라데이션 채우기] 종류 : 선형, 각도 : 270°, 도형과 함께 회전
- [색상] 중지점 1/3 → 위치 : 0%, 투명도 : 24%, 색 : R124 G124 B124
  중지점 2/3 → 위치 : 50%, 투명도 : 62%, 색 : R255 G255 B255
  중지점 3/3 → 위치 : 100%, 투명도 : 0%, 색 : R255 G255 B255

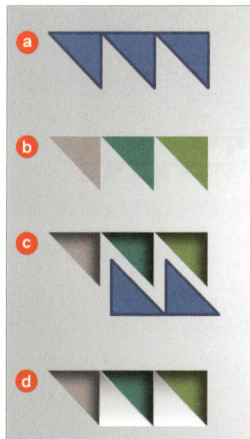 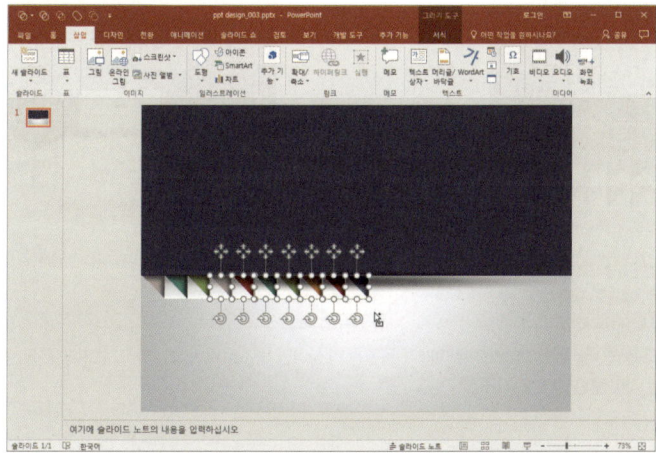

Tip & Tech 직각 삼각형을 대각선 방향으로 붙여 사각형 패턴을 만드는 것이 포인트입니다. 색상은 다채롭게 배색하되 촌스럽지 않도록 파스텔 톤을 적용합니다.

05 첫 번째 줄 패턴 만들기

01 패턴을 복제하여 옆으로 붙여 놓습니다.

02 색상은 파스텔조로 배색하고 그룹(Ctrl+G)으로 묶습니다.

03 과정 03의 그림자를 직사각형 배경과 패턴 중간에 배치하여 자연스럽게 그림자 느낌을 표현합니다.

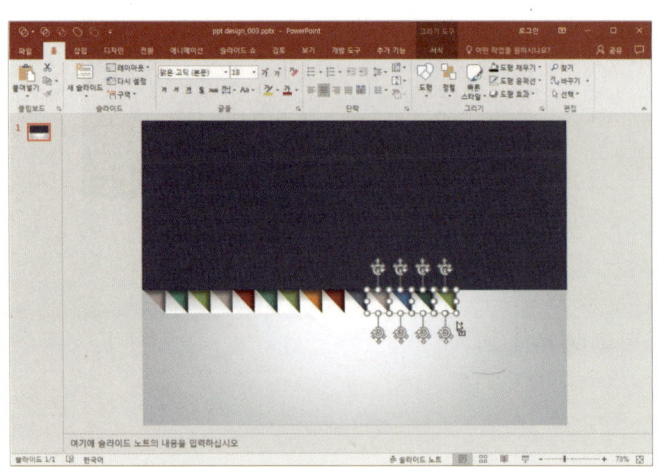
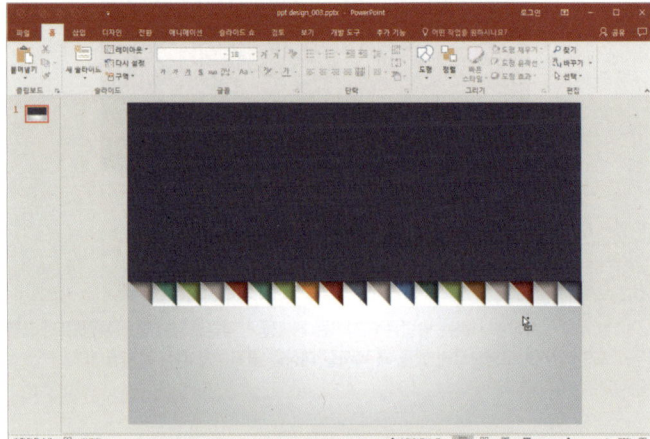

Tip&Tech 패턴 색상을 배색할 때 채도가 높으면 촌스러워집니다. 색상에 흰색을 섞거나 검은색을 섞어 놓은 듯한 색상이 원색(채도가 높은 색)보다 고급스럽습니다.

06 두 번째줄 패턴 만들기

01 과정 05에서 만든 패턴을 복제(Ctrl+D)하여 아래에 배치합니다.

02 한 칸 밀려 배치하고 일부 색상을 변경시킵니다.

03 두 번째 줄 패턴밑에 잘린 그림자를 배치합니다.

• Part 02\03\잘린 그림자.png

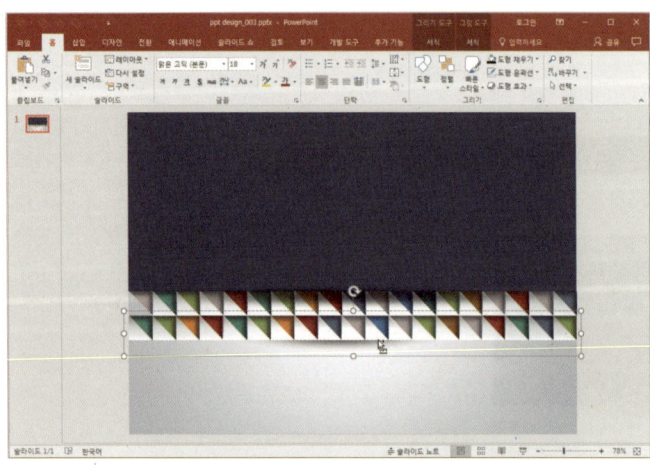
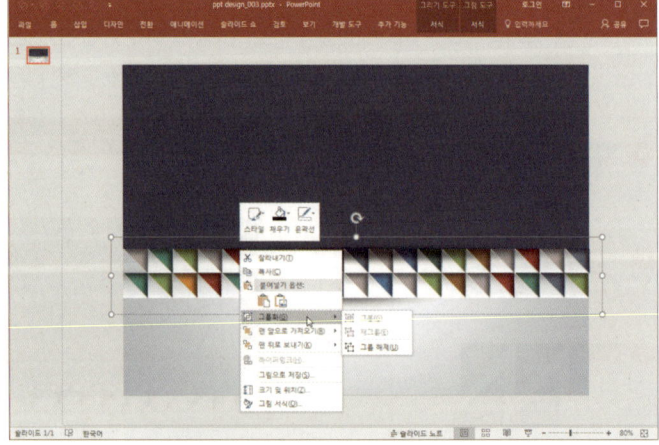

Tip&Tech 첫 번째 줄 패턴을 그대로 복제하여 아래로 붙여놓았다 하더라도 위아래가 동일한 색상이면 단조로워 보입니다. 그렇기 때문에 한 칸 밀려서 배치하는 것이 보기 좋으며 일부 색상을 변경하는 것이 좋습니다.

07 타이틀을 입력하고 색채 배색하기

01 텍스트를 입력하기 위해 [삽입] 탭 – [텍스트] 그룹 – [텍스트 상자] – [가로 텍스트 상자]를 클릭하고 타이틀(Powerpoint Template)을 입력합니다.

02 글꼴은 [홈] 탭 – [글꼴] – [글꼴 색]에서 색상을 흰색과 노란색으로 지정합니다.
- Powerpoint : Arial, 48pt
- Template : Arial, 54pt, 굵게

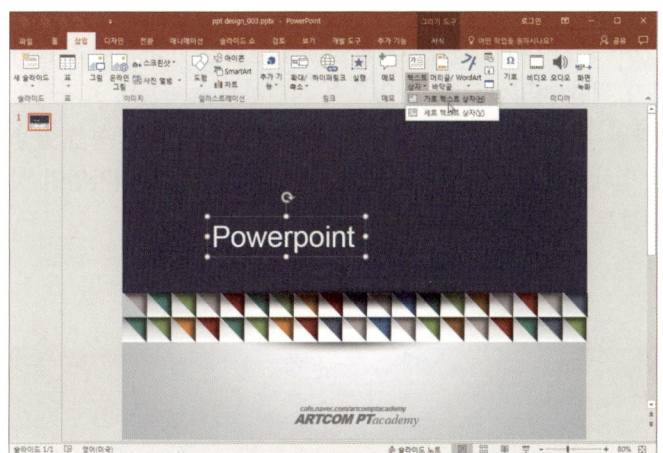 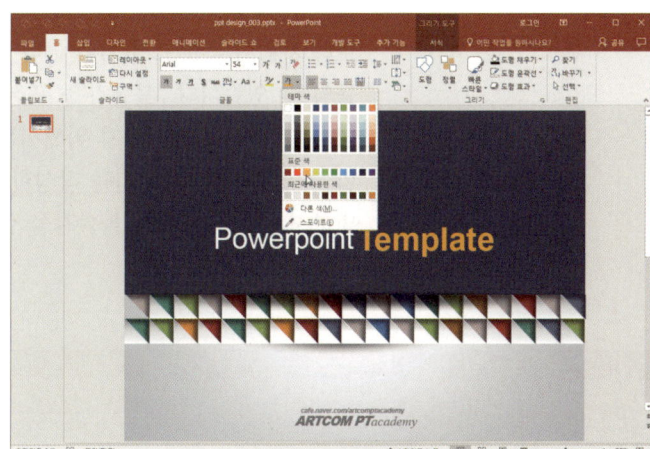

Tip & Tech 배경색이 어두울 경우 입체 효과나 그림자 효과 등을 적용하지 않아도 제목이 충분히 부각됩니다.

08 서브 텍스트를 입력하고 색상 배색하기

01 서브 텍스트 작업은 과정 07의 타이틀 텍스트를 입력하고 디자인 효과를 적용하는 방식과 같습니다.
- Click here to... : Times New Roman, 24pt, 굵게, 기울임꼴
- www.companyurl... : Arial, 20pt, 굵게, 기울임꼴

02 [홈] 탭 – [글꼴] 그룹 – [글꼴 색]에서 서브 텍스트에 색상 배색을 합니다.
- Click here to... : R52 G100 B160
- www.companyurl... : R127 G127 B127

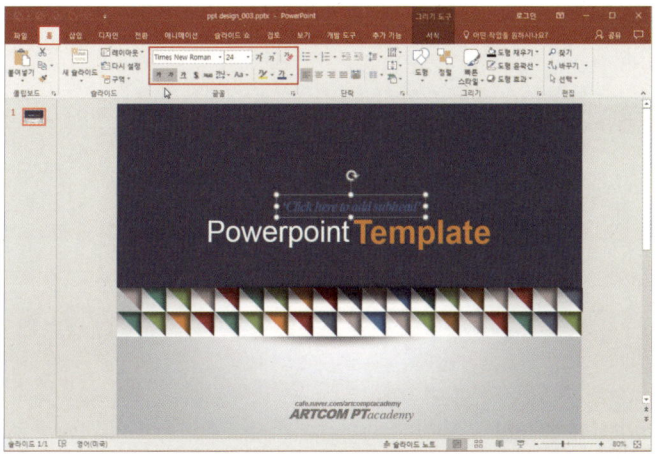 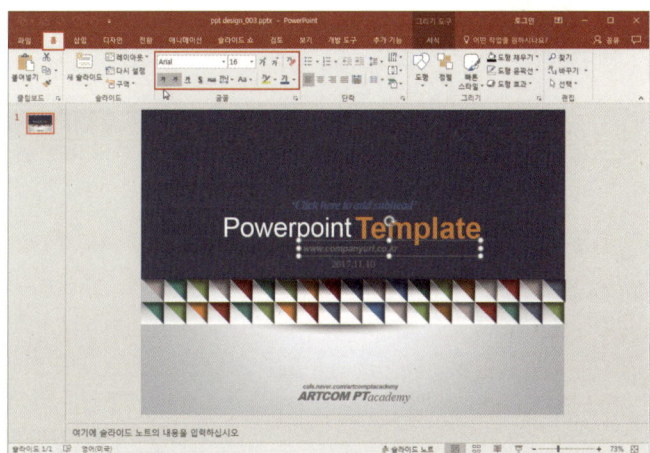

Tip & Tech 마크 및 로고는 현재 소속된 회사 또는 학교, 단체(협회, 연구소), 브랜드 등의 마크 및 로고를 입력하세요.

004 접힌 느낌의 볼륨감이 있는 표지 디자인

보다 차별화된 보고서(기획서)나 제안서 표지 디자인을 할 때 볼륨감을 살리면 한층 시선을 끌어들일 수 있습니다. 볼륨감을 표현하기 위한 다양한 기술이 있으며 시인성을 높이는데 효과적입니다. 볼륨감을 표현하기 위해서는 타원, 삼각형, 사각형, 오각형, 육각형 등 다양한 도형을 활용할 수 있습니다. 보고서를 작성할 때 인쇄용뿐만 아니라 브리핑(PT)을 겸할 때 표지 디자인이 밋밋하지 않도록 표지에 볼륨감을 살려보는 것도 좋은 방법입니다.

|난이도| ★★★☆ |예제 폴더| Part 02\04 |완성 파일| Part 02\04\완성\ppt design_004.pptx
|과정 파일| Part 02\04\완성\ppt design_004_8단계.pptx
|색상 베리에이션| Part 02\04\완성\ppt design_004_4컬러.pptx
|인터넷으로 보기| http://cafe.naver.com/artcomptacademy/2120

디자인 포인트

이번 예제에서 주목해야 할 디자인은 종이 접힌 느낌을 활용한 볼륨감 표현입니다. 평면이지만 착시 효과를 이용하여 입체감을 표현하는 것입니다. 직사각형에 그라데이션 효과 및 삼각형 그림자 효과만으로도 충분히 종이를 접어 놓은 듯한 입체감을 표현할 수 있습니다.

4컬러 베리에이션

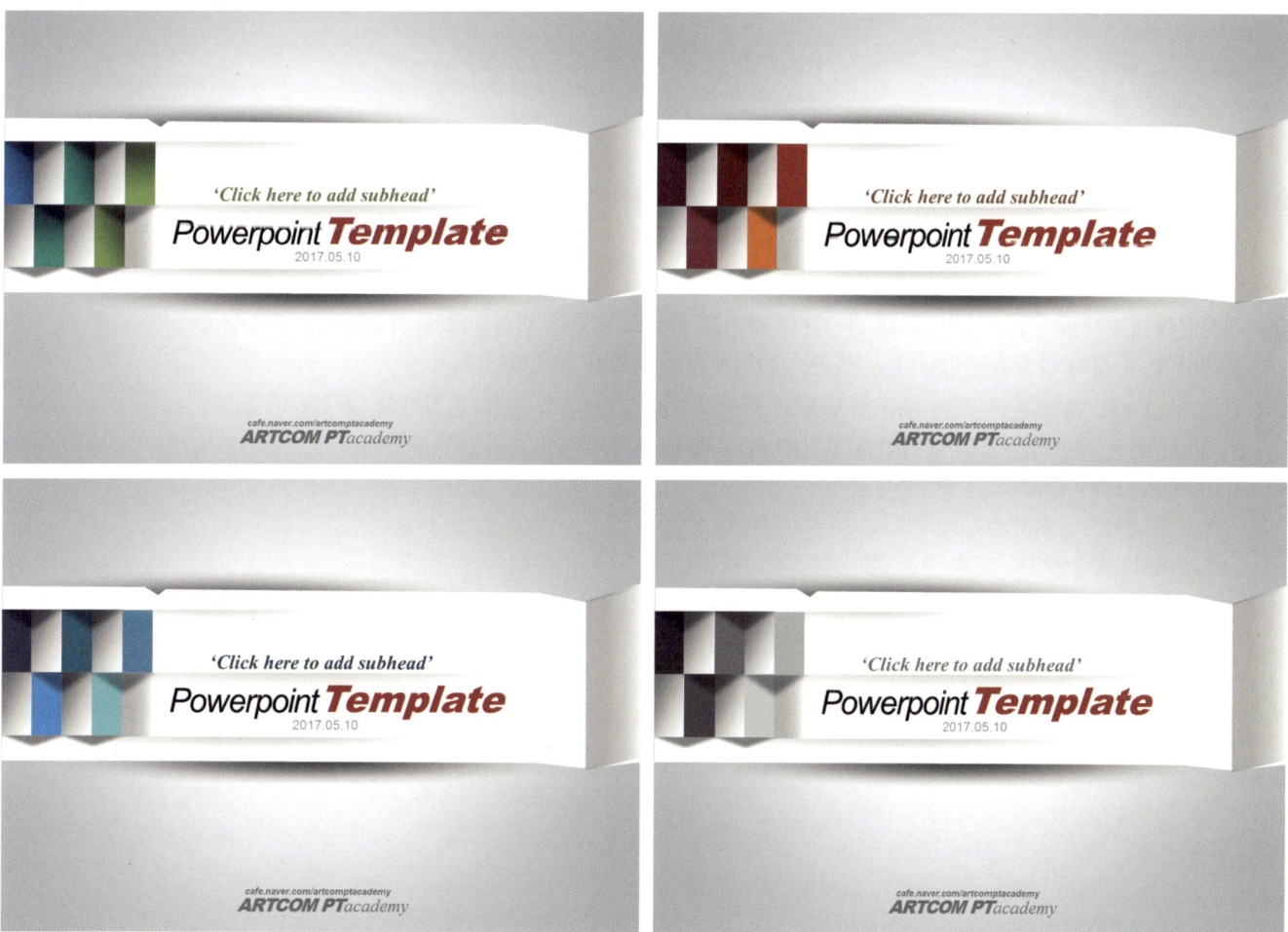

01 배경 이미지 삽입하기

01 표지 디자인을 새로 만들기 위해 테마 선택 창에서 [새 프레젠테이션]을 선택합니다.

※ 용지 종류는 [A4 용지], 슬라이드 방향은 [가로]입니다. 용지는 [디자인] 탭-[사용자 지정] 그룹-[슬라이드 크기]-[사용자 지정 슬라이드 크기]에서 설정합니다.

02 [삽입] 탭-[그림]을 선택하여 배경 이미지 파일을 불러와 슬라이드 크기에 맞춰 크기를 조절합니다.
- Part 02\04\배경.png

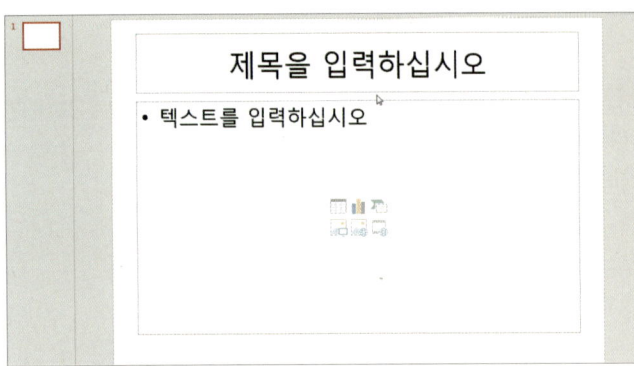 

Tip & Tech 보고서 디자인을 할 때 배경 색상은 매우 중요합니다. 텍스트 편집이나 도해, 차트, 이미지에 영향을 미치기 때문입니다. 보고서 배경은 밝은 회색 톤의 무채색이 무난합니다.

02 중심부 타이틀 바 만들기

01 중심부에 타이틀 바를 만들기 위해 직사각형을 그린 다음 흰색을 적용합니다.
- 높이 : 7.41cm, 너비 : 27.6cm

02 마우스 오른쪽 버튼을 클릭하고 [점 편집]을 실행합니다.

03 직사각형에 V자 모양을 만들기 위해 직사각형 라인을 마우스 오른쪽 버튼으로 클릭하고 [점 추가]를 실행하여 세 개의 점을 추가합니다. 점을 이동하면서 V자 모양을 완성합니다.

04 같은 방법으로 맨 오른쪽 꺾인 부분을 만들고 직사각형을 그린 다음 점을 편집하여 형태를 만들고 [도형 서식]-[채우기]-[그라데이션 채우기]에서 회색 톤 그라데이션 효과를 적용합니다.
- [그라데이션 채우기] 각도 : 0°, 도형과 함께 회전
- [색상] 중지점 1/2 → 위치 : 0%, 색 : R124 G124 B124, 투명도 : 59%
  중지점 2/2 → 위치 : 100%, 색 : R255 G255 B255, 투명도 : 0%

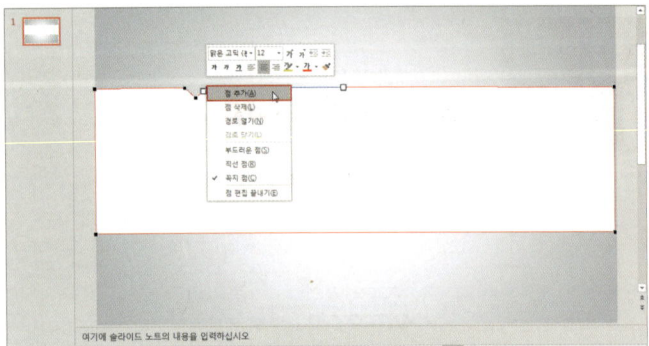 

Tip & Tech 회색 그라데이션의 경우 적절한 명도가 중요합니다. 색상 값이나 투명도를 이용하여 지나치게 어둡거나 밝지 않도록 명도를 조절합니다.

03 직사각형으로 패턴 만들기

01 컬러 패턴을 만들기 위해 직사각형을 그립니다.
- 높이 : 2.64cm, 너비 : 1.31cm

02 직사각형을 네 개 복제하여 배열한 다음 색상을 적용합니다. 색상은 초록색 계열의 유사 색상을 배색하고 그라데이션 효과를 줍니다.
- 그라데이션 및 컬러 배색 참조 : Part 02\04\완성\ppt design_004.pptx

03 컬러 패턴과 같은 크기로 회색 그라데이션 패턴을 간격을 맞춰 배치합니다. 그라데이션 각도와 투명도, 중지점 색상은 과정 02의 04와 같습니다.

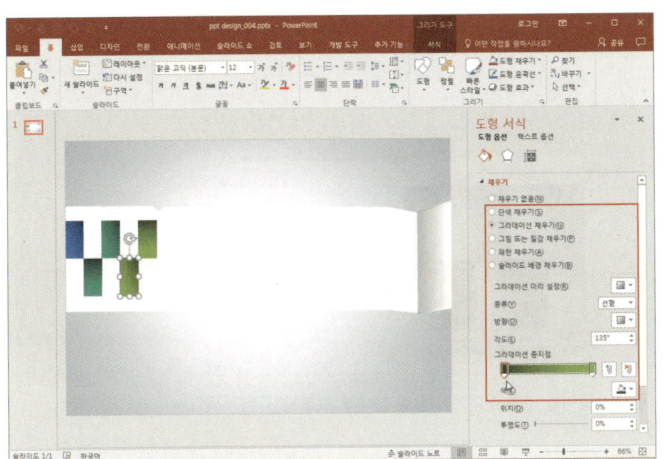 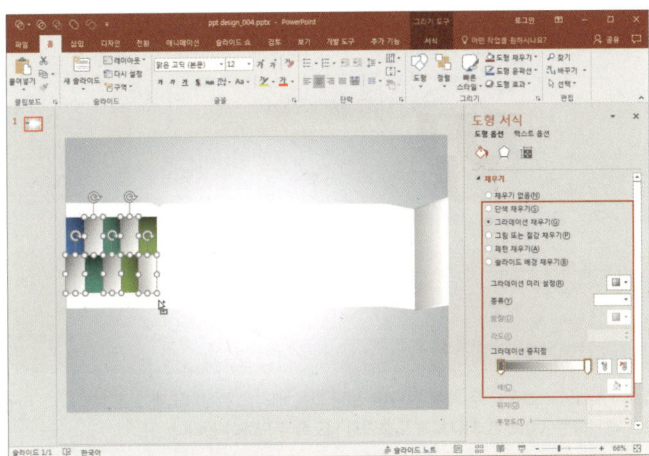

Tip & Tech 패턴을 만드는 방법은 하나하나 붙여 나가는 방식과 [그림 또는 질감 채우기]-[그림을 질감으로 바둑판식 배열]을 적용하는 방식이 있습니다.

04 사각 그림자 PNG 이미지로 삼각형 그림자 만들기

01 [삽입] 탭 - [그림]을 선택하여 사각 그림자 파일을 불러와 1/2로 자릅니다.
- Part 02\04\사각 그림자.png

02 삼각 그림자를 컬러 패턴과 회색 패턴 사이에 배치하여 볼륨감을 표현합니다.

03 패턴 아랫부분 삼각 그림자는 높이를 조절하여 배치합니다.

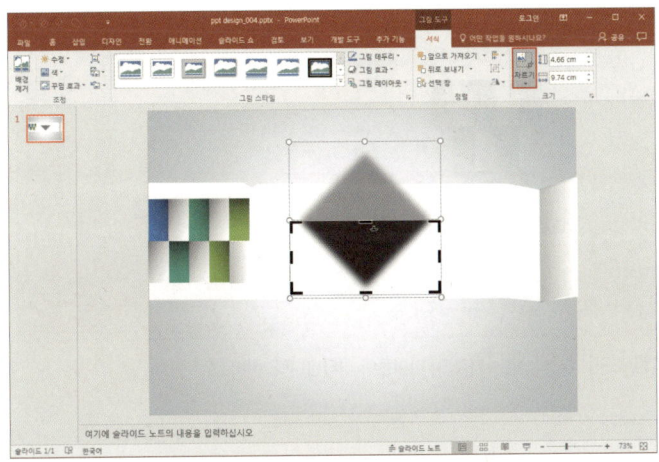 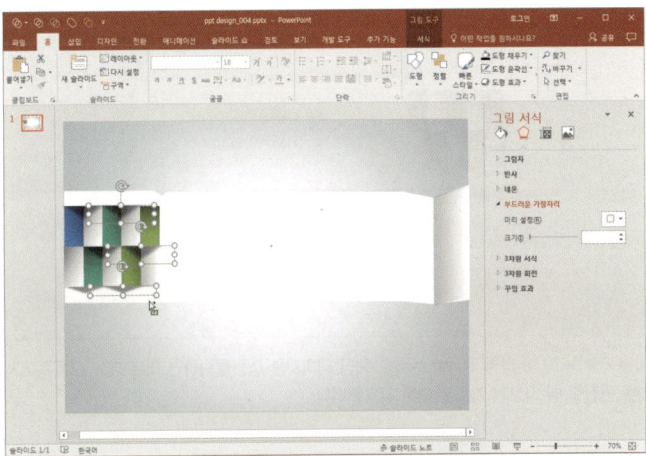

05 타이틀 바 밑에 그림자 효과 적용하기

01 [삽입] 탭 - [이미지] 그룹 - [그림]을 클릭하여 타원 그림자를 불러와 높이를 조절합니다.
- Part 02\04\타원 그림자.png

02 위아랫부분 그림자가 같지 않도록 길이와 높이를 조절합니다.

03 타원 그림자를 타이틀 바 아래에 배치합니다.
- 마우스 오른쪽 버튼 클릭 - [맨 뒤로 보내기]

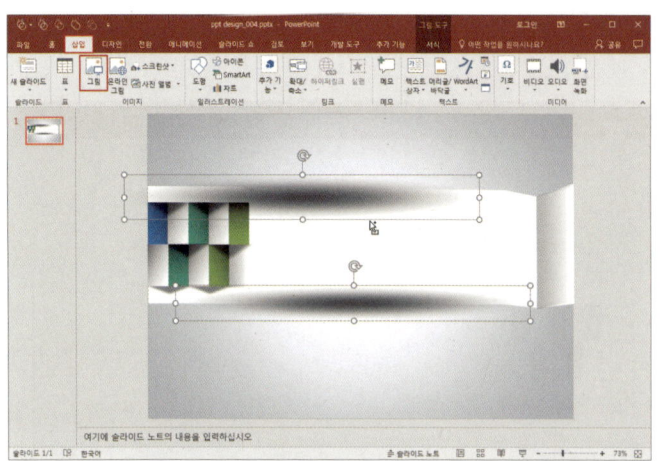 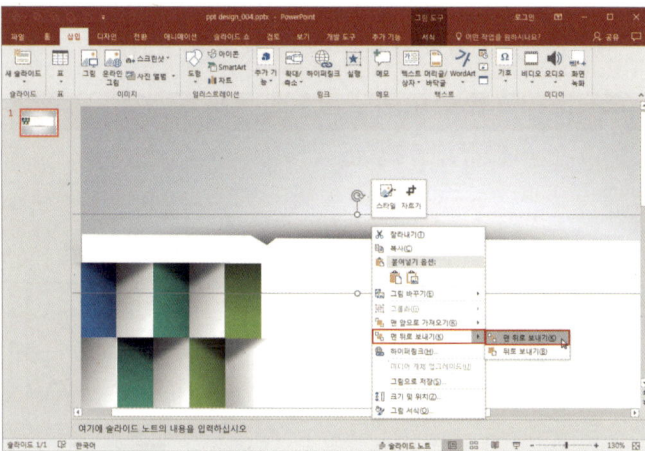

Tip & Tech 그림자 두 개를 맨 뒤로 보낸 다음 배경을 한 번 더 맨 뒤로 보냅니다. 타원 그림자는 타이틀 바를 꾸미는 역할을 합니다. 보조적인 수단으로 배치하는 것이므로 지나치게 도출되지 않도록 주의해야 합니다.

06 타이틀 바에 엷게 볼륨감 주기

01 과정 05의 타원 그림자를 복제(Ctrl + D) 합니다.

02 조금만 남기고 모두 잘라냅니다.

03 자른 타원 그림자를 복제하여 패턴에 맞춰 배열합니다.

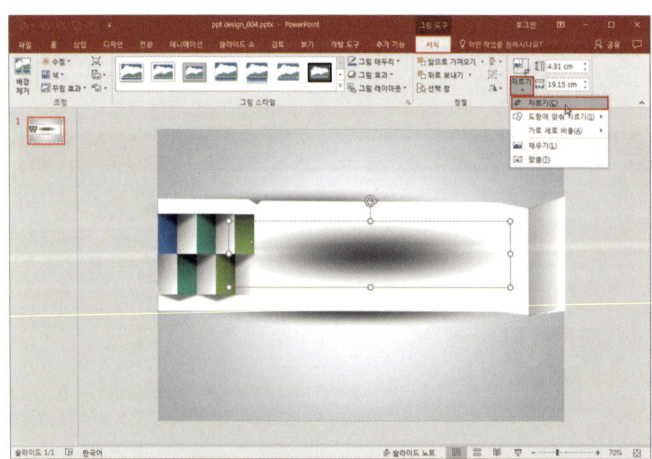 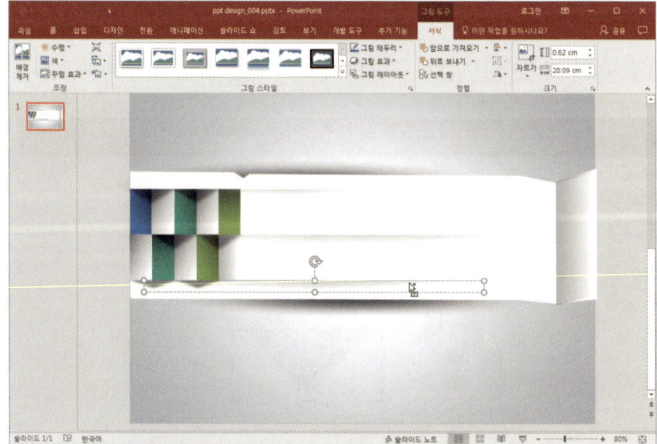

Tip & Tech 트리밍(Trimming)할 해당 이미지를 더블클릭하면 리본 메뉴 오른쪽에서 [그림 도구] - [서식] 탭 - [자르기] 아이콘이 나타납니다. 이미지를 편집할 때 자르기 기능은 매우 유용합니다.

07 타이틀을 입력하고 색상 배색하기

01 텍스트를 입력하기 위해 [삽입] 탭 - [텍스트] 그룹 - [텍스트 상자] - [가로 텍스트 상자]를 클릭하고 'Powerpoint'와 'Template'을 각각 입력합니다.

- Powerpoint : Aria, 기울임꼴, 40pt
- Template : Arial Black, 기울임꼴, 44pt

02 글꼴은 [홈] 탭 - [글꼴] 그룹 - [글꼴 색]에서 색상은 검정과 빨간색(R195 G0 B0)을 지정합니다.

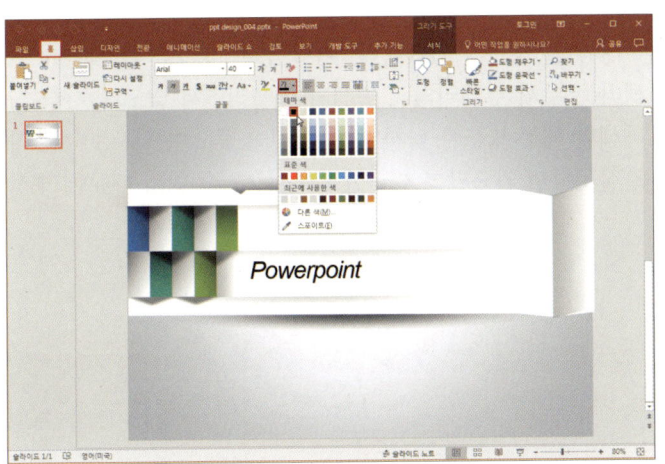 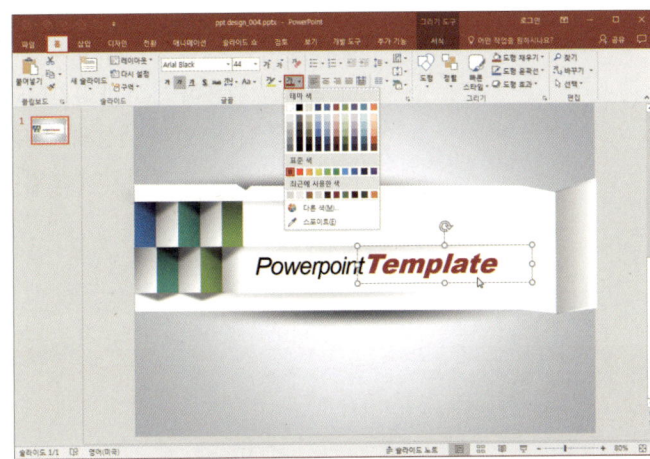

Tip & Tech 배경색이 밝을 경우 타이틀 색상은 어두울수록 가독성이 높아집니다.

08 서브 텍스트를 입력하고 색상 배색하기

01 서브 텍스트 작업은 과정 07의 타이틀 텍스트를 입력하고 디자인 효과를 적용하는 방식과 같습니다.

- Click here to... : Times New Roman, 24pt, 굵게, 기울임꼴
- 연도 : Arial, 16pt

02 [홈] 탭 - [글꼴] - [글꼴 색]에서 서브 텍스트에 색상 배색을 합니다.

- Click here to... : R119 G147 B60
- 연도 : R166 G166 B166

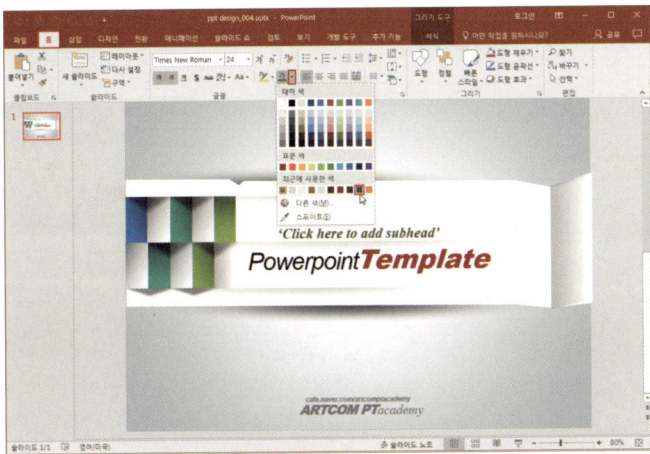 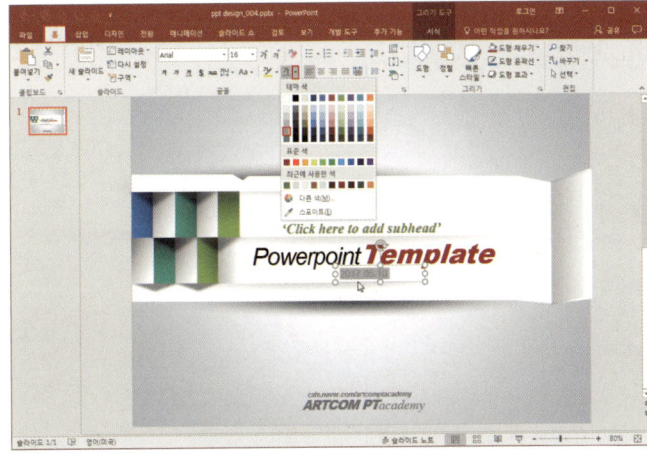

Tip & Tech 마크 및 로고는 현재 소속된 회사 또는 학교, 단체(협회, 연구소), 브랜드 등의 마크 및 로고를 입력하세요.

005 여러 개의 색띠를 활용한 표지 디자인

밝고 화사한 느낌으로 표지 디자인을 해야 할 경우가 있습니다. 이럴 경우 타이틀 바 좌우에 색띠 형식을 활용하면 효과적입니다. 색띠는 무채색 계열의 주변색과 어울리면서 밝고 화사한 느낌을 전합니다. 여러 색상의 색띠를 배색할 때는 명도는 탁하지 않은 것이 좋으며 원색보다는 파스텔 조의 색상이 세련되어 보입니다. 잘못하면 알록달록 현란한 느낌을 줄 수 있기 때문에 색상 배색이 중요합니다.

'Click here to add subhead'
Powerpoint Template
www.companyurl.co.kr

2017.11.10

cafe.naver.com/artcomptacademy
ARTCOM PTacademy

|난이도| ★★★★☆ |예제 폴더| Part 02\05 |완성 파일| Part 02\05\완성\ppt design_005.pptx
|과정 파일| Part 02\05\완성\ppt design_005_8단계.pptx
|색상 베리에이션| Part 02\05\완성\ppt design_005_4컬러.pptx
|인터넷으로 보기| http://cafe.naver.com/artcomptacademy/2123

디자인 포인트

이번 예제에서 주목해야 할 디자인은 컬러풀한 색띠입니다. 색띠를 표현할 때 가장 중요한 부분은 색띠의 형태와 색상 배색입니다. 색띠는 직각보다는 사선 방향으로 불규칙하게 감은 것이 보다 자연스럽고, 색상은 파스텔 톤이 좋으며 그림자 효과를 이용하면 보다 테크니컬한 느낌을 줄 수 있습니다.

4컬러 베리에이션

01 배경 이미지 삽입하기

01 배경은 슬라이드 마스터에 삽입하는 방식과 기본 슬라이드에 삽입하는 방식이 있습니다.
  - [보기] 탭 – [마스터 보기] 그룹 – [슬라이드 마스터]

  ※ 용지 종류는 [A4 용지], 슬라이드 방향은 [가로]입니다. 용지는 [디자인] 탭 – [사용자 지정] 그룹 – [슬라이드 크기] – [사용자 지정 슬라이드 크기]에서 설정합니다.

02 [삽입] 탭 – [그림]을 선택하여 배경 이미지 파일을 불러와 슬라이드 크기에 맞춰 크기를 조절합니다.
  - Part 02\05\배경.png

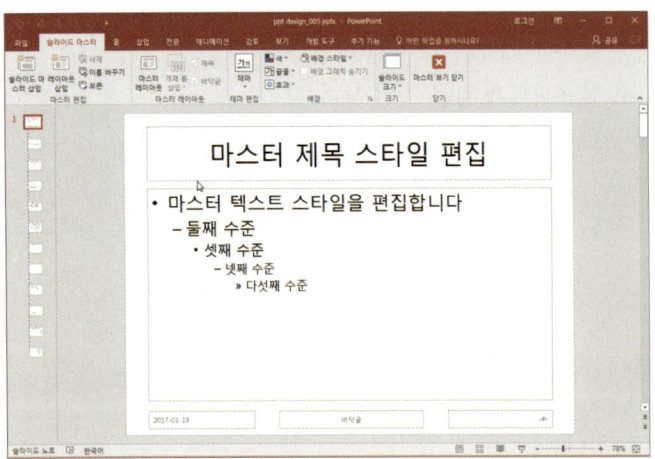 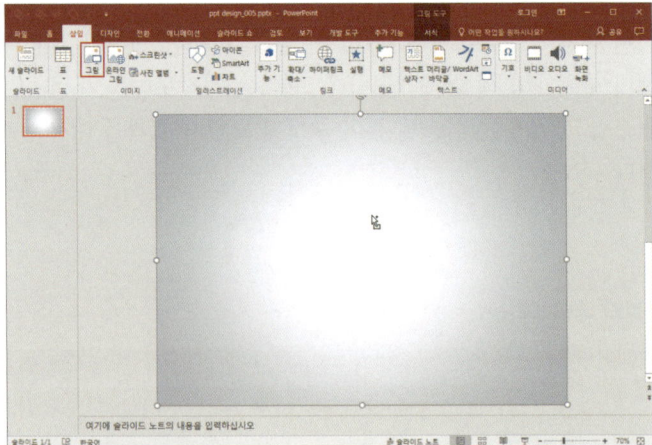

Tip & Tech 많은 장수의 슬라이드를 디자인할 때는 [슬라이드 마스터]에 배경을 삽입하는 것이 작업하기 편리합니다.

02 중심부 타이틀 바 만들기

01 중심부에 타이틀 바를 만들기 위해 직사각형을 그립니다.
  - 높이 : 8.99cm, 너비 : 27.53cm

02 직사각형의 선을 제거합니다.
  - [서식] 탭 – [도형 스타일] 그룹 – [도형 윤곽선] – [윤곽선 없음]

03 색상은 흰색으로 지정합니다.
  - [서식] 탭 – [도형 스타일] 그룹 – [도형 채우기] – [테마 색] – [흰색]

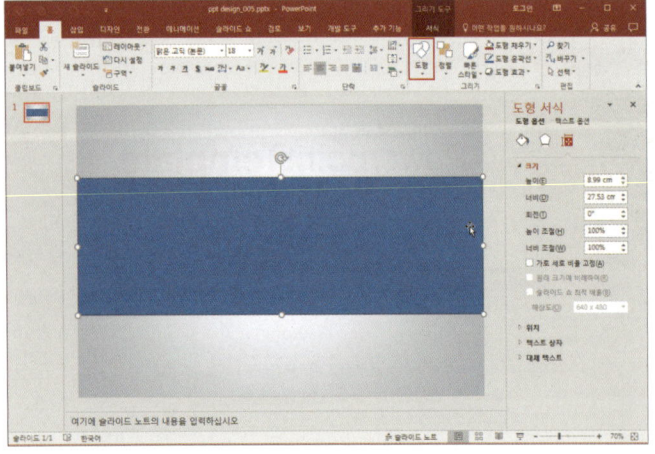 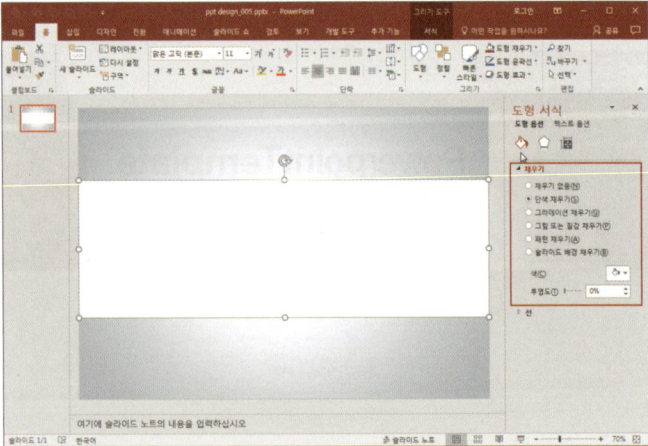

03 왼쪽 색띠 만들기

01 [삽입] 탭 - [일러스트레이션] 그룹 - [도형] - [선] - [자유형]을 이용하여 사다리꼴 모양의 형태를 만듭니다. 오직 네 개의 점만 찍어 형태를 만들어야 합니다. ([자유형]으로 형태를 만들때는 시작점을 클릭하고 마우스에서 손을 뗀 후 이동하여 클릭한 다음 손을 떼고 이동하는 형식으로 그려 나가면 되는데 최종점이 시작점과 겹쳐져야 색상이 채워집니다.

02 [자유형]으로 두 개의 평행사변형 형태를 만들어 포갭니다.

03 색상을 배색하고 투명도를 설정합니다.
- 색상 : R96 G14 B85, 투명도 : 0%
- 색상 : R215 G18 B49, 투명도 : 30%
- 색상 : R142 G176 B72, 투명도 : 30%

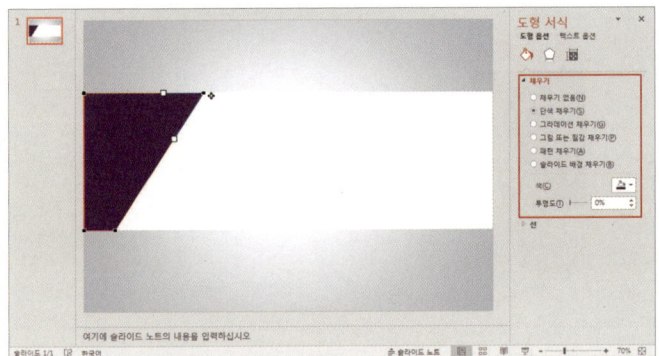 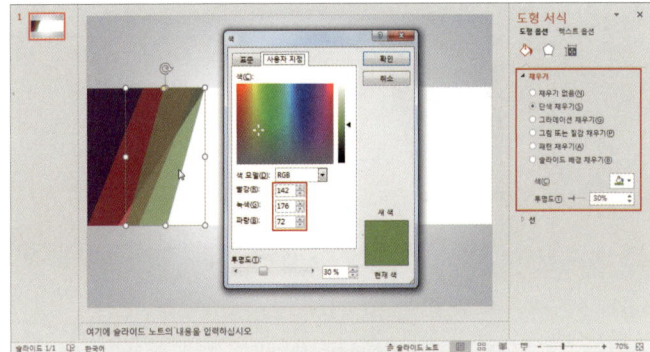

Tip & Tech 이 부분에서 중요한 것은 세 개의 개체를 포개 놓았을 때 간격이 균일하지 않아야 하며, 투명한 색상이 포개져 여러 색상처럼 보이면서 산뜻해야 합니다.

04 오른쪽 색띠 만들기

01 오른쪽의 색띠도 과정 03의 01과 같은 방식으로 형태를 만듭니다.

02 평행사변형 형태를 만들어 포갭니다.

03 색상을 배색하고 투명도를 설정합니다.
- 색상 : R32 G135 B102, 투명도 : 0%
- 색상 : R66 G199 B241, 투명도 : 30%

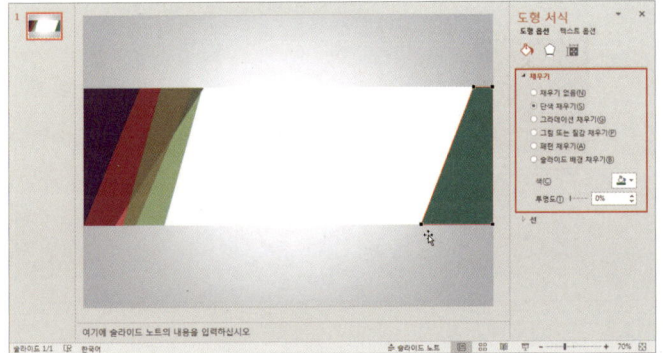 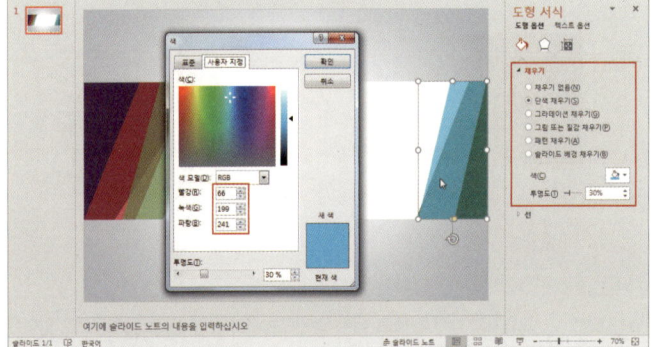

Tip & Tech 디자인은 한쪽면만 완성도가 높아서는 안 됩니다. 좌우상하를 모두 보면서, 전체적인 조화와 짜임새가 중요하며, 시각적인 균형감을 유지해야 좋은 디자인입니다. 한쪽에 부실하거나 무게중심이 치우쳐 보이는 느낌이 있다면 좋은 디자인이라 할 수 없습니다.

05 왼쪽 색띠에 그림자 효과 적용하기

01 [삽입] 탭-[이미지] 그룹-[그림]을 선택하여 잘린 타원 그림자 파일을 불러옵니다.
- Part 02\05\잘린 타원 그림자.png

02 형태를 조절하고 회전시켜 배치합니다(ⓐ 281°).
- [그림 서식]-[크기 및 속성]-[회전]

03 ⓐ의 잘린 타원 그림자를 두 개 복제하여 적절한 곳에 배치하고 그림자 모양을 만든 다음 각도를 조절합니다(ⓑ 286° ⓒ 286°).

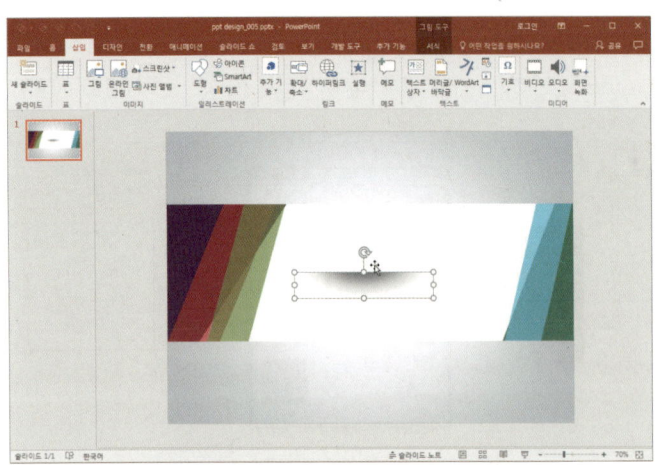 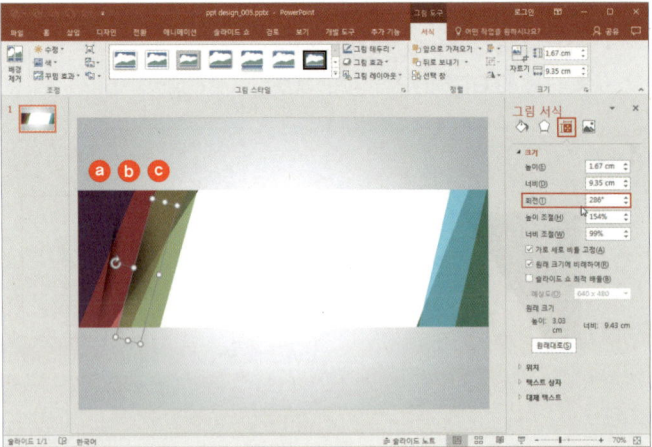

Tip & Tech 그림자를 인위적으로 붙여 놓는 테크닉이기 때문에 작은 빈틈이라도 보이거나 각도가 형태와 딱 맞지 않으면 완성도가 떨어집니다.

06 오른쪽 색띠와 타이틀 바 밑에 그림자 효과 적용하기

01 과정 05와 같이 오른쪽 색띠의 그림자도 잘린 타원 그림자를 배치하여 완성합니다.

02 타이틀 바 밑의 그림자 또한 잘린 타원 그림자를 이용하는데 좌우로 길게 늘려 그림자를 자연스럽게 느껴지도록 표현합니다.

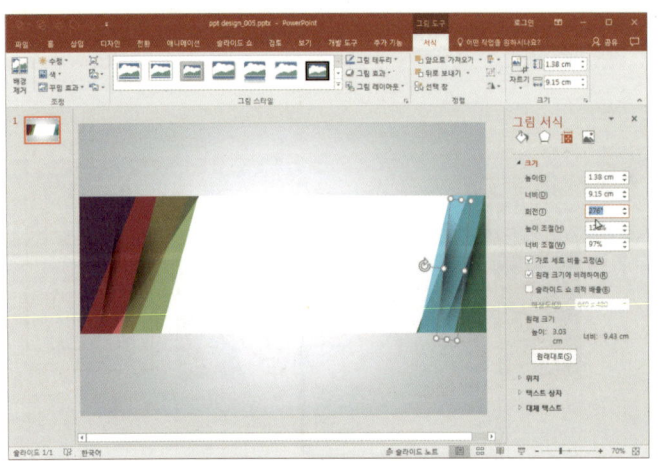 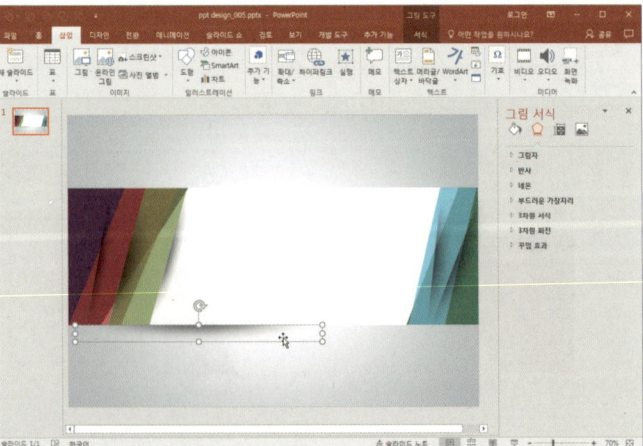

Tip & Tech 그림자가 너무 진해도, 너무 옅어도 효과가 반감되므로 전체적으로 알맞은 회색 톤을 유지해야 합니다.

07 타이틀을 입력하고 색상 배색하기

01 텍스트를 입력하기 위해 [삽입] 탭-[텍스트] 그룹-[텍스트 상자]-[가로 텍스트 상자]를 클릭하고 'Powerpoint'와 'Template'을 각각 입력합니다.
- Power : Arial, 44pt
- point : Arial, 굵게, 44pt
- Template : Arial, 굵게, 48pt

02 [홈] 탭-[글꼴] 그룹-[글꼴 색]에서 색상을 보라색(R96 G14 B85)과 마젠타(R214 G18 B50)로 지정합니다.

Tip & Tech 배경색이 밝을 경우 타이틀 색상은 어두울수록 가독성이 높아집니다.

08 서브 텍스트를 입력하고 색상 배색하기

01 서브 텍스트 작업은 과정 **07**의 타이틀 텍스트를 입력하고 디자인 효과를 적용하는 방식과 같습니다.
- Click here to... : Times New Roman, 24pt, 기울임꼴
- URL : Arial, 굵게, 기울임꼴, 16pt

02 [홈] 탭-[글꼴] 그룹-[글꼴 색]에서 서브 텍스트에 색상 배색을 합니다.
- Click here to... : R186 G117 B42
- URL : R153 G153 B153

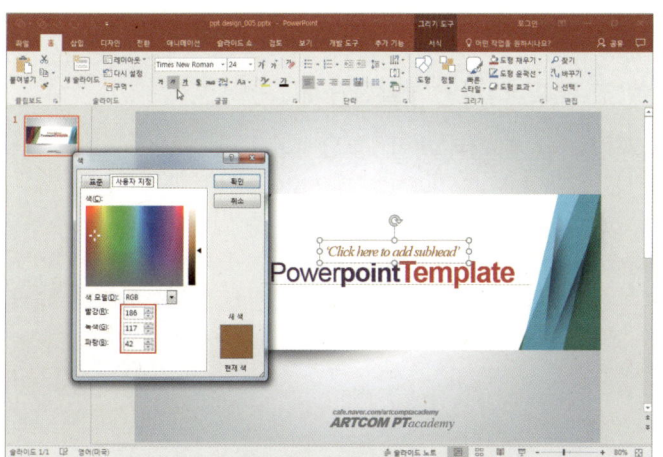 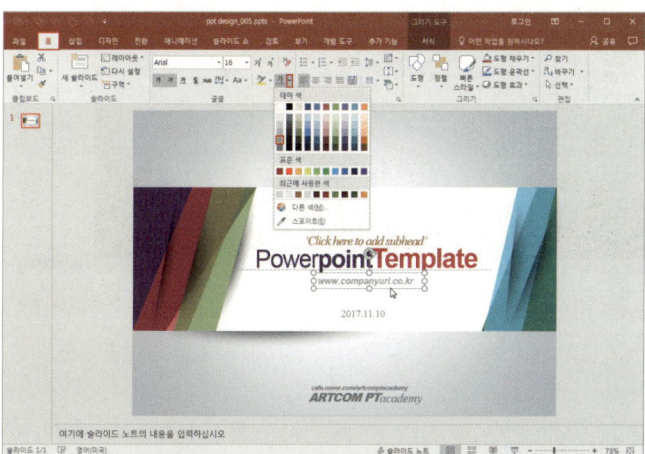

Tip & Tech 마크 및 로고는 현재 소속된 회사 또는 학교, 단체(협회, 연구소), 브랜드 등의 마크 및 로고를 입력하세요.

006 모노톤 사진을 활용한 목차 디자인

보고서나 기획서 목차에 사진이나 일러스트를 디자인 요소로 활용하는 경우가 있습니다. 사진이 들어가면 한층 시인성이 높아지고, 레이아웃도 짜임새 있게 전개할 수 있습니다. 문제는 사진 컬러가 너무 강하면 정작 중요한 텍스트 시인성이 떨어진다는 것입니다. 이런 경우 이미지 전체 또는 일부를 모노톤 처리하여 시선 흐름을 적절하게 유도하는 것이 좋습니다.

|난이도| ★★★⯨☆ |예제 폴더| Part 02\06 |완성 파일| Part 02\06\완성\ppt design_006.pptx
|과정 파일| Part 02\06\완성\ppt design_006_8단계.pptx
|색상 베리에이션| Part 02\06\완성\ppt design_006_4컬러.pptx
|인터넷으로 보기| http://cafe.naver.com/artcomptacademy/2094

디자인 포인트

이번 예제에서 주목해야 할 디자인은 모노톤 사진 활용입니다. 모노톤 사진은 원본 사진에 [서식] 탭–[조정] 그룹–[색]–[다시 칠하기] 기능을 활용하면 쉽게 만들 수 있습니다. 여기에 밝기/대비를 주어 적절한 명도를 적용하면 한층 완성도를 높일 수 있습니다(모노톤 이미지 만들기는 포토샵 기능을 활용하지 않아도 충분히 완성도를 높일 수 있습니다).
텍스트 색상은 모노톤 색상에서 색을 추출하여 배색하면 상호 이질감 없이 효과적입니다.

4컬러 베리에이션

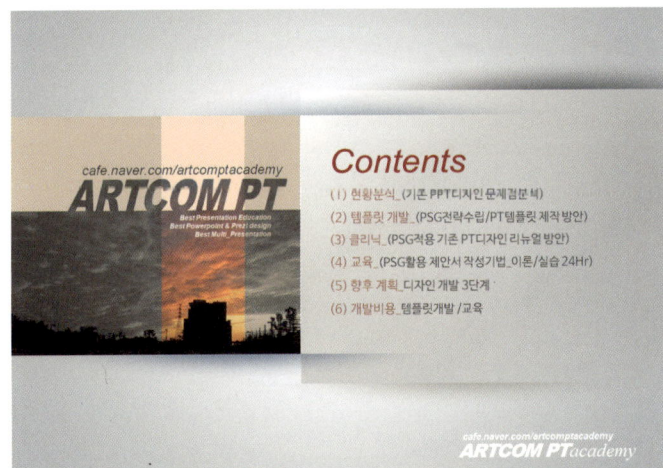 

 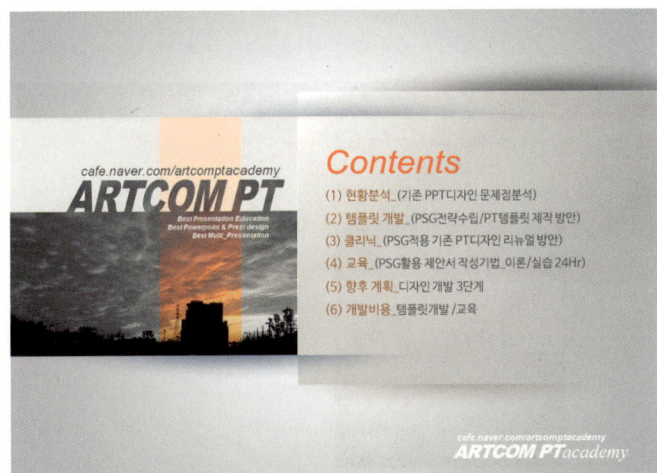

01 슬라이드 배경 만들기

01 슬라이드를 새로 만들기 위해 테마 선택 창에서 [새 프레젠테이션]을 선택합니다.

※ 용지 종류는 [A4 용지], 슬라이드 방향은 [가로]입니다. 용지는 [디자인] 탭–[사용자 지정] 그룹–[슬라이드 크기]–[사용자 지정 슬라이드 크기]에서 설정합니다.

02 [삽입] 탭–[이미지] 그룹–[그림]을 선택하여 배경 이미지 파일을 불러와 슬라이드 크기에 맞춰 크기를 조절합니다.

- Part 02\06\회색 배경.png

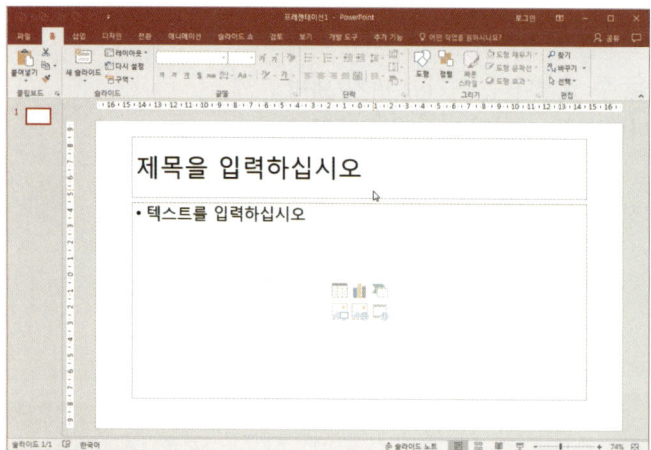 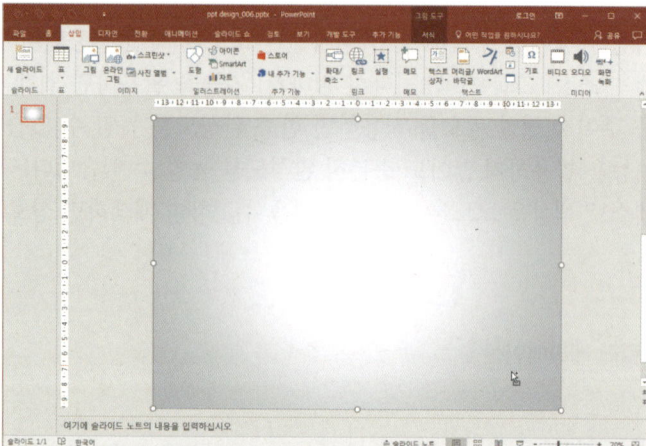

02 컬러 사진을 모노톤으로 만들기

01 [삽입] 탭–[이미지] 그룹–[그림]을 선택하여 타이포그래피 이미지를 가져옵니다.
- Part 02\06\아트컴피티 타이포그래피.png
- 높이 : 12.6cm, 너비 : 12.17cm

02 자르기 기능을 이용하여 이미지를 트리밍합니다.
- 높이 : 9.76cm, 너비 : 12.17cm

03 트리밍한 이미지를 복제하여 오른쪽에 배치합니다.

04 오른쪽으로 이동한 이미지를 어두운 모노톤으로 변경합니다.
- [서식] 탭–[조정] 그룹–[색]–[다시 칠하기]–[세피아]

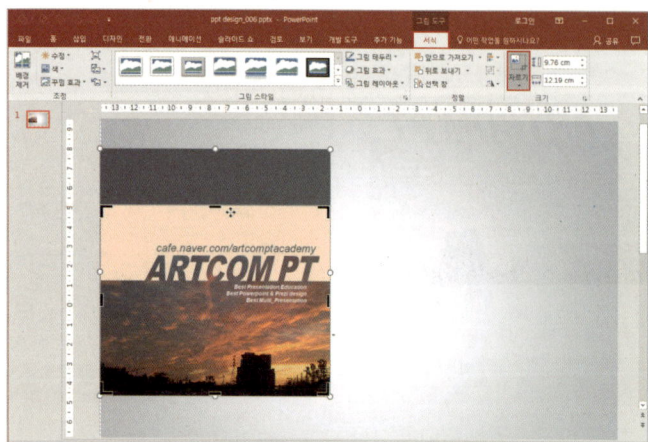 

03 컬러 사진 트리밍하여 배치하기

01 과정 02의 컬러 사진을 모노톤 사진보다 앞쪽으로 배치합니다.
- 마우스 오른쪽 버튼을 클릭 – [맨 앞으로 가져오기]

02 모노톤 사진과 컬러 사진을 딱 맞게 포개 놓습니다.

03 컬러 사진을 자르기 기능을 이용하여 그림과 같이 트리밍(자르기)합니다.
- [서식] 탭 – [크기] 그룹 – [자르기]
- 높이 : 9.76cm, 너비 : 3.49cm

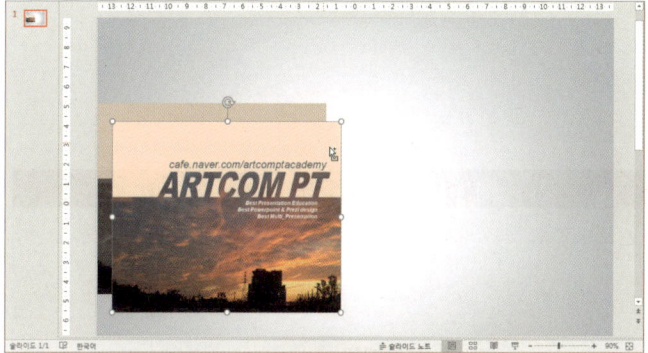 

Tip & Tech   모노톤과 컬러 사진 경계 부분에 사진이나 텍스트가 어긋나 있다면 딱 맞게 포개져 있지 않거나 사진 크기가 다르기 때문입니다. [자르기]를 클릭하면 나타나는 검은색 자르기 조절점만을 이용하여 사진을 잘라야 이미지가 왜곡되지 않습니다.

04 오른쪽 그라데이션 박스 만들기

01 슬라이드에 직사각형을 그립니다.
- [삽입] 탭 – [일러스트레이션] 그룹 – [도형] – [사각형] – [직사각형]을 선택합니다.

02 크기를 조절합니다.
- 높이 : 11.99cm, 너비 : 15.31cm

03 직사각형 윤곽선을 제거합니다.
- [서식] 탭 – [도형 스타일] 그룹 – [도형 윤곽선] – [윤곽선 없음]

04 그라데이션 효과를 적용합니다.
- [도형 서식] 창 – [채우기] 탭 – [그라데이션 채우기]
- 종류 : 선형, 각도 : 225°, 밝기 : 0%, 도형과 함께 회전
- [색상] 중지점 1/2 → 색 : R124 G124 B124, 위치 : 0%, 투명도 : 100%
  중지점 2/2 → 색 : R255 G255 B255, 위치 : 100%, 투명도 : 0%

 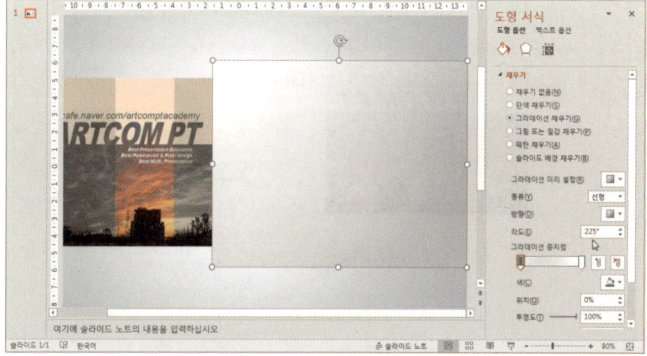

05 목차 텍스트 편집하기

01 타이틀을 입력하기 위해 [삽입] 탭 – [텍스트] 그룹 – [텍스트 상자] – [가로 텍스트 상자]를 클릭하고 'Contents'를 입력합니다.
- Arial, 44pt, 기울임꼴, 빨간색(R192 G0 B0)

02 WordArt 스타일로 변형하기 위해 [서식] 탭 – [WordArt 스타일] 그룹 – [텍스트 효과] – [변환] – [휘기] – [사각형]을 선택합니다.

03 목차를 입력하기 위해 [삽입] 탭 – [텍스트] 그룹 – [텍스트 상자] – [가로 텍스트 상자]를 클릭합니다.
- 갈색 텍스트 : 나눔바른고딕OTF, 15pt, 기울임꼴, R190 G118 B95
- 회색 텍스트 : 나눔바른고딕OTF, 14pt, 기울임꼴, R95 G95 B95

04 목차 줄 간격을 1.5로 지정합니다.
- [홈] 탭 – [단락] 그룹 – [줄 간격]

 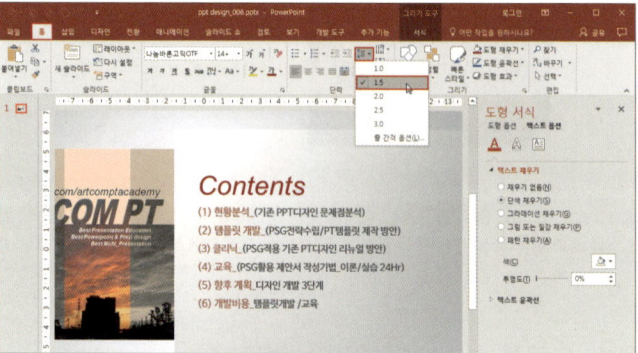

06 청색 타원 그림자 트리밍하여 배치하기

01 [삽입] 탭 – [이미지] 그룹 – [그림]을 선택하여 타원 그림자(청) 이미지를 가져옵니다.
- Part 02\06\타원 그림자(청).png
- 높이 : 2.94cm, 너비 : 17.82cm

02 자르기 기능을 이용하여 이미지를 트리밍합니다.
- 높이 : 1.02cm, 너비 : 17.82cm

03 그림과 같이 트리밍하여 모노톤 사진 아래에 정확하게 배치합니다.

04 트리밍한 타원 그림자를 그림과 같이 모노톤 사진 뒤쪽으로 배치합니다.
- 마우스 오른쪽 버튼 클릭 – [맨 뒤로 보내기] – [뒤로 보내기]

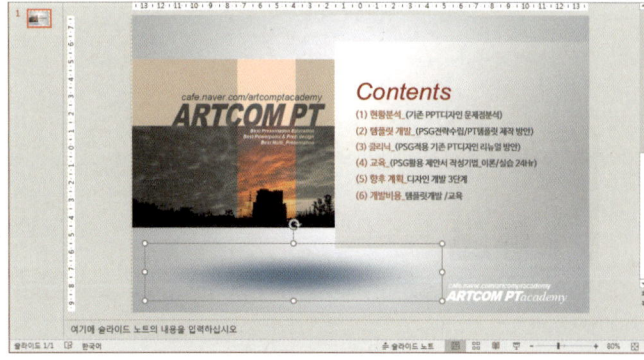 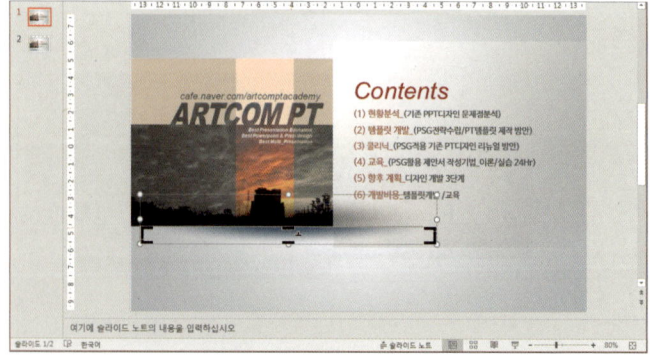

Tip & Tech　사진과 그림자의 틈이 벌어지거나 겹쳐지면 완성도가 떨어지므로 정확하게 배치합니다. 화면을 200% 정도 크게 확대하면 틈이 벌어진 정도가 보입니다.

07 먹색 타원 그림자 트리밍하여 배치하기

01 [삽입] 탭-[이미지] 그룹-[그림]을 선택하여 타원 그림자(먹) 이미지를 가져옵니다.
- Part 02\06\타원 그림자(먹).png
- 높이 : 4.4cm, 너비 : 20.78cm

02 자르기 기능을 이용하여 이미지를 트리밍합니다.
- 높이 : 1.2cm, 너비 : 14.75cm

03 그림과 같이 트리밍하여 그라데이션 박스 위아래에 정확하게 배치합니다.

04 트리밍한 타원 그림자를 그림과 같이 그라데이션 박스 뒤쪽으로 배치합니다.
- 마우스 오른쪽 버튼 클릭-[맨 뒤로 보내기]-[뒤로 보내기]

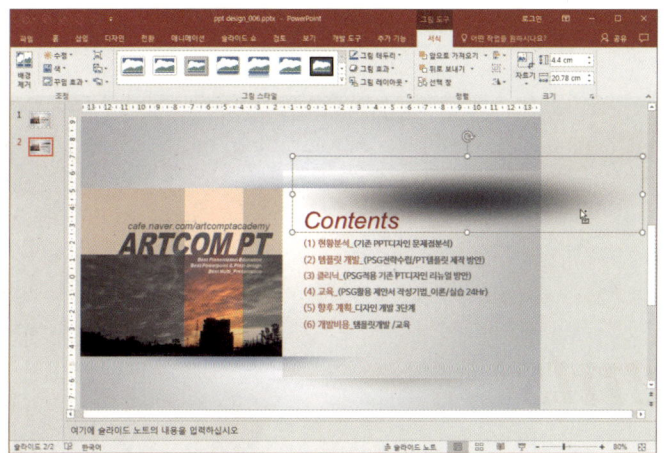 

08 로고 텍스트 편집하기

01 [삽입] 탭-도형에서 [텍스트 상자]-[가로 텍스트 상자]를 클릭하고 텍스트를 각각 입력합니다.
- cafe.naver.com/artcomptacademy : Arial, 11pt, 굵게, 기울임꼴, 흰색
- ARTCOM PT : Arial Black, 22pt, 기울임꼴, 흰색
- academy : Times New Roman, 22pt, 기울임꼴, 흰색

02 텍스트 세 개가 떨어져 보이지 않도록 상호 간격을 좁힙니다.

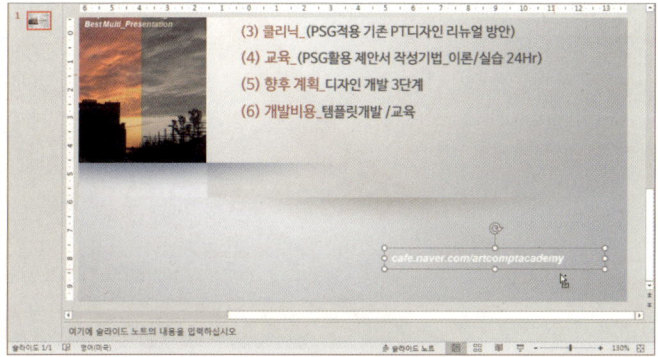 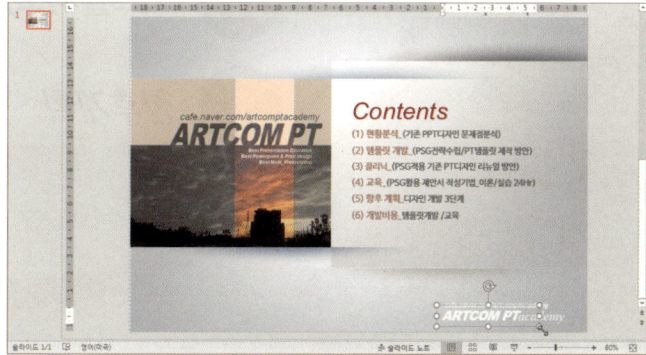

007 타원 구성을 활용한 목차 디자인

보고서나 제안서 목차를 쉽게 만드는 방법 중에 하나가 타원을 이용하여 디자인하는 것입니다. 중심부의 커다란 타원을 중심으로 크고 작은 타원들을 배치하는 것만으로도 손쉽게 목차 디자인을 완성할 수 있습니다. 타원 구성은 표지나 간지(Section), 클로징 페이지를 디자인할 때도 매우 유용한 디자인 기법입니다. 타원만으로 단조롭게 느껴질 때는 또 다른 도형을 결합하면 수십수백 가지의 디자인을 연출할 수 있습니다.

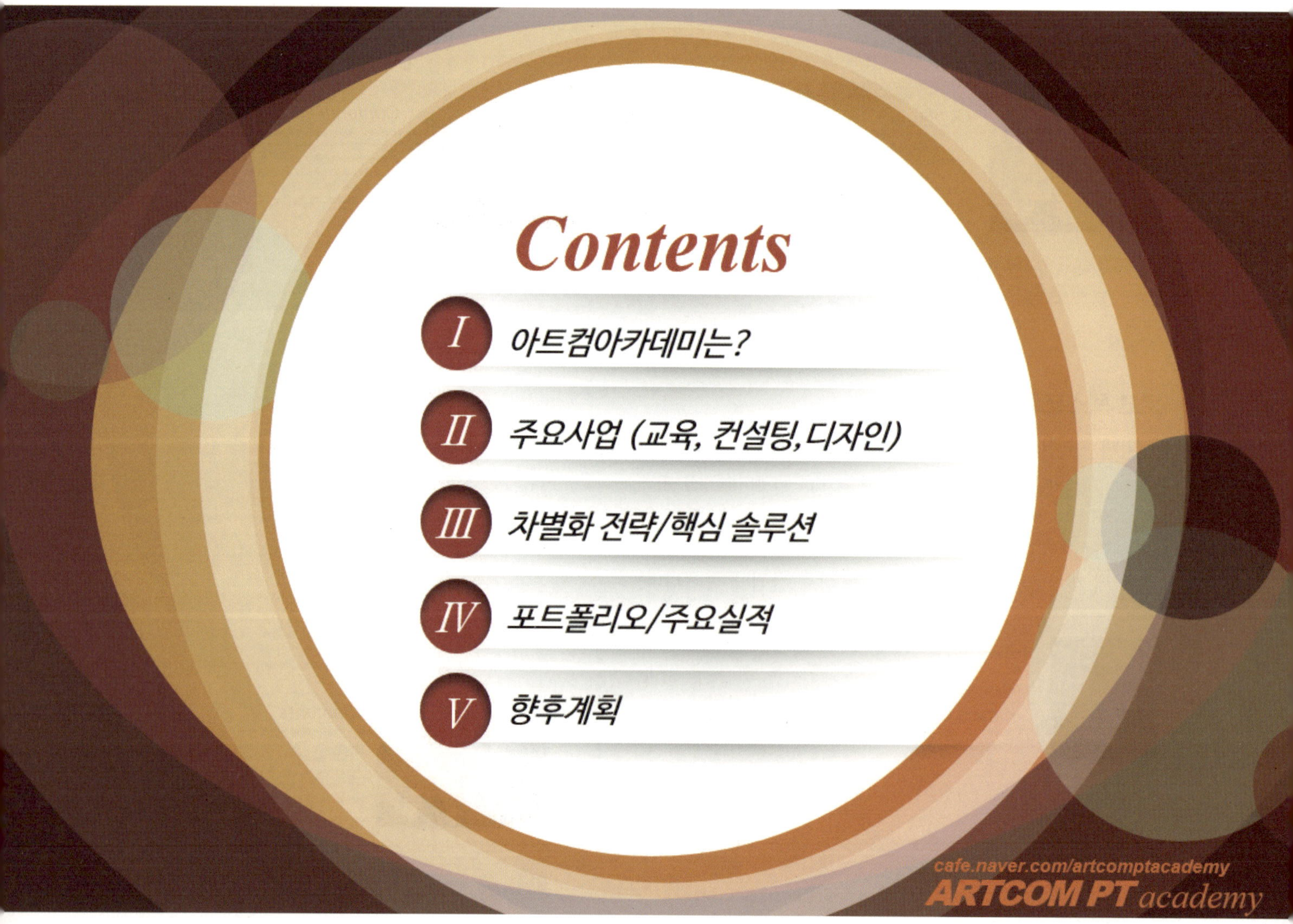

Contents

- I 아트컴아카데미는?
- II 주요사업 (교육, 컨설팅, 디자인)
- III 차별화 전략/핵심 솔루션
- IV 포트폴리오/주요실적
- V 향후계획

cafe.naver.com/artcomptacademy
ARTCOM PT *academy*

|난이도| ★★★★☆ |예제 폴더| Part 02\07 |완성 파일| Part 02\07\완성\ppt design_007.pptx
|과정 파일| Part 02\07\완성\ppt design_007_16단계.pptx
|색상 베리에이션| Part 02\07\완성\ppt design_007_4컬러.pptx
|인터넷으로 보기| http://cafe.naver.com/artcomptacademy/2141

디자인 포인트

이번 예제에서 주목해야 할 디자인은 타원 구성입니다. 타원을 구성할 때 가장 중요한 부분은 타원의 형태와 색상 그리고 투명도입니다. 타원은 인위적으로 정렬하는 것보다 다소 불규칙하게 배열하는 것이 자연스럽습니다.

4컬러 베리에이션

01 배경 만들기

01 표지 디자인을 새로 만들기 위해 테마 선택 창에서 [새 프레젠테이션]을 선택합니다.

※ 용지 종류는 [A4 용지], 슬라이드 방향은 [가로]입니다. 용지는 [디자인] 탭-[사용자 지정] 그룹-[슬라이드 크기]-[사용자 지정 슬라이드 크기]에서 설정합니다.

02 슬라이드에 직사각형을 그립니다.
- [삽입] 탭-[일러스트레이션] 그룹-[도형]-[사각형]-[직사각형]

03 슬라이드 윗부분에 전체 화면 크기로 직사각형을 그린 다음 색상을 배색합니다.
- R87 G15 B1, 투명도 : 0%

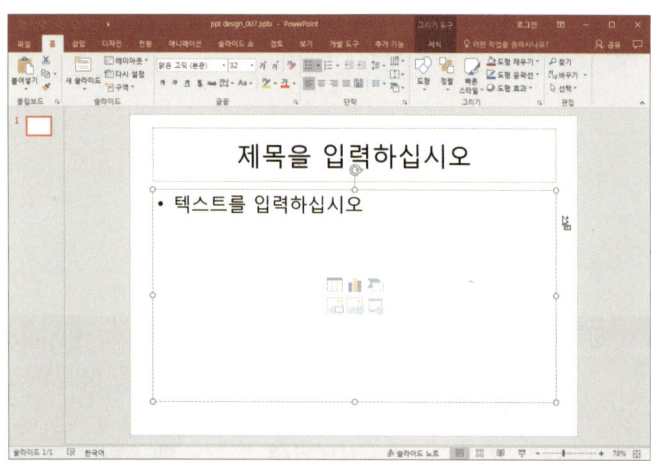 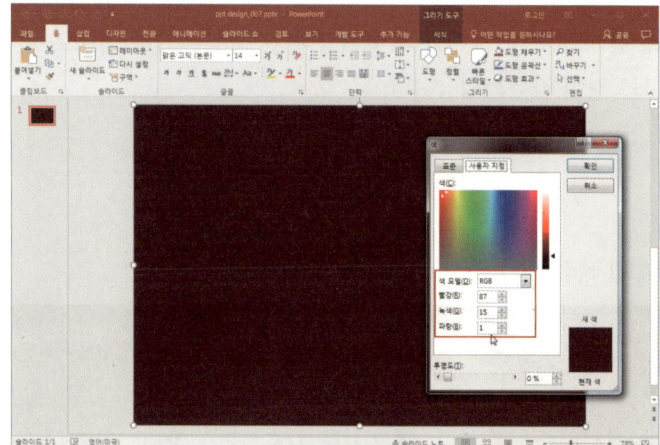

02 큰 타원 두 개 겹치기

01 슬라이드 크기의 큰 타원을 만들기 위해 타원을 그립니다.
- 높이 : 17.32cm, 너비 : 26.65cm

02 첫 번째 타원보다 너비가 작은 두 번째 타원을 그립니다.
- 높이 : 17.32cm, 너비 : 22.38cm

03 두 개의 타원을 겹쳐 놓은 다음 색상을 배색합니다.
- 단색 채우기(R159 G20 B1), 투명도 : 35%
- [그래디언트 채우기] 각도 : 0°, 도형과 함께 회전, 종류 : 사각형
- [색상] 중지점 1/2 → 위치 : 0%, 색 : R233 G107 B35, 투명도 : 15%
  중지점 2/2 → 위치 : 100%, 색 : R239 G184 B19, 투명도 : 21%

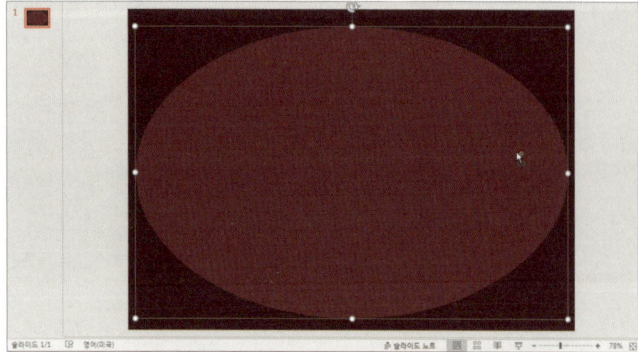 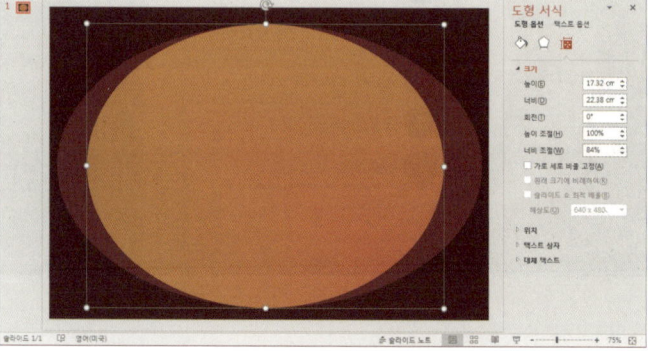

03 중심부에 정원과 도넛형 배치하기

01 중심부에 정원을 그리고 색상을 흰색으로 지정합니다.
- 높이 : 15.65cm, 너비 : 15.65cm

02 흰색 타원을 기점으로 작은 도넛과 큰 도넛(원형 : 비어 있음)을 그린 다음 포개 놓습니다.
- [작은 도넛] 높이 : 19.09cm, 너비 : 19.09cm
- [큰 도넛] 높이 : 20.96cm, 너비 : 20.96cm

03 도넛형에 색상을 배색하고 투명도를 적용합니다.
- [작은 도넛] 흰색, 투명도 43%
- [큰 도넛] 흰색, 투명도 : 80%

04 정원과 두 개의 도넛형을 정렬하기 위해 세 개의 도형을 선택하고 [서식] 탭-[정렬] 그룹-[맞춤]-[가운데 맞춤]-[중간 맞춤]을 합니다.

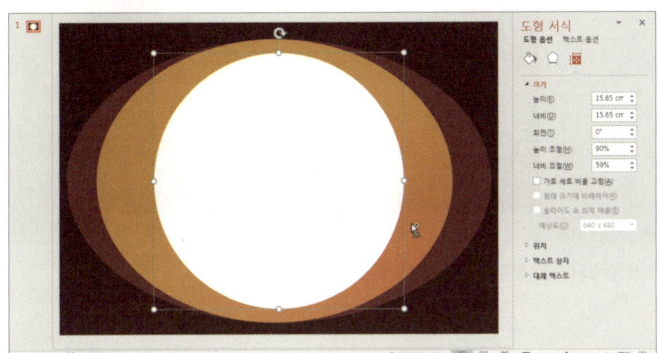
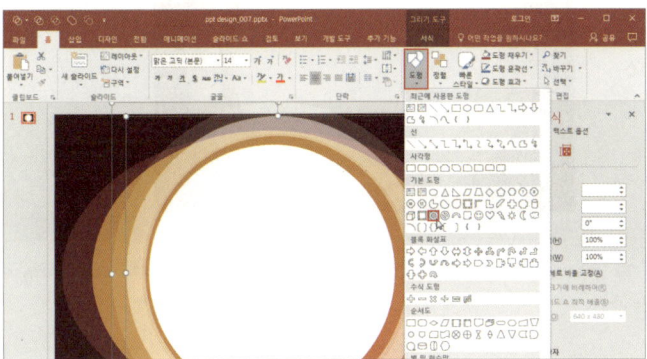

Tip & Tech 도넛형은 두께감이 매우 중요합니다. 가늘거나 굵은 형태에 따라 느낌이 달라지기 때문에 두께에 변화를 주는 것이 좋습니다. 도넛형의 두께 조절은 노란 조절점을 통해 구멍 크기를 변경하면 됩니다.

04 점 편집으로 C자 형태 만들어 좌우에 배치하기

01 [삽입] 탭-[도형] 그룹-[선]-[자유형]을 이용하여 C자 모양의 형태를 만듭니다. 오직 네 개의 점만 찍어 형태를 만들어야 합니다.

02 완성된 C자형을 복제하여 좌우 대칭을 만든 후 슬라이드 밖으로 확대하여 배치합니다.
- [홈] 탭-[그리기] 그룹-[정렬]-[회전]-[좌우 대칭]

03 좌우 대칭으로 배치한 도형에 색상을 지정하고 투명도를 줍니다.
- R246 G133 B140, 투명도 : 80%

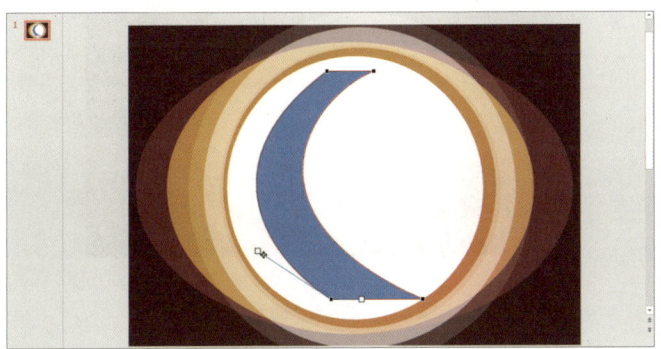
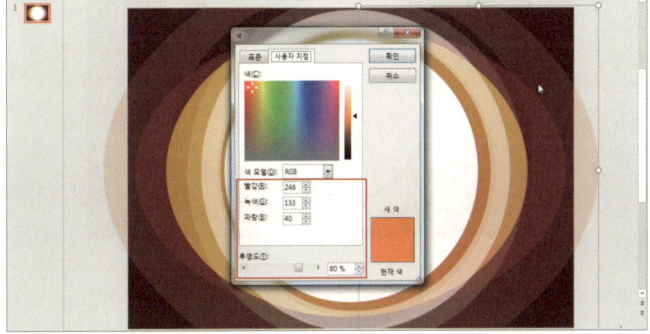

Tip & Tech 슬라이드 밖으로 개체가 확장되어도 문제가 없기 않기 때문에 슬라이드 밖까지 디자인 영역으로 보고 넓게 작업하는 것이 좋습니다.

05 대각선 방향으로 작은 타원 만들어 배치하기

01 왼쪽 윗부분에 크고 작은 타원 세 개를 배치합니다.
- [삽입] 탭 – [일러스트레이션] 그룹 – [도형] – [기본 도형] – [타원]

02 왼쪽 윗부분 세 개의 타원에 색상을 배색하고 투명도를 적용합니다.
- R179 G66 B63, 투명도 : 60%
- R148 G138 B84, 투명도 : 60%
- R195 G214 B155, 투명도 : 60%

03 오른쪽 아랫부분에 네 개의 타원을 그린 다음 **02**와 같이 색상을 배색하고 투명도를 적용합니다.

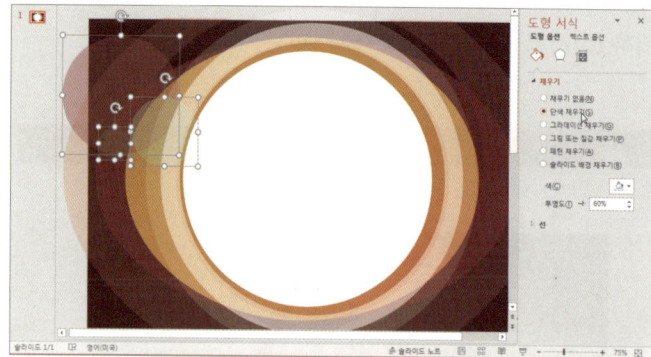 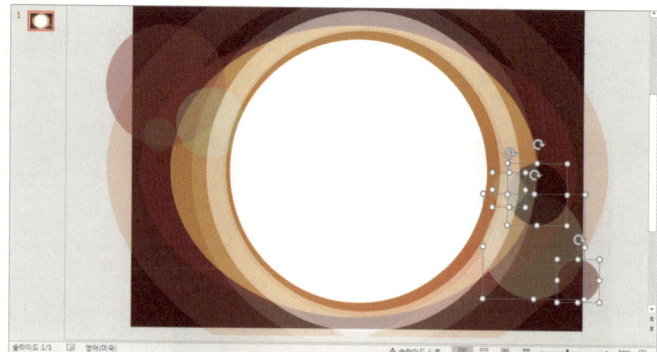

Tip & Tech 왼쪽 윗부분과 오른쪽 아랫부분의 타원은 보조적인 그래픽 요소이므로 지나치게 부각되지 않아야 합니다. 주변 색상에 맞춰 색상, 투명도, 명도 등을 조절합니다.

06 목차 텍스트 박스 그림자 만들기

01 [삽입] 탭 – [이미지] 그룹 – [그림]을 선택하여 잘린 타원 그림자 1을 불러옵니다.
- Part 02\07\잘린 타원 그림자 1.png

02 세로 간격을 일정하게 하여 배치합니다.
- 높이 : 1.83cm

03 잘린 타원 그림자 2를 불러와 ⓑ와 같이 배치합니다.
- Part 02\07\잘린 타원 그림자 2.png
- 높이 : 0.39cm

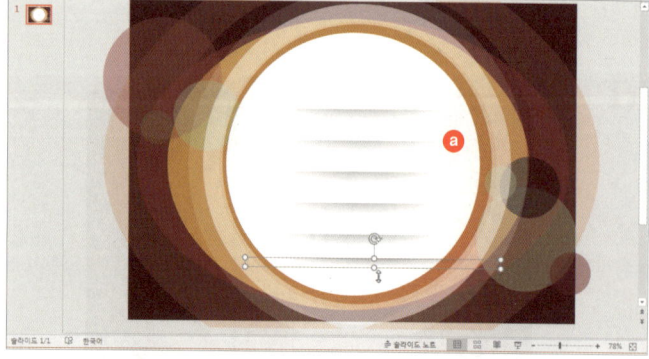 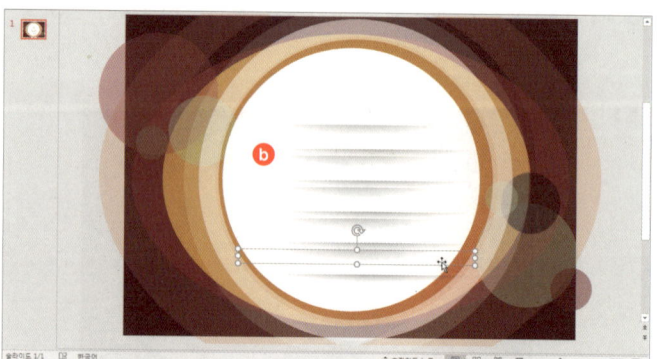

Tip & Tech 텍스트 박스 그림자가 너무 진하면 목차의 가독성에 문제가 생길 수 있으므로 될 수 있으면 밝은 회색 톤을 유지하는 것이 좋습니다.

07 목차 입력하고 색상 배색하기

01 [삽입] 탭 - [텍스트] 그룹 - [텍스트 상자] - [가로 텍스트 상자]를 클릭하고 타이틀과 목차를 입력합니다.

- Contents : Times New Roman, 44pt, 굵게, 기울임꼴
- 목차 : 나눔바른고딕OTF, 18pt, 기울임꼴

02 목차는 텍스트 상자에 각각 작성하고 배치합니다.

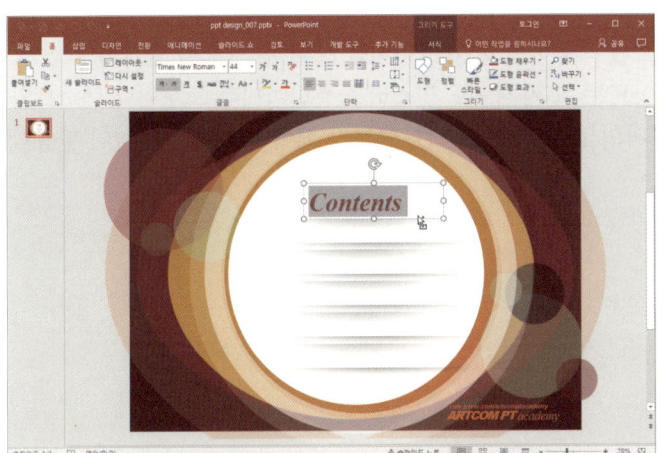 

Tip & Tech 네이버 나눔바른고딕OTF를 설치하면 과정 07 작업이 가능해집니다. 나눔바른고딕OTF체를 다른 서체로 대신하려면 HY헤드라인M체를 권합니다.

08 목차 번호 만들기

01 타원을 그리고 색상과 그림자 효과를 적용합니다.

- 높이 : 1.47cm, 너비 : 1.47cm
- R192 G0 B0, 투명도 : 0%, [도형 서식] - [그림자] - [안쪽] - [위쪽]

02 로마 숫자로 목차 번호를 만들어 타원에 배치합니다.

- Times New Roman, 24pt, 굵게, 기울임꼴

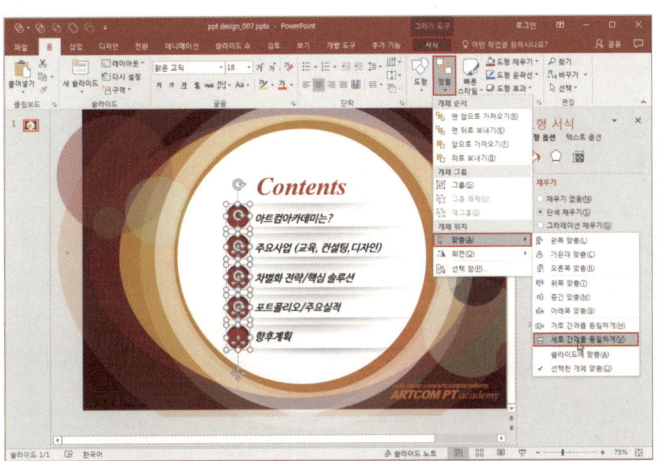 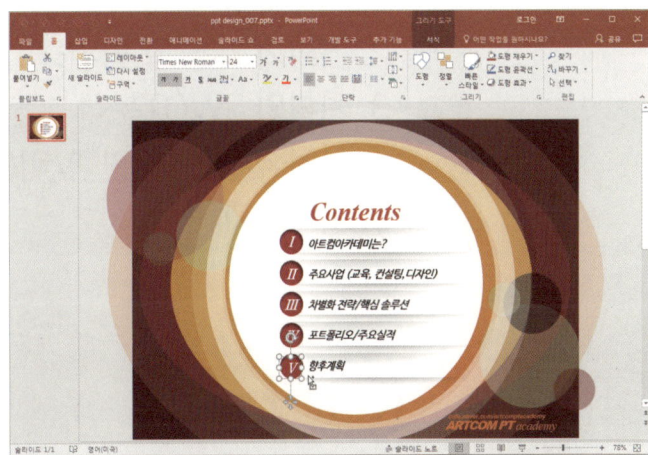

Tip & Tech 로마 숫자 특수 문자 단축키는 자음 ㅈ 키를 누르고 한자 키를 누르면 입력할 수 있습니다. 아라비아 숫자가 먼저 보이고 밑에 로마 숫자가 있으므로 스크롤을 밑으로 내려야 보입니다.

008 라인 아트를 적용한 섹션 디자인

섹션 페이지를 디자인할 때 라인 아트를 적용하면 한층 에너지를 느낄 수 있으며 슬라이드 빈 공간에 적용해도 효과적입니다. 라인 아트는 그 자체로도 멋스러울 뿐만아니라 도형이나 텍스트와도 잘 어울립니다. 라인 아트는 보고서의 표지, 목차, 섹션, 클로징 페이지에 거부감 없이 활용할 수 있는 디자인 모티브입니다.

1 기획개요

1. 기획목적 및 목표
2. 기획의 특징 및 범위
3. 기획의 SWOT분석
4. 사업 추진전략(인력/비용)
5. 기대효과

cafe.naver.com/artcomptacademy
ARTCOM PTacademy

|난이도| ★★★★☆ |예제 폴더| Part 02\08 |완성 파일| Part 02\08\완성\ppt design_008.pptx
|과정 파일| Part 02\08\완성\ppt design_008_8단계.pptx
|색상 베리에이션| Part 02\08\완성\ppt design_008_4컬러.pptx
|인터넷으로 보기| http://cafe.naver.com/artcomptacademy/1218

디자인 포인트

이번 예제에서 주목해야 할 디자인은 라인 아트입니다. 라인 아트는 가는 곡선을 여러 겹 겹쳐서 투명한 리본이 자연스럽게 휘날리는 모양입니다. 라인의 굵기, 간격, 형태, 색상, 투명도에 따라 매우 다양한 느낌을 연출할 수 있어 그래픽 작업에 자주 사용됩니다.

4컬러 베리에이션

01 배경 만들기

01 새 슬라이드를 추가합니다.

※ 용지 종류는 [A4 용지], 슬라이드 방향은 [가로]입니다. 용지는 [디자인] 탭-[사용자 지정] 그룹-[슬라이드 크기]-[사용자 지정 슬라이드 크기]에서 설정합니다.

02 [삽입] 탭-[일러스트레이션] 그룹-[도형]-[사각형]-[직사각형]을 선택하고 아랫부분에 직사각형을 그립니다.

- 높이 : 12.44cm, 너비 : 27.52cm

03 슬라이드 윗부분에 전체 화면의 크기로 직사각형을 그린 다음 색상을 배색합니다.

- R193 G202 B221, 투명도 0%

 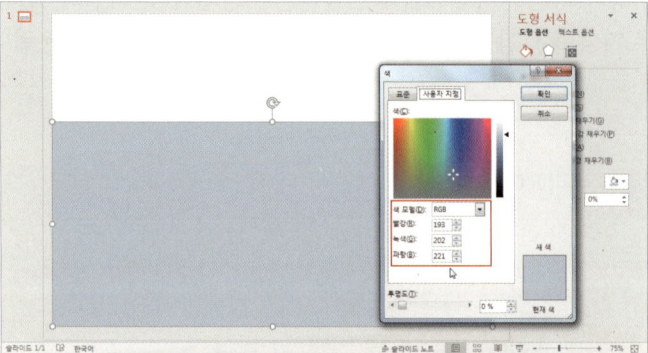

02 중심부 타이틀 바 디자인하기

01 [삽입] 탭-[일러스트레이션] 그룹-[도형]-[선]-[자유형]을 이용하여 사다리꼴 모양의 타이틀 바를 만듭니다.

오직 네 개의 점만 찍어 형태를 만들어야 합니다. [자유형]으로 형태를 만들때는 시작점을 클릭하고 마우스에서 손을 뗀 후 이동하여 클릭하고, 손을 떼고 이동하는 형식으로 그려 나가면 되는데 최종점이 시작점과 겹쳐져야 색상이 나옵니다.

02 색상과 투명도를 지정합니다.

- R218 G0 B0, 투명도 : 0%

03 [삽입] 탭-[이미지] 탭-[그림]을 선택하여 잘린 타원 그림자 파일을 불러와 배치합니다.

- Part 02\08\잘린 타원 그림자.png

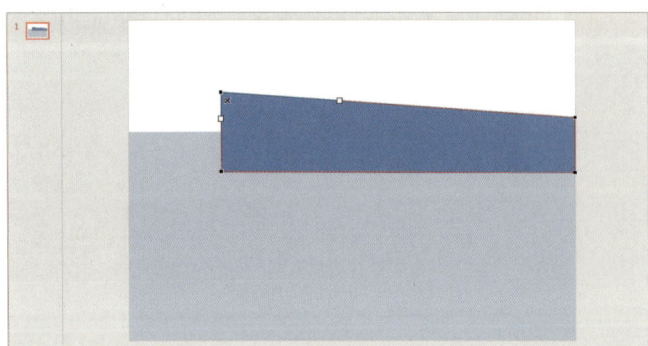 

Tip & Tech 타이틀 바 자체로 그림자를 만드는 방법도 있겠으나 여기에서는 PNG 그림자를 불러와 배치하는 방식으로 작업합니다.

03 작은 라인 아트 만들기

01 [삽입] 탭-[일러스트레이션] 그룹-[도형]-[선]-[곡선]을 선택하고 ⓐ와 같은 형태를 완성합니다 (조절점은 다섯 개만 만듭니다).
라인 두께는 라인을 선택한 상태에서 마우스 오른쪽 버튼을 클릭하고 [도형 서식]-[도형 옵션]-[선]-[실선]-[너비]를 '0.75pt'를 설정합니다.

02 ⓑ와 같이 완성된 웨이브를 한 개 복제하고 간격을 좁게 하여 배치한 다음 Ctrl+D 키를 계속 눌러 꼬인 리본 모양 웨이브를 완성합니다.

03 라인 아트가 완성되었으면 전체를 그룹(Ctrl+G)으로 묶고 과정 02에서 만든 타이틀 바쪽에 배치합니다.

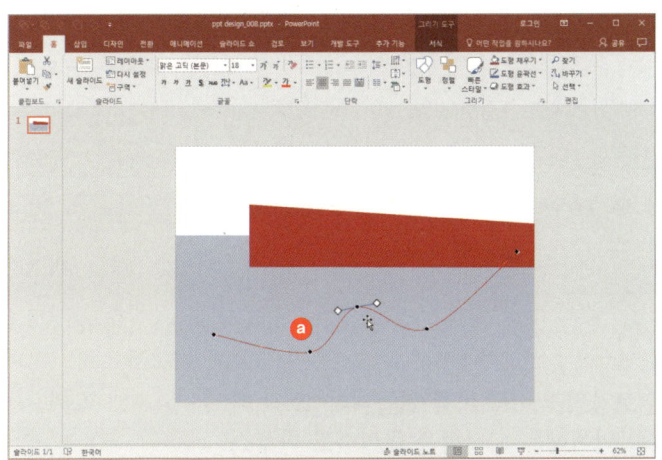 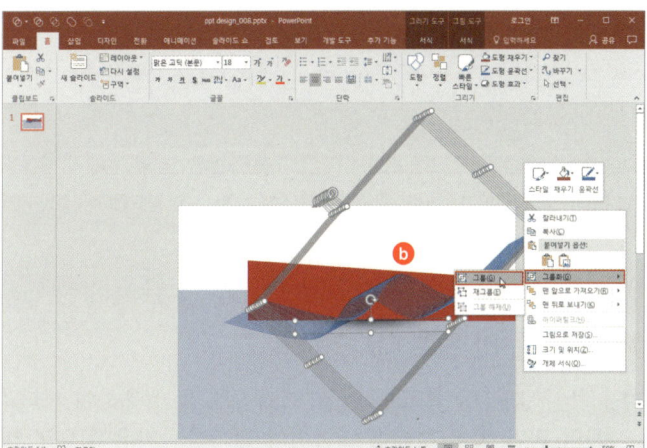

Tip & Tech   라인 아트 만드는 법은 Part 02 예제 001에 있는 과정 05를 참고하세요.

04 큰 라인 아트 만들기

01 큰 라인 아트 만들기도 과정 03 작은 라인 아트 만들기와 동일합니다.

02 라인 아트가 완성되었으면 전체를 그룹(Ctrl+G)으로 묶습니다.

03 크기나 각도를 조절하여 작은 라인 아트와 겹쳐 놓을 준비를 합니다.

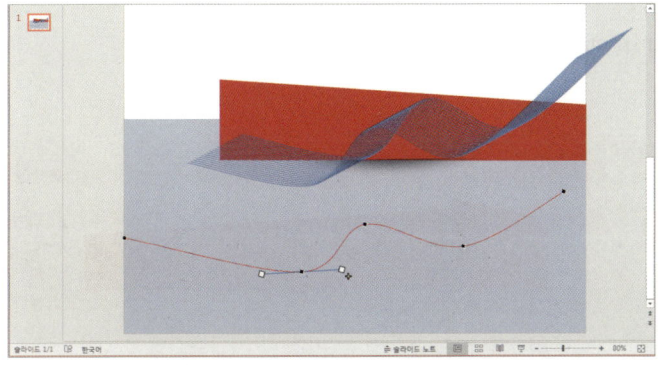 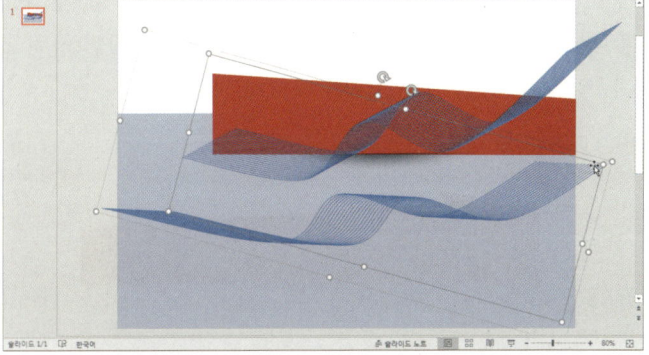

Tip & Tech   여러 개의 곡선이 포개진 라인 아트는 크기가 크기 때문에 슬라이드 창을 작게 하고 보는 것보다 범위를 넓게 포획하지 않으면 라인 전체를 선택하기 어렵습니다.
초급자에게는 라인 아트를 만드는 것도 어렵지만 전체를 선택하여 그룹하거나 그룹 해제하는 과정도 생각보다 쉽지 않을 것입니다. 이런 경우 다른 페이지에서 만들어 그룹된 상태로 가져오는 방법도 있습니다.

05 라인 아트 겹치고 색상 배색하기

01 두 개의 라인 아트를 타이틀 바가 있는 중심부에 겹쳐 놓습니다.

02 색상은 노란색(R255 G192 B0)으로 지정합니다.

03 80% 투명도를 적용합니다.

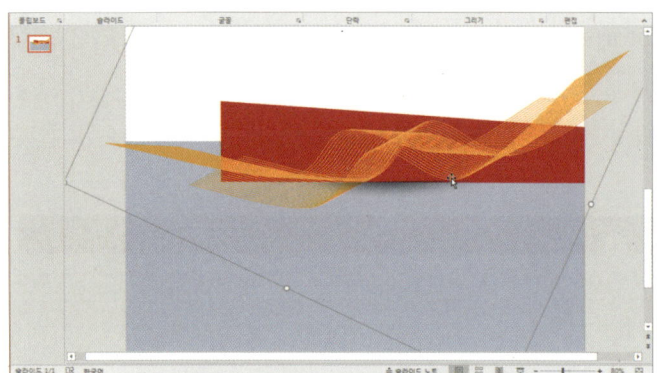 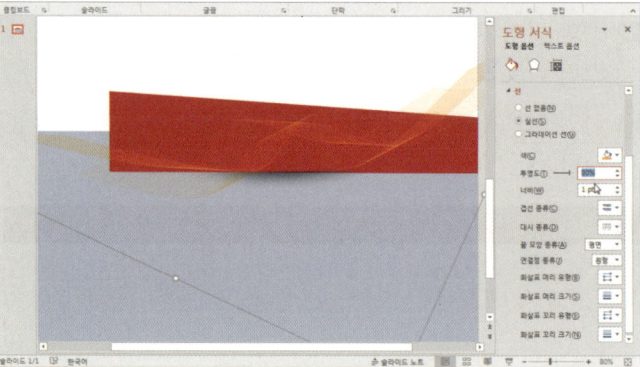

Tip&Tech 라인아트는 형태도 중요하지만 색상과 투명도 또한 중요합니다. 주변 디자인에 비해 부각되지 않으면서 부드럽고 역동적인 느낌은 살려주어야 합니다.

06 타이틀 바 왼쪽 디자인하기

01 [삽입] 탭 - [도형] 그룹 - [선] - [자유형]을 이용하여 사다리꼴 모양의 타이틀 바를 만듭니다. 오직 네 개의 점만 찍어 형태를 만들어야 합니다. [자유형]으로 형태를 만들때는 시작점을 클릭하고 마우스에서 손을 뗀 후 이동하여 클릭하고, 손을 떼고 이동하는 형식으로 그려 나가면 되는데 최종점이 시작점과 겹쳐져야 색상이 나옵니다.
- 높이 : 5.3cm, 너비 : 5.79cm

02 [도형 서식] - [채우기] - [그라데이션 채우기]를 선택하여 완성된 도형에 그라데이션 효과를 적용합니다.
- [그라데이션 채우기] 선형, 각도 : 0°, 도형과 함께 회전
- [색상] 중지점 1/3 → 위치 : 0%, 색 : R176 G0 B0, 투명도 : 0%
  중지점 2/3 → 위치 : 50%, 색 : R255 G102 B0, 투명도 : 0%
  중지점 3/3 → 위치 : 100%, 색 : R255 G153 B51, 투명도 : 15%

03 [삽입] 탭 - [이미지] 그룹 - [그림]을 선택하고 잘린 타원 그림자 세로 파일을 불러와 배치합니다.
- Part 02\08\잘린 타원 그림자 세로.png

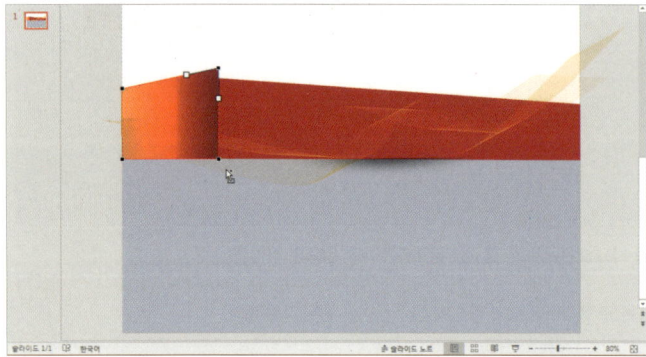 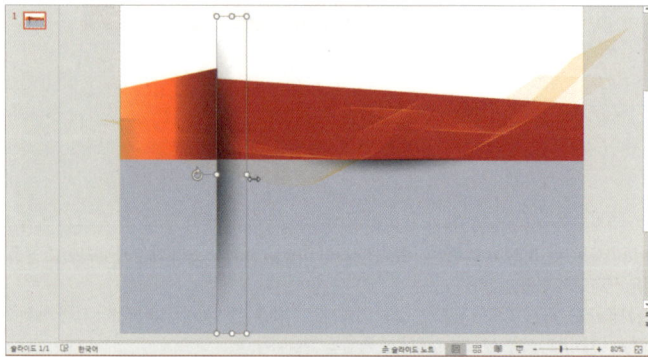

07 섹션 번호 디자인하기

01 [삽입] 탭 – [텍스트] 그룹 – [텍스트 상자] – [가로 텍스트 상자]를 클릭하고 '1'을 입력합니다.
  • Arial Black, 100pt

02 [서식] 탭 – [WordArt 스타일] 그룹 – [텍스트 효과] – [변환] – [휘기] – [사각형]을 선택한 다음 텍스트 모양을 다듬습니다.

03 텍스트 색상은 [서식] 탭 – [WordArt 스타일] 그룹 – [텍스트 채우기]를 통해 흰색으로 배색하고 그림자 효과를 적용합니다.
  • [서식] 탭 – [WordArt 스타일] 그룹 – [텍스트 효과] – [그림자] – [안쪽] – [안쪽 위쪽]

04 텍스트 그림자를 깊게 하기 위해 [WordArt 스타일] 그룹 – [텍스트 효과] – [그림자] – [그림자 옵션]을 클릭하고 옵션을 설정합니다.
  • 투명도 : 50%, 흐리게 : 6pt, 각도 : 270°, 간격 : 6pt

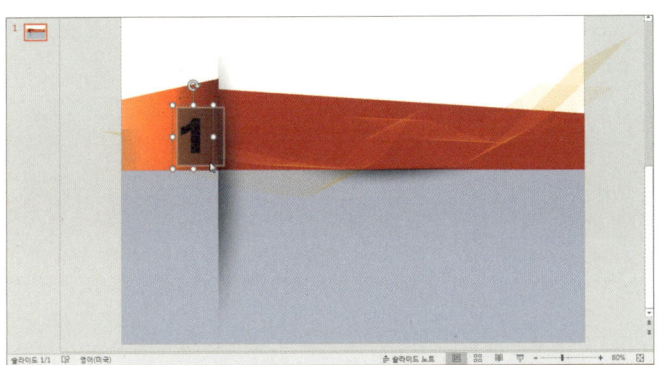 

08 섹션 목차 입력하기

01 타이틀 부분과 목차 부분의 텍스트를 각각 입력합니다.
  • 기획개요 : 나눔바른고딕OTF, 40pt
  • 목차 텍스트 : 나눔바른고딕OTF, 18pt, 줄 간격 : 1.2(배수)

02 [홈] 탭 – [글꼴] – [글꼴 색]을 통해 텍스트에 흰색과 어두운 회색을 지정합니다.
  • 기획개요 : R255 G255 B255
  • 목차 텍스트 : R64 G64 B64

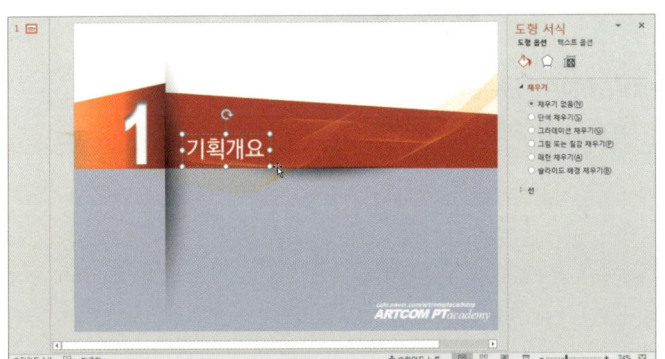 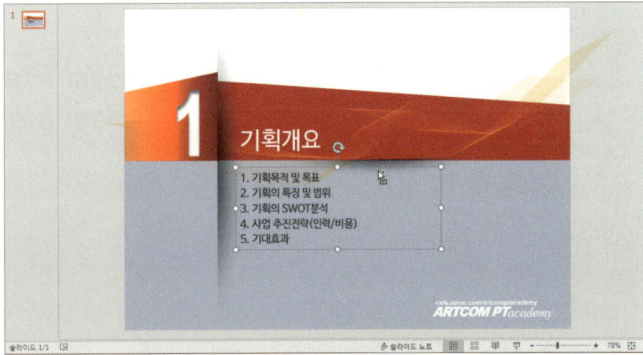

Tip & Tech 줄 간격(행간)을 조절하려면 [줄 간격]을 조절하려는 텍스트를 모두 선택한 다음 [홈] 탭 – [줄 간격] – [줄 간격 옵션] – [줄 간격]을 통해 조절할 수 있으며, [고정]과 [배수]를 통해 보다 세밀하게 조절할 수 있습니다.

009 텍스트에 사진을 넣은 타이포그래피

텍스트에 사진 넣기 테크닉은 신문, 잡지, TV 광고 등에서도 어렵지 않게 발견할 수 있는 타이포그래피 표현 기법 중 하나입니다. 표지, 목차, 간지, 본문의 중요 키워드에 사진 넣기 기법을 적용하면 일반적인 색상을 배색한 것보다 주목성뿐만 아니라 메시지 전달력을 높일 수 있습니다. 텍스트에 이미지뿐만 아니라 패턴이나 질감 등을 삽입해도 효과적입니다.

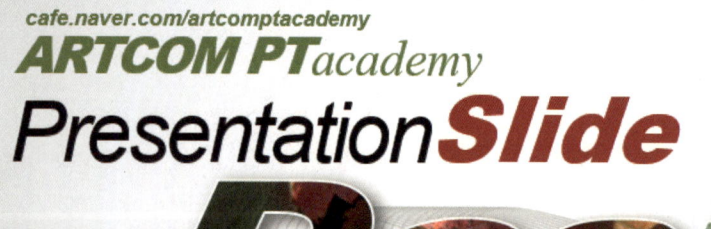

|난이도| ★★★★☆ |예제 폴더| Part 02\09 |완성 파일| Part 02\09\완성\ppt design_009.pptx
|과정 파일| Part 02\09\완성\ppt design_009_8단계.pptx
|색상 베리에이션| Part 02\09\완성\ppt design_009_4컬러.pptx
|인터넷으로 보기| http://cafe.naver.com/artcomptacademy/2101

디자인 포인트

이번 예제에서 주목해야 할 디자인은 텍스트에 사진 넣기입니다. 파워포인트는 텍스트에 사진 넣기가 매우 쉬운데 [그림 또는 질감 채우기] 기능을 활용하거나 [도형 병합]의 [도형 교차]를 통해서도 초급자도 쉽게 작업할 수 있습니다. 기술은 간단하지만, 디자인 미감을 살려 표현하는 것은 감각이 필요합니다. 동일한 폰트와 이미지라도 텍스트의 굵기, 크기, 트리밍 정도에 따라 느낌이 크게 달라질 수 있습니다.

4컬러 베리에이션

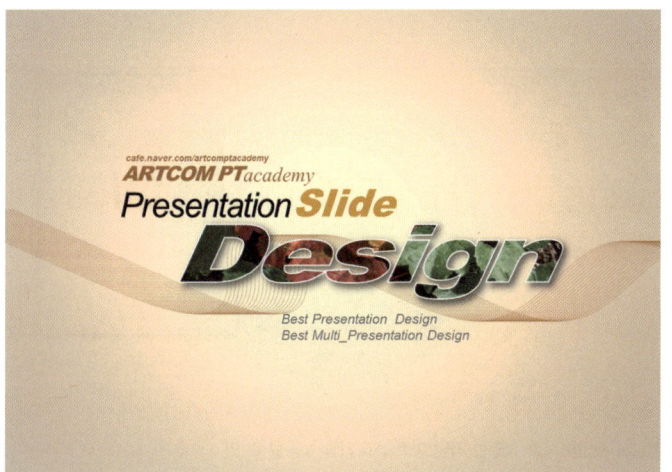
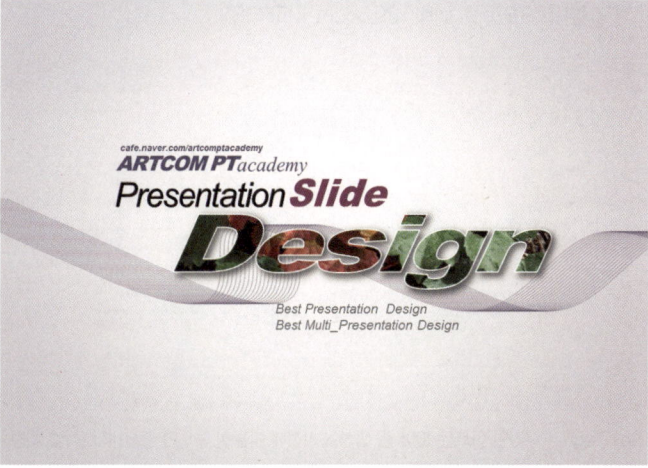

01 배경 만들기

01 슬라이드를 새로 만들기 위해 테마 선택 창에서 [새 프레젠테이션]을 선택합니다.

※ 용지 종류는 [A4 용지], 슬라이드 방향은 [가로]입니다. 용지는 [디자인] 탭-[사용자 지정] 그룹-[슬라이드 크기]-[사용자 지정 슬라이드 크기]에서 설정합니다.

02 [삽입] 탭-[이미지] 탭-[그림]을 선택하여 배경 이미지 파일을 불러와 슬라이드 크기에 맞춰 크기를 조절합니다.
- Part 02\09\배경.png

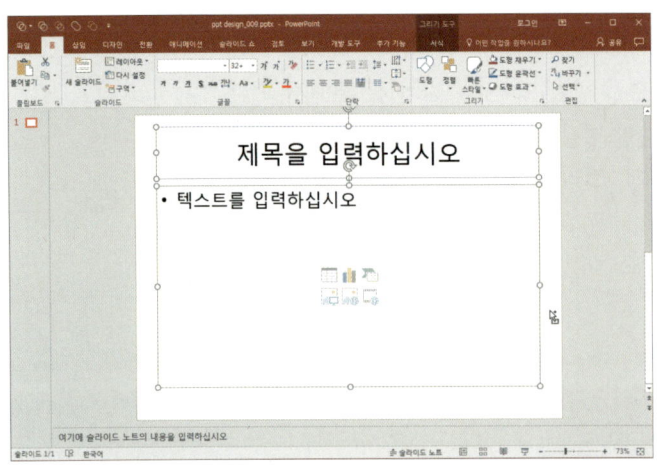 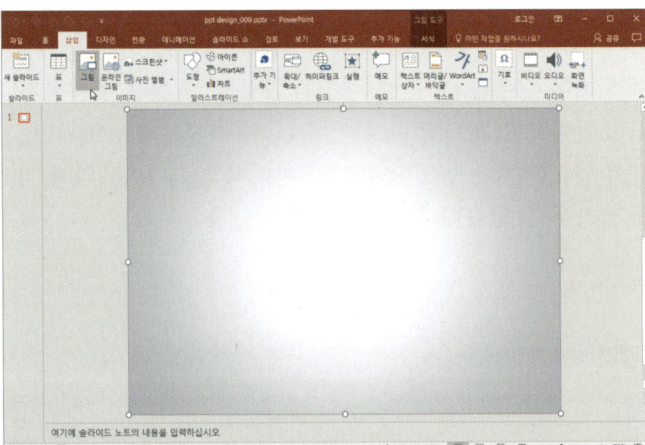

Tip & Tech 슬라이드를 새로 만드는 방법은 [개요 및 슬라이드 창] 빈 공간에 커서를 옮긴 뒤 마우스 오른쪽을 클릭하고 [새 슬라이드]를 선택하는 방법과 [개요 및 슬라이드 창] 특정 공간에 마우스를 더블클릭하고 Enter 키를 누르는 방법이 있습니다.

02 라인 아트 디자인하기

01 [삽입] 탭-[일러스트레이션] 그룹-[도형]-[선]-[곡선]을 이용하여 라인 아트를 디자인합니다.

02 라인 아트가 완성되었으면 전체를 그룹(Ctrl+G)으로 묶고 색상 및 투명도를 적용합니다.
- R204 G204 B204, 투명도 : 39%

03 중심부에 배치하고 라인아트 크기 및 각도를 조절합니다.
- [도형 서식]-[크기 및 속성]-[크기]
- 높이 : 9.87cm, 너비 : 39.56cm, 각도 : 18°

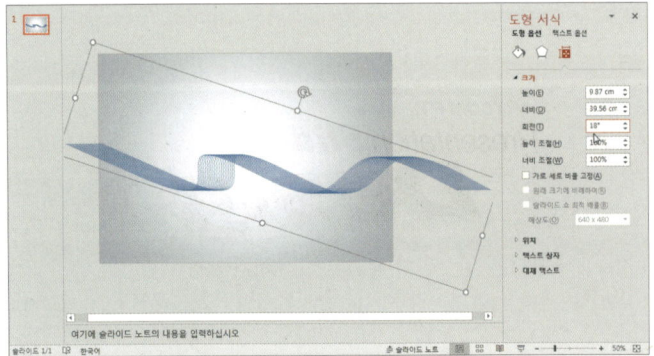 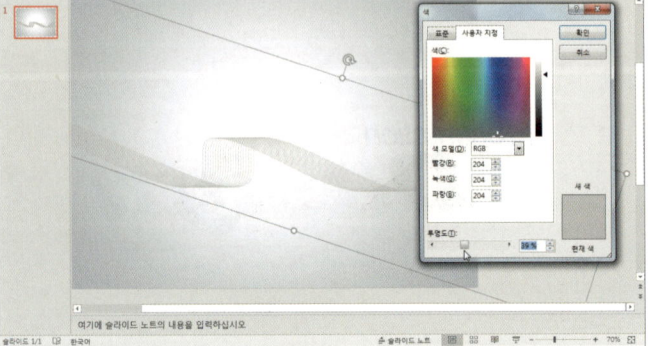

Tip & Tech 라인 아트는 10여 종 이상을 사전에 만들어 놓으면 좋습니다. 작업 시간을 절감할 뿐만아니라 적절한 라인 아트 스타일을 적용할 수 있기 때문입니다. 라인 아트 만들기는 Part 02 예제 001 과정 05와 예제 008 과정 03을 참고하세요.

03 메인 텍스트 디자인하기

01 텍스트를 입력하기 위해 [삽입] 탭-[텍스트] 그룹-[텍스트 상자]-[가로 텍스트 상자]를 클릭하고 타이틀(Design)을 입력합니다.

02 글꼴은 [홈] 탭-[글꼴] 그룹-[글꼴 색]에서 색상은 검은색을 배색하고 글꼴, 기울임, 그림자 등을 지정합니다.
- Arial Black, 기울임꼴, 텍스트 그림자

03 텍스트에 텍스트 윤곽선을 주고 색상을 배색합니다.
- [도형 서식]-[텍스트 효과 서식]-[텍스트 채우기 및 윤곽선]-[텍스트 윤곽선]-[실선]
- 1.5pt, 흰색

04 텍스트 그림자를 보다 자연스럽게 표현합니다.
- [도형 서식]-[텍스트 옵션]-[텍스트 효과]-[그림자]
- 투명도 : 57%, 크기 : 100%, 흐리게 : 3pt, 각도 : 45°, 간격 : 3pt

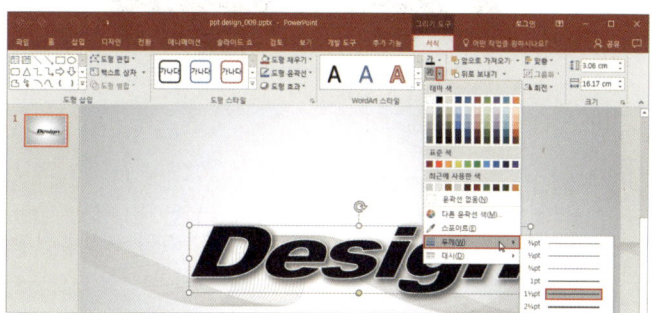

04 이미지 트리밍하기

01 [삽입] 탭-[이미지] 그룹-[그림]을 선택하여 메인 텍스트에 적용할 이미지를 불러옵니다.
- Part 02\09\단풍 이미지.png

02 이미지를 더블클릭하고 [서식] 탭-[크기] 그룹-[자르기]를 이용해 텍스트에 들어갈 느낌을 생각하며 이미지를 트리밍합니다.

03 트리밍한 이미지를 마우스 오른쪽 버튼을 클릭하고 [그림으로 저장]을 실행하여 PNG 형식으로 저장합니다. 파일 이름을 '단풍 트리밍.png'로 지정합니다. 이미지는 삭제합니다.

Tip & Tech 텍스트에 이미지 넣기는 [도형 병합]-[교차]를 통해서도 가능합니다. 이때는 이미지를 먼저 클릭하고 Shift 키를 누른 상태에서 텍스트를 클릭한 다음 [도형 병합]-[교차] 기능을 적용합니다.
텍스트에 이미지 넣기는 두 가지 방식이 있는데 '그림으로 저장하여 텍스트에 삽입하는 방식'과 '도형 병합 방식'은 결과물이 같지 않습니다.

05 메인 텍스트에 이미지 넣기

01 텍스트 아무 곳이나 클릭하고 마우스 오른쪽 버튼을 클릭한 다음 [텍스트 효과 서식]을 선택합니다.

02 그림 또는 질감 채우기를 선택합니다.
- [도형 서식]-[텍스트 채우기 및 윤곽선]-[그림 또는 질감 채우기]

03 [파일]을 클릭하고 **04** 과정에서 저장했던 '단풍 트리밍.png'이미지를 텍스트 채우기를 통해 불러들입니다.

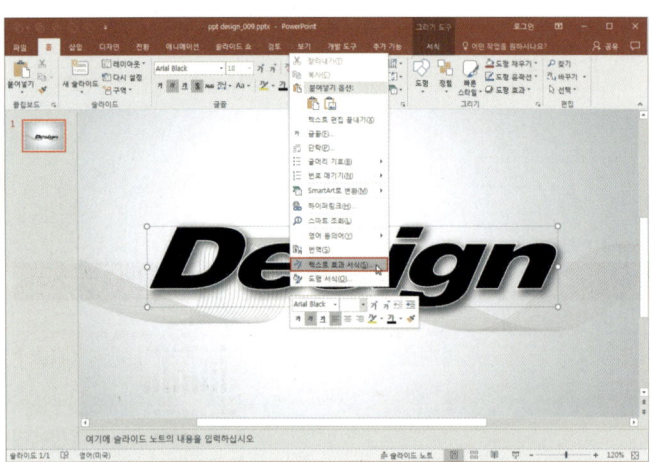 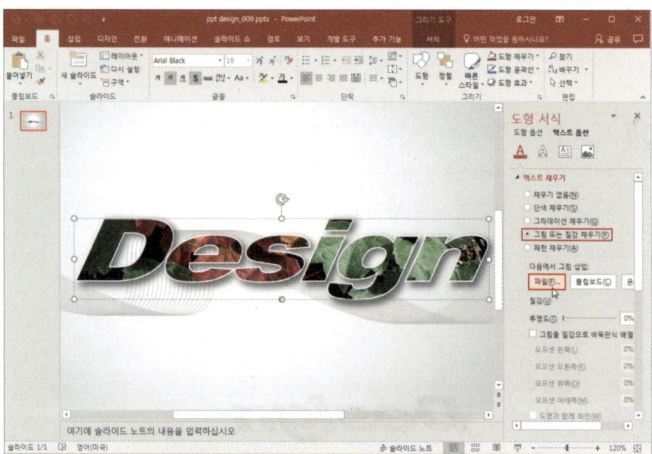

Tip&Tech [그림을 질감으로 바둑판식 배열]에 체크가 되어있다면 해제합니다. [그림을 질감으로 바둑판식 배열]은 패턴을 만들 때 사용하는 기능입니다.

06 서브 헤드 텍스트 디자인하기

01 서브 헤드 텍스트를 입력하기 위해 [삽입] 탭-[텍스트] 그룹-[텍스트 상자]-[가로 텍스트 상자]를 클릭하고 'Presentation'과 'Slide'를 각각 입력합니다.
- Presentation : Arial, 기울임꼴, 40pt
- Slide : Arial Black, 기울임꼴, 44pt

02 [홈] 탭-[글꼴] 그룹-[글꼴 색]에서 색상을 검정색과 빨간색(R195 G0 B0)으로 지정합니다.

 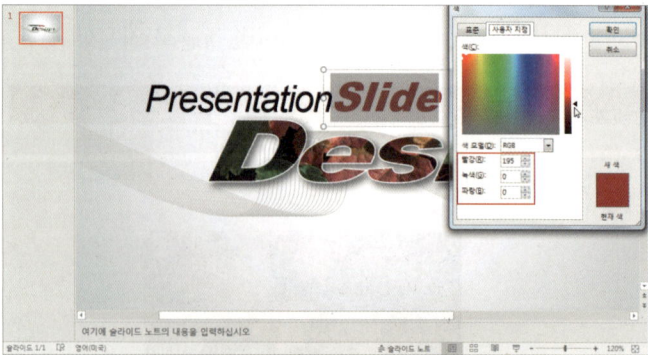

Tip&Tech 타이포그래피를 할때 가장 중요한 부분이 일관성입니다. 메인 폰트와 서브 폰트가 이질감이 나지 않도록 폰트를 선정하고 크기, 색상 등에 주의해야 합니다.

07 윗부분 서브 텍스트 디자인하기

01 윗부분 서브 텍스트 작업은 과정 06의 서브 헤드 텍스트를 입력하고 디자인 효과를 적용하는 방식과 같습니다.

- cafe.naver.com/artcomptacademy : Arial, 10.5pt, 굵게, 기울임꼴
- ARTCOM PT : Arial, 24pt, 기울임꼴
- academy : Times New Roman, 24pt, 기울임꼴

02 [홈] 탭 - [글꼴] 그룹 - [글꼴 색]에서 서브 텍스트에 색상을 연두색(R119 G147 B60)으로 지정합니다.

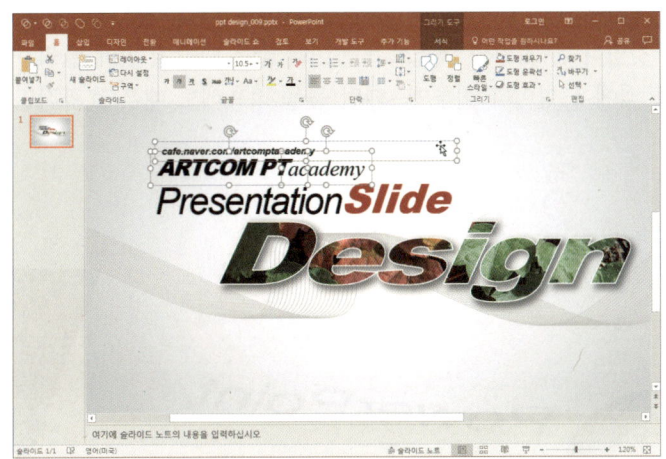 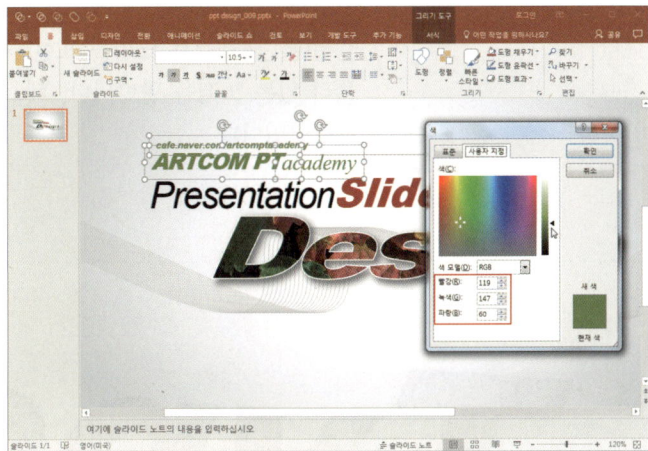

08 아랫부분 텍스트 입력하기

01 텍스트를 입력하기 위해 [삽입] 탭 - [텍스트] 그룹 - [텍스트 상자] - [가로 텍스트 상자]를 클릭하고 텍스트를 입력합니다.

- Arial Black, 기울임꼴, 16pt, 줄 간격 : 1.0

02 색상은 [홈] 탭 - [글꼴] 그룹 - [글꼴 색]에서 회색(R127 G127 B127)으로 지정합니다.

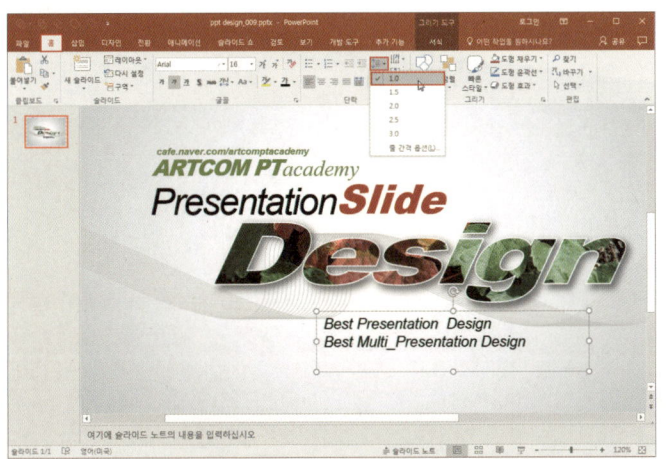 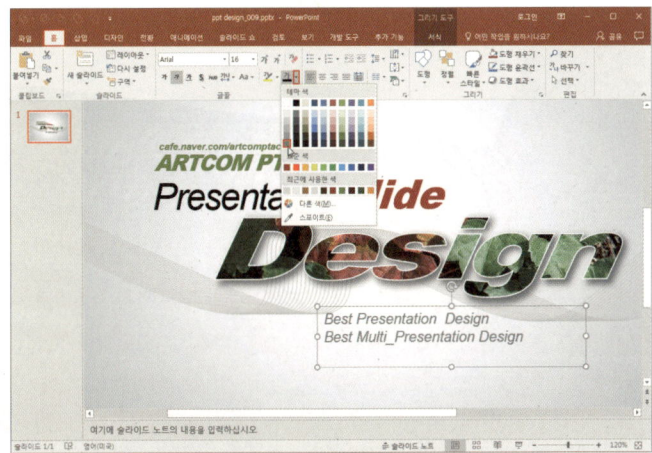

Tip & Tech 줄 간격(행간)을 조절하려면 [줄 간격]을 조절하려는 텍스트를 모두 선택한 다음 [홈] 탭 - [단락] 그룹 - [줄 간격] - [줄 간격 옵션] - [줄 간격]을 통해 조절할 수 있으며, [고정]과 [배수]를 통해 보다 세밀하게 조절할 수 있습니다.

010 커팅된 느낌을 활용한 타이포그래피

보고서 디자인을 할 때 특정 키워드를 강조하려면 다양한 기법들이 적용됩니다. 그 중 하나가 커팅된(뚫린) 텍스트 느낌을 표현하는 것입니다. 커팅된 텍스트는 종이나 얇은 아크릴 판에 글씨가 뚫려 있는 느낌을 말합니다. 텍스트 외에 도형이나 실루엣, 패턴 등을 적용해도 매우 효과적인 테크닉입니다.

| 난이도 | ★★★★☆ | 예제 폴더 | Part 02\10 | 완성 파일 | Part 02\10\완성\ppt design_010.pptx
| 과정 파일 | Part 02\10\완성\ppt design_010_8단계.pptx
| 색상 베리에이션 | Part 02\10\완성\ppt design_010_4컬러.pptx
| 인터넷으로 보기 | http://cafe.naver.com/artcomptacademy/2151

디자인 포인트

이번 예제에서 주목해야 할 디자인은 커팅된 텍스트 느낌을 표현하는 것으로, 종이를 예리한 칼로 파낸 느낌을 표현하는 것입니다. 텍스트의 종류, 크기, 굵기 등에 따라 느낌이 다를 수 있으며 그림자 효과에 따라 더욱 자연스럽게 연출할 수 있습니다.

4컬러 베리에이션

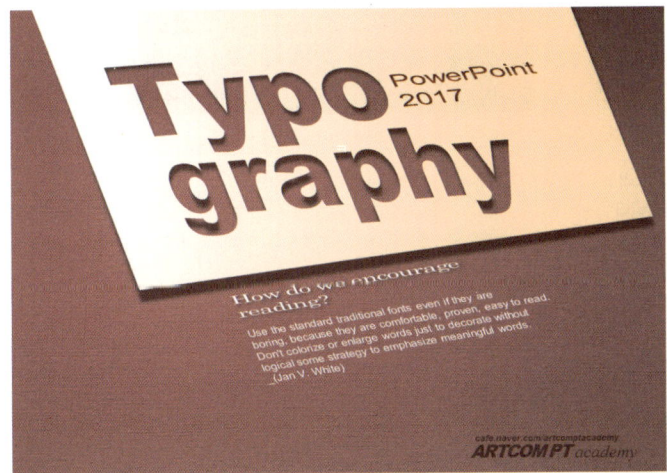
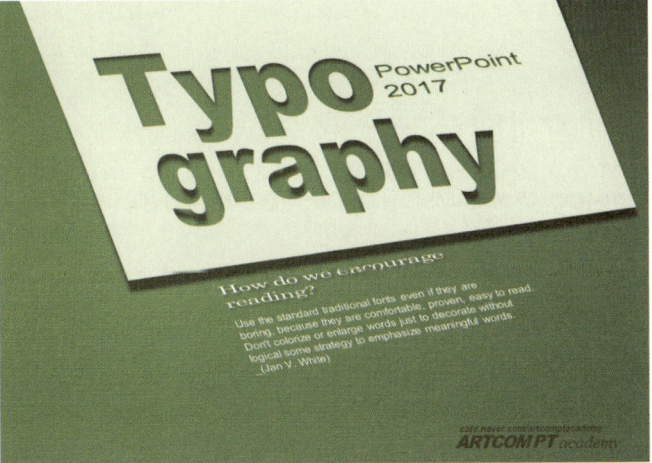
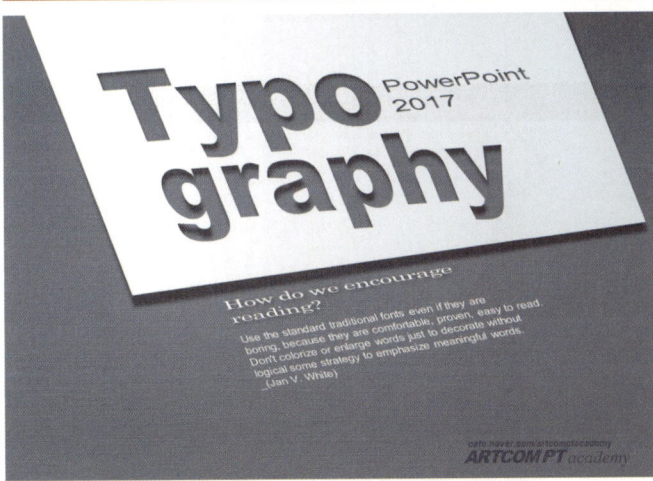
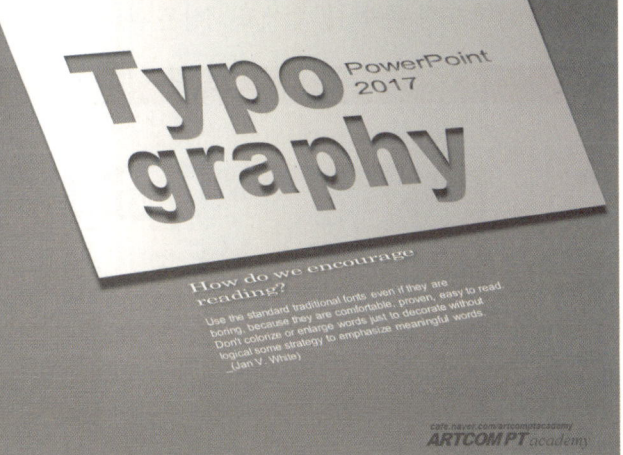

01 배경 만들기

01 슬라이드를 새로 만들기 위해 테마 선택 창에서 [새 프레젠테이션]을 선택합니다.

※ 용지 종류는 [A4 용지], 슬라이드 방향은 [가로]입니다. 용지는 [디자인] 탭–[사용자 지정] 그룹–[슬라이드 크기]–[사용자 지정 슬라이드 크기]에서 설정합니다.

02 [삽입] 탭–[이미지] 그룹–[그림]을 선택하여 배경 이미지 파일을 불러와 슬라이드 크기에 맞춰 크기를 조절합니다.

- Part 02\10\배경.png

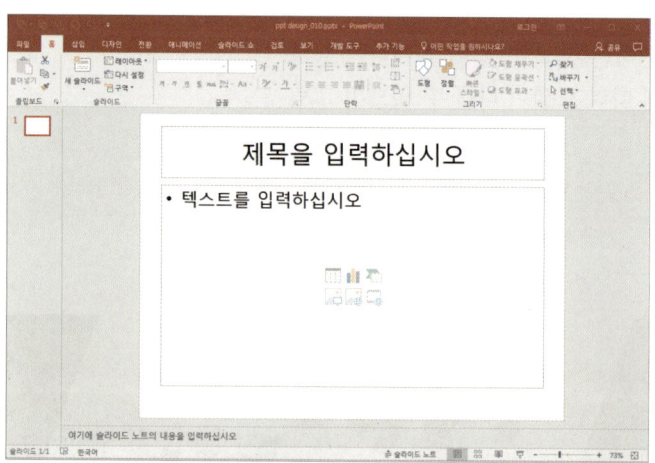 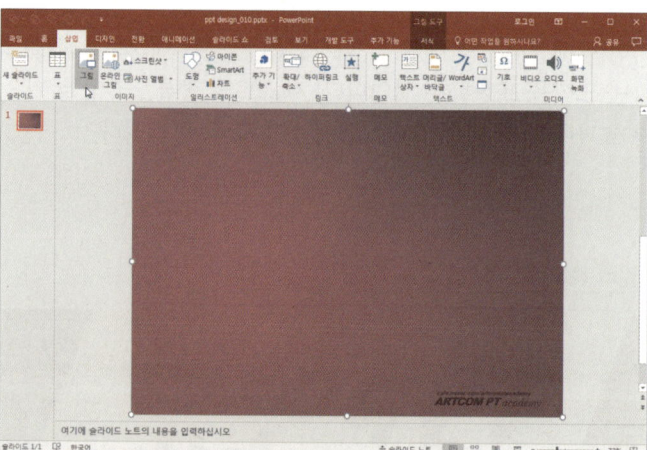

Tip & Tech 캔버스 질감의 배경을 직접 만들 수도 있습니다. 배경 크기 만한 직사각형을 그리고 [도형 서식]–[채우기]–[그림 또는 질감 채우기]–[질감]–[캔버스]를 선택합니다. [그림 도구]–[서식] 탭–[색]을 통해 캔버스 질감 색상을 변경합니다.

02 텍스트 박스 디자인하기

01 직사각형을 그린 다음 마우스 오른쪽 버튼을 클릭하고 [점 편집]을 실행합니다.

- 높이 : 11.53cm, 너비 : 26cm

02 점을 선택하여 ⓐ와 같은 원근감이 있는 사각형 형태를 만듭니다.

03 ⓑ와 같이 도형 윤곽선을 없애고 색상은 흰색으로 지정합니다.

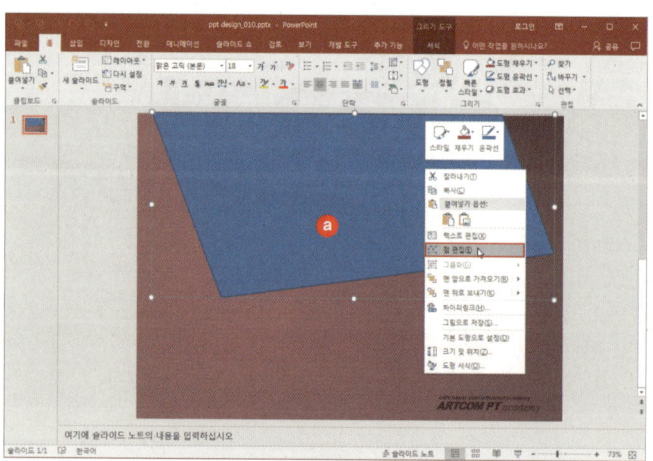 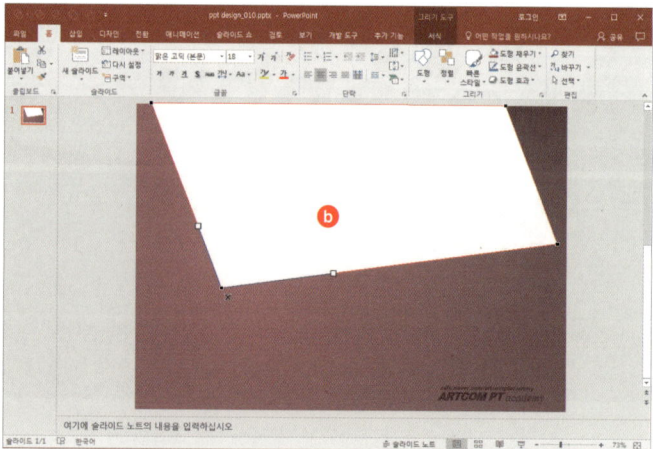

Tip & Tech 파워포인트는 [점 편집] 기능을 이용하여 손쉽게 원하는 도형을 만들 수 있습니다. 만들고자 하는 형태와 가장 비슷한 기본 도형(삼각형, 사각형, 오각형)을 선택하고 마우스 오른쪽 버튼을 클릭하면 메뉴에서 [점 편집]이 표시됩니다.

03 메인 텍스트 디자인하기

01 메인 텍스트를 각각 입력하고 검정색으로 지정합니다.
- Arial Black, 44pt

02 WordArt 스타일로 변형하기 위해 [서식] 탭 - [WordArt 스타일] - [텍스트 효과] - [변환] - [휘기] - [사각형]을 선택합니다.

03 텍스트를 키우고 '노란 조절점'을 조정하여 텍스트 박스의 기울기에 맞춰 기울임꼴 글자를 만듭니다.

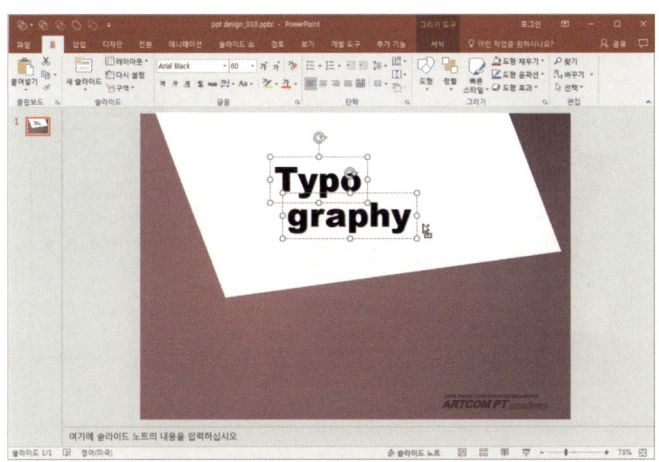
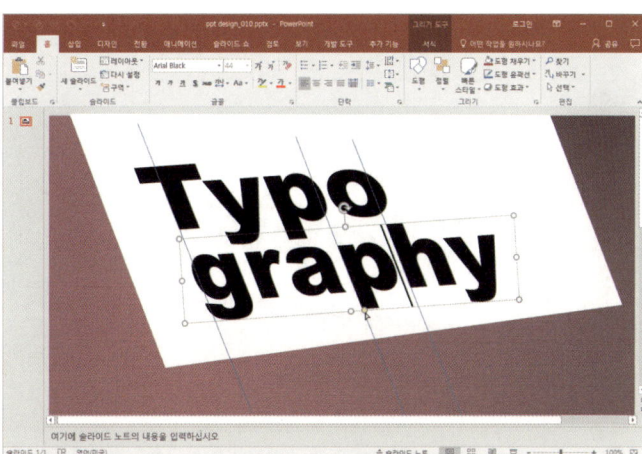

Tip & Tech 텍스트 박스의 각도와 글자의 각도가 일치하지 않으면 뒤틀린 느낌이 나기 때문에 각도를 맞추는 것이 중요합니다. 각도를 맞추기 위해 텍스트 박스에 맞춰 실선을 그은 다음 글자쪽으로 실선을 이동시켜 글자의 각도가 맞았는지 점검이 필요합니다.

04 메인 텍스트 도형 병합하기

01 흰색 배경을 먼저 선택하고 Shift 키를 누른 상태에서 텍스트를 하나씩 선택합니다. 텍스트를 먼저 선택하고 텍스트 박스를 선택하면 다른 결과물이 나옵니다.

02 [서식] 탭 - [도형 삽입] 그룹 - [도형 병합]을 클릭합니다.

03 [도형 병합] - [결합]을 클릭하여 텍스트 박스에서 텍스트 부분이 뚫리게 지정합니다.

Tip & Tech 초급자에게는 [도형 병합] 기능이 얼마나 중요한지 잘 느끼지 못합니다. 고수들은 [도형 병합] 기능을 효과적으로 활용하여 보다 테크니컬한 디자인을 전개할 수 있습니다. 파워포인트의 기능 중 상위 기능이기 때문에 기본 활용법뿐만 아니라 응용 방법까지 익힐 필요가 있습니다.

05 그림자 및 그라데이션 효과 적용하기

01 뚫려진 텍스트 그림자를 깊게 하기 위해 [도형 서식]-[효과]-[그림자]를 클릭합니다.
- [미리 설정]-[바깥쪽]-[오프셋 대각선 오른쪽 아래], 투명도 : 50%, 크기 : 100%, 흐리게 : 6pt, 각도 : 73°, 간격 : 8pt

02 연한 주황색 그라데이션 효과를 적용합니다.
- [도형 서식]-[채우기]-[그라데이션 채우기]
- [그라데이션 채우기] 선형, 각도 : 180°, 도형과 함께 회전
- [색상] 중지점 1/2 → 위치 : 0%, 색 : R253 G225 B187, 투명도 : 0%
  중지점 2/2 → 위치 : 100%, 색 : R255 G255 B255, 투명도 : 0%

Tip & Tech 그라데이션 색상은 배경 색상과 어울려야 합니다. 만약 배경 색상이 파란색 계열이면 밝은 하늘색 그라데이션을 배색하고 초록색이면 밝은 연두색 그라데이션으로 배색해야 자연스럽습니다.

06 오른쪽 서브 텍스트 디자인하기

01 서브 텍스트를 입력하기 위해 [삽입] 탭-[텍스트] 그룹-[텍스트 상자]-[가로 텍스트 상자]를 클릭하고 'PowerPoint 2017'을 두 줄로 입력합니다.
- Presentation : Arial, 18pt

02 과정 03과 같이 텍스트를 WordArt 스타일로 변형하고 노란색 조절점을 조정하여 기울기를 메인 텍스트와 같은 각도로 맞춥니다.

03 텍스트에 그림자 효과를 적용합니다.
- [서식] 탭-[WordArt 스타일]-[텍스트 효과]-[그림자]-[안쪽]-[안쪽 위쪽]

04 [홈] 탭-[글꼴] 그룹-[글꼴 색]에서 서브 텍스트를 주황색(R228 G108 B10)으로 지정합니다.

 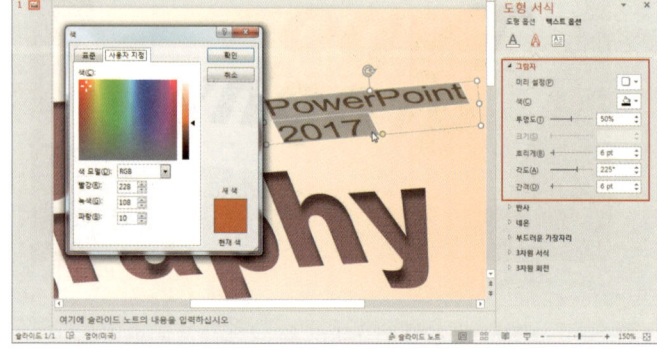

Tip & Tech 텍스트에 안쪽 그림자 효과를 적용하면 파인 느낌을 연출할 수 있습니다. 텍스트 색상은 그림자와 어우러져 배경 색상과 비슷해야 합니다.

07 아랫부분 서브 헤드 디자인하기

01 아랫부분 서브 헤드 텍스트는 과정 06에서 서브 텍스트를 입력하고 디자인 효과를 적용하는 방식과 같습니다.

• Century, 18pt, 텍스트 그림자

02 과정 03과 같이 이 텍스트를 WordArt 스타일로 변형하고 노란색 조절점을 조정하여 기울기를 메인 텍스트와 같은 각도로 맞춥니다.

03 [홈] 탭–[글꼴] 그룹–[글꼴 색]에서 흰색을 지정하고 그림자 효과를 적용합니다. [텍스트 효과 서식]–[텍스트 효과]–[그림자]를 클릭합니다.

• 투명도 : 60%, 크기 : 101%, 흐리게 : 7pt, 각도 : 45°, 간격 : 3pt

 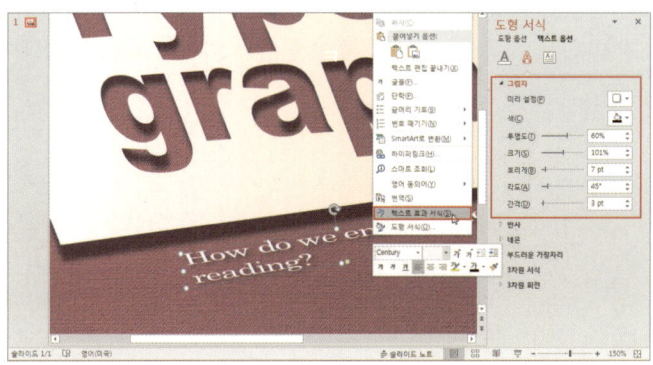

08 본문 텍스트 입력하기

01 본문 텍스트를 입력하기 위해 [삽입] 탭–[텍스트] 그룹–[텍스트 상자]–[가로 텍스트 상자]를 클릭하고 텍스트를 입력합니다.

• Arial, 기울임꼴, 16pt, 줄 간격 : 1.0

02 과정 07과 같이 텍스트를 WordArt 스타일로 변형하고 노란색 조절점을 조정하여 기울기를 과정 07과 같은 텍스트와 같은 각도로 맞춥니다.

03 [홈] 탭–[글꼴] 그룹–[글꼴 색]에서 흰색으로 지정합니다.

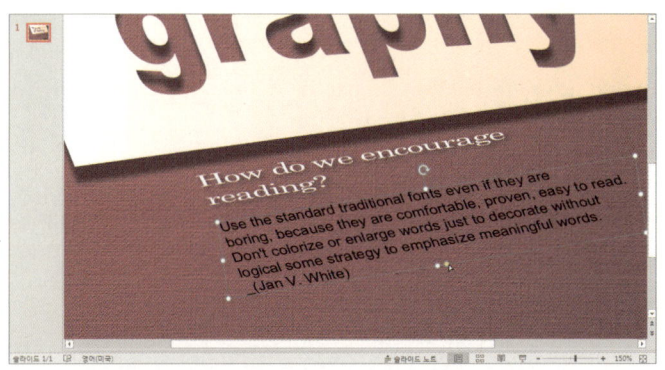 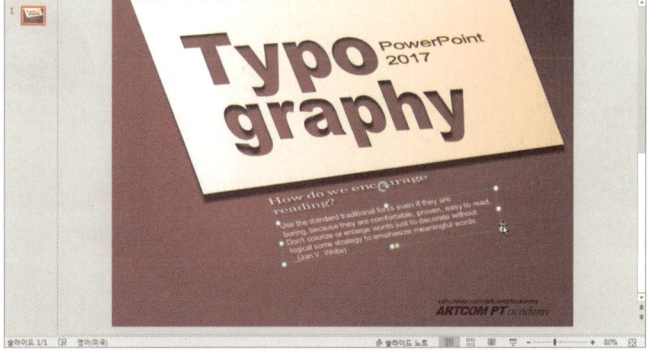

Tip & Tech 본문 텍스트가 많을 경우 [줄 간격(행간)]이 중요해집니다. [줄 간격]이 벌어져 있으면 짜임새가 없어 보이고 [줄 간격]이 너무 좁으면 답답해 보이기 때문에 전체 디자인을 보면서 [줄 간격]을 조절해야 합니다.

011 투명 배경 사진을 활용한 타이포그래피

사진 배경 제거하기는 단순한 홍보용 전단지에서도 어렵지 않게 발견할 수 있는 표현 기법 중 하나입니다. 보고서나 제안서 작성 중 특정 키워드와 함께 구성하면 매우 효과적입니다. 작업 공정도 간단하여 초급자도 쉽게 작업할 수 있습니다. 배경이 제거된 이미지는 타이포그래피를 할 때 한층 디자인 미감을 살리면서 메시지 전달력을 높일 수 있습니다.

|난이도| ★★★★☆ |예제 폴더| Part 02\11 |완성 파일| Part 02\11\완성\ppt design_011.pptx
|과정 파일| Part 02\11\완성\ppt design_011_8단계.pptx
|색상 베리에이션| Part 02\11\완성\ppt design_011_4컬러.pptx
|인터넷으로 보기| http://cafe.naver.com/artcomptacademy/2095

디자인 포인트

이번 예제에서 주목해야 할 디자인은 투명 배경 사진 활용입니다. 파워포인트 기능 중에 [배경 제거] 기능을 활용하면 손쉽게 주변 배경을 제거하고 원하는 이미지를 활용할 수 있습니다. 이미지 배경이 한 가지 색상이거나 단순할 때는 파워포인트 기능으로 충분하지만 배경이 복잡할 때는 전문 그래픽 프로그램(포토샵)을 이용해야 배경을 정교하게 제거할 수 있습니다.

4컬러 베리에이션

01 슬라이드 배경 만들기

01 슬라이드를 새로 만들기 위해 테마 선택 창에서 [새 프레젠테이션]을 선택합니다.

※ 용지 종류는 [A4 용지], 슬라이드 방향은 [가로]입니다. 용지는 [디자인] 탭-[사용자 지정] 그룹-[슬라이드 크기]-[사용자 지정 슬라이드 크기]에서 설정합니다.

02 [삽입] 탭-[이미지] 그룹-[그림]을 선택하고 파일을 불러와 슬라이드에 맞춰 크기를 조절합니다.
- Part 02\11\배경.png

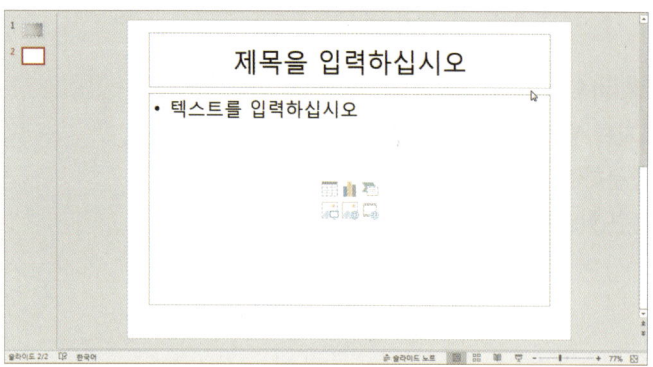 

Tip & Tech   수십 페이지의 슬라이드가 동일한 배경으로 활용될 때는 [슬라이드 마스터]를 통해 배경 이미지를 삽입해야 작업하기 편리합니다.

02 타원으로 점선 만들기

01 슬라이드 왼쪽에 작은 타원 하나를 그립니다.
- [삽입] 탭-[일러스트레이션] 그룹-[도형]-[기본 도형]-[타원]
- 높이 : 0.28cm, 너비 : 0.28cm

02 작은 타원을 하나를 복제하여 일정 간격(0.1cm)으로 배치합니다. 이때 복제한 작은 타원을 방향키로만 움직여 정렬해야 합니다. 세밀하게 움직일 때는 Ctrl 키를 눌러 조절합니다.

03 02에서 정렬한 작은 타원을 가로 방향으로 복제(Ctrl+D)한 다음 전체 타원을 선택하고 정렬시켜 줍니다.
- [서식] 탭-[정렬] 그룹-[개체 맞춤]-[위쪽 맞춤]-[가로 간격을 동일하게]

04 타원을 모두 선택하고 [서식] 탭-[도형 스타일] 그룹-[도형 윤곽선]-[윤곽선 없음]을 한 다음 흰색으로 지정하고 투명도를 '50%'로 설정합니다.

05 작은 타원으로 이루어진 점선을 그룹(Ctrl+G)으로 묶고 일부는 복제하여 점선 위쪽에 배치합니다.

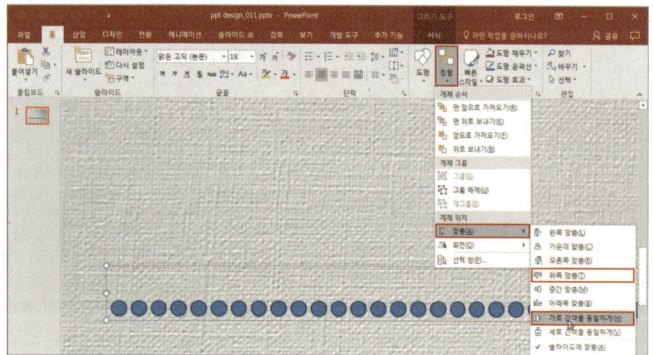 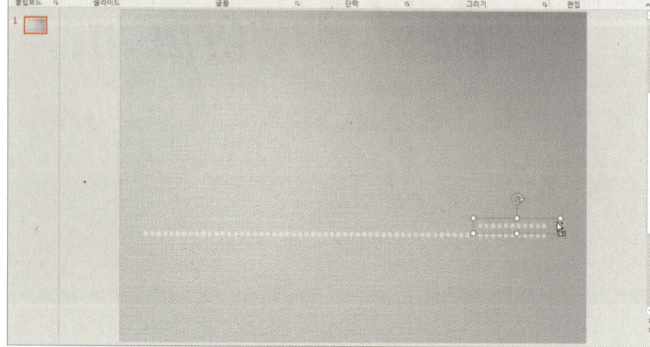

Tip & Tech   초급자에게는 작은 타원으로 점선을 만드는 일이 쉽지 않습니다. 여러번 시행 착오를 겪어야 자유자재로 점선을 만들 수 있습니다.

03 물고기 배경 제거하기

01 [삽입] 탭 – [이미지] 그룹 – [그림]을 선택하고 물고기 이미지를 불러옵니다.
  • Part 02\11\세일핀탱(원본).bmp

02 이미지를 선택한 채로 [서식] 탭 – [조정] 그룹 – [배경 제거]를 선택합니다.

03 [보관할 영역 표시]와 [제거할 영역 표시]를 이용하여 물고기만 남기고 배경 부분은 제거해 나갑니다. 영역 표시를 할 때 물고기의 테두리 부분을 연필 모양 커서로 1cm 정도로 라인을 긋게 되면 비슷한 명도와 색상이 확장되거나 제거되는 것을 볼 수 있습니다. [변경 내용 유지]를 클릭합니다.

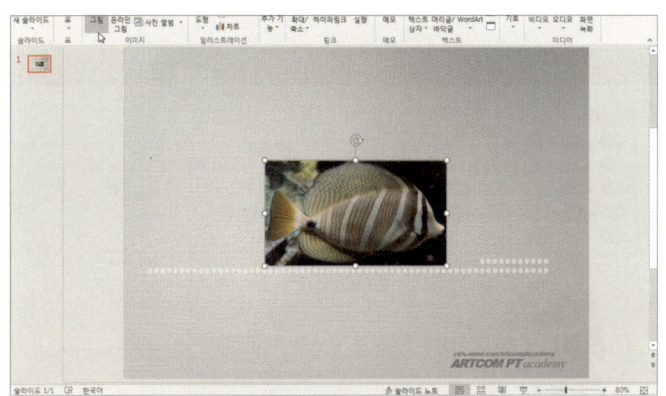 

Tip & Tech 초급자에게는 [배경 제거] 기능을 활용하기가 쉽지 않습니다. 원하는 부분만 남기고 깔끔하게 배경을 제거하려면 연습이 필요합니다. 이미지가 선명하면서 배경은 단순한 사진으로 연습할 것을 권합니다.

04 그림으로 저장하고 불러오기

01 배경이 제거된 물고기를 선택하고 마우스 오른쪽 버튼을 클릭한 다음 [그림으로 저장]을 실행합니다. 그림은 PNG 형식으로 저장해야 배경이 제거된 상태로 불러들일 수 있습니다.

02 불러들일 물고기 크기 만큼의 직사각형을 그려 줍니다.
  • 높이 : 6.04cm, 너비 : 10.78cm

03 직사각형을 선택하고 마우스 오른쪽 버튼을 클릭한 다음 [도형 서식]을 실행합니다.

04 [그림 또는 질감 채우기]를 선택합니다.

05 [파일]을 클릭하고 저장했던 물고기 이미지를 불러들인 후 도형 윤곽선은 제거합니다.
  • Part 02\11\세일핀탱.png

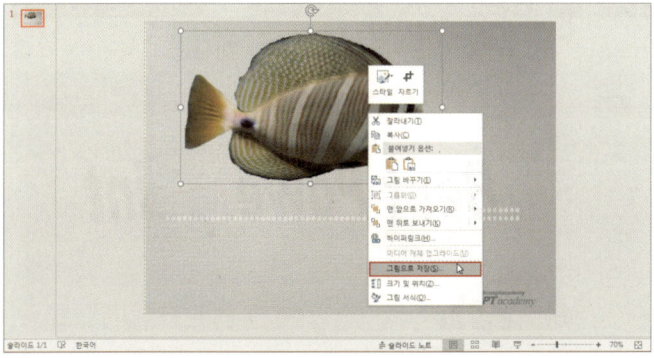 

Tip & Tech 과정 04와 같이 그림으로 저장하고 직사각형에 불러들이는 방식은 이미지에 투명도를 줄 수 있어 보다 자연스러운 표현이 가능해집니다.

05 흐리게 효과 주기

01 과정 03~04에서 완성된 물고기를 복제하여 크기를 작게 축소합니다.
- 높이 : 2.08cm, 너비 : 3.93cm

02 앞의 물고기와 거리감을 주기 위해 [흐리게] 효과를 적용하고 투명도를 '35%'로 설정합니다.
- [그림 도구]-[서식] 탭-[조정] 그룹-[꾸밈 효과]-[흐리게]
- [꾸밈 효과]-[반경] : 6

03 오른쪽 아랫부분에 작은 물고기를 복제하고 흐리게 한 다음 투명도를 '26%'로 설정합니다.
- [꾸밈 효과]-[반경] : 14

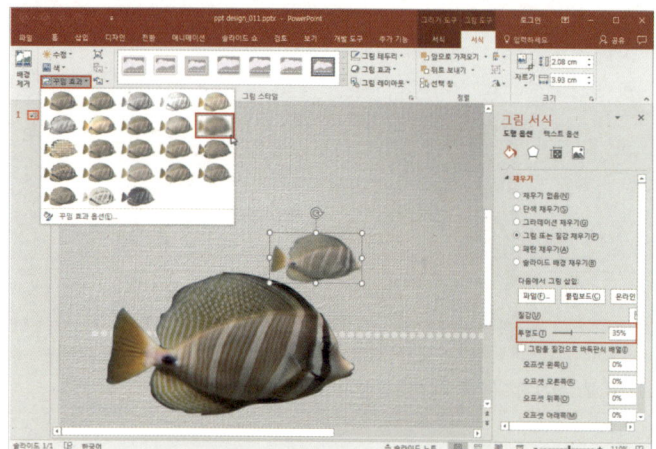 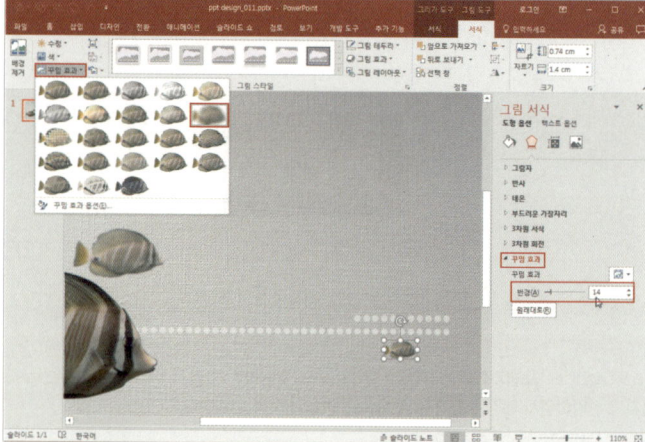

Tip & Tech 이미지의 투명도는 [그림 서식]-[그림 또는 질감 채우기]-[투명도] 기능을 이용하여 세밀하게 조절할 수 있습니다.

06 위쪽 메인 텍스트 디자인하기

01 위쪽 메인 텍스트는 텍스트 박스를 통해 입력하고 검은색으로 지정합니다.
- Best Powerpoint : Arial Black, 28pt, 기울임꼴

02 WordArt 스타일로 변형하기 위해 [서식] 탭-[WorkArt 스타일] 그룹-[텍스트 효과]-[변환]-[휘기]-[사각형]을 선택합니다.

03 여섯 개의 조절점을 이용하여 메인 텍스트의 크기를 키워 줍니다.
- 높이 : 3.25cm, 너비 : 18.63cm

Tip & Tech 텍스트를 WordArt 스타일로 변형하기 위해서는 텍스트를 작게 입력하고 크기를 키워 주는 것이 효율적입니다.

07 아래쪽 메인 텍스트 디자인하기

01 아래쪽 메인 텍스트를 각각 입력하고 검은색으로 지정합니다.
- &, Prezi design : Arial Black, 16pt, 기울임꼴

02 WordArt 스타일로 변형하기 위해 [서식] 탭 - [WordArt 스타일] 그룹 - [텍스트 효과] - [변환] - [휘기] - [사각형]을 선택합니다.

03 여섯 개의 조절점을 이용하여 메인 텍스트의 크기를 키워 주고 빨간색(R188 G0 B0)과 흰색으로 지정합니다.
- [&] 높이 : 2.93cm, 너비 : 3.15cm
- [Prezi design] 높이 : 2.09cm, 너비 : 8.98cm

08 본문 텍스트 입력하기

01 아래쪽 본문 텍스트를 입력하고 색상은 진한 회색(R77 G77 B77)으로 지정합니다.
- [Best Presentation...] Arial, 10.5pt, 기울임꼴, 줄 간격 : 1.0

02 위쪽 본문 텍스트를 입력하고 색상은 진한 빨강(R99 G37 B35)으로 지정합니다.
- [Art+Computer...] Arial, 16pt, 기울임꼴, 줄 간격 : 1.0

Tip & Tech 타이포그래피 작업을 할 때 매우 중요한 부분이 '강약중강약'의 리듬감입니다. 큰 텍스트, 중간 텍스트, 작은 텍스트가 어우러져 리듬감이 있으면서 짜임새 있게 배치되었을 때 타이포그래피 작업이 잘 되었다고 할 수 있습니다.

012 기본 도형을 활용한 본문 레이아웃

보고서 디자인을 할 때 디자인 요소로 다양하게 도형을 활용할 때가 많습니다. 심플한 보고서 디자인에는 복잡한 형태보다는 기본 도형(삼각형, 사각형, 오각형, 육각형, 타원형 등)으로 디자인하는 것이 효과적입니다. 보고서 디자인을 할 때 중요한 것은 텍스트입니다. 디자인 요소로 활용된 도형들은 텍스트를 보다 효과적으로 읽히도록 돕는 역할을 하면서 궁극적으로 디자인 미감을 살려야 합니다.

|난이도| ★★★☆☆ |예제 폴더| Part 02\12 |완성 파일| Part 02\12\완성\ppt design_012.pptx
|과정 파일| Part 02\12\완성\ppt design_012_8단계.pptx
|색상 베리에이션| Part 02\12\완성\ppt design_012_4컬러.pptx
|인터넷으로 보기| http://cafe.naver.com/artcomptacademy/2167

디자인 포인트

이번 예제에서 주목해야 할 디자인은 기본 도형의 활용입니다. 직사각형과 사다리꼴 도형만으로 심플하게 보고서 디자인을 완성할 수 있습니다. 보고서 디자인에서 가장 중요한 부분은 언제나 텍스트입니다. 텍스트를 중심으로 디자인해야 결과적으로 문제가 없습니다. 텍스트의 가독성에 문제가 있다면 도형의 형태와 색상 등을 과감하게 바꿔 줘야 합니다.

4컬러 베리에이션

01 슬라이드 배경 만들기

01 슬라이드를 새로 만들기 위해 테마 선택 창에서 [새 프레젠테이션]을 선택합니다.

※ 용지 종류는 [A4 용지], 슬라이드 방향은 [가로]입니다. 용지는 [디자인] 탭-[사용자 지정] 그룹-[슬라이드 크기]-[사용자 지정 슬라이드 크기]에서 설정합니다.

02 [삽입] 탭-[이미지] 그룹-[그림]을 선택하고 배경 이미지 파일을 불러와 슬라이드 크기에 맞춰 크기를 조절합니다.

- Part 02\12\배경.png

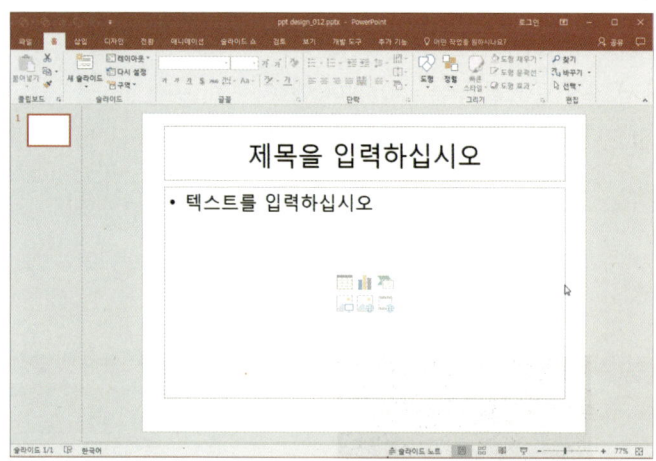 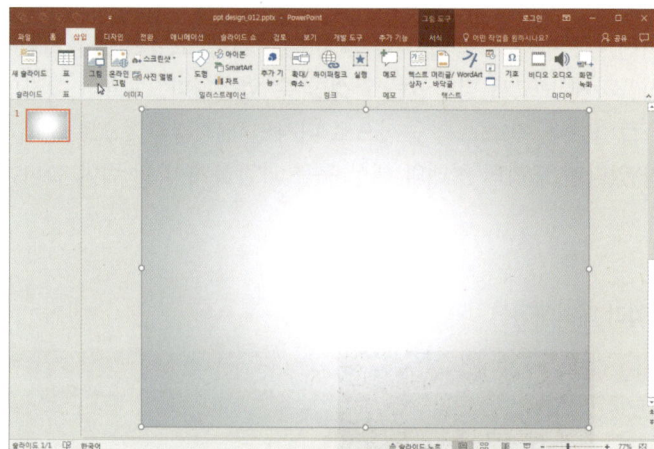

Tip & Tech 보고서 배경 디자인은 본래 색상을 넣지 않는 것이 원칙입니다. 즉 흰색 배경이 기본이며 색상을 넣을 경우에도 밝은 회색 정도가 무난합니다.

02 사다리꼴 도형 디자인하기

01 기본 도형에서 사다리꼴을 선택하여 적정 크기로 그린 다음 왼쪽으로 90° 회전합니다.

- [홈] 탭-[그리기] 그룹-[기본 도형]-[사다리꼴]
- 높이 : 10.78cm, 너비 : 16.13cm

02 색상을 진한 자주색(R94 G68 B118)으로 지정합니다.

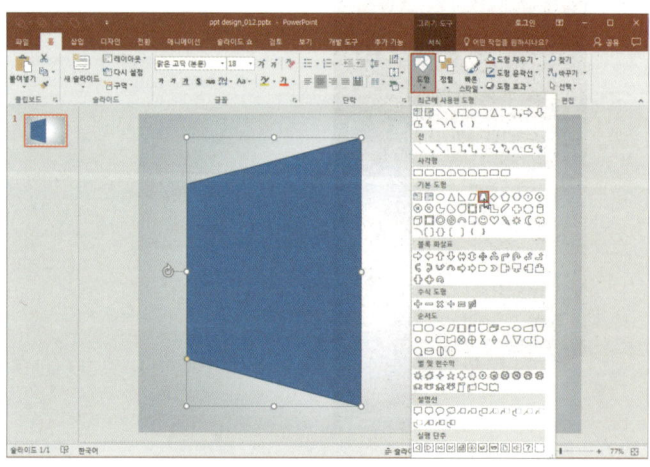 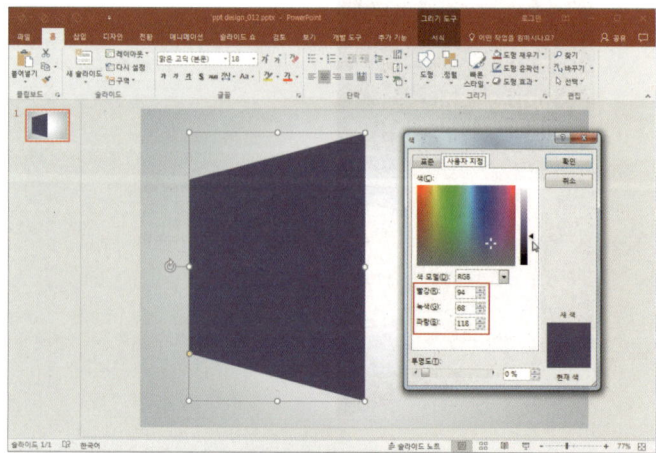

Tip & Tech 도형을 왼쪽으로 회전할 때 두 가지 방법이 있습니다. 도형에 있는 '회전 핸들'을 누르고 Shift 키를 누른 상태에서 왼쪽으로 90° 돌리거나, 도형을 선택하고 [서식] 탭-[정렬] 그룹-[회전]-[왼쪽으로 90도 회전]을 클릭하면 됩니다.

03 검은색 직사각형과 타원 그림자 배치하기

01 직사각형을 그린 후 윗부분에 배치합니다.
- [홈] 탭 – [그리기] 그룹 – [사각형] – [직사각형]
- 높이 : 6.6cm, 너비 : 10.78cm

02 색상은 검정색(R0 G0 B0)으로 지정합니다.

03 잘린 타원형 그림자 1을 불러와 보라색 사다리꼴 아랫부분에 각도를 조절하여 배치합니다.
- Part 02\12\잘린 타원 그림자 1.png
- 각도 : 15°

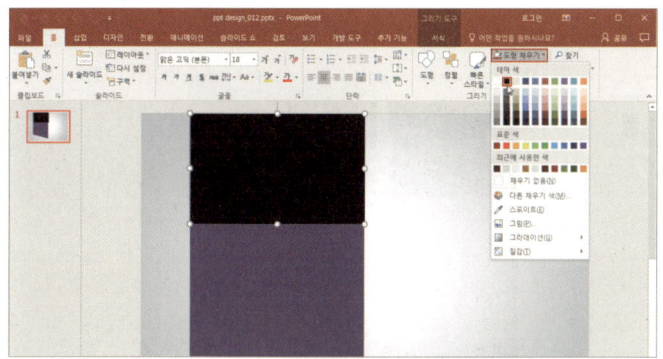 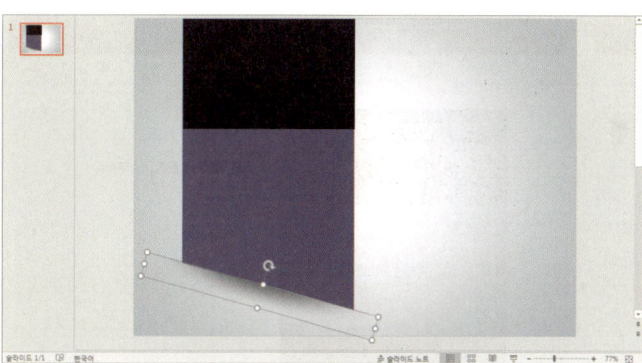

Tip & Tech 사다리꼴에 그림자 효과를 적용하는 방식과 잘린 타원형 그림자를 배치한 것은 그림자의 느낌이 다릅니다. 보다 자연스럽게 그림자를 표현하기 위해서는 잘린 타원형 그림자를 배치하는 것이 효과적입니다.

04 사다리꼴 라인 만들고 그림자 배치하기

01 기본 도형에서 사다리꼴을 선택하여 적정 크기로 그린 다음 오른쪽으로 90° 회전합니다.
- [홈] 탭 – [그리기] – [기본 도형] – [사다리꼴]

02 [도형 채우기]에서 [채우기 없음]을 선택하고 사다리꼴 도형의 크기를 조정합니다.

03 도형 윤곽선 너비는 '2pt'로 설정합니다.
- [서식] 탭 – [도형 윤곽선] – [두께] – [다른 선] – [너비]
- 색상 : 회색(R229 G229 B229), 투명도 : 50%

04 잘린 타원형 그림자 2를 불러와 회색 라인 아랫부분에 배치합니다.
- Part 02\12\잘린 타원 그림자 2.png
- 각도 355°

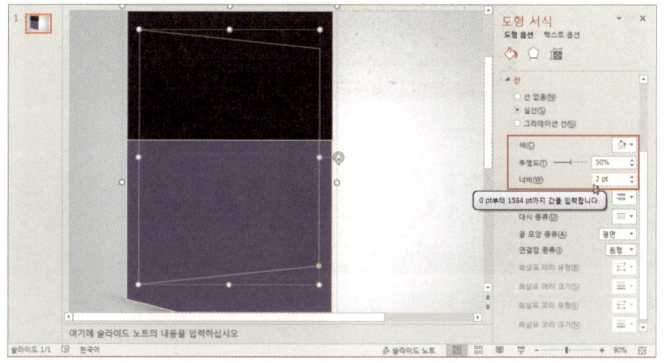 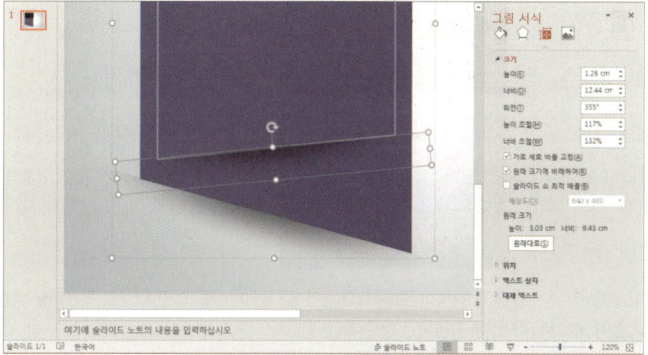

Tip & Tech 타원 그림자의 각도가 개체 각도와 정확하게 맞지 않으면 완성도가 떨어집니다.

05 URL과 로고 디자인하기

01 [삽입] 탭 – [텍스트] 탭 – [텍스트 상자] – [가로 텍스트 상자]를 통해 텍스트를 각각 입력합니다.
- cafe.naver.com/artcomptacademy : Arial, 10pt, 기울임꼴
- ARTCOM PT : Arial Black, 22pt, 기울임꼴
- academy : Times New Roman, 22pt, 기울임꼴

02 세 개의 텍스트를 조합하여 검은색 직사각형에 배열합니다.

03 텍스트 색상은 [홈] 탭 – [글꼴] 그룹 – [글꼴 색] – [스포이트]를 선택하고 사다리꼴 도형의 보라색(R94 G68 B118)을 클릭하여 지정합니다.

 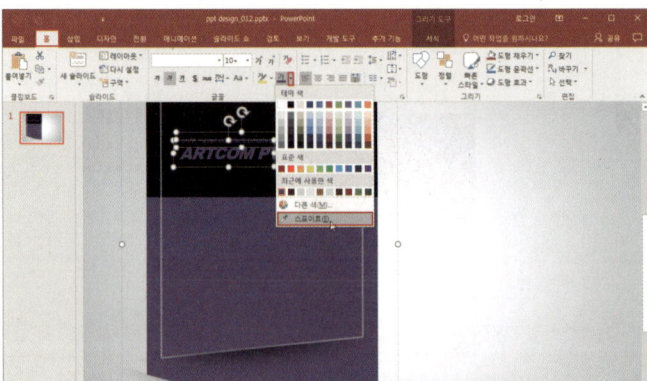

Tip & Tech 파워포인트로 색상을 배색할 때 스포이트 기능은 매우 중요합니다. 파워포인트 2010까지는 스포이트 기능이 없어 특정 유틸리티로 RGB 값을 알아낸 후 RGB 값을 하나하나 입력해야 했습니다. 이제는 스포이트 기능으로 간단하게 색상을 배색할 수 있게 되었습니다. 자신만의 컬러 패널을 만들어 활용한다면 컬러 감도는 높아지고 작업 속도는 크게 단축할 수 있게 된 것입니다.

06 제목 텍스트 디자인하기

01 [삽입] 탭 – [텍스트] 그룹 – [텍스트 상자] – [가로 텍스트 상자]를 클릭하여 제목 텍스트를 입력합니다.
- 아트컴피티 아카데미는? : 나눔바른고딕OTF, 22pt, 흰색

02 WordArt 스타일로 변형하기 위해 [서식] 탭 – [WordArt 스타일] 그룹 – [텍스트 효과] – [변환] – [휘기] – [사각형]을 선택합니다.

03 완성된 제목 텍스트는 URL과 로고 아래쪽에 배치합니다.

 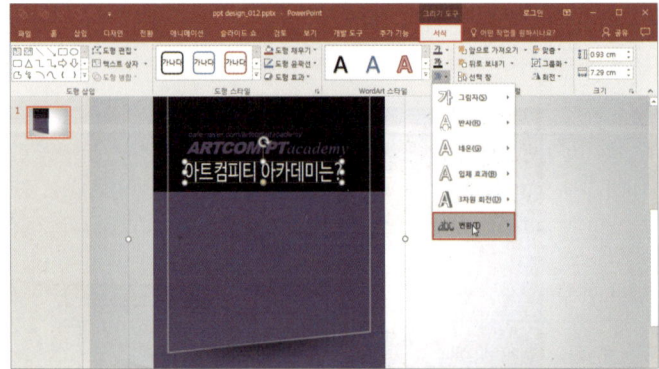

Tip & Tech 글꼴 중 나눔바른고딕OTF체가 없다면 HY헤드라인 M체로 작성해도 좋습니다. 나눔바른고딕OTF체는 가독성도 높으면서 디자인 미감도 좋아 보고서 디자인에 활용하면 매우 좋습니다.

07 아래쪽 본문 텍스트 디자인하기

01 [삽입] 탭 - [텍스트] 그룹 - [텍스트 상자] - [가로 텍스트 상자]를 통해 본문 텍스트를 입력합니다.
- 나눔바른고딕, 12pt, 검정색, 줄 간격 : 1.0

02 텍스트 박스의 크기를 조정하고 [양쪽 맞춤]합니다.
- [홈] 탭 - [단락] 그룹 - [양쪽 맞춤]
- 높이 : 3.33cm, 너비 : 6.78cm

03 텍스트 색상은 회색(R166 G166 B166)으로 배색합니다.

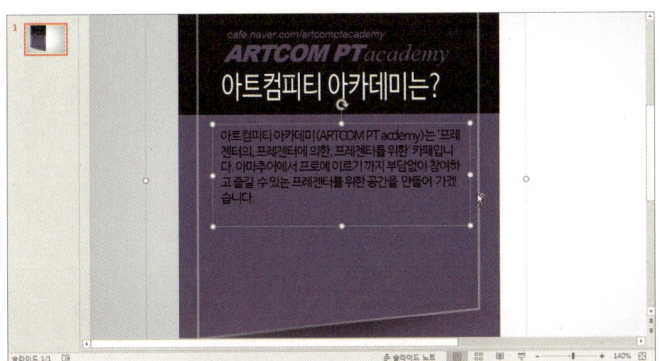 

Tip&Tech 텍스트는 기본적으로 [왼쪽 맞춤]이 일반적이지만 편집 디자인 특성상 [양쪽 맞춤]을 하는 경우도 있습니다. [양쪽 맞춤]을 하였을 때 디자인적으로 보기 좋기 때문입니다.

08 오른쪽 서브 텍스트 디자인하기

01 [삽입] 탭 - [텍스트] 그룹 - [텍스트 상자] - [가로 텍스트 상자]를 통해 오른쪽 서브 텍스트를 입력합니다.
- Arial, 16pt, 줄 간격 : 1.0

02 글머리 기호를 적용합니다.
- [홈] 탭 - [단락] 그룹 - [글머리 기호] - [속이 찬 둥근 글머리 기호]

03 텍스트 색상은 진한 빨강(R99 G37 B35)으로 지정합니다.

04 글머리 기호 색상도 갈색으로 동일하게 지정합니다.

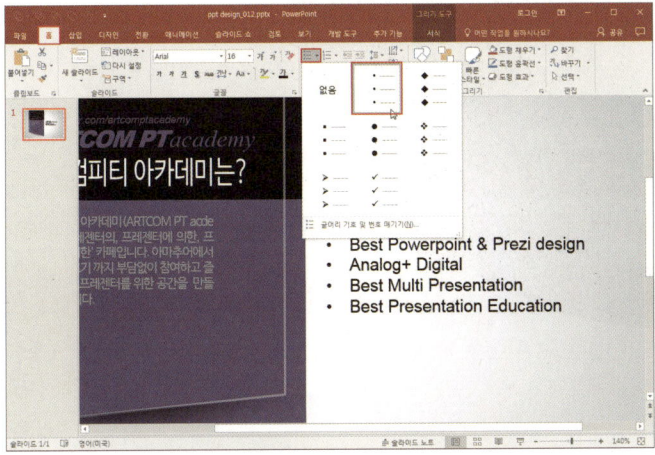 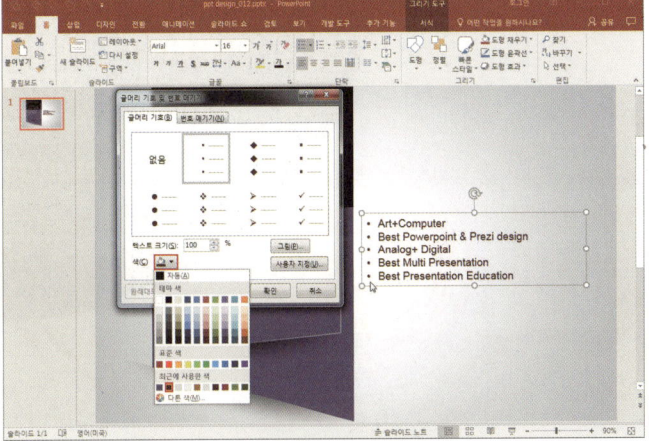

Tip&Tech 본문 텍스트는 메모장에서 작성한 다음 텍스트 박스에 복사하여 붙이는 방식으로 불러들이는 것이 작업하기 편리합니다.

013 모노톤 배경을 활용한 본문 레이아웃

회사 소개서나 제품 설명서에 배경 이미지(사진, 질감, 패턴 등)를 넣는 경우가 종종 있습니다. 배경 이미지는 적절하게 적용해야 짜임새도 생기고 디자인 미감을 살릴 수 있습니다. 잘못하면 오히려 지저분해지거나 가독성을 방해하는 원인이 되기도 합니다. 배경이 너무 강한 경우 명도를 조절하고 색상은 모노톤(단색)으로 변경하는 것이 좋습니다.

cafe.naver.com/artcomptacademy
ARTCOM PT *academy*
아트컴피티 아카데미?

아트컴피티 아카데미(ARTCOM PT acdemy)는 '프레젠터의, 프레젠터에 의한, 프레젠터를 위한' 카페입니다. 아마추어에서 프로에 이르기 까지 부담없이 참여하고 즐길 수 있는 프레젠터를 위한 공간을 만들어 가겠습니다.

- **Art+Computer**
- **Best Powerpoint & Prezi design**
- **Analog+ Digital**
- **Best Multi Presentation**
- **Best Presentation Education**

|난이도| ★★★☆☆ |예제 폴더| Part 02\13 |완성 파일| Part 02\13\완성\ppt design_013.pptx
|과정 파일| Part 02\13\완성\ppt design_013_8단계.pptx
|색상 베리에이션| Part 02\13\완성\ppt design_013_4컬러.pptx
|인터넷으로 보기| http://cafe.naver.com/artcomptacademy/2200

디자인 포인트

이번 예제에서 주목해야 할 디자인은 모노톤 배경의 활용입니다. 배경 이미지가 강한 곳에 텍스트를 배치하면 가독성에 문제가 생기므로 모노톤(무채색 계열)으로 색상을 정리하고 명도를 조절하는 것이 좋습니다. 배경이 밝으면 중심부 텍스트 박스는 어둡게, 배경이 어두우면 중심부 텍스트 박스는 밝게 대비시켜 주어야 시선을 집중시킬 수 있습니다.

4컬러 베리에이션

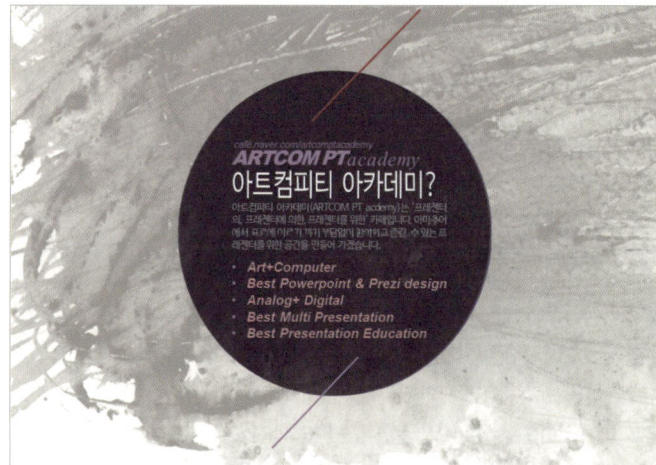

01 슬라이드 배경 만들기

01 슬라이드를 새로 만들기 위해 테마 선택 창에서 [새 프레젠테이션]을 선택합니다.

※ 용지 종류는 [A4 용지], 슬라이드 방향은 [가로]입니다. 용지는 [디자인] 탭–[사용자 지정] 그룹–[슬라이드 크기]–[사용자 지정 슬라이드 크기]에서 설정합니다.

02 [삽입] 탭–[이미지] 그룹–[그림]을 선택하여 배경 이미지 파일을 불러와 슬라이드 크기에 맞춰 크기를 조절합니다.

- Part 02\13\잉크 번짐 배경.jpg

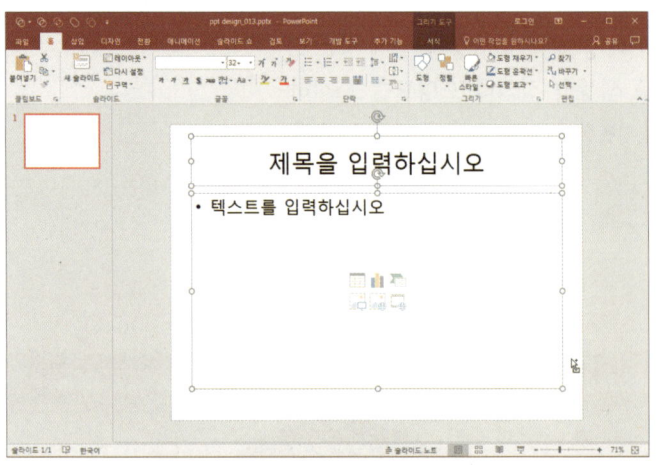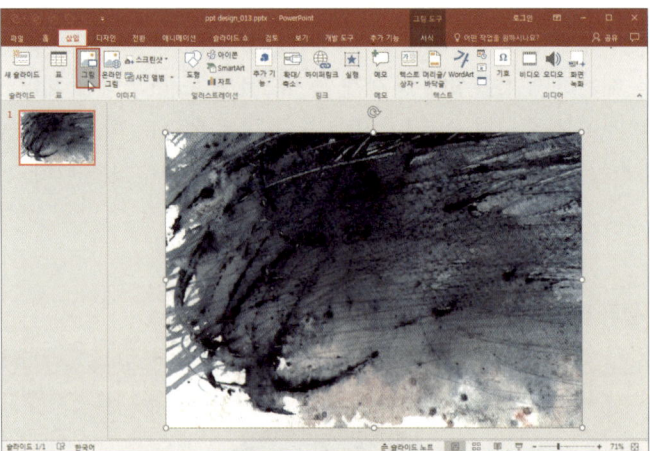

Tip & Tech 잉크 번짐 배경은 종이와 잉크만 있으면 쉽게 만들 수 있습니다. 원하는 배경 이미지를 찾지 못했을 경우 직접 만들어 보는 것도 좋습니다.

02 중심부에 타원 그리고 자르기 선택하기

01 기본 도형에서 타원을 선택하여 중심부에 그려 줍니다.
- [홈] 탭–[그리기] 그룹–[기본 도형]–[타원]
- 높이 : 13.33cm, 너비 : 13.33cm

02 배경 이미지를 더블클릭한 다음 [자르기▼]를 선택합니다. 자르기 중 [도형에 맞춰 자르기]를 클릭한 다음 타원을 선택합니다.
- [서식] 탭–[자르기]–[도형에 맞춰 자르기]–[기본 도형]–[타원]

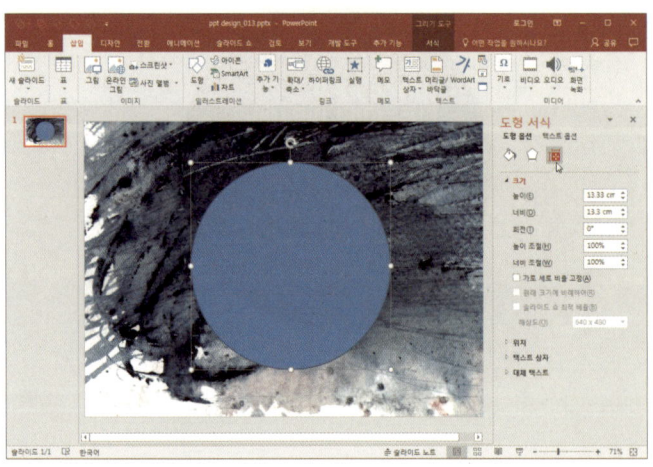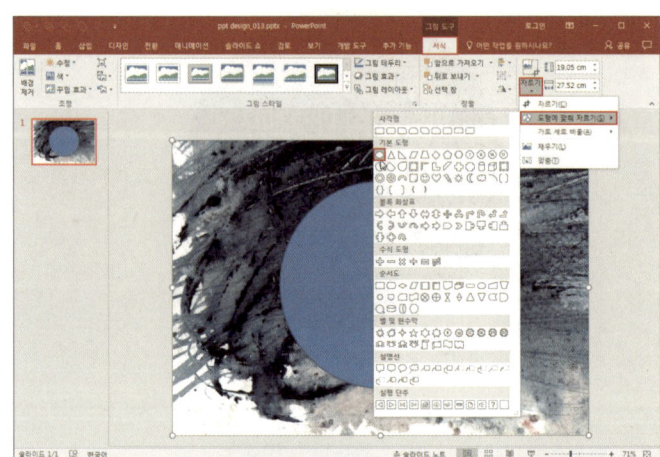

03 타원에 맞춰 배경 이미지 자르기

01 상하좌우 자르기 조절점을 과정 02 타원과 딱 맞게 조절합니다.

02 과정 02 파란색 타원은 제거합니다.

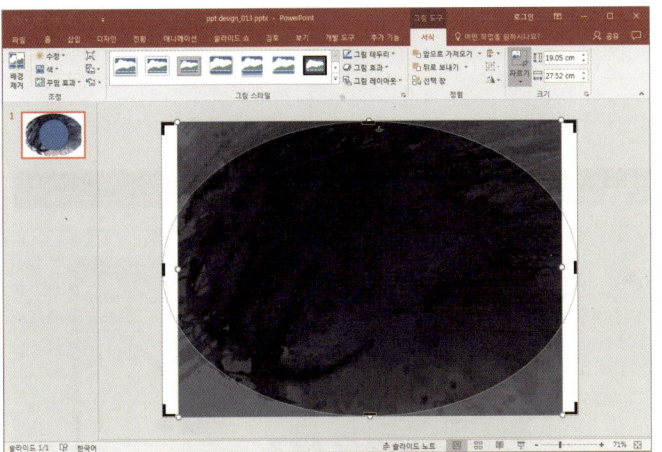 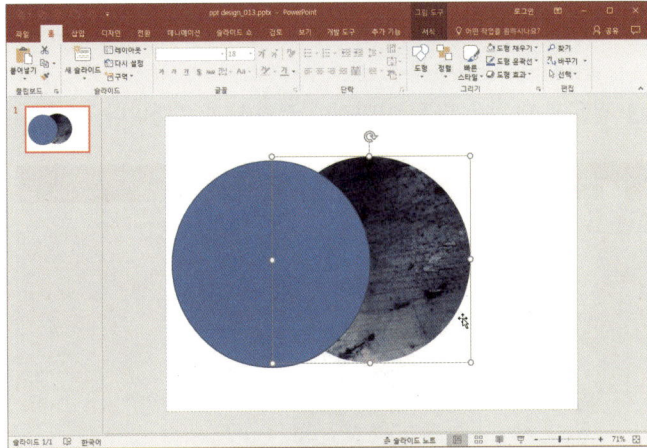

Tip & Tech 과정 02 파란색 타원은 배경 이미지를 과정 03 타원형으로 정확하게 트리밍하기 위한 밑그림입니다. 자르기 방법 외에 [그리기 도구]-[서식] 탭-[도형 삽입] 그룹-[도형 병합]-[교차] 기능을 활용하여도 과정 03의 타원형 이미지를 만들 수 있습니다. 도형 병합으로 타원형 이미지를 만들려면 반드시 배경을 먼저 선택하고 타원을 선택해야 합니다.

04 배경 이미지 불러와 톤 다운하기

01 [삽입] 탭-[이미지] 그룹-[그림]을 선택하여 배경 이미지 파일을 다시 불러와 타원 이미지 뒤쪽에 배치합니다.
- Part 02\13\잉크 번짐 배경.jpg

02 배경 이미지를 밝은 회색으로 톤 다운합니다.
- [서식] 탭-[조정] 그룹-[색]-[다시 칠하기]-[회색-25%, 배경색 2 밝게]

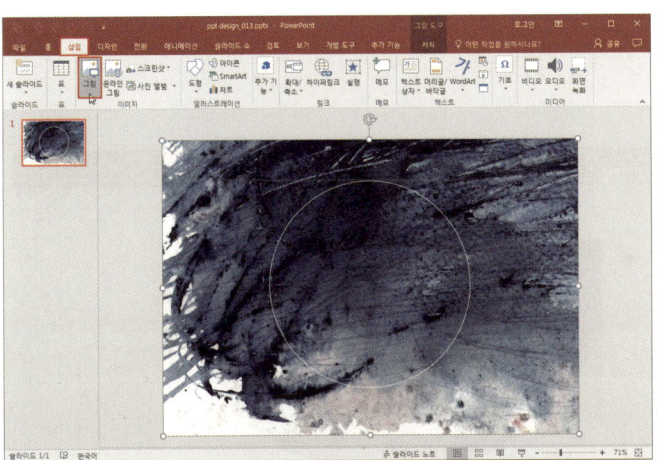 

Tip & Tech 배경 이미지 색상은 [다시 칠하기]를 통해 스무 개의 색상 톤으로 변형할 수 있으며, [기타 변형]을 통해 보다 다채롭게 색상 톤을 바꿀 수 있습니다.

05 투명한 검은색 타원 만들기

01 기본 도형에서 타원을 선택하여 중심부에 그려 줍니다.
- [홈] 탭-[그리기] 그룹-[기본 도형]-[타원]
- 높이 : 13.33cm, 너비 : 13.33cm

02 타원색 검은색을 배색하고 투명도를 '40%'로 설정합니다.
- [홈] 탭-[도형 채우기]-[다른 채우기 색]

03 검은색 타원을 타원 이미지에 정확하게 포갭니다.

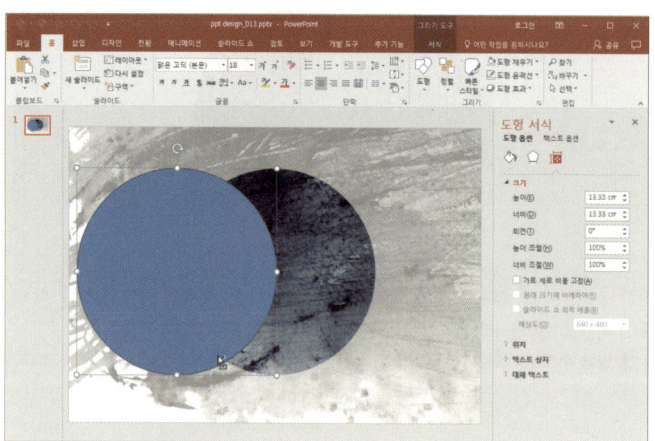 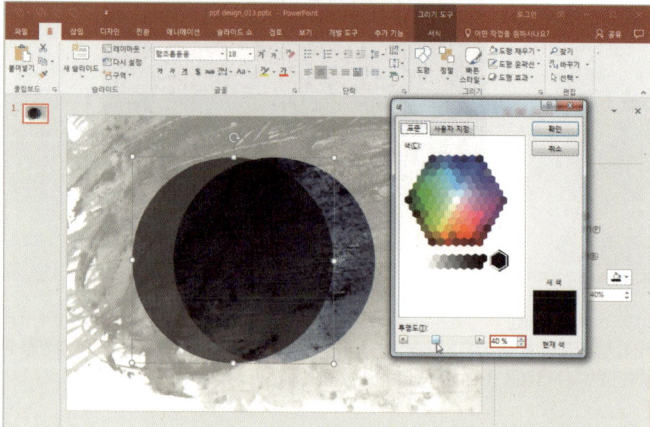

Tip & Tech 투명한 검은색 타원을 만든 이유는 텍스트의 가독성을 높이기 위해서입니다. 타원 이미지의 질감 때문에 텍스트가 배치되면 가독성에 문제가 생길 수 있습니다.
과정 05의 작업이 번거로울 경우 [서식] 탭-[조정] 그룹-[수정]-[밝기/대비]를 통해 타원 이미지의 명도를 조절해도 좋습니다. 과정 05와 결과물이 같지는 않습니다.

06 사선으로 라인 긋기

01 타원 텍스트 박스 윗부분에 빨간색(R243 G77 B20) 라인을 사선 방향으로 그려서 배치합니다.
- 선 길이 : 4.62cm 너비 : 2.25pt

02 타원 텍스트 박스 아랫부분에 황금색(R225 G162 B23) 라인을 사선 방향으로 그려서 배치합니다.
- 선 길이 : 3.72cm 너비 : 2.25pt

 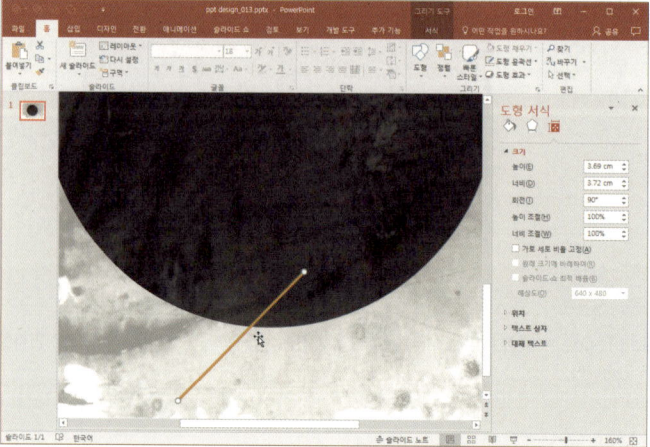

Tip & Tech 단순한 라인이지만 디자인 미감을 살리는 중요한 역할을 합니다. 라인의 길이, 두께, 색상, 각도에 따라 느낌이 각각 다를 수 있습니다.

07 위쪽 로고와 제목 텍스트 디자인하기

01 [삽입] 탭 – [텍스트] 그룹 – [텍스트 상자] – [가로 텍스트 상자]를 통해 텍스트를 각각 입력합니다.
- cafe.naver.com/artcomptacademy : Arial, 11pt, 기울임꼴
- ARTCOM PT : Arial Black, 23pt, 기울임꼴
- academy : Times New Roman, 23pt, 기울임꼴
- 빨간색(R250 G66 B4)

02 제목 텍스트를 입력합니다.
- 아트컴피티 아카데미? : 나눔바른고딕OTF, 23pt, 흰색

03 WordArt 스타일로 변형하기 위해 [서식] 탭 – [WordArt 스타일] – [텍스트 효과] – [변환] – [휘기] – [사각형]을 선택합니다.

04 완성된 제목 텍스트는 URL과 로고 아래쪽에 배치합니다.

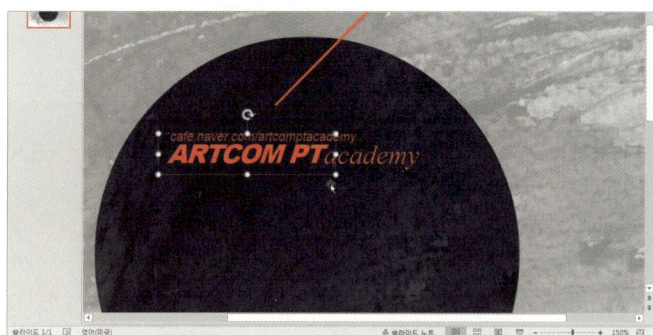 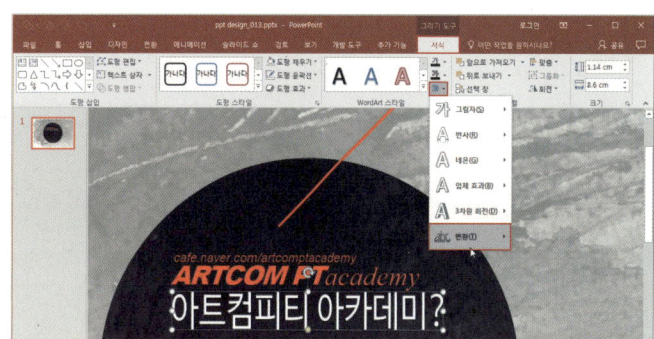

08 아래쪽 본문 텍스트 디자인하기

01 [삽입] 탭 – [텍스트] 그룹 – [텍스트 상자] – [가로 텍스트 상자]를 통해 본문 텍스트를 입력하고 색상은 회색으로 배색합니다.
- 나눔바른고딕, 12pt, 줄 간격 : 1.0, R115 G117 B121

02 텍스트 박스의 크기를 조정하고 [양쪽 맞춤]합니다.
- [홈] 탭 – [단락] 그룹 – [양쪽 맞춤]

03 [삽입] 탭 – [텍스트] 그룹 – [텍스트 상자] – [가로 텍스트 상자]를 통해 영문 텍스트를 입력하고 색상은 황금색으로 배색합니다.
- 나눔바른고딕, 12pt, 글머리 기호 : 속이 찬 둥근 글머리 기호, 줄 간격 : 1.0, R225 G162 B23

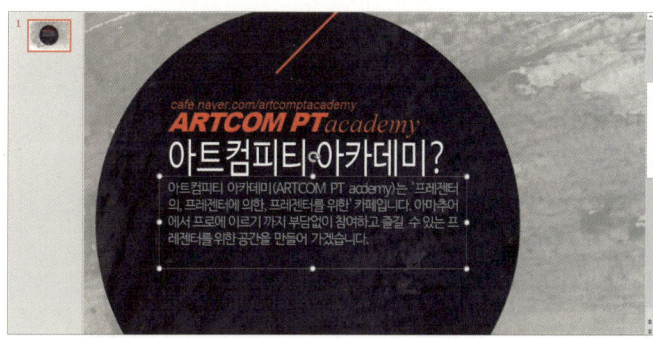 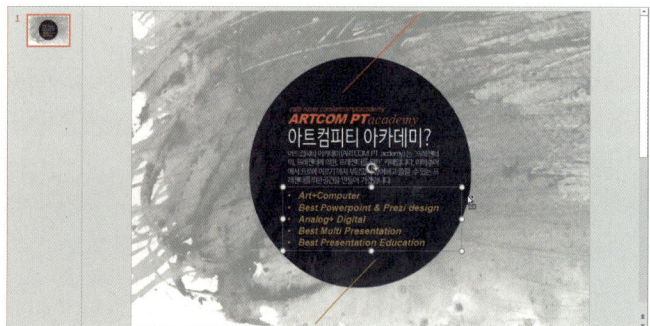

014 회전형 도해가 있는 제안서 디자인

회전형 도해는 보고서나 제안서 디자인에 흔히 사용되는 도해 형식입니다. 꼬리에 꼬리를 물고 이어진다는 내용을 설명할 때 회전형 도해를 주로 활용합니다. 회전형 도해는 만들어진 클립아트를 활용할 수도 있고 직접 만들 수도 있습니다. 만드는 방법도 어렵지 않아 초급자도 쉽게 작업할 수 있는 도해 형식입니다.

|난이도| ★★★☆☆ |예제 폴더| Part 02\14 |완성 파일| Part 02\14\완성\ppt design_014.pptx
|과정 파일| Part 02\14\완성\ppt design_014_8단계.pptx
|색상 베리에이션| Part 02\14\완성\ppt design_014_4컬러.pptx
|인터넷으로 보기| http://cafe.naver.com/artcomptacademy/2087

디자인 포인트

이번 예제에서 주목해야 할 디자인은 회전형 도해의 활용입니다. 회전형 도해는 색상 배색과 텍스트의 흐름, 가독성 등이 중요합니다. 색상은 빨간색 계열, 파란색 계열, 초록색 계열 등 근접색으로 배색하는 것이 좋으며, 텍스트가 타원에 맞춰 둥글게 배열되는 것이 디자인 포인트입니다.

4컬러 베리에이션

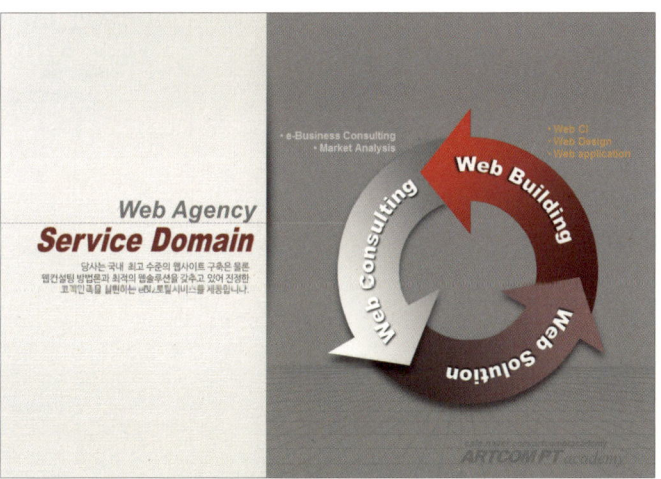
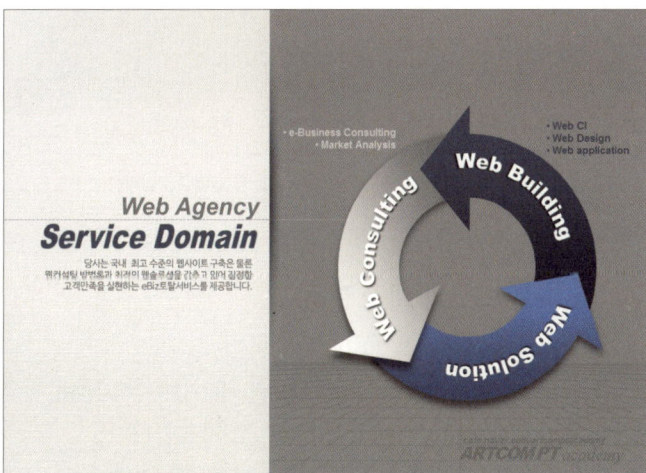
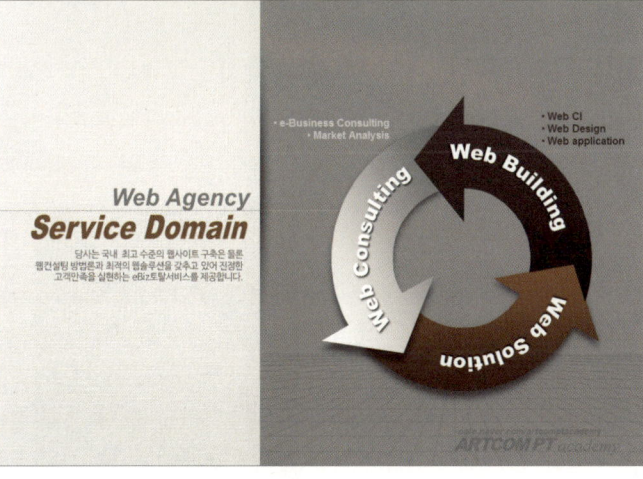
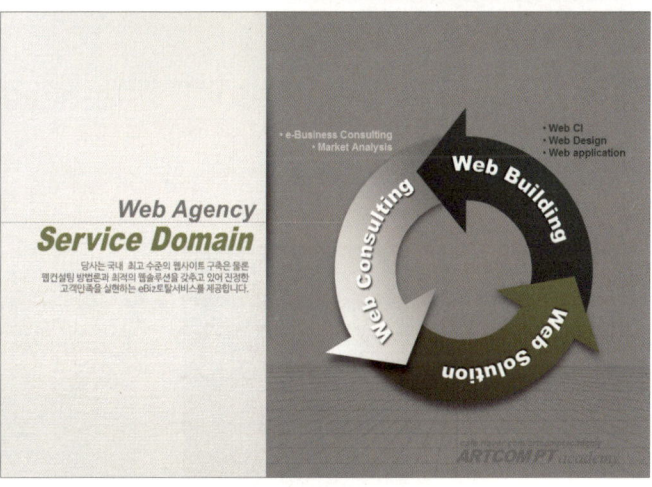

01 슬라이드 배경 만들기

01 슬라이드를 새로 만들기 위해 테마 선택 창에서 [새 프레젠테이션]을 선택합니다.

※ 용지 종류는 [A4 용지], 슬라이드 방향은 [가로]입니다. 용지는 [디자인] 탭-[사용자 지정] 그룹-[슬라이드 크기]-[사용자 지정 슬라이드 크기]에서 설정합니다.

02 [삽입] 탭-[이미지] 그룹-[그림]을 선택하여 배경 이미지 파일을 불러와 슬라이드 크기에 맞춰 크기를 조절합니다.

- Part 02\14\배경.png

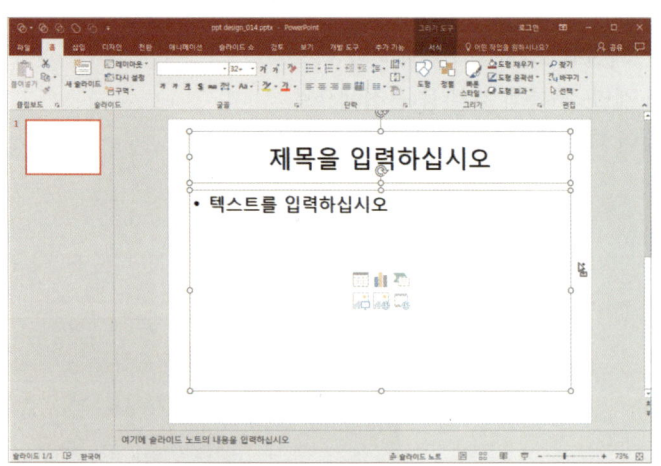
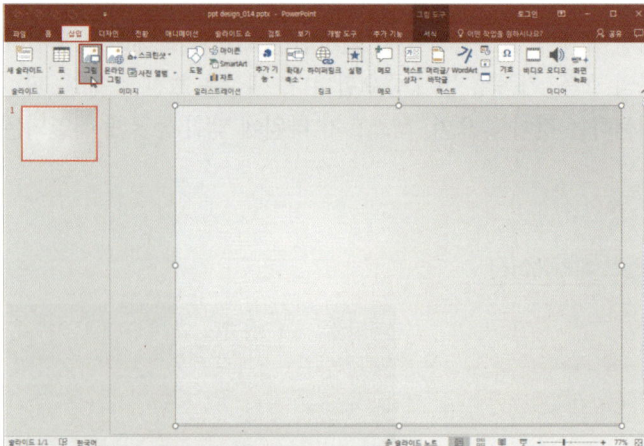

Tip & Tech   [배경 서식]-[그림 또는 질감 채우기]를 통해 배경을 삽입하는 방법도 있습니다.

02 오른쪽에 회색 배경 만들기

01 오른쪽에 직사각형을 그려 줍니다.
- [삽입] 탭-[일러스트레이션] 그룹-[도형]-[사각형]-[직사각형]

02 색상은 회색(R153, G153 B153)으로 지정합니다.

03 [삽입] 탭-[이미지] 그룹-[그림]을 선택하여 잘린 타원 그림자 이미지를 불러와 중심부에 배치합니다.
- Part 02\14\잘린 타원 그림자.png

04 [삽입] 탭-[이미지] 그룹-[그림]을 선택하여 원근망선 이미지를 불러와 회색 배경 아랫부분에 배치합니다.
- Part 02\14\원근망선.png

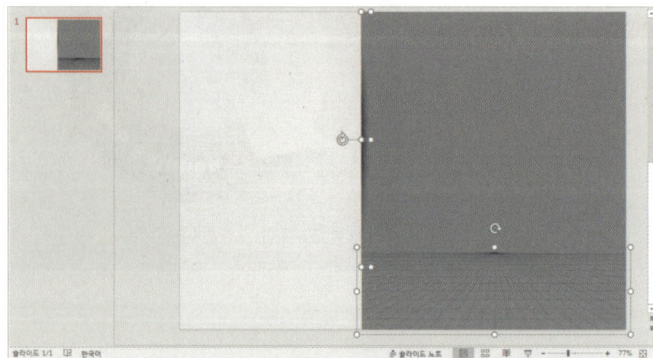

03 3컨셉 회전형 도해 불러오기

01 [삽입] 탭 – [이미지] 탭 – [그림]을 선택하여 3컨셉 회전형 도해 WMF 이미지를 불러옵니다.
  • Part 02\14\3컨셉 회전형 도해.wmf

02 그룹을 두 번 해제(Ctrl + Shift + G)합니다.

03 오른쪽 원근망선에 맞춰 위치를 정하고 맨 앞쪽에 배치합니다.

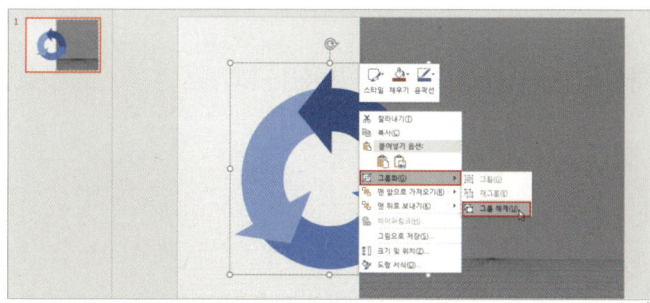 

04 세 개의 원형 화살표에 그라데이션 색상 배색하기

01 세 개의 원형 화살표에 각각 그라데이션 색상을 배색합니다.

  ⓐ 빨간색 그라데이션 효과를 적용합니다.
  • [그라데이션 채우기] 종류 : 선형, 각도 : 225°, 도형과 함께 회전
  • [색상] 중지점 1/2 → 위치 : 0%, 색 : R112 G0 B0, 투명도 : 0%
          중지점 2/2 → 위치 : 100%, 색 : R234 G0 B0, 투명도 : 0%

  ⓑ 회색 그라데이션 효과를 적용합니다.
  • [그라데이션 채우기] 종류 : 선형, 각도 : 135°, 도형과 함께 회전
  • [색상] 중지점 1/2 → 위치 : 0%, 색 : R124 G124 B124, 투명도 : 0%
          중지점 2/2 → 위치 : 100%, 색 : R255 G255 B255, 투명도 : 0%

  ⓒ 빨간색 그라데이션 효과를 적용합니다.
  • [그라데이션 채우기] 종류 : 방사형, 각도 : 135°, 도형과 함께 회전
  • [색상] 중지점 1/2 → 위치 : 0%, 색 : R79 G51 B51, 투명도 : 0%
          중지점 2/2 → 위치 : 100%, 색 : R169 G113 B113, 투명도 : 100%

02 ⓑ와 ⓒ에 그림자 효과를 적용합니다.
  • [도형 서식]–[효과]–[그림자]–[미리 설정]–[바깥쪽]–[오프셋 대각선 왼쪽 아래]
  • 투명도 : 50%, 크기 : 100%, 흐리게 : 11pt, 각도 : 90°, 간격 : 6pt

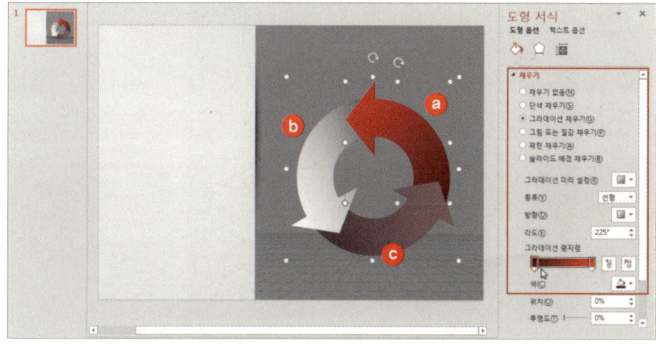 

05 텍스트 둥글게 돌리기

01 기본 도형에서 타원을 선택하여 3컨셉 회전형 도해 중심부에 그려 줍니다.
- [홈] 탭-[그리기] 그룹-[기본 도형]-[타원], [서식] 탭-[도형 스타일] 그룹-[도형 채우기]-[채우기 없음]
- 높이 : 7.97cm, 너비 : 7.97cm

02 [삽입] 탭-[텍스트] 그룹-[텍스트 상자]-[가로 텍스트 상자]를 통해 텍스트를 입력하고 흰색을 배색합니다.
- Web Building : Arial Black, 24pt, 텍스트 그림자

03 WordArt 스타일로 변형하기 위해 [서식] 탭-[WordArt 스타일] 그룹-[텍스트 효과]-[변환]-[모양]-[위쪽 원호]를 선택합니다.

04 원호 WordArt를 01에서 만든 타원라인에 맞춥니다.

05 완성된 원호 WordArt를 회전시켜 빨간색 화살표에 맞춥니다.
- 83°

06 두 개의 텍스트 둥글게 돌리기

01 과정 05에서 완성한 'Web Building' 원호 WordArt를 복제(Ctrl+D)합니다.

02 복제한 텍스트를 회색 화살표쪽으로 돌린 후 텍스트를 'Web Consulting'으로 변경합니다.
- 319°

03 아랫부분 산호색 화살표쪽의 'Web Solution'도 동일한 방법으로 텍스트를 변경하고 각도를 돌립니다.
- 201°

04 과정 05 01에서 만든 타원라인을 삭제합니다.

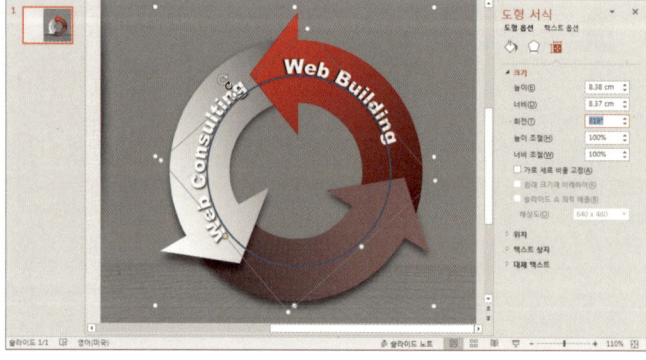
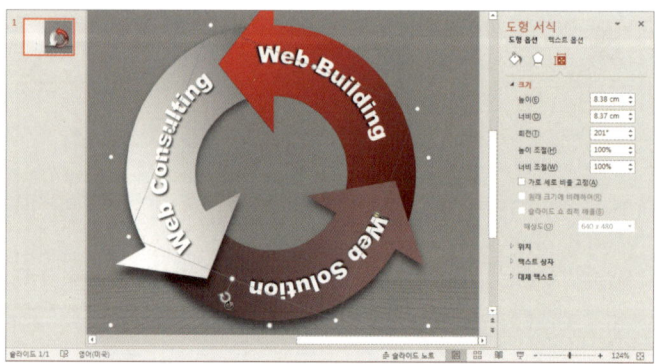

07 왼쪽 텍스트 편집하기

01 [삽입] 탭 – [텍스트] 그룹 – [텍스트 상자] – [가로 텍스트 상자]를 통해 영문 텍스트를 입력합니다.
- Web Agency : Arial, 28pt, 굵게, 기울임꼴 : 회색(R127 G127 B127)
- Service Domain : Arial Black, 28pt, 기울임꼴 : 진한 빨강(R165 G0 B33)

02 'Service Domain'을 WordArt 스타일로 변형하고 크기를 조절합니다.
- [서식] 탭 – [WordArt 스타일] 그룹 – [텍스트 효과] – [변환] – [휘기] – [사각형]

03 [삽입] 탭 – [텍스트] 그룹 – [텍스트 상자] – [가로 텍스트 상자]를 통해 한글 본문 텍스트를 입력하고 색상은 회색으로 배색합니다.
- 나눔바른고딕, 11pt, 줄 간격 : 1.0, 회색(R127 G127 B127), 오른쪽 맞춤

Tip & Tech 텍스트를 편집할 때 폰트의 종류, 크기, 색상 등에서 변화를 주는 것이 좋습니다. 큰 것과 작은 것, 진한 것과 흐린 것을 대비시키고 변화를 주는 것이 편집 디자인을 할 때 중요합니다.

08 보조 텍스트 편집하기

[삽입] 탭 – [텍스트 상자] – [가로 텍스트 상자]를 통해 영문 텍스트를 입력합니다.
- Business... : Arial, 12pt, 굵게 : 밝은 회색(R199 G199 B199), 글머리 기호 : 속이 찬 둥근 글머리 기호, 맞춤 : 오른쪽 맞춤
- Web Cl... : Arial, 28pt, 기울임꼴 : 황금색(R238 G180 B73), 글머리 기호 : 속이 찬 둥근 글머리 기호, 맞춤 : 왼쪽 맞춤

 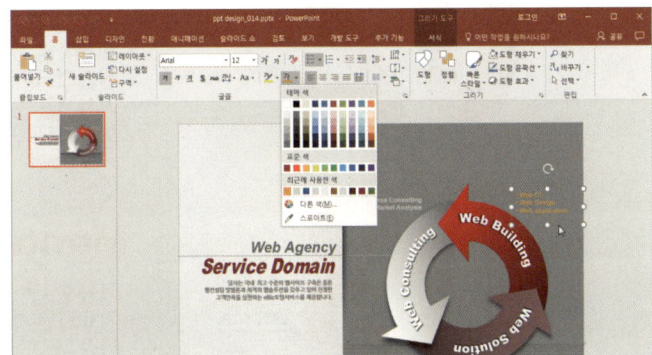

Tip & Tech 일반적으로 텍스트는 [왼쪽 맞춤]이 기본이지만 [오른쪽 맞춤], [가운데 맞춤], [양쪽 맞춤] 등을 디자인 흐름에 맞춰 적절하게 적용해야 합니다.

015 숫자를 활용한 제안서 본문 디자인

보고서나 제안서를 작성할 때 숫자가 많이 쓰입니다. 순서나 항목을 구분 지을 때 숫자를 적용하면 바로 이해할 수 있기 때문입니다. 숫자는 워드아트나 캘리그래피 형식으로 표현하면 한층 장식적이면서 디자인 미감을 살릴 수 있습니다. 텍스트가 많은 제안서나 보고서에 특별히 적용할 만한 사진이나 클립아트가 없을 때 숫자를 활용하여 디자인하면 매우 효과적입니다.

|난이도| ★★★☆☆ |예제 폴더| Part 02\15 |완성 파일| Part 02\15\완성\ppt design_015.pptx
|과정 파일| Part 02\15\완성\ppt design_015_8단계.pptx
|색상 베리에이션| Part 02\15\완성\ppt design_015_4컬러.pptx
|인터넷으로 보기| http://cafe.naver.com/artcomptacademy/2216

디자인 포인트

이번 예제에서 주목해야 할 디자인은 숫자를 활용한 디자인입니다. 숫자들은 원하는 형식으로 조각을 내어 각각 색상을 배색하는 것이 포인트입니다. 파워포인트 2013, 2016에서는 숫자를 조각내거나 변형하기 위해 [도형 병합]의 [조각] 기능을 활용하면 됩니다. 파워포인트 2007, 2010은 숫자를 PNG 파일로 저장한 다음 불러와 [자르기] 기능을 이용하여 대각선 방향으로 자르고 색상을 변경하면 됩니다. 번거로운 과정을 거치지만 결과물은 비슷합니다.

4컬러 베리에이션

01 숫자를 워드아트로 변형시키고 크기 조절하기

01 슬라이드를 새로 만들기 위해 테마 선택 창에서 [새 프레젠테이션]을 선택합니다.
   ※ 용지 종류는 [A4 용지], 슬라이드 방향은 [가로]입니다. 용지는 [디자인] 탭-[사용자 지정] 그룹-[슬라이드 크기]-[사용자 지정 슬라이드 크기]에서 설정합니다.

02 숫자를 각각 입력합니다.
   - 01, 02, 03 : Arial Black, 80pt, 검은색

03 WordArt 스타일로 변형하기 위해 [서식] 탭-[WordArt 스타일] 도구-[텍스트 효과]-[변환]-[휘기]-[사각형]을 선택합니다.

04 숫자 크기를 조절합니다.
   - 높이 : 3.26cm, 너비 : 3.84cm

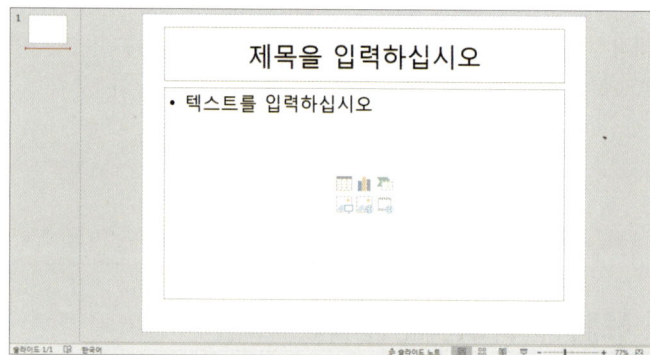 

02 숫자 도형 병합하기

01 직사각형 박스를 그립니다.
   - 높이 : 2.53cm, 너비 : 9.28cm

02 직사각형을 회전합니다.
   - 각도 : 325°

03 회전한 직사각형을 두 개 복제(Ctrl+D)하고 숫자 뒤쪽에 배치합니다.
   - 마우스 오른쪽 버튼 클릭-[맨 뒤로 보내기]

04 세 개의 직사각형을 먼저 선택하고 세 개의 숫자를 선택한 다음 [서식] 탭-[도형 삽입] 그룹-[도형 병합]-[조각]을 클릭합니다.

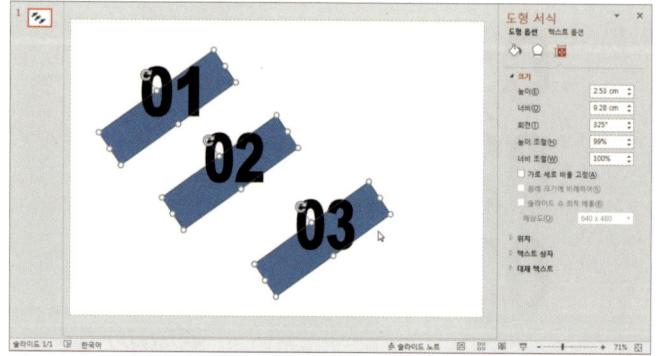 

Tip & Tech [도형 병합]-[조각] 기능은 텍스트를 조각내어 색다른 느낌으로 디자인할 때 매우 유용한 기능입니다.

03 불필요한 부분을 삭제하고 색상 배색하기

01 만들어진 불필요한 부분을 모두 삭제합니다. 채워진 구멍 부분뿐만 아니라 숫자 아랫부분의 조각을 제거합니다.

02 숫자 세 개를 세로 방향으로 정렬시킵니다.

03 숫자에 진한 빨간색(R180 G0 B30)과 주황색(R247 G148 B29)을 배색합니다.

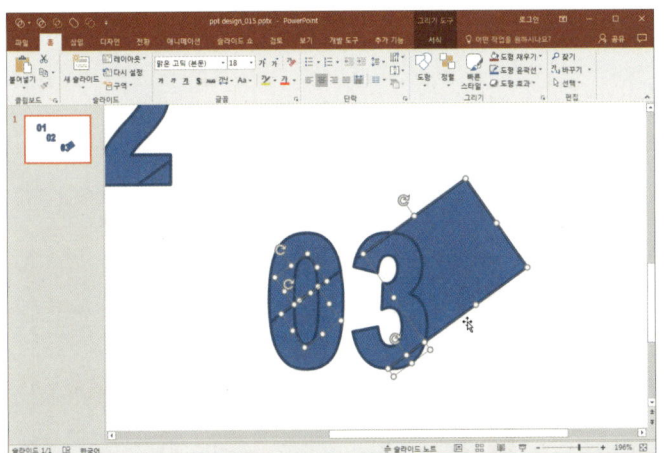
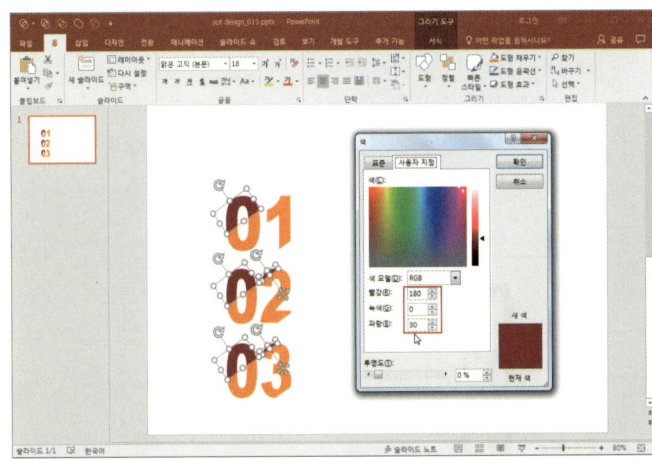

Tip & Tech '0'의 구멍 부분은 [조각] 기능을 적용하면 도형으로 채워지기 때문에 제거합니다.

04 사선 그림자를 불러와 배치하기

01 [삽입] 탭 – [이미지] 그룹 [그림]을 선택하여 사선 그림자를 불러옵니다.
   • Part 02\15\사선 그림자.png

02 사선 그림자를 '01' 숫자 아랫부분 잘려진 부분에 정확하게 맞춰 배치하고 [맨 앞으로 가져오기]를 합니다.

03 사선 그림자를 복제(Ctrl+D)하여 '02', '03' 숫자 아랫부분에 배치합니다.

04 사선 그림자를 모두 선택하여 [맨 앞으로 가져오기]를 합니다.

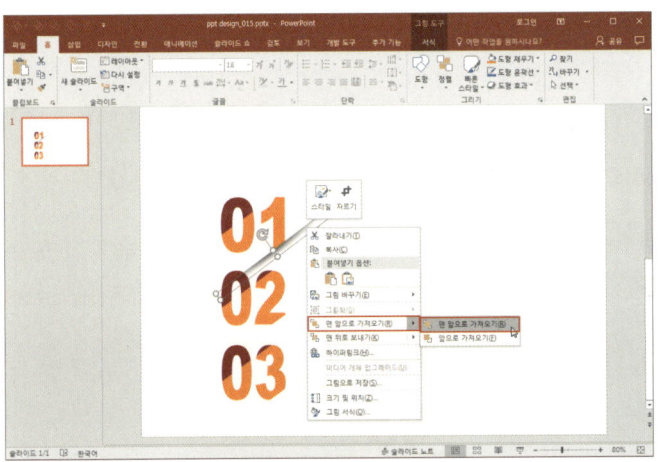
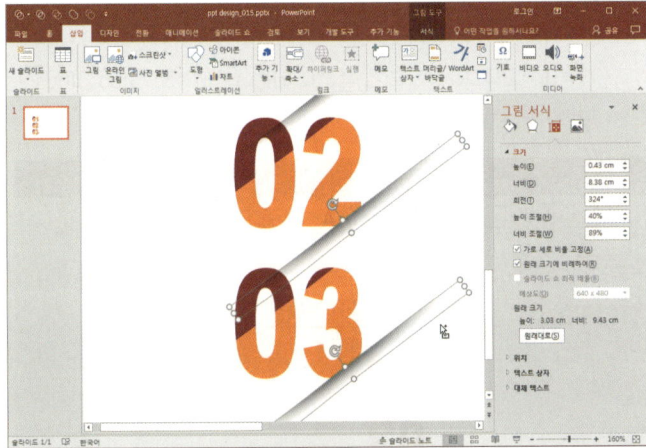

Tip & Tech 사선 그림자를 배치할 때 조금이라도 어긋나면 완성도가 떨어지기 때문에 정확하게 배치해야 합니다. 이미지나 개체를 미세하게 이동할 때는 Ctrl 키를 누른 상태에서 방향키를 누르면 됩니다. 슬라이드 창도 150% 이상 확대하여 보면 더욱 정교하게 작업할 수 있습니다.

05 윗부분에 타이틀 바(선) 만들기

01 윗부분에 타이틀 바를 만들기 위해 선을 그어 줍니다.
- [삽입] 탭-[일러스트레이션] 그룹-[도형]-[선]
- 너비 : 3pt

02 선에 그라데이션 색상을 적용합니다.
- [도형 서식]-[채우기]-[선]-[그라데이션 선]
- [그라데이션 선] 선형, 각도 : 357°, 투명도 : 0%
- [색상] 중지점 1/3 → 위치 : 0%, 색 : R180 G0 B30
  중지점 2/3 → 위치 : 50%, 색 : R253 G122 B21
  중지점 3/3 → 위치 : 100%, 색 : R204 G204 B204, 밝기 : -20%

06 타이틀과 서브 텍스트 편집하기

01 [삽입] 탭-[텍스트] 그룹-[텍스트 상자]-[가로 텍스트 상자]를 통해 타이틀을 입력하고 색상을 배색합니다.
- 아트컴피티아카데미 프레젠테이션 전문가과정 : 나눔고딕 ExtraBold, 18pt, 굵게, 진한 빨강(R180 G0 B30)

02 타이틀을 WordArt 스타일로 변형시킨 후 크기를 조절합니다.
- [서식] 탭-[WordArt 스타일] 그룹-[텍스트 효과]-[변환]-[휘기]-[사각형]
- 높이 : 1.48cm, 너비 : 13.46cm

03 [삽입] 탭-[텍스트] 그룹-[텍스트 상자]-[가로 텍스트 상자]를 통해 서브 텍스트를 입력하고 편집합니다.
- 나눔바른고딕, 10.5pt, 줄 간격 : 1.0, 밝은 회색(R166 G166 B166)
- 나눔바른고딕, 12pt, 줄 간격 : 1.0, 회색(R153 G153 B153)

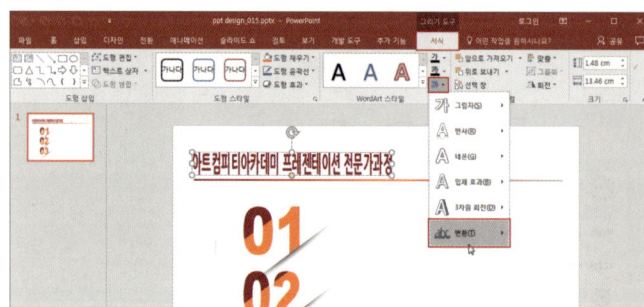 

Tip & Tech 메인 타이틀과 서브 텍스트는 분명하게 구분하는 것이 좋습니다. 초급자는 이것도 중요하고, 저것도 중요하다고 생각하여 모두 부각시키는 경향이 강한데 이렇게 되면 정작 중요한 메인 타이틀까지 시인성을 잃게 됩니다.

07 본문 타이틀을 배치하고 점선 그리기

01 [삽입] 탭 - [텍스트] 그룹 - [텍스트 상자] - [가로 텍스트 상자]를 통해 영문 텍스트를 입력합니다.
- Professional System : Arial, 12pt, 굵게, 주황(R247 G148 B29)

02 'Professional system'을 WordArt 스타일로 변형하고 크기를 조절합니다.
- [서식] 탭 - [WordArt 스타일] 그룹 - [텍스트 효과] - [변환] - [휘기] - [사각형]
- 높이 : 0.66cm, 너비 : 7.09cm

03 과정 02에서 완성된 '본문 타이틀'을 복제(Ctrl+D)하여 아래쪽으로 배치하고 타이틀 내용을 교체합니다.

04 본문 타이틀 아래에 둥근 점선을 그려서 배치합니다.
- [서식] 탭 - [도형 스타일] 그룹 - [도형 윤곽선] - [대시] - [둥근 점선]
- 두께 : 1pt, 길이 : 12.05cm

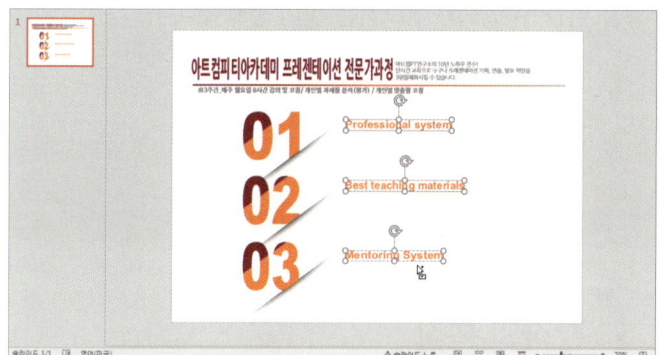
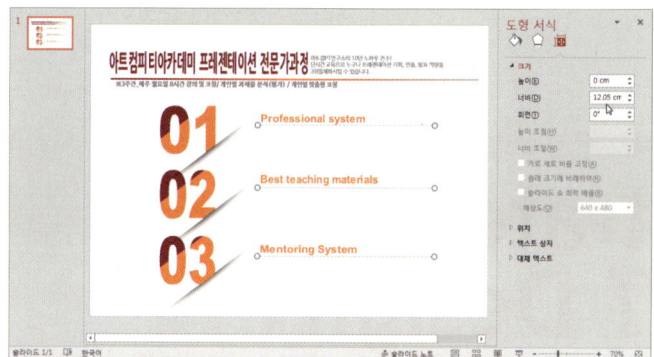

Tip & Tech 점선 중에는 둥근 점선, 사각 점선, 파선 등이 있는데 비슷해 보이지만 실제로 적용해 보면 느낌이 다르다는 것을 알 수 있습니다. 분위기나 용도에 맞게 점선을 선택할 수 있는 안목이 디자인 감각입니다.

08 본문 텍스트 입력하고 편집하기

01 [삽입] 탭 - [텍스트 상자] - [가로 텍스트 상자]를 통해 본문을 입력하고 색상을 배색합니다.
- 나눔바른고딕OTF, 11pt, 회색(R127 G127 B127)

02 글머리 기호를 적용합니다.
- [홈] 탭 - [단락] 그룹 - [글머리 기호] - [속이 찬 둥근 글머리 기호]

03 완성된 본문 텍스트를 복제(Ctrl+D)하고 내용을 변경하여 각각 배치합니다.

04 로고는 오른쪽 아랫부분에 배치합니다.

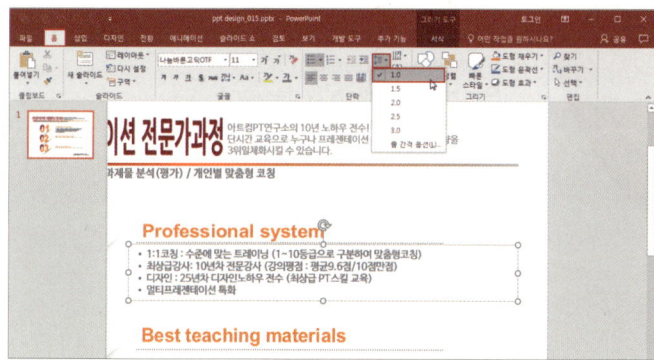
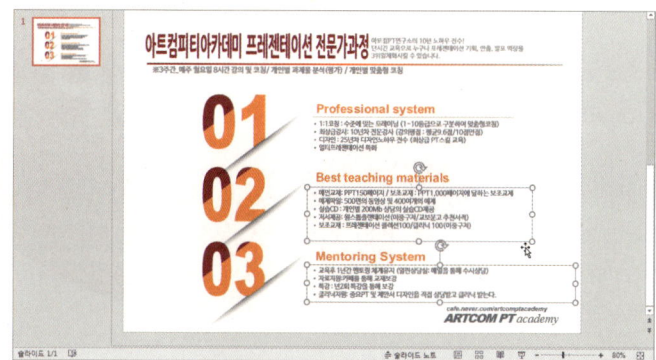

016 타원 텍스트 박스를 활용한 디자인

보고서나 제안서를 작성할 때 핵심 키워드를 부각시켜 표현해야 하는 경우가 있습니다. 그런 경우 키워드를 워드아트 형식으로 전개하거나 텍스트 박스를 크게 부각하는 방법이 있습니다. 텍스트 박스를 부각할 경우 형태는 기본 도형인 타원이나 사각형, 육각형 등이 좋습니다. 주어진 텍스트 박스를 어떻게 표현하느냐에 따라 시인성이나 디자인 미감이 달라질 수 있습니다. 시선의 흐름은 텍스트 박스에서 출발하여 주변 텍스트를 읽을 수 있도록 유도하는 것이 중요합니다.

Strategy+
PT Design+
Presentation Skill

강좌의 특징
- 최적의 이론교재 : 1,000페이지 달하는 이론과 사례분석
- 최상급PPT디자인 : 실무중심/최고 퀄리티 지향
- 개인별 코칭 : 다년간의 노하우로 최적의 성과창출
- SW : PPT2007(2010병행)
- 교재 : 이론 및 실습 교재 (100MB CD자료 제공)

전략 프레젠테이션 Skill UP

ARTCOM PT
Best PT Design & Multi Presentation

Powerpoint design
Prezi animation & designs
Typography
Calligraphy
Multi Presentation
Best PT Contens

|난이도| ★★★☆☆ |예제 폴더| Part 02\16 |완성 파일| Part 02\16\완성\ppt design_016.pptx
|과정 파일| Part 02\16\완성\ppt design_016_8단계.pptx
|색상 베리에이션| Part 02\16\완성\ppt design_016_4컬러.pptx
|인터넷으로 보기| http://cafe.naver.com/artcomptacademy/2166

디자인 포인트

이번 예제에서 주목해야 할 디자인은 타원형 텍스트 박스입니다. 큰 타원과 50pt 크기의 텍스트를 배치하는 것으로는 밋밋해 보일 수 있습니다. 이런 경우 단색보다는 [패턴 채우기]를 하거나 텍스트을 보조하는 흰색 라인을 긋고, 텍스트 일부를 변형하는 등의 표현으로 테크니컬한 느낌을 살리는 것이 좋습니다.

4컬러 베리에이션

01 윗부분 텍스트 디자인하기

01 슬라이드를 새로 만들기 위해 테마 선택 창에서 [새 프레젠테이션]을 선택합니다.

※ 용지 종류는 [A4 용지], 슬라이드 방향은 [가로]입니다. 용지는 [디자인] 탭-[사용자 지정] 그룹-[슬라이드 크기]-[사용자 지정 슬라이드 크기]에서 설정합니다.

02 [삽입] 탭-[텍스트] 그룹-[텍스트 상자]-[가로 텍스트 상자]를 통해 타이틀을 입력하고 색상을 배색합니다.

- Strategy+PT Design... : 나눔고딕OTF ExtraBold, 43pt, 빨강(R255 G97 B60)

03 텍스트를 왼쪽으로 정렬합니다.

- [홈] 탭-[단락] 그룹-[왼쪽 맞춤]

04 줄 간격을 설정합니다.

- [홈] 탭-[단락] 그룹-[줄 간격]-[줄 간격 옵션]-[간격]-[줄 간격]-[배수] : 0.8

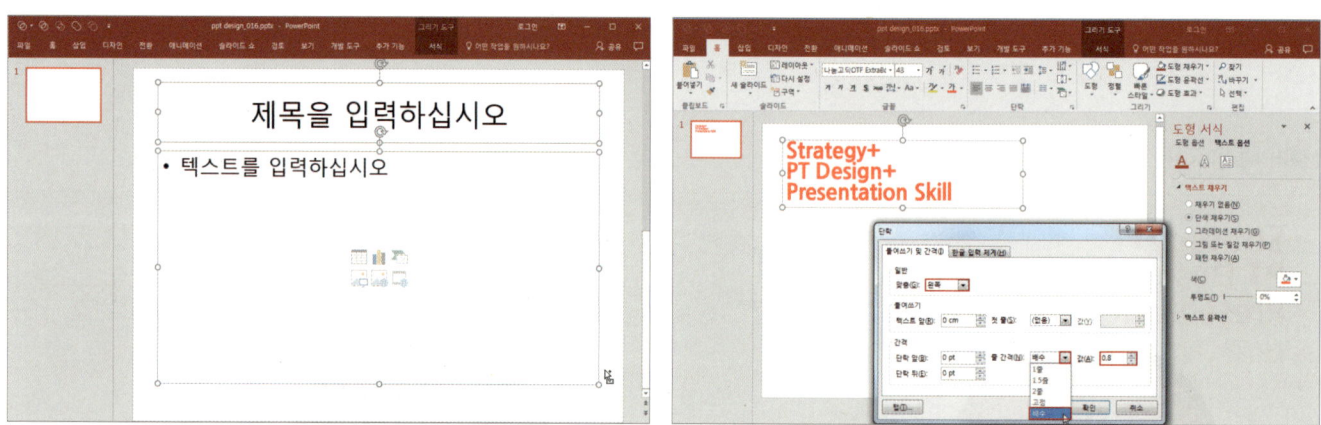

Tip & Tech 줄 간격(행간)은 대부분 '1.0'에 맞추면 좋으나 폰트의 종류와 크기에 따라 줄 간격을 좁혀 주어야 짜임새가 있습니다. 줄 간격은 [고정]과 [배수] 기능으로 정교하게 조절할 수 있습니다.

02 타원형 텍스트 박스 만들기

01 중심부에 타원형을 그립니다.

- [삽입] 탭-[일러스트레이션] 그룹-[도형]-[기본 도형]-[타원]
- 높이 : 11.84cm, 너비 : 11.84cm

02 타원의 윤곽선을 제거합니다.

- [서식] 탭-[도형 스타일] 그룹-[도형 윤곽선]-[윤곽선 없음]

03 타원에 안쪽 그림자를 적용하기 위해 [도형 서식]-[효과]-[그림자]를 클릭합니다.

- [미리 설정]-[안쪽]-[안쪽 대각선 : 왼쪽 위]
- 투명도 : 50%, 흐리게 : 10pt, 각도 : 225°, 간격 : 10pt

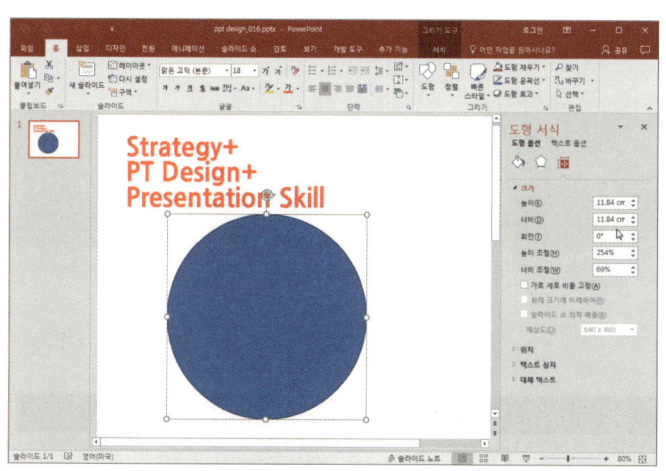
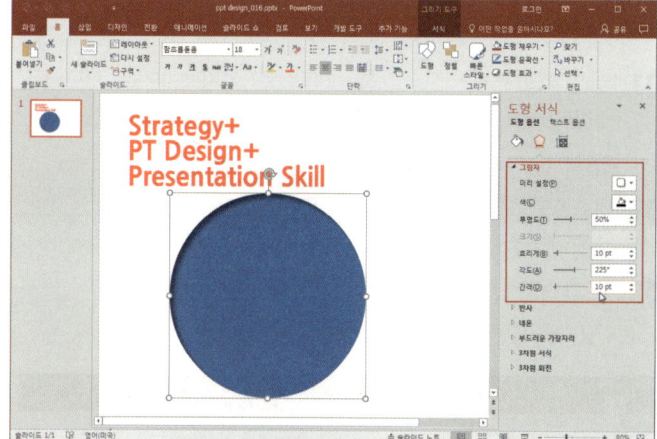

Tip & Tech 그림자를 보다 사실적으로 표현하기 위해서는 그림자 기능 중 흐리게와 각도, 간격을 적절하게 조절해야 합니다.

03 타원형 텍스트 박스에 패턴 채우기

01 타원형 텍스트 박스에 대각선 줄무늬 패턴을 넣습니다.
- [도형 서식]-[채우기 및 선]-[패턴 채우기]-[패턴]-[넓은 상향 대각선]

02 전경색(R223 G9 B69)을 지정합니다.

03 배경색(R226 G39 B95)을 지정합니다.

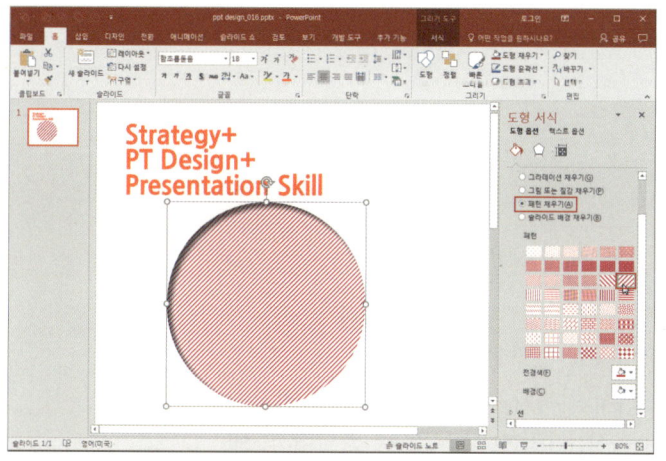
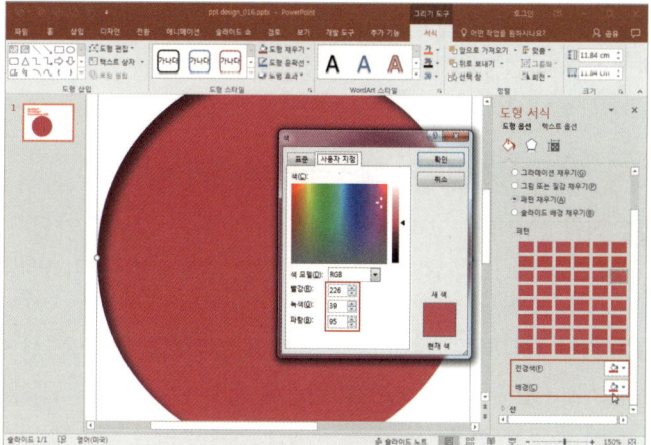

Tip & Tech 배경색은 전경색을 그대로 배색하고 명도를 조금 밝게 하거나 어둡게 하면 쉽게 만들 수 있습니다.

04 타원 텍스트 박스에 키워드 입력하기

01 [삽입] 탭-[텍스트] 그룹-[텍스트 상자]-[가로 텍스트 상자]를 통해 타이틀을 입력하고 색상을 배색합니다.
- 전략 프레젠테이션... : 나눔바른고딕OTF, 51pt, 흰색(R255 G255 B255), 굵게

02 텍스트를 가운데 맞춤으로 정렬합니다.
- [홈] 탭-[단락] 그룹-[가운데 맞춤]

03 줄 간격을 설정합니다.
- [홈] 탭-[단락] 그룹-[줄 간격] : 1.0

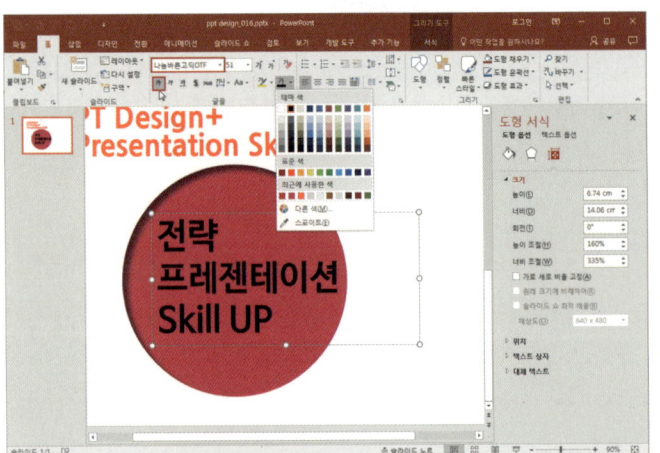 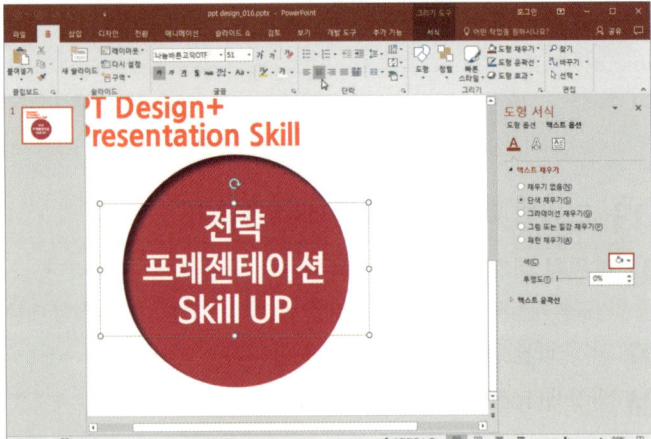

Tip & Tech 나눔바른고딕OTF는 본문뿐만 아니라 타이틀로 활용해도 좋습니다. 나눔글꼴은 무료 폰트이며 네이버에서 제공하는 글꼴입니다. 인터넷에서 [나눔 글꼴]이라 검색하면 쉽게 다운로드하여 설치할 수 있습니다.

05 직각 삼각형으로 텍스트 일부 가리기

01 직각 삼각형을 그려 90° 회전한 다음 '전'자 일부를 가립니다.
- [삽입] 탭-[일러스트레이션] 그룹-[도형]-[기본 도형]-[직각 삼각형]
- 높이 : 2.16cm, 너비 : 2.16cm

02 '직각 삼각형'을 복제(Ctrl+D)하고 270° 회전한 다음 '션'자 아랫부분 일부를 가립니다.

03 과정 03에서 타원 텍스트 박스에 있는 대각선 줄무늬 패턴을 [서식 복사]하여 두 개의 직각 삼각형에 붙여넣습니다.(완성된 개체를 선택한 다음 [홈] 탭-[서식 복사] 아이콘(붓 모양)을 클릭하고, 대상 개체에 '붓 모양'의 커서를 클릭하면 서식 복사됩니다.)

04 두 개의 직각 삼각형을 선택한 다음 [서식 복사]된 안쪽 그림자를 제거합니다.
- [서식] 탭-[도형 스타일] 그룹-[도형 효과]-[그림자]-[그림자 없음]

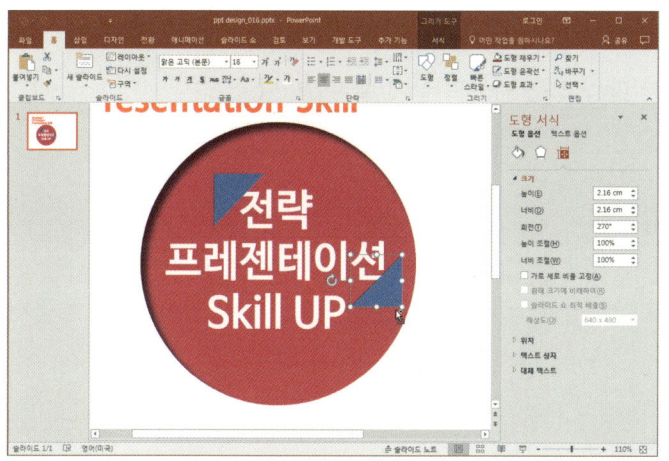 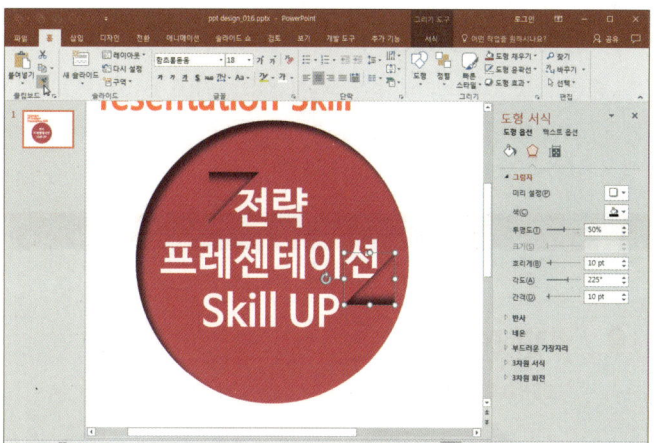

Tip & Tech 단축키로 [서식 복사]를 할 때는 완성된 개체를 클릭한 다음 Ctrl+Shift+C 키를 동시에 누르고 대상 개체에 Ctrl+Shift+V 키를 눌러 붙여넣으면 됩니다.

06 가로와 대각선으로 흰색 라인 긋기

01 '프레젠테이션'에 위아랫부분에 두 줄의 흰색라인을 긋습니다.
- [도형 서식]-[채우기 및 선]-[선]-[실선]
- 두께 : 1p, 길이 : 11.69cm, 투명도 : 70%

02 잘려진 텍스트의 각도에 맞춰 대각선으로 흰색 라인 두 개를 그려서 배치합니다.
- 너비 : 1pt, 투명도 : 50%, 각도 : 180°
- 왼쪽 위 선 길이 : 7.74cm, 오른쪽 아래 선 길이 : 6.97cm

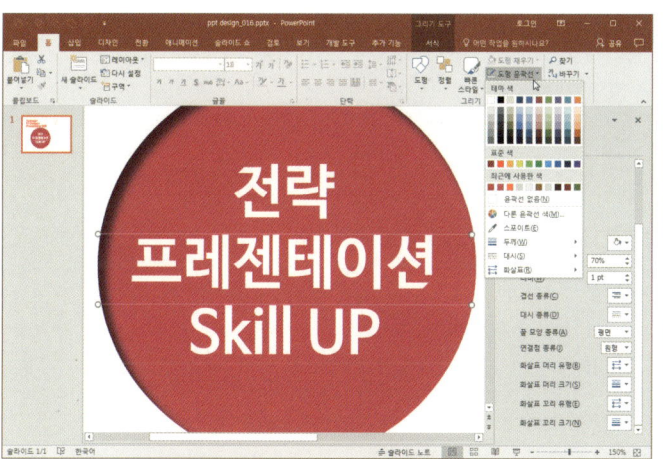 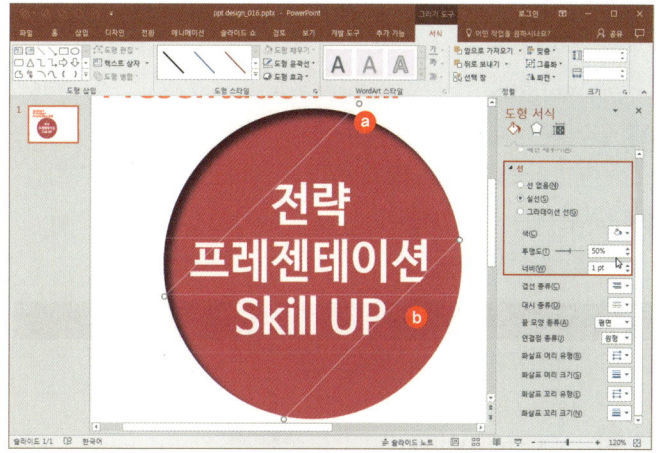

Tip & Tech 흰색 라인이 강하면 텍스트의 가독성에 문제가 생기므로 라인에 투명도를 적용하는 것이 좋습니다.

07 중괄호 도형 활용하기

중괄호를 그리고 색상을 회색(R191 G191 B191)으로 지정한 다음 영문 텍스트 끝에 배치합니다.

- [삽입] 탭 – [일러스트레이션] 그룹 – [도형] – [기본 도형] – [왼쪽 중괄호]
- 높이 : 4.29cm, 너비 : 1.14cm

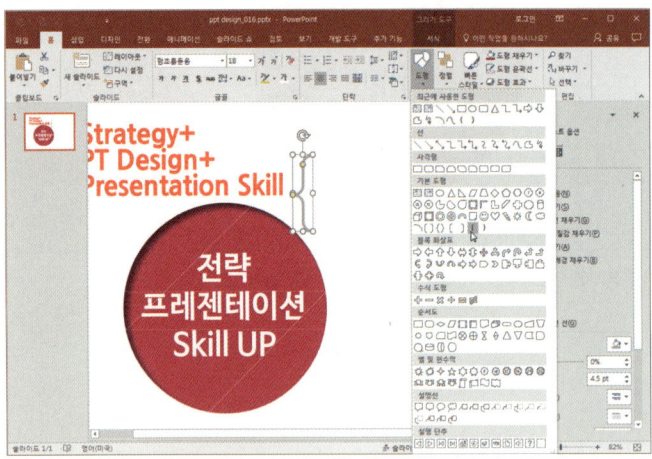

08 윗부분 서브 텍스트 편집하기

01 [삽입] 탭 – [텍스트] 그룹 – [텍스트 상자] – [가로 텍스트 상자]를 통해 강좌의 특징을 입력하고 색상을 배색합니다.

- 나눔바른고딕OTF, 18pt, 글꼴 색 : 빨강(R223 G9 B69)

02 [삽입] 탭 – [텍스트] 그룹 – [텍스트 상자] – [가로 텍스트 상자]를 통해 서브 텍스트 입력하고 색상을 지정합니다.

- 나눔바른고딕, 12pt, 굵게, : 회색(R127 G127 B127)

03 글머리 기호를 적용합니다.

- [홈] 탭 – [단락] 그룹 – [글머리 기호] – [속이 찬 둥근 글머리 기호]

04 줄 간격을 설정합니다.

- [홈] 탭 – [단락] 그룹 – [줄 간격 옵션] – [줄 간격] – [배수] : 1.1

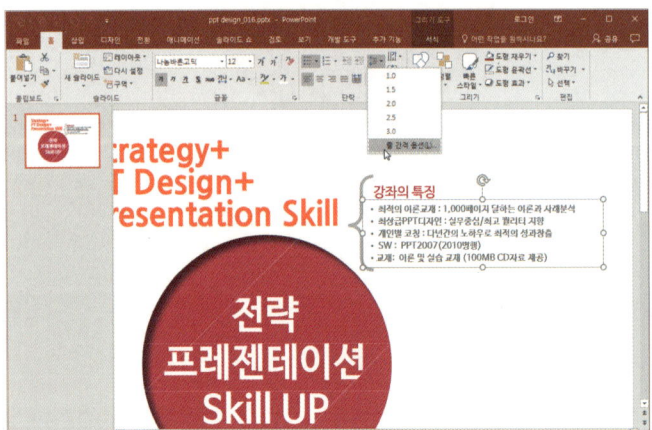

Tip & Tech 줄 간격(행간)을 정밀하게 조절하려면 [홈] 탭 – [단락] 그룹 – [줄 간격 옵션] – [줄 간격] – [배수] 기능을 활용합니다. 텍스트 편집 디자인은 폰트의 종류, 색상, 크기뿐만 아니라 텍스트의 자간과 행간(줄 간격) 조절이 매우 중요합니다.

09 아랫부분 텍스트 입력하고 편집하기

01 [삽입] 탭 - [텍스트] 그룹 - [텍스트 상자] - [가로 텍스트 상자]를 통해 영문 텍스트를 입력합니다.
- ARTCOM PT : Arial Black, 21pt, 기울임꼴, 빨강(R223 G9 B69)

02 'Best pt Design…'을 입력하고 'ARTCOM PT' 아래쪽에 배치합니다.
- Time New Roman, 17pt, 글꼴 색 : 빨강(R223 G9 B69)

03 'Best pt Design…' 아래에 사각 점선을 그려서 배치합니다.
- [서식] 탭 - [도형 스타일] 그룹 - [도형 윤곽선] - [대시] - [사각 점선]
- 색상 : 회색(R166 G166 B166), 너비 : 1.5pt, 길이 : 9.73cm

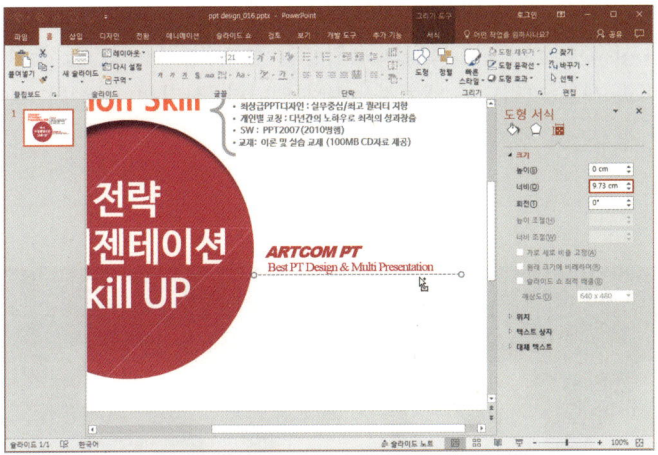

10 아랫부분 본문 텍스트 입력하기

'Powerpoint design…'을 입력하고 '사각 점선' 아래쪽에 배치합니다.
- Arial, 12pt, 회색(R127 G127 B127), 줄 간격 : 1.0

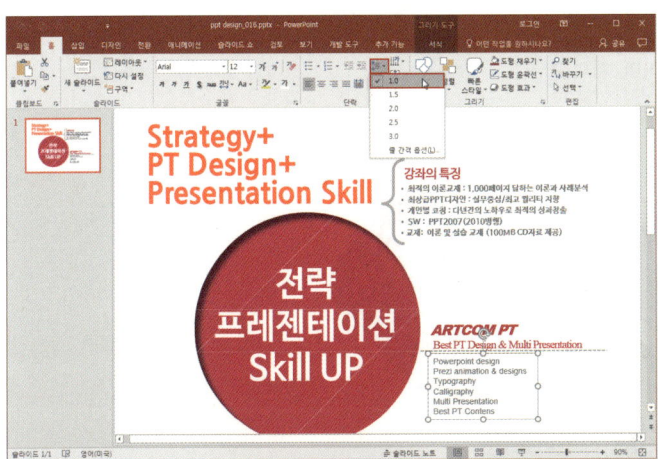

Tip & Tech   본문 텍스트의 경우 [메모장]에서 작업하고 복사하여 '복제한 텍스트'에 붙여넣는 방식으로 작업하는 것이 편리합니다.
보고서 디자인 작업은 자신만의 작업 스타일이 있기 때문에 꼭 이렇게 해야 한다는 법은 없습니다. 의도한 디자인을 효과와 효율을 높여 작업할 수 있다면 어떤 방식도 좋습니다.

017 동일한 도형만을 활용한 본문 디자인

보고서나 제안서를 작성할 때 같은 페이지 안에서 동일한 도형만 사용하면 거부감 없이 디자인을 전개하면서 텍스트를 편집할 수 있습니다. 또한 메인과 서브를 분명히 하면서 시선을 유도할 수 있습니다. 예를 들어 둥근 모서리 사각형을 디자인 모티브로 활용할 경우 각도나 크기를 조절하고 강약의 리듬감을 살리면서 메인과 서브 키워드를 배치하는 방식입니다. 삼각형, 사각형, 육각형, 타원형 등 기본 도형을 이러한 형식으로 전개할 수 있습니다.

PSG디자인 전략을 수립하여 PT디자인 퀄리티와 작성시간 두마리 토끼를 잡으세요.

PSG전략은 먼저 시각이미지 컨셉 (Visual Concept)을 설정하고, 색상(Color), 폰트(Font), 레이아웃(Layout), 그리고 자주 사용되는 그래픽 요소들(Graphic Elements)을 사전에 디자인 하거나 정의하고 일관성 있게 사용될 수 있도록 관리하는 것입니다.

PSG전략은 개인이나 작은 조직보다는 큰 조직이나 대기업에서 활용하면 더욱 좋습니다. 일관된 회사의 정체성을 살리면서도 칼라, 폰트, 색상, 그래픽 요소들이 이미 결정되었기 때문에 디자인을 하면서 고민하지 않아도 되므로 시간절감 효과는 물론이고, 이미 제작된 쌤플(Sample)을 활용하므로 전사적으로 통일감을 유지하면서도 산뜻한 문서를 누구나 만들 수 있는 커다란 강점을 가지고 있습니다.

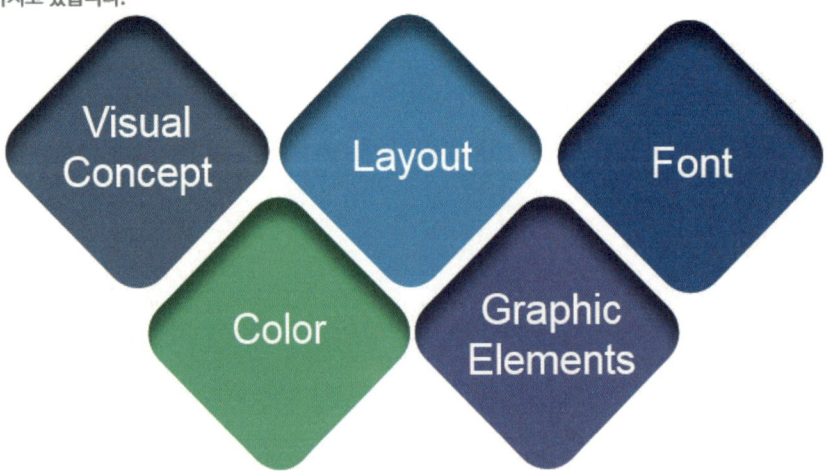

|난이도| ★★★★☆ |예제 폴더| Part 02\17 |완성 파일| Part 02\17\완성\ppt design_017.pptx
|과정 파일| Part 02\17\완성\ppt design_017_8단계.pptx
|색상 베리에이션| Part 02\17\완성\ppt design_017_4컬러.pptx
|인터넷으로 보기| http://cafe.naver.com/artcomptacademy/2191

디자인 포인트

이번 예제에서 주목해야 할 디자인은 '둥근 모서리 사각형' 도형만을 활용하여 편집하는 것입니다. 둥근 모서리 사각형을 45° 회전하면 마름모꼴 도형을 쉽게 만들 수 있으며 완성된 마름모꼴 도형을 복제하여 W자 모양으로 배치합니다. 오른쪽 윗부분의 핵심 키워드(타이틀) 부분은 시인성을 높이기 위해 마름모꼴 도형을 크게 확대한 다음 일부분을 타이틀 박스로 활용합니다.

4컬러 베리에이션

01 두 개의 도형 그려서 겹치기

01 슬라이드를 새로 만들기 위해 테마 선택 창에서 [새 프레젠테이션]을 선택합니다.

※ 용지 종류는 [A4 용지], 슬라이드 방향은 [가로]입니다. 용지는 [디자인] 탭-[사용자 지정] 그룹-[슬라이드 크기]-[사용자 지정 슬라이드 크기]에서 설정합니다.

02 윗부분에 둥근 모서리 사각형을 그려 슬라이드 윗부분에 배치합니다.
- [삽입] 탭-[일러스트레이션] 그룹-[도형]-[사각형]-[모서리가 둥근 직사각형]
- 높이 : 17.93cm, 너비 : 17.93cm

03 시계 반대 방향으로 돌려 마름모꼴 도형을 만들고 윗부분 슬라이드 일부에 걸쳐 줍니다.
- 각도 : 325°

04 슬라이드 밖으로 직사각형을 그려 마름모꼴 도형에 겹쳐 줍니다.
- 높이 : 16.84cm, 너비 : 33cm

05 직사각형을 선택하고 [맨 뒤로 보내기]를 합니다.

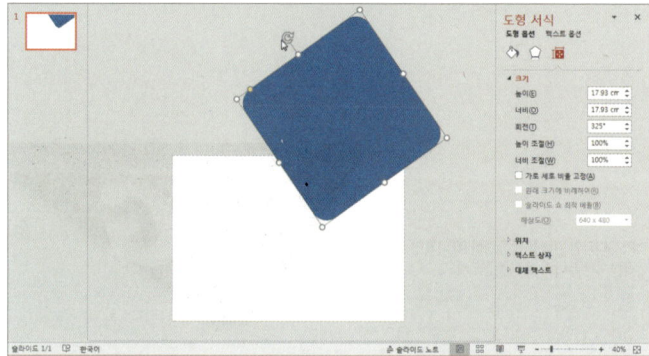 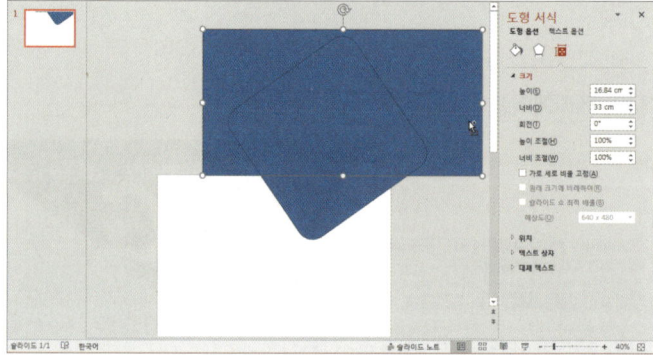

02 타이틀 박스 만들기

01 직사각형을 먼저 선택하고 둥근 모서리 사각형을 선택한 다음 [도형 병합]을 합니다.
- [서식] 탭-[도형 삽입] 그룹-[도형 병합]-[조각]

02 슬라이드 밖에 있는 불필요한 부분을 잘라냅니다.

03 윤곽선을 제거합니다.
- [서식] 탭-[도형 스타일] 그룹-[도형 윤곽선]-[윤곽선 없음]

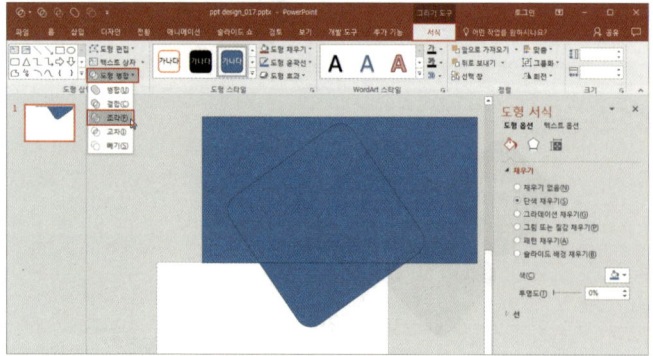 

Tip & Tech 슬라이드 밖에 있는 개체들은 슬라이드쇼를 하거나 인쇄를 할 때 보이지는 않지만 작업의 편의를 위해 삭제하는 것이 좋습니다.

03 타이틀 박스 배색하고 텍스트 편집하기

01 윗부분 도형 색상을 청회색(R98 G114 B154)으로 지정합니다.

02 [삽입] 탭 - [텍스트] 그룹 - [텍스트 상자] - [가로 텍스트 상자]를 통해 영문 텍스트를 입력하고 흰색 (R255 G255 B255)으로 지정합니다.

- ARTCOM PT PSG... : Arial, 14pt, 굵게, 기울임꼴
- PSG : Arial Black, 24pt, 기울임꼴
- PT Design... : Arial, 14pt, 기울임꼴

03 'PSG'를 WordArt 스타일로 변형하기 위해 [서식] 탭 - [WordArt 스타일] 그룹 - [텍스트 효과] - [변환] - [휘기] - [사각형]을 선택하고 크기를 키웁니다.

- 높이 : 3.57cm, 너비 : 9.21cm

04 'PSG' WordArt 아래 위쪽에 텍스트를 가운데 맞춤으로 정렬합니다.

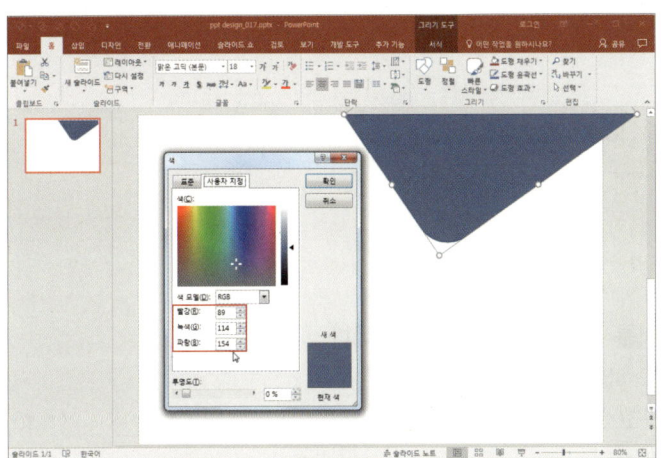 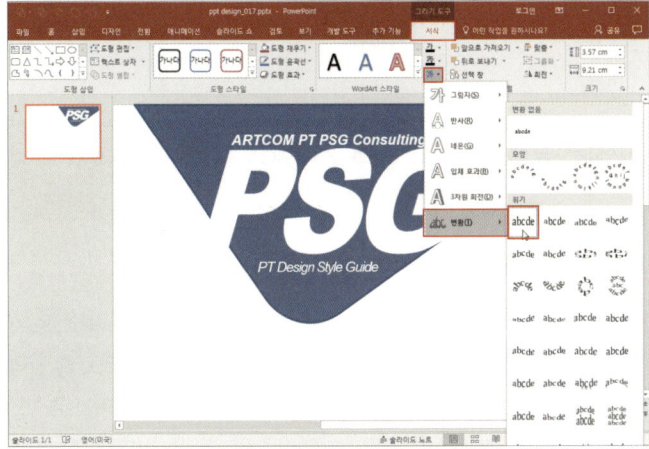

Tip & Tech 키워드를 'WordArt 스타일로 변형할 때 최종으로 확대할 크기보다 작게 입력하여 WordArt로 변형해야 작업하기 수월합니다.

04 타이틀 박스에 'PSG' 키워드 도형 병합하기

01 타이틀 박스를 먼저 선택하고 Shift 키를 누른 상태에서 'PSG'를 선택합니다.

02 [서식] 탭 - [도형 삽입] 그룹 - [도형 병합] - [조각]을 클릭합니다.

03 조각난 개체 중에 텍스트 부분을 하나씩 제거합니다.

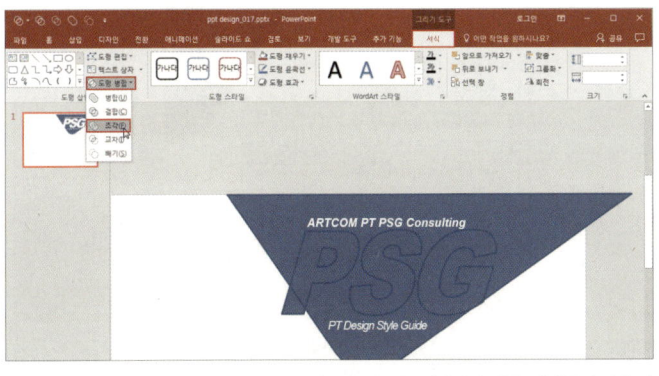 

Tip & Tech 텍스트를 먼저 선택하고 텍스트 박스를 선택하면 다른 결과물이 나옵니다. [도형 병합] - [빼기] 기능을 적용해도 비슷한 결과물을 얻을 수 있습니다.

05 그림자 효과 주기

__01__ 뚫려진 'PSG' 텍스트 박스에 그림자 효과를 줍니다.
- [서식] 탭 – [도형 스타일] 그룹 – [도형 효과] – [그림자] – [바깥쪽] – [오프셋 대각선 : 오른쪽 아래]

__02__ 보다 그림자를 부드럽게 표현하기 위해 [도형 서식] – [효과] – [그림자]를 클릭합니다.
- 투명도 : 60%, 크기 : 101%, 흐리게 : 7pt, 각도 : 70°, 간격 : 6pt

Tip & Tech 그림자 효과는 투명도, 크기, 흐리게, 각도, 간격 등에 따라 각각 느낌이 다릅니다. 보다 자연스럽게 느껴질 수 있도록 [도형 서식] 기능에서 제공되는 여러 가지 그림자 설정 기능을 통해 세심하게 조절하면서 완성도를 높이는 것이 좋습니다.

06 왼쪽 윗부분 텍스트 편집하기

__01__ [삽입] 탭 – [텍스트] 그룹 – [텍스트 상자] – [가로 텍스트 상자]를 통해 텍스트를 입력합니다.
- [PSG 디자인 전략을 수립하여...] 나눔바른고딕OTF, 10.5pt, 줄 간격 : 1.0, 하늘색(R1 G157 B216)

__02__ 'PSG 디자인 전략을 수립하여..'를 WordArt 스타일로 변형하고 크기를 조절합니다.
- [서식] 탭 – [WordArt 스타일] 그룹 – [텍스트 효과] – [변환] – [휘기] – [사각형]
- 높이 : 1.54cm, 너비 : 12.16cm

__03__ [삽입] 탭 – [텍스트] 그룹 – [텍스트 상자] – [가로 텍스트 상자]를 통해 텍스트를 입력합니다.
- PSG전략은 먼저 시각 이미지... : 나눔바른고딕OTF, 10.5pt, 회색(R127 G127 B127)
- [홈] 탭 – [단락] 그룹 – 줄 간격 : 1.0, 양쪽 맞춤

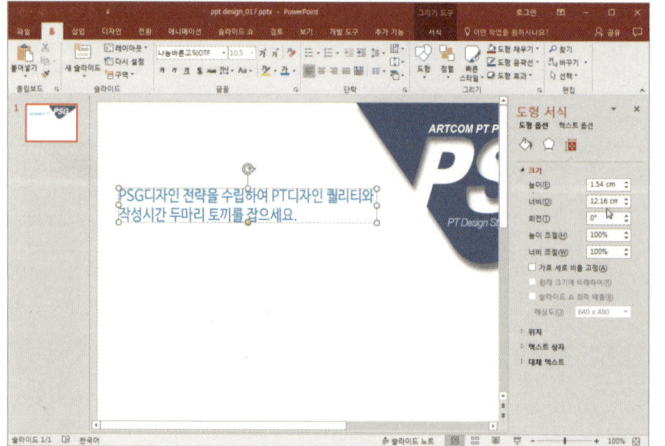 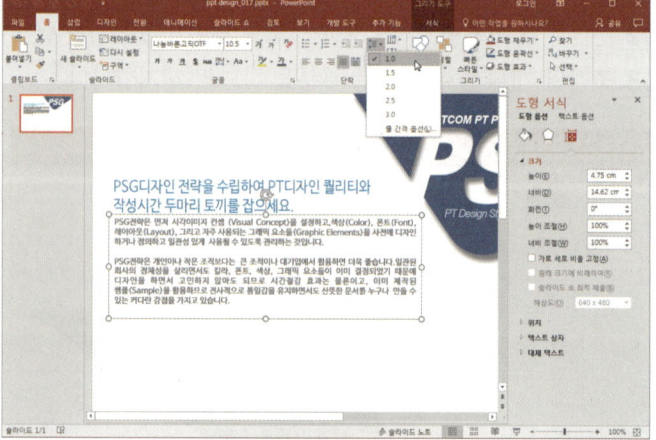

Tip & Tech 본문 글줄이 다섯 줄 이상 많아질 경우 텍스트를 두세 덩어리로 분리해 주면 읽기에도 편하고 편집 디자인 관점에서도 답답하지 않습니다. 여러 덩어리의 텍스트를 편집할 때 정렬이 중요합니다. 눈대중으로 대략 정렬하는 습관을 고쳐야 합니다. 안내선(Alt + F9)이나 수직 라인을 그어 정확하게 정렬되었는지 확인해야 합니다.

07 마름모꼴의 본문 텍스트 박스 디자인하기

01 둥근 모서리 사각형을 그려 슬라이드 중 아랫부분에 배치합니다.
- [삽입] 탭-[일러스트레이션] 그룹-[도형]-[사각형]-[모서리가 둥근 직사각형]
- 높이 : 3.78cm, 너비 : 3.78cm

02 시계 방향(각도 : 45°)으로 돌려 마름모꼴 텍스트 박스를 만들고 네 개를 복제(Ctrl+D)하여 W자로 배치합니다.

03 각각의 '마름모꼴 텍스트 박스'에 색상을 배색합니다.
- 청회색(R89 G114 B154), 옥색(R1 G157 B216), 진한 파랑색(R0 G82 B155), 밝은 녹색(R43 G215 B151), 남색(R94 G91 B163)

04 그림자 효과를 적용하기 위해 다섯 개의 마름모꼴 텍스트 박스를 모두 선택하고 [도형 서식]-[효과]-[그림자]-[안쪽]-[안쪽 대각선 왼쪽 위]를 클릭합니다.
- 투명도 : 50%, 흐리게 : 10pt, 각도 : 225°, 간격 : 10pt

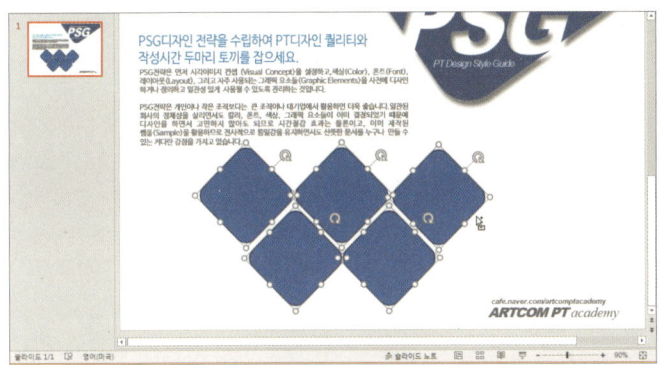

08 마름모꼴 텍스트 박스에 키워드 편집하기

01 [삽입] 탭-[텍스트] 그룹-[텍스트 상자]-[가로 텍스트 상자]를 클릭하고 영문을 입력합니다.
- Arial, 21pt, 흰색

02 텍스트를 각각의 마름모꼴 텍스트 박스에 배치합니다.

03 텍스트를 모두 선택하여 그룹(Ctrl+G)으로 묶습니다.

04 마크 및 로고는 슬라이드 오른쪽 아랫부분에 배치합니다. 전체 디자인을 고려하여 부각되지 않도록 주의해야 합니다.

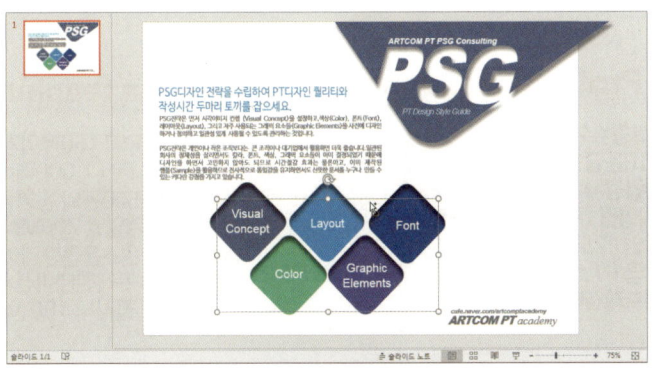

018 둥근 사각형을 활용한 본문 디자인

보고서나 제안서를 작성할 때 도해와 텍스트를 배치했는데 시선이 분산되고 레이아웃이 산만해 보일 때가 있습니다. 이런 경우 일정한 개체들을 큰 도형으로 묶어 주는 것이 효과적입니다. 예제와 같이 세 개의 타원으로 구성된 도해의 경우에는 '한쪽 모서리가 둥근 사각형'으로 감싸 주면 한층 정리가 되면서 짜임새 있는 레이아웃이 됩니다.

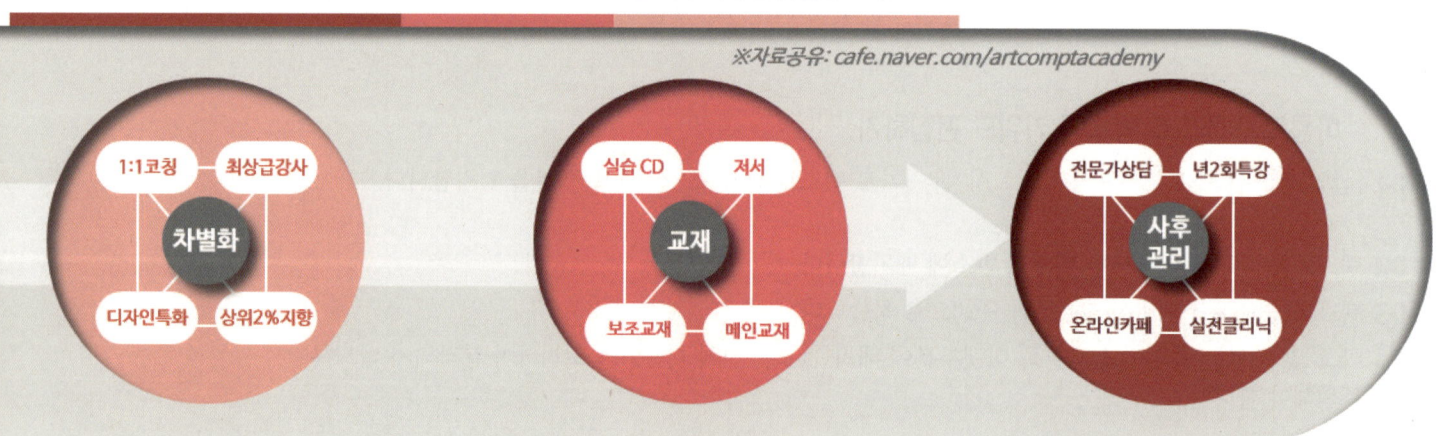

|난이도| ★★★★☆ |예제 폴더| Part 02\18 |완성 파일| Part 02\18\완성\ppt design_018.pptx
|과정 파일| Part 02\18\완성\ppt design_018_8단계.pptx
|색상 베리에이션| Part 02\18\완성\ppt design_018_4컬러.pptx
|인터넷으로 보기| http://cafe.naver.com/artcomptacademy/2214

디자인 포인트

이번 예제에서 주목해야 할 디자인은 '한쪽 모서리가 둥근 사각형'을 활용하여 편집하는 것입니다. 예제와 같은 '한쪽 모서리가 둥근 사각형'은 사각형 중에 '둥근 위쪽 모서리'를 시계 방향으로 90도 회전한 다음 모서리를 둥근 모양으로 조절하면 쉽게 만들 수 있습니다. 개체를 감싸는 역할을 하는 도형은 지나치게 부각되지 않도록 주의해야 하며 색상은 밝은 계열의 무채색으로 배색하는 것이 좋습니다.

4컬러 베리에이션

 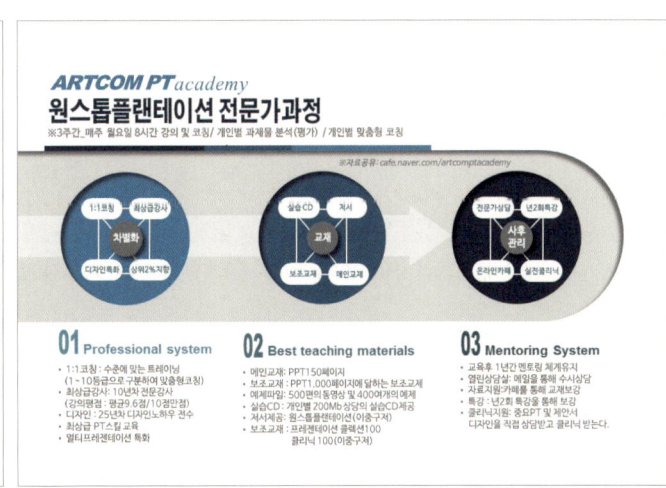

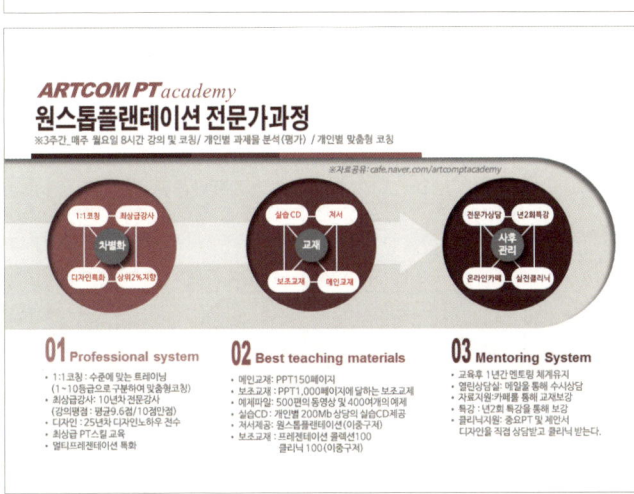 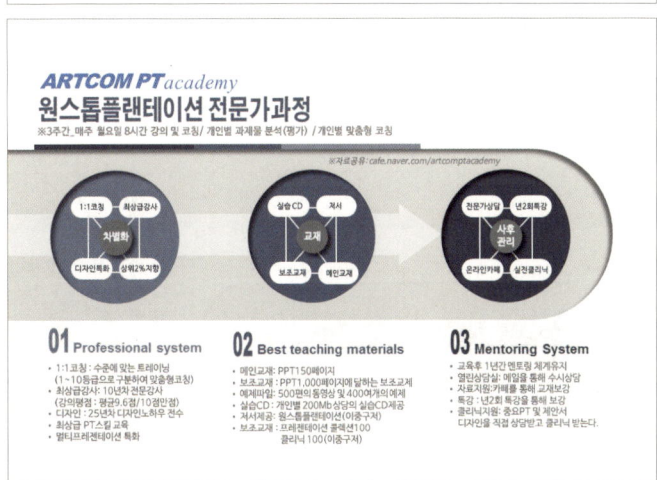

018 둥근 사각형을 활용한 본문 디자인

01 한쪽 모서리가 둥근 사각형 조절하여 배치하기

01 슬라이드를 새로 만들기 위해 테마 선택 창에서 [새 프레젠테이션]을 선택합니다.

※ 용지 종류는 [A4 용지], 슬라이드 방향은 [가로]입니다. 용지는 [디자인] 탭-[사용자 지정] 그룹-[슬라이드 크기]-[사용자 지정 슬라이드 크기]에서 설정합니다.

02 모서리가 둥근 직사각형을 그려 슬라이드 중심부에 배치합니다.
- [삽입] 탭-[일러스트레이션] 그룹-[도형]-[사각형]-[모서리가 둥근 직사각형]
- 높이 : 25.67cm, 너비 : 7cm

03 시계 방향으로 돌려 주고 모서리를 반원형으로 둥글게 조절합니다.
- 각도 : 90°

04 색상은 무채색인 밝은 회색(R229 G229 B229)으로 지정합니다.

05 안쪽 그림자 효과를 적용하기 위해 [도형 서식]-[효과]-[그림자]-[미리 설정]-[안쪽]-[안쪽 대각선 왼쪽 위]를 클릭합니다.
- 투명도 : 50%, 흐리게 : 6pt, 각도 : 225°, 간격 : 6pt

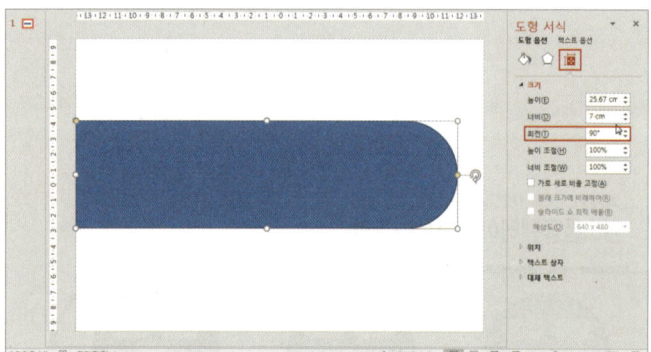 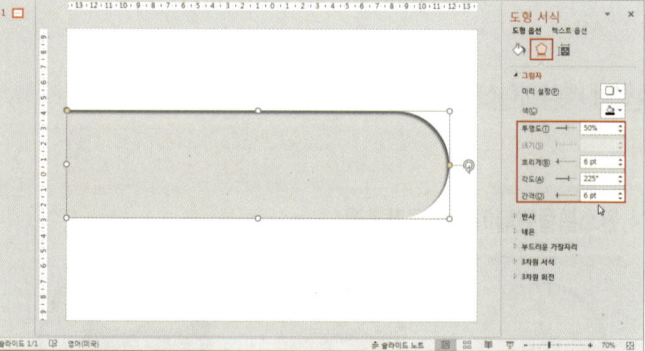

Tip&Tech '둥근 위쪽 모서리 사각형'을 반원형으로 둥글게 만들려면 노란색 조절점을 드래그하며 원하는 모양을 만들면 됩니다.

02 오른쪽 화살표 디자인하기

01 오른쪽 화살표를 그려 과정 01에서 만든 한쪽 모서리가 둥근 사각형에 배치합니다.
- [삽입] 탭-[일러스트레이션] 그룹-[도형]-[블록 화살표]-[오른쪽 화살표]
- 높이 : 2.49cm, 너비 : 18.41cm

02 노란색 조절점 각각을 클릭하고 화살표 두께와 끝 모양을 조절합니다.

03 색상은 흰색에 가까운 밝은 회색(R242 G242 B242)으로 지정합니다.

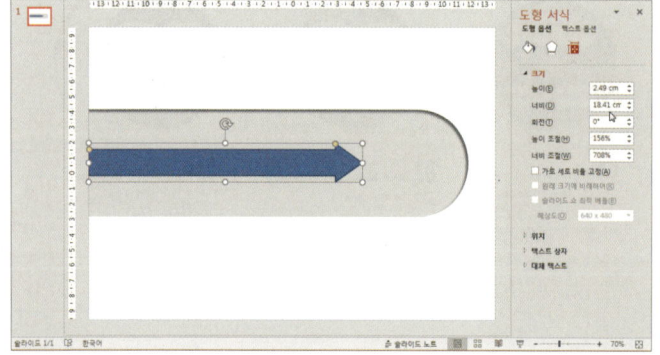 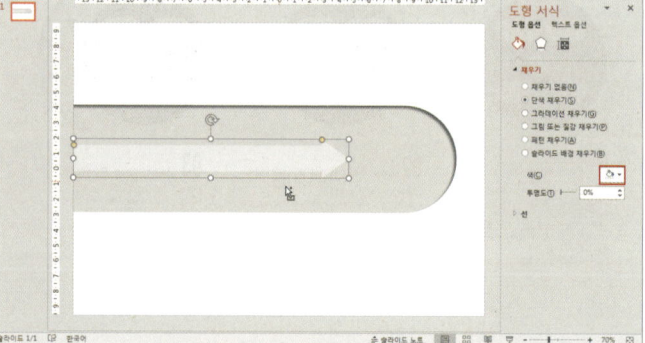

03 세 개의 라인으로 그래픽 효과 주기

01 둥근 모서리 사각형 도형 윗부분에 라인을 수평 방향으로 세 개 그려서 배치합니다.
- 선 길이 : 7.9cm, 7.9cm, 5.96cm
- 너비 : 6pt

02 왼쪽 라인을 맨 뒤쪽으로 가게 하고 중간과 오른쪽 라인을 순차적으로 앞쪽으로 배치합니다.

03 세 개의 라인에 색상을 지정합니다.
- 빨강(R201 G64 B72), 다홍(R240 G106 B130), 밝은 다홍(R243 G178 B176)

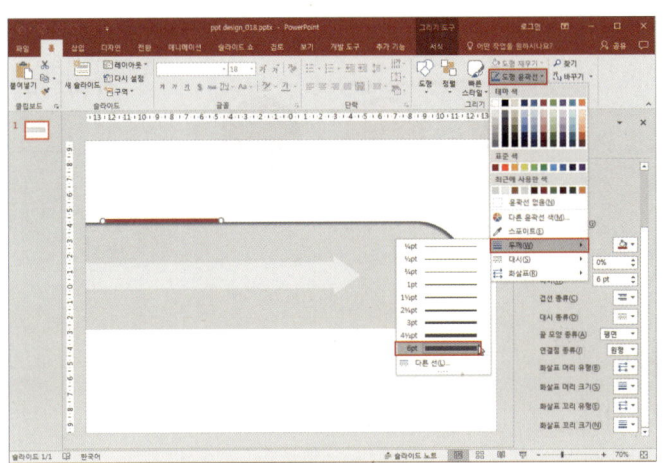 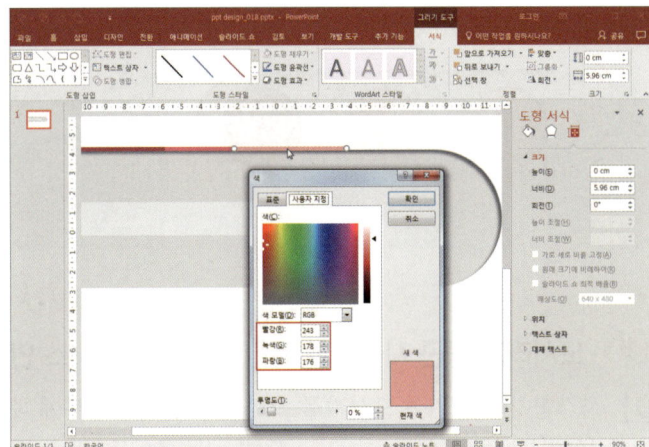

Tip & Tech 라인의 길이가 같으면 단조로워 보일 수 있습니다. 짧고 길게 라인 길이를 조절하여 리듬감을 주면 좋습니다.

04 타원 세 개 그려서 배치하기

01 정원을 그려 과정 02에서 만든 블록 화살표 쪽에 배치합니다.
- [삽입] 탭 - [일러스트레이션] 그룹 - [도형] - [기본 도형] - [타원]
- 높이 : 5.45cm, 너비 : 5.45cm

02 타원 각각을 일정한 간격(2.8cm)으로 배치합니다.

03 세 개의 타원에 색상을 지정합니다.
- 밝은 다홍(R243 G178 B176), 다홍(R240 G106 B130), 빨강(R201 G64 B72)

04 안쪽 그림자 효과를 적용하기 위해 [도형 서식] - [효과] - [그림자] - [미리 설정] - [안쪽] - [안쪽 대각선 왼쪽 위]를 클릭합니다.
- 투명도 : 50%, 흐리게 : 6pt, 각도 : 225°, 간격 : 6pt

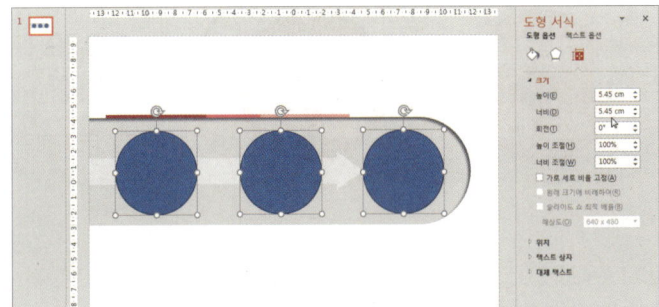 

Tip & Tech 타원을 선택하고 Shift 키를 누른 상태에서 타원을 그리면 높이와 높이가 같은 정원을 그릴 수 있습니다.

05 X자 사각 박스 라인 만들기

01 각각의 타원에 흰색 사각 박스를 만들고 라인은 흰색으로 지정한 다음 채우기 색상을 제거합니다.
- [삽입] 탭 - [일러스트레이션] 그룹 - [도형] - [사각형] - [직사각형]
- 높이 : 2.66cm, 너비 : 2.21cm

02 사각 박스에 X자로 흰색 라인을 그어 줍니다.
- 너비 : 1.5pt

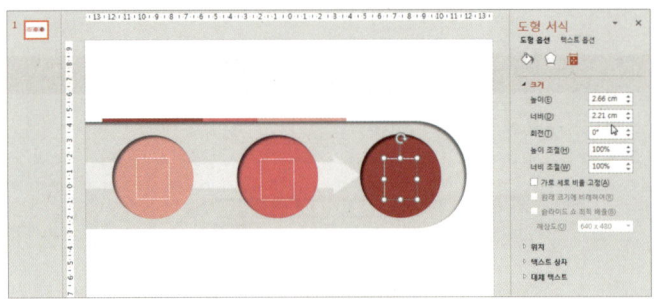 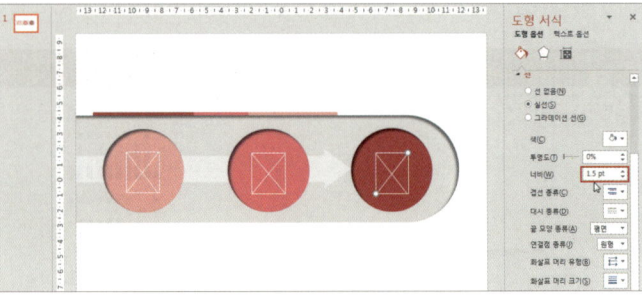

06 모서리가 둥근 사각형과 타원으로 텍스트 박스 만들기

01 '사각형 : 둥근 위쪽 모서리'를 그려 슬라이드 중심부에 배치합니다.
- [삽입] 탭 - [일러스트레이션] 그룹 - [도형] - [사각형] - [모서리가 둥근 직사각형]
- 높이 : 0.89cm, 너비 : 1.77cm

02 모서리를 반원형으로 둥글게 조절합니다.

03 모서리가 둥근 사각형에 텍스트를 입력하고 각각의 글꼴 색을 배색합니다.
- 글꼴 : 나눔바른고딕OTF, 9pt, 밝은 핑크(R255 G65 B61), 핑크 계열 빨강(R233 G42 B80), 진빨강(R162 G75 B82)

04 타원을 그려 X자 중앙에 배치합니다.
- 높이 : 1.36cm, 너비 : 1.36cm, 회색(R127 G127 B127)

타원에 텍스트를 입력하고 흰색으로 배색합니다.
- 나눔바른고딕OTF, 굵게, 12pt

05 바깥쪽 그림자 효과를 적용하기 위해 [도형 서식] - [효과] - [그림자] - [미리 설정] - [바깥쪽] - [오프셋 대각선 오른쪽 아래]를 클릭합니다.
- 투명도 : 50%, 크기 : 100%, 흐리게 : 6pt, 각도 : 45°, 간격 : 6pt

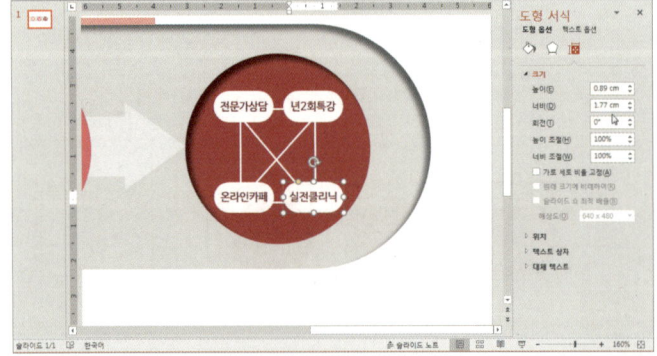 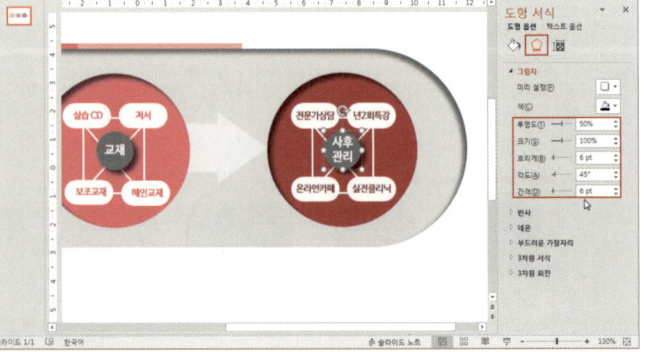

Tip & Tech '모서리가 둥근 사각형'이나 '타원' 텍스트 박스에 텍스트가 넘치는 일이 없게 하려면 텍스트를 선택하고 마우스 오른쪽 버튼을 클릭한 다음 [텍스트 옵션] - [텍스트 상자]에서 오른쪽 여백과 왼쪽 여백을 수치를 최소화(0.25cm이하)해야 합니다.

07 윗부분 텍스트 편집하기

01 제목 텍스트를 입력합니다.
- 원스톱플랜테이션 전문가과정 : HY견고딕, 24pt, 진한 빨강(R137 G43 B49)

02 WordArt 스타일로 변형하기 위해 [서식] 탭 – [WordArt 스타일] 그룹 – [텍스트 효과] – [변환] – [휘기] – [사각형]을 선택합니다.

03 [삽입] 탭 – [텍스트] 그룹 – [텍스트 상자] – [가로 텍스트 상자]를 통해 텍스트를 각각 입력합니다.
- ARTCOM PT : Arial Black, 24pt, 기울임꼴, 다홍(R240 G106 B130)
- academy : Times New Roman, 24pt, 기울임꼴

04 제목 텍스트를 입력합니다.
- 주간_매주 월요일... : 나눔바른고딕OTF, 12pt, 굵게, 밝은 회색(R173 G173 B173)
- 자료공유... : 나눔바른고딕OTF, 10pt, 기울임꼴, 회색(R137 G137 B137)

 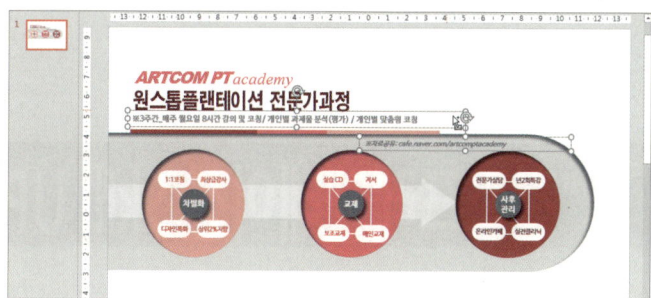

Tip & Tech 각각 입력한 세 개의 텍스트를 정렬하기 위해 텍스트를 모두 선택한 다음 [정렬] – [맞춤] – [왼쪽 맞춤]을 해 줍니다.

08 아랫부분 텍스트 편집하기

01 각각의 숫자(Arial Black, 20pt)를 입력하고 글꼴 색을 배색합니다.
- 다홍(R233 G119 B119), 진한 다홍(R240 G106 B130), 빨강(R201 G64 B72)

02 WordArt 스타일로 변형하기 위해 [서식] 탭 – [WordArt 스타일] 그룹 – [텍스트 효과] – [변환] – [휘기] – [사각형]을 선택합니다.

03 [삽입] 탭 – [WordArt 스타일] 그룹 – [텍스트 상자] – [가로 텍스트 상자]를 통해 영문 텍스트를 각각 입력합니다. 글꼴 색은 숫자 색상과 같습니다.

04 본문 텍스트를 입력합니다.
- 나눔바른고딕OTF, 11pt, 글머리 기호 : 속이 찬 둥근 글머리 기호, 줄 간격 : 1.0, 밝은 회색(R174 G174 B174)

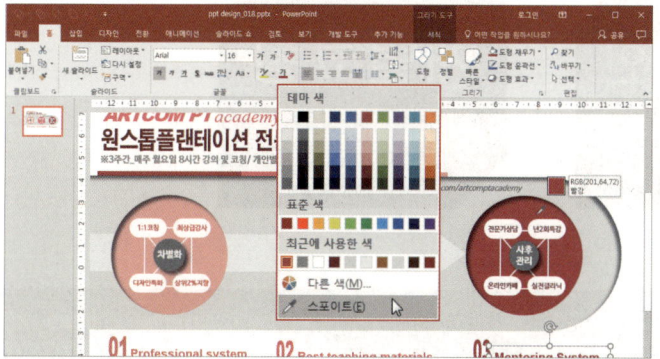 

019 종이에 칼집 효과를 낸 본문 디자인

보고서나 제안서를 작성할 때 단순하게 나열한 내용이지만 주목성을 높여야 할 부분이 있습니다. 다양한 방법이 있겠으나 종이에 칼집을 내어 끼워 놓은 것처럼 표현하는 방법이 있습니다. 단순한 테크닉이지만 밋밋하게 구성된 페이지보다는 한층 시인성을 높일 수 있습니다. 고난도의 테크닉보다 단순한 효과만으로 독특하면서도 차별화된 디자인을 구현할 수 있다면 좋은 디자인이라 할 수 있습니다.

"전략프레젠테이션 Skill UP과정"

강좌의 특징
- 최적의 이론교재 : 1,000페이지 달하는 이론과 사례분석
- 최상급PPT디자인 : 실무중심/최고 퀄리티 지향
- 개인별 코칭 : 다년간의 노하우로 최적의 성과창출
- SW : PPT2010(2016병행)
- 교재: 이론 및 실습 교재 (100MB CD자료 제공)

기대효과
1) PT기획 및 브리핑 역량향상
2) 해당업계에 적합한 PPT디자인 및 연출력 향상
3) 비즈니스 상황에 적합한 스피치 역량과 전달력향상
4) 개인별 문제점을 체계적으로 분석하고 코칭함
5) 베스트셀러 저자 직강에 따른 심도 있는 이론 및 고품격 테크닉 전수

이론/사례
실무중심의 이론
PT기획 및 전략수립

PPT디자인
최상급 PT디자인
실전중심 테크닉

개별코칭
1:1 개인코칭
PT디자인+발표역량

cafe.naver.com/artcomptacademy
ARTCOM PTacademy

|난이도| ★★★★☆　|예제 폴더| Part 02\19　|완성 파일| Part 02\19\완성\ppt design_019.pptx
|과정 파일| Part 02\19\완성\ppt design_019_8단계.pptx
|색상 베리에이션| Part 02\19\완성\ppt design_019_4컬러.pptx
|인터넷으로 보기| http://cafe.naver.com/artcomptacademy/2197

디자인 포인트

이번 예제에서 주목해야 할 디자인은 종이에 칼집을 낸 효과를 활용하는 것입니다. 칼집 효과를 표현하기 위해서는 모서리가 잘린 사각형과 잘린 타원형 그림자 효과가 필요합니다. 잘린 타원 그림자가 너무 진하거나 흐리면 칼집 효과가 반감될 수 있으므로 적절한 톤 조절이 중요합니다.

4컬러 베리에이션

 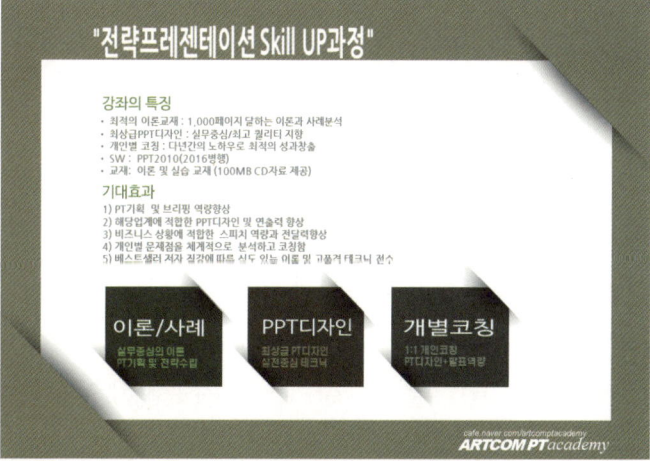

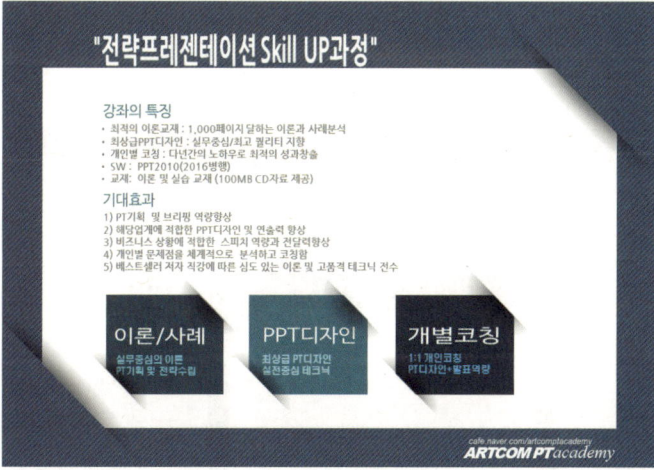 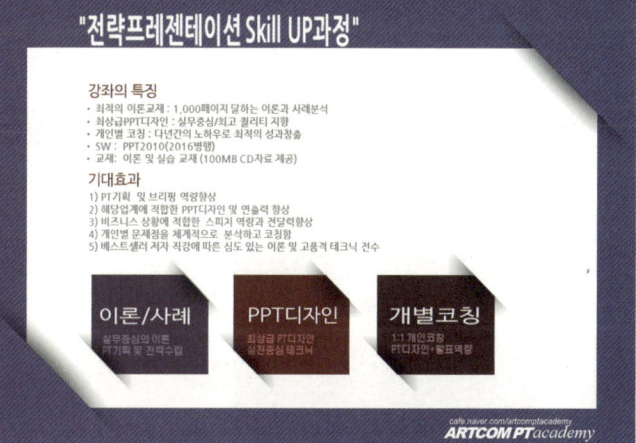

01 배경에 패턴 채우기

01 슬라이드를 새로 만들기 위해 테마 선택 창에서 [새 프레젠테이션]을 선택합니다.

※ 용지 종류는 [A4 용지], 슬라이드 방향은 [가로]입니다. 용지는 [디자인] 탭-[사용자 지정] 그룹-[슬라이드 크기]-[사용자 지정 슬라이드 크기]에서 설정합니다.

02 텍스트 박스를 모두 삭제하고 배경에 상향 대각선 줄무늬 패턴을 넣습니다.
- [배경 서식]-[채우기]-[패턴 채우기]-[넓은 상향 대각선]

03 전경색(R155 G122 B105)을 지정합니다.

04 배경색(R133 G104 B90)을 지정합니다.

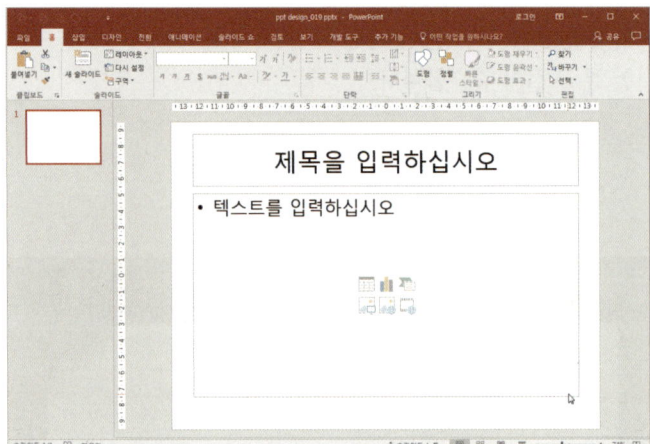 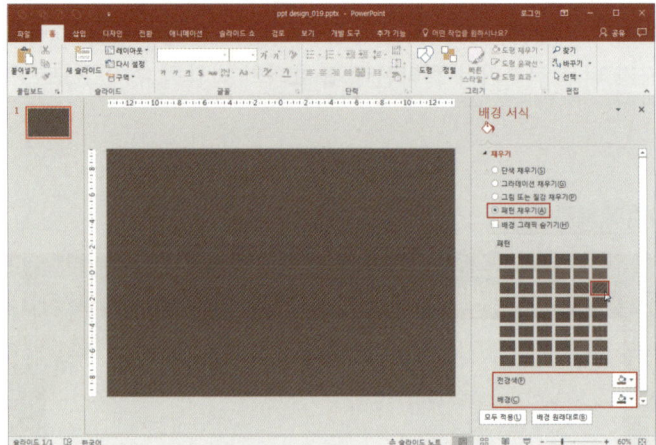

02 큰 크기의 잘린 사각형 배치하기

01 중심부에 잘린 사각형을 그립니다.
- [삽입] 탭-[일러스트레이션] 그룹-[도형]-[사각형]-[대각선 방향의 모서리가 잘린 사각형]
- 높이 : 14.73cm, 너비 : 24.19cm

02 잘린 사각형의 윤곽선을 제거합니다.
- [서식] 탭-[도형 스타일] 그룹-[도형 윤곽선]-[윤곽선 없음]

03 잘린 모서리 형태를 조절하고 색상을 흰색으로 지정합니다.

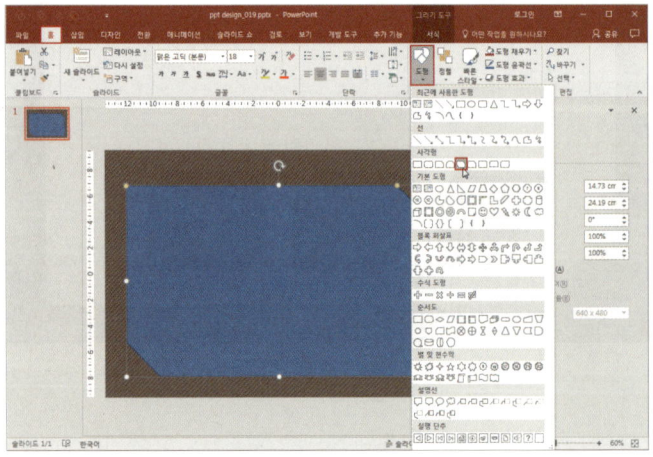 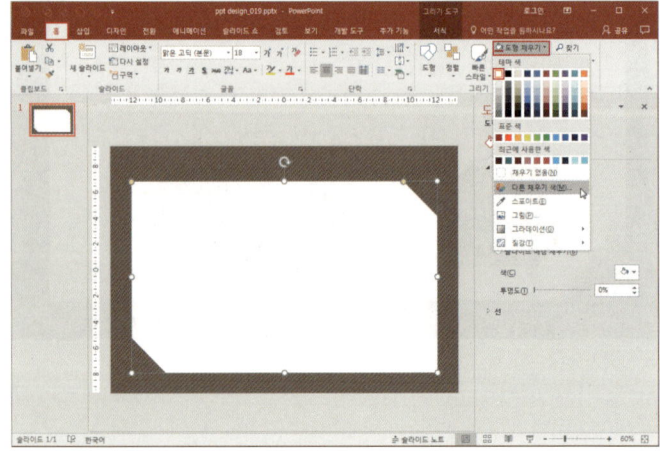

03 잘린 타원 그림자로 칼집 효과 표현하기

01 [삽입] 탭 – [이미지] 그룹 – [그림]을 선택하여 잘린 타원 그림자를 불러와 45° 회전합니다.
- Part 02\19\잘린 타원 그림자.png

02 잘린 타원 그림자를 오른쪽 윗부분 잘려진 부분에 정확하게 맞춰 배치하고 [맨 앞으로 가져오기]를 합니다.
- 마우스 오른쪽 버튼 클릭 – [맨 앞으로 가져오기]

03 잘린 타원 그림자를 복제(Ctrl+D)하여 왼쪽 아랫부분 잘려진 부분에 정확하게 배치합니다.
- 회전 : 225°

Tip & Tech   잘린 타원 그림자를 배치할 때 정확하게 맞추지 않으면 틈이 보여 완성도가 떨어지게 됩니다. 잘린 타원 그림자를 선택하고 Ctrl 키를 누른 상태에서 방향키로 조절하면 정밀하게 맞출 수 있습니다.

04 세 개의 잘린 사각형을 그려서 배치하고 색상 배색하기

01 아랫부분에 잘린 사각형을 그립니다.
- [삽입] 탭 – [일러스트레이션] 그룹 – [도형] – [사각형] – [대각선 방향의 모서리가 잘린 사각형]
- 높이 : 4.1cm, 너비 : 4.97cm

02 잘린 사각형을 복제하여 일정한 간격으로 배치합니다.

03 세 개의 잘린 사각형에 색상을 지정합니다.
- 왼쪽 사각형 : R8, G40 B42, 가운데 사각형 : R129 G33 B37, 오른쪽 사각형 : R41 G2 B5

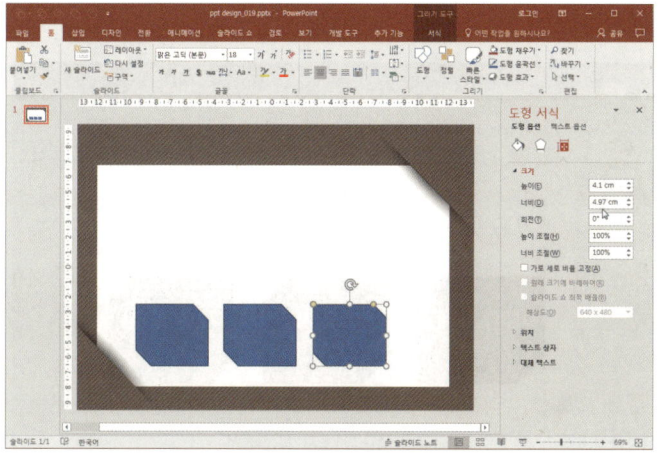 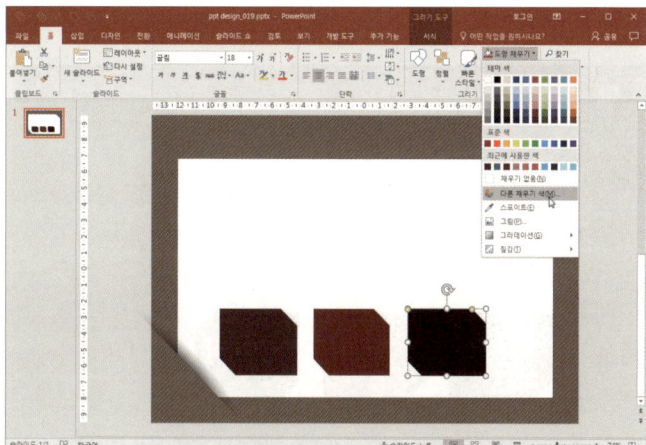

Tip & Tech   비슷한 색이어도 톤을 조절하여 변화를 줍니다.

05 세 개의 잘린 사각형에 칼집 효과 표현하기

01 [삽입] 탭 – [일러스트레이션] 그룹 – [그림]을 선택하여 작은 잘린 타원 그림자를 불러와 45° 회전합니다.
- Part 02\19\작은 잘린 타원 그림자.png

02 작은 잘린 타원 그림자를 오른쪽 윗부분 잘려진 부분에 정확하게 맞춰 배치하고 [맨 앞으로 가져오기]를 합니다.
- 마우스 오른쪽 버튼 클릭 – [맨 앞으로 가져오기]

03 작은 잘린 타원 그림자를 복제(Ctrl+D)하여 왼쪽 아랫부분 잘려진 부분에 정확하게 배치합니다.
- 회전 : 225°

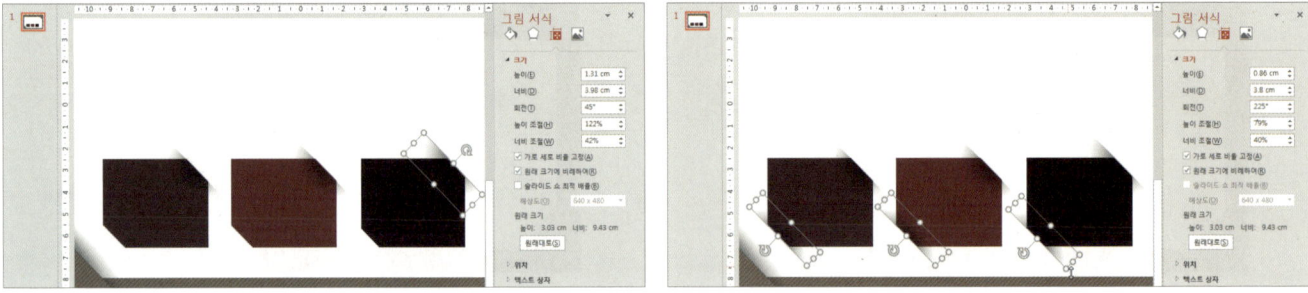

Tip & Tech 잘린 타원 그림자가 많으면 시각적으로 산만해 보일 수 있으므로 그림자의 크기와 명도 등에 주의가 필요합니다.

06 세 개의 잘린 사각형에 텍스트 편집하기

01 제목 텍스트를 입력합니다.
- [삽입] 탭 – [텍스트] 그룹 – [텍스트 상자] – [가로 텍스트 상자]
- 이론/사례, PPT디자인, 개별코칭 : 나눔바른고딕OTF, 18pt, 흰색

02 WordArt 스타일로 변형하기 위해 [서식] 탭 – [WordArt 스타일] 그룹 – [텍스트 효과] – [변환] – [휘기] – [사각형]을 선택합니다.
- 높이 : 0.71cm, 너비 : 3.79cm

03 아랫부분 텍스트를 각각 입력합니다.
- HY헤드라인M, 11pt, 줄 간격 : 1.0
- 글꼴 색 : 빨강(R177 G87 B91), 진한 빨강(R215 G99 B105), 황갈색(R153 G101 B51)

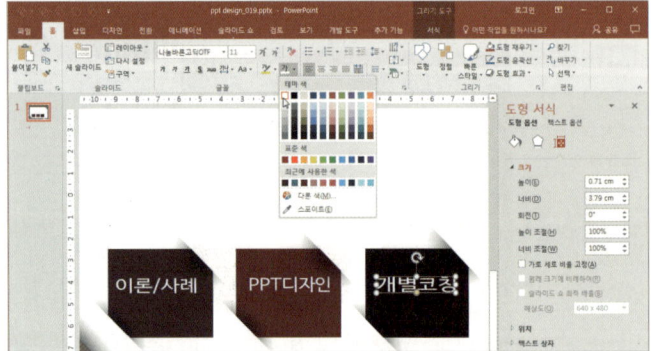 

Tip & Tech 과정 06과 같은 텍스트의 색상을 배색할 때 우선 [글꼴 색]을 텍스트 박스 색상과 동일하게 배색한 다음 [글꼴 색] – [사용자 지정]에서 톤을 밝거나 어둡게 조절하면 텍스트 박스 색상과 잘 어울리면서 자연스럽게 배색할 수 있습니다.

07 윗부분 헤드라인 텍스트 편집하기

01 윗부분 헤드라인 텍스트를 입력합니다.
- [삽입] 탭 – [텍스트] 그룹 – [텍스트 상자] – [가로 텍스트 상자]
- 전략프레젠테이션 Skill UP과정 : 나눔고딕 ExtraBold, 20pt, 흰색

02 WordArt 스타일로 변형하기 위해 [서식] 탭 – [WordArt 스타일] 그룹 – [텍스트 효과] – [변환] – [휘기] – [사각형]을 선택합니다.
- 높이 : 1.34cm, 너비 : 11.89cm

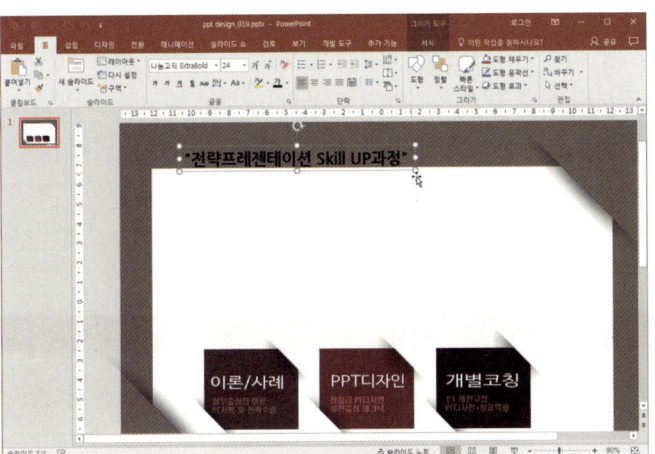 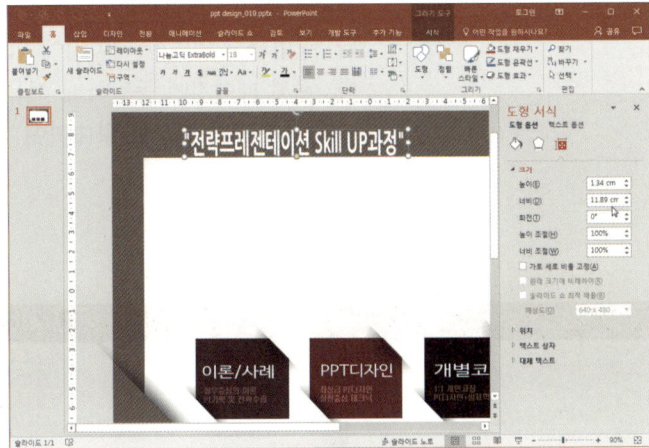

Tip & Tech   WordArt 스타일로 변형하기 위해 텍스트를 입력할 때 실제 WordArt 크기보다 텍스트 크기를 작게 입력하는 것이 작업하기 편리합니다.

08 본문 텍스트 편집하기

01 [삽입] 탭 – [텍스트] 그룹 – [텍스트 상자] – [가로 텍스트 상자]를 통해 본문 타이틀을 각각 입력합니다.
- 강좌의 특징, 기대 효과 : 나눔바른고딕OTF, 28pt, 진한 빨강(R187 G9 B22)

02 간격을 벌려서 배치합니다.

03 [삽입] 탭 – [텍스트] 그룹 – [텍스트 상자] – [가로 텍스트 상자]를 통해 각각의 본문을 입력합니다.
- 나눔고딕, 12pt, 글머리 기호 : 속이 찬 둥근 글머리 기호, 줄 간격 : 1.0, 회색(R127 G127 B127)

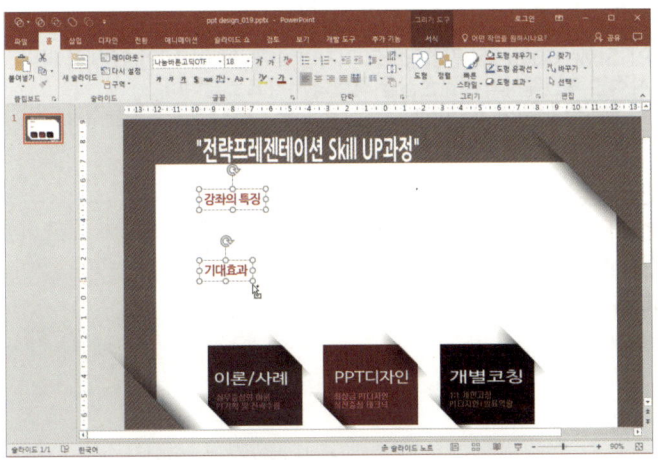 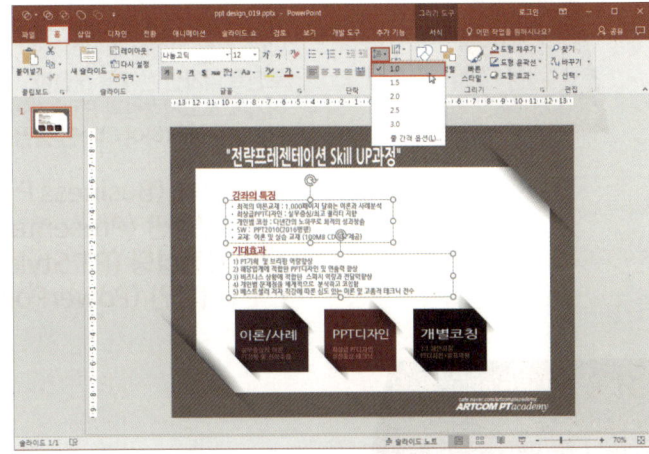

Tip & Tech   본문 타이틀과 본문을 하나의 텍스트 박스로 작업할 수 있으나 타이틀과 본문을 각각 입력하여 배치하는 것이 텍스트를 편집할 때 편리합니다.

020 특정 이니셜을 강조한 본문 디자인

회사소개서나 제안서, 보고서 등을 디자인할 때 이니셜을 디자인 모티브로 활용하면 효과적입니다. 평범하고 밋밋한 페이지에 이니셜을 확대한 디자인을 적용하면 단번에 시선을 끌 수 있습니다. 전체 페이지에 동일하게 적용하기보다는 특정 페이지에만 활용하는 것이 좋고, 알파벳뿐만 아니라 숫자나 연도를 확대하여 디자인 모티브로 활용하는 방식도 동일한 효과를 기대할 수 있습니다.

ARTCOM PT 연구소는?

아트컴PT연구소는 비즈니스 교육과 프레젠테이션 분야에서 특화되어 있으며, 교육, 출판, 컨설팅, 디자인을 연계하여 직장인의 PT역량개발과 업무효과를 높이기 위한 최적의 솔루션을 제공하고 있습니다.

지난 10년간 연구하고 집적된 비즈니스 관련 교육 프로그램과 프레젠테이션 실전노하우를 바탕으로 교육과 출판을 지속하고 있습니다. 이를통해 3만명의 수강생과 10만명의 독자에게 실질적인 도움을 주고 있습니다. 또한 기업에 적합한 PSG(PPT Style Guide)를 컨설팅하고 디자인을 제공하여 10인 10색의 파워포인트 디자인 문제를 개선하고 전사적인 측면에서의 시간손실을 최소화 시키고 있습니다.
여기에 보고서작성과 PT슬라이드의 퀄리티 문제로 고민하는 직장인을 위해 1,000여종의 템플릿과 다이어그램을 개발하여 디자인 품질은 물론 업무효과를 높이는데 크게 기여하고 있습니다.

- PT교육 (Business PT Education)
- 연구/출판 (Presentation R&D)
- PSG컨설팅 (PT Style Guide)
- PT디자인 (PowerPoint & Prezi)

cafe.naver.com/artcomptacademy
ARTCOM PT *academy*

| 난이도 | ★★★☆☆ | 예제 폴더 | Part 02\20 | 완성 파일 | Part 02\20\완성\ppt design_020.pptx
| 과정 파일 | Part 02\20\완성\ppt design_020_8단계.pptx
| 색상 베리에이션 | Part 02\20\완성\ppt design_020_4컬러.pptx
| 인터넷으로 보기 | http://cafe.naver.com/artcomptacademy/2185

디자인 포인트

이번 예제에서 주목해야 디자인은 이니셜을 확대하여 활용하는 것입니다. WordArt 형식으로 A자를 최대한 키워서 배치하고 점 편집으로 A자를 연장한 다음 흰색을 배색합니다. 슬라이드 배경색은 빨간색을 적용하여 흰색과 빨간색을 대비시켜 줍니다. 잘린 타원 그림자를 이용하여 디자인 포인트를 살리면서 볼륨감을 표현합니다.

4컬러 베리에이션

01 배경 색상 지정하기

01 슬라이드를 새로 만들기 위해 테마 선택 창에서 [새 프레젠테이션]을 선택합니다.
  ※ 용지 종류는 [A4 용지], 슬라이드 방향은 [가로]입니다. 용지는 [디자인] 탭–[사용자 지정] 그룹–[슬라이드 크기]–[사용자 지정 슬라이드 크기]에서 설정합니다.

02 텍스트 박스를 모두 삭제하고 배경에 마우스 오른쪽 버튼을 클릭한 다음 [배경 서식]을 실행합니다.

03 진한 빨간색(R192 G0 B0)으로 배경색을 지정합니다.
  • [배경 서식]–[채우기]–[단색 채우기]

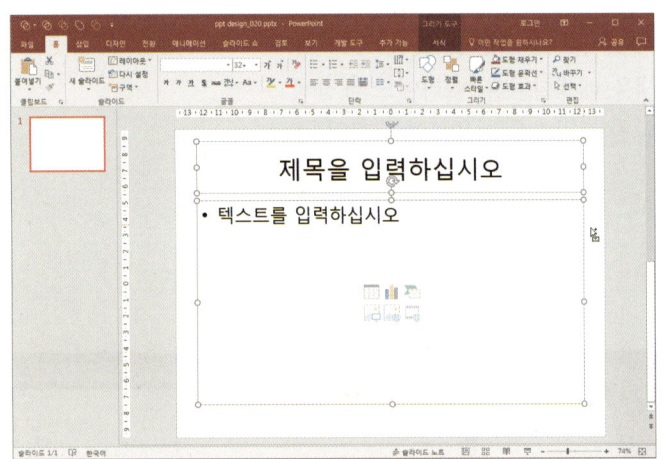
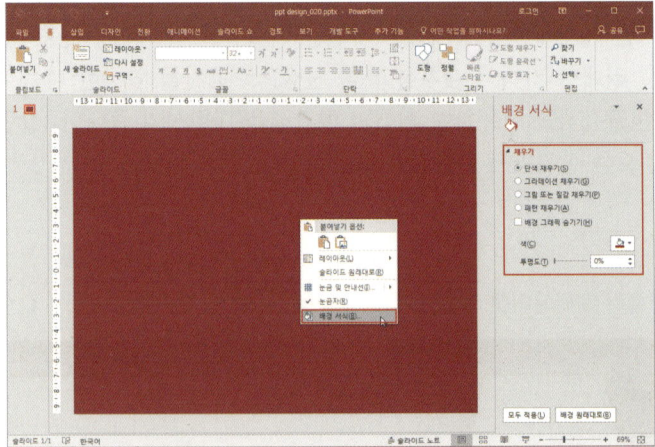

02 'A'자 이니셜 디자인하기

01 'A'자 텍스트를 입력합니다.
  • [삽입] 탭–[텍스트] 그룹–[텍스트 상자]–[가로 텍스트 상자]
  • Arial Black, 413pt, 텍스트 그림자, 흰색

02 WordArt 스타일로 변형하기 위해 [서식] 탭–[WordArt 스타일] 그룹–[텍스트 효과]–[변환]–[휘기]–[사각형]을 선택합니다.
  • 높이 : 17.53cm, 너비 : 14.57cm

03 완성된 이니셜 'A'자를 슬라이드 왼쪽에 배치합니다.

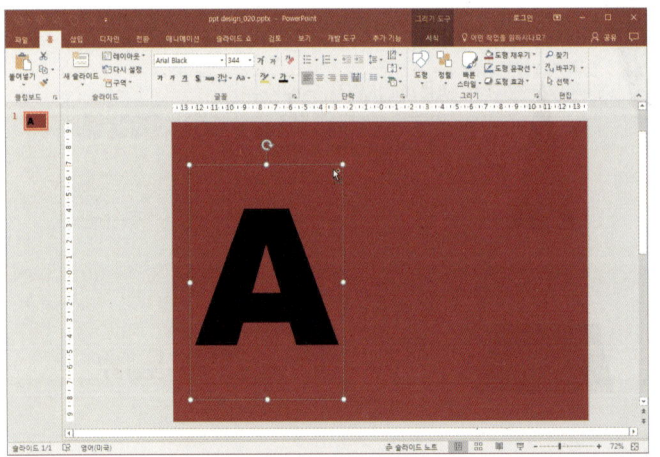
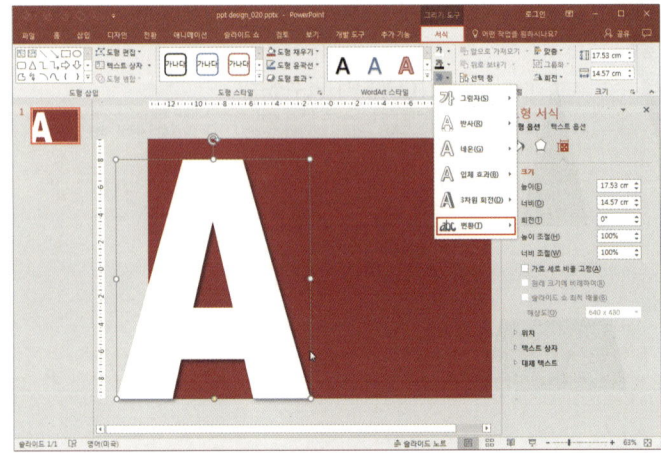

03 이니셜 편집하기

01 직사각형을 그린 다음 마우스 오른쪽 버튼을 클릭하고 [점 편집]을 선택합니다.
  • 높이 : 17.53cm, 너비 : 22.18cm

02 왼쪽 위아래 조절 점을 선택하여 A자 각도에 맞춰 형태를 만듭니다.

03 도형 윤곽선을 없애고 색상을 흰색으로 지정합니다.

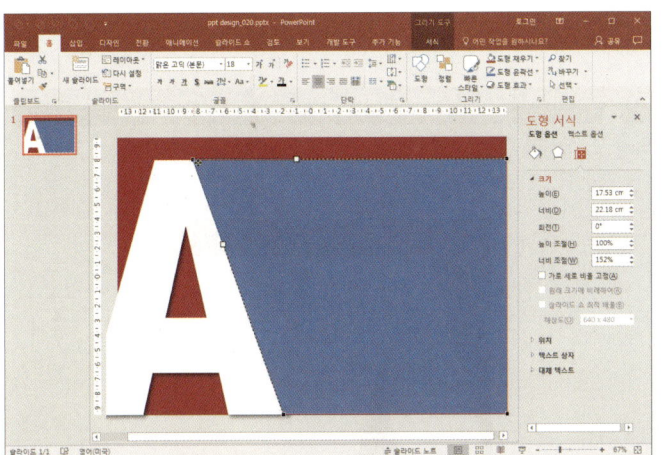 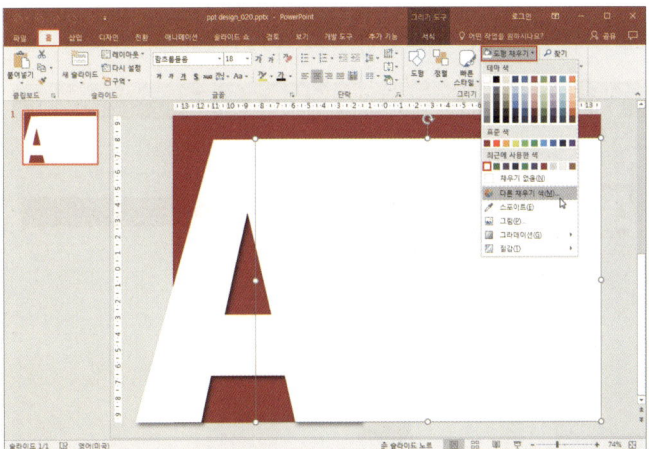

Tip & Tech 'A'자 이니셜 높이와 '점 편집'으로 만든 텍스트 박스 높이가 같아야 하기 때문에 [도형 서식]-[크기 및 속성]에서 높이가 일치하는지 점검합니다.

04 잘린 타원 그림자로 볼륨감 살리기

01 [삽입] 탭 - [이미지] 그룹 - [그림]을 선택하여 잘린 타원 그림자를 불러와 258° 회전합니다.
  • Part 02\19\작은 잘린 타원 그림자.png

02 잘린 타원 그림자를 'A'자 두께와 각도에 맞춰 배치합니다.

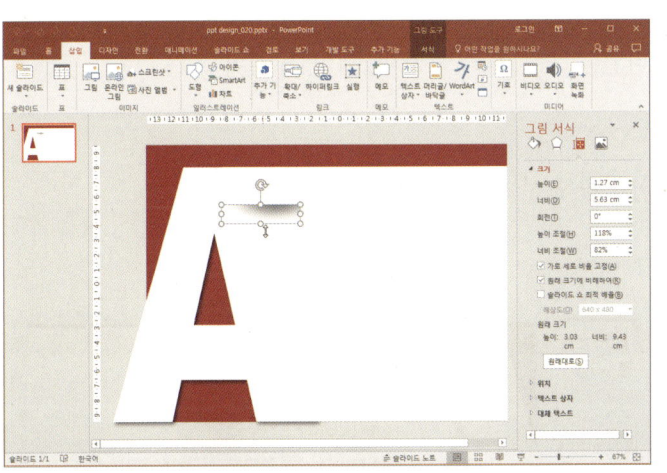 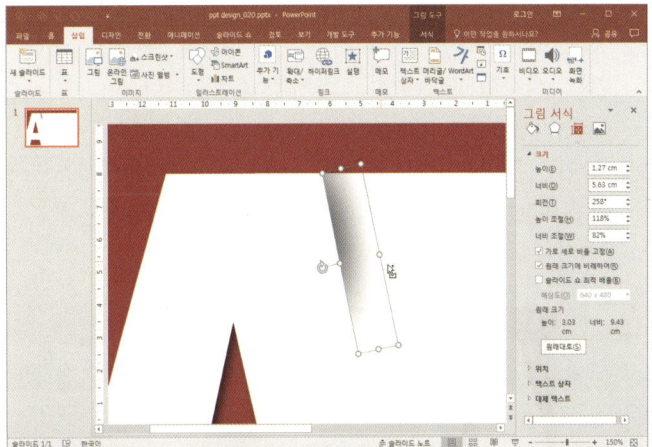

Tip & Tech '잘린 타원 그림자'의 각도는 '회전 핸들'로 대략의 각도를 맞춘 다음 [그림 서식]-[크기 및 속성]-[회전]을 통해 정확하게 맞추는 것이 좋습니다.

05 왼쪽 'A'각도에 맞춰 URL 텍스트 배치하기

01 URL 텍스트를 입력합니다.
- [삽입] 탭 - [텍스트] 그룹 - [텍스트 상자] - [가로 텍스트 상자]
- http://www.art-com.co.kr : Arial, 14pt, 굵게, 밝은 회색(R179 G179 B179)

02 텍스트를 회전하여 'A'자 왼쪽 윗부분에 배치합니다.
- 회전 : 287°

03 'A'자와 약간의 간격을 유지합니다.

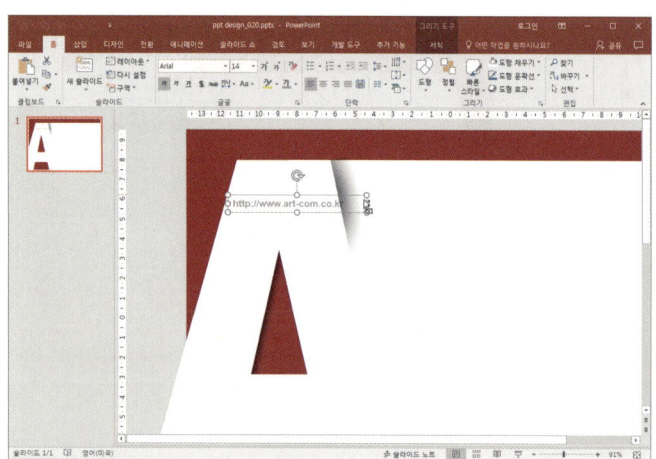 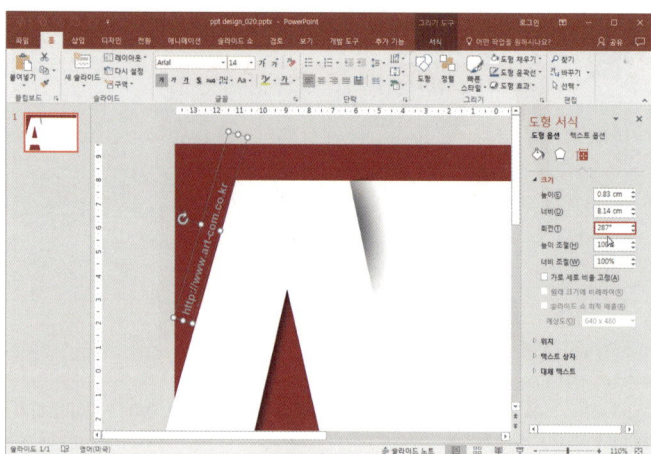

Tip & Tech 과정 05와 같이 텍스트를 배치하는 작업은 Ctrl 키를 누른 상태에서 방향키를 이용하여 미세하게 이동합니다.

06 타이틀과 서브 텍스트 편집하기

01 타이틀 텍스트를 입력합니다.
- [삽입] 탭 - [텍스트] 그룹 - [텍스트 상자] - [가로 텍스트 상자]
- ARTCOMPT 연구소는? : 나눔바른고딕OTF, 14pt, 진한 빨강(R191 G1 B1)

02 WordArt 스타일로 변형하기 위해 [서식] 탭 - [WordArt 스타일] 그룹 - [텍스트 효과] - [변환] - [휘기] - [사각형]을 클릭하고 크기를 조절합니다.
- 높이 : 1.13cm, 너비 : 9.27cm

03 [삽입] 탭 - [텍스트] 그룹 - [텍스트 상자] - [가로 텍스트 상자]를 통해 서브 텍스트 입력합니다.
- 나눔바른고딕OTF, 14pt, 줄 간격 : 1.0, 단락 : 양쪽 맞춤, 검은색
- 높이 : 2.05cm, 너비 : 16.36cm

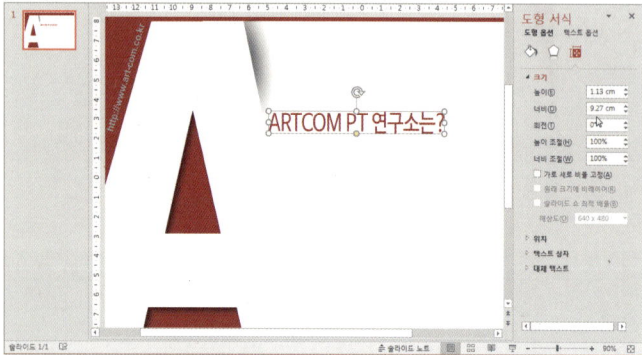 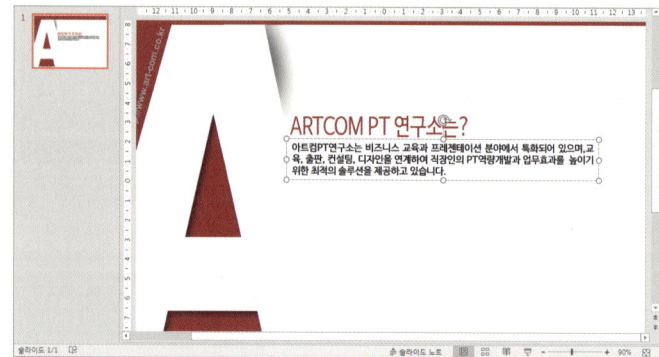

07 본문 텍스트 편집하기

01 본문 텍스트를 입력합니다.
- [삽입] 탭 – [텍스트] 그룹 – [텍스트 상자] – [가로 텍스트 상자]
- 지난 10년간 연구하고... : 나눔바른고딕OTF, 11pt, 회색(R127 G127 B127)

02 텍스트 박스 크기를 조절합니다.
- 높이 : 3.08cm, 너비 : 16.5cm

03 [홈] 탭 – [단락] 그룹에서 [양쪽 맞춤]을 한 다음 서브 텍스트 아래쪽에 배치합니다.

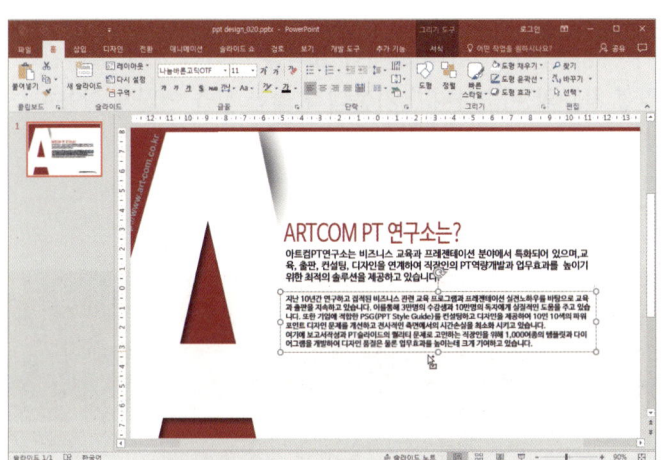 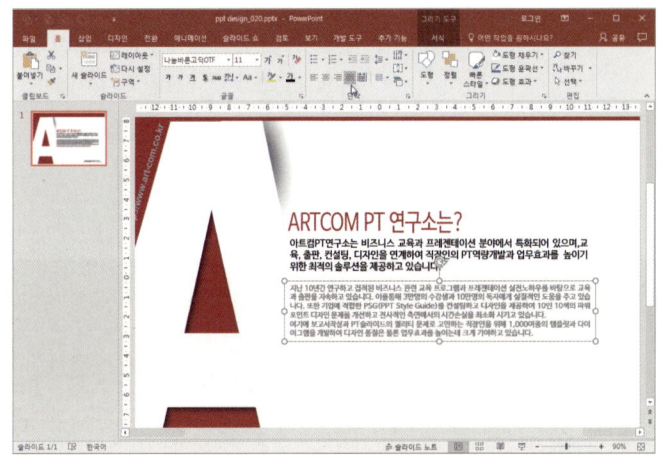

Tip & Tech   텍스트가 많은 경우 '메모장'에서 텍스트를 입력한 다음 붙여넣는 방식이 편리합니다.

08 본문 아래쪽 빨간색 텍스트 편집하기

01 [삽입] 탭 – [텍스트] 그룹 – [텍스트 상자] – [가로 텍스트 상자]를 통해 텍스트를 입력합니다.
- 나눔바른고딕OTF, 14pt, 줄 간격 : 1.0, 진한 빨강(R191 G1 B1)

02 글머리 기호를 적용하고 글머리 기호 간격을 점검합니다.
- 글머리 기호 : 속이 찬 둥근 글머리 기호

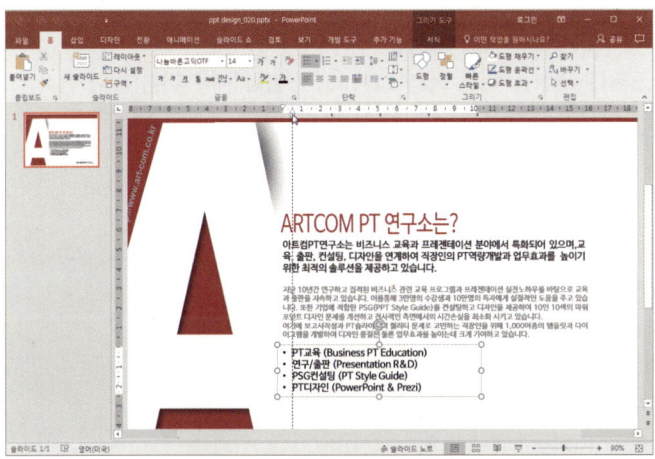 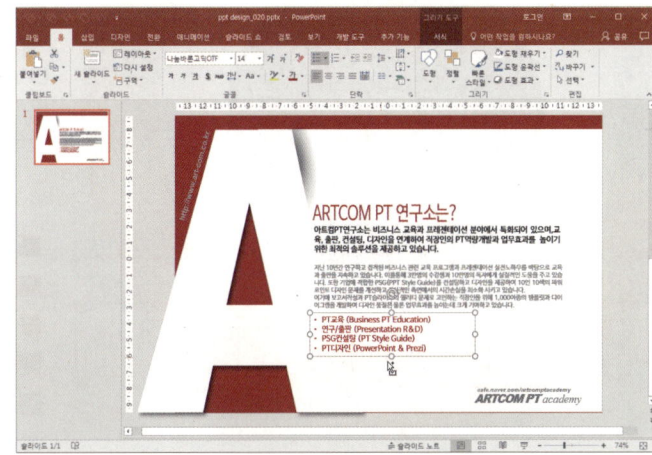

Tip & Tech   글머리 기호와 텍스트와의 간격이 너무 붙어도, 떨어져도 보기가 좋지 않습니다. 눈금자를 통해 글머리 기호와 텍스트와의 간격을 조절할 수 있습니다.

021 도넛형 차트를 부각한 본문 디자인

보고서나 제안서를 작성할 때 도넛형 차트는 자주 쓰입니다. 보통의 경우 엑셀에서 작성된 그래프를 파워포인트에 가져와 변경 없이 사용하는데 약간의 그래픽 효과를 더하면 보다 세련된 느낌을 줄 수 있습니다. 도넛 차트는 원형 차트와 비슷하지만 가운데가 뚫린 것을 어떻게 활용하느냐에 따라 색다른 느낌을 연출할 수 있습니다.

프레젠테이션 역량 설문조사 결과분석

분야별 419명을 대상으로 기획력, 연출력, 발표력 관련 설문조사하고 응답한 내용 분석(2017년 3월)

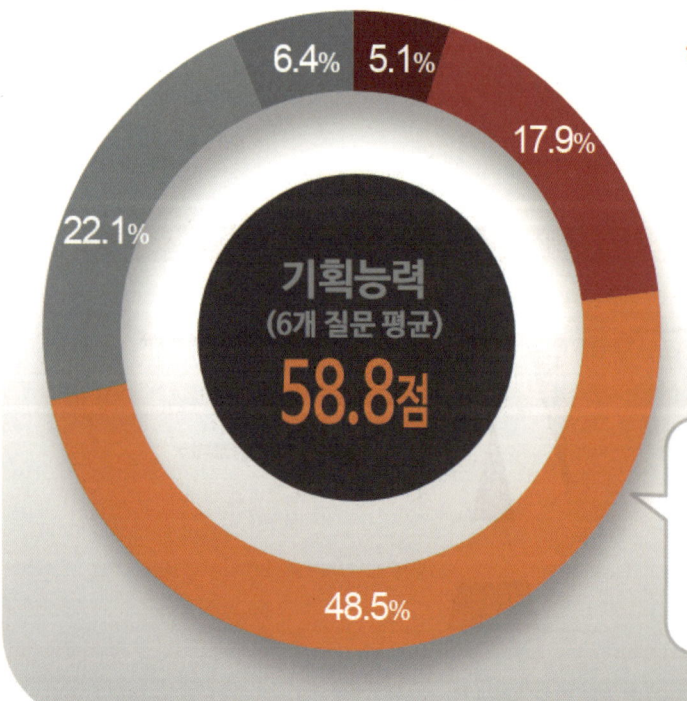

항목별 평균응답률 비교분석
※ 평균점수 : 기획능력 58.8점 〉 발표능력 57.3점 〉 연출능력 51.4점
※ '보통' 이상 평균 응답률 :
　　기획력 71.5% 〉 발표력 65.6% 〉 연출력 52.3%

PT기획능력 분석
'매우 우수'하다가 5.1%(22명), '우수'하다 17.9%(75명), '보통'이다 48.5%(203명), '미흡'하다 22.1%(93명), '매우 미흡'하다가 6.4%(27명)로 조사되었으며, '보통'이상이라는 응답자 71.5%로 연출능력과 발표능력에 비해 자신감을 보였습니다.

cafe.naver.com/artcomptacademy　**ARTCOM PT**academy

|난이도| ★★★★☆ |예제 폴더| Part 02\21 |완성 파일| Part 02\21\완성\ppt design_021.pptx
|과정 파일| Part 02\21\완성\ppt design_021_8단계.pptx
|색상 베리에이션| Part 02\21\완성\ppt design_021_4컬러.pptx
|인터넷으로 보기| http://cafe.naver.com/artcomptacademy/2228

※ 파워포인트 2007 사용자는 'Part 02\21\완성\021_2007버전 예제' 폴더에 있는 'ppt design_021(2007버전).pptx' 파일을 참고하세요.

디자인 포인트

이번 예제에서 주목해야 디자인은 도넛 차트를 활용하는 것입니다. 도넛 차트는 엑셀에서 작성한 뒤 복사하여 파워포인트에서 불러 들여 배치하면 됩니다. 엑셀에서 가져온 그대로를 배치할 경우 심미감이 떨어질 수 있으므로 색상을 다시 배색하거나 범례, 그림자 효과 등에 변화를 주어 디자인 미감을 살리는 것이 좋습니다.

4컬러 베리에이션

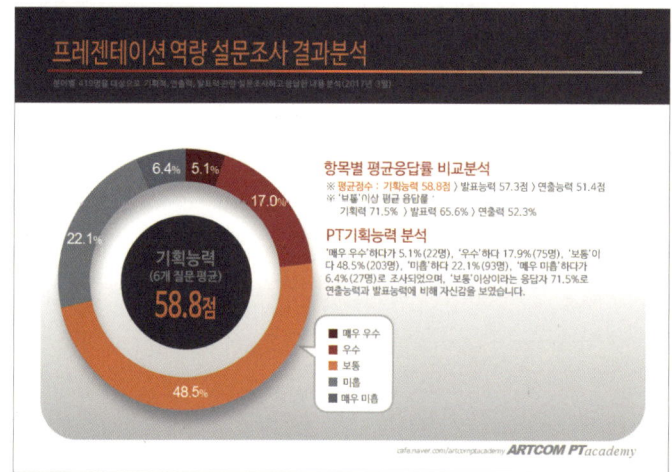
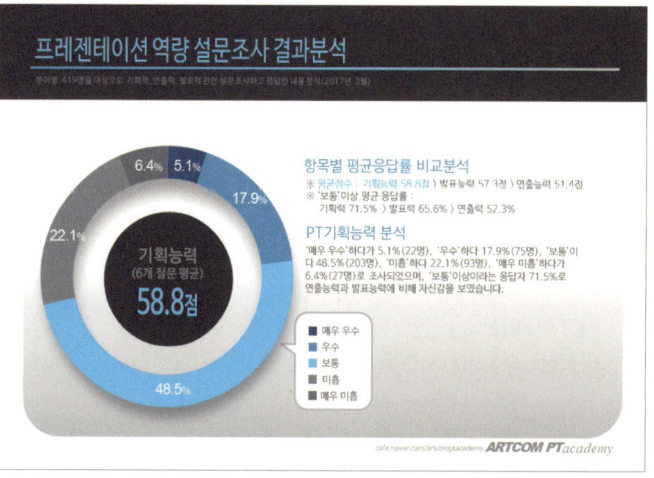
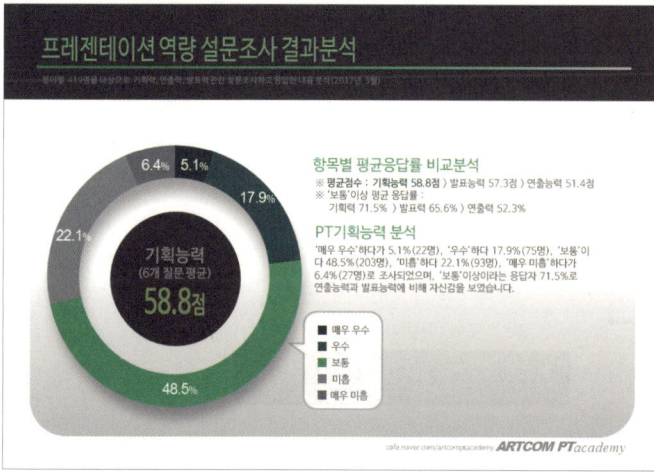
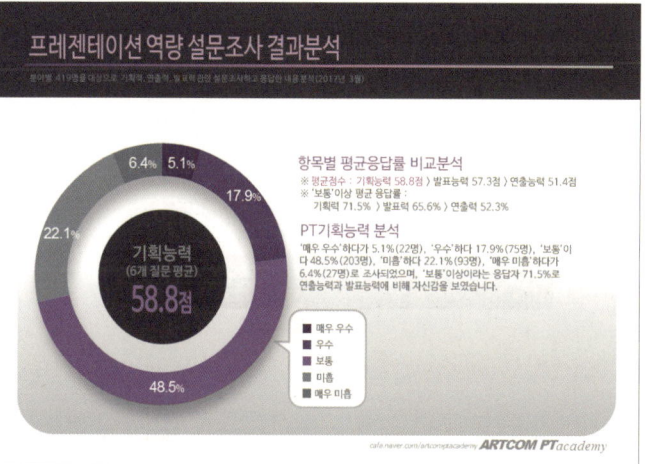

01 슬라이드 배경 만들기

01 [새 프레젠테이션]을 선택하고 직사각형을 그려 슬라이드 윗부분에 배치합니다.

※ 용지 종류는 [A4 용지], 슬라이드 방향은 [가로]입니다. 용지는 [디자인] 탭–[사용자 지정] 그룹–[슬라이드 크기]–[사용자 지정 슬라이드 크기]에서 설정합니다.

- 높이 : 3.92cm, 너비 : 27.52cm, 진한 회색(R65 G64 B66)

02 양쪽 모서리가 둥근 사각형을 그려 슬라이드 중심부에 배치합니다.

- 높이 : 13.76cm, 너비 : 25.42cm

03 시계 방향으로 돌려 주고(각도 : 180°) 모서리를 조절합니다. 색상은 무채색의 그라데이션을 적용합니다.

- [그라데이션 채우기] 선형, 각도 : 90°, 도형과 함께 회전, 투명도 : 0%
- [색상] 중지점 1/3 → 위치 : 0%, 색 : R204 G204 B204, 밝기 : −20%
  중지점 2/3 → 위치 : 50%, 색 : R255 G255 B255
  중지점 3/3 → 위치 : 100%, 색 : R255 G255 B255

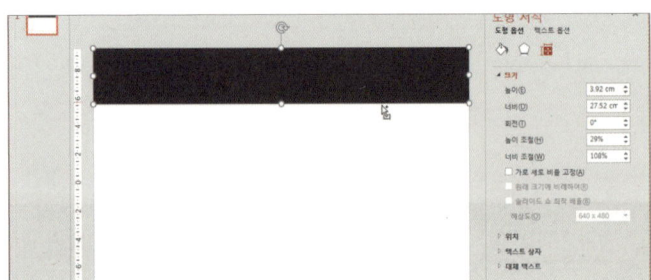 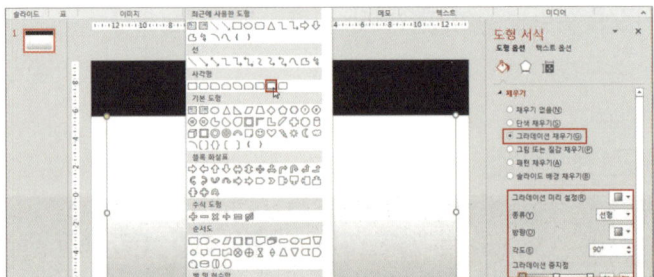

02 윗부분 타이틀 편집하기

01 윗부분 직사각형에 라인을 수평 방향으로 그려서 배치하고 색상은 그라데이션을 적용합니다.

- 길이 : 24.99cm, 너비 : 3pt
- [그라데이션 선] 선형, 각도 : 357°, 투명도 : 0%,
- [색상] 중지점 1/3 → 위치 : 0%, 색 : R180 G0 B3
  중지점 2/3 → 위치 : 50%, 색 : R253 G122 B21,
  중지점 3/3 → 위치 : 100%, 색 : R204 G204 B204, 밝기 : −20%

02 '프레젠테이션 역량 설문조사 결과분석'을 입력합니다.

- 나눔바른고딕OTF, 18pt, 글꼴 색 : 주황(R235 G127 B18)

03 WordArt 스타일로 변형하기 위해 [서식] 탭–[WordArt 스타일] 그룹–[텍스트 효과]–[변환]–[휘기]–[사각형]을 클릭한 다음 크기를 조절합니다.

04 서브 텍스트를 입력하고 그라데이션 라인 아랫부분에 배치합니다.

- 나눔바른고딕OTF, 10pt, 회색(R127 G127 B127)

 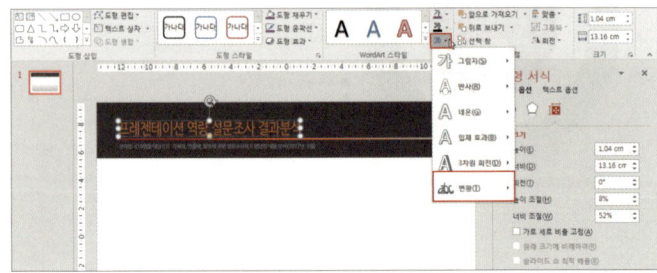

03 도넛 차트 색상 배색하기

01 엑셀에서 작성한 도넛 차트(021_도넛 차트.xlsx)를 복사하여 가져옵니다.

02 도넛 차트 크기를 조절합니다.
- 높이 : 11.49cm, 너비 : 11.49cm

03 각각의 파이별로 색상을 변경합니다.
- 검은 빨강(R128 G0 B1), 진한 빨강(R192 G0 B0), 주황(R235 G127 B18), 회색(R138 G140 B143), 진한 회색(R113 G115 B118)

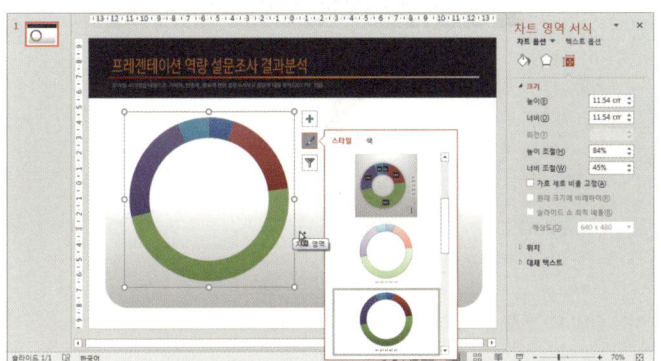 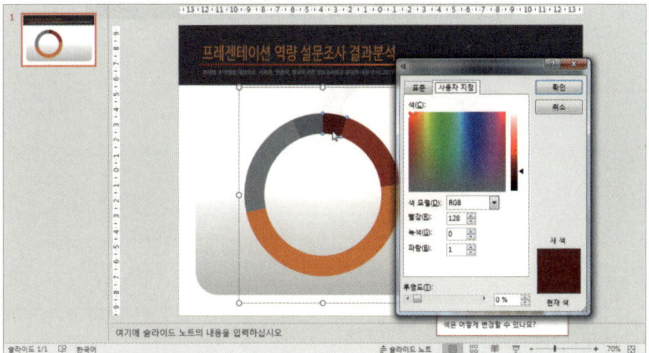

Tip & Tech 도넛 차트 크기를 조절할 때 높이와 너비 중 한쪽만 줄이거나 늘려도 깨지지 않고 차트 모양을 유지합니다. 'Part 02\21\완성\021_도넛 차트.xlsx'는 파워포인트 2016에서 작성했기 때문에 낮은 버전에서는 열리지 않을 수 있습니다. 파워포인트 2007 사용자는 'Part 02\21\완성\021_2007 버전 예제' 폴더에 있는 '021_도넛 차트(2007버전).xlsx' 파일을 참고하세요.

04 도넛 그림자 만들어 배치하기

01 도넛형 도형을 그리고 색상은 검은색에 투명도 70%를 적용합니다.
- [삽입] 탭–[일러스트레이션] 그룹–[도형]–[기본 도형]–[원형: 비어 있음]
- 높이 : 11.71cm, 너비 : 11.71cm

02 도넛형 도형에 부드러운 가장자리 효과를 적용합니다.
- [도형 서식]–[효과]–[부드러운 가장자리]–[크기] : 20pt

03 도넛형 그림자를 도넛 차트와 약간 어긋나게 포개 놓은 다음 도넛 차트를 [맨 뒤로 보내기]를 합니다.

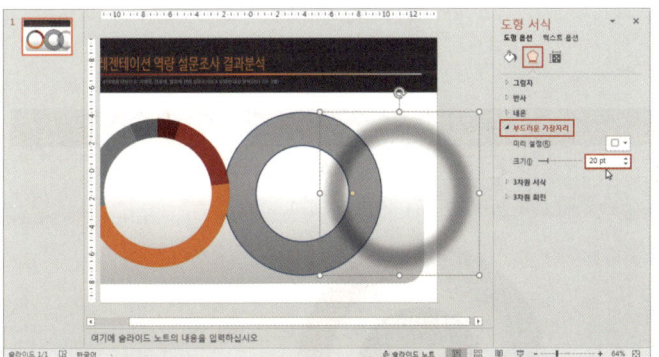 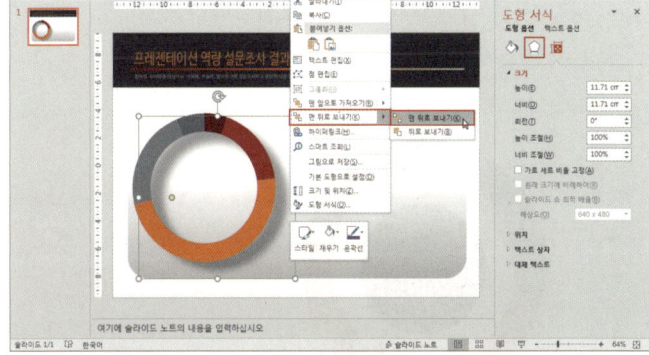

Tip & Tech 도넛형을 따로 그린 다음 부드러운 가장자리 효과를 적용하면 그림자를 쉽게 만들 수 있습니다. 초급자는 [뒤로 보내기]와 [맨 뒤로 보내기]를 자유롭게 다루지 못합니다. 작업 시간을 단축하기 위해 두 가지 기능을 효율적으로 활용할 수 있어야 합니다.

05 도넛 차트 숫자 배치하기

01 각각의 숫자 텍스트를 입력합니다.
- [삽입] 탭-[텍스트] 그룹-[텍스트 상자]-[가로 텍스트 상자]
- 맑은 고딕, 18pt, 굵게, 흰색

02 '%'자의 크기는 13pt로 줄입니다.

03 숫자 각각을 해당 파이에 배치합니다.

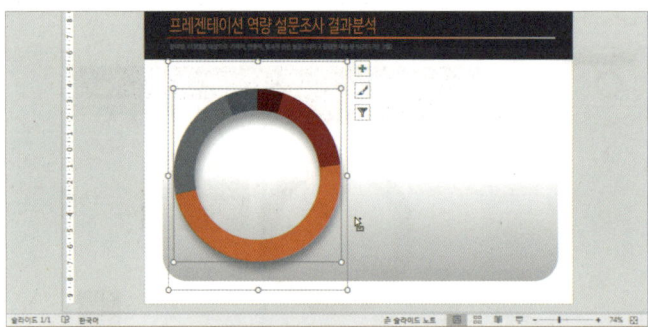 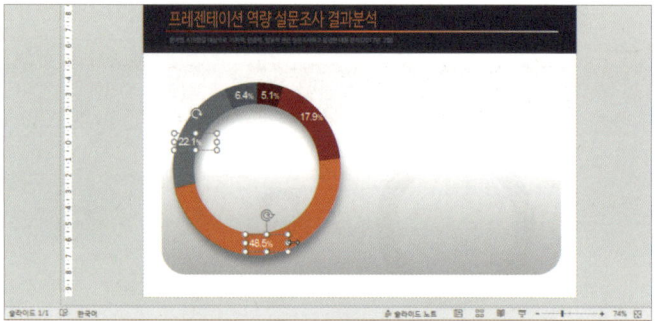

Tip & Tech 숫자와 %가 같으면 얇은 파이 조각에 넘치게 되므로 숫자보다 크기를 줄이는 것이 좋습니다. %를 숫자보다 약간 작게 줄이는 것이 디자인 관점에서도 좋습니다.

06 도넛 차트 중심부 편집하기

01 도넛 차트 중심부에 타원을 그리고 색상을 배색합니다.
- [삽입] 탭-[일러스트레이션] 그룹-[도형]-[기본 도형]-[도넛]
- 높이 : 5.49cm, 너비 : 5.49cm, 진한 회색(R65 G64 B66)

02 [삽입] 탭-[텍스트] 그룹-[텍스트 상자]-[가로 텍스트 상자]를 통해 위쪽 텍스트를 입력합니다.
- 나눔바른고딕OTF, 20pt, 굵게, 줄 간격 : 1.0, 단락 : 가운데 맞춤, 회색(R153 G153 B153)

03 '58.8점'을 입력합니다.
- [삽입] 탭-[텍스트] 그룹-[텍스트 상자]-[가로 텍스트 상자]
- 나눔바른고딕OTF, 굵게 , 20pt , 주황(R235 G127 B18)

04 WordArt 스타일로 변형하기 위해 [서식] 탭-[WordArt 스타일] 그룹-[텍스트 효과]-[변환]-[휘기]-[사각형]을 클릭하고 크기를 조절합니다.
- 높이 : 1.16cm, 너비 : 2.52cm

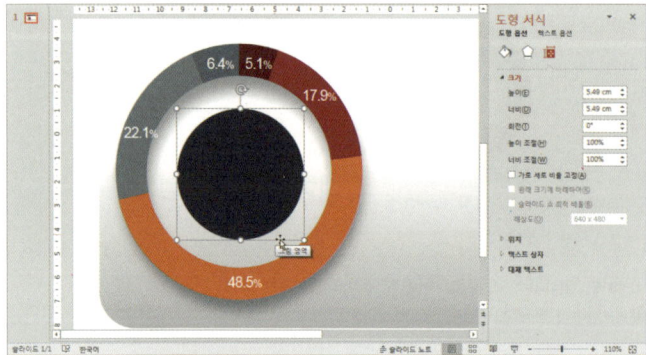 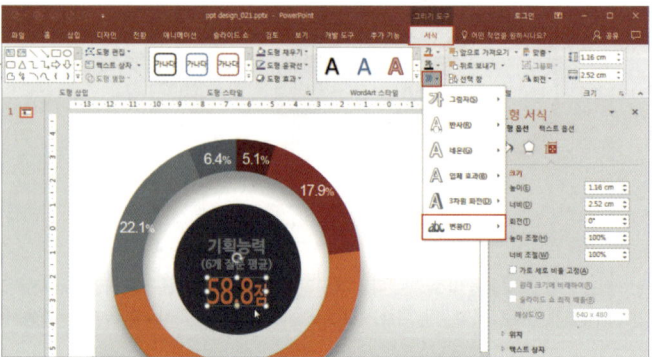

Tip & Tech 58.8점에서 '점'자는 숫자보다 작게 줄입니다. '%'자를 숫자보다 작게 하는 이유와 같습니다.

07 범례 디자인하기

01 [삽입] 탭-[이미지] 그룹-[그림]을 선택하여 범례 이미지를 불러와 도넛 차트 오른쪽 아랫부분에 배치합니다.
- Part 02\21\범례 박스.png

02 크기를 조절합니다.
- 높이 : 3.99cm, 너비 : 9.98cm

03 정사각형을 그리고 네 개 복제(Ctrl+D)한 다음 세로로 정렬합니다. 색상은 도넛 차트 파이 색상과 동일해야 하므로 스포이트 기능을 활용합니다.
- [서식] 탭-[도형 스타일] 그룹-[도형 채우기]-[스포이트]

04 [삽입] 탭-[텍스트] 그룹-[텍스트 상자]-[가로 텍스트 상자]를 통해 범례 텍스트를 각각 입력합니다.
- 나눔바른고딕OTF, 212pt, 회색(R150 G150 B150)

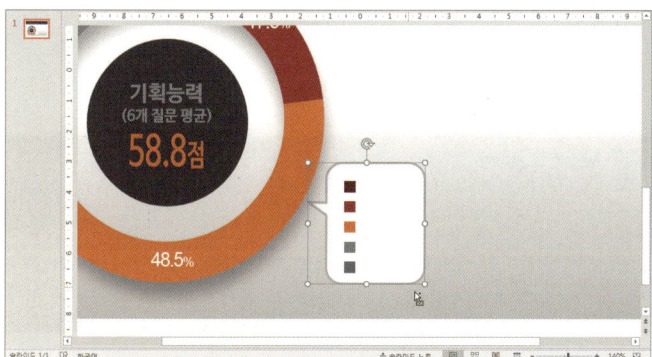 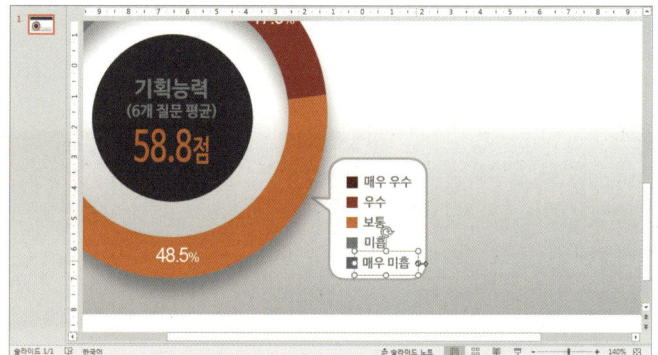

08 본문 텍스트 편집하기

01 [삽입] 탭-[텍스트] 탭-[텍스트 상자]-[가로 텍스트 상자]를 통해 본문 타이틀을 각각 입력하고 색상을 배색합니다.
- 나눔바른고딕OTF, 18pt, 빨강(R192 G0 B0)

02 [삽입] 탭-[텍스트] 탭-[텍스트 상자]-[가로 텍스트 상자]를 통해 설명글을 입력하고 색상을 배색합니다.
- 나눔바른고딕OTF, 12pt, 줄 간격 : 1.0, 단락 : 왼쪽 맞춤, 회색(R127 G127 B127)

03 '평균점수:기획능력 58.8점'의 색상을 연한 주황(R235 G127 B18)으로 지정합니다.

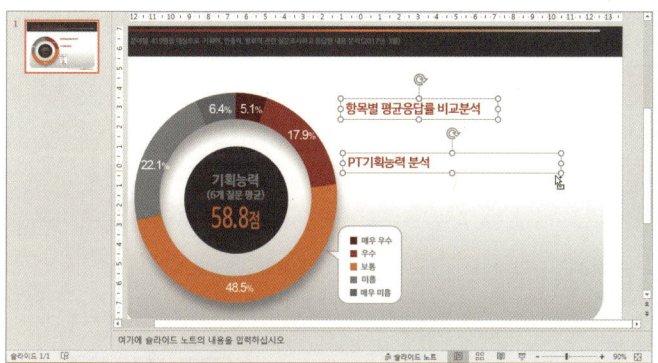 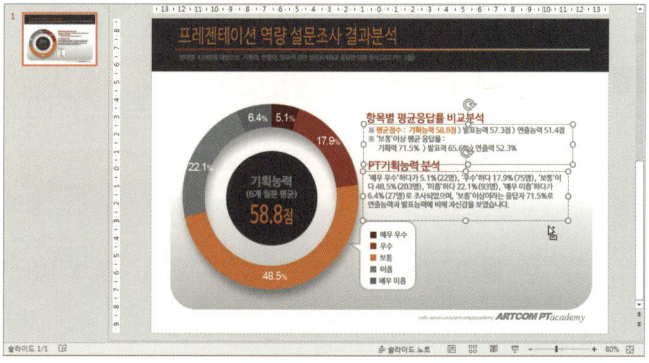

022 가로 누적 그래프를 부각한 본문 디자인

보고서나 제안서를 작성할 때 누적 막대그래프가 자주 사용됩니다. 엑셀에서 작성된 누적 막대그래프를 파워포인트에 불러들여 활용할 때 기능적인 면에서는 문제가 없지만 디자인적 측면에서는 문제가 있습니다. 한 가지 방법이 있다면 엑셀에서 불러온 그래프를 밑에 두고 파워포인트에서 제공하는 도형으로 트레이싱하는 것입니다. 막대그래프는 물론이고 꺾은선형 그래프, 도넛 그래프, 원형 그래프도 같습니다.

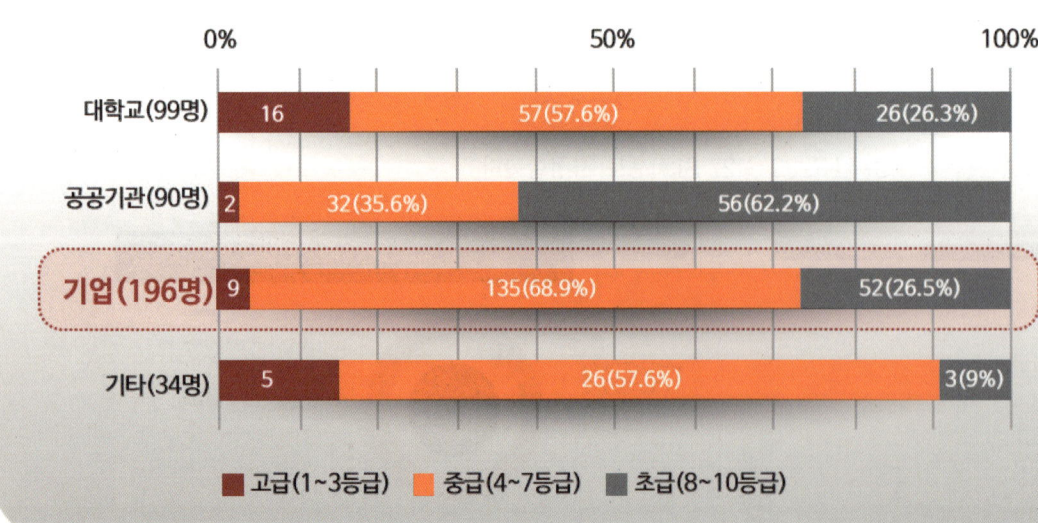

|난이도| ★★★★☆ |예제 폴더| Part 02\22 |완성 파일| Part 02\22\완성\ppt design_022.pptx
|과정 파일| Part 02\22\완성\ppt design_022_8단계.pptx
|색상 베리에이션| Part 02\22\완성\ppt design_022_4컬러.pptx
|인터넷으로 보기| http://cafe.naver.com/artcomptacademy/2227

디자인 포인트

이번 예제에서 주목해야 디자인은 누적 막대그래프입니다. 누적 막대그래프를 보다 세련되게 디자인하기 위해 엑셀에서 가져온 누적 막대그래프를 밑에 놓고 위에서 직사각형으로 트레이싱합니다. 숫자와 항목, 범례 또한 일관성 있게 디자인하는 것이 좋습니다. 그림자 효과를 적용하면 한층 도출되면서 세련된 느낌을 줄 수 있으며, 특정한 부분을 강조하기 위해 모서리가 둥근 직사각형을 활용합니다.

4컬러 베리에이션

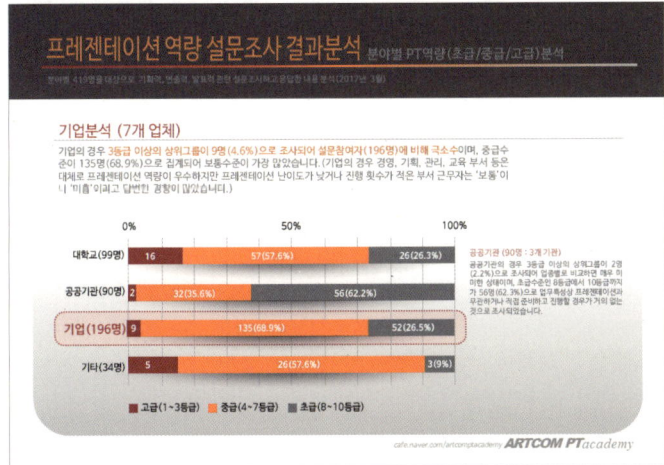
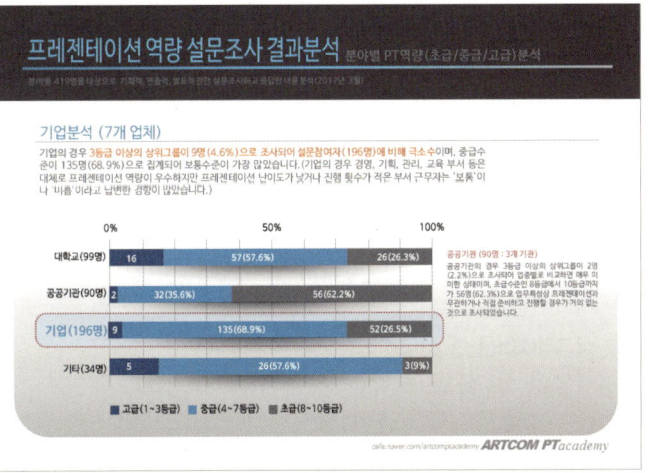
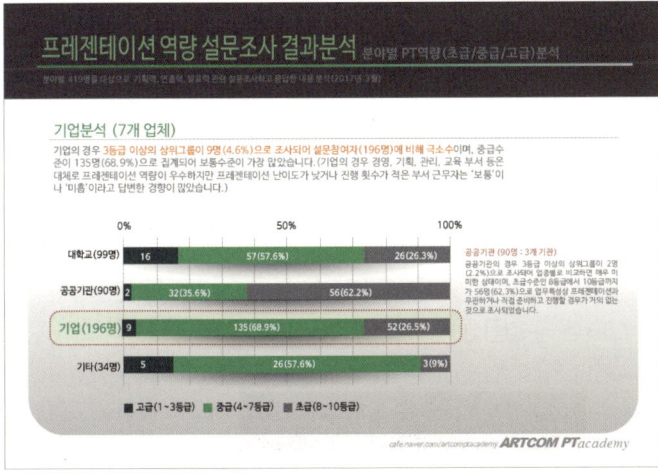
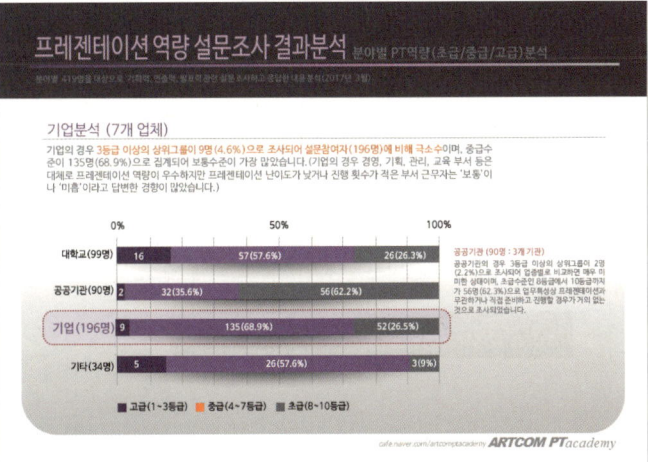

01 슬라이드 배경 만들기

01 [새 프레젠테이션]을 선택하고 직사각형을 그려 슬라이드 윗부분에 배치합니다.

※ 용지 종류는 [A4 용지], 슬라이드 방향은 [가로]입니다. 용지는 [디자인] 탭-[사용자 지정] 그룹-[슬라이드 크기]-[사용자 지정 슬라이드 크기]에서 설정합니다.

- 높이 : 3.92cm, 너비 : 27.52cm, 진한 회색(R65 G64 B66)

02 양쪽 모서리가 둥근 사각형을 그려 슬라이드 중심부에 배치합니다.

- 높이 : 13.76cm, 너비 : 25.58cm

03 시계 방향으로 돌려 주고(각도 : 180°) 모서리를 조절합니다. 색상은 무채색의 그라데이션을 적용합니다.

- [그라데이션 채우기] 선형, 각도 : 90°, 도형과 함께 회전, 투명도 : 0%
- [색상] 중지점 1/3 → 위치 : 0%, 색 : R204 G204 B204, 밝기 : -20%
  중지점 2/3 → 위치 : 50%, 색 : R255 G255 B255,
  중지점 3/3 → 위치 : 100%, 색 : R255 G255 B255,

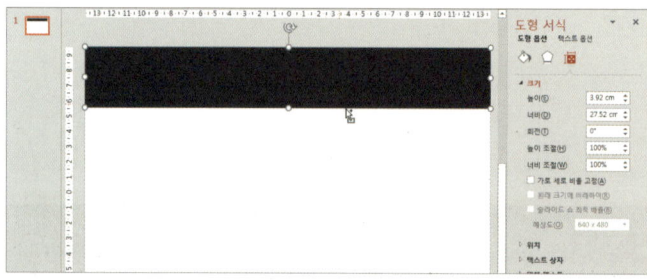 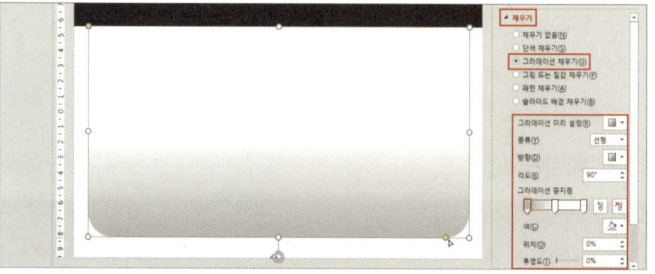

Tip & Tech 그라데이션에서 회색 부분에 밝기를 '-20%'로 설정하는 것이 중요합니다. 값이 내려갈수록 회색이 어두워집니다.

02 윗부분 타이틀 편집하기

01 윗부분 직사각형에 라인을 수평 방향으로 그려서 배치하고 색상은 그라데이션을 적용합니다.

- 너비 : 3pt
- [그라데이션 선] 선형, 각도 : 357°, 투명도 : 0%,
- [색상] 중지점 1/3 → 위치 : 0%, 색 : R180 G0 B30
  중지점 2/3 → 위치 : 50%, 색 : R253 G122 B21
  중지점 3/3 → 위치 : 100%, 색 : R204 G204 B204, 밝기 : -20%

02 '프레젠테이션 역량 설문조사 결과분석'을 입력합니다.

- 나눔바른고딕OTF, 18pt, 주황(R235 G127 B18)

03 WordArt 스타일로 변형하기 위해 [서식] 탭-[WordArt 스타일] 그룹-[텍스트 효과]-[변환]-[휘기]-[사각형]을 클릭한 다음 크기를 조절합니다.

04 서브 텍스트를 각각 입력하고 배치합니다.

- 분야별 PT역량... : 나눔바른고딕OTF, 16pt, 굵게, 회색(R127 G127 B127)
- 분야별 419명... : 나눔바른고딕OTF, 10pt, 회색(R127 G127 B127)

 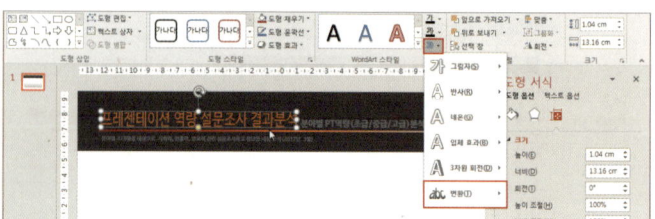

03 본문 텍스트 편집하기

01 '기업분석(7개 업체)'를 입력합니다.
- [삽입] 탭 – [텍스트] 그룹 – [텍스트 상자] – [가로 텍스트 상자]
- 나눔바른고딕OTF, 18pt, 진한 빨강(R192 G0 B0)

02 텍스트 밑으로 라인을 수평 방향으로 그려서 배치하고 색상은 회색(R166 G166 B166)으로 지정합니다.
- 너비 : 0.75pt

03 [삽입] 탭 – [텍스트] 그룹 – [텍스트 상자] – [가로 텍스트 상자]를 통해 본문 텍스트를 입력하고 색상을 배색합니다.
- 나눔바른고딕OTF, 12pt, 줄 간격 : 1.0, 단락 : 양쪽 맞춤, 회색(R127 G127 B127)

04 '3등급 이상의 상위그룹…' 색상을 연한 주황(R235 G127 B18)으로 지정합니다.

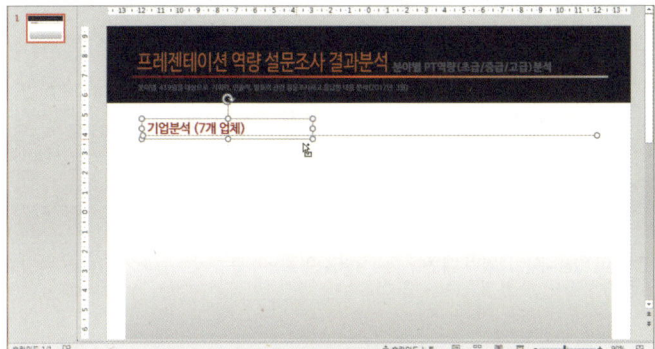 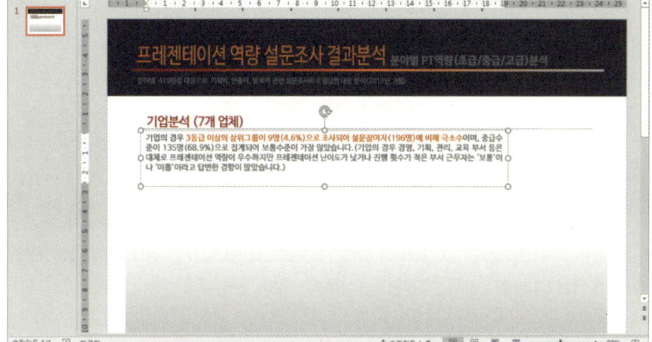

04 누적 막대그래프 눈금선 그리기

01 세로로 라인을 긋고 열 개를 복제(Ctrl+D)한 다음 가로 간격을 동일하게 정렬합니다.
- 길이 : 6.06cm, 너비 : 1pt

02 라인 색상을 회색(R179 G179 B179)으로 지정합니다.

03 [삽입] 탭 – [이미지] 그룹 – [그림]을 선택하여 잘린 타원 그림자를 불러와 세 개를 복제(Ctrl+D)한 다음 세로 간격을 정렬합니다.
- Part 02\22\잘린 타원형 그림자.png

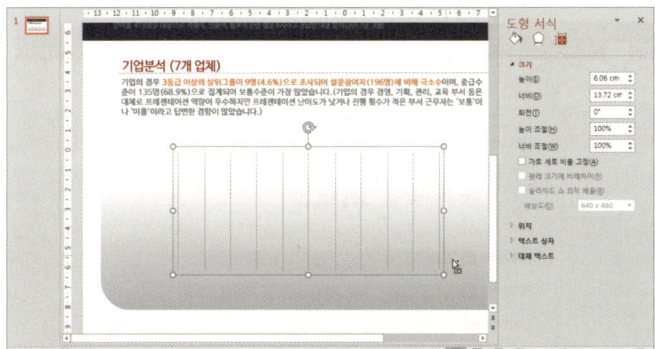 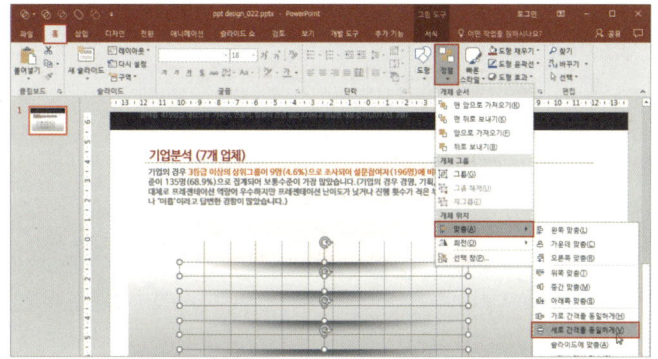

Tip & Tech 가로 간격 및 세로 간격 정렬하기는 정렬할 대상을 대략적으로 벌려 놓은 다음 [서식] 탭 – [정렬] 그룹 – [맞춤] – [가로 간격을 동일하게]/[세로 간격을 동일하게]를 선택합니다.

05 누적 막대그래프 디자인하기

01 엑셀에서 만든 누적 막대그래프를 복사하고 파워포인트 작업 창에 붙여넣습니다.
- Part 02\22\누적 막대 그래프.xlsx

02 엑셀에서 가져온 누적 막대 길이를 조절합니다.
- 높이 : 5.21cm, 너비 : 13.72cm

03 직사각형을 이용하여 높이를 동일하게 하여 막대그래프를 트레이싱합니다.

04 엑셀에서 가져온 그래프는 삭제하고 트레이싱한 직사각형에 색상을 배색합니다.
- 진한 빨강(R180 G0 B30), 주황(R255 G126 B21), 회색(R114 G113 B114)

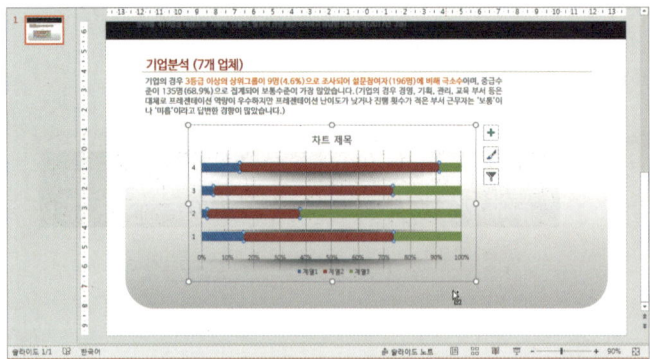 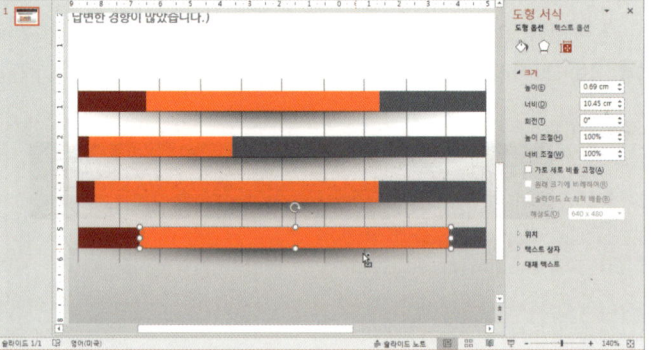

Tip & Tech 엑셀에서 가져온 누적 막대그래프를 그대로 사용할 경우 다음 단계 작업에 어려움이 있습니다. 그렇기 때문에 직사각형을 이용하여 트레이싱한 다음 엑셀에서 가져온 그래프는 삭제하는 것이 좋습니다.

06 누적 막대그래프에 항목과 숫자 배치하기

01 위쪽 '%' 각각 입력하고 배치합니다.
- [삽입] 탭-[텍스트] 그룹-[텍스트 상자]-[가로 텍스트 상자]
- 0%, 50%, 100% : 나눔바른고딕OTF, 11pt, 검은색

02 왼쪽 항목 텍스트를 각각 입력하고 배치합니다.
- 대학교(99명), 공공기관(90명), 기타(34명) : 나눔바른고딕OTF, 11pt, 검은색
- 기업(196명) : 나눔바른고딕OTF, 14pt, 굵게, 진한 빨강(R192 G0 B0)

03 누적 막대그래프 텍스트를 각각 입력하고 배치합니다.
- 나눔바른고딕OTF, 10pt, 흰색

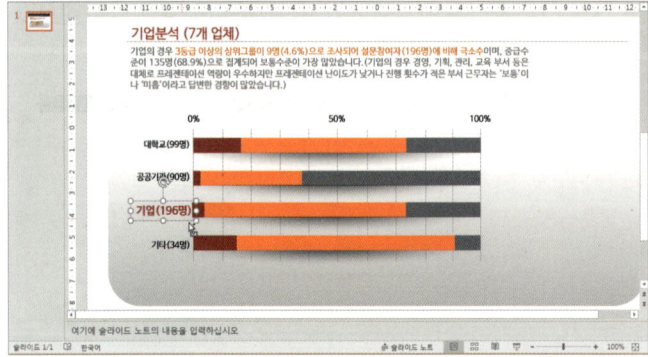 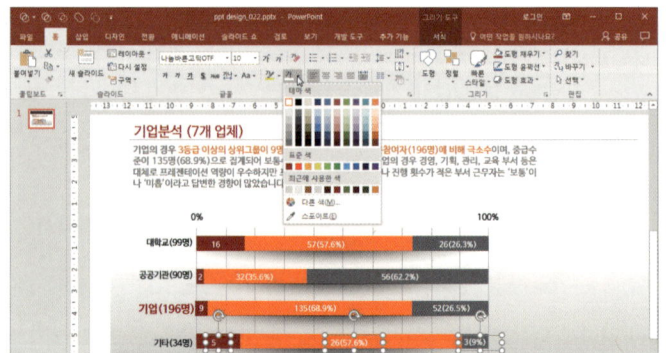

Tip & Tech 작업 방식은 개인마다 다를 수 있습니다. 꼭 어떻게 해야 한다는 법칙은 없으므로 작업 습관에 따라 텍스트를 입력하고 배치하면 됩니다.

07 그래프 강조하고 범례 디자인하기

01 모서리가 둥근 직사각형을 그리고 크기와 모양을 조절합니다.
- 높이 : 1.36cm, 너비 : 17.3cm

02 테두리의 두께(1.5pt)와 대시를 지정하고 도형 색상을 배색합니다.
- [서식] 탭-[도형 스타일] 그룹-[도형 윤곽선]-[대시]-[둥근 점선]
- 테두리 색상 : 진한 빨강(R192 G0 B0), 도형 색상 : 다홍(R242 G220 B219)

03 정사각형 박스를 그린 다음 두 개 복제(Ctrl+D)하여 가로로 정렬합니다. 색상은 누적그래프 색상과 동일해야 하므로 스포이트 기능을 활용합니다.
- [도형 채우기]-[스포이트]
- 높이 : 0.37cm, 너비 : 0.37cm

04 [삽입] 탭-[텍스트] 그룹-[텍스트 상자]-[가로 텍스트 상자]를 통해 범례 텍스트를 각각 입력합니다.
- 나눔바른고딕OTF, 11pt, 검정

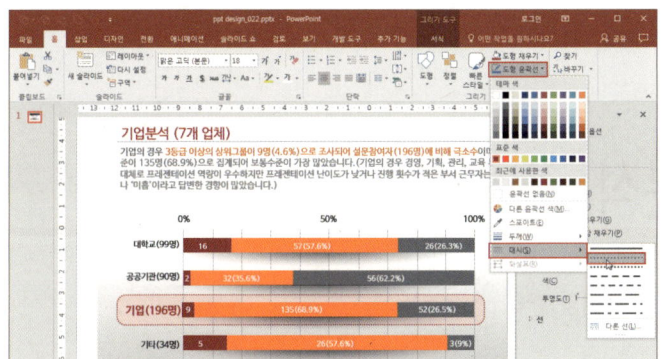 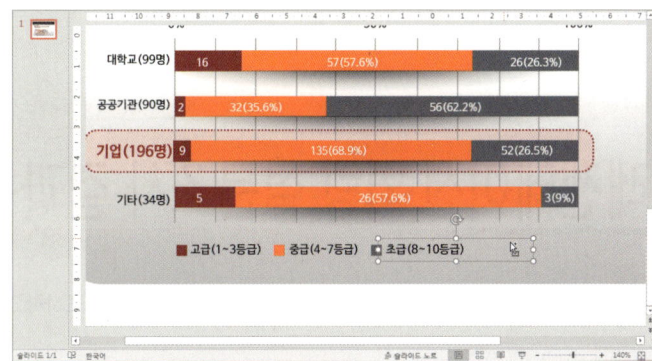

Tip & Tech 그래프 중 특별히 강조해야 할 부분이 있습니다. 표현 방법은 다양하기 때문에 몇 가지 강조 기법을 익혀 둘 필요가 있습니다.

08 누적 막대그래프 오른쪽 텍스트 편집하기

01 '공공기관(90명:3개 기관)'을 입력하고 배치합니다.
- [삽입] 탭-[텍스트] 그룹-[텍스트 상자]-[가로 텍스트 상자]
- 나눔바른고딕OTF, 10pt, 굵게, 다홍(R217 G150 B148)

02 본문 텍스트를 입력하고 **01**의 아래쪽에 배치합니다.
- 나눔바른고딕OTF, 9pt, 줄 간격 : 1.0, 단락 : 양쪽 맞춤, 밝은 회색(R127 G127 B127)

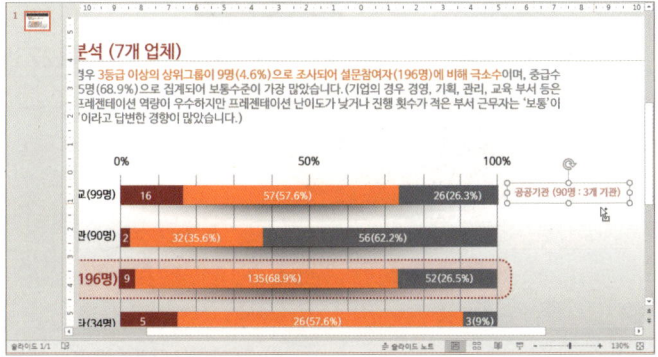 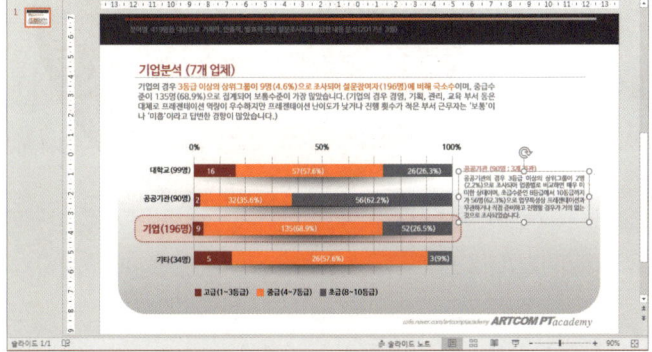

Tip & Tech 본문 텍스트의 색상을 배색할 때 채도가 높은 색상을 쓰지 말아야 합니다. 빨간색, 파란색, 노란색 등 채도가 높은 색상은 시선을 분산시키고 디자인 관점에서도 촌스러운 느낌을 주기 때문에 주의해야 합니다.

023 원형 그래프를 부각한 본문 디자인

보고서나 제안서를 작성할 때 원형 그래프가 자주 사용됩니다. 엑셀에서 가져온 원형 그래프는 그 자체로는 거칠기 때문에 심미감을 주기 위해 재가공을 하는 것이 좋습니다. 산뜻하게 파이 색상을 배색하고, 그림자 효과를 적용하거나 도형을 더하는 등의 작업을 통해 보다 세련된 느낌을 연출할 필요가 있습니다. 세련된 보고서 디자인을 원한다면 엑셀에서 가져온 그래프들은 대부분 재가공할 필요가 있습니다.

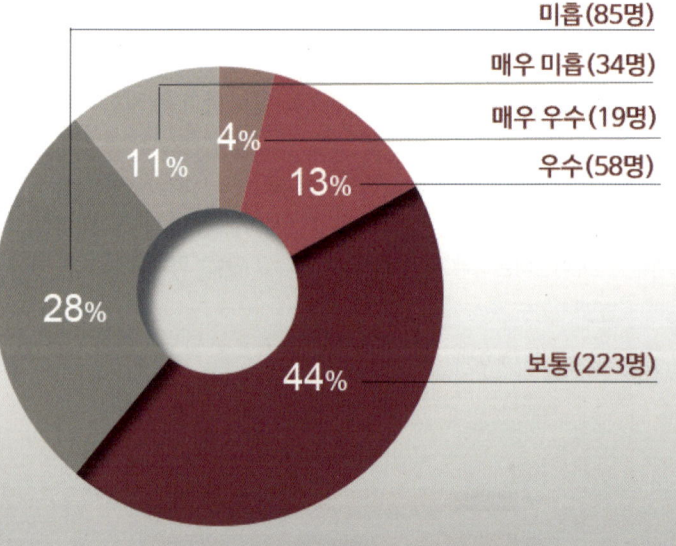

|난이도| ★★★★☆ |예제 폴더| Part 02\23 |완성 파일| Part 02\23\완성\ppt design_023.pptx
|과정 파일| Part 02\23\완성\ppt design_023_8단계.pptx
|색상 베리에이션| Part 02\23\완성\ppt design_023_4컬러.pptx
|인터넷으로 보기| http://cafe.naver.com/artcomptacademy/2226

※ 파워포인트 2007 사용자는 'Part 02\23\완성\023_2007버전 예제' 폴더에 있는 'ppt design_023(2007버전).pptx' 파일을 참고하세요.

디자인 포인트

이번 예제에서 주목해야 디자인은 원형 그래프입니다. 우선 엑셀에서 가져온 원형 그래프를 그대로 사용하되 범례와 그림자 효과 등을 제거합니다. 색상은 유사 색상과 무채색을 활용하여 배색하고 전체적으로 탁한 느낌이 들지 않도록 주의합니다. 원형 그래프 가운데에 타원을 배치하고 안쪽 그림자 효과를 적용합니다. 특정 파이 조각에도 안쪽 그림자 효과를 적용해 시인성을 높이면서 디자인 미감을 살립니다.

4컬러 베리에이션

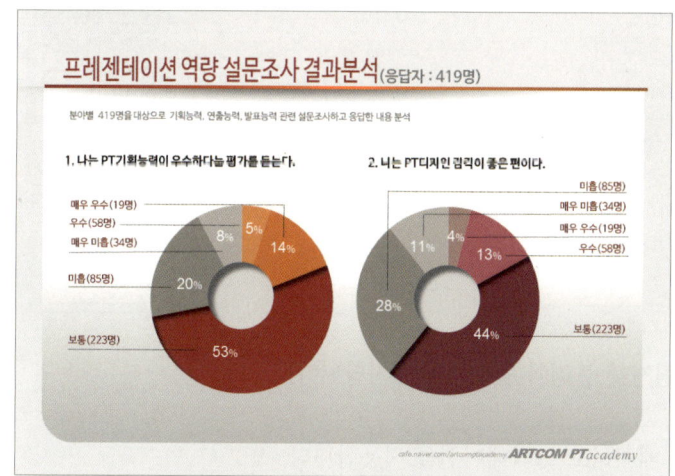
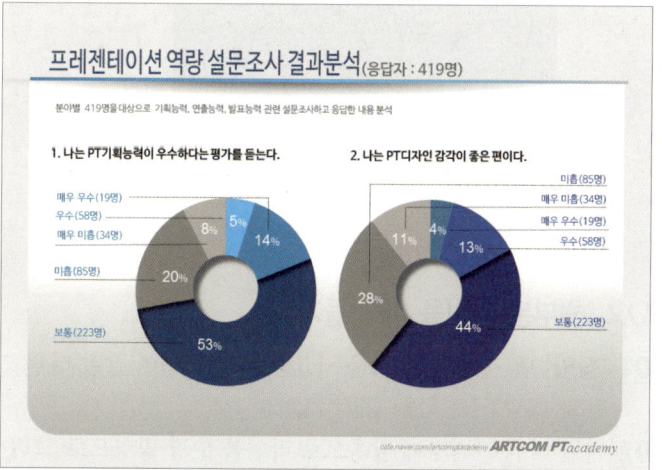
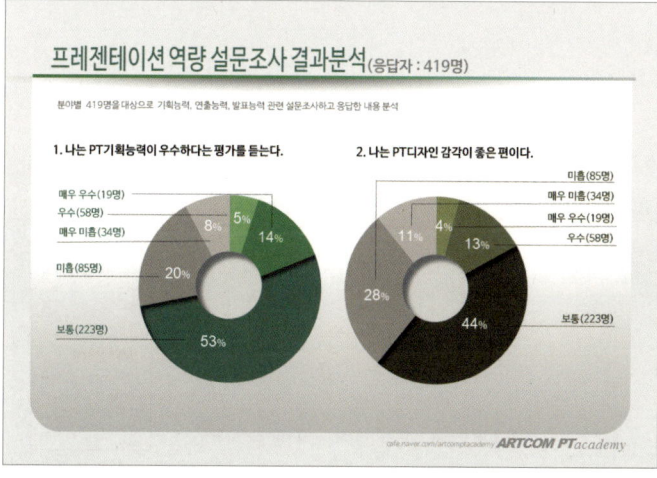
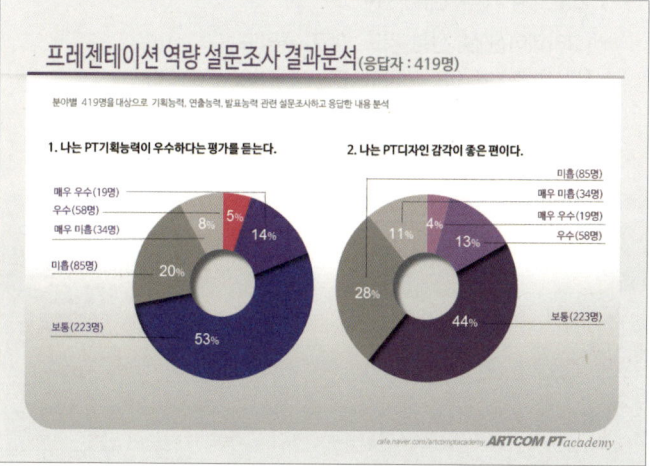

01 슬라이드 배경 만들기

01 [새 프레젠테이션]을 선택합니다. 배경을 마우스 오른쪽 버튼으로 클릭하고 [배경 서식]을 선택한 다음 배경 색상을 밝은 회색(R242 G242 B242)으로 지정합니다.

- [배경 서식]-[단색 채우기]-[색]

※ 용지 종류는 [A4 용지], 슬라이드 방향은 [가로]입니다. 용지는 [디자인] 탭-[사용자 지정] 그룹-[슬라이드 크기]-[사용자 지정 슬라이드 크기]에서 설정합니다.

02 [양쪽 모서리가 둥근 사각형]을 그려 슬라이드 가운데 배치합니다.

- 높이 : 14.5cm, 너비 : 25.21cm
- [삽입] 탭-[일러스트레이션] 그룹-[도형]-[사각형]-[양쪽 모서리가 둥근 사각형]

03 시계 방향으로 돌려 주고 모서리를 조절합니다.

- 각도 : 180°

04 색상은 무채색의 그라데이션을 적용합니다.

- [그라데이션 채우기] 선형, 각도 : 90°, 도형과 함께 회전, 투명도 : 0%
- [색상] 중지점 1/3 → 위치 : 0%, 색 : R204 G204 B204, 밝기 : -20%
  - 중지점 2/3 → 위치 : 50%, 색 : R255 G255 B255,
  - 중지점 3/3 → 위치 : 100%, 색 : R255 G255 B255

 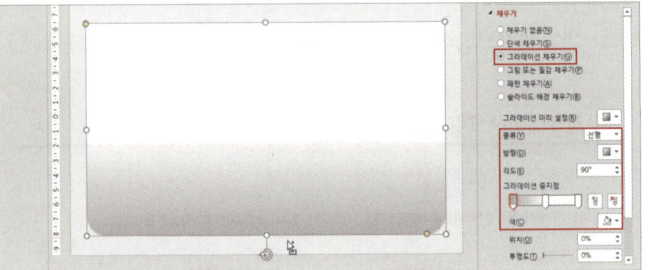

02 윗부분 타이틀 바 만들기

01 [삽입] 탭-[이미지] 그룹-[그림]을 선택하여 잘린 타원 그림자를 불러와 윗부분에 배치합니다.

- Part 02\23\잘린 타원 그림자.png

02 잘린 타원 그림자에 앞쪽으로 라인을 수평 방향으로 그려서 배치하고 그라데이션을 적용합니다.

- 길이 : 25.33cm 너비 : 4pt
- [그라데이션 선] 선형, 각도 : 357°, 투명도 : 0%,
- [색상] 중지점 1/3 → 위치 : 0%, 색 : R180 G0 B30
  - 중지점 2/3 → 위치 : 50%, 색 : R253 G122 B21
  - 중지점 3/3 → 위치 : 100%, 색 : R186 G117 B42

 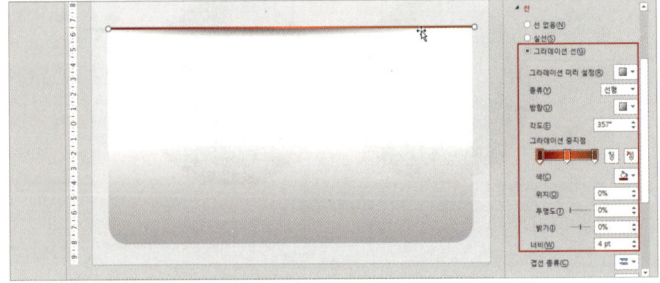

03 윗부분 텍스트 편집하기

01 '프레젠테이션 역량 설문조사 결과분석'을 입력합니다.
- [삽입] 탭 – [텍스트] 그룹 – [텍스트 상자] – [가로 텍스트 상자]
- 나눔바른고딕OTF, 18pt, 진한 빨강(R180 G0 B30)

02 WordArt 스타일로 변형하기 위해 [서식] 탭 – [WordArt 스타일] 그룹 – [텍스트 효과] – [변환] – [휘기] – [사각형]을 클릭하고 크기를 조절합니다.
- 높이 : 14.5cm, 너비 : 25.21cm

03 '(응답자: 419명)'을 입력하고 제목 오른쪽에 배치합니다.
- 나눔바른고딕OTF, 18pt, 굵게, 회색(R127 G127 B127)

04 '분야별 419명을 대상으로…'를 입력하고 그라데이션 라인 아랫부분에 배치합니다.
- 나눔바른고딕OTF, 11pt, 회색(R127 G127 B127)

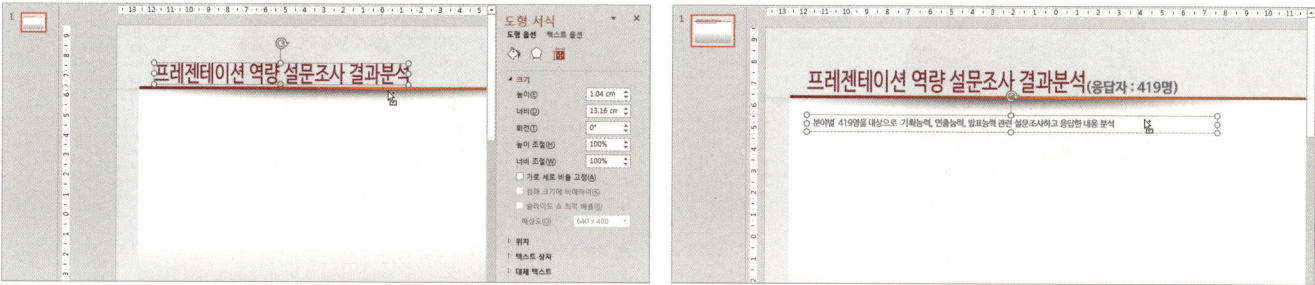

Tip & Tech 메인 타이틀은 WordArt 스타일로 변형하는 것이 가독성과 시인성을 높이는 가장 좋은 방법입니다.

04 엑셀에서 가져온 원형 그래프 재가공하기

01 엑셀에서 만든 첫 번째 원형 그래프를 복사하고 파워포인트 작업 창에 붙여넣습니다.
- Part 02\23\원형 그래프.xlsx 첫 번째

02 원형 그래프 크기를 조절합니다.
- 높이 : 8.59cm, 너비 : 8.47cm

03 각각의 파이별로 색상을 변경합니다.
- 주황(R239 G156 B72), 어두운 주황(R234 G128 B19), 진한 빨강(R192 G0 B0), 밝은 밤색(R163 G155 B146), 밝은 황갈색(R200 G195 B190)

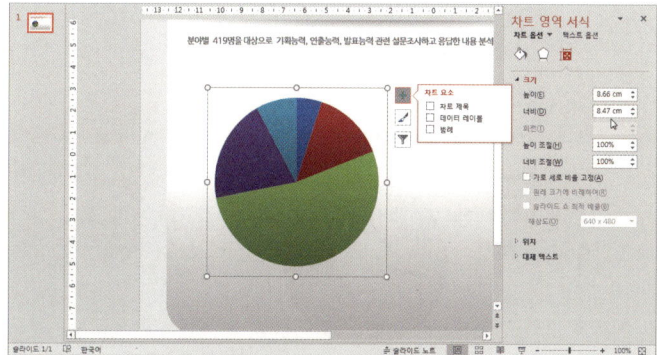 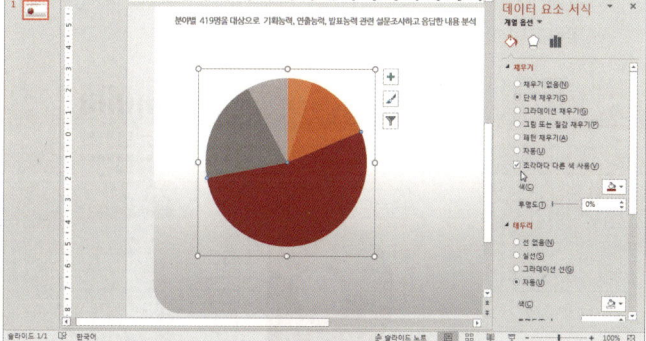

Tip & Tech 회색에도 따스한 계열과 차가운 계열이 있습니다. 여기에서는 파일 색상들이 따스한 붉은색 계열이므로 무채색의 파이 색상도 따스한 계열의 색상(밝은 밤색, 밝은 황갈색)으로 배색하는 것이 좋습니다.
파이 색상을 변경하려면 해당 파이를 선택하고 [서식] 탭 – [도형 스타일] 그룹 – [도형 채우기] – [다른 채우기 색]에서 배색합니다.

05 원형 그래프 중심부 디자인하기

01 원형 그래프 중심부에 타원을 그리고 색상을 배색합니다.
- [삽입] 탭-[일러스트레이션] 그룹-[도형]-[기본 도형]-[타원]
- 높이 : 2.76cm, 너비 : 2.76cm

02 타원에 안쪽 그림자 효과를 적용하기 위해 [도형 서식]-[효과]-[그림자]-[미리 설정]-[안쪽]-[안쪽 대각선 왼쪽 위]를 클릭합니다.
- 투명도 : 50%, 흐리게 : 6pt, 각도 : 225°, 간격 : 10pt

03 진한 빨간색 파이를 선택한 다음 안쪽 그림자 효과를 적용합니다.
- 투명도 : 50%, 흐리게 : 6pt, 각도 : 225°, 간격 : 6pt

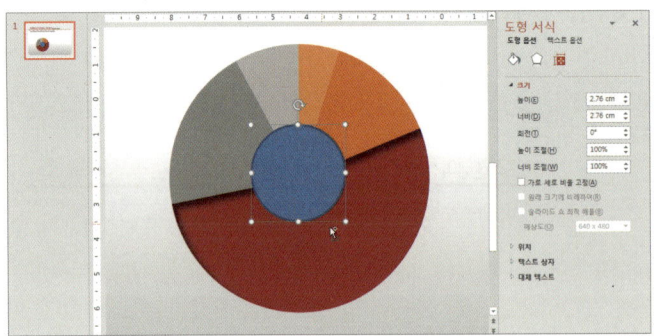
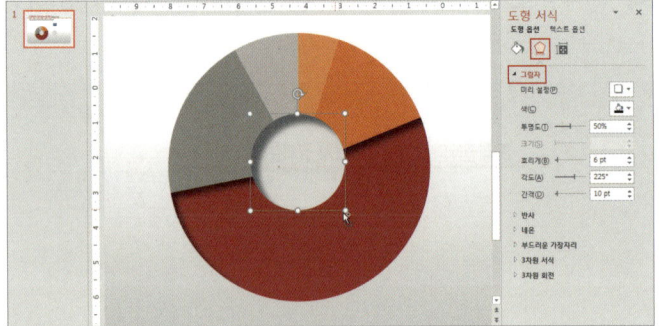

06 원형 그래프에 보조 라인 긋고 텍스트 배치하기

01 원형 그래프에 얇은 보조 라인을 그려서 배치합니다.
- 너비 : 0.75pt, 검정색

02 '1.나는 PT기획능력이..' 원형 그래프 제목 텍스트를 입력합니다.
- [삽입] 탭-[텍스트] 그룹-[텍스트 상자]-[가로 텍스트 상자]
- 나눔바른고딕OTF, 14pt, 굵게, 검정

03 [삽입] 탭-[텍스트] 그룹-[텍스트 상자]-[가로 텍스트 상자]를 통해 오른쪽 텍스트를 각각 입력합니다.
- 나눔바른고딕OTF, 12pt, 글꼴 색 : 빨강(R149 G48 B48)

04 각각의 숫자 텍스트를 입력하고 파이에 배치합니다.
- [삽입] 탭-[텍스트] 그룹-[텍스트 상자]-[가로 텍스트 상자]
- 맑은 고딕, 18pt('%'자의 크기는 13pt), 흰색

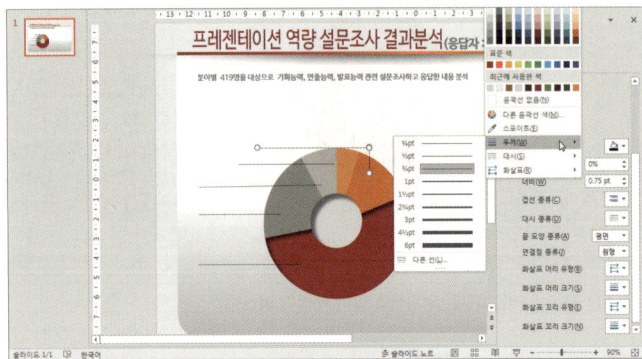
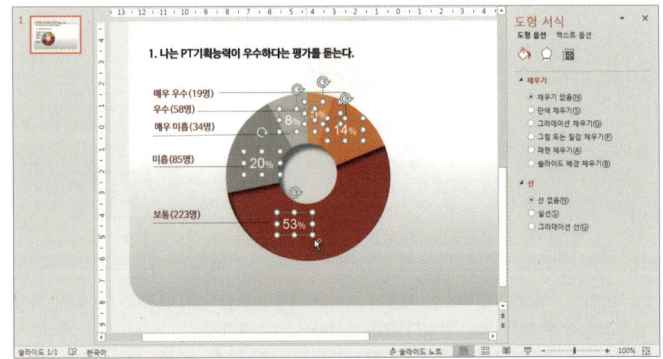

07 오른쪽 원형 그래프 디자인하기

01 엑셀에서 만든 두 번째 원형 그래프를 복사하고 파워포인트 작업 창에 붙여넣습니다.
- Part 02\23\원형 그래프.xlsx 두 번째

02 원형 그래프 크기를 조절합니다.
- 높이 : 8.59cm, 너비 : 8.47cm

03 각각의 파이별로 색상을 변경합니다.
- 산호색(R191 G148 B139), 분홍(R207 G88 B114), 진한 분홍(R157 G45 B69), 밝은 밤색(R163 G155 B146), 밝은 황갈색(R200 G195 B190)

04 과정 05의 타원을 복제(Ctrl+D)하여 오른쪽 원형 그래프에 배치합니다.

05 진한 분홍색 파이를 선택한 다음 안쪽 그림자 효과를 적용합니다.
- 투명도 : 50%, 흐리게 : 6pt, 각도 : 225°, 간격 : 6pt

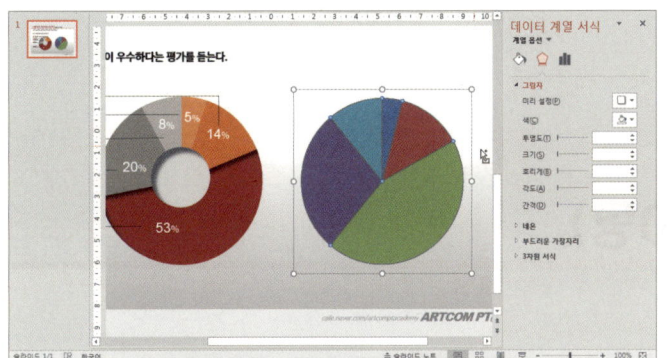
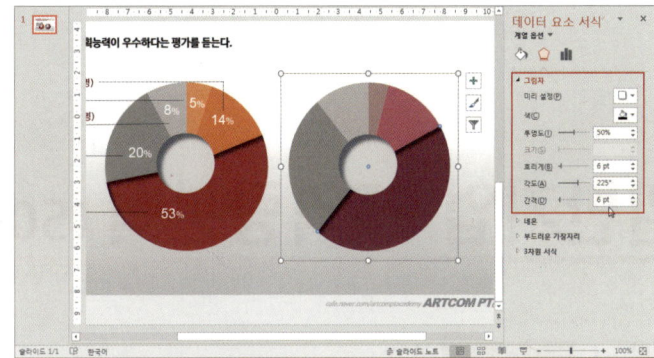

Tip & Tech 두 개의 원형 그래프 색상을 같게 하는 방법도 있으나 여기에서는 왼쪽과 오른쪽 원형 그래프에 약간의 변화를 줍니다. 오른쪽 원형 그래프는 왼쪽 그래프와 차별화를 위해 붉은색 계열의 파스텔 톤으로 배색합니다.

08 오른쪽 원형 그래프에 라인 긋고 텍스트 배치하기

01 과정 06과 같이 원형 그래프에 가는 보조 라인을 그려서 배치합니다.
- 너비 : 0.75pt, 검정색

02 과정 06과 같이 제목 텍스트, 오른쪽 텍스트, 숫자 텍스트를 각각 입력하고 색상을 배색합니다. 라인과 텍스트는 왼쪽 원형 그래프와 대칭되게 배치합니다.

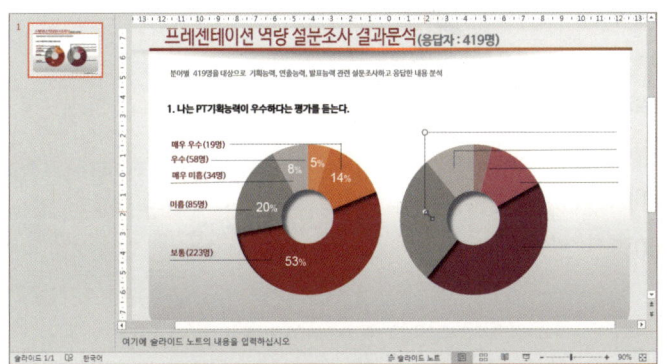
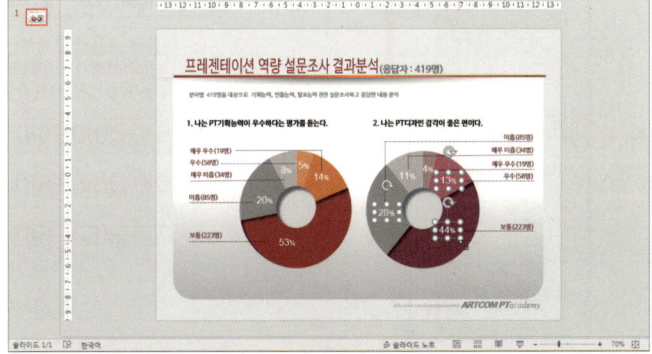

Tip & Tech 두 개의 원형 그래프를 슬라이드에 배치할 때 시각적 균형이 중요합니다. 텍스트는 좌우로 대칭되게 배치하는 것이 안정감이 있습니다.

024 세로 누적 그래프를 부각한 본문 디자인

보고서나 제안서 작성에 세로형이나 가로형 누적 막대그래프를 사용해야 할 때가 있습니다. 여러 개로 나열된 누적 막대그래프가 일반적이지만 단 한 줄의 누적 막대그래프도 종종 쓰입니다. 한 줄 누적 막대그래프는 주변 공간이 많이 남아 그래픽 효과를 줄 수 있습니다. 보조 라인, 화살표, 말풍선 등을 이용하여 공간을 효과적으로 활용할 필요가 있습니다.

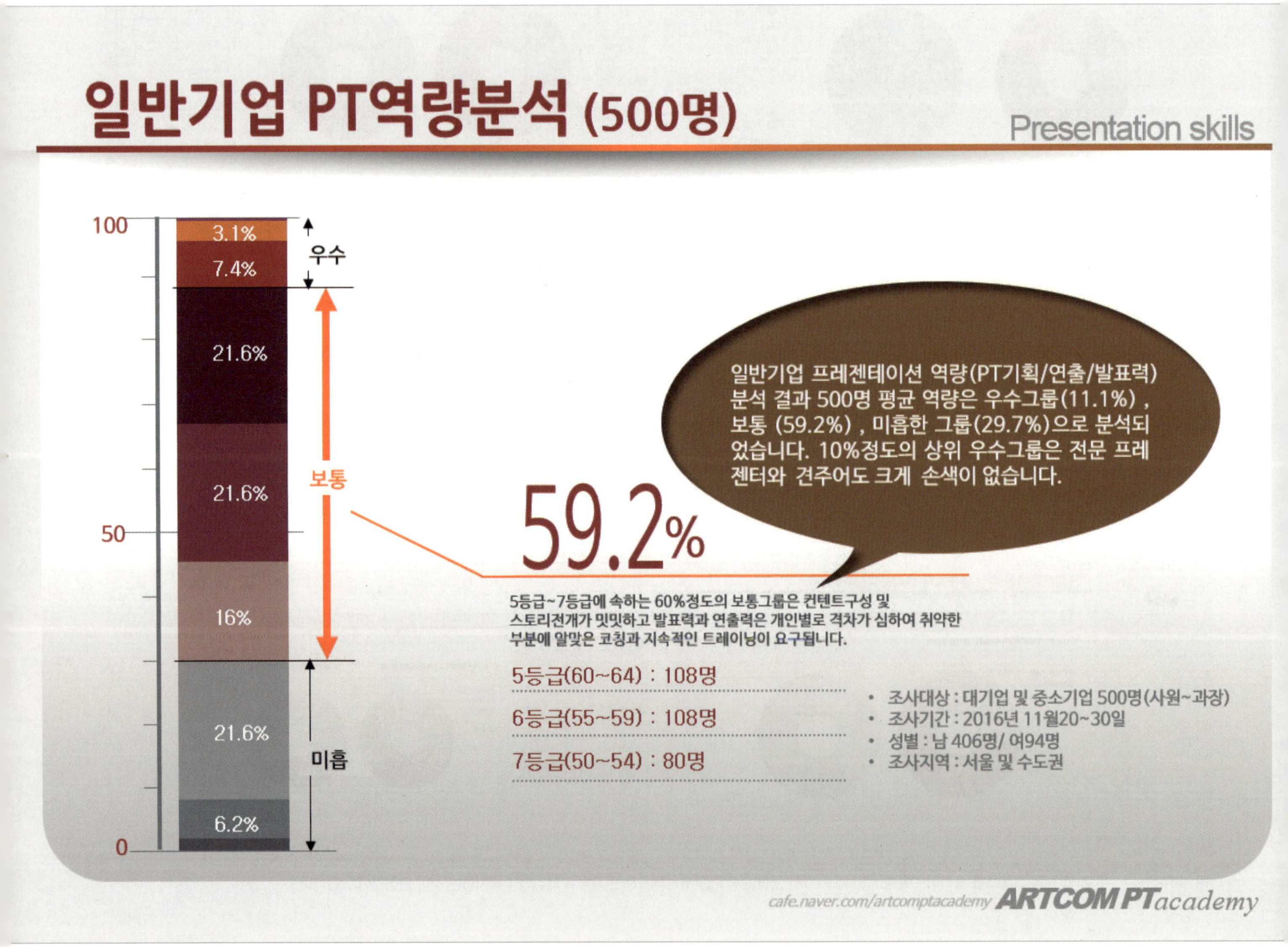

일반기업 PT역량분석 (500명)

Presentation skills

- 3.1% / 7.4% — 우수
- 21.6% / 21.6% — 보통
- 16% / 21.6% / 6.2% — 미흡

59.2%

일반기업 프레젠테이션 역량(PT기획/연출/발표력) 분석 결과 500명 평균 역량은 우수그룹(11.1%), 보통(59.2%), 미흡한 그룹(29.7%)으로 분석되었습니다. 10%정도의 상위 우수그룹은 전문 프레젠터와 견주어도 크게 손색이 없습니다.

5등급~7등급에 속하는 60%정도의 보통그룹은 컨텐트구성 및 스토리전개가 밋밋하고 발표력과 연출력은 개인별로 격차가 심하여 취약한 부분에 알맞은 코칭과 지속적인 트레이닝이 요구됩니다.

- 5등급(60~64) : 108명
- 6등급(55~59) : 108명
- 7등급(50~54) : 80명

- 조사대상 : 대기업 및 중소기업 500명(사원~과장)
- 조사기간 : 2016년 11월20~30일
- 성별 : 남 406명/ 여94명
- 조사지역 : 서울 및 수도권

cafe.naver.com/artcomptacademy **ARTCOM PT academy**

|난이도| ★★★★☆ |예제 폴더| Part 02\24 |완성 파일| Part 02\24\완성\ppt design_024.pptx
|과정 파일| Part 02\24\완성\ppt design_024_8단계.pptx
|색상 베리에이션| Part 02\24\완성\ppt design_024_4컬러.pptx
|인터넷으로 보기| http://cafe.naver.com/artcomptacademy/2223

디자인 포인트

이번 예제에서 주목해야 디자인은 세로형 누적 막대그래프입니다. 엑셀에서 가져온 세로형 누적 막대그래프를 이용하여 직사각 도형으로 그래프를 다시 그립니다. 엑셀 그래프를 그대로 활용할 경우 다음 단계의 작업에 문제가 생기기 때문입니다. 누적 막대그래프에서 가장 중요한 부분은 색상입니다. 근접색을 사용하여 현란하지 않게 배색합니다. 기본적인 누적 막대그래프 작업이 끝나면 주변의 눈금과 보조 라인, 화살표 등을 긋고 텍스트를 각각 입력하여 배치합니다.

4컬러 베리에이션

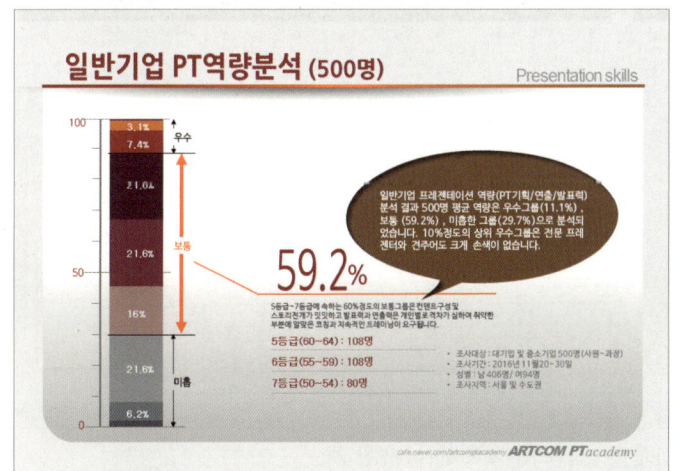
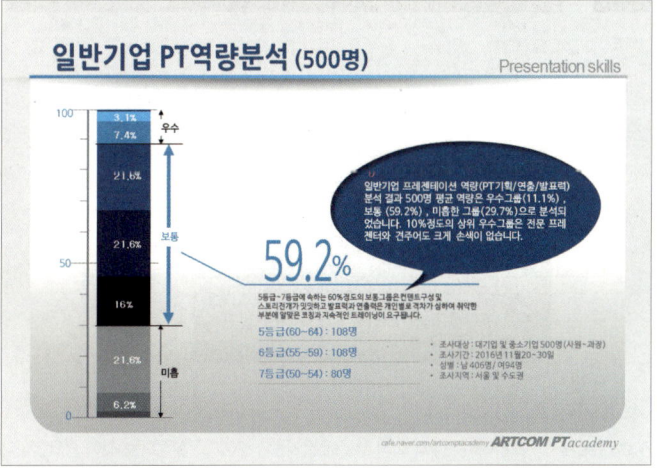
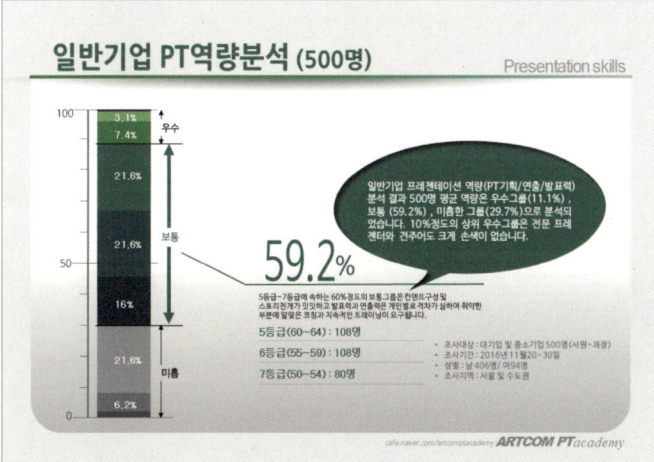
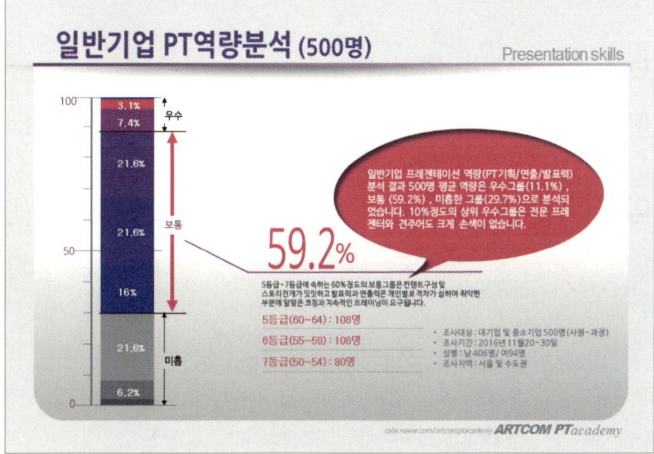

01 슬라이드 배경 만들기

01 슬라이드를 새로 만들기 위해 테마 선택 창에서 [새 프레젠테이션]을 선택합니다. 배경을 마우스 오른쪽 버튼으로 클릭하고 [배경 서식]을 선택한 다음 배경 색상을 밝은 회색(R242 G242 B242)으로 지정합니다.

- [배경 서식]-[단색 채우기]-[색]

※ 용지 종류는 [A4 용지], 슬라이드 방향은 [가로]입니다. 용지는 [디자인] 탭-[사용자 지정] 그룹-[슬라이드 크기]-[사용자 지정 슬라이드 크기]에서 설정합니다.

02 양쪽 모서리가 둥근 사각형을 그려 슬라이드 중심부에 배치합니다.

- 높이 14.5cm, 너비 : 25.21cm

03 시계 방향으로 돌려 주고 모서리를 조절합니다.

- 각도 : 180°

04 색상은 무채색의 그라데이션을 적용합니다.

- [그라데이션 채우기] 선형, 각도 : 90°, 도형과 함께 회전, 투명도 : 0%
- [색상] 중지점 1/3 → 위치 : 0%, 색 : R204 G204 B204, 밝기 : -20%
  중지점 2/3 → 위치 : 50%, 색 : R255 G255 B255
  중지점 3/3 → 위치 : 100%, 색 : R255 G255 B255

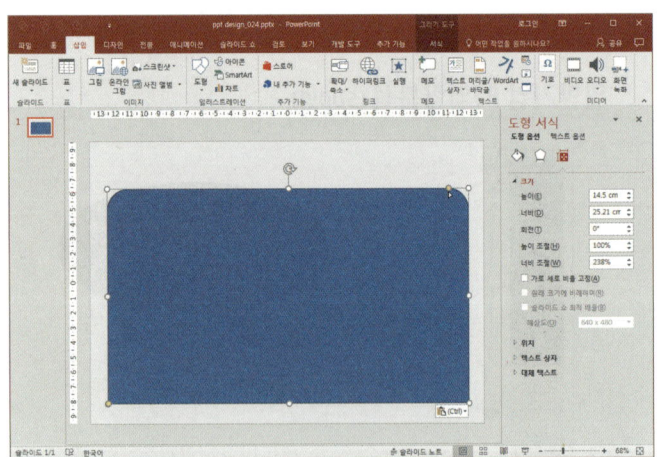 

Tip & Tech 그라데이션에서 회색 부분에 밝기를 '-20%'로 설정하는 것이 중요합니다. 마이너스 값이 올라갈수록 회색이 어두워집니다.

02 윗부분 타이틀 바 만들기

01 [삽입] 탭-[이미지] 그룹-[그림]을 선택하여 잘린 타원 그림자를 불러와 윗부분에 배치합니다.

- Part 02\24\누적 막대 그래프.xlsx

02 잘린 타원 그림자에 앞쪽으로 라인을 수평 방향으로 그려서 배치하고 색상은 그라데이션을 적용합니다.

- 길이 : 25.33cm 너비 : 4pt
- [그라데이션 선] 선형, 각도 : 357°, 투명도 : 0%,
- [색상] 중지점 1/3 → 위치 : 0%, 색 : R180 G0 B30
  중지점 2/3 → 위치 : 50%, 색 : R253 G122 B21
  중지점 3/3 → 위치 : 100%, 색 : R186 G117 B42

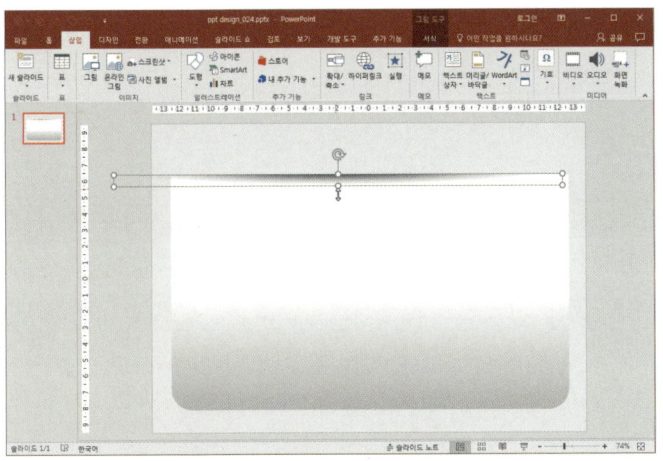
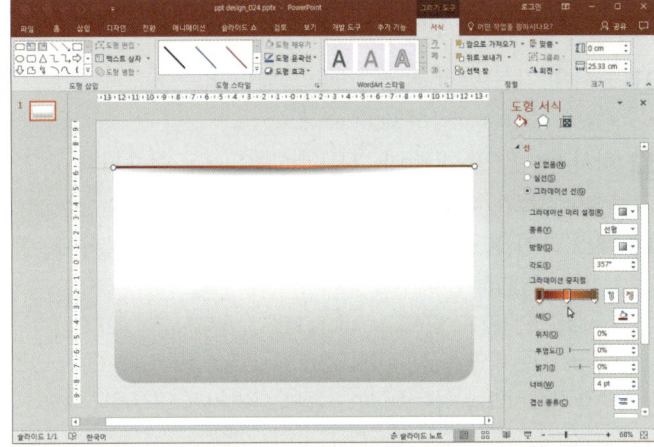

03 윗부분 텍스트 편집하기

01 '일반기업 PT역량분석'을 입력합니다.
- 나눔바른고딕OTF, 18pt, 진한 빨간색(R180 G0 B30)

02 WordArt 스타일로 변형하기 위해 [서식] 탭-[WordArt 스타일] 그룹-[텍스트 효과]-[변환]-[휘기]-[사각형]을 선택합니다.
- 높이 : 1.15cm, 너비 : 9.86cm

03 '(500명)'을 입력하고 타이틀 오른쪽에 배치합니다.
- 나눔고딕 ExtraBold, 26pt, 진한 빨강(R180 G0 B30)

04 'Presentation skills.'를 입력하고 그라데이션 선 오른쪽 끝에 배치힙니다.
- Arial, 20pt, 회색(R166 G166 B166)

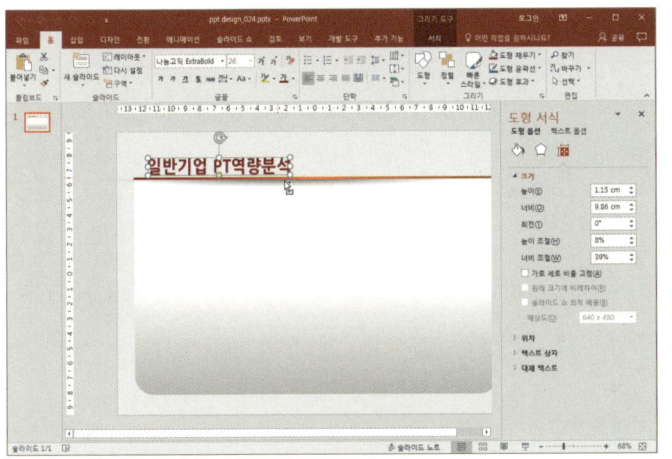
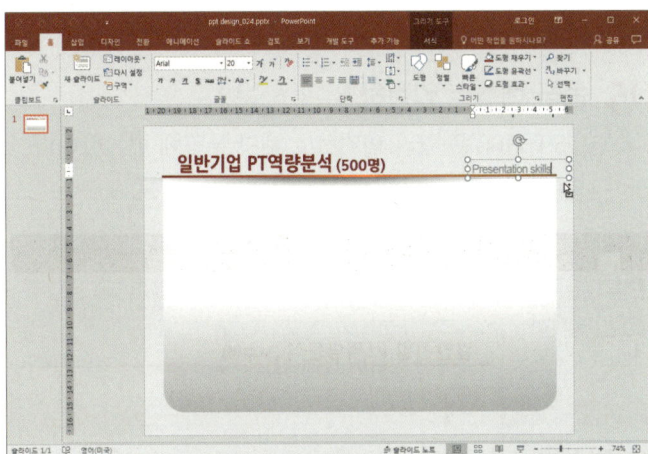

04 그래프 눈금 만들기

01 눈금의 기본이 될 직사각형을 그립니다.
- 높이 : 1.26cm, 너비 : 1.31cm

02 직사각형을 열 개 쌓아 그룹(Ctrl+G)으로 묶습니다.
- 높이 : 12.57cm, 너비 : 1.31cm

03 세로 라인을 긋고 직사각형 간격에 맞춰 그래프 눈금을 만듭니다.
- 간격 : 1.26cm
- [세로 라인] 길이 : 12.59cm, 너비 : 2.25pt, 회색(R127 G127 B127)
- [가로 짧은 라인(눈금)] 길이 : 0.37cm, 0.75pt, 회색(R127 G127 B127)
- [가로 긴 라인] 길이 : 3.62cm, 0.75pt, 회색(R127 G127 B127)

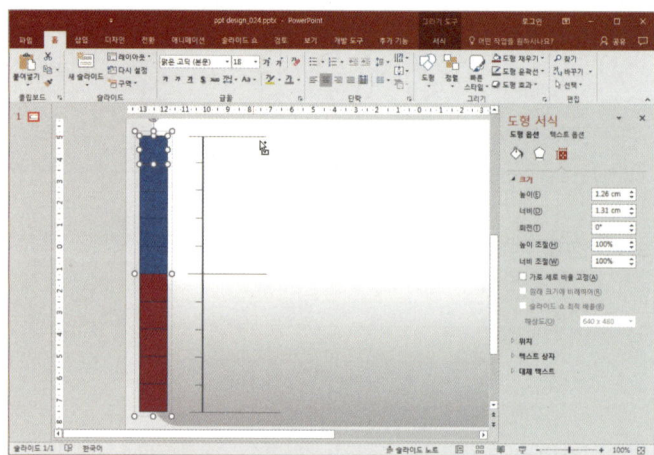

Tip & Tech 눈금을 하나하나 그리는 것이 처음에는 복잡해 보이지만 익숙해지면 짧은 시간 안에 작업이 가능하며, 한번 디자인한 눈금 라인은 다른 그래프를 만들 때 활용이 가능합니다.

05 눈금 텍스트 입력하기

'0', '50', '100'을 각각 입력하고 해당 눈금에 배치합니다.
- 나눔바른고딕OTF, 12pt, 글꼴 색 : 진한 빨강(R192 G0 B0)

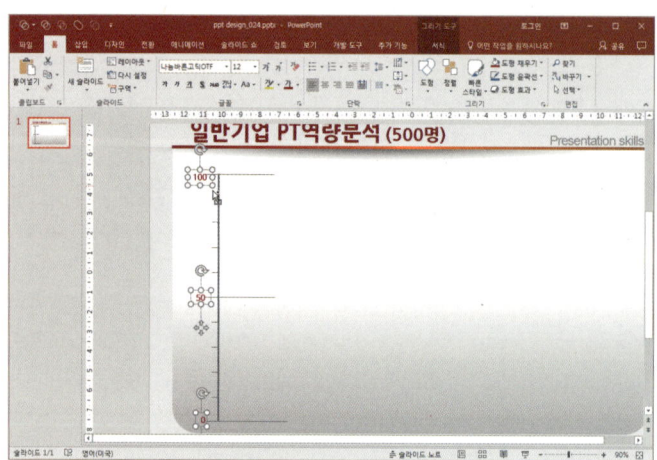

06 세로형 누적 막대그래프 디자인하기

01 엑셀에서 만든 세로형 누적 막대그래프를 복사하고 파워포인트 작업 창에 붙여넣습니다.
  • Part 02\24\누적 막대 그래프.xlsx

02 엑셀에서 가져온 누적 막대 길이를 조절합니다.
  • 높이 : 12.58cm, 너비 : 2.28cm

03 직사각형을 이용하여 누적 막대그래프 아홉 개 조각을 각각 트레이싱합니다.

04 엑셀에서 가져온 그래프는 삭제하고 트레이싱한 직사각형에 색상을 배색합니다.
  • 분홍(R153 G51 B102), 주황(R235 G127 B19), 진한 빨강(R191 G0 B1), 진한 보라(R102 G0 B50), 적보라(R157 G45 B69), 적회색(R192 G148 B138), 회색(R164 G164 B164), 중간 회색(R128 G128 B128), 진한 회색(R95 G95 B95)

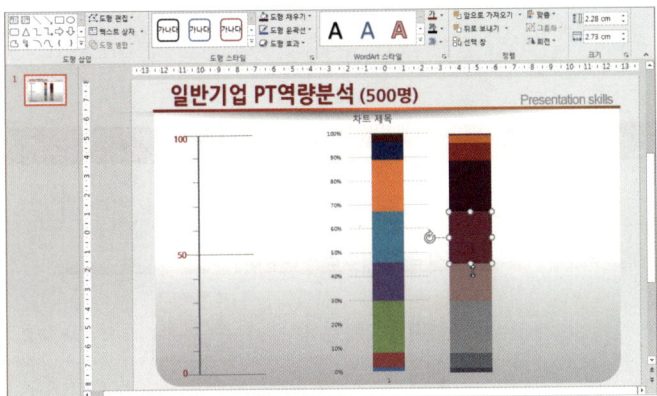

Tip & Tech 텍스트 박스 색상을 근처에 있는 배경색과 딱 맞추려면 텍스트 박스를 클릭하고 [도형 채우기]에서 [스포이트] 기능을 활용합니다.

07 그래프 요소 배치하기

01 세로 방향으로 양쪽 화살표를 그립니다.
  • [서식] 탭-[도형 스타일] 그룹-[도형 윤곽선]-[화살표]-[화살표 스타일 7]
  • 가는 화살표 : (우수) 1.44cm, (미흡) 3.84cm, 굵기 0.75pt, 검정
  • 굵은 화살표 : (보통) 7.4cm, 굵기 4.5pt, 주황(R255 G102 B0)

02 '우수', '보통', '미흡'을 각각 입력하고 해당 화살표에 배치합니다.
  • [삽입] 탭-[텍스트] 그룹-[텍스트 상자]-[가로 텍스트 상자]
  • 나눔바른고딕OTF, 12pt, 글꼴 색 : 검정, '보통' 주황(R255 G102 B0)

03 텍스트 박스는 각각 연한 회색 그라데이션 배경색에 맞춰 색상을 지정합니다.

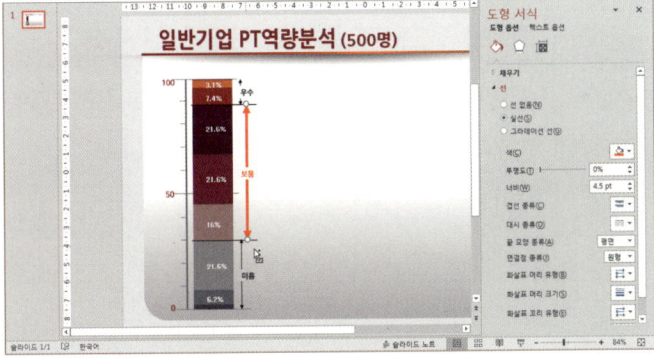

08 보조 라인을 긋고 텍스트를 입력하기

01 자유형 선을 이용하여 [점 편집] 형식으로 꺾인 보조 라인을 그립니다.
- [서식] 탭 – [도형 삽입] 그룹 – [선] – [자유형]
- 너비 : 1.5pt, 색 : 주황(R255 G102 B0)

02 '59.2'와 '%'를 각각 입력합니다.
- [삽입] 탭 – [텍스트] 그룹 – [텍스트 상자] – [가로 텍스트 상자]
- 나눔바른고딕OTF, 30pt, 진한 빨강(R180 G0 B30)

03 '59.2'를 WordArt 스타일로 변형하기 위해 [서식] 탭 – [WordArt 스타일] – [텍스트 효과] – [변환] – [휘기] – [사각형]을 클릭하고 크기를 조절합니다.

04 아랫부분 텍스트를 입력하고 보조 라인 밑에 배치합니다.
- [삽입] 탭 – [텍스트] 그룹 – [텍스트 상자] – [가로 텍스트 상자]
- 나눔바른고딕OTF, 9pt, 왼쪽 맞춤, 줄 간격 : 1pt, 진한 회색(R77 G77 B77)

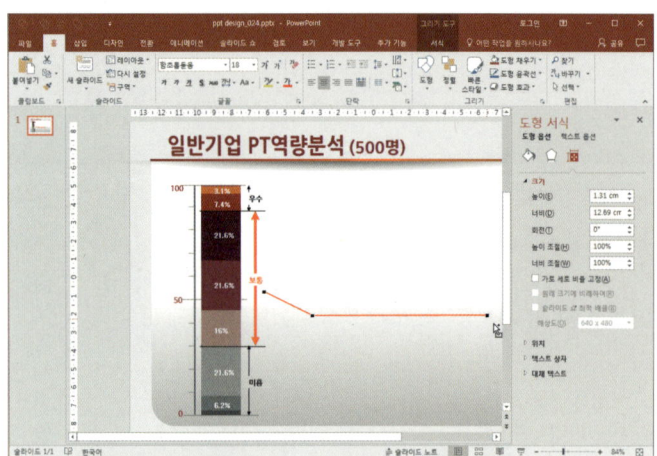 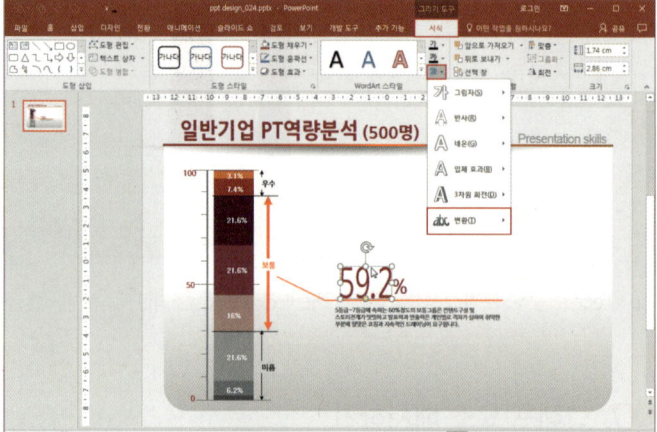

09 말풍선 박스를 만들고 텍스트를 편집하기

01 [삽입] 탭 – [이미지] 그룹 – [그림]을 선택하여 말풍선 이미지를 불러와 윗부분에 배치합니다.
- Part 02\24\말풍선.png

02 말풍선 이미지 크기를 조절합니다.
- 높이 : 6.12cm, 너비 : 11.44cm

03 텍스트를 입력하고 말풍선 이미지 중간에 배치합니다.
- [삽입] 탭 – [텍스트] 그룹 – [텍스트 상자] – [가로 텍스트 상자]
- 높이 : 2.79cm, 너비 : 9.09cm
- 나눔바른고딕OTF, 12pt, 양쪽 맞춤, 줄 간격 : 1pt, 흰색

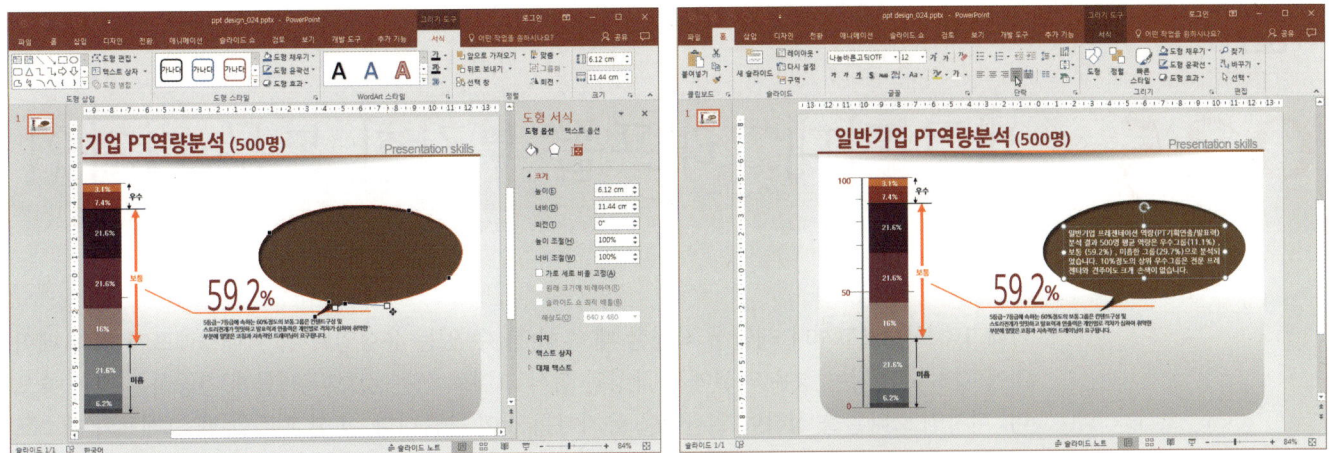

Tip & Tech   '말풍선'을 직접 만드는 방법도 있는데 타원과 역삼각형을 각각 그린 다음 모두 선택하고 [서식] 탭-[도형 삽입] 그룹-[도형 병합]-[병합]을 한 다음 점 편집을 통해 모양을 조절하면 됩니다. 초급자는 어려운 작업이지만 중급자는 어려움 없이 만들 수 있어야 합니다.

10 아랫부분 텍스트 편집하기

01 '5등급', '6등급', '7등급' 진한 빨간색 텍스트를 각각 입력합니다.
- [삽입] 탭-[텍스트] 그룹-[텍스트 상자]-[가로 텍스트 상자]
- 돋움, 12pt, 굵게, 진한 빨강(R180 G0 B30)

02 진한 빨간색 텍스트 아래에 둥근 점선을 그려서 배치합니다.
- [서식] 탭-[도형 스타일] 그룹-[도형 윤곽선]-[대시]-[둥근 점선]
- 길이 : 6.88cm, 너비 : 1pt

03 '글머리 기호'가 있는 텍스트를 입력합니다.
- [삽입] 탭-[텍스트] 그룹-[텍스트 상자]-[가로 텍스트 상자]
- 나눔바른고딕OTF, 10pt, 글머리 기호 : 속이 찬 둥근 글머리 기호, 줄 간격 : 1.0, 밝은 회색(R127 G127 B127)

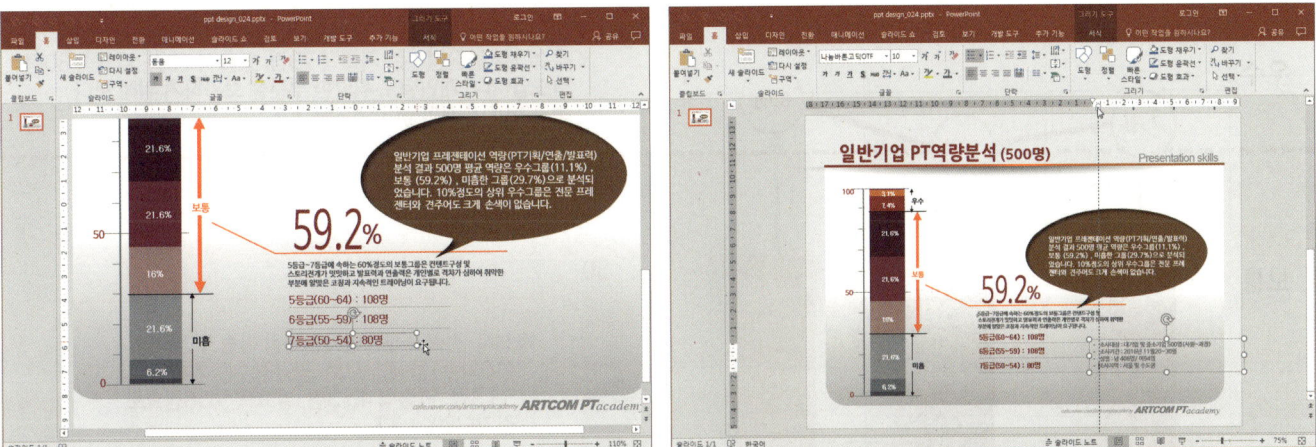

Tip & Tech   타이틀이나 서브 타이틀, 본문 등 여러 내용의 텍스트가 배치될 때는 크기와 색상을 달리하여 가중치를 정하고, 리듬감을 주는 것이 좋습니다.

025 세로 막대그래프를 부각한 본문 디자인

막대그래프는 보고서나 제안서 작성할 때 흔히 볼 수 있는 유형입니다. 막대그래프가 여러 페이지에 걸쳐 게재되는 경우 엑셀에서 작성된 형식 그대로 쓰는 것보다 새롭게 가공하는 것이 좋으며, 디자인 스타일을 정하여 일관성을 유지하는 것이 좋습니다. 또한 편집할 때 그래프와 텍스트 영역을 각각 구분하는 방법이 일반적이지만 그래프와 설명 내용을 한 몸이 되게 디자인하는 것도 하나의 방법입니다.

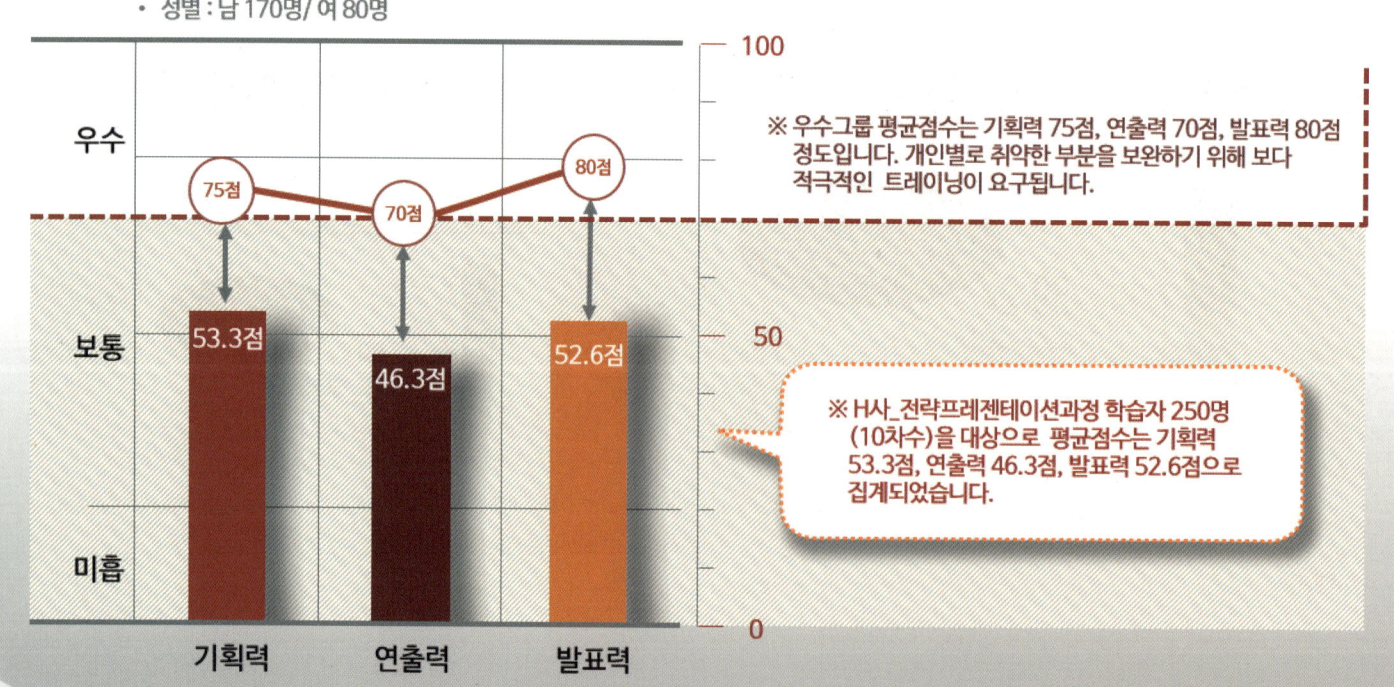

|난이도| ★★★★☆ |예제 폴더| Part 02\25 |완성 파일| Part 02\25\완성\ppt design_025.pptx
|과정 파일| Part 02\25\완성\ppt design_025_8단계.pptx
|색상 베리에이션| Part 02\25\완성\ppt design_025_4컬러.pptx
|인터넷으로 보기| http://cafe.naver.com/artcomptacademy/2224

디자인 포인트

이번 예제에서 주목해야 디자인은 세로형 막대그래프입니다. 막대그래프는 엑셀에서 작성된 그래프를 직사각형 도형으로 트레이싱하고 세로와 가로 구분선과 그래프 눈금선 등은 디자인 형식에 맞춰 그립니다. 말풍선은 '모서리가 둥근 직사각형'과 '삼각형'을 [도형 병합]하면 쉽게 만들 수 있습니다. 그래프 그림자는 PNG 이미지를 활용하여 평이하지 않게 연출합니다.

4컬러 베리에이션

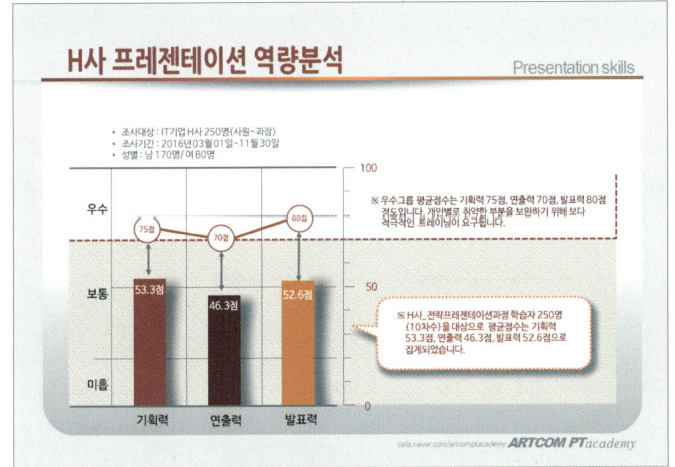
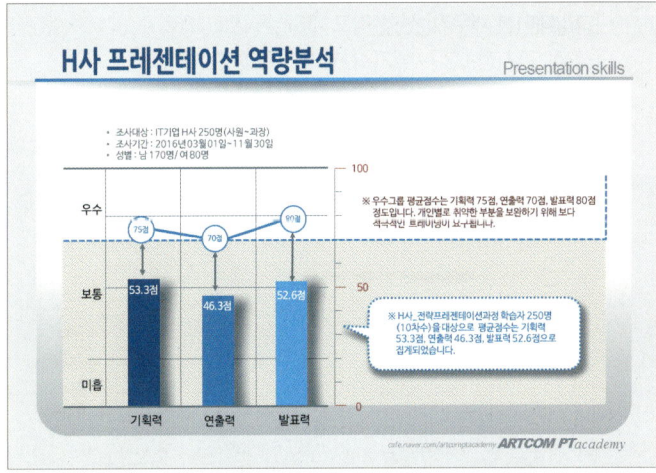
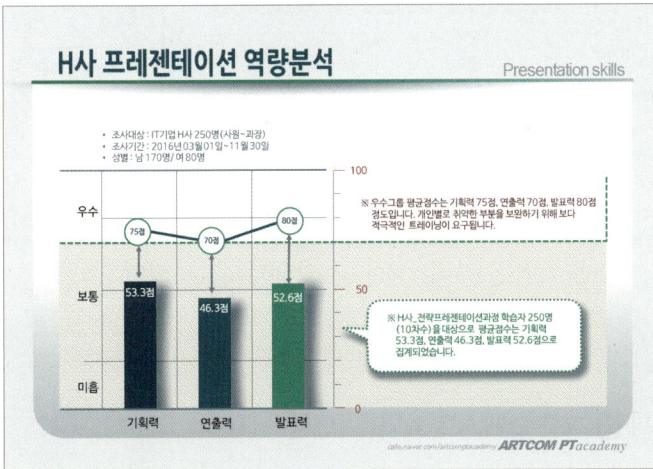
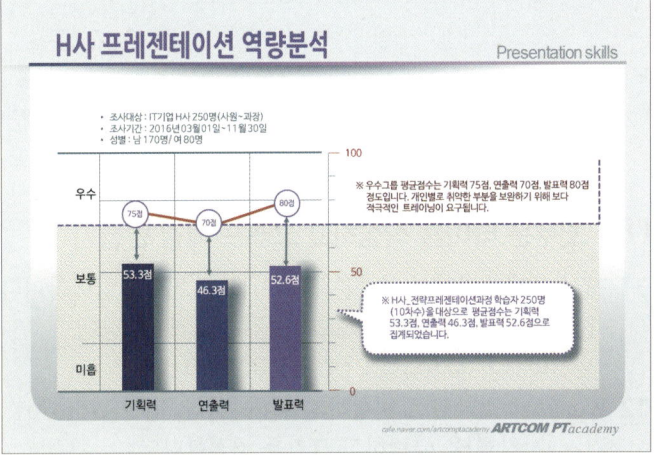

01 슬라이드 배경 만들기

01 슬라이드를 새로 만들기 위해 테마 선택 창에서 [새 프레젠테이션]을 선택합니다. 배경을 마우스 오른쪽 버튼으로 클릭하고 [배경 서식]을 선택한 다음 배경 색상을 밝은 회색(R242 G242 B242)으로 지정합니다.

- [배경 서식]-[단색 채우기]-[색]

※ 용지 종류는 [A4 용지], 슬라이드 방향은 [가로]입니다. 용지는 [디자인] 탭-[사용자 지정] 그룹-[슬라이드 크기]-[사용자 지정 슬라이드 크기]에서 설정합니다.

02 '양쪽 모서리가 둥근 사각형'을 그려 슬라이드 중심부에 배치합니다.

- [삽입] 탭-[일러스트레이션] 그룹-[도형]-[사각형]-[양쪽 모서리가 둥근 사각형]
- 높이 : 14.5cm, 너비 : 25.21cm

03 시계 방향으로 돌려 주고 모서리를 조절합니다.

- 각도 : 180°

04 [삽입] 탭-[그림]을 선택하여 잘린 타원 그림자를 불러와 윗부분에 배치합니다.

- Part 02\25\잘린 타원 그림자.png

05 잘린 타원 그림자에 앞쪽으로 라인을 수평 방향으로 그려서 배치하고 색상은 그라데이션을 적용합니다.

- 길이 : 25.33cm 너비 : 4pt
- [그라데이션 채우기] 선형, 각도 : 357°, 투명도 : 0%
- [색상] 중지점 1/3 → 위치 : 0%, 색 : R180 G0 B30
  중지점 2/3 → 위치 : 50%, 색 : R253 G122 B21
  중지점 3/3 → 위치 : 100%, 색 : R186 G117 B42

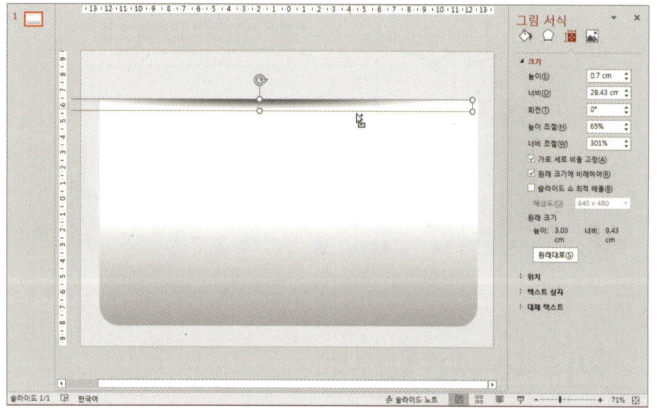 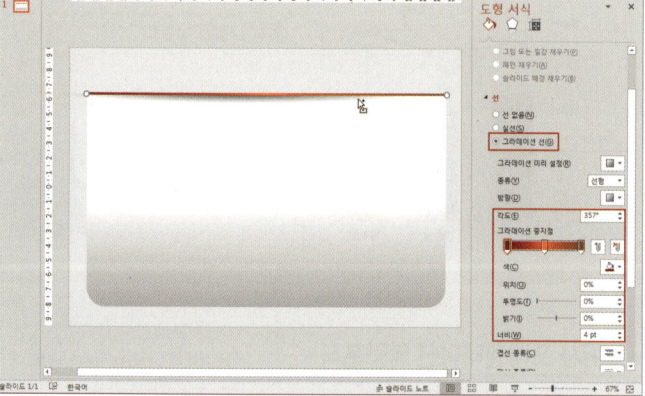

Tip & Tech 과정 01에서 작업한 슬라이드 배경을 여러 페이지 동일하게 사용할 경우에는 슬라이드 마스터에서 작업하는 것이 좋습니다.

02 윗부분 타이틀 작성하고 그래프 배경 만들기

01 'H사 프레젠테이션 역량분석' 타이틀 텍스트를 입력합니다.

- [삽입] 탭-[텍스트] 그룹-[텍스트 상자]-[가로 텍스트 상자]
- 나눔고딕 ExtraBold, 36pt, 진한 빨강(R192 G0 B0)

02 WordArt 스타일로 변형하기 위해 [서식] 탭-[WordArt 스타일] 그룹-[텍스트 효과]-[변환]-[휘기]-[사각형]을 클릭하고 크기를 조절합니다.

03 'Presentation skills'를 입력하고 그라데이션 라인 끝에 배치합니다.
- Arial, 20pt, 회색(R166 G166 B166)

04 슬라이드 아랫부분에 직사각형을 그리고 대각선 줄무늬 패턴을 넣습니다.
- [도형 서식]-[채우기 및 선]-[채우기]-[패턴 채우기]-[어두운 상향 대각선]
- 전경색 : R221 G217 B195, 배경 : R255 G255 B255

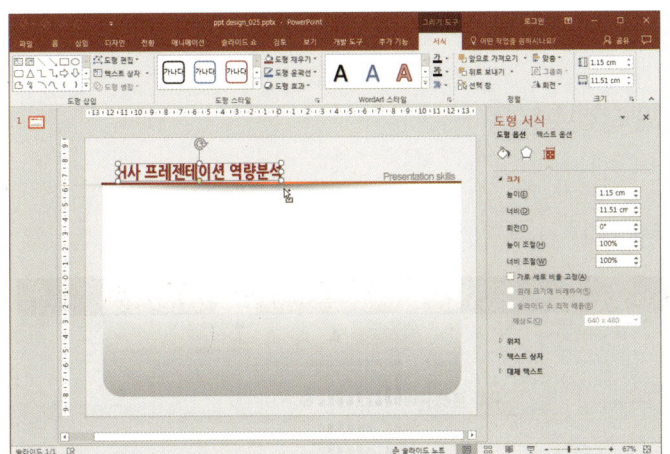 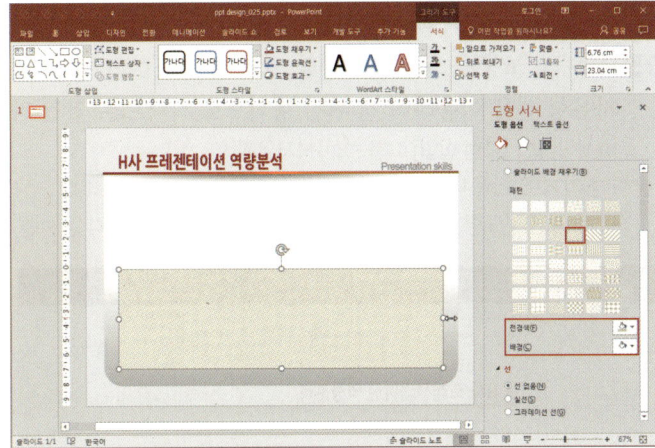

03 그래프 구분선과 눈금 그리기

01 윗부분과 아랫부분은 굵은 가로 라인(2.25pt), 중간은 가는 가로 라인(0.75pt)을 그려서 간격을 벌려 배치합니다.
- 회색(R127 G127 B127)

02 가는 세로 라인(0.75pt) 네 개를 그려서 배치합니다.
- 회색(R127 G127 B127)

03 오른쪽 세로 라인에 '그래프 눈금'을 만들어 0.94cm 간격으로 배치합니다.

04 '0', '50', '100'을 각각 입력하고 해당 눈금에 배치합니다.
- [삽입] 탭-[텍스트] 그룹-[텍스트 상자]-[가로 텍스트 상자]
- 나눔바른고딕OTF, 12pt, 진한 빨강(R192 G0 B0)

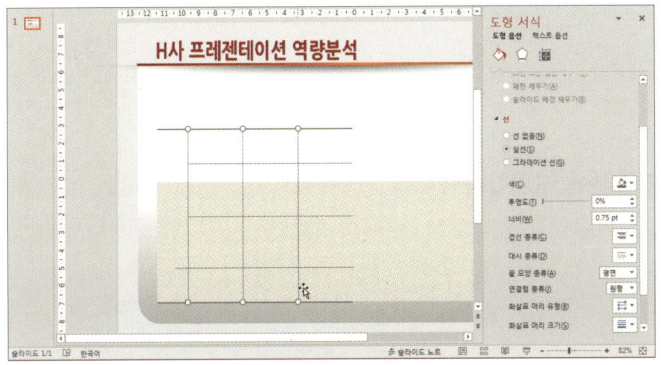 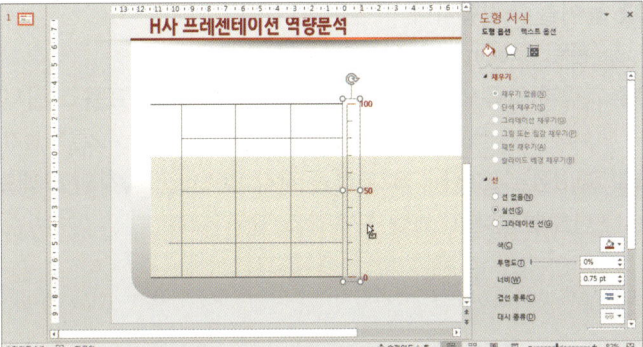

Tip & Tech 그래프 눈금 만들기는 Part 02 예제 024 과정 04를 참조하세요.

04 항목 텍스트 입력하고 점선 긋기

<u>01</u> '우수', '보통', '미흡'을 각각 입력하고 세로 줄 항목에 배치합니다.
- [삽입] 탭-[텍스트] 그룹-[텍스트 상자]-[가로 텍스트 상자]
- 나눔바른고딕OTF, 14pt, 검정(R0 G0 B0)

<u>02</u> '기획력', '연출력', '발표력'을 각각 입력하고 가로 줄 항목에 배치합니다.
- 나눔바른고딕OTF, 14pt, 검정(R0 G0 B0)

<u>03</u> '우수'와 '보통'을 구분하는 선을 그어 줍니다.
자유형 선을 이용하여 점 편집 형식으로 직각으로 꺾인 라인을 그립니다.
- [서식] 탭-[도형 삽입] 그룹-[선]-[자유형]
- 높이 : 2.62cm, 너비 : 23.04cm, 너비 : 2.25pt, 진한 빨강(R192 G0 B0)
- [서식] 탭-[도형 스타일] 그룹-[도형 윤곽선]-[대시]-[사각 점선]을 선택합니다.

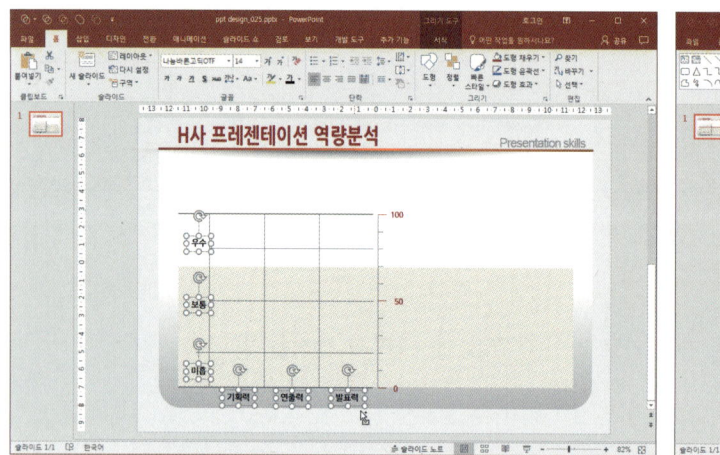 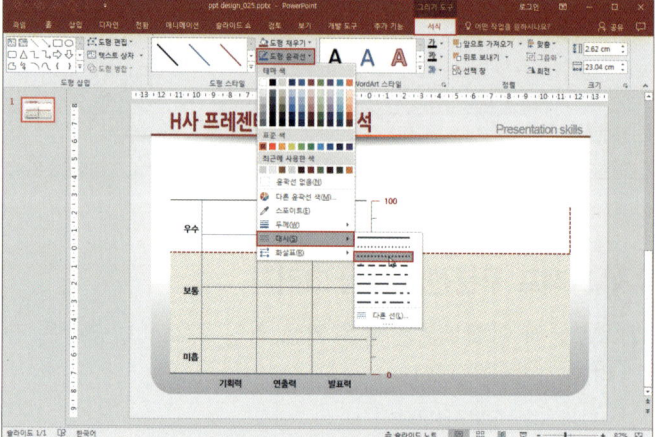

Tip & Tech 점선은 둥근 점선, 사각 점선, 파선 등이 많이 쓰이며 굵기, 색상에 따라 각각의 느낌이 다르기 때문에 디자인할 때 주의가 필요합니다.

05 그래프 그림자 배치하고 막대그래프 그리기

<u>01</u> [삽입] 탭-[이미지] 그룹-[그림]을 선택하여 그래프 그림자 이미지를 불러와 윗부분에 배치합니다.
- Part 02\25\그래프 그림자.png

<u>02</u> 높이를 조절합니다.
- 왼쪽 : 5.45cm, 가운데 : 4.73cm, 오른쪽 : 5.51cm

<u>03</u> 그림자 앞쪽으로 직사각형 도형으로 막대그래프를 그립니다.
- 너비 : 1.36cm, 왼쪽 높이 : 5.2cm, 가운데 높이 : 4.5cm, 오른쪽 높이 : 5.1cm

<u>04</u> '53.3점', '46.3점', '52.6점'을 각각 입력하고 각각의 그래프 윗부분에 배치합니다.
- 나눔바른고딕OTF, 12pt, 흰색(R255 G255 B255)

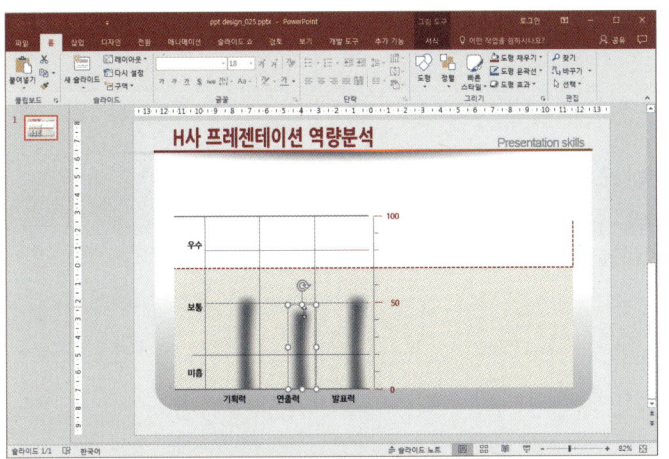
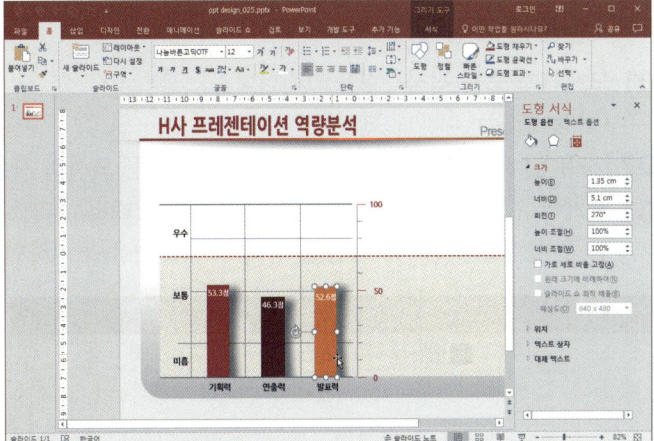

Tip & Tech 그래프에 텍스트를 배치할 때 텍스트가 커서 그래프를 벗어나지 않도록 주의해야 합니다. 텍스트 크기를 줄이거나 그래프의 넓이를 늘려 좌우에 여백을 주는 것이 좋습니다. 정확하게 막대그래프를 그리려면 Part 02 예제 024 과정 05와 같이 엑셀에서 막대그래프를 그린 다음 파워포인트로 불러들여 직사각형으로 트레이싱하는 방법이 좋습니다.

06 V라인과 화살표, 타원 디자인하기

01 자유형 선을 이용하여 [점 편집] 형식으로 V형 라인을 그립니다.
- [서식] 탭–[도형 삽입] 그룹–[선]–[자유형]
- 높이 : 0.89cm, 너비 : 6.02cm, 너비 : 3pt, 빨강(R204 G51 B0)

02 세로 방향으로 양쪽 화살표 세 개를 그립니다.
- [서식] 탭–[도형 윤곽선]–[화살표]–[화살표 스타일 7]
- 너비 : 2.25pt, 회색(R127 G127 B127)

03 세 개의 타원을 그려서 배치하고 텍스트를 입력합니다.
- 너비 : 1.5pt, 타원 테두리 색 : 빨강(R191 G62 B62), 타원 색 : 흰색(R255 G255 B255)

04 타원에 숫자를 각각 입력하고 색상을 배색합니다.
- 나눔바른고딕OTF, 9pt, 빨강(R204 G51 B0)

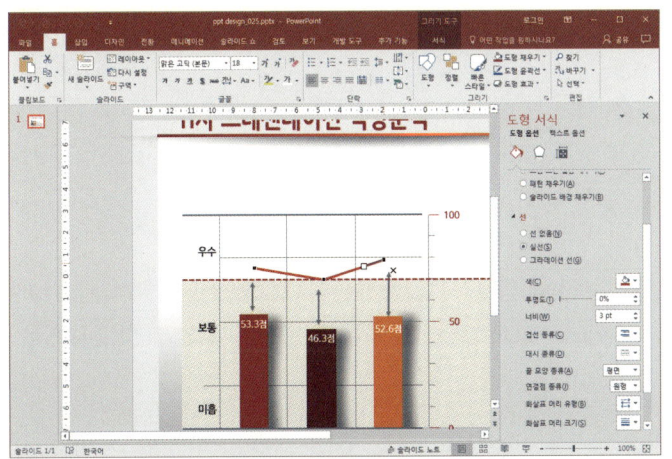
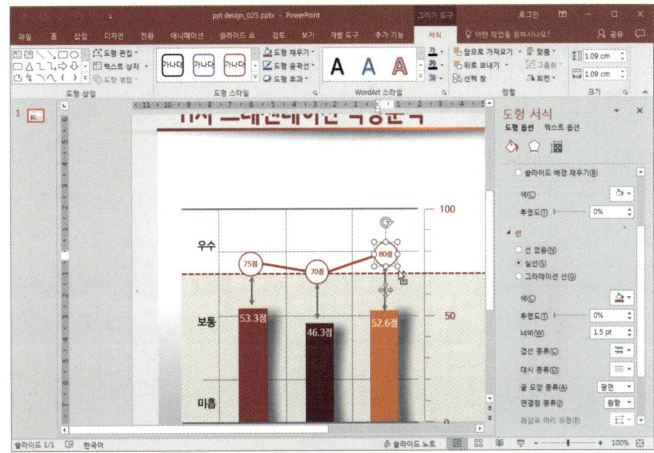

Tip & Tech 도형에 텍스트를 입력할 때 텍스트가 커서 도형을 벗어나지 않도록 주의해야 합니다. 텍스트 크기를 줄이거나 도형 크기를 키워 텍스트에 여백을 주는 것이 좋습니다.

07 말풍선 그리기

01 모서리가 둥근 직사각형을 그립니다.
- 높이 : 2.89cm, 너비 : 8.98cm

02 [자유형] 도형으로 삼각형 조각을 그려서 [둥근 모서리 사각형] 오른쪽에 포개 놓습니다.

03 삼각형 조각과 둥근 모서리 사각형을 모두 선택하고 [서식] 탭 – [도형 삽입] 그룹 – [도형 병합] – [병합]을 클릭한 다음 [점 편집]을 통해 삼각 모양을 조절하면 됩니다.

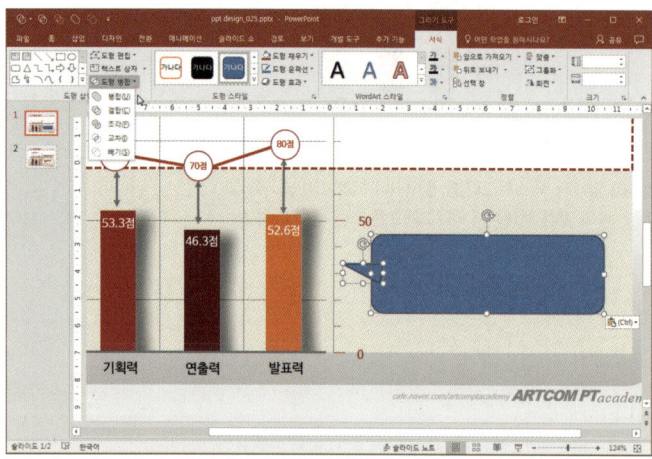

08 말풍선 디자인하기

말풍선 라인은 [둥근 점선]으로 지정하고 바깥쪽 그림자 효과를 줍니다.
- 너비 : 2pt, 테두리 색 : 주황색(R255 G126 B21), 말풍선 색 : 흰색(R255 G255 B255)
- [도형 서식] – [효과] – [그림자]를 클릭합니다.
- [미리 설정] – [바깥쪽] – [오프셋 대각선 오른쪽 아래]
- 투명도 : 60% , 크기 : 102%, 흐리게 : 8pt, 각도 : 80°, 간격 : 6pt

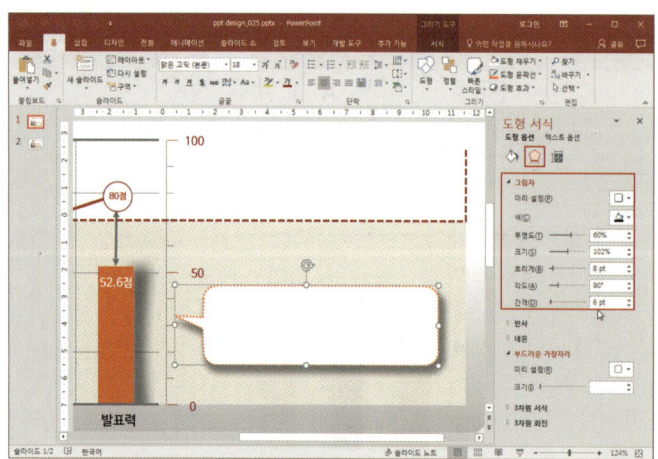

Tip & Tech　말풍선을 다양하게 만들어 놓으면 보고서 디자인을 할 때 시간 절감 효과는 물론 디자인 완성도를 높이는 데 도움이 됩니다.

09 '말풍선' 텍스트 편집하기

'말풍선'에 들어갈 텍스트를 입력하고 '말풍선' 안쪽에 배치합니다.

- [삽입] 탭 – [텍스트] 그룹 – [텍스트 상자] – [가로 텍스트 상자]
- 나눔바른고딕OTF, 11pt, 빨강(R192 G0 B0)

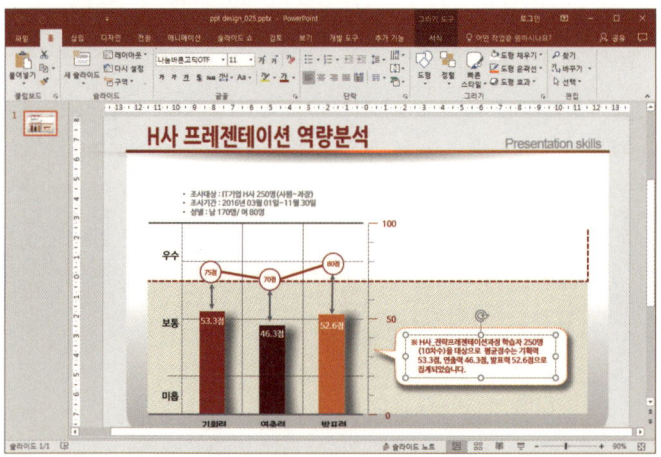

Tip & Tech 동일한 빨간색을 사용해도 톤을 조절하면 미묘하게 느낌이 다릅니다. 빨간색을 배색할 때 채도가 높은 순 빨간색(R255 G0 B0)은 주의해서 사용합니다. 시인성을 높일 수 있으나 촌스러운 느낌이 들기 때문입니다.

10 '우수' 영역 텍스트 편집하기

'우수' 영역 쪽 텍스트를 입력하고 점선 위쪽에 배치합니다.

- 나눔바른고딕OTF, 11pt, 빨강(R155 G66 B64)

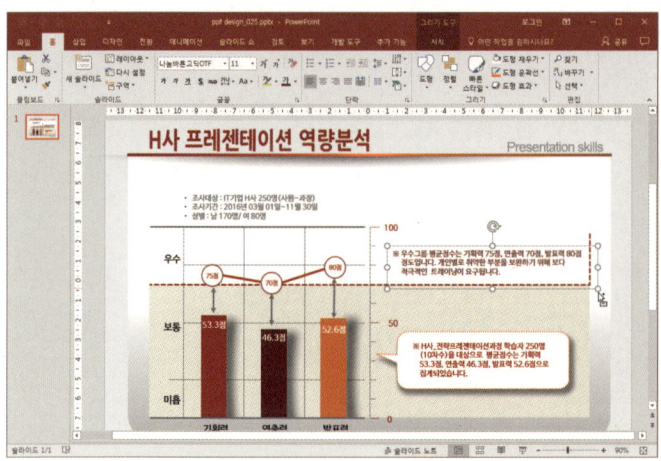

한쇼 & 한글
보고서 디자인

001 붓 터치와 액자를 활용한 표지 디자인 • 002 수채 번짐 효과를 활용한 표지 디자인 • 003 수채 번짐 효과를 활용한 목차 디자인 • 004 그림자 효과를 활용한 목차 디자인 • 005 타원과 도넛 도형을 활용한 섹션 디자인 • 006 배경과 숫자를 활용한 섹션 디자인 • 007 마름모꼴을 활용한 타이포그래피 • 008 도넛형을 활용한 편집 디자인 • 009 칼집 효과를 활용한 타이틀 디자인 • 010 그라데이션을 활용한 타이틀 디자인 • 011 그래픽 요소를 활용한 타이틀 디자인 • 012 타원과 도넛 도형을 활용한 본문 디자인 • 013 흐름도를 활용한 본문 디자인 • 014 육각형을 활용한 본문 디자인 • 015 역삼각형을 활용한 본문 디자인 • 016 설명선을 활용한 본문 디자인 • 017 배경에 무늬를 적용한 본문 디자인 • 018 수채 번짐 효과를 활용한 본문 디자인 • 019 붓 터치 효과를 활용한 본문 디자인 • 020 셀로판지 느낌을 활용한 본문 디자인 • 021 직접 그린 그래프를 활용한 본문 디자인 • 022 도표와 도넛 그래프를 배치한 디자인 • 023 도표 형식을 변형한 본문 디자인 • 024 도표의 항목을 강조한 본문 디자인 • 025 도표 테두리가 강조된 본문 디자인

001 붓 터치와 액자를 활용한 표지 디자인

보고서나 제안서 표지 디자인을 할 때 타이틀을 부분을 부각시켜야 할 경우 붓 터치 효과와 액자 도형을 활용해 보면 좋습니다. 액자 도형은 붓 터치 효과와도 잘 어울리면서 심플한 느낌을 줍니다. 붓 터치 이미지와 액자 도형 이미지는 한컴오피스 NEO 한쇼에서 PNG 파일로 만들어 한글로 불러들이는 형식으로 작업합니다. 한쇼에서 디자인 소스를 만들고 한글에서 텍스트를 편집하는 형식이라면 고퀄리티의 편집 디자인도 가능합니다.

|난이도| ★★★☆☆ |예제 폴더| Part 03\01 |완성 파일| Part 03\01\완성\한글NEO design_001.hwp
|과정 파일| Part 03\01\완성\한쇼NEO design_001_8단계.show
|색상 베리에이션| Part 03\01\완성\한쇼NEO design_001_4컬러.show
|인터넷으로 보기| http://cafe.naver.com/artcomptacademy/2203

디자인 포인트

이번 예제에서 주목해야 디자인은 붓 터치 효과와 액자 도형입니다. 붓 터치 효과는 아크릴 물감을 이용하여 속도감 있게 붓 터치를 준 다음 스캔하여 포토샵에서 배경을 제거합니다. 한컴오피스 NEO 한쇼로 불러들인 다음 [색조 조정]을 통해 붓 터치 컬러를 변경하고 PNG 파일로 저장합니다. 액자 도형은 두께를 6pt 정도로 가늘게 조절하고 흰색을 배색한 다음 안쪽 그림자 효과를 적용하면 돌출되거나 파인 느낌을 표현할 수 있습니다. 파워포인트에서도 동일하게 작업이 가능합니다.

4컬러 베리에이션

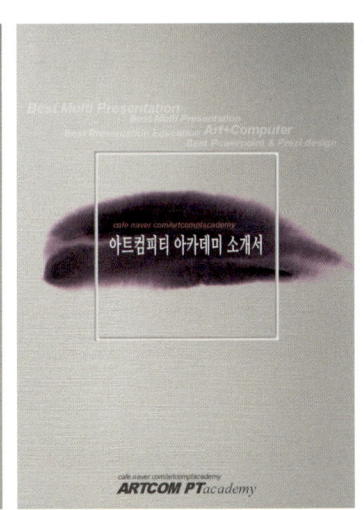

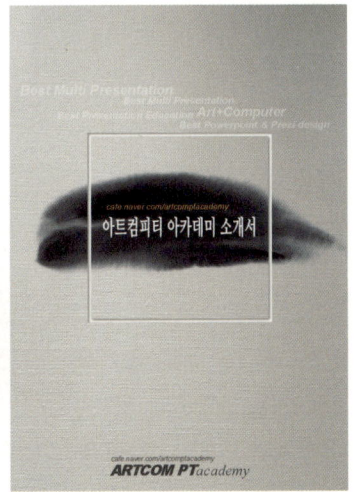

01 한쇼 NEO에서 액자 도형 만들기

01 한쇼 NEO를 실행합니다.

※ 용지 종류는 [A4 용지], 슬라이드 방향은 [세로]입니다. 용지는 [서식] 탭-[슬라이드 크기]-[쪽 설정]에서 설정합니다.

02 액자 도형을 선택합니다.
- [입력] 탭 – 도형에서 [액자]

03 액자를 정사각형으로 그리고, 윗부분 왼쪽 노란색 다이아몬드 조절점을 이용하여 액자 두께를 조절합니다.
- 너비 : 104mm, 높이 : 104mm, 액자 두께 : 6pt

04 액자 도형을 선택하고 마우스 오른쪽 버튼으로 클릭한 다음 [개체 속성]을 실행합니다.

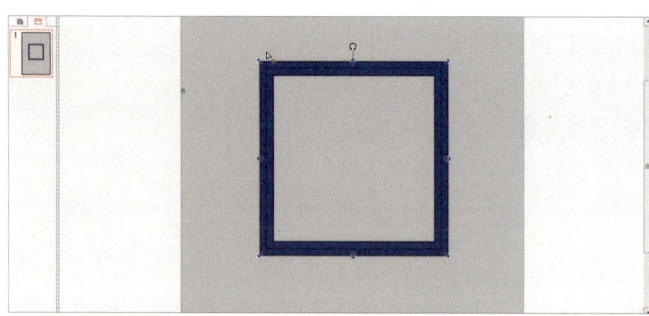 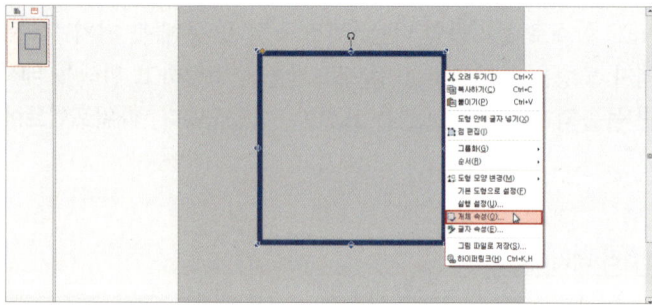

Tip & Tech 파워포인트 2016의 경우 [삽입] 탭-[도형] 그룹-[기본 도형]-[액자]를 선택하여 작업하면 동일한 결과물을 얻을 수 있습니다. 한쇼의 노란색 다이아몬드 조절점은 파워포인트에서는 노란색 타원과 같은 기능을 갖습니다.

02 액자 도형에 그래픽 효과 주기

01 액자 도형의 색상을 흰색으로 지정합니다.
- [채우기]-[단색]

02 액자 도형에 그림자 효과를 적용합니다.
- [그림자]-[대각선 왼쪽 위]
- 색 : 검은색, 투명도 : 50%, 흐리게 3pt, 거리 3pt, 각도 : 225°

03 액자 도형을 마우스 오른쪽 버튼으로 클릭하고 [그림 파일로 저장]을 실행하여 PNG 형식으로 저장합니다.
- 파일 형식 : PNG(*.png)

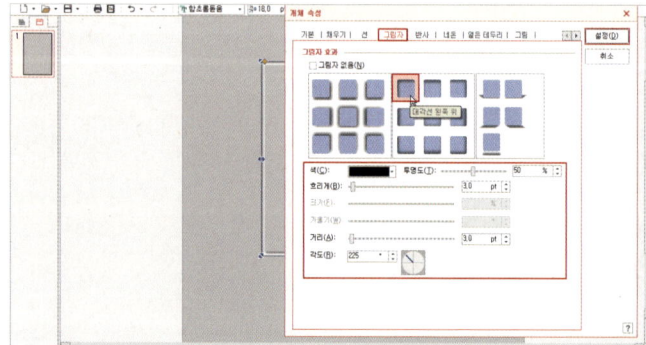 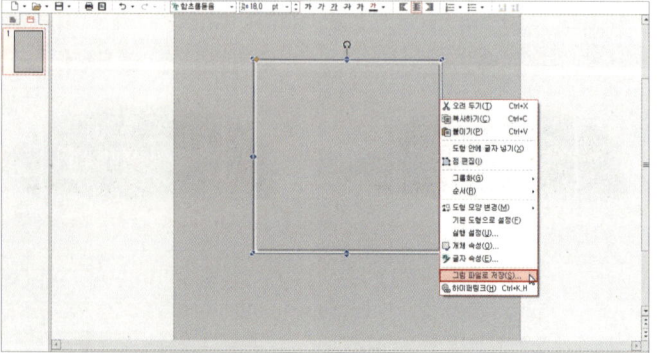

Tip & Tech 파워포인트 2016의 경우 [도형 서식]-[채우기]를 통해 색상을 배색하고 [도형 서식]-[효과]-[그림자]를 통해 그림자의 투명도, 흐리게, 거리, 각도 등의 세부 조절을 할 수 있습니다.

03 한쇼에서 영문 텍스트 편집하고 PNG 형식으로 저장하기

01 영문 텍스트를 각각 입력하고 글자 크기를 조정합니다.
- [입력] 탭 – [글상자] – [가로 글상자]
- Arial, 16pt, 21pt, 22pt, 글꼴 색 : 검정(R0 G0 B0)
- Best Multi Presentation Best Multi Presentation Best Presentation Education
- Art+Computer Best Powerpoint & Prezi design

02 [글자 속성]에서 텍스트 색상을 흰색으로 변경하고 투명도를 '60%'로 설정합니다.

03 텍스트를 모두 그룹(Ctrl+G)으로 묶고 마우스 오른쪽 버튼을 클릭한 다음 [그림 파일로 저장]을 실행하여 PNG 형식으로 저장합니다.

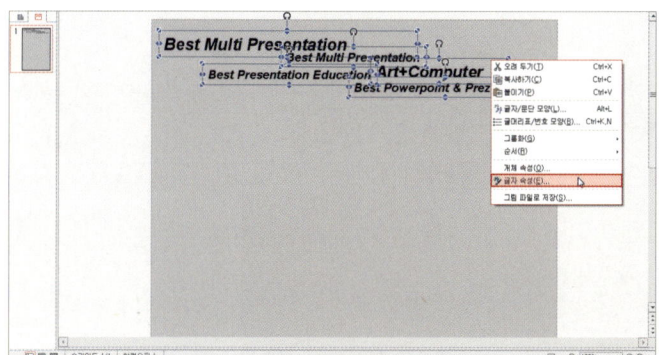
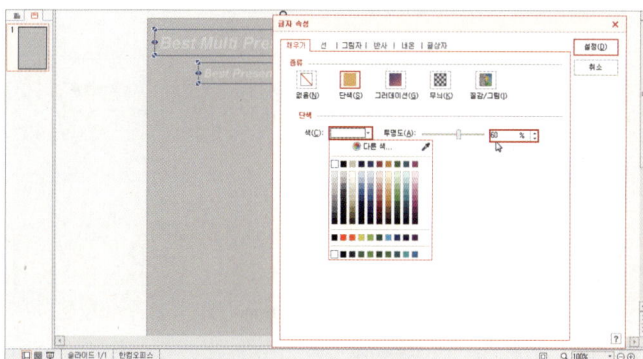

Tip & Tech 한글에서는 텍스트 투명도를 조절하기 어렵기 때문에 한쇼에서 투명도를 적용하고 PNG 파일 형식으로 저장합니다. 파워포인트 2016에서 텍스트에 투명도를 적용하려면 텍스트에 마우스 오른쪽 버튼을 클릭하고 [텍스트 효과 서식] – [텍스트 채우기] – [단색 채우기] – [투명도]에서 설정합니다.

04 한쇼에서 붓 터치 색상 변경하고 PNG 형식으로 저장하기

01 [입력] 탭 – [그림]을 클릭하고 붓 터치 이미지를 가져옵니다.
- Part 03\01\붓 터치.png

02 크기를 적절하게 조절합니다.
- 너비 : 190.5mm, 높이 : 68mm

03 [그림] – [색조 조정]에서 '기본'이나 '이중 톤', '다른 색조'를 통해 색조를 조정해도 좋습니다.

04 붓 터치 이미지 마우스 오른쪽 버튼을 클릭하고 [그림 파일로 저장]을 실행한 다음 PNG 파일로 저장합니다.

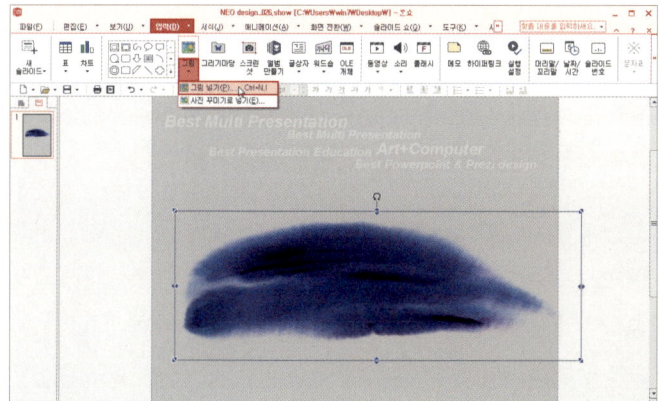

05 한글 NEO에서 배경 만들고 영문 텍스트(PNG 파일) 불러와 배치하기

01 한글 NEO를 실행하고 F7 키를 눌러 편집 용지를 설정합니다.
- 용지 종류 : A4(국배판) [210×297mm], 용지 방향 : 세로 , 제본 : 한쪽
- 용지 여백 : 위쪽(20.0mm), 머리말(15.0mm), 왼쪽(30.0mm), 오른쪽(30.0mm), 꼬리말(15.0mm), 아래쪽(15.0mm)

02 용지에 배경 이미지를 삽입하고 [문서에 포함]에 체크 표시합니다.
- [쪽] 탭 – [쪽 테두리/배경] – [배경] – [그림] 체크
- Part 03\01\영문 투명 텍스트.png

03 저장한 영문 투명 텍스트 PNG 파일 이미지를 선택하고 마우스로 드래그한 다음 윗부분에 배치합니다.
- [입력] 탭 – [그림]
- Part 03\01\액자 도형.png
- 너비 : 197.43mm, 높이 : 33.71mm

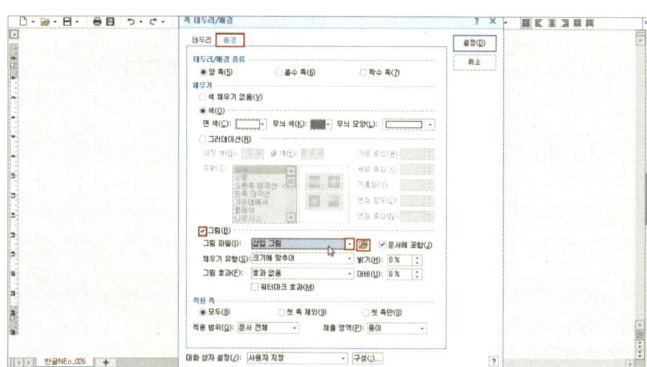 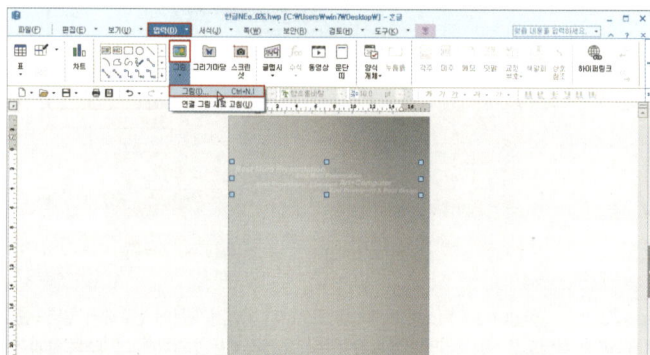

Tip & Tech　한글 버전이 낮은 경우 PNG 파일을 인식하지 못할 수 있습니다. 투명하게 뚫린 배경도 흰색으로 채워져서 보일 수 있습니다. 이런 경우 한쇼에서 배경과 투명도 이미지(PNG 형식 파일)를 조합하여 하나의 이미지로 만들어 활용해야 합니다.

06 붓 터치와 액자 도형 PNG 파일 불러와 배치하기

01 저장한 붓 터치 PNG 파일 이미지를 선택하고 마우스로 드래그한 다음 중심부에 배치합니다.
- Part 03\01\붓 터치.png
- 너비 : 211.54mm, 높이 : 75.84mm

02 액자 도형 PNG 파일 이미지를 선택하고 마우스로 드래그한 다음 '붓 터치' 이미지 앞쪽에 배치합니다.
- Part 03\01\액자 도형.png
- 너비 : 113.86mm, 높이 : 113.86mm

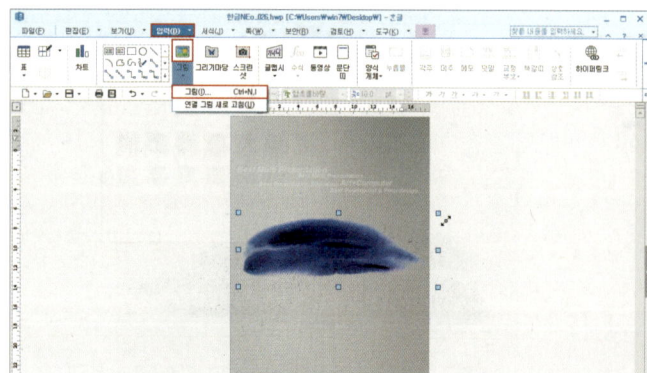 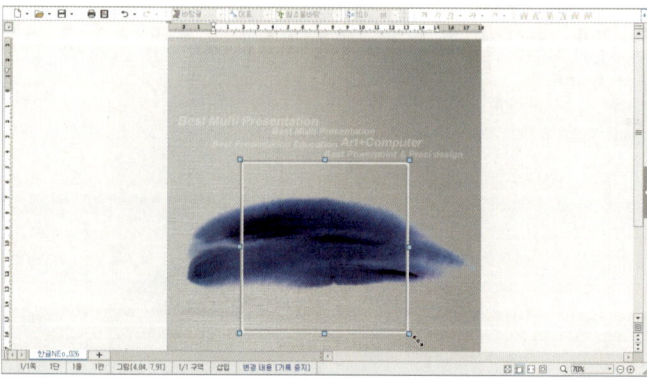

Tip & Tech　여러 개의 PNG 이미지를 불러와 배치할 때 [개체 속성] – [위치]에서 [글자처럼 취급]이 체크되어 있으면 안 됩니다.

07 액자 도형 이미지 안쪽으로 URL 텍스트 입력하기

01 글상자를 선택하고 드래그한 다음 URL 텍스트를 입력합니다.
- [입력] 탭-[가로 글상자]
- cafe.naver.com/artcomptacademy

02 영문 폰트를 지정하고 색상을 배색합니다.
- Arial, 14pt, 기울임, 연파랑(R114 G157 B210)

03 개체 속성에서 배경 색과 선 색을 제거합니다.
- [개체 속성]-[선] 탭-[종류] : 선 없음, [개체 속성]-[채우기] 탭-[색 채우기 없음]

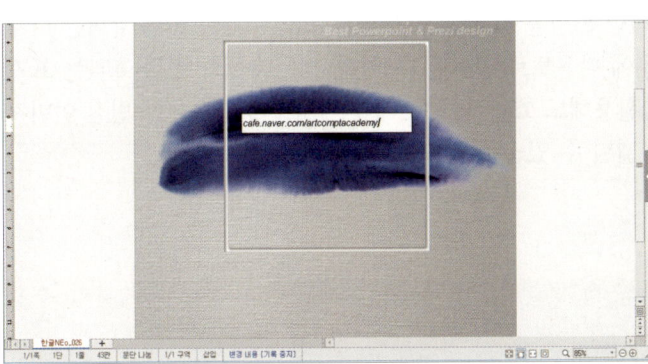 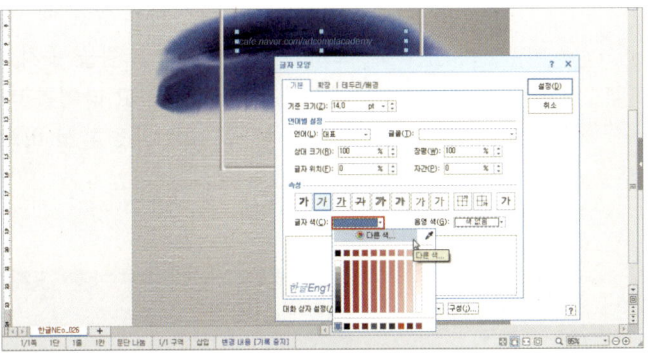

Tip & Tech 한글도 파워포인트나 한쇼처럼 개체와 이미지, 텍스트 박스 등을 자유롭게 배치할 수 있습니다. 물론 순서를 바꿀 수도 있습니다. 단, [글자처럼 취급]이 체크되어 있으면 안 됩니다.

08 타이틀 편집하기

01 글상자를 선택하고 드래그한 다음 제목을 입력합니다.
- 아트컴피티 아카데미 소개서
- 나눔명조OTF, 33pt, 기울임, 흰색

02 [글자 모양] 대화상자를 열어 글자 모양을 조절합니다.
- [기본] 장평 : 80%, 자간 : -14%
- [확장] 그림자 : 없음, 기타 : [글꼴에 어울리는 빈칸] 체크

03 액자 도형 앞쪽으로 배치합니다.
- 마우스 오른쪽 버튼 클릭-[맨 앞으로]

04 아랫부분 회사 로고를 텍스트로 편집하거나 로고 마크 이미지를 배치합니다.

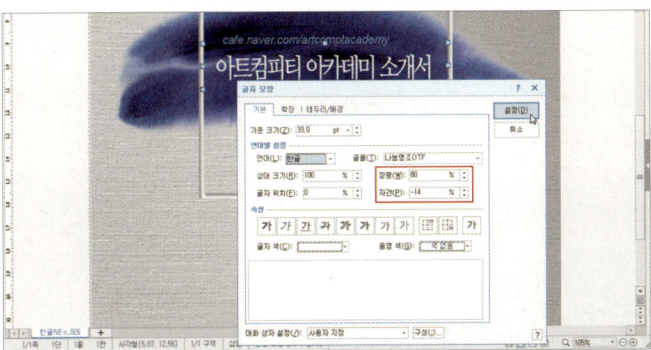 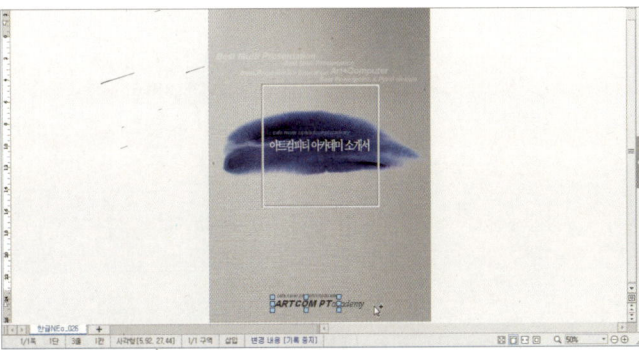

Tip & Tech 아랫부분 로고는 독자의 소속 회사나 학교 마크를 배치해 보세요. 물론 제목도 로고에 맞춰 바꿔야 합니다.

002 수채 번짐 효과를 활용한 표지 디자인

보고서 표지 디자인을 할 때 타이틀 바 디자인이 중요합니다. 타이틀 바에 디자인 미감을 살리면서 시선을 집중시키고 싶을 때 회화적인 느낌을 적용해 보면 좋습니다. 수채화 번짐 효과는 다채로우면서도 산뜻한 느낌을 주기 때문에 다용도로 활용할 수 있습니다. 수채화 번짐 효과는 표지 배경에 쓰일 수도 있고 타이틀 바로 활용해도 효과적이며, 메인 키워드에도 수채화 번짐 이미지를 삽입할 수 있어 한층 표현 범위를 넓힐 수 있습니다.

|난이도| ★★★☆☆ |예제 폴더| Part 03\02 |완성 파일| Part 03\02\완성\한글NEO design_002.hwp
|과정 파일| Part 03\02\완성\한쇼NEO design_002_12단계.show
|색상 베리에이션| Part 03\02\완성\한쇼NEO design_002_4컬러.show
|인터넷으로 보기| http://cafe.naver.com/artcomptacademy/2204

디자인 포인트

이번 예제에서 주목해야 할 디자인은 수채화 번짐 효과를 활용하는 것입니다. 수채화 물감을 이용하여 다양하게 번짐 효과를 주고 촬영하거나 스캔하여 수채화 번짐 이미지 파일을 만듭니다. 타이틀이나 텍스트에 삽입할 수채화 번짐 이미지는 주변의 디자인 요소와 잘 어울릴 수 있는 부분을 선택하고 알맞게 트리밍하여 저장하는 작업이 중요합니다. 완성된 수채화 번짐 이미지를 한컴오피스 NEO 한쇼로 불러들여 타이틀 바를 만들고 PNG 파일로 저장합니다. 'ARTCOM PT' 텍스트에도 [글자 속성] 대화상자의 [질감/그림 채우기]를 통해 수채화 번짐 이미지를 삽입합니다.

4컬러 베리에이션

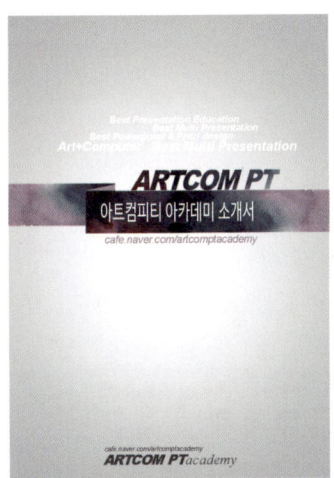

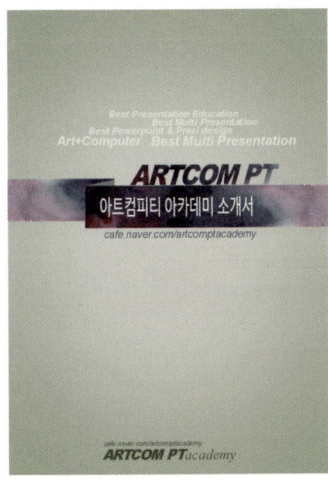

01 한쇼 NEO에서 타이틀 바 색상 조정하기

01 한쇼 NEO를 실행합니다.

※ 용지 종류는 [A4 용지], 슬라이드 방향은 [세로]입니다. 용지는 [서식] 탭–[슬라이드 크기]–[쪽 설정]에서 설정합니다.

02 [입력] 탭–[그림]을 클릭하고 타이틀 바 이미지를 가져옵니다.

- Part 03\02\타이틀 바.png

03 타이틀 바 이미지를 클릭하고 [그림] 탭–[밝기]에서 밝고 어두운 정도를 선택합니다.

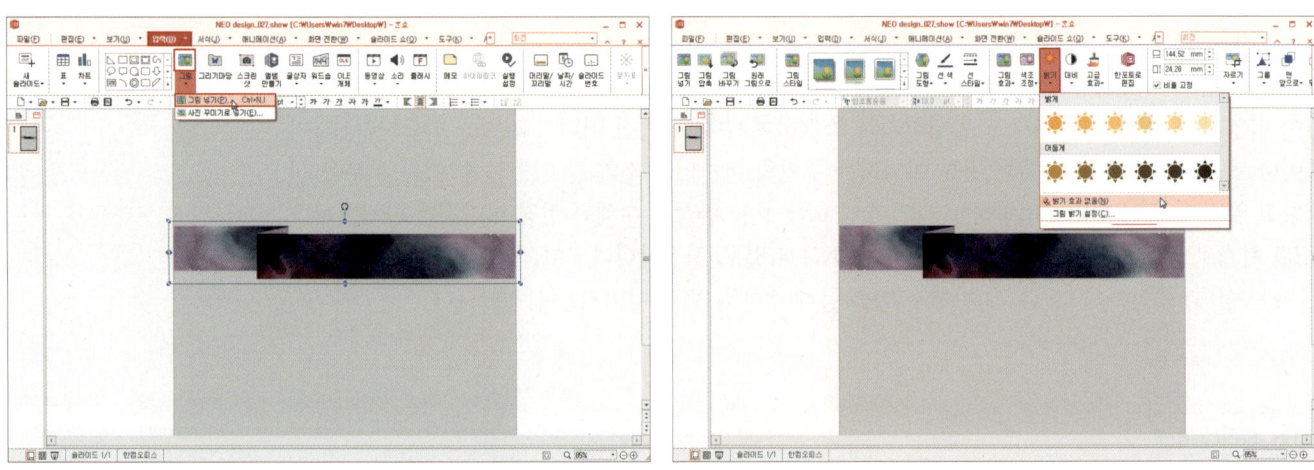

Tip & Tech 　 타이틀 바의 명도는 가독성에 직접적인 영향이 있습니다. 타이틀이 밝은 색이면 타이틀 바는 어두워야 하고 타이틀이 어두운 색이면 타이틀 바는 밝게 지정합니다.

02 그림으로 저장하기

01 타이틀 바를 선택하고 마우스 오른쪽 버튼을 클릭합니다.

02 [그림 파일로 저장]을 실행합니다.

03 파일 형식을 [PNG]로 지정하여 저장합니다.

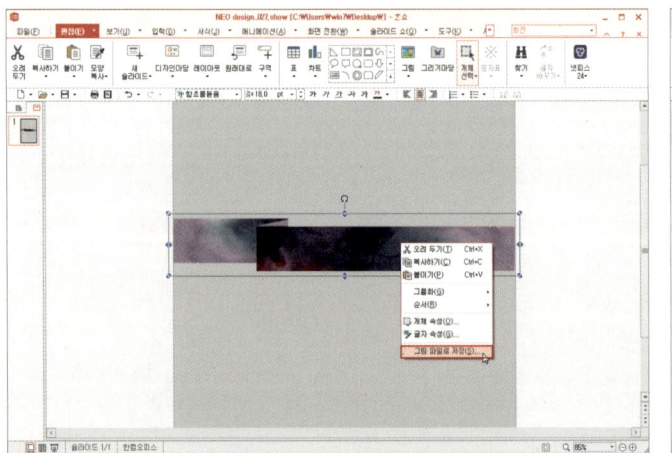 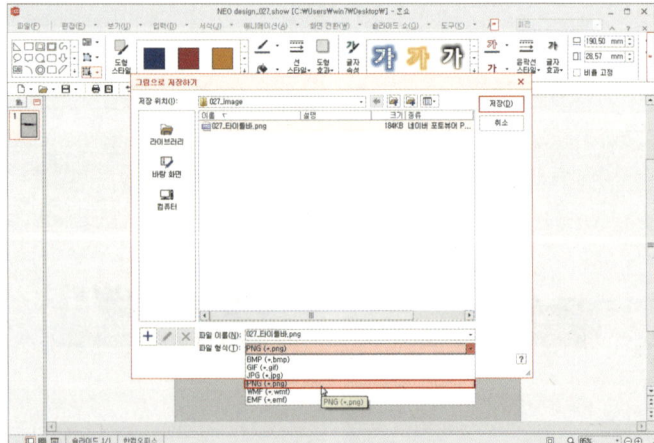

Tip & Tech 　 PNG 파일 형식은 배경이 투명한 상태로 저장됩니다. 파워포인트 2016에서 PNG 파일 형식으로 저장하려면 타이틀 바를 선택하고 마우스 오른쪽 버튼을 클릭한 다음 [그림으로 저장]을 실행하면 됩니다.

03 영문 텍스트 입력하고 워드아트로 변형하기

01 ARTCOM PT 영문 텍스트를 각각 입력하고 글자 크기를 조정합니다.
- [입력] 탭-[글상자]-[가로 글상자]
- Arial, 23pt, 검정

02 텍스트를 클릭하고 [도형] 탭-[글자 효과]를 클릭합니다.

03 ARTCOM PT 텍스트를 워드아트 형식으로 변환하고 크기를 조절합니다.
- [변환]-[휘기]-[사각형]
- 너비 : 88.78mm, 높이 : 12mm

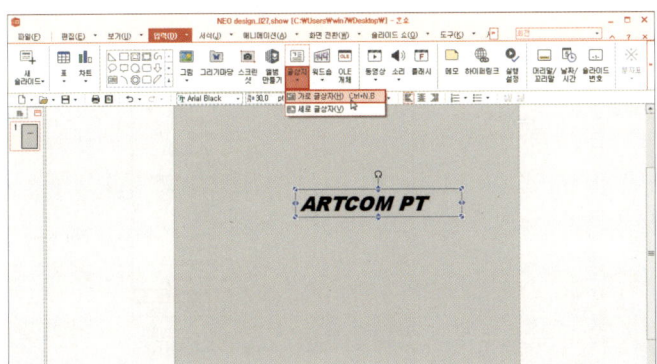 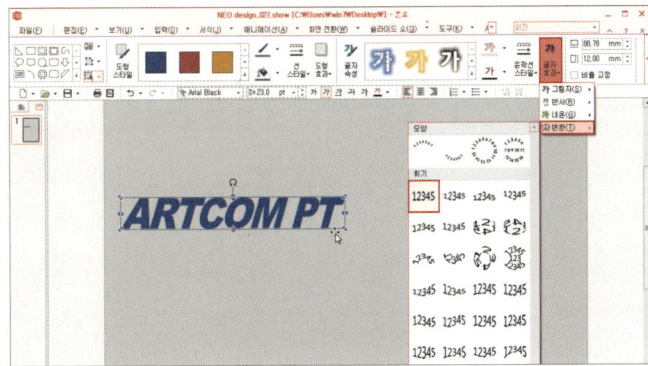

Tip & Tech 한글에서는 텍스트를 워드아트 스타일로 변형하기 어렵기 때문에 한쇼에서 작업합니다. 파워포인트 2016에서 WordArt 스타일로 변형하기 위해 [서식] 탭-[WordArt 스타일] 그룹-[텍스트 효과]-[변환]-[휘기]-[사각형]을 선택합니다.

04 텍스트에 이미지 삽입하기

01 'ARTCOM PT'를 선택하고 마우스 오른쪽 버튼을 클릭한 다음 [글자 속성]을 실행합니다.

02 'ARTCOM PT'에 텍스트 배경 이미지를 삽입합니다.
- [채우기] 탭-[질감/그림]-[그림]
- Part 03\02\텍스트 배경.png

03 배경 이미지가 삽입된 텍스트를 PNG 형식으로 저장합니다.

※ 텍스트를 PNG 파일 형식으로 저장할 때 사용할 크기보다 조금 크게(120%) 저장하는 것이 좋습니다. 한글 편집 과정에서 큰 크기를 작게 줄이는 것은 문제가 없지만 작은 크기의 텍스트 이미지를 늘리면 선명도가 떨어집니다.

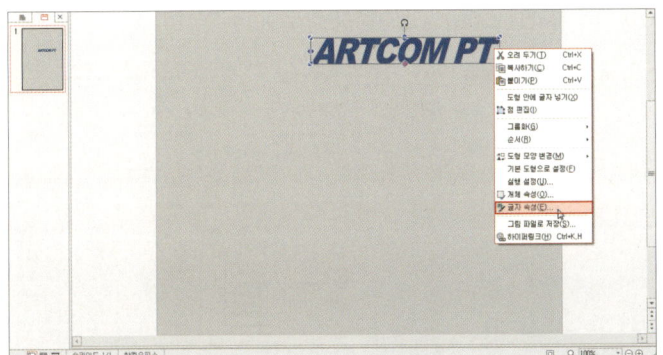 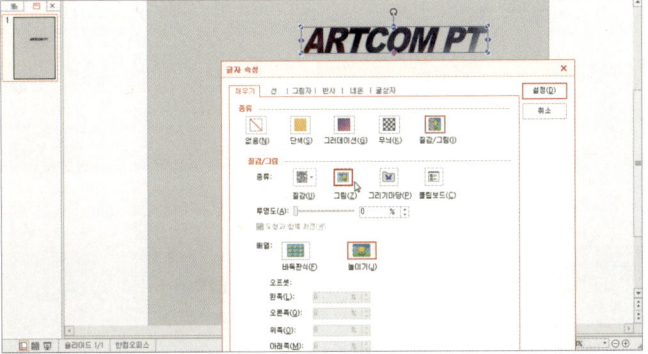

Tip & Tech 텍스트에 이미지를 삽입하는 작업은 초급자에게는 다소 생소할 수 있습니다. 숙달될 때까지 몇 번 반복하면 텍스트에 색상을 배색하는 것처럼 쉽게 느껴질 것입니다. 파워포인트 2016에서 텍스트에 이미지를 삽입하려면 [텍스트 효과 서식]-[채우기]-[그림 또는 질감 채우기]-[파일]을 통해 삽입할 수 있습니다.

05 배경 이미지 색상 조정하고 저장하기

01 [입력] 탭-[그림]에서 배경 이미지를 불러옵니다.
   • Part 03\02\BG_회색.png

02 배경 이미지를 클릭하고 [그림] 탭-[색조 조정]에서 색상을 바꿔 줍니다. 밝은 톤 중에서 색상을 선택해야 부드러운 배경을 만들 수 있습니다(베리에이션 배경색 참조).

03 배경 이미지를 PNG 파일로 저장합니다.

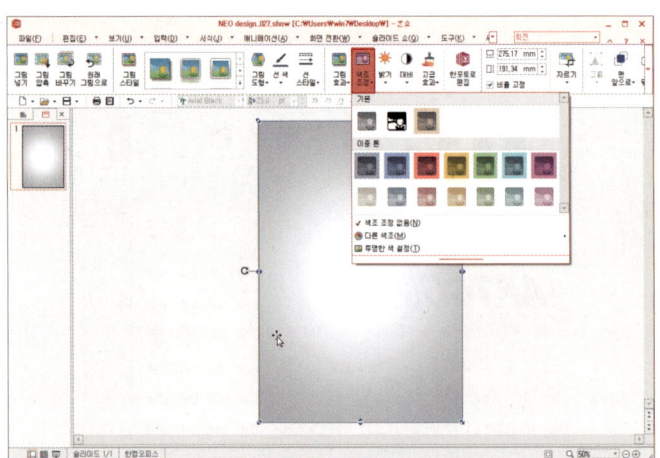 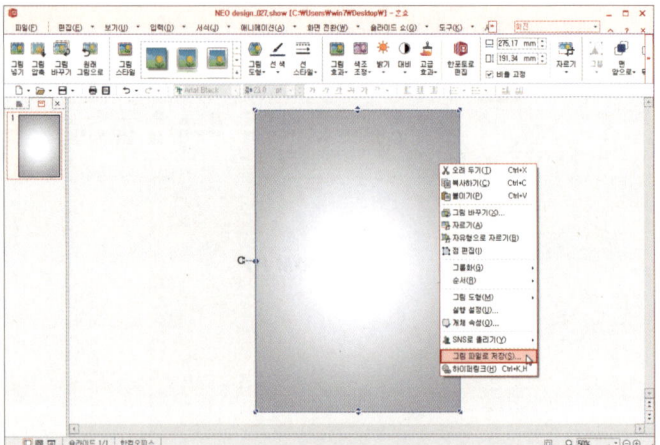

Tip&Tech   문서 방향 및 크기는 [서식] 탭-[슬라이드 크기]-[쪽 설정]에서 설정할 수 있습니다. 배경의 색상은 포토샵을 이용하지 않아도 한쇼나 파워포인트 기능으로도 완성도를 유지할 수 있습니다. 배경 이미지 파일 형식은 JPG보다 PNG나 BMP로 저장하는 것이 해상도를 유지하는 차원에서 좋습니다.

06 한글 NEO를 열고 배경 이미지 삽입하기

01 한글 NEO를 실행합니다.

02 용지에 배경 이미지를 삽입하고 [문서에 포함]에 체크 표시합니다.
   • [쪽] 탭-[쪽 테두리/배경]-[배경] 탭-[그림]-[그림 파일]
   • Part 03\02\BG_회색.png

03 F7 키를 눌러 편집 용지를 설정합니다.
   • 용지 종류 : A4(국배판) [210×297mm], 용지 방향 : 세로 , 제본 : 한쪽
   • 용지 여백 : 위쪽(20.0mm), 머리말(15.0mm), 왼쪽(30.0mm), 오른쪽(30.0mm), 꼬리말(15.0mm), 아래쪽(15.0mm)

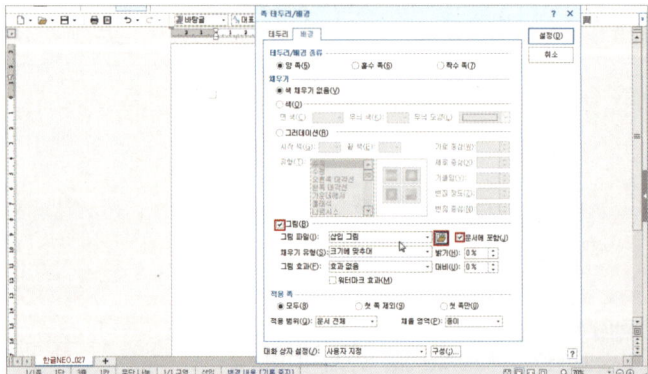 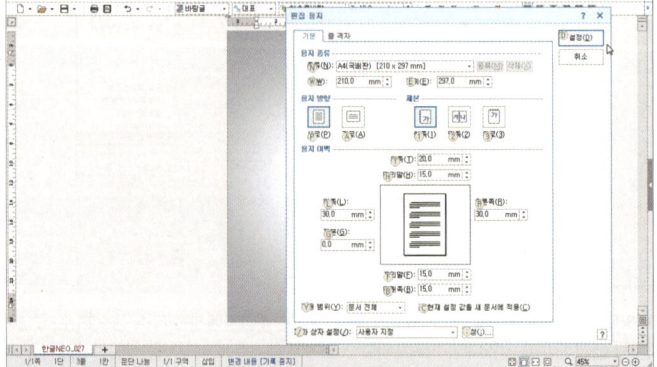

Tip&Tech   [쪽 테두리/배경]-[배경]에서 그림 효과뿐만 아니라 배경의 밝기와 대비를 조절할 수 있습니다.

07 영문 텍스트 편집하기

01 영문 텍스트를 각각 입력하고 글자 크기를 조정합니다.
- [입력] 탭-[글상자]-[가로 글상자]
- Arial, 18pt, 24pt, 25pt, 검정(R0 G0 B0)
- Best Multi Presentation Best Multi Presentation Best Presentation Education
- Art+Computer Best Powerpoint & Prezi design

02 영문 텍스트를 마우스 오른쪽 버튼으로 클릭하고 [개체 속성(P)]을 실행합니다.

03 영문 텍스트를 흰색으로 지정하고 배경 색과 선 색을 제거합니다.
- [개체 속성]-[선] 탭-[종류] : 선 없음, [개체 속성]-[채우기] 탭-[색 채우기 없음]

04 [글자 모양] 대화상자(Alt+L)를 열어 영문 텍스트를 보다 짜임새 있게 만듭니다.
- [서식] 탭-[글자 모양]-[확장] 탭
- 기타 : [글꼴에 어울리는 빈칸] 체크

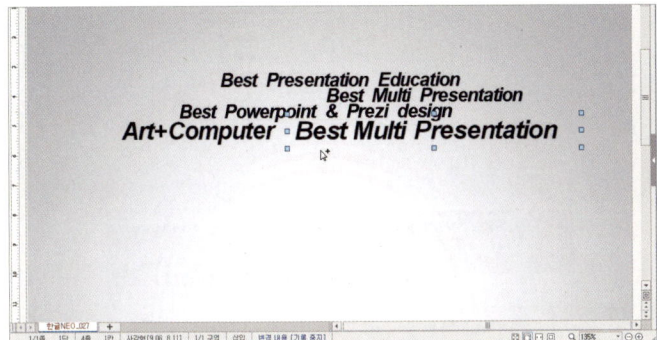 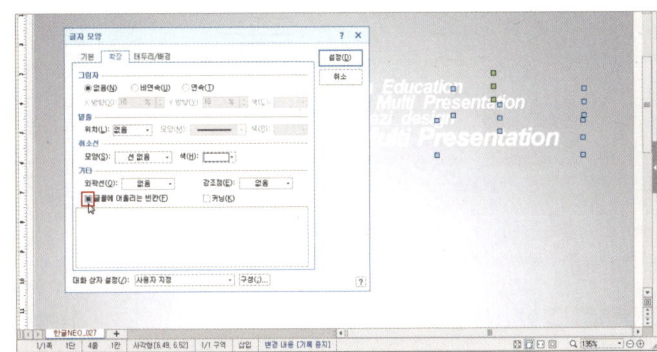

Tip & Tech [글자 모양] 대화상자에 있는 [글꼴에 어울리는 빈칸] 기능은 퍼져 있는 텍스트를 보다 짜임새 있게 모아 줍니다. 이 기능은 텍스트를 편집할 때 매우 중요하기 때문에 반드시 숙지할 필요가 있습니다.

08 타이틀 바 삽입하고 배치하기

01 과정 02에서 저장한 타이틀 바 PNG 파일 이미지를 가져오고 마우스로 드래그한 다음 중심부에 배치합니다.
- [입력] 탭-[그림]
- Part 03\02\타이틀 바.png
- 너비 : 210mm, 높이 : 33.97mm

02 영문 텍스트 아래쪽에 배치합니다.

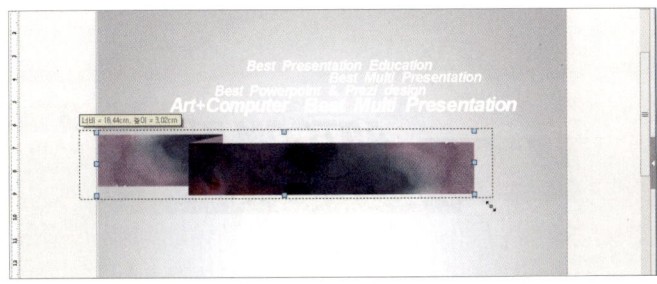 

Tip & Tech 한쇼와 한글만 있다면 완성도 높은 편집 디자인이 가능합니다.
한글에서 작업하기 어려운 디자인 요소는 한쇼에서 작업하여 PNG 파일 형식으로 저장합니다. 한글에서 PNG 이미지를 불러와 배치하고 텍스트를 편집하는 것으로 효과와 효율을 크게 높일 수 있습니다.

09 제목 입력하고 편집하기

01 글상자를 선택하고 드래그하여 타이틀을 입력합니다.
- [입력] 탭-[가로 글상자]
- 나눔바른고딕OTF, 39pt, 기울임, 검정색

02 [글자 모양] 대화상자를 열어 글자 모양을 조절합니다.
- [서식] 탭-[글자 모양]
- [기본] 장평 : 72%, 자간 : -6%, 글자 색 : 흰색
- [확장] 그림자 없음, 기타 : [글꼴에 어울리는 빈칸] 체크

03 타이틀 바 위아래 여백을 생각하며 배치합니다.

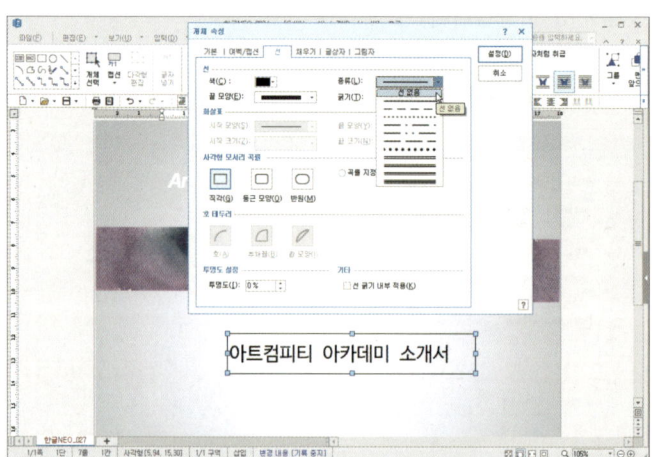 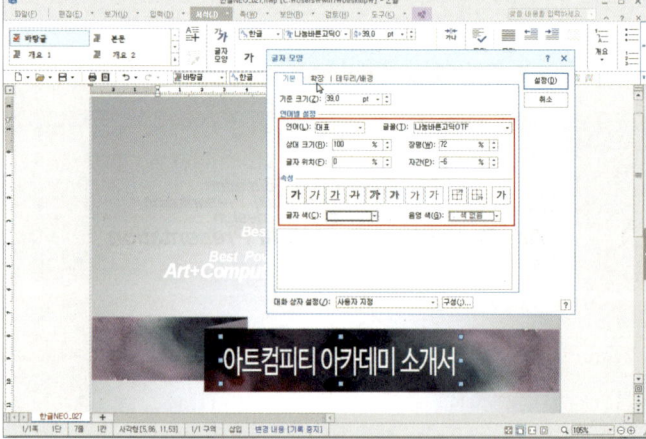

Tip & Tech 텍스트 편집에서 장평과 자간 조절은 매우 중요합니다. 따로 공식이 있는 것이 아니기 때문에 감각적으로 익혀 둘 필요가 있습니다.

10 ARTCOM PT 텍스트 이미지 불러와 배치하기

01 과정 04에서 저장한 ARTCOM PT PNG 파일 이미지를 가져오고 마우스로 드래그한 다음 중심부에 배치합니다.
- [입력] 탭-[그림]
- Part 03\02\ARTCOM PT.png
- 너비 : 97.76mm, 높이 : 13.51mm

02 타이틀 바 바로 위쪽에 약간의 간격을 두고 배치합니다.

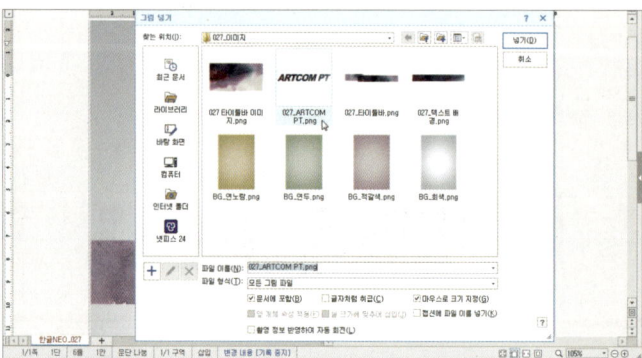 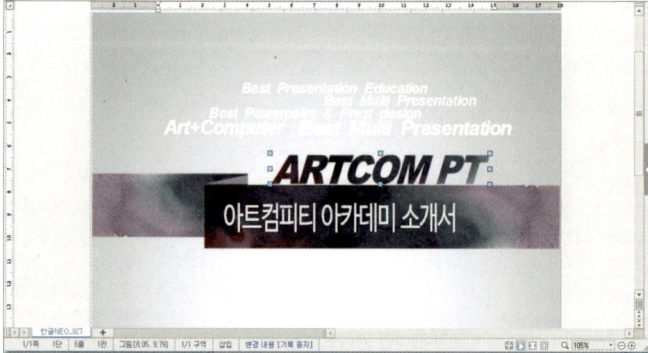

11 URL 입력하고 색상 넣기

01 글상자를 선택하고 마우스를 드래그한 다음 URL 텍스트를 입력합니다.
- [입력] 탭-[가로 글상자]

02 영문 폰트를 지정하고 색상을 지정합니다.
- Arial, 19pt, 기울임, 연보라(R164 G131 B160)

03 [개체 속성] 대화상자(P)에서 배경 색과 선 색을 제거합니다.
- [개체 속성]-[선] 탭-[종류] : 선 없음, [개체 속성]-[채우기] 탭-[색 채우기 없음]

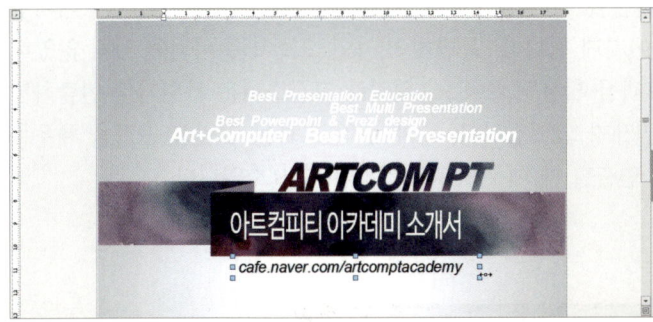 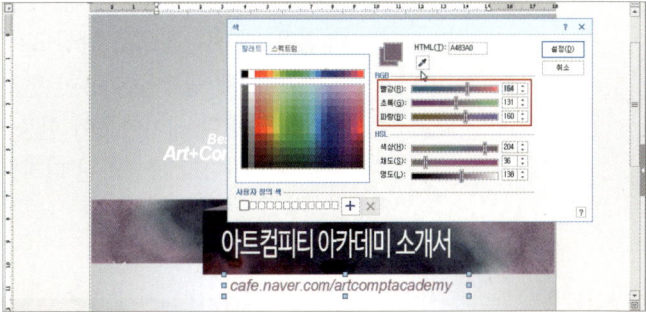

Tip & Tech 연보라 색상을 배색할 때 '색 골라내기 아이콘' 기능(스포이트)을 이용하여 타이틀 바 색상 중에서 선택하면 가장 자연스러운 색상 배색을 할 수 있습니다.

12 아랫부분 로고 편집하기

01 영문 텍스트를 각각 입력합니다.
- [입력] 탭-[가로 글상자]
- cafe.naver.com/artcomptacademy : Arial, 12pt, 기울임
- ARTCOM PT : Arial Black, 26pt, 기울임
- academy : Times New Roman, 26pt, 기울임

02 [서식]이나 [글자 모양] 대화상자에서 글자 색을 회색(R90 G90 B90)으로 지정합니다.

03 [개체 속성] 대화상자(P)에서 배경 색과 선 색을 제거합니다.
- [개체 속성]-[선] 탭-[종류] : 선 없음, [개체 속성]-[채우기] 탭-[색 채우기 없음]

04 [글자 모양] 대화상자를 열어 영문 텍스트를 보다 짜임새 있게 만듭니다.
- [서식] 탭-[글자 모양]
- [확장] 기타 : [글꼴에 어울리는 빈칸] 체크

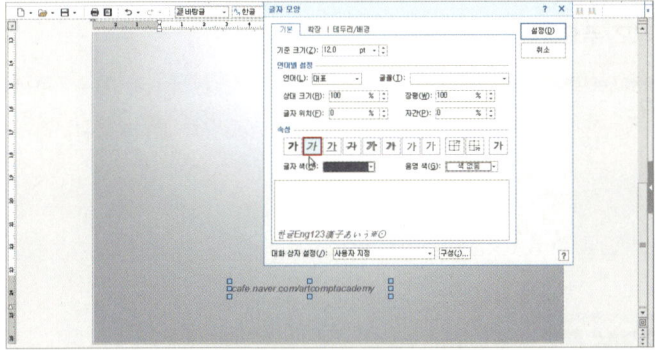 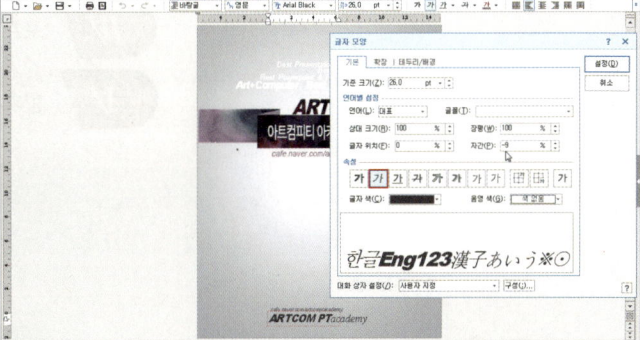

Tip & Tech 텍스트를 편집할 때 [글자 모양] 대화상자(블록 설정 후 Alt+L)를 이용하면 한층 작업하기 편리합니다.

003 수채 번짐 효과를 활용한 목차 디자인

목차 페이지는 표지보다 디자인이 미흡할 때가 많습니다. 기본적인 텍스트 외에 별다른 디자인이 없을 때 전반적으로 완성도가 떨어지게 됩니다. 특별히 디자인 요소가 준비되어 있지 않았다면 한번 수채 물감을 이용한 번짐 효과를 활용해 보세요. 의외로 고급스러운 분위기를 연출하면서 단조로웠던 레이아웃이 한층 짜임새가 있어집니다. 수채 번짐 효과는 밋밋한 공간을 채우는 역할뿐만 아니라 차별화된 디자인을 연출할 때 매우 효과적인 디자인 요소입니다.

|난이도| ★★★★☆ |예제 폴더| Part 03\03 |완성 파일| Part 03\03\완성\한글NEO design_003.hwp
|과정 파일| Part 03\03\완성\한쇼NEO design_003_12단계.show
|색상 베리에이션| Part 03\03\완성\한쇼NEO design_003_4컬러.show
|인터넷으로 보기| http://cafe.naver.com/artcomptacademy/2239

디자인 포인트

이번 예제에서 주목해야 할 디자인은 수채화 번짐 효과를 활용한 목차 디자인입니다. 수채화 물감을 이용하여 번짐 효과를 만들고 스캔합니다. 완성된 수채화 번짐 이미지를 한컴오피스 NEO 한쇼로 불러들여 도넛 도형, 라인, 잘린 그림자 효과 등 디자인 요소들과 조합하여 PNG 파일로 저장합니다. 수채화 번짐 효과는 한쇼나 파워포인트에서 색상을 변경하거나 이미지 꾸미기를 통해 다양한 느낌을 연출할 수 있습니다.

4컬러 베리에이션

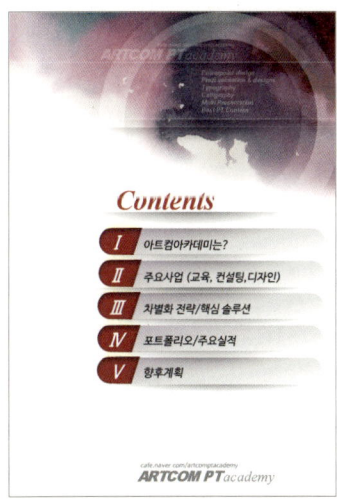
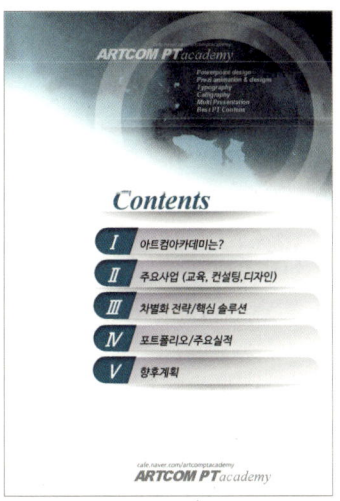
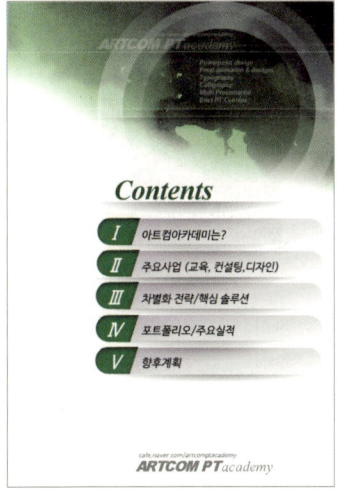

01 한쇼 NEO에서 타이틀 바 색상 조정하기

<u>01</u> 한쇼 NEO를 실행합니다.

※ 용지 종류는 [A4 용지], 슬라이드 방향은 [세로]입니다. 용지는 [서식] 탭 – [슬라이드 크기] – [쪽 설정]에서 설정합니다.

<u>02</u> [입력] 탭 – [그림]에서 수채 번짐 이미지를 불러옵니다.
- Part 03\03\수채 번짐.png

<u>03</u> 타이틀 바 이미지를 클릭하고 [그림] 탭 – [색조 조정]에서 밝기를 조절합니다.

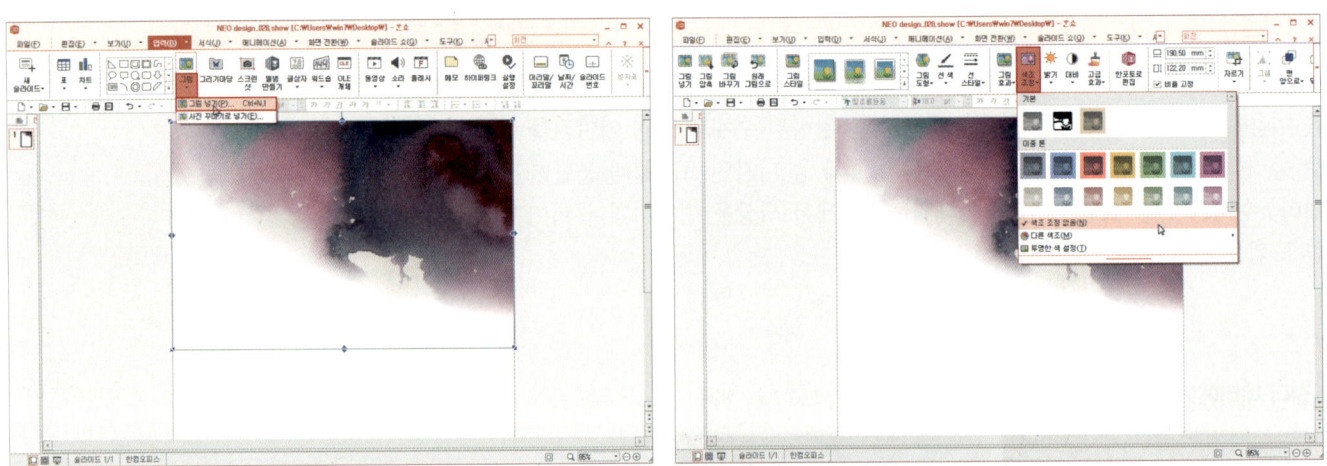

Tip&Tech　수채 번짐 이미지는 [색조 조정]을 통해 색상과 톤을 조정하면 색다른 느낌을 연출할 수 있습니다. 파워포인트에서는 [서식] 탭 – [색]을 통해 '채도'와 '색조', '다시 칠하기' 효과를 적용할 수 있습니다.

02 투명한 도넛 도형 두 개 겹쳐서 디자인하기

<u>01</u> [입력] 탭 – [자세히] 단추를 클릭하고 [기본 도형] – [도넛]을 선택합니다.

<u>02</u> 크고 작은 도넛 도형을 두 개 그려서 겹쳐 놓고 구멍 크기를 조절합니다.
- 너비 : 211.7mm, 높이 : 148.51mm

<u>03</u> 회색에서 흰색으로 그라데이션 효과를 적용하고 중지점 투명도를 적용합니다.
- 중지점1(투명도 : 100%), 중지점2(투명도 : 50%), 중지점3(투명도 : 100%)

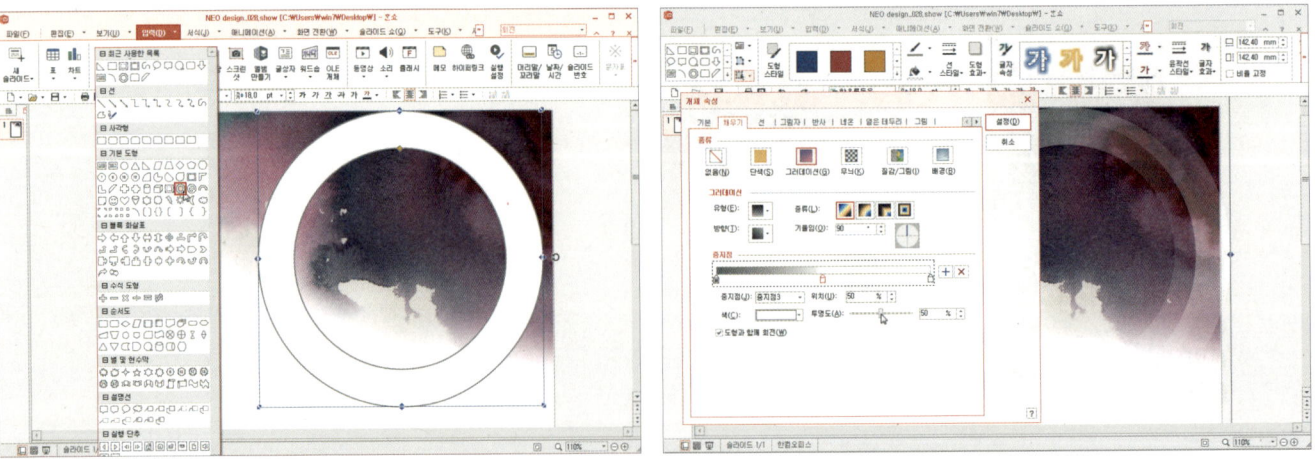

Tip&Tech　도넛 도형 만들기는 부록에 있는 완성 파일(03\완성\003_PPT\ppt design_003.ppt)이나 Neo design 소스 파일(03\NEO design 소스_003.show)을 참고하세요.

03 투명한 흰색 라인과 그림자 효과 적용하기

01 [입력] 탭 - [자세히] 단추를 클릭하고 [선]을 선택합니다.

02 라인 세 개(중간쪽 라인은 긴 점선)를 그어서 배치합니다.
- **[위쪽]** 굵기 : 1.50pt, 길이 : 190mm, 색 : 흰색, 투명도 : 70%
- **[중간쪽]** 굵기 : 1.50pt, 길이 : 190mm, 색 : 흰색, 투명도 : 70%
- **[아래쪽]** 굵기 : 0.75pt, 길이 : 190mm, 색 : 흰색, 투명도 : 70%

03 그림자 효과(028_라인 그림자.png)를 불러와 투명 라인 밑에 배치합니다.
- Part 03\03\라인 그림자.png

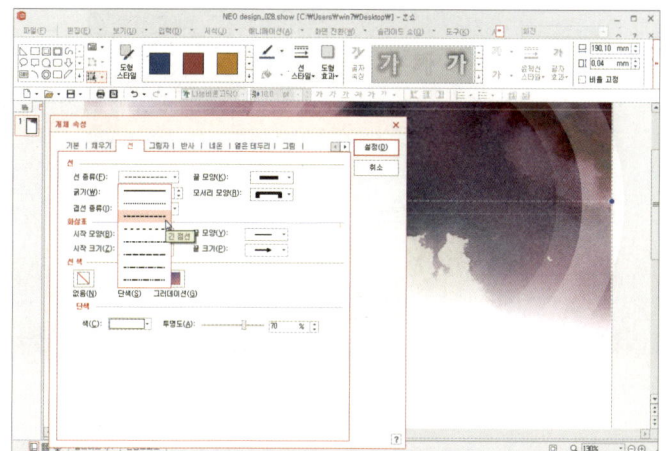 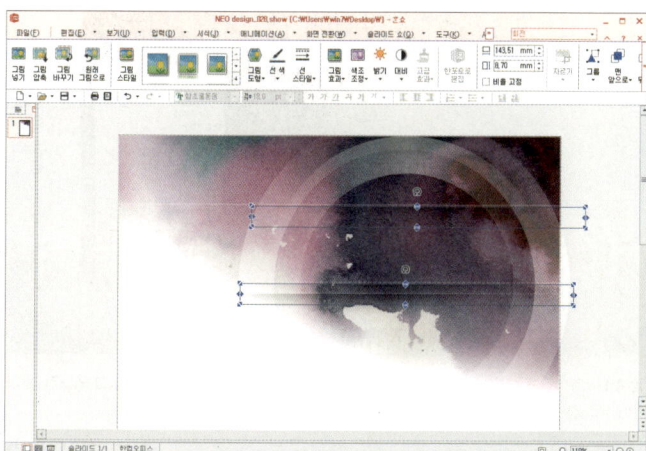

Tip & Tech 라인은 디자인 요소로 매우 중요합니다. 라인의 종류, 굵기, 색상, 투명도 등에 따라 느낌이 달라지기 때문에 디자인 요소로 라인을 적용할 때는 주의가 필요합니다.

04 배경과 도넛 도형, 라인들을 그룹하고 그림으로 저장하기

01 과정 03까지 작업한 것을 모두 선택한 다음 그룹(Ctrl+G)으로 묶습니다.

02 그룹으로 묶은 이미지를 선택하고 마우스 오른쪽 버튼을 클릭한 다음 PNG 파일로 저장합니다. PNG 파일 형식으로 저장할 때 도넛 도형이 슬라이드 밖으로 확장되어 있어 일정한 공간이 생깁니다.

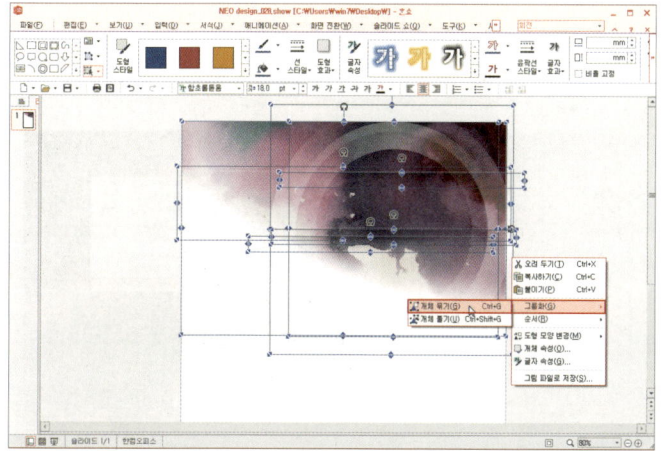 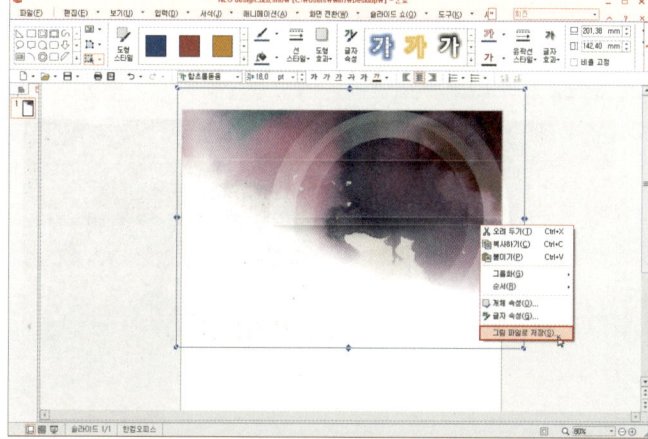

Tip & Tech 배경 이미지와 라인, 도넛 도형을 따로 저장해도 좋습니다. 따로 저장한 PNG 파일을 한글에서 불러들여 편집하면 보다 다양한 디자인이 가능합니다.

05 투명한 로고 편집하기

01 영문 텍스트를 각각 입력합니다.
- [입력] 탭-[글상자]-[가로 글상자]
- cafe.naver.com/artcomptacademy : 나눔바른고딕OTF, 8pt, 기울임
- ARTCOM PT : Arial Black, 23pt, 기울임
- academy : Times New Roman, 23pt, 기울임

02 [글자 속성] 대화상자에서 글자색과 투명도를 설정합니다.
- 흰색, 투명도 : 70%

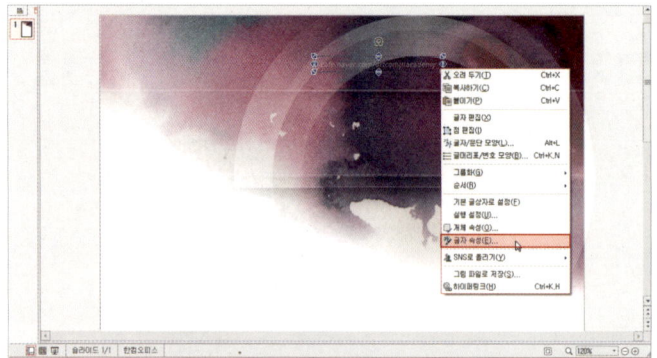 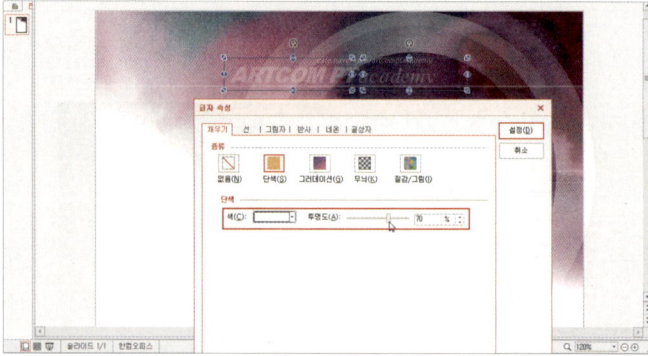

Tip&Tech 한쇼에서 영문 폰트 중 Arial 폰트는 그림으로 저장할 경우 그림자가 생기는 오류가 있을 수 있습니다. 이런 경우 나눔바른고딕OTF체로 변경하여 저장합니다. 텍스트의 느낌은 비슷하면서 오류가 없습니다.

06 투명한 영문 텍스트 편집하기

01 영문 텍스트를 입력합니다.
- [입력] 탭-[글상자]-[가로 글상자]
- 나눔바른고딕OTF, 10pt, 진하게, 기울임, 줄 간격 : 1.00

02 [글자 속성] 대화상자에서 글자색과 투명도를 지정합니다.
- 흰색, 투명도 : 60%

03 로고와 영문 텍스트를 각각 PNG 파일로 저장합니다.

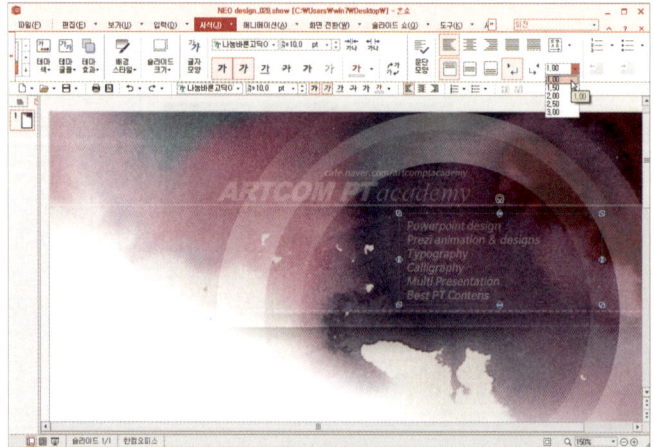 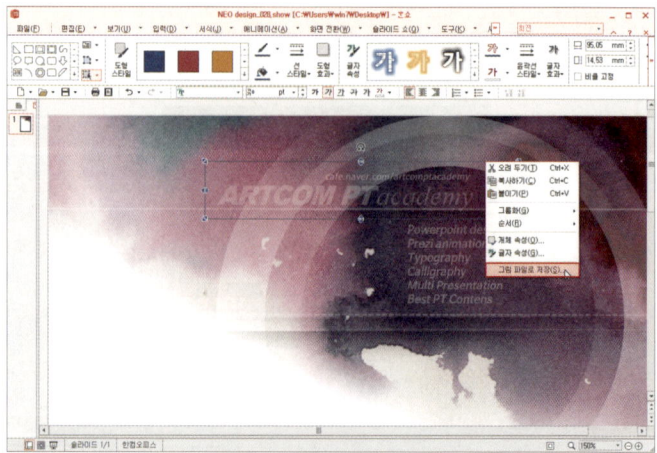

Tip&Tech 여러 줄의 텍스트는 행간(줄 간격) 조절이 중요합니다. [서식] 탭-[문단 모양]-[문단 모양] 탭에서 [줄 간격]을 보다 정밀하게 조정할 수 있습니다.

07 목차 텍스트 바 색상 배색하기

01 모서리가 둥근 목차 텍스트 바 하나를 가져와 배치합니다.
  • Part 03\03\NEO design소스_003.show

02 텍스트 바 앞머리 도형을 선택하여 색상을 배색합니다.
  • 빨간색(R192 G0 B0), 투명도 : 0%

03 그림자 효과를 불러와 텍스트 바 위쪽과 아래쪽에 배치합니다.
  • Part 03\03\텍스트 박스 그림자 효과.png

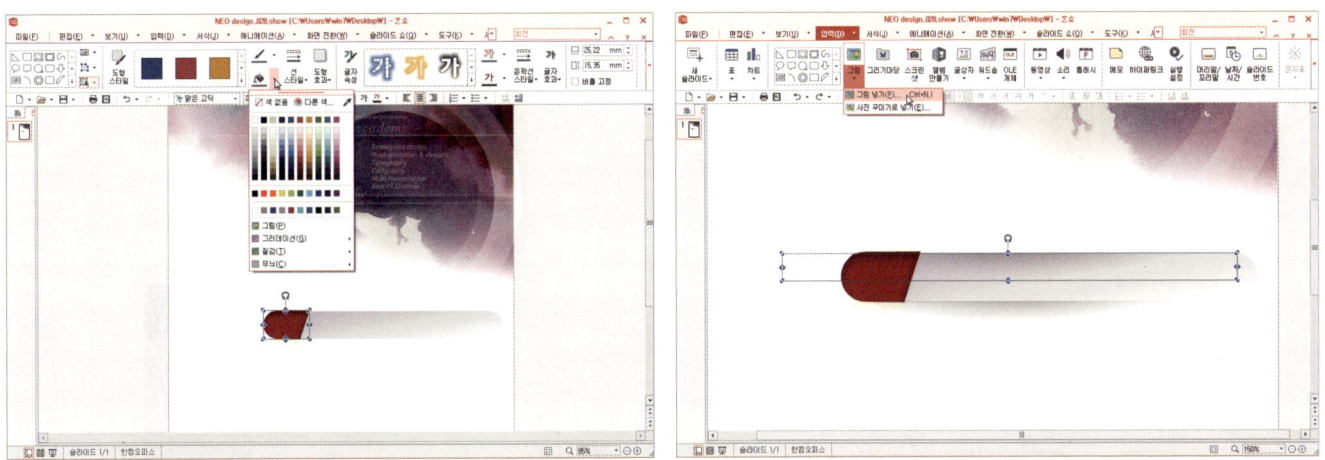

Tip&Tech 텍스트 바는 이미지가 아니므로 소스를 불러들여 다양하게 편집하고 재활용할 수 있습니다. 텍스트 바 크기를 조정하거나 앞머리의 색상을 변경하고, 그림자 효과 등을 필요에 따라 제거할 수도 있습니다.

08 목차 텍스트 바 만들기

01 완성된 목차 텍스트 바를 그룹(Ctrl+G)으로 묶고 PNG 파일로 저장합니다.
  • 마우스 오른쪽 버튼 클릭-[그림 파일로 저장]

02 완성된 목차 텍스트 바를 복제하여 다섯 줄로 만든 다음 그룹(Ctrl+G)으로 묶고 저장합니다.

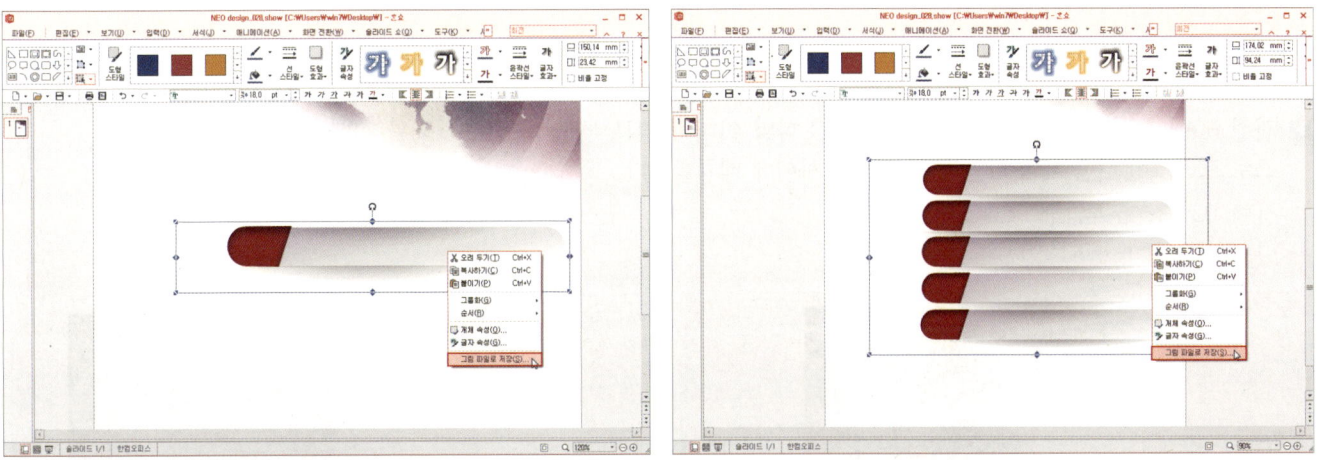

Tip&Tech 텍스트 바는 반드시 PNG 형식으로 저장해야 한글에서 배경 이미지나 배경색이 있을 경우에도 문제가 생기지 않습니다. JPG나 BMP 파일 형식으로 저장할 경우 투명한 공간이 모두 흰색으로 채워집니다. 텍스트 바를 여러 개 복제하여 배치할 경우 정렬이 매우 중요합니다.

09 한글 NEO를 열고 배경 이미지 삽입하기

01 한글 NEO를 실행합니다.

02 F7 키를 눌러 편집 용지를 설정합니다.
- 용지 종류 : A4(국배판) [210 X 297mm], 용지 방향 : 세로 , 제본 : 한쪽
- 용지 여백 : 위쪽(15.0mm), 머리말(10.0mm), 왼쪽(15.0mm), 오른쪽(15.0mm), 꼬리말(10.0mm), 아래쪽(15.0mm)

03 과정 04에서 저장한 윗부분 배경 이미지 PNG 파일을 선택하고 마우스로 드래그한 다음 용지 윗부분에 배치합니다.
- [입력] 탭 – [그림] – [그림 넣기]
- Part 03\03\윗부분 배경 이미지.png

04 [그림] 탭 – [자르기]를 선택하고 윗부분과 좌우 여백을 빈 공간이 없도록 잘라준 다음 윗부분에 빈 틈없이 맞춥니다.

05 [개체 속성]을 클릭하고 크기를 확인합니다.
- 너비 : 211.7mm, 높이 : 148.51mm

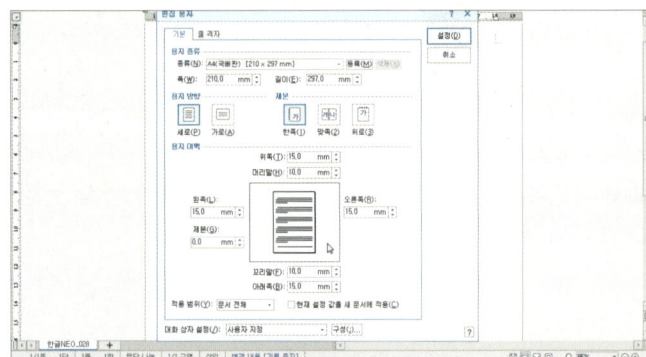
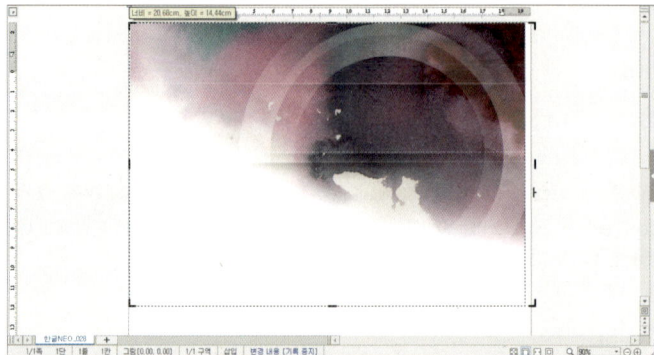

10 투명한 로고와 영문 텍스트 이미지 불러와 배치하기

01 과정 05에서 저장한 ARTCOM PT 로고 투명 텍스트 PNG 파일 이미지를 선택하고 마우스로 드래그한 다음 라인 위쪽에 배치합니다.
- Part 03\03\로고 투명 텍스트.png
- 너비 : 104.47mm, 높이 : 16.5mm

02 과정 06에서 저장한 영문 투명 텍스트 PNG 파일 이미지(영문 투명 텍스트.png)를 선택하고 마우스로 드래그한 다음 위쪽 라인과 점선 라인 사이에 배치합니다.
- Part 03\03\영문 투명 텍스트.png
- 너비 : 72.47mm, 높이 : 31.69mm

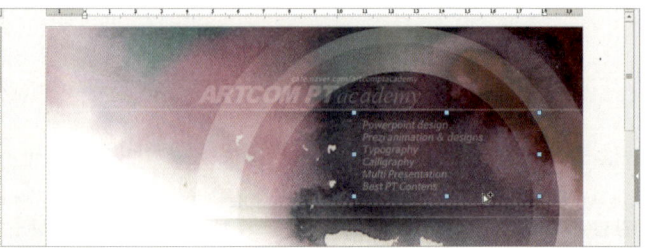

Tip & Tech PNG 이미지를 여러 개 겹쳐 놓을 경우 반드시 [글자처럼 취급]이 체크되어 있어서는 안 됩니다.

11 Contents 텍스트 편집하기

01 'Contents'를 입력합니다.
- [입력] 탭–[가로 글상자]
- Times New Roman, 50pt, 진하게, 기울임

02 [서식] 탭이나 [글자 모양] 대화상자에서 글자 색을 빨간색(R204 G51 B0)으로 지정합니다.

03 텍스트를 선택하고 마우스 오른쪽 버튼을 클릭한 다음 [개체 속성]을 실행하고 배경 색과 선 색을 제거합니다.
- [개체 속성]–[선] 탭–[종류] : 선 없음, [개체 속성]–[채우기] 탭–[색 채우기 없음]

04 [글자 모양] 대화상자를 열어 텍스트를 보다 짜임새 있게 만듭니다.
- [서식] 탭–[글자 모양]
- [확장] 기타 : [글꼴에 어울리는 빈칸] 체크

 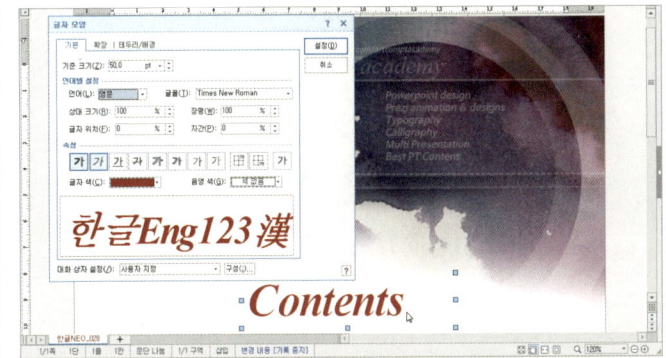

12 목차 이미지 박스 배치하기

01 Contents 텍스트 아래쪽에 그림자를 불러와 배치합니다.
- [입력] 탭–[그림]–[그림 넣기]
- Part 03\03\잘린 타원 그림자.png
- 너비 : 166.58mm, 높이 : 10.67mm

02 과정 08에서 저장한 목차 텍스트 바를 불러와 배치합니다.
- Part 03\03\5set red bar.png
- 너비 : 156.16mm, 높이 : 101.82mm

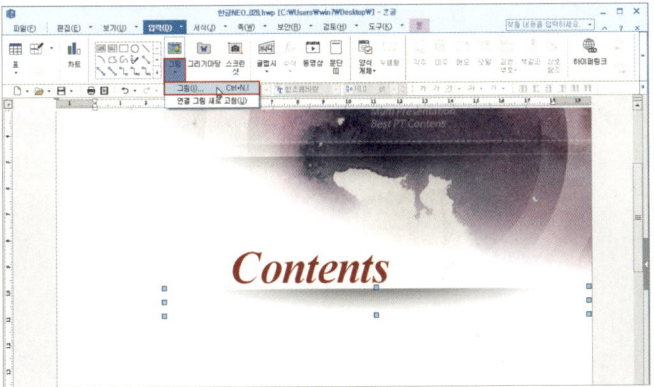 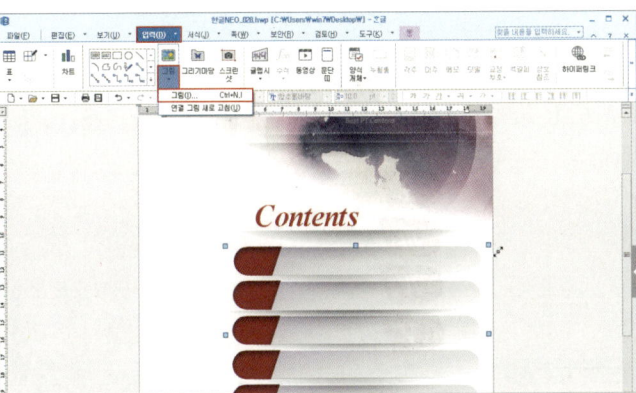

13 로마자 작성하고 정렬하기

01 빨간색 앞머리 도형에 로마자를 작성하여 배치합니다.
- 키보드에서 ㅈ 키를 누르고 한자 키를 누릅니다.
- [입력] 탭-[가로 글상자]
- Times New RomanI, 32pt, 진하게, 기울임

02 [특수 문자로 바꾸기] 대화상자가 나오면 로마자 'I'을 선택한 다음 [바꾸기]를 클릭합니다.

03 로마자 Ⅱ, Ⅲ, Ⅳ, Ⅴ도 같은 방법으로 작업하여 빨간색 도형에 배치합니다.

04 로마자를 모두 선택한 다음 세로 간격을 동일하게 맞춥니다.
- [맞춤]-[세로 간격을 동일하게]

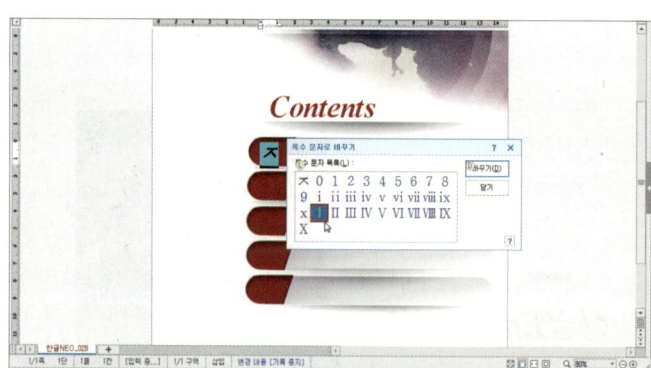 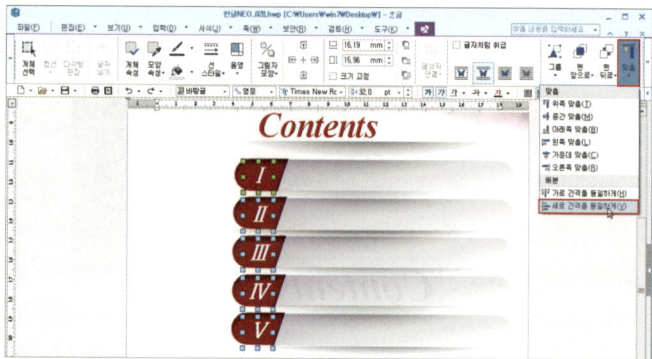

Tip&Tech　편집 디자인에서 여러 개의 도형이나 텍스트 박스를 배치할 때 정렬이 매우 중요합니다. [맞춤] 기능을 이용하여 '맞춤'과 '배분'을 습관적으로 하는 것이 좋습니다. 눈으로 어림잡아 정렬하면 균일한 정렬이 어렵습니다.

14 목차 텍스트 작성하기

01 글상자를 선택하고 마우스를 드래그하고 제목을 입력합니다.
- [입력] 탭-[가로 글상자]
- 나눔바른고딕OTF, 19pt, 기울임, 검은색

02 텍스트 박스를 선택하고 [개체 속성] 대화상자(P)에서 배경 색과 선 색을 제거합니다.
- [개체 속성]-[선] 탭-[종류] : 선 없음, [개체 속성]-[채우기] 탭-[색 채우기 없음]

03 [글자 모양] 대화상자(Alt+L)를 열어 영문 텍스트를 보다 짜임새 있게 만듭니다.
- [서식] 탭-[글자 모양]
- [확장] 기타 : [글꼴에 어울리는 빈칸] 체크

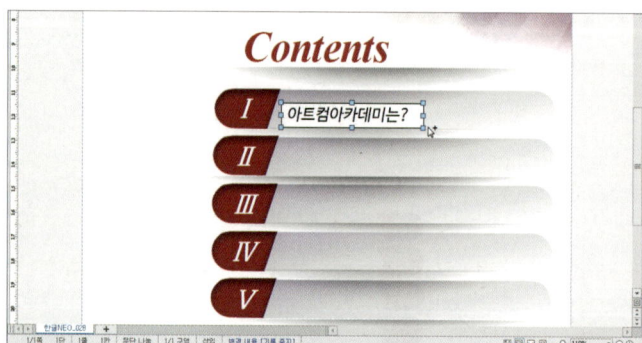 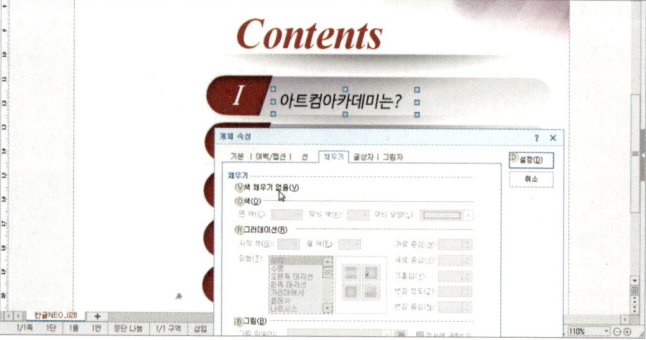

Tip&Tech　[개체 속성] 대화상자(P)에서 텍스트 박스의 '선'과 '채우기 색'을 제거할 수 있습니다.

15 목차 텍스트 정렬하기

01 과정 14에서 작성한 텍스트를 복제(Ctrl+D)하여 각각의 텍스트 박스에 배치합니다.

02 '주요사업', '차별화 전략', '포트폴리오' 등 목차 내용을 변경합니다.

03 목차 텍스트를 모두 선택한 다음 [도형] 그룹-[맞춤]-[왼쪽 맞춤]을 실행하고 세로 간격을 동일하게 맞춥니다.

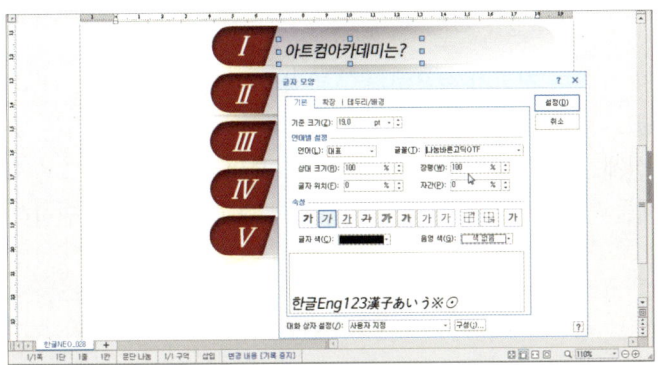 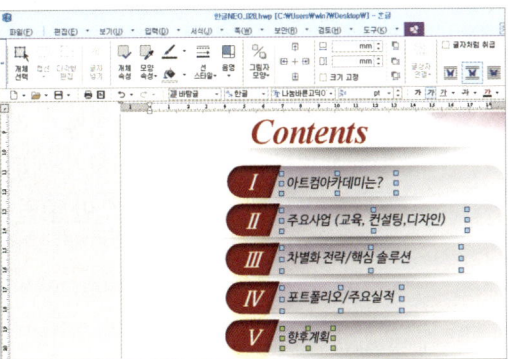

Tip & Tech 텍스트마다 글상자를 각각 만들지 않고 하나의 글상자에 텍스트 넣는 방법도 있습니다. 이때는 행간 조절을 정밀하게 해야 하기 때문에 작업 시간은 비슷합니다. 하나의 글상자에 다섯 줄을 넣었을 경우 [서식] 탭-[문단 모양]-[기본] 탭-[간격]-[줄 간격]을 '285%'로 설정하여 행간을 벌립니다.

16 하부 로고 편집하기

01 영문 텍스트를 각각 입력합니다.
- [입력] 탭-[가로 글상자]
- cafe.naver.com/artcomptacademy : Arial, 11pt, 기울임
- ARTCOM PT : Arial Black, 25pt, 기울임
- academy : Times New Roman, 25pt, 기울임

02 [서식] 탭이나 [글자 모양] 대화상자에서 글자 색을 회색(R153 G153 B153)으로 지정합니다.

03 [개체 속성] 대화상자(P)에서 배경 색과 선 색을 제거합니다.
- [개체 속성]-[선] 탭-[종류] : 선 없음, [개체 속성]-[채우기] 탭-[색 채우기 없음]

04 [글자 모양] 대화상자를 열어 영문 텍스트를 보다 짜임새 있게 만듭니다.
- [서식] 탭-[글자 모양]
- **[확장]** 기타 : [글꼴에 어울리는 빈칸] 체크

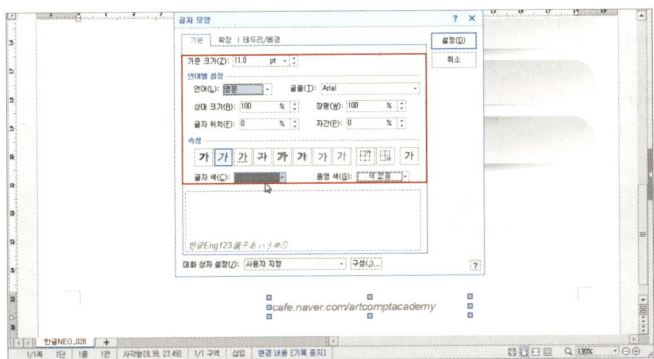 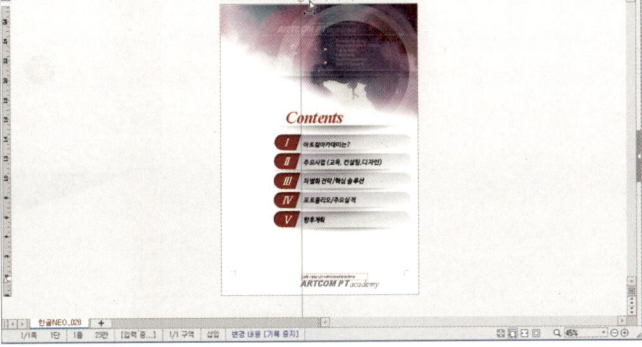

Tip & Tech 텍스트를 편집할 때 [글자 모양] 대화상자(블록 설정 후 Alt+L)를 이용하면 한층 작업하기 편리합니다.

004 그림자 효과를 활용한 목차 디자인

목차 디자인이 밋밋해 보일때 그림자 효과를 적절히 활용하면 효과적입니다. 비슷한 유형의 디자인도 그림자 효과를 어떻게 적용했느냐에 따라 느낌이 크게 달라질 수 있습니다. 그림자는 빛의 방향에 따라 만들어지기 때문에 실제감을 주기 위해 그림자 방향을 통일해야 합니다. 그림자를 표현할 때 될 수 있으면 주변 개체들과 동떨어진 느낌이 들지 않도록 최대 자연스럽게 연출하는 것이 중요합니다.

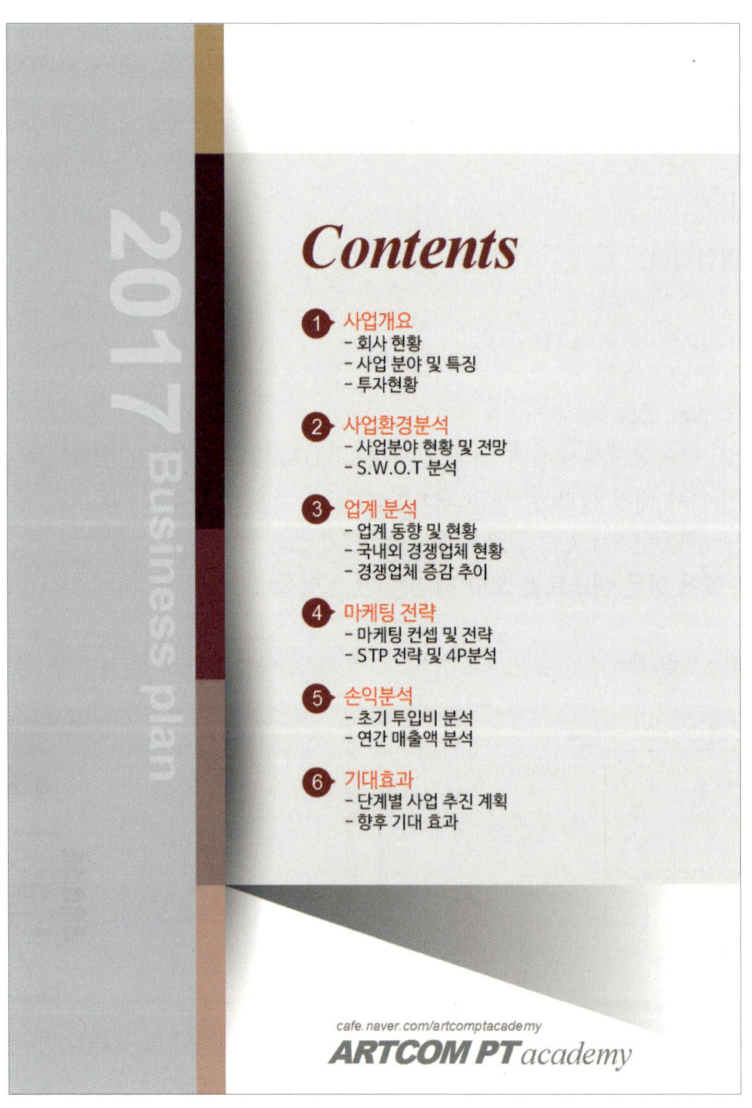

|난이도| ★★★☆☆ |예제 폴더| Part 03\04 |완성 파일| Part 03\04\완성\한글NEO design_004.hwp
|과정 파일| Part 03\04\완성\한쇼NEO design_004_12단계.show
|색상 베리에이션| Part 03\04\완성\한쇼NEO design_004_4컬러.show
|인터넷으로 보기| http://cafe.naver.com/artcomptacademy/2241

디자인 포인트

이번 예제에서 주목해야 할 디자인은 그림자 효과를 활용한 목차 디자인입니다. 그림자는 직사각형과 타원에 그라데이션 효과를 적용하면 쉽게 만들 수 있습니다. 완성한 그림자 효과는 PNG 파일 형식으로 저장해야 활용하는 데 문제가 없습니다. 프린트할 때 그림자 부분이 진하게 나오면 화면 상태에서 다소 흐리게 작업합니다.

4컬러 베리에이션

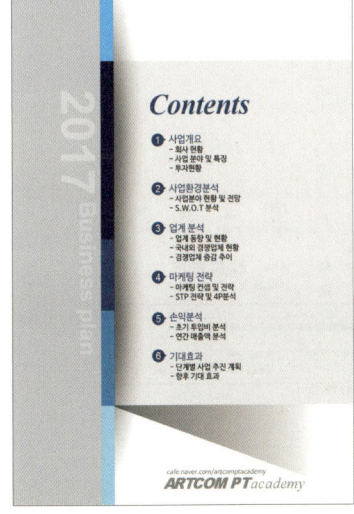

01 한쇼 NEO에서 타원형 설명선 디자인하기

01 한쇼 NEO를 실행합니다.

※ 용지 종류는 [A4 용지], 슬라이드 방향은 [세로]입니다. 용지는 [서식] 탭-[슬라이드 크기]-[쪽 설정]에서 설정합니다.

02 [입력] 탭 - 도형에서 [자세히] 단추를 클릭하고 [설명선] - [타원형 설명선]을 선택합니다.

03 [Shift] 키를 누른 상태에서 드래그하여 '타원형 설명선'을 그립니다.
- 너비 : 21.9mm, 높이 : 21.9mm

04 [개체 속성] 대화상자를 열고 [기본]과 [채우기]에서 각도와 색상 등을 배색합니다.
- 회전 : 285°, 색 : 빨간색(R177 G1 B0)

05 완성된 타원형 설명선을 선택하고 마우스 오른쪽 버튼을 클릭한 다음 PNG 파일로 저장합니다.

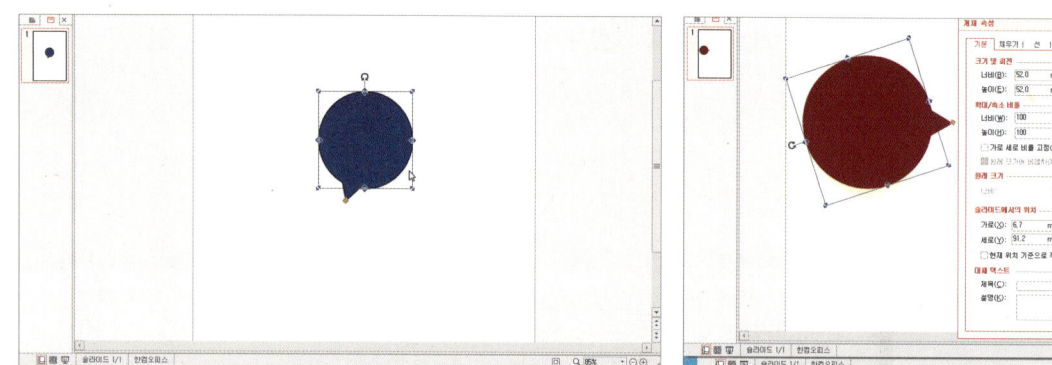

Tip & Tech PNG 파일 형식으로 활용될 도형들은 실제 적용될 크기보다 크게 그립니다. PNG 파일 형식은 비트맵 형식이기 때문에 작은 크기를 키우면 선명도가 떨어집니다.

02 점 편집으로 그림자 만들기

01 [입력] 탭 - 도형에서 [자세히] 단추를 클릭하고 [선] - [자유형]을 선택합니다.

02 원근감이 느껴지는 직사각형을 그립니다.
- 너비 : 122.0mm, 높이 : 113.1mm

03 회색에서 흰색으로 그라데이션 효과를 적용하고 중지점2에 투명도를 적용합니다.
- [개체 속성]-[채우기] 탭-[그러데이션], 기울임 : 0°
- [중지점1] : 회색(R122 G122 B122), 투명도 : 0%
- [중지점2] : 흰색, 투명도 : 100%

04 완성된 사선 그림자를 선택하고 마우스 오른쪽 버튼을 클릭한 다음 PNG 파일로 저장합니다.

 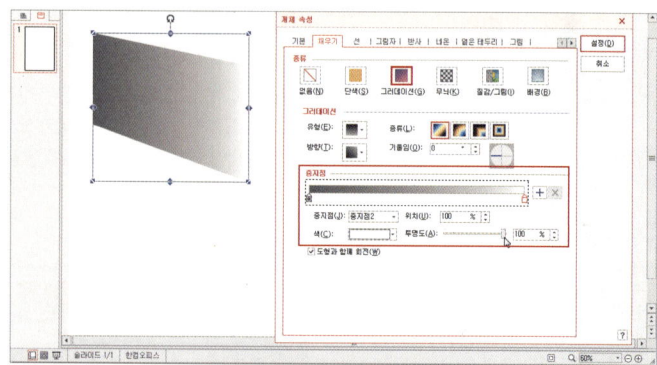

03 투명한 텍스트 디자인하기

01 '2017'과 'Business plan'을 각각 입력합니다.
- [입력] 탭 - [글상자] - [가로 글상자]
- 2017 : Arial, 74pt, 진하게
- Business plan : Arial, 35pt, 진하게

02 [글자 속성] 대화상자에서 글자 색과 투명도를 지정합니다.
- 흰색, 투명도 : 70%

03 텍스트 박스 각각에 있는 회전 핸들을 시계 방향으로 90° 돌리고 세로 방향으로 정렬합니다.

04 완성된 투명 텍스트를 그룹(Ctrl+G)으로 묶고 마우스 오른쪽 버튼을 클릭한 다음 PNG 파일로 저장합니다.

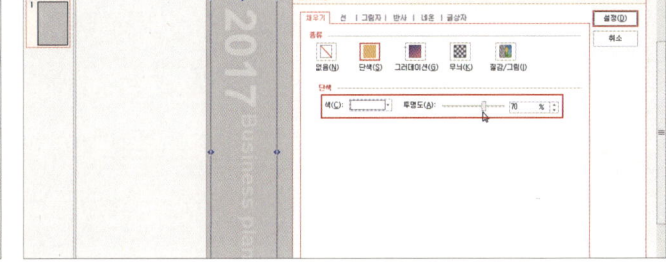

Tip & Tech 회전 핸들 외에 텍스트 박스를 90° 회전하는 방법은 텍스트 박스를 선택하고 [도형] 그룹 - [회전] - [오른쪽으로 90도 회전]을 클릭합니다.
과정 03 작업은 한글 NEO에서도 어느 정도의 작업이 가능하지만 작업 과정이 다소 복잡합니다. 그렇기 때문에 한쇼나 파워포인트에서 작업하여 PNG 파일로 저장하는 것이 효율적입니다.

04 한글 NEO에서 편집 용지를 셋팅하고 왼쪽 직사각형 박스 그리기

01 한글 NEO를 실행하고 F7 키를 누른 다음 편집 용지를 설정합니다.
- 용지 종류 : A4(국배판) [210×297mm], 용지 방향 : 세로, 제본 : 한쪽
- 용지 여백 : 위쪽(15.0mm), 머리말(10.0mm), 왼쪽(15.0mm), 오른쪽(15.0mm), 꼬리말(10.0mm), 아래쪽(15.0mm)

02 왼쪽 회색 직사각형 박스 그립니다.
- [입력] 탭 - 도형에서 [직사각형]

03 색상을 회색(R214 G217 B224)으로 지정하고 본문과의 배치를 [글 뒤로] 지정합니다.
- [개체 속성] - [기본] 탭 - [위치] - [본문과의 배치] - [글 뒤로]

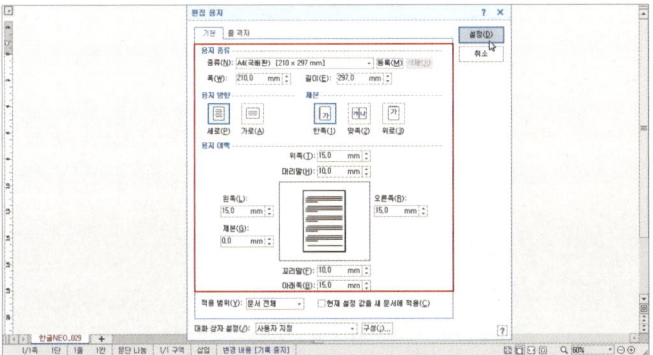
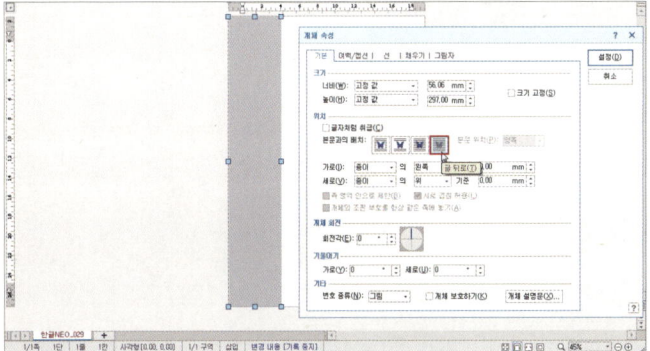

Tip & Tech 색 채우기는 [도형] 탭에 있는 페인트통 모양의 [채우기]나 [개체 속성] - [채우기] 탭을 통해 배색할 수 있습니다. [글 뒤로]를 선택하지 않으면 향후 텍스트가 보이지 않는 문제가 생길 수 있습니다.

05 직사각형으로 다섯 컬러 막대 만들기

01 직사각형을 다섯 개 그려 세로로 배열합니다.
- [입력] 탭 - 도형 중에서 [직사각형]

02 각각의 직사각형에 색상을 배색하고 크기를 조정합니다.
- 너비 : 7.45mm
- 밝은 갈색(R218 G183 B119), 높이 : 33.57mm / 진한보라색(R101 G2 B51), 높이 : 91.19mm / 분홍(R158 G44 B70), 높이 : 38.83mm / 산호색(R189 G149 B141), 높이 : 51.91mm / 황갈색(R225 G183 B171), 높이 : 55mm

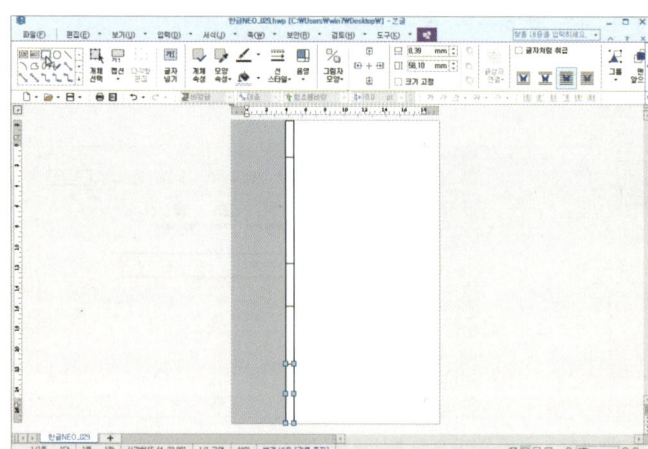 

Tip&Tech 과정 05 색상 배색은 매우 중요합니다. 비슷한 톤과 주변 색상 위주로 배색하는 것이 좋습니다. 다섯 컬러 막대의 색상 배색이 잘못되면 디자인 완성도를 기대할 수 없습니다.

06 사선 그림자 불러와 배치하기

01 과정 02에서 저장한 사선 그림자 PNG 파일 이미지를 가져온 다음 다섯 컬러 막대 옆으로 배치합니다.
- [입력] 탭 - [그림] - [그림 넣기]
- Part 03\04\사선 그림자.png

02 그림자 크기를 조절합니다.
- 너비 : 136.22mm, 높이 : 117.8mm

03 그림자 위치를 [글 뒤로]로 지정합니다.
- [개체 속성] - [기본] 탭 - [위치] - [본문과의 배치] - [글 뒤로]

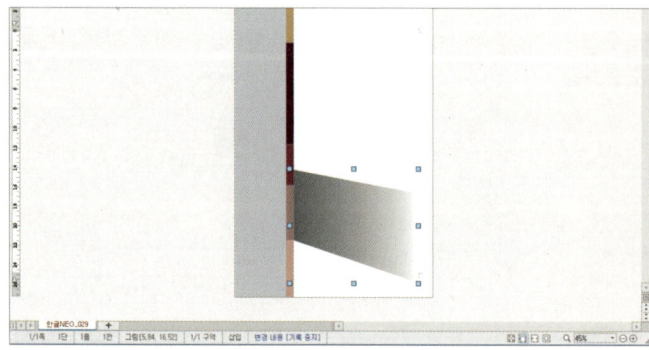 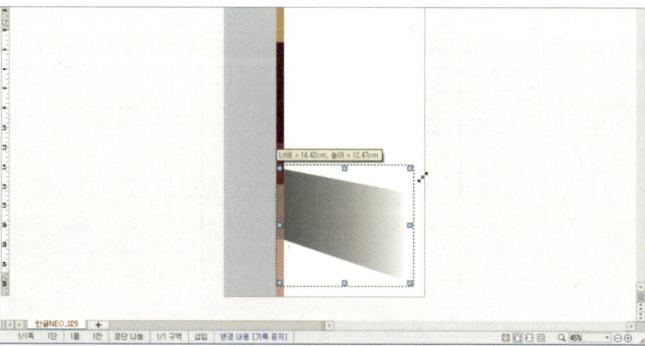

Tip&Tech 과정 06과 같은 사선 그림자는 한글에서도 [다각형] 기능을 이용하여 형태를 만들고 [개체 속성]의 [그러데이션] 기능을 활용하면 쉽게 만들 수 있습니다. 이번 작업은 투명도 조절 등의 기능 문제로 한쇼에서 작업하였습니다.

07 목차 박스 만들기

01 목차 박스를 만들기 위해 직사각형 박스를 그립니다.
- [입력] 탭-도형에서 [직사각형]
- 너비 : 147.29mm, 높이 : 203.2mm

02 선을 제거하고 색상을 회색(R242 G242 B242)으로 지정한 다음 본문과의 배치를 [글 뒤로] 지정합니다.
- [개체 속성]-[기본] 탭-[위치]-[본문과의 배치]-[글 뒤로]

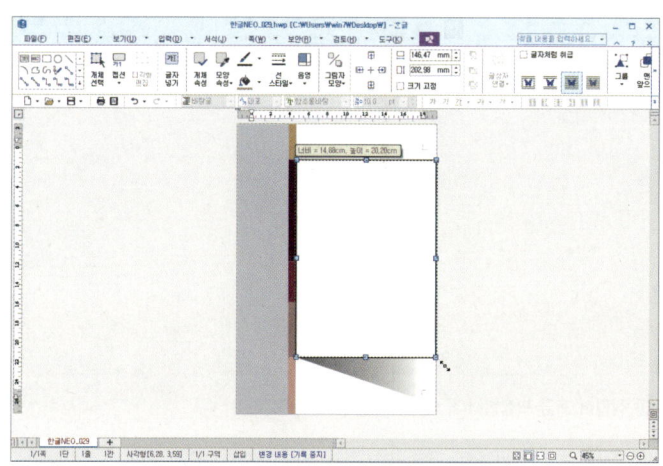 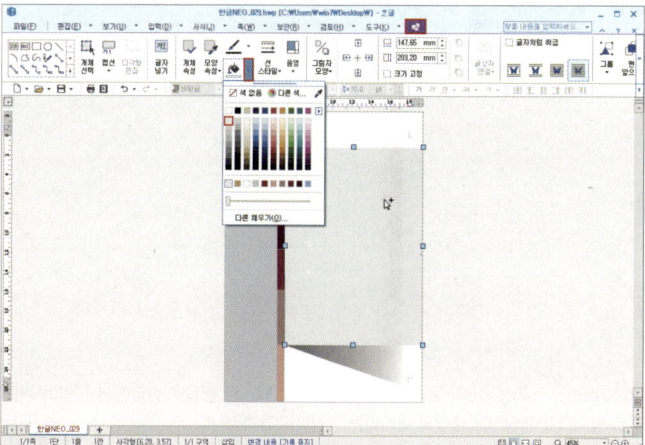

Tip & Tech 모니터에서 밝아 보이는 회색이 인쇄할 때 진하게 나올 수 있습니다. 이런 경우 더욱 밝은 회색으로 배색합니다.

08 잘린 타원형 그림자 효과 불러와 배치하기

01 잘린 타원 그림자 PNG 파일 이미지를 가져온 다음 다섯 컬러 막대 옆 윗부분에 배치합니다.
- [입력] 탭-[그림]-[그림 넣기]
- Part 03\04\잘린 타원 그림자.png

02 잘린 타원 그림자 크기를 조절합니다.
- 너비 : 16.64mm, 높이 : 189.81mm

03 잘린 타원 그림자를 복제하여 다섯 컬러 막대 옆 아랫부분에 배치합니다. 그림자 두 개가 겹쳐져도 겹쳐진 부분이 어두워지지 않아야 합니다.

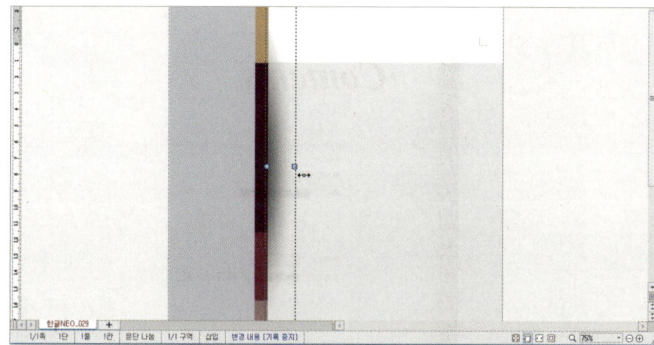 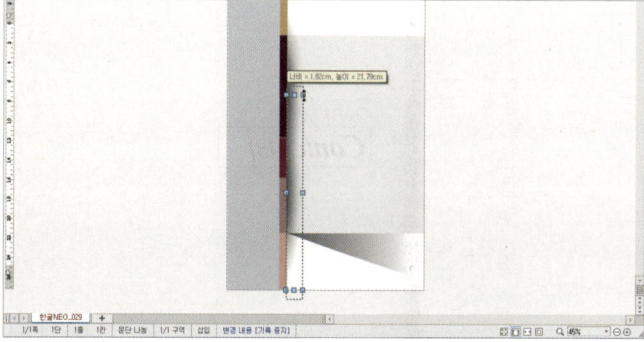

Tip & Tech 다섯 컬러 막대와 잘린 타원 그림자의 틈이 벌어지지 않도록 주의해야 합니다. 약간이라도 흰색 틈이 보이면 완성도가 크게 떨어집니다.

09 투명 텍스트 불러와 배치하기

01 과정 03에서 저장한 '2017 Business plan' 투명 텍스트 PNG 파일을 선택하고 마우스로 드래그한 다음 왼쪽 회색 박스에 배치합니다.
- [입력] 탭-[그림]-[그림 넣기]
- Part 03\04\2017 Business plan.png

02 다섯 컬러 막대 옆에 4mm 정도의 간격으로 두고 거리를 조정합니다.

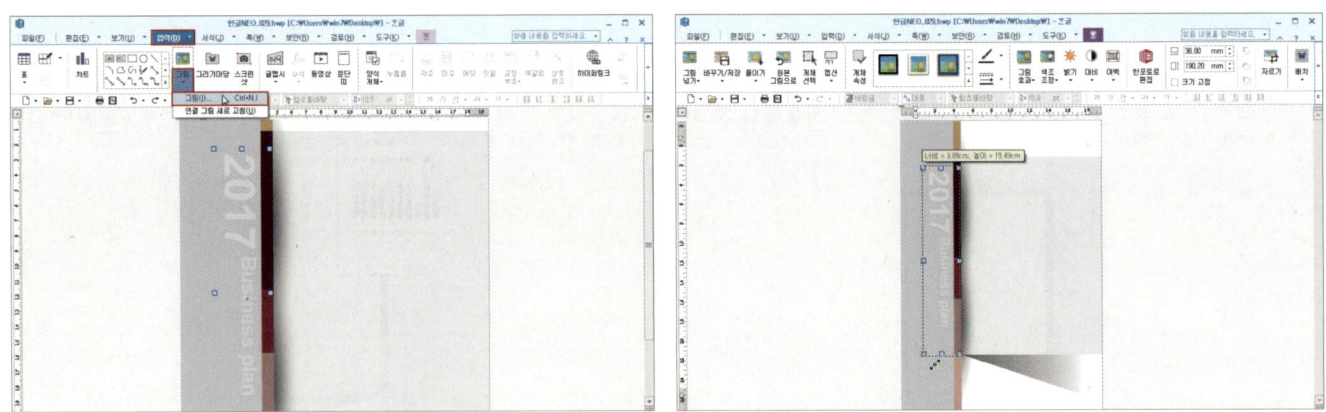

Tip&Tech 과정 09의 '2017 Business plan' 텍스트 편집은 한글에서 작업이 가능하지만 작업이 조금 복잡합니다. 예제에서는 한쇼로 편집하여 PNG 형식으로 저장하고 불러와 배치하는 방식이 효율적입니다.

10 Contents 텍스트 편집하기

01 'Contents'를 입력합니다.
- [입력] 탭-[가로 글상자]
- Times New Roman, 5pt, 진하게, 기울임

02 [서식] 탭이나 [글자 모양] 대화상자에서 글자 색을 빨강(R177 G1 B0)으로 지정합니다.

03 배경 색과 선 색을 제거합니다.
- [개체 속성]-[선] 탭-[종류] : 선 없음, [개체 속성]-[채우기] 탭-[색 채우기 없음]

04 [글자 모양] 대화상자를 열어 텍스트를 보다 짜임새 있게 만듭니다.
- [서식] 탭-[글자 모양]
- [확장] 기타 : [글꼴에 어울리는 빈칸] 체크

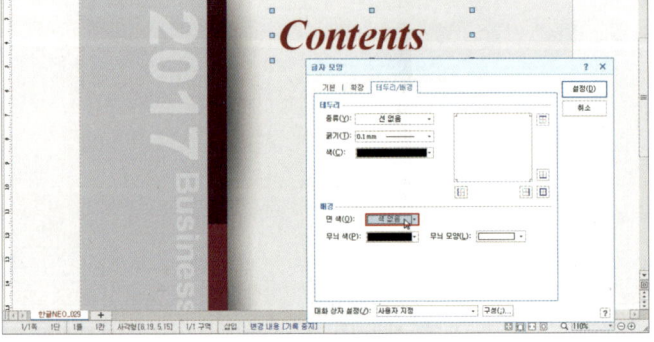

Tip&Tech '목차'라는 한글 타이틀보다는 'Contents'라는 영문 타이틀이 디자인 측면에서 세련되어 보입니다. 타이틀이 중요 키워드에 빨간색이 많이 쓰입니다. 빨간색 중에서도 채도가 높은 순빨간색은 가벼워 보이기 때문에 약간 검은색이 섞인 빨간색이 좋습니다.

11 목차 텍스트 편집하기

01 [입력] 탭-[가로 글상자]를 클릭하고 목차 메인(주황색)과 서브 텍스트(검은 회색)를 입력합니다.
- 목차 메인 : 나눔바른고딕OTF, 16pt 주황색(R255 G82 B0)
- 목차 서브 : 나눔바른고딕OTF, 14pt 검은 회색(R26 G26 B26)

02 사업개요, 사업환경분석 등 각 목차 단락마다의 간격은 13pt만큼 벌려 줍니다.

03 전체 텍스트를 선택하고 문단 모양(Alt+T)에서 줄 간격을 조정합니다.
- [서식] 탭-[문단 모양]-[간격] : 115%

04 [글자 모양] 대화상자를 열어 텍스트를 보다 짜임새 있게 만듭니다.
- [서식] 탭-[글자 모양]
- [확장] 기타 : [글꼴에 어울리는 빈칸] 체크

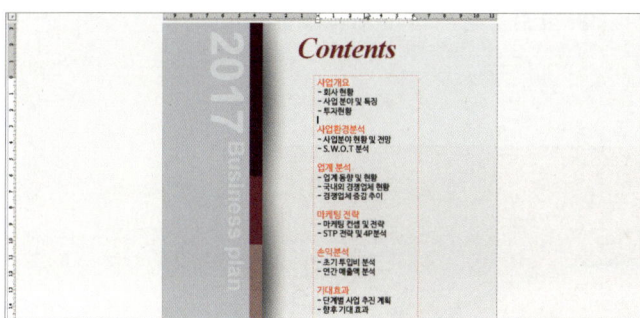 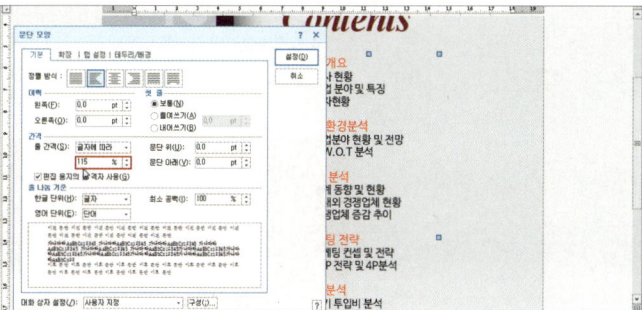

Tip & Tech 텍스트가 많은 경우 줄 간격이 매우 중요합니다. 짜임새 있는 텍스트 편집을 위해 [글꼴에 어울리는 빈칸]에 반드시 체크해 줘야 합니다.

12 설명선에 텍스트 배치하고 로고 편집하기

01 [입력] 탭-[그림]-[그림 넣기]를 클릭하고 설명선 PNG 이미지를 불러와 목차 앞쪽에 배치합니다.
- Part 03\04\설명선 red.png
- 너비 : 9.81mm, 높이 : 8.47mm

02 글상자 각각에 숫자를 입력하여 설명선에 포개 놓습니다.
- Arial, 16pt, 흰색

03 예제 003 과정 16와 같이 로고를 편집하여 배치합니다.

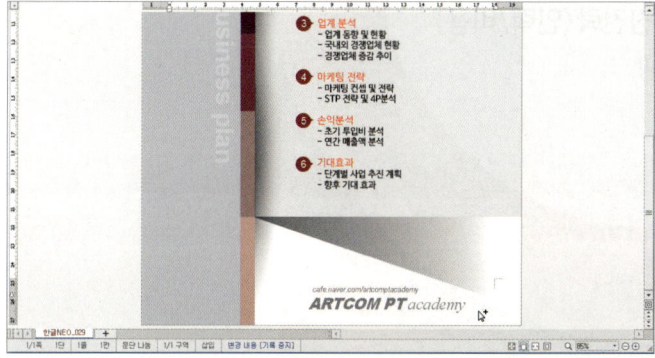 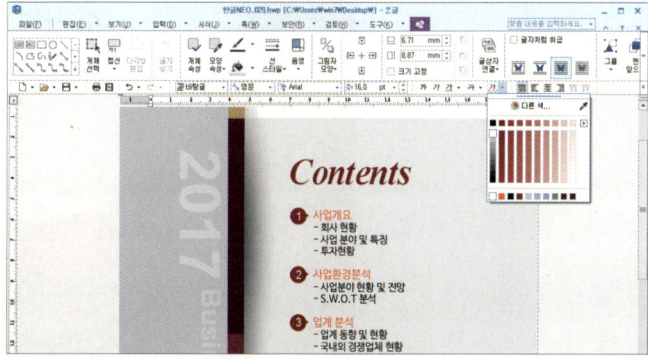

Tip & Tech '설명선 이미지'에 숫자를 포개 놓는 방식이 번거롭다면 '타원'에 숫자 넣기 방식으로 작업해도 좋습니다. 비슷해 보여도 '설명선 이미지'를 활용하는 쪽이 디자인 측면에서 좋습니다. 개체와 텍스트가 의도하지 않게 흩어져 있을 때는 [개체 속성] 대화상자에서 [글자처럼 취급] 부분이 체크되어 있는지 여부와 [본문과의 배치] 부분을 체크해 보세요. 완성 파일인 '한글 NEO design_004.hwp'를 참고하세요. 한컴오피스 NEO보다 하위 버전에서 열었을 경우 폰트와 개체(PNG 파일) 등이 정상적으로 보이지 않을 수 있습니다.

005 타원과 도넛 도형을 활용한 섹션 디자인

타원과 도넛을 모티브로 한 보고서 디자인은 표지, 목차는 물론 섹션에 적용해도 잘 어울립니다. 페이지가 많은 회사 소개서, 제안서, 보고서 등은 여러 개의 섹션으로 이루어진 경우가 많은데 이런 경우 타원과 도넛 도형을 디자인 모티브로 전개하면 무리가 없습니다. 타원과 도넛형만으로 단조롭다고 느껴질 경우 삼각형, 사각형, 육각형 등과 조합해도 좋습니다.

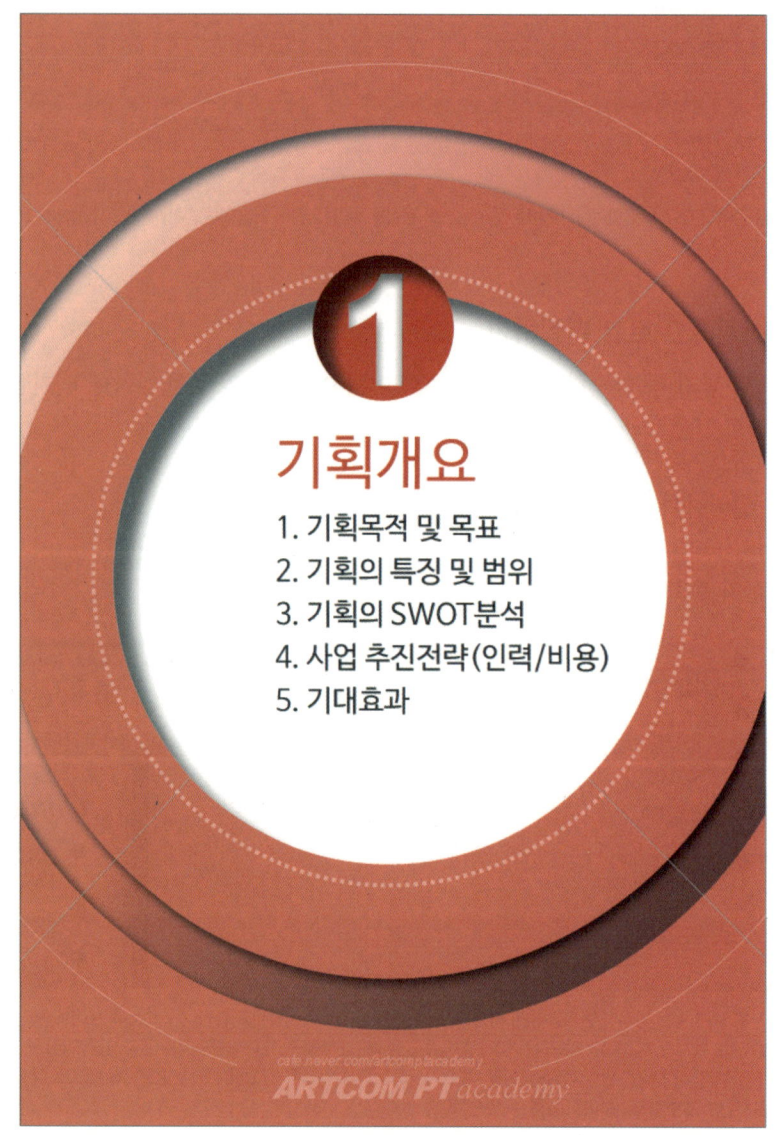

|난이도| ★★★★☆ |예제 폴더| Part 03\05 |완성 파일| Part 03\05\완성\한글NEO design_005.hwp
|과정 파일| Part 03\05\완성\한쇼NEO design_005_10단계.show
|색상 베리에이션| Part 03\05\완성\한쇼NEO design_005_4컬러.show
|인터넷으로 보기| http://cafe.naver.com/artcomptacademy/2158

디자인 포인트

이번 예제에서 주목해야 할 디자인은 타원과 도넛형을 활용한 섹션 디자인입니다. 섹션의 숫자는 굵은 폰트를 사용하고 명도 대비를 분명히 하여 가독성을 높입니다. 타원에는 안쪽 그림자 효과를 깊게 적용하여 공간감을 연출하고, 도넛형에는 그라데이션 효과와 안쪽 그림자 효과를 적용하여 시인성을 높입니다. 안쪽 얇은 타원 라인에는 '점선'을 적용하고 도넛형 외곽에는 '원호'를 적용하여 디자인 미감을 살려 줍니다.

4컬러 베리에이션

01 한쇼 NEO에서 숫자 디자인하기

01 한쇼 NEO를 실행합니다.

※ 용지 종류는 [A4 용지], 슬라이드 방향은 [세로]입니다. 용지는 [서식] 탭-[슬라이드 크기]-[쪽 설정]에서 설정합니다.

02 [입력] 탭 - 도형에서 [자세히] 단추를 클릭하고 [기본 도형] - [타원]을 선택합니다.

03 Shift 키를 누른 상태에서 드래그하여 타원을 그립니다.

04 [선 없음]으로 지정하고 색상은 빨강(R229 G57 B48)으로 지정합니다.

05 타원형에 그림자 효과를 적용합니다.
- [개체 속성]-[그림자] 탭-[대각선 왼쪽 위(안쪽)]
- 색상 : 검은색, 투명도 : 50%, 흐리게 : 8pt, 거리 : 17pt, 각도 : 225°

06 숫자 '1'을 입력하고 글자 크기를 조정합니다.
- [입력]-[글상자]-[가로 글상자]
- Arial Black, 72pt, 흰색

07 [도형] 탭 - [글자 효과]에서 텍스트를 워드아트 형식으로 변환합니다.
- [글자 효과]-[변환]-[휘기]-[사각형]
- 너비 : 13.92mm, 높이 : 27.85mm

08 텍스트에 그림자 효과를 적용하고 타원과 숫자를 그룹(Ctrl+G)으로 묶은 다음 PNG 파일로 저장합니다.
- [글자 속성]-[그림자] 탭-[대각선 왼쪽 위(안쪽)]
- 색상 : 검정색, 투명도 : 50%, 흐리게 : 6pt, 거리 : 6pt, 각도 : 270°

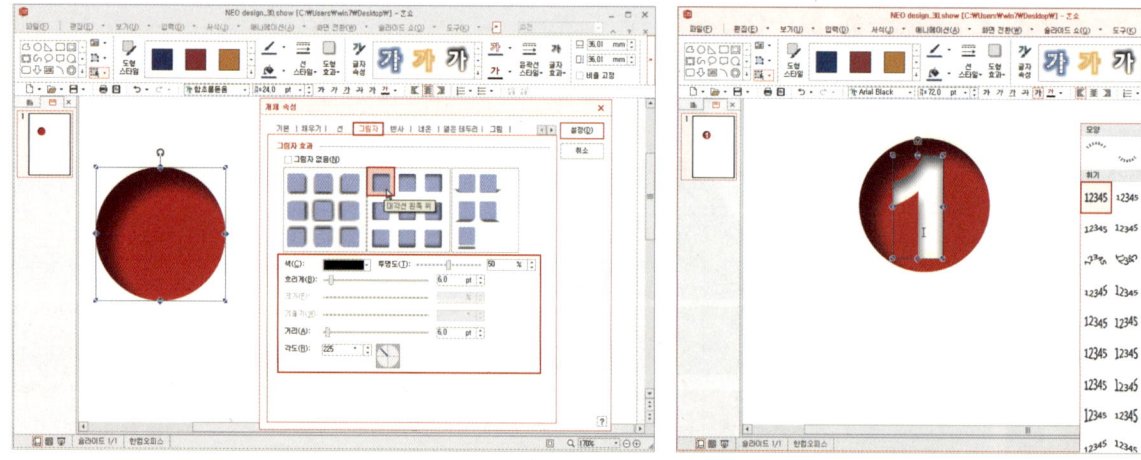

Tip & Tech PNG 파일 형식으로 활용할 도형이나 숫자는 실제 적용될 크기보다 크게 작업합니다.

02 배경 색상 만들기와 큰 타원에 그림자 효과 주기

01 배경을 마우스 오른쪽 버튼으로 클릭하고 [배경 속성]을 선택합니다.

02 배경 색상을 다홍색(R236 G110 B101)으로 지정합니다.
- [배경 속성]-[채우기] 탭

03 [입력] 탭-[도형]에서 [자세히] 단추를 클릭하고 [기본 도형]-[타원]을 선택합니다.

04 Shift 키를 누른 상태에서 드래그하여 타원을 그립니다.
- 너비 : 141.97mm, 높이 : 141.97mm

05 [선 없음]으로 지정하고 색상은 흰색으로 지정합니다.

06 큰 타원형에 그림자 효과를 적용합니다.
- [개체 속성]-[그림자] 탭-[대각선 왼쪽 위(안쪽)]
- 색상 : 검정색, 투명도 : 50%, 흐리게 : 8pt, 거리 : 17pt, 각도 : 225°

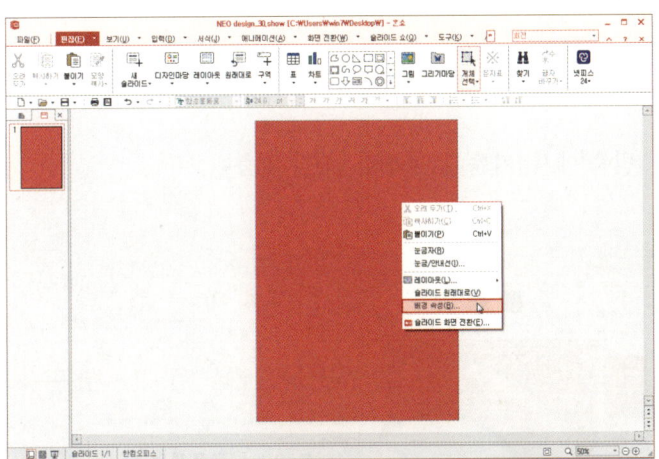 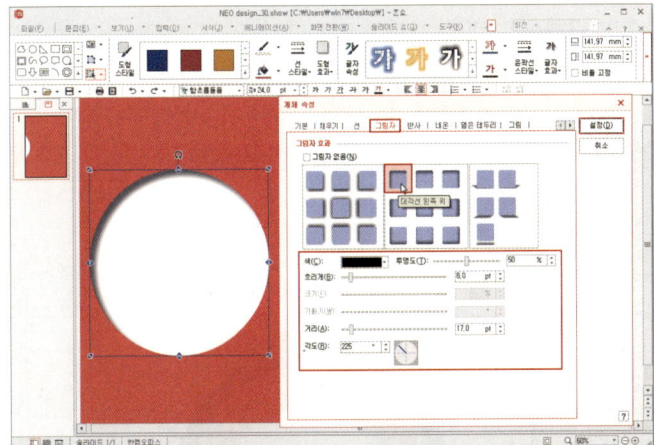

Tip & Tech 정원을 그릴 때는 타원형을 선택하고 Shift 키를 누른 상태에서 드래그합니다. 수치에서도 너비와 높이가 같아야 합니다.

03 타원 라인에 점선 만들기

01 [입력] 탭 - 도형에서 - [자세히] 단추를 클릭하고 [기본 도형] - [타원]을 선택합니다.

02 Shift 키를 누른 상태에서 드래그하여 타원을 그립니다.

03 타원을 선택하고 [개체 속성] - [선] 탭을 선택하여 선 형태를 지정합니다.
- 선 종류 : 점선, 굵기 : 3pt, 선 색 : 흰색, 투명도 : 50%

04 과정 **02**의 타원과 타원 라인을 선택하고 정렬합니다.

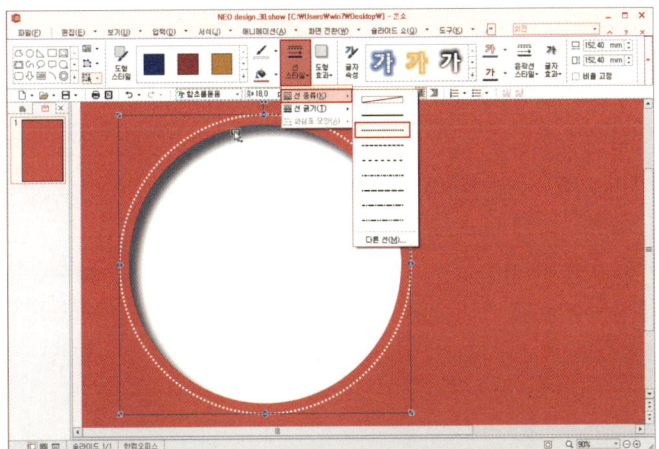 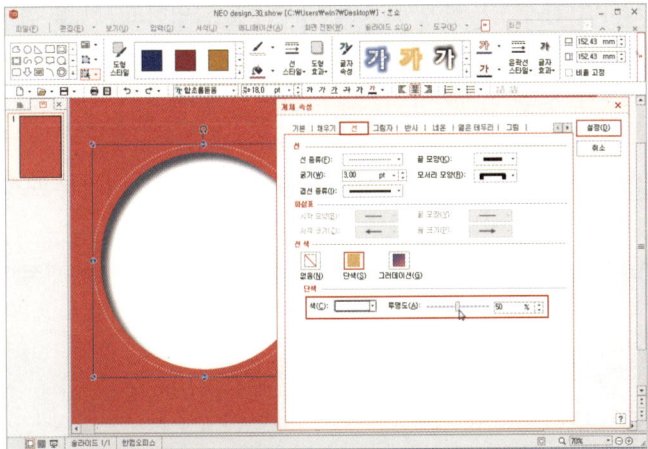

Tip & Tech 여러 개의 타원을 정렬할 때 눈대중으로 배치하면 상하좌우가 정확하게 정렬되지 않습니다. [도형] 탭-[맞춤]에서 [가운데 맞춤]과 [중간 맞춤]을 적용해야 딱 맞게 정렬됩니다.

04 도넛형에 그라데이션 및 그림자 효과 주기

01 [입력] 탭 – 도형에서 [자세히] 단추를 클릭하고 [기본 도형] – [도넛]을 선택합니다.

02 Shift 키를 누른 상태에서 드래그하여 '도넛'을 그려 주고 구멍 크기를 조절합니다.

03 [선 없음]으로 지정하고 색상은 [개체 속성] – [채우기] 탭 – [그러데이션]을 적용합니다.
- 기울임 : 225°, 도형과 함께 회전, 중지점1 : 어두운 갈색(R122 G72 B71), 중지점2 : 중간 갈색(R236 G110 B101), 중지점3 : 흰색(R255 G255 B255)

04 도넛형에 그림자 효과를 적용합니다.
- [개체 속성]–[그림자] 탭–[대각선 왼쪽 위(안쪽)]
- 색상 : 검은색, 투명도 : 50%, 흐리게 6pt, 거리 6pt, 각도 : 225°

05 타원과 타원 라인, 도넛을 선택하고 정렬합니다. [도형] 탭–[맞춤]에서 [가운데 맞춤]과 [중간 맞춤]을 적용합니다.

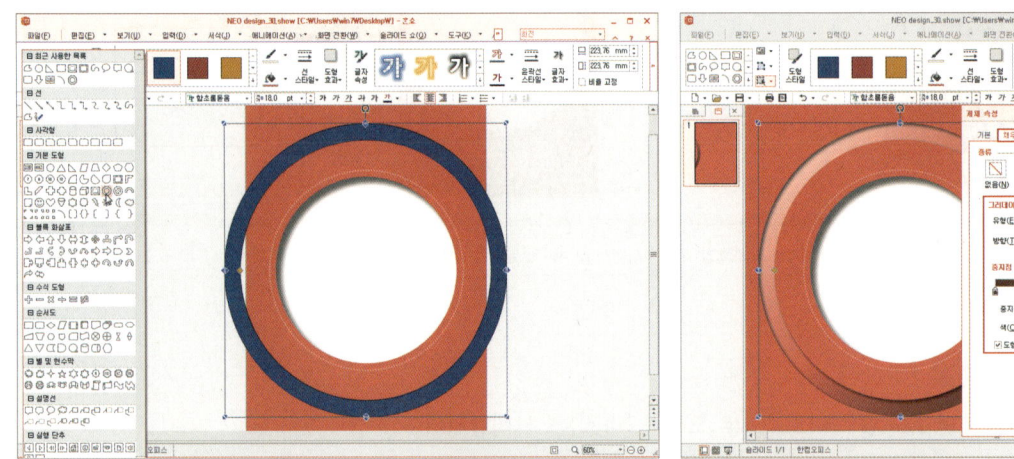
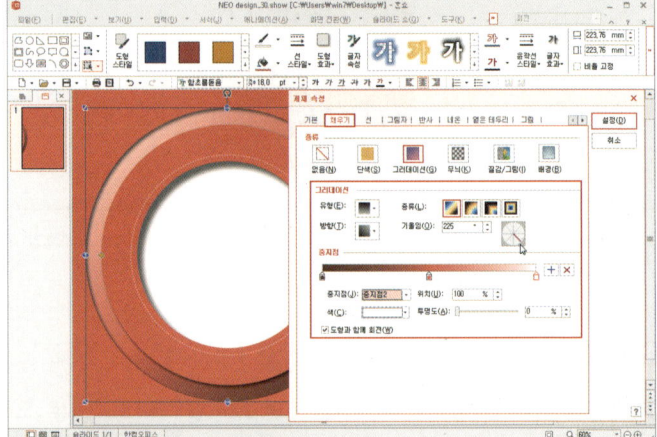

Tip & Tech 도넛은 구멍 크기가 매우 중요합니다. 도넛의 느낌을 결정하기 때문에 감각적으로 조정할 필요가 있습니다.

05 대각선으로 선 그어 주고 원호 적용하기

01 [입력] 탭 – 도형에서 [자세히] 단추를 클릭하고 [선]을 선택합니다.

02 대각선으로 선을 그립니다(슬라이드를 벗어날 정도로 길게 그립니다). 선을 선택하고 [개체 속성] – [선] 탭을 선택하여 효과를 줍니다.
- 선 종류 : 실선 , 굵기 : 1pt, 회색(R204 G204 B204)

03 [입력] 탭 – 도형에서 [자세히] 단추를 클릭하고 [기본 도형] – [원호]를 선택합니다. Shift 키를 누른 상태에서 드래그하여 원호를 그립니다.

04 두 개의 원호 조절점(노란색 다이아몬드)를 돌려 아래쪽으로 향하게 합니다.

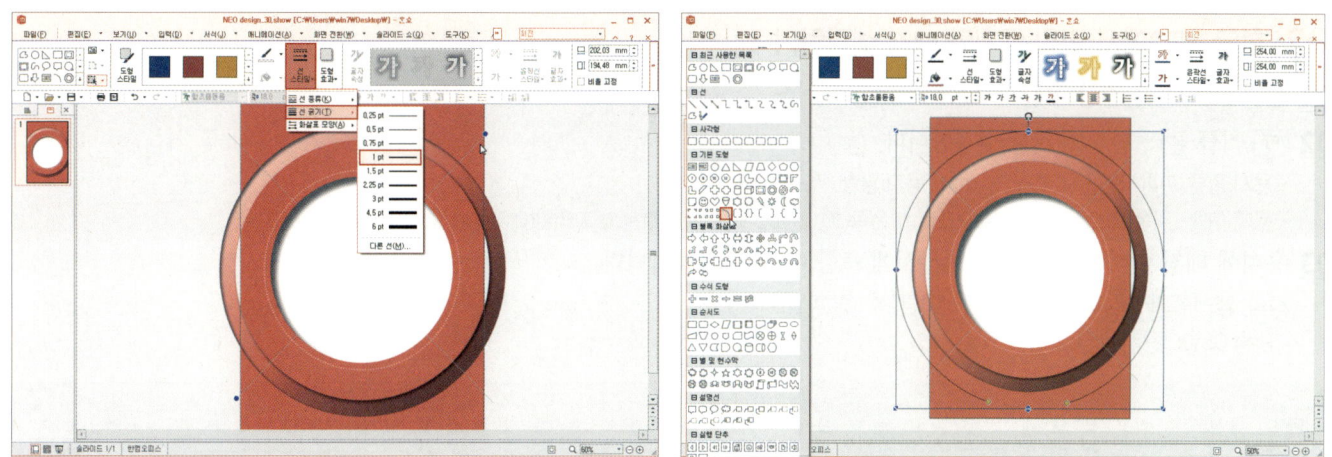

Tip & Tech   원호는 디자인 미감을 살리는 데 매우 중요한 도형입니다. 초급자는 조작이 쉽지 않겠지만 익숙해질 때까지 연습할 필요가 있습니다.

06 배경 이미지로 저장하기

01 원호의 색상은 흰색으로 지정하고 투명도를 '50%'로 설정합니다.
- [개체 속성]-[선] 탭-[단색]

02 원호와 이전에 작업한 타원과 타원라인, 도넛을 모두 선택하고 정렬합니다. [도형] 그룹-[맞춤]에서 [가운데 맞춤]과 [중간 맞춤]을 적용합니다.

03 지금까지 디자인한 것을 PNG 파일로 저장합니다.

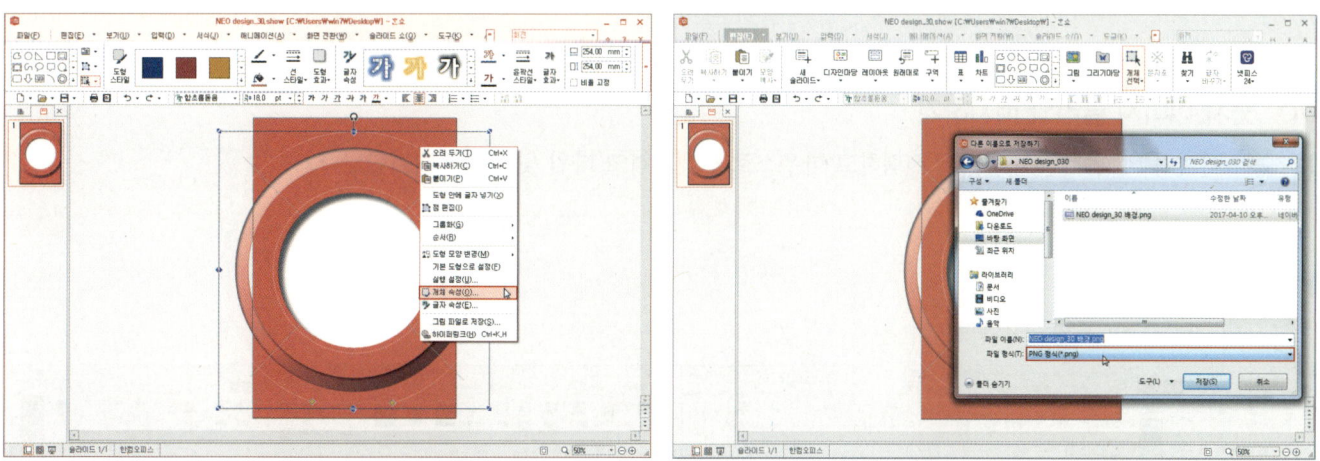

Tip & Tech   [다른 이름으로 저장하기]는 슬라이드에 구성된 전체 이미지를 저장할 때 유용합니다. 해상도를 좋게 하려면 PNG 형식이나 BMP 형식으로 저장하는 것이 좋습니다.

07 한글 NEO에서 편집 용지와 배경 셋팅하기

01 한글 NEO를 실행합니다.

02 F7 키를 눌러 편집 용지를 설정합니다.
- 용지 종류 : A4(국배판) [210×297mm], 용지 방향 : 세로 , 제본 : 한쪽
- 용지 여백 : 위쪽(10.0mm), 머리말(0.0mm), 왼쪽(10.0mm), 오른쪽(10.0mm), 꼬리말(0.0mm), 아래쪽(10.0mm)

03 용지에 배경 이미지를 삽입하고 [문서에 포함]에 체크 표시합니다.
- [쪽] 탭-[쪽 테두리/배경]-[배경] 탭-[그림]-[그림 파일]
- Part 03\05\용지 배경.png

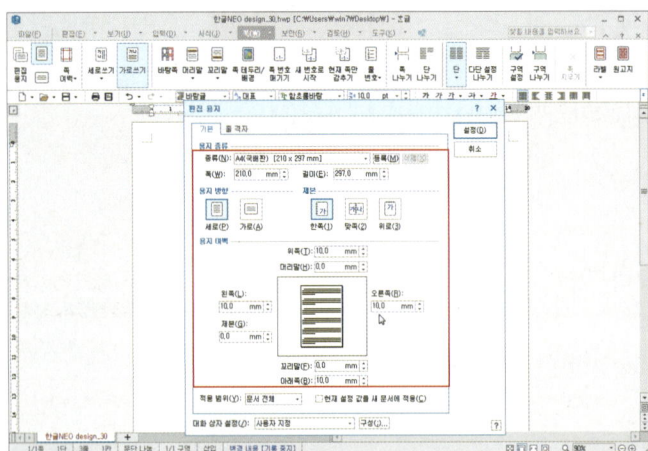
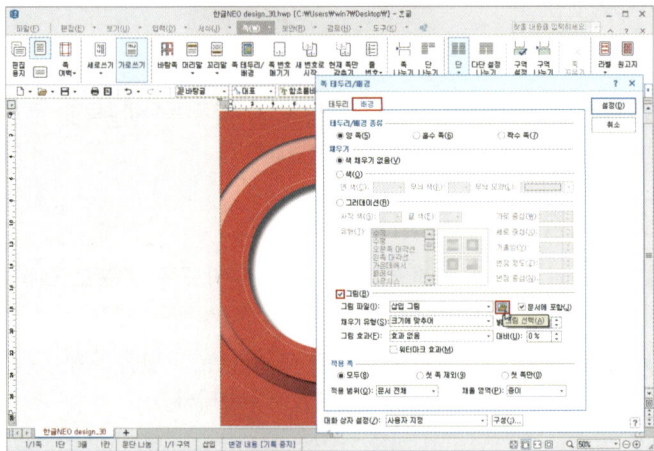

Tip & Tech   모니터에서 밝아 보이는 회색이 프린트를 할 때 진하게 나올 수 있습니다. 이런 경우 더욱 밝은 회색으로 배색합니다.

08 숫자 이미지 불러와 배치하기

01 숫자 이미지 PNG 파일 이미지를 선택하고 마우스로 드래그하고 타원 윗부분에 배치합니다.
- [입력] 탭-[그림]-[그림 넣기]
- Part 03\05\숫자1.png

02 크기를 조절합니다.
- 너비 : 40.08mm, 높이 : 40.08mm

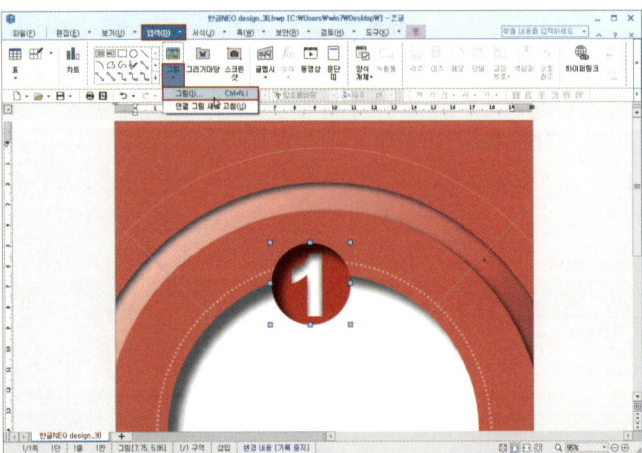
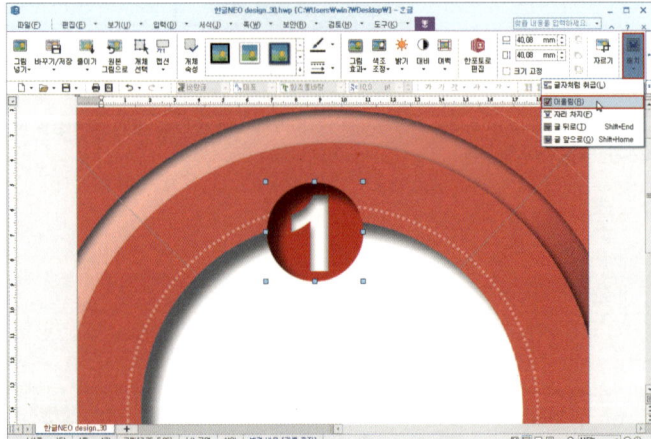

Tip & Tech   불러들인 이미지보다 크기를 키우면 해상도가 떨어질 수 있습니다.

09 '기획개요' 입력하기

'기획개요'를 입력합니다.

- [입력] 탭-[가로 글상자]
- 나눔바른고딕OTF, 41pt

Tip & Tech 제목이나 중요 키워드에 빨간색이 많이 쓰입니다. 빨간색 중에서도 채도가 높은 순빨간색은 가벼워 보이기 때문에 약간 검은색이 섞인 빨간색이 좋습니다.

10 '기획개요' 입력하기

01 [서식] 탭이나 [글자 모양] 대화상자에서 글자 색을 다홍색(R229 G57 B48)으로 지정합니다.

02 [개체 속성] 대화상자에서 배경 색과 선 색을 제거합니다.
- [개체 속성]-[선] 탭-[종류] : 선 없음, [개체 속성]-[채우기] 탭-[색 채우기 없음]

03 [글자 모양] 대화상자를 열어 텍스트를 보다 짜임새 있게 만듭니다.
- [서식] 탭-[글자 모양]
- [확장] 기타 : [글꼴에 어울리는 빈칸] 체크

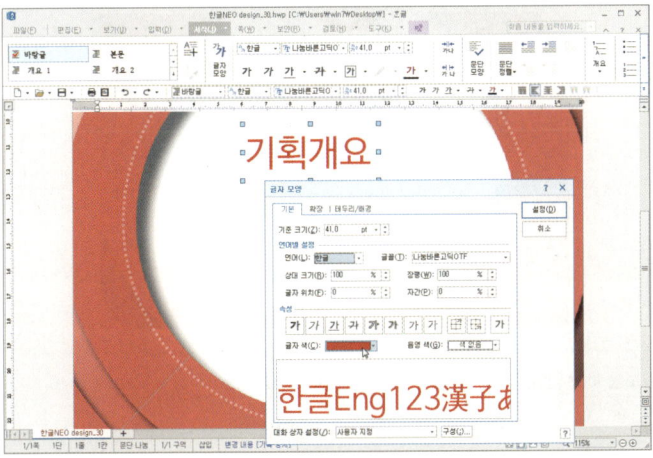

11 목차 텍스트 입력하기

01 목차 텍스트를 입력합니다.
- [입력] 탭 – [가로 글상자]
- 나눔바른고딕OTF, 21pt, 검은 회색(R70 G70 B70)

02 [글자 모양] 대화상자(Alt+L)을 열고 장평, 자간 등을 보다 정밀하게 조절합니다.

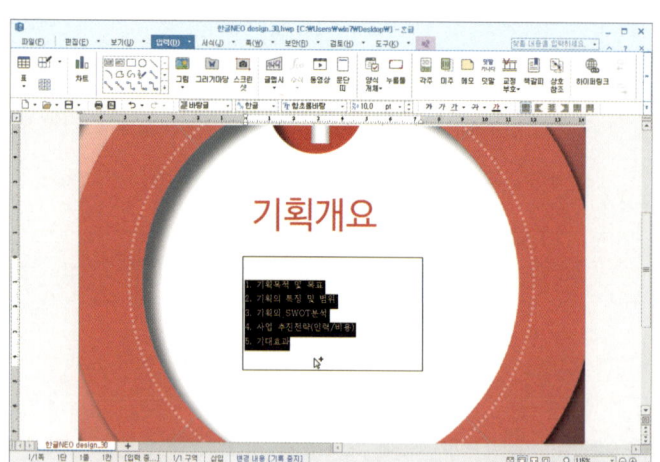 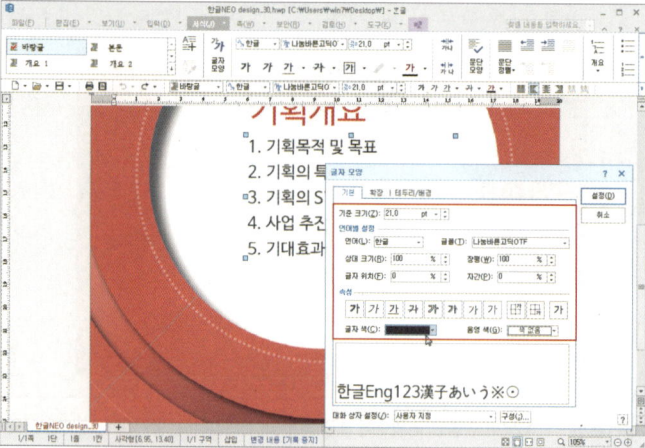

Tip & Tech 짜임새 있는 텍스트 편집을 위해 [글자 모양]–[확장]에서 [글꼴에 어울리는 빈칸]에 반드시 체크해 줘야 합니다.

12 목차 텍스트 편집하기

01 전체 텍스트를 선택하고 문단 모양(Alt+T)에서 [줄 간격]을 조정합니다.
- [서식] 탭–[문단 모양]–[간격] : 150%

02 텍스트 박스 위치를 [글 앞으로] 배치합니다.

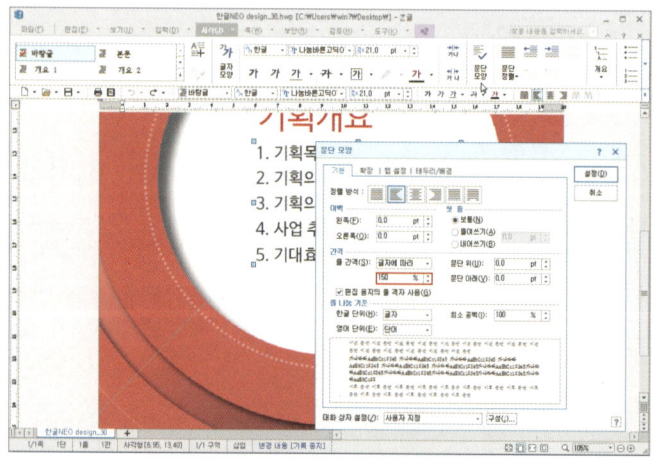 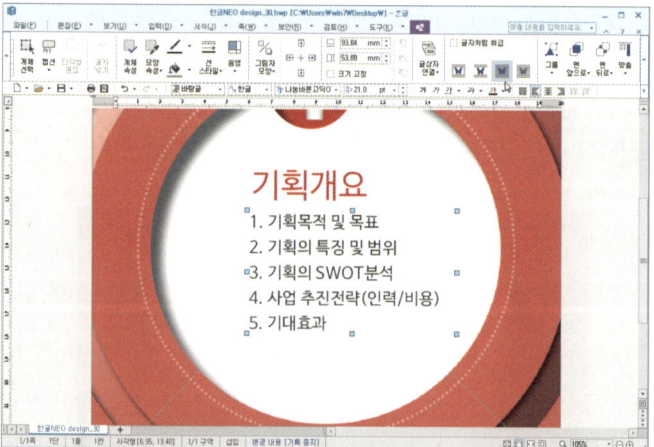

Tip & Tech 텍스트가 여러 줄인 경우 줄 간격(행간)이 매우 중요합니다. 공문서의 행간은 보통 160%인데 디자인 측면에서는 상황에 따라 변경하는 것이 좋습니다.

13 로고 편집하기

영문 텍스트를 각각 입력합니다.

- [입력] 탭-[가로 글상자]
- cafe.naver.com/artcomptacademy : Arial, 11pt, 기울임
- ARTCOM PT : Arial Black, 25pt, 기울임
- academy : Times New Roman, 25pt, 기울임

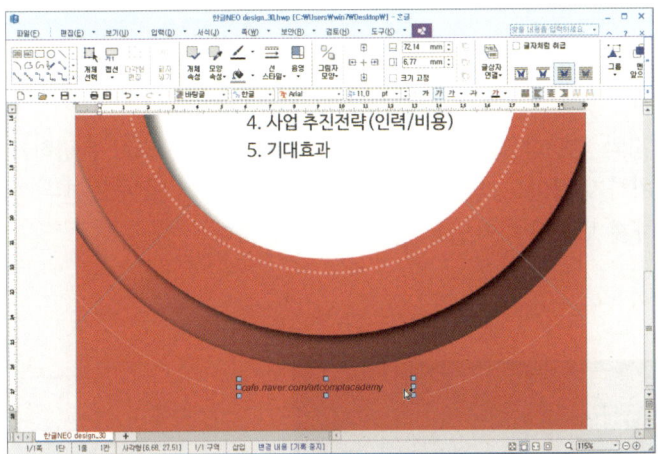

Tip&Tech 아랫부분 로고는 독자의 소속 회사나 학교 마크를 배치해 보세요. 물론 제목도 로고에 맞춰 바꿔야 합니다.

14 로고 편집하기

<u>01</u> [서식] 탭이나 [글자 모양] 대화상자에서 글자 색을 검은 빨강(R149 G48 B48)으로 지정합니다.

<u>02</u> [개체 속성] 대화상자에서 배경 색과 선 색을 제거합니다.

- [개체 속성]-[선] 탭-[종류] : 선 없음, [개체 속성]-[채우기] 탭-[색 채우기 없음]

<u>03</u> [글자 모양] 대화상자를 열어 영문 텍스트를 보다 짜임새 있게 만듭니다.

- [서식] 탭-[글자 모양]-[확장] 기타 : [글꼴에 어울리는 빈칸] 체크

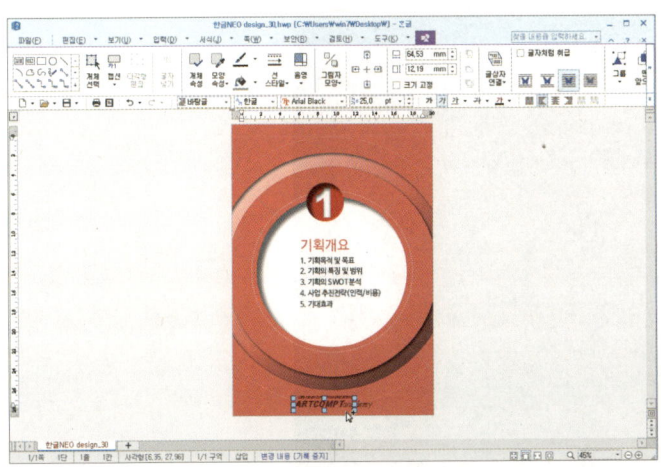

006 배경과 숫자를 활용한 섹션 디자인

보고서의 섹션 디자인을 할 때 그래픽 모티브가 언제나 고민입니다. 이런 경우 배경 이미지와 숫자 디자인에 집중하는 것이 좋습니다.
배경은 무료로 사용할 수 있는 이미지와 간단한 그래픽 요소를 사용하고, 숫자는 크고 분명하게 부각합니다. 많은 그래픽 요소를 배치하지 않아도, 많은 시간을 들여 디자인하지 않아도 한두 가지의 특징만 제대로 살려 주면 심플하게 보고서 디자인을 완성할 수 있습니다.

|난이도| ★★★☆☆ |예제 폴더| Part 03\06 |완성 파일| Part 03\06\완성\한글NEO design_006.hwp
|과정 파일| Part 03\06\완성\한쇼NEO design_006_12단계.show
|색상 베리에이션| Part 03\06\완성\한쇼NEO design_006_4컬러.show
|인터넷으로 보기| http://cafe.naver.com/artcomptacademy/2157

디자인 포인트

이번 예제에서 주목해야 할 디자인은 배경 이미지와 숫자입니다. 조명 느낌의 이미지와 직사각형을 이용하여 배경을 만들고 잘린 타원 그림자를 이용하여 볼륨감을 살립니다. 숫자는 워드아트에 그라데이션과 그림자 효과를 적용하여 디자인 미감을 살려 줍니다. 도넛 도형을 이용하여 숫자를 감싸주면 한층 시각적 안정감과 주목성을 높일 수 있습니다.

4컬러 베리에이션

01 한쇼 NEO에서 도넛 도형 디자인하기

01 한쇼 NEO를 실행합니다.

※ 용지 종류는 [A4 용지], 슬라이드 방향은 [세로]입니다. 용지는 [서식] 탭-[슬라이드 크기]-[쪽 설정]에서 설정합니다.

02 [입력] 탭-[도형] 그룹-[자세히] 단추를 클릭하고 [기본 도형]-[도넛]을 선택합니다.

03 Shift 키를 누른 상태에서 드래그하여 도넛을 그립니다.
- 너비 : 78.39mm, 높이 : 78.39mm

04 [선 없음]으로 지정하고 흰색을 지정한 다음 타원 구멍을 넓혀 도넛을 가늘게 만듭니다.

05 흰색 도넛에 그러데이션 효과를 적용하고 중지점1에 투명도를 적용합니다.
- [개체 속성]-[채우기] 탭-[그러데이션], 기울임 : 180°
- **[중지점1]** 회색(R122 G122 B122), 투명도 : 100%
- **[중지점2]** 흰색, 투명도 : 0%

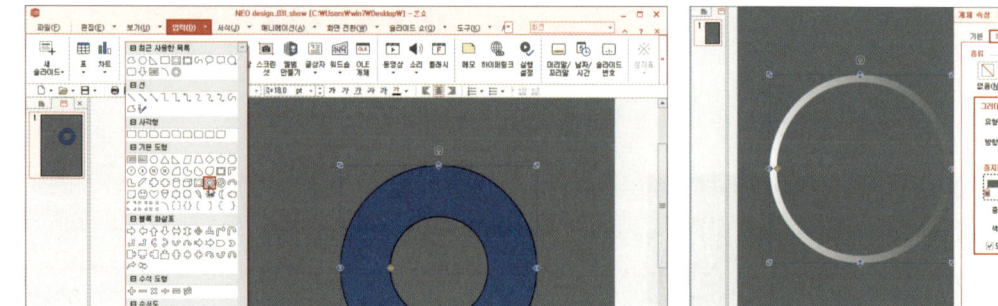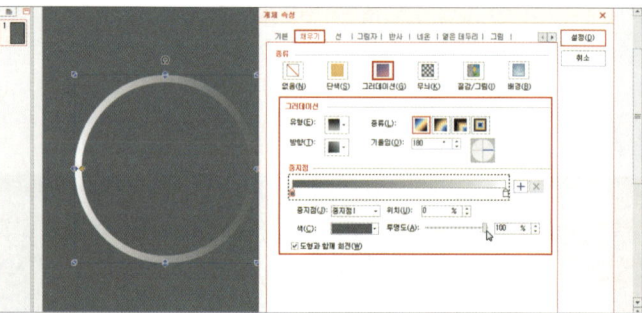

Tip & Tech 흰색에 그러데이션을 지정하면 중지점1에 파란색이, 중지점2에 흰색이 지정됩니다. 회색으로 색상을 바꾸지 않고 파란색에 투명도 100%를 지정해도 같은 결과가 나옵니다.

02 숫자 '2' 디자인하기

01 숫자 '2'를 입력하고 글자 크기를 조정합니다.
- Arial Black, 72pt, 흰색

02 [도형] 그룹-[글자 효과]에서 텍스트를 워드아트 형식으로 변환합니다.
- [글자 효과]-[변환]-[휘기]-[사각형]

03 숫자에 그림자 효과를 적용합니다.
- [개체 속성]-[그림자] 탭-[대각선 왼쪽 아래(바깥쪽)]
- 색상 : 검정색, 투명도 : 68%, 흐리게 : 11pt, 크기 : 107%, 거리 : 6pt, 각도 : 160°

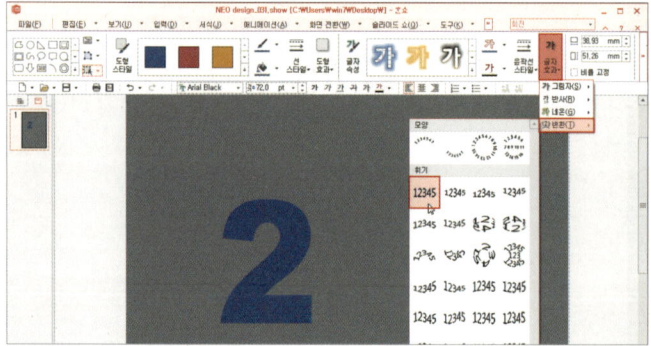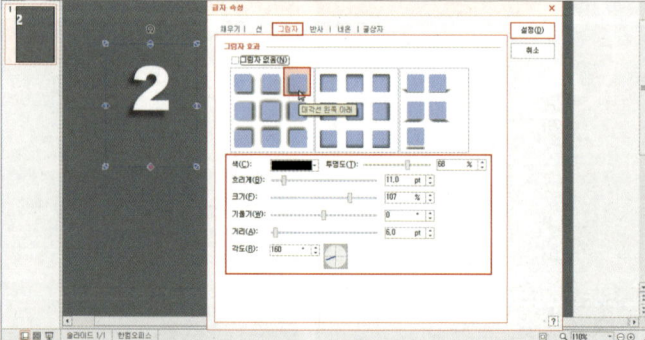

Tip & Tech 그림자 효과를 보다 자연스럽게 표현하기 위해서는 흐리게, 크기, 거리, 각도를 세밀하게 조정합니다.

03 그라데이션 효과 적용하고 저장하기

01 흰색 숫자에 그러데이션 효과를 적용하고 중지점1에 투명도를 적용합니다.
- [개체 속성]-[채우기] 탭-[그러데이션], 기울임 : 180°
- [중지점1] 회색(R122 G122 B122), 투명도 : 100%
- [중지점2] 흰색, 투명도 : 0%
- [중지점3] 흰색, 투명도 : 0%

02 과정 01에서 작업한 도넛형에 배치하고 그룹(Ctrl+G)으로 묶습니다.

03 PNG 파일로 저장합니다.

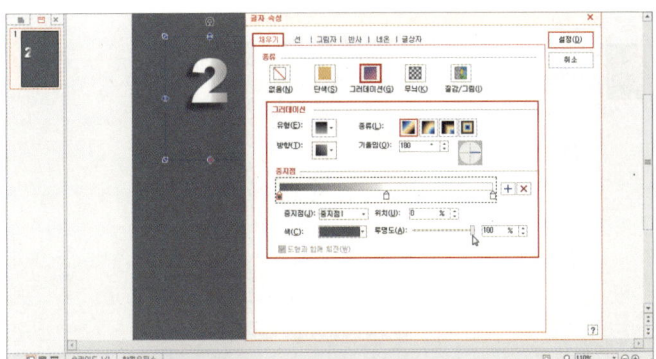 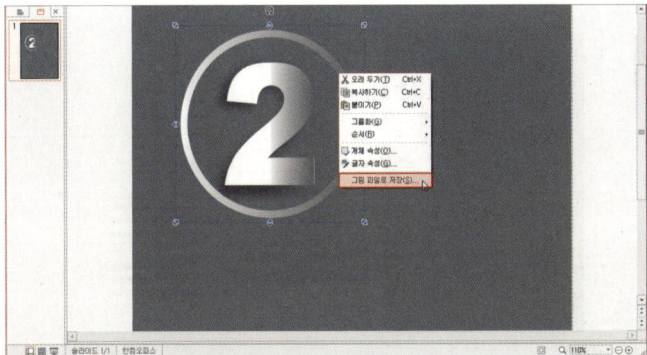

Tip & Tech 도넛형과 숫자로 따로 저장해도 좋습니다. 숫자만 저장할 경우 1~10번까지 만들어 저장해 놓으면 활용하기 편리합니다.

04 배경 만들기

01 [입력] 탭-[그림]을 클릭하고 조명 이미지를 불러옵니다.
- Part 03\06\조명 이미지.png

02 조명 이미지 크기와 위치를 조절합니다.
- 너비 : 160.9mm, 높이 : 275.17mm

03 직사각형을 그려 조명 이미지에 포개 놓습니다. [입력] 탭 – 도형에서 [자세히] 단추를 클릭하고 [사각형]-[직사각형]을 선택합니다.
- 너비 : 112.69mm, 높이 : 275.17mm

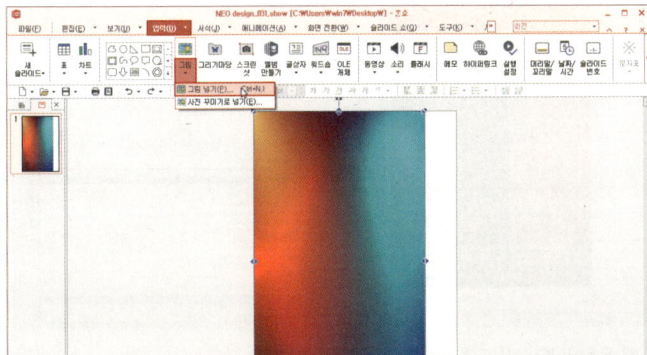 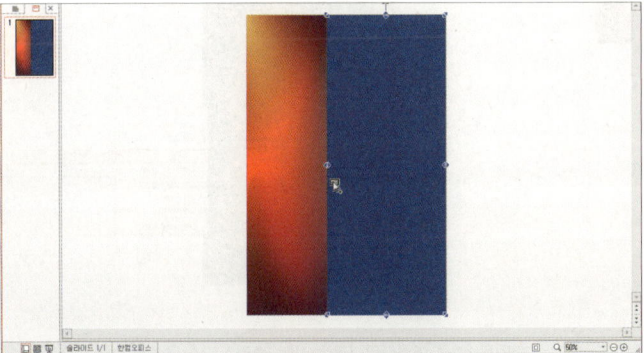

Tip & Tech 조명 이미지와 직사각형의 비율은 디자인을 결정하는 중요한 부분입니다. 직사각형 너비는 텍스트 정도에 따라 변경해야 합니다.

05 배경에 그림자 효과 적용하기

01 색상을 자주색(R114 G43 B70)으로 지정합니다.

02 [입력] 탭-[그림]에서 타원 그림자 이미지를 불러와 조명 이미지와 직사각형 사이에 배치합니다.
- Part 03\06\잘린 타원 그림자 세로.png

03 작은 잘린 타원 그림자 이미지를 불러와 직사각형 오른쪽 아랫부분에 배치합니다.
- Part 03\06\작은 잘린 타원 그림자 세로.png

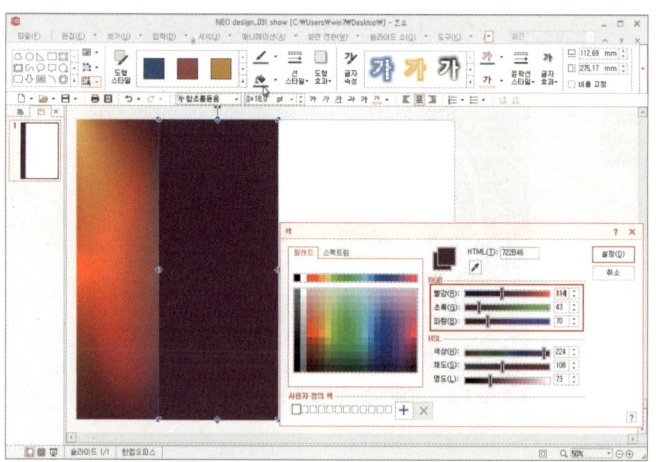 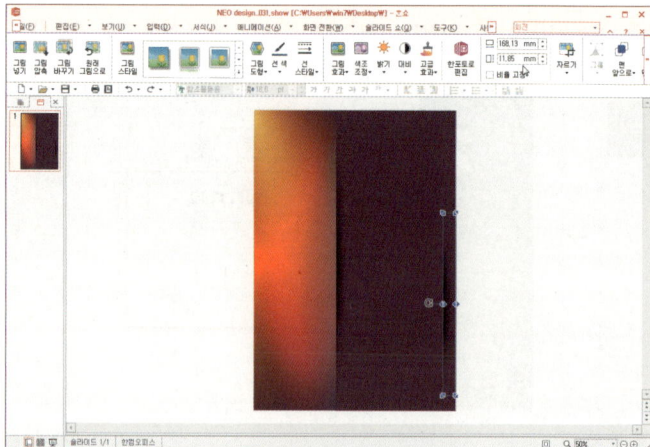

Tip & Tech 잘린 타원 그림자가 있고 없고는 디자인에서 중요합니다. 취향에 따라, 용도에 따라 심플한 디자인을 원할 경우 잘린 타원 그림자를 배치하지 않아도 좋습니다.

06 배경 이미지로 저장하기

01 전체를 선택하여 그룹(Ctrl+G)으로 묶습니다.

02 지금까지 디자인한 것을 BMP 파일로 저장합니다.
- [파일] 탭-[다른 이름으로 저장하기]-[파일 형식]

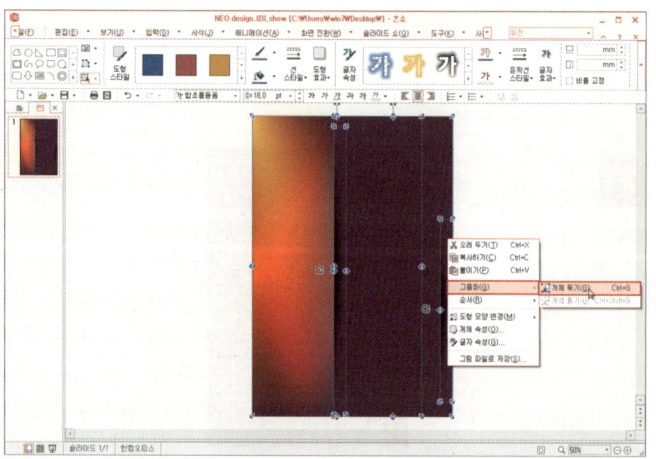 

Tip & Tech 파일을 [다른 이름으로 저장하기]는 슬라이드에 구성된 전체 이미지를 저장할 때 유용합니다. 해상도를 좋게 하려면 BMP 형식으로 저장하는 것이 좋습니다.

07 한글 NEO에서 편집 용지와 배경 설정하기

01 한글 NEO를 실행합니다.

02 F7 키를 눌러 편집 용지를 설정합니다.
- 용지 종류 : A4(국배판) [210×297mm], 용지 방향 : 세로, 제본 : 한쪽
- 용지 여백 : 위쪽(10.0mm), 머리말(0.0mm), 왼쪽(10.0mm), 오른쪽(10.0mm), 꼬리말(0.0mm), 아래쪽(10.0mm)

03 용지에 배경 이미지를 삽입하고 [문서에 포함]에 체크 표시합니다.
- [쪽] 탭 – [쪽 테두리/배경] – [배경] 탭 – [그림] – [그림 파일]
- Part 03\06\배경.bmp

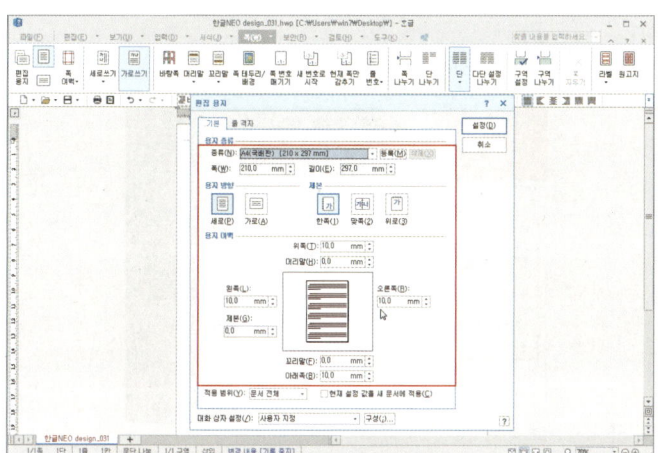
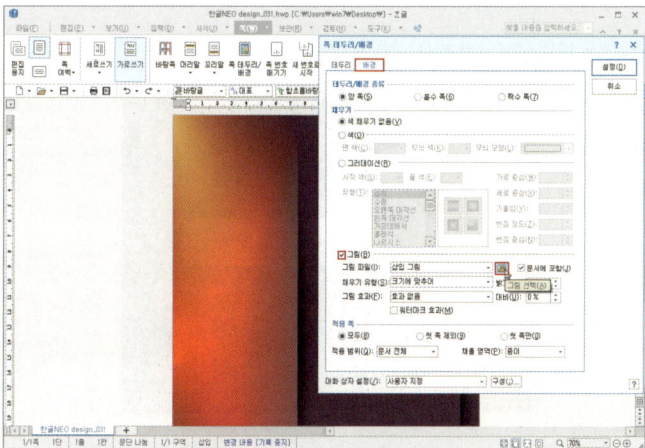

Tip & Tech 배경 이미지를 [쪽 테두리/배경]을 통해 불러들이면 용지에 꽉 차게 배치되고 이후 이미지 배치와 텍스트 입력 등의 작업이 한층 편리합니다.

08 숫자 이미지 불러와 배치하기

01 숫자 이미지 PNG 파일 이미지를 선택하고 드래그하여 배경 이미지와 직사각형 사이에 배치합니다.
- [입력] 탭 – [그림] – [그림 넣기]
- Part 03\06\숫자02 타원 조합.png

02 크기를 조절합니다.
- 너비 : 74.03mm, 높이 : 75.87mm

Tip & Tech 한쇼나 파워포인트에서 PNG 파일 형식으로 저장해야 투명도를 유지한 상태로 활용할 수 있습니다.

09 '상황분석 및 전략' 편집하기

01 '상황분석 및 전략'을 입력합니다.
- [입력] 탭 – [가로 글상자]
- 나눔바른고딕OTF, 33pt

02 [서식] 탭이나 [글자 모양] 대화상자에서 글자 색을 흰색으로 지정합니다.

03 [개체 속성] 대화상자에서 배경 색과 선 색을 제거합니다.
- [개체 속성]–[선] 탭–[종류] : 선 없음, [개체 속성]–[채우기] 탭–[색 채우기 없음]

04 [글자 모양] 대화상자(Alt+L)를 열어 텍스트를 보다 짜임새 있게 만듭니다.
- [서식] 탭–[글자 모양]
- [확장] 기타 : [글꼴에 어울리는 빈칸] 체크

 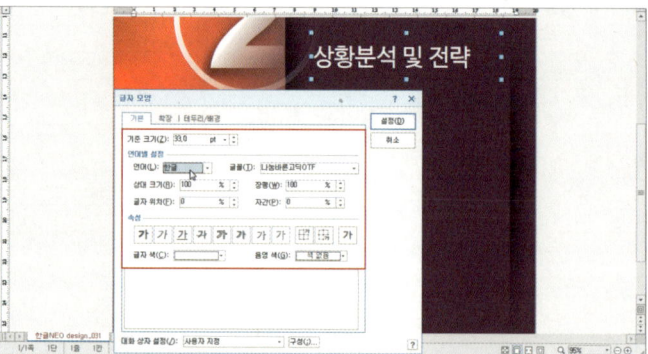

Tip & Tech 텍스트를 입력한 다음 [개체 속성(P)], [글자 모양(Alt+L)], [문단 모양(Alt+T)] 대화상자는 항상 열어서 설정합니다.

10 타이틀 라인 만들기

01 [입력] 탭 – 도형에서 [직선]을 선택합니다.

02 '상황 분석 및 전략' 위아래에 직선을 그어 줍니다.
- 길이 : 95.53mm

03 [개체 속성] 대화상자(P)를 열고 선 색을 밝은 보라(R170 G105 B131)로 지정한 다음 종류(원형 점선, 굵기 : 0.60mm)를 설정합니다.

 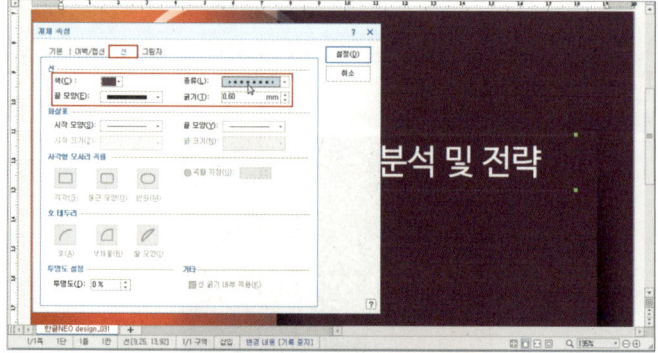

Tip & Tech 타이틀을 보조하는 라인을 만들 때 반드시 '원형 점선'을 적용할 필요는 없습니다. 실선, 이중선, 상중선 등 상황에 따라 변경해도 좋습니다. 디자인 요소로 라인을 적용할 때 '실선'이 강해 보일 경우 보다 부드러운 '원형 점선'을 사용합니다.

11 목차 텍스트 편집하기

01 목차 텍스트를 입력합니다.
- [입력] 탭-[가로 글상자]
- 나눔바른고딕OTF, 18pt, 밝은 핑크(R212 G120 B185)

02 [글자 모양] 대화상자(Alt+L)을 열어 장평, 자간 등을 보다 정밀하게 조절합니다.

03 전체 텍스트를 선택하고 문단 모양(Alt+T)에서 [줄 간격]을 조정합니다.
- [서식] 탭-[문단 모양]-[간격] : 150%

04 텍스트 박스 위치를 [글 앞으로] 배치합니다.

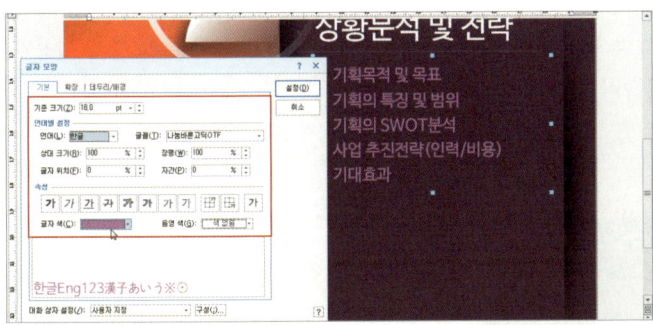 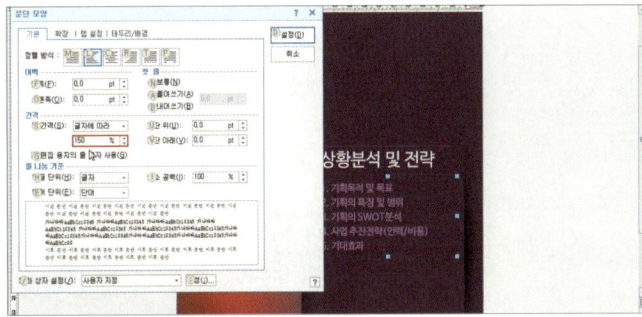

Tip & Tech   목차 텍스트가 많은 경우 메모장에서 작업하고, 이미 만들어진 목차 텍스트 박스에 붙여넣는 방식이 효과적입니다.

12 로고 편집하기

01 영문 텍스트를 각각 입력합니다.
- cafe.naver.com/artcomptacademy : Arial, 11pt, 기울임
- ARTCOM PT : Arial Black, 25pt, 기울임
- academy : Times New Roman, 25pt, 기울임

02 [서식] 탭이나 [글자 모양] 대화상자에서 글자 색을 배색합니다.
- 글자 색 : 소라색(R149 G162 B198), 회색(R153 G153 B153)

03 [개체 속성] 대화상자(P)에서 배경 색과 선 색을 제거합니다.

04 [글자 모양] 대화상자를 열어 영문 텍스트를 보다 짜임새 있게 만듭니다.
- [서식] 탭-[글자 모양]-[확장] 탭
- 기타 : [글꼴에 어울리는 빈칸] 체크

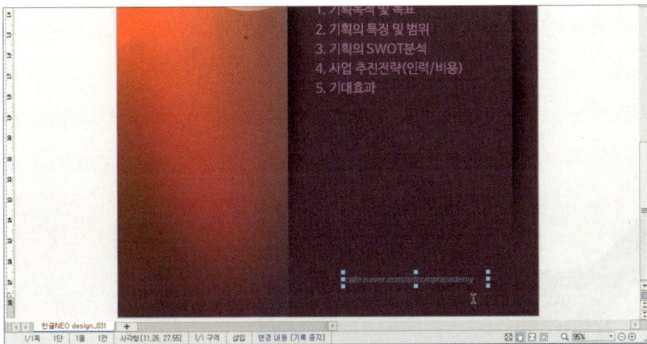 

Tip & Tech   아랫부분 로고는 독자의 소속 회사나 학교 마크를 배치해 보세요. 물론 제목도 로고에 맞춰 바꿔야 합니다.

007 마름모꼴을 활용한 타이포그래피

보고서 작성 중 텍스트 편집(타이포그래피)는 매우 중요합니다. 타이포그래피는 오직 텍스트만으로 구성하는 방식과 디자인 요소(도형, 라인, 이미지)와 조합하는 방식이 있습니다. 보통 도형과 조합하는 방식에는 타원형과 사각형 등을 사용하지만 모서리가 둥근 마름모꼴 도형을 활용하면 한층 색다른 느낌을 연출할 수 있습니다.

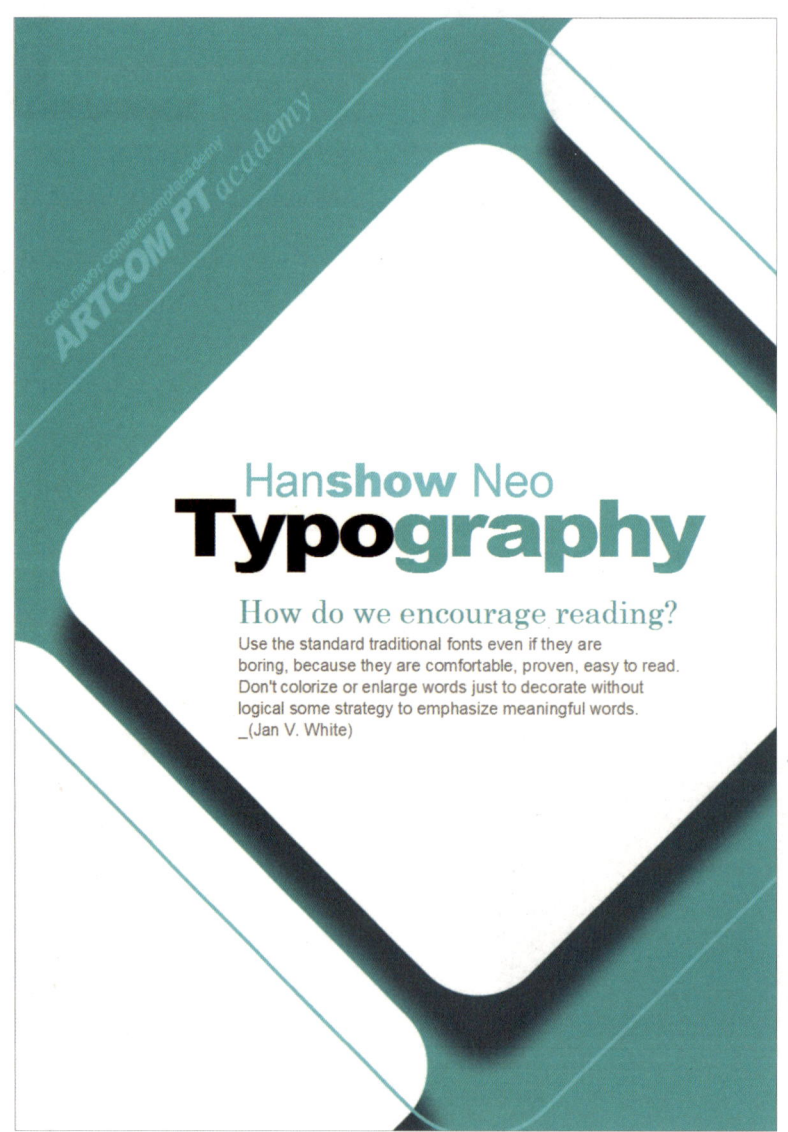

|난이도| ★★★☆☆ |예제 폴더| Part 03\07 |완성 파일| Part 03\07\완성\한글NEO design_007.hwp
|과정 파일| Part 03\07\완성\한쇼NEO design_007_10단계.show
|색상 베리에이션| Part 03\07\완성\한쇼NEO design_007_4컬러.show
|인터넷으로 보기| http://cafe.naver.com/artcomptacademy/2154

디자인 포인트

이번 예제에서 주목해야 할 디자인은 모서리가 둥근 마름모꼴 도형을 활용한 타이포그래피입니다. 마름모꼴 도형은 모서리가 둥근 사각형을 45° 회전해 만듭니다. 여기에 그림자 효과와 마름모꼴 선을 더하면 한층 디자인 미감을 살릴 수 있습니다. 영문 타이포그래피는 폰트가 중요한데 가독성이 높은 Arial, Arial Black, Century체를 사용합니다. 마름모꼴 도형과 텍스트를 조합하여 전체적으로 모던하면서 심플한 느낌을 살립니다.

4컬러 베리에이션

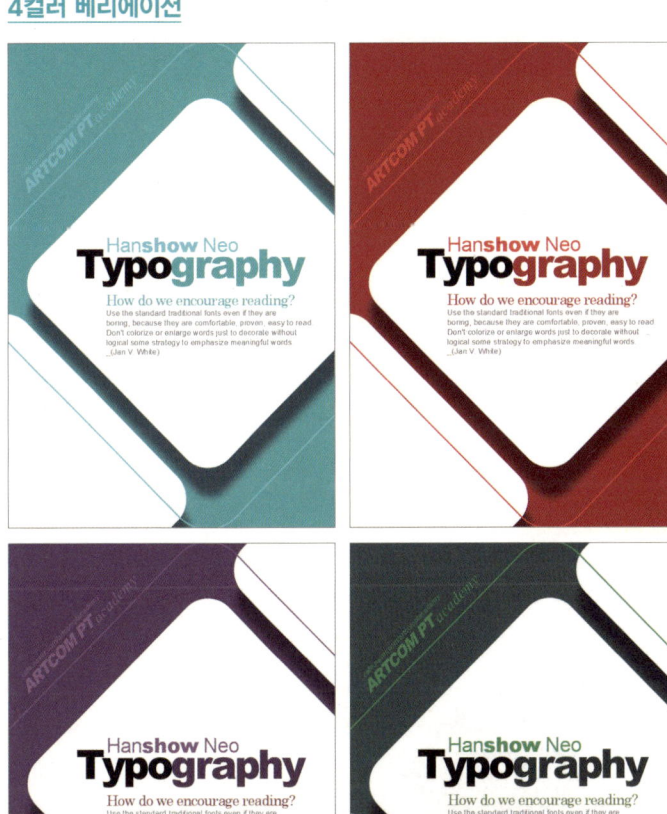

01 한쇼 NEO에서 마름모꼴 도형 만들기

01 한쇼 NEO를 실행합니다.
  ※ 용지 종류는 [A4 용지], 슬라이드 방향은 [세로]입니다. 용지는 [서식] 탭–[슬라이드 크기]–[쪽 설정]에서 설정합니다.

02 [입력] 탭–도형에서 [자세히] 단추를 클릭하고 [사각형]–[모서리가 둥근 직사각형]을 선택합니다.

03 Shift 키를 누른 상태에서 드래그하여 모서리가 둥근 직사각형을 그립니다.
  • 너비 : 159mm, 높이 : 159mm

04 [선 없음]으로 지정하고 흰색을 지정한 다음 회전 핸들을 시계 반대 방향(45°)으로 돌립니다.
  • [개체 속성]–[기본] 탭–[크기 및 회전]–[회전] : 315°

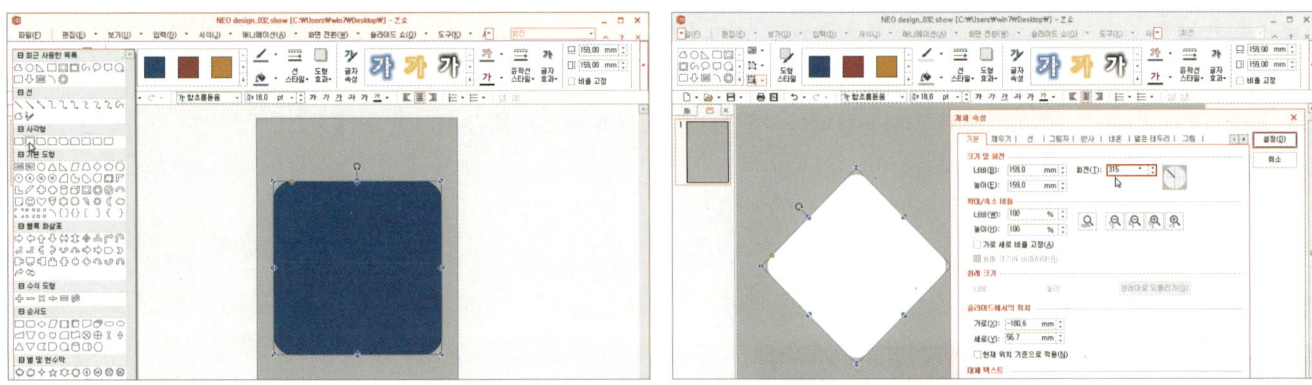

Tip & Tech 모서리가 둥근 직사각형의 '둥근 모양'을 조정하려면 도형 왼쪽 윗부분에 있는 다이아몬드(노란 조절점)을 선택하고 좌우로 움직이면 모서리 둥글기를 조절할 수 있습니다. 슬라이드를 마우스 오른쪽 버튼으로 클릭하고 [배경 속성]을 실행하면 배경 색상을 지정할 수 있습니다.

02 마름모꼴 도형 그림자 만들기

01 과정 01에서 만든 마름모꼴 도형을 복제(Ctrl+D)합니다.

02 크기를 살짝 키웁니다.
  • 너비 : 166.38mm, 높이 : 166.38mm

03 [개체 속성] 대화상자에서 색상을 지정합니다.
  • 검은색, 투명도 : 50%

04 옅은 테두리 효과를 적용합니다.
  • [개체 속성]–[옅은 테두리] 탭–[크기] : 20pt

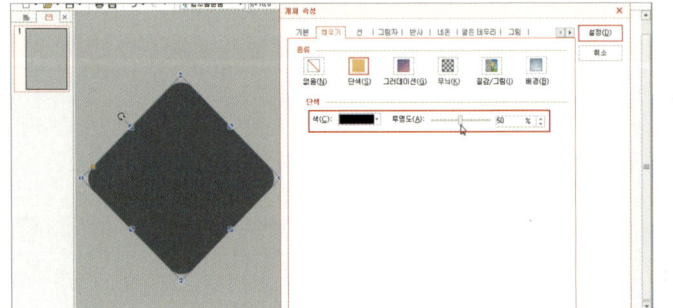 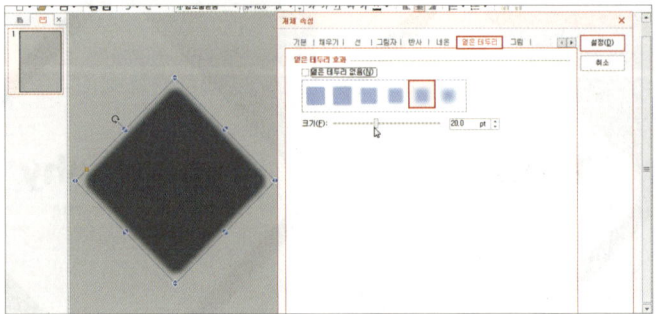

Tip & Tech 마름모꼴 도형에서 직접 그림자 효과를 지정할 수 있겠으나 과정 02와 같이 '그림자 만들기' 방식은 향후 다양하게 변형할 수 있고 응용할 수 있어 디자인 측면에서 효과적입니다.

03 마름모꼴 도형 저장하기

01 그림자 위에 과정 01에서 만든 마름모꼴 도형을 과정 02에서 만든 그림자 위에 포갭니다.

02 그림자와 마름모꼴 도형을 그룹(Ctrl+G)으로 묶습니다.

03 PNG 파일로 저장합니다.

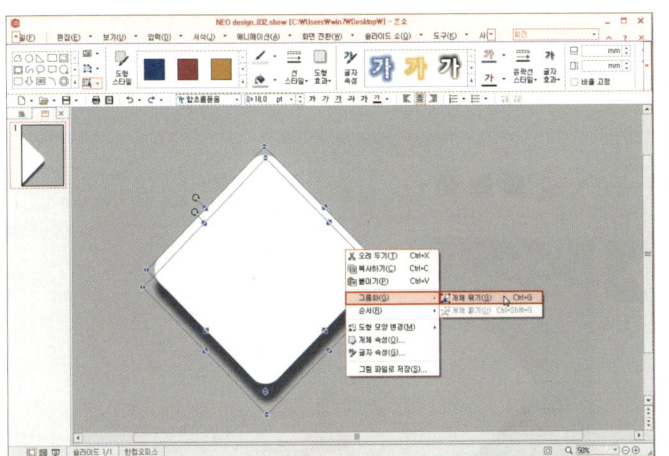
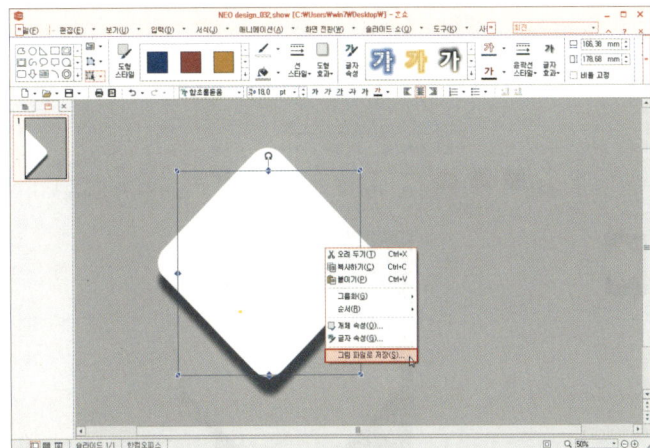

Tip & Tech PNG 파일로 저장한 마름모꼴 도형은 한글에서 불러들여 텍스트 박스로 활용할 수 있습니다.

04 마름모꼴 도형 저장하기

01 배경을 마우스 오른쪽 버튼으로 클릭하고 [배경 속성]을 실행합니다.

02 배경 색상을 진한 청록색(R0 G184 B186)으로 지정합니다.
 • [배경 속성]-[채우기] 탭

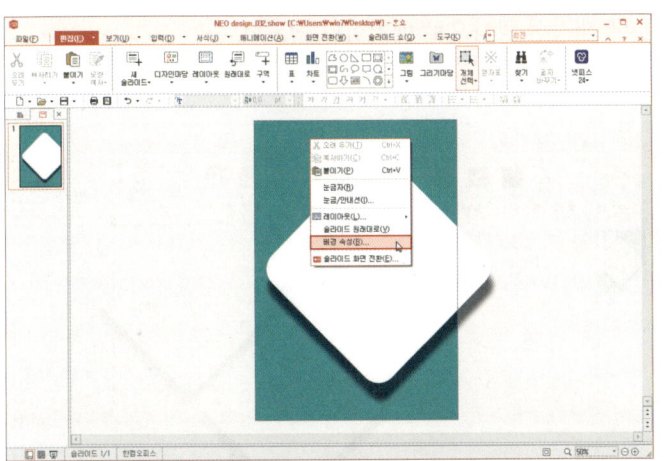
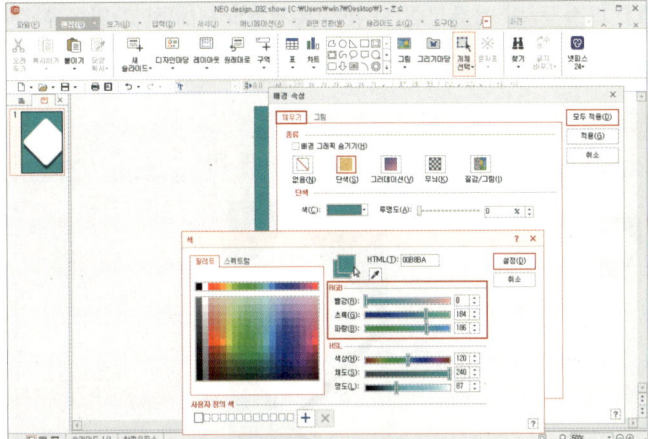

Tip & Tech 배경 색상은 슬라이드에 구성되는 텍스트와 디자인 요소 등에 직간접적으로 영향이 있습니다. 그렇기 때문에 이후 전개될 디자인을 고려하여 신중하게 결정해야 합니다.
배경 색상은 취향에 따라 배색하지 않도록 주의해야 합니다. 그렇기 때문에 자신만의 컬러 팔레트를 만들어 놓으면 좋습니다. 인터넷에서 검색하면 전문가들이 배색한 컬러 팔레트가 많습니다. 그것들을 적절히 응용해도 좋습니다.

05 마름모꼴 라인 만들기

01 과정 01에서 만든 마름모꼴 도형을 복제(Ctrl+D)합니다.

02 크기를 조절합니다.
- 너비 : 209.36mm, 높이 : 209.36mm

03 [채우기 색]에서 '색 없음'으로 지정하고 [개체 속성] 대화상자에서 선의 굵기와 선 색을 정의합니다.
- 굵기 : 2.25pt, 청록(R0 G242 B242)

04 완성된 마름모꼴 라인을 과정 04의 '마름모꼴 도형'에 맞춰 정렬합니다.

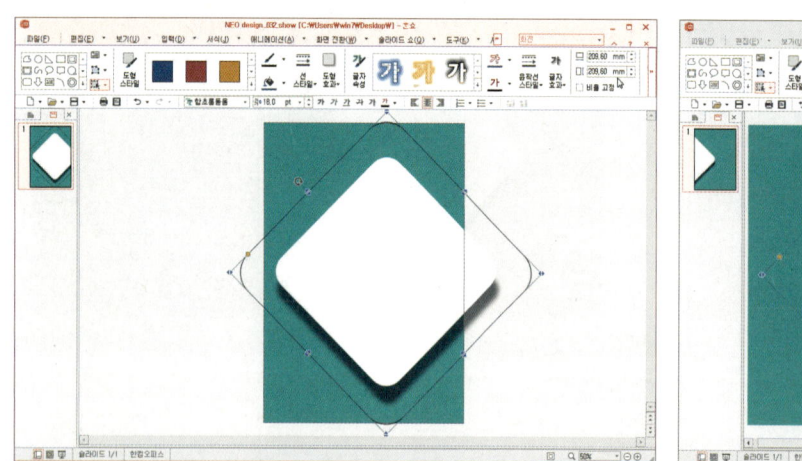
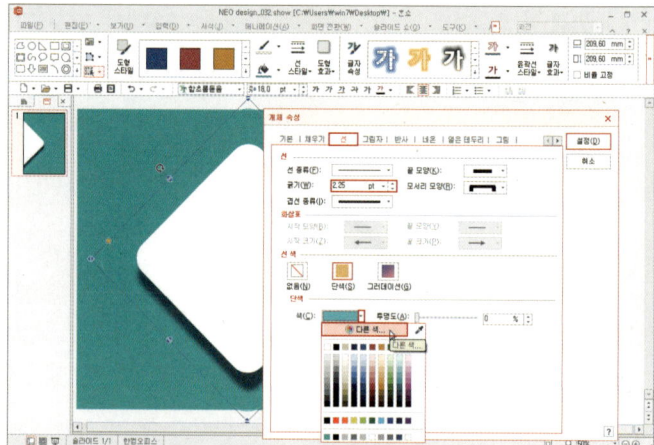

Tip & Tech   디자인하는 도형들이 커서 슬라이드 밖으로 나갈 경우 슬라이드 크기를 작게 하여 전체가 보이도록 조정해야 합니다. 오른쪽 아래쪽 맞춤 아이콘을 클릭하면 슬라이드를 현재 창 크기에 맞춥니다.

06 마름모꼴 도형 대각선으로 배치하기

01 과정 04의 마름모꼴 도형을 복제(Ctrl+D)하고 왼쪽 아랫부분에 대각선 방향으로 배치합니다.

02 마름모꼴 도형을 복제하여 오른쪽 윗부분에 대각선 방향으로 배치합니다.

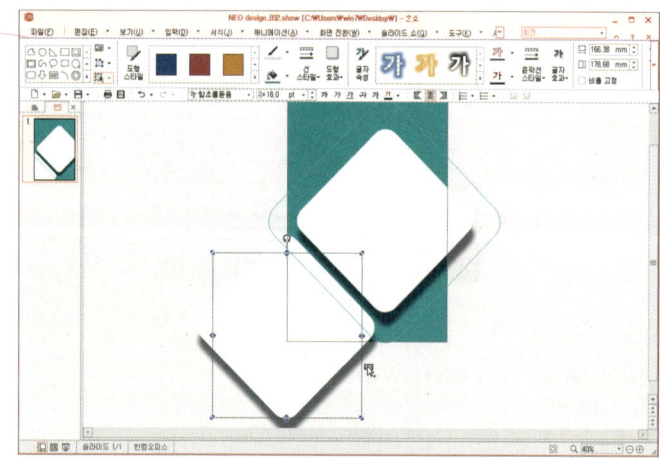
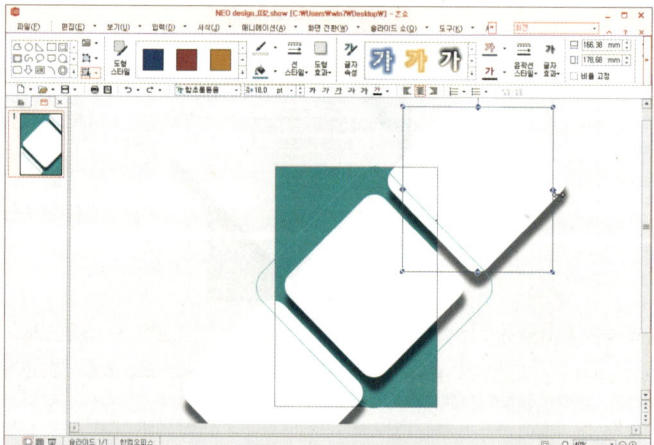

Tip & Tech   복제한 마름모꼴 도형이 슬라이드 창 밖으로 완전히 빠져 나가 배치될 수 있도록 화면 크기를 조절하며 작업합니다.

07 로고 디자인하기

01 [입력] 탭 - 도형에서 [글상자]를 클릭하여 글상자를 만들고 영문 텍스트를 각각 입력합니다.
- cafe.naver.com/artcomptacademy : Arial, 12pt, 기울임
- ARTCOM PT : Arial Black, 26pt, 기울임
- academy : Times New Roman, 26pt, 기울임

02 [글자 속성] 대화상자에서 글자 색을 청록색(R0 G242 B242)으로 지정합니다.

03 편집한 로고를 모두 그룹(Ctrl+G)으로 묶습니다.

04 그룹한 로고를 회전하여 마름모꼴 라인 왼쪽 윗부분에 배치합니다.
- 회전 : 314°

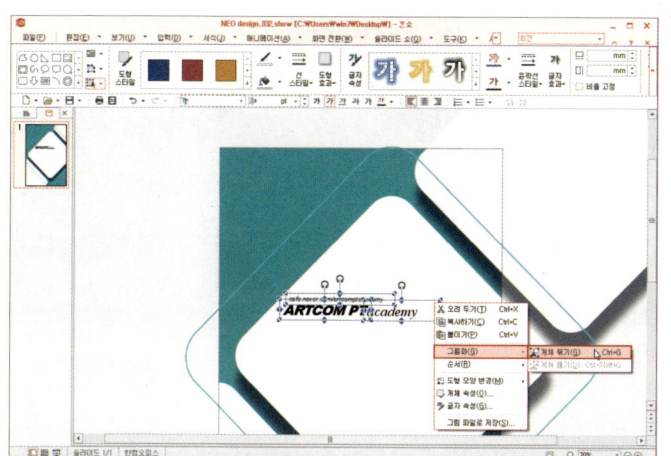 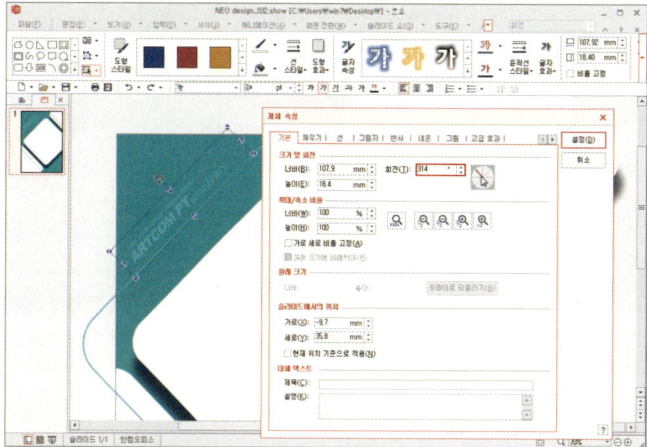

Tip & Tech [글자 속성] 대화상자를 열려면 텍스트를 선택하고 마우스 오른쪽 버튼을 클릭한 다음 [글자 속성]을 실행합니다.

08 한쇼에서 배경 저장하기

지금까지 디자인한 것을 BMP 파일로 저장합니다.
- [파일] 탭-[다른 이름으로 저장하기]-[파일 형식] : BMP

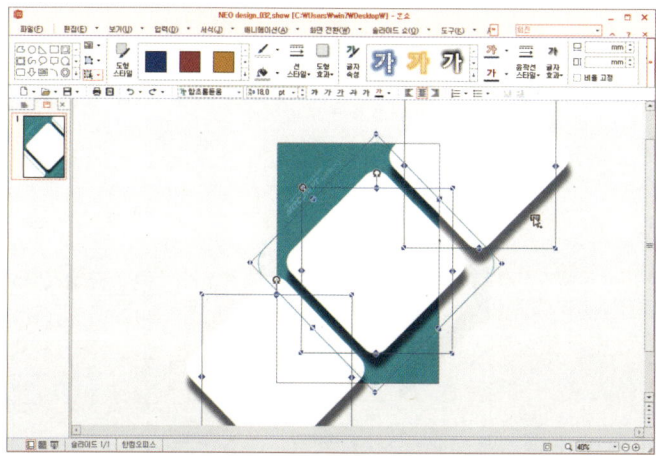 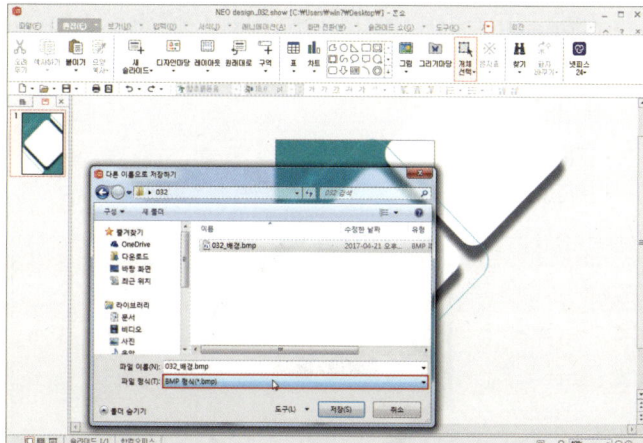

Tip & Tech 파일을 [다른 이름으로 저장하기]는 슬라이드에 구성된 전체 이미지를 저장할 때 유용합니다. 해상도를 좋게 하려면 BMP 형식으로 저장하는 것이 좋습니다.

09 한글 NEO에서 편집 용지와 배경 설정하기

01 한글 NEO를 실행합니다.

02 F7 키를 눌러 편집 용지를 설정합니다.
- 용지 종류 : A4(국배판) [210×297mm], 용지 방향 : 세로, 제본 : 한쪽
- 용지 여백 : 위쪽(5.0mm), 머리말(10.0mm), 왼쪽(10.0mm), 오른쪽(10.0mm), 꼬리말(10.0mm), 아래쪽(5.0mm)

03 용지에 배경 이미지를 삽입하고 [문서에 포함]을 체크합니다.
- [쪽] 탭 – [쪽 테두리/배경] – [배경] 탭 – [그림] – [그림 파일]
- Part 03\07\배경.bmp

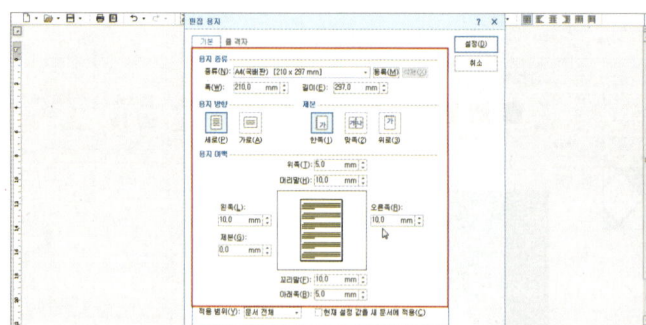 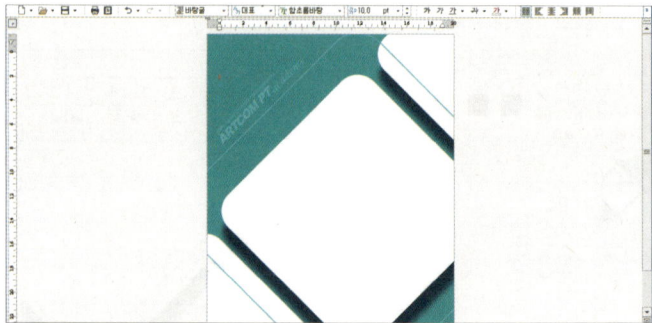

Tip & Tech 배경 이미지를 [쪽 테두리/배경]을 통해 불러들이면 용지에 꽉 차게 배치되고 이후 이미지 배치와 텍스트 입력 등의 작업이 한층 편리해집니다. 심플하게 '마름모꼴 도형' 하나만 배치하고 싶을 경우 [쪽 테두리/배경] – [배경] 탭 – [색]에서 '배경 색'을 만든 다음 과정 03에서 저장했던 '마름모꼴 도형'을 배치해도 좋습니다.

10 'Hanshow Neo' 편집하기

01 [입력] 탭 – 도형에서 [가로 글상자]를 클릭해 글상자를 만들고 'Hanshow Neo'를 입력합니다.
- Arial/Arial Black, 36pt

02 [서식] 탭이나 [글자 모양] 대화상자에서 글자 색을 청록색(R0 G248 B248)으로 지정합니다.

03 텍스트를 선택하고 마우스 오른쪽 버튼을 클릭한 다음 [개체 속성] 대화상자에서 배경 색과 선 색을 제거합니다.
- [개체 속성] – [선] 탭 – [종류] : 선 없음, [개체 속성] – [채우기] 탭 – [색 채우기 없음]

04 [서식] 탭 – [글자 모양]을 클릭하여 [글자 모양] 대화상자(Alt + L)를 열고 텍스트를 보다 짜임새 있게 만듭니다.
- [기본] 자간 : –2%, 장평 : 100%
- [확장] 기타 : [글꼴에 어울리는 빈칸] 체크

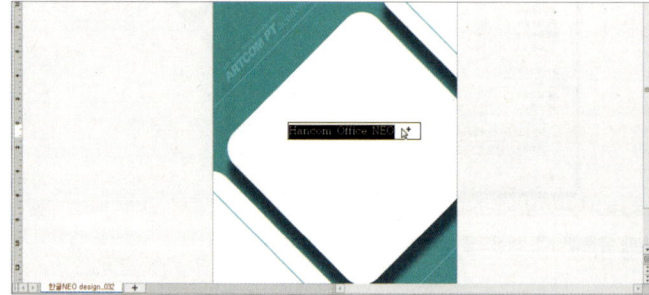 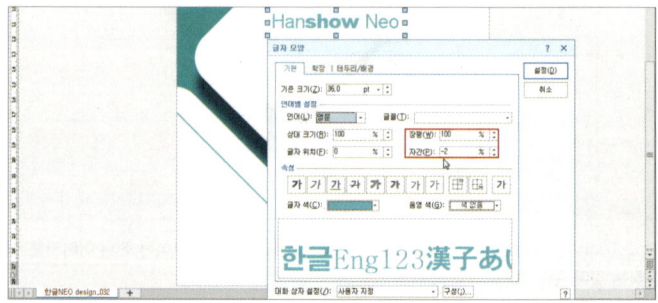

11 'Typography' 편집하기

01 [입력] 탭 - 도형에서 [가로 글상자]를 클릭하고 'Typography'를 입력합니다.
- Arial Black, 60pt

02 [서식] 탭이나 [글자 모양] 대화상자에서 글자 색을 지정합니다.
- Typo : 검은색, graphy : 청록색(R0 G184 B186)

03 마우스 오른쪽 버튼을 클릭한 다음 [개체 속성]을 실행하고 배경 색과 선 색을 제거합니다.
- [개체 속성] - [선] 탭 - [종류] : 선 없음, [개체 속성] - [채우기] 탭 - [색 채우기 없음]

04 [글자 모양] 대화상자(Alt+L)를 열고 텍스트를 보다 짜임새 있게 만듭니다.
- [기본] 자간 : -9%, 장평 : 118%
- [확장] 기타 : [글꼴에 어울리는 빈칸] 체크

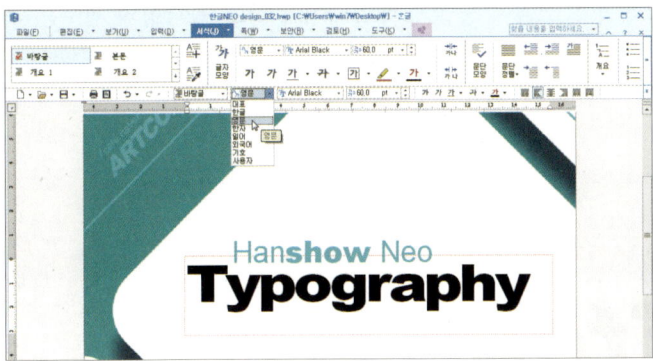 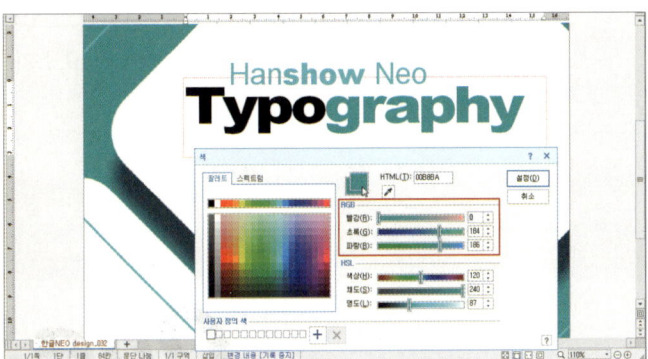

12 본문 편집하기

01 [입력] 탭 - [가로 글상자]를 클릭하고 본문 텍스트를 입력합니다.
- 서브 타이틀 영문 : Century, 24pt
- 본문 텍스트 영문 : Arial, 13pt

02 [서식] 탭이나 [글자 모양] 대화상자에서 글자 색을 지정합니다.
- 서브 타이틀 : 청록색(R0 G184 B186), 본문 : 회색(R128 G128 B128)

03 배경 색과 선 색을 제거한 다음 문단 모양(Alt+T)에서 [줄 간격]을 조정합니다.
- [서식] 탭 - [문단 모양] - [간격] : 125%

04 [글자 모양] 대화상자(Alt+L)를 열어 텍스트를 보다 짜임새 있게 만듭니다.
- [기본] 자간 : 0%, 장평 : 100%
- [확장] 기타 : [글꼴에 어울리는 빈칸] 체크

 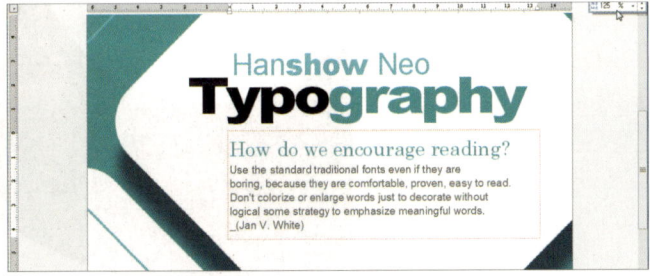

Tip & Tech 텍스트가 여러 줄인 경우 줄 간격(행간)이 매우 중요합니다. 공문서의 행간은 보통 160%인데 디자인 측면에서는 줄 간격을 좁혀 주는 것이 짜임새가 있습니다.

008 도넛형을 활용한 편집 디자인

보고서나 제안서를 작성할 때 레이아웃을 보다 독특하게 전개하고 싶을 때 기본 도형을 의도적으로 크게 확장하면 시인성을 크게 높이면서 강렬한 인상을 심게 됩니다. 확대한 기본 도형(삼각/사각/마름모/육각형/타원/도넛형 등) 형태에 따라 그래픽 요소와 텍스트 배치 방식이 달라집니다. 도넛형의 경우는 텍스트와 그래픽 요소들이 둥글게 배치되어야 하고 육각형의 경우는 육각형 형태에 따라 디자인 요소가 배치되어야 자연스럽습니다.

|난이도| ★★★★☆ |예제 폴더| Part 03\08 |완성 파일| Part 03\08\완성\한글NEO design_008.hwp
|과정 파일| Part 03\08\완성\한쇼NEO design_008_12단계.show
|색상 베리에이션| Part 03\08\완성\한쇼NEO design_008_4컬러.show
|인터넷으로 보기| http://cafe.naver.com/artcomptacademy/2170

디자인 포인트

이번 예제에서 주목해야 할 디자인은 도넛형을 활용한 타이포그래피입니다. 도넛형은 '기본 도형'에 있는 '도넛'으로 형태를 만들고 비교적 채도가 높은 색상을 배색합니다. 도넛형 주변으로 가늘고, 굵은 원호 화살표 등을 배치하여 디자인 미감을 살립니다. 타이틀 및 본문 텍스트는 원호 화살표를 따라 짜임새 있게 배치하고 메인 키워드는 '위쪽 원호' 형식으로 변환하여 도넛 형태에 맞춰 둥글게 돌립니다.

4컬러 베리에이션

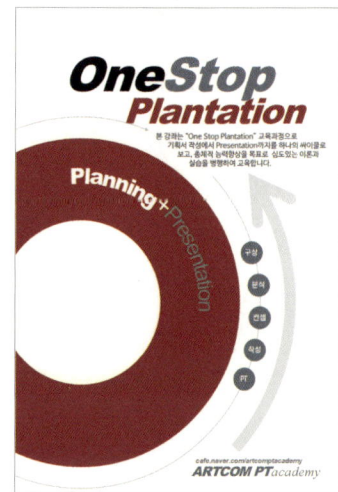

01 한쇼 NEO에서 도넛 도형 만들기

01 한쇼 NEO를 실행합니다.

※ 용지 종류는 [A4 용지], 슬라이드 방향은 [세로]입니다. 용지는 [서식] 탭–[슬라이드 크기]–[쪽 설정]에서 설정합니다.

02 [입력] 탭–도형에서 [자세히] 단추를 클릭하고 [기본 도형]–[도넛]을 선택합니다.

03 Shift 키를 누른 상태에서 드래그하여 도넛을 그립니다.
- 너비 : 186.66mm, 높이 : 186.66mm

04 [선 없음]으로 지정하고 도넛 구멍을 적절하게 조절한 다음 색을 빨간색으로 지정합니다.
- 너비 : 92mm, 높이 : 92mm
- [개체 속성]–[채우기] 탭–[색] : 빨강(R186 G30 B34)

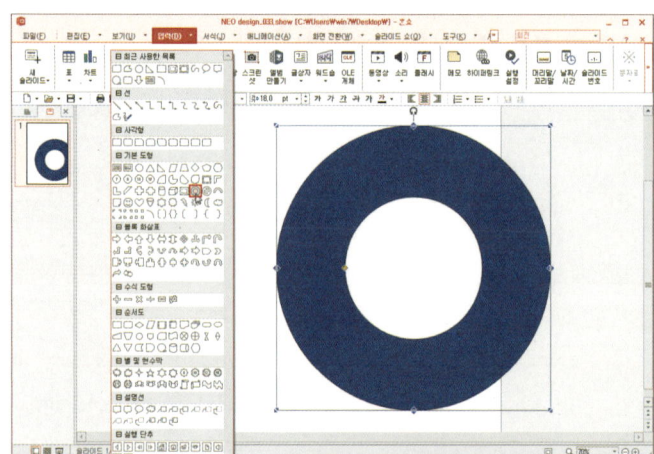 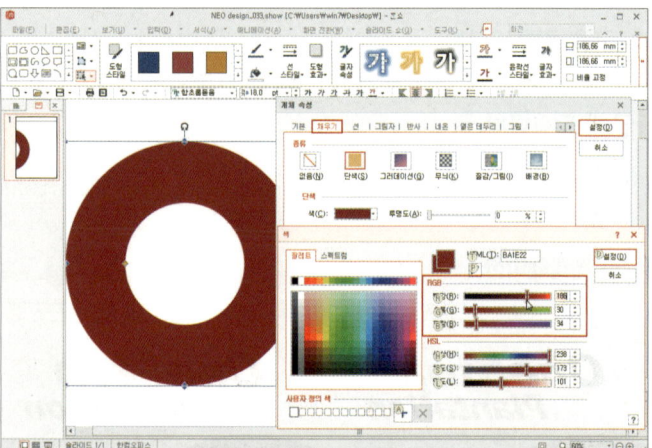

Tip & Tech 정원, 정사각형 등을 그릴 때는 반드시 Shift 키를 누른 상태에서 드래그합니다. Shift 키를 누르지 않고 드래그하면 너비와 높이 값이 같지 않고, 형태가 찌그러집니다.

02 가는 원호형 화살표 디자인하기

01 [입력] 탭–도형에서 [자세히] 단추를 클릭하고 [기본 도형]–[원호]를 선택합니다.

02 Shift 키를 누른 상태에서 드래그하여 원호를 그립니다.
- 너비 : 210.91mm, 높이 : 210.91mm
- 원호는 처음에 1/4만 그려지므로 노란색 조절점 두 개를 이용하여 원하는 모양으로 만들어야 합니다.

03 원호를 선택한 후 [개체 속성]–[선] 탭을 선택하여 효과를 줍니다.
- 선 종류 : 실선, 굵기 : 1pt, 선 색 : 회색(R204 G204 B204)
- [화살표] 시작 모양 : 화살표 없음, 끝 모양 : 삼각형 화살표, 끝 크기 : 5

04 과정 01의 도넛과 원호를 선택하고 가운데 맞춤과 중간 맞춤으로 정렬합니다.
- [도형]–[맞춤]–[가운데 맞춤]/[중간 맞춤]

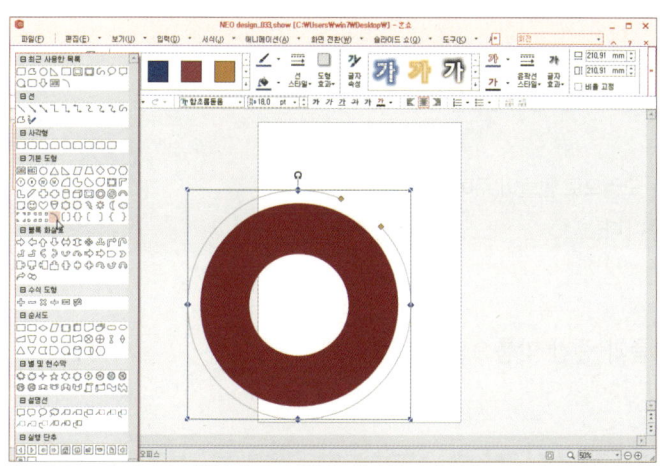 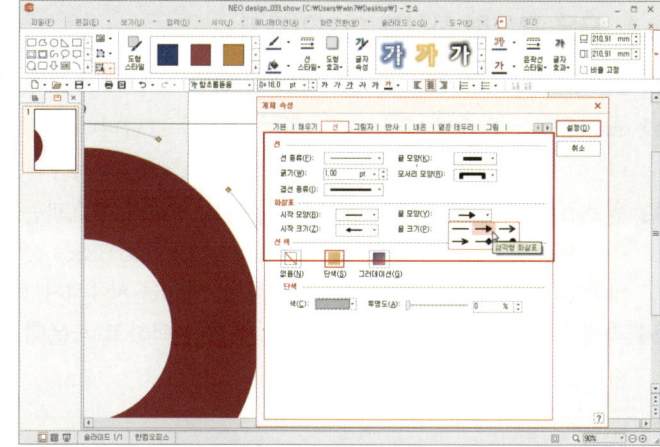

Tip&Tech 정렬을 할 때 눈 대중으로 대충하는 습관은 좋지 않습니다. 모든 정렬은 [맞춤] 기능을 활용합니다.

03 회색 타원 만들기

01 [입력] 탭 – 도형에서 [자세히] 단추를 클릭하고 [기본 도형] – [타원]을 선택합니다.

02 Shift 키를 누른 상태에서 드래그하여 타원을 작게 그립니다.
- 너비 : 245.68mm, 높이 : 245.68mm

03 [선 없음]으로 지정하고 색상을 회색(R128 G128 B128)으로 지정합니다.

04 완성된 작은 회색 타원을 PNG 파일로 저장합니다.
- 타원 네 개를 복제(Ctrl+D)하여 원호에 맞춰 배열합니다.

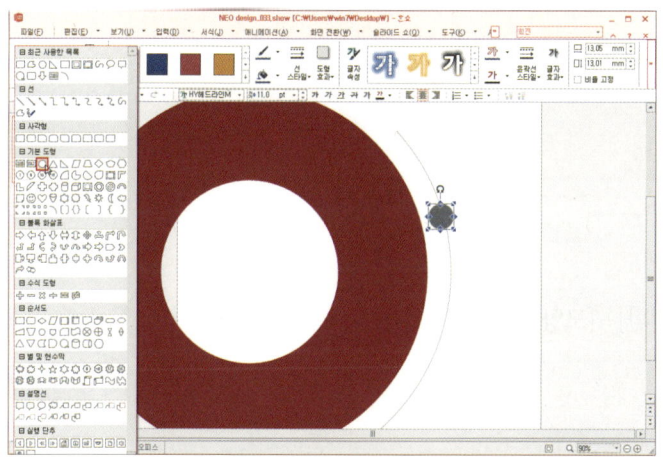 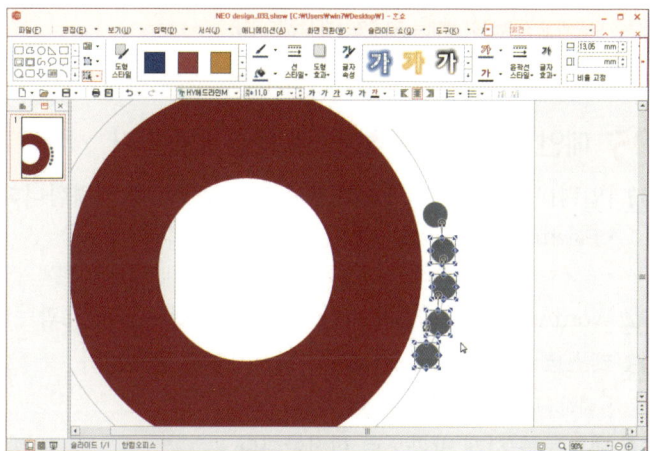

Tip&Tech 작은 타원은 한글에서 텍스트 배경으로 사용할 것입니다. 타원 한 개 또는 다섯 개를 선택하여 PNG 파일로 저장합니다.

04 굵은 원호형 화살표 디자인하기

01 [입력] 탭 – 도형에서 [자세히] 단추를 클릭하고 [기본 도형] – [원호]를 선택합니다.

02 Shift 키를 누른 상태에서 드래그하여 원호를 그립니다.
- 원호는 처음에 1/4만 그려지므로 노란색 조절점 두 개를 이용하여 원하는 모양으로 만들어 주어야 합니다.

03 원호를 선택한 후 [개체 속성] – [선] 탭을 선택하여 효과를 줍니다.
- 선 종류 : 실선, 굵기 : 19pt, 선 색 : 밝은 회색(R235 G235 B235)
- [화살표] 시작 모양 : 선형 화살표, 끝 모양 : 화살표 없음, 시작 크기 : 5

04 과정 01의 도넛과 굵은 원호형 화살표를 선택하고 가운데 맞춤과 중간 맞춤으로 정렬합니다.
- [도형]–[맞춤]–[가운데 맞춤]/[중간 맞춤]

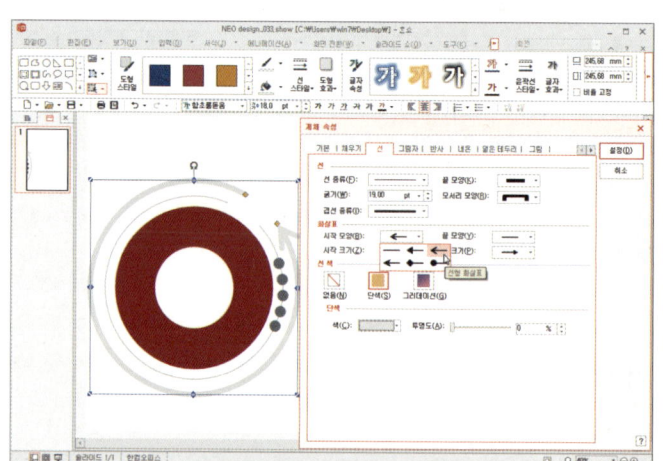 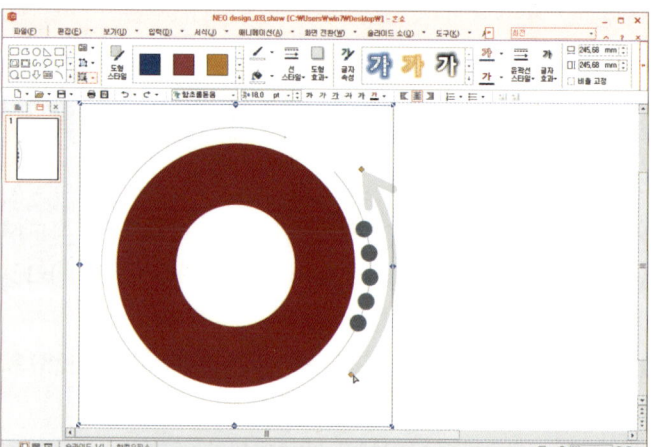

Tip & Tech 과정 04에서 만든 굵은 원호형 화살표에 있는 조절점을 돌려 너비와 높이가 같은 원형인지 확인합니다. 이때 중간에 있는 도넛 도형과 가운데 맞춤과 중간 맞춤이 제대로 되어 있는지 확인합니다.

05 메인 키워드를 원호형으로 둥글게 돌리기

01 [입력] 탭 – [글상자]를 클릭하고 영문 텍스트를 입력합니다.
- Planning : Arial Black, 36pt, 흰색
- +Presentation : Arial, 36pt, 회색(R153 G153 B153), +는 흰색

02 WordArt 스타일로 변형하기 위해 [도형] 탭 – [글자 효과] – [변환] – [모양] – [위쪽 원호]를 클릭합니다.

03 텍스트 박스 크기를 조절하여 정사각형을 만듭니다.
- 너비 : 145.63mm, 높이 : 145.63mm

04 텍스트를 시계 방향으로 회전합니다.
- [개체 속성]–[기본] 탭–[회전]

05 과정 01의 도넛과 원호형 키워드를 선택하고 가운데 맞춤과 중간 맞춤으로 정렬합니다.
- [도형]–[맞춤]–[가운데 맞춤]/[중간 맞춤]

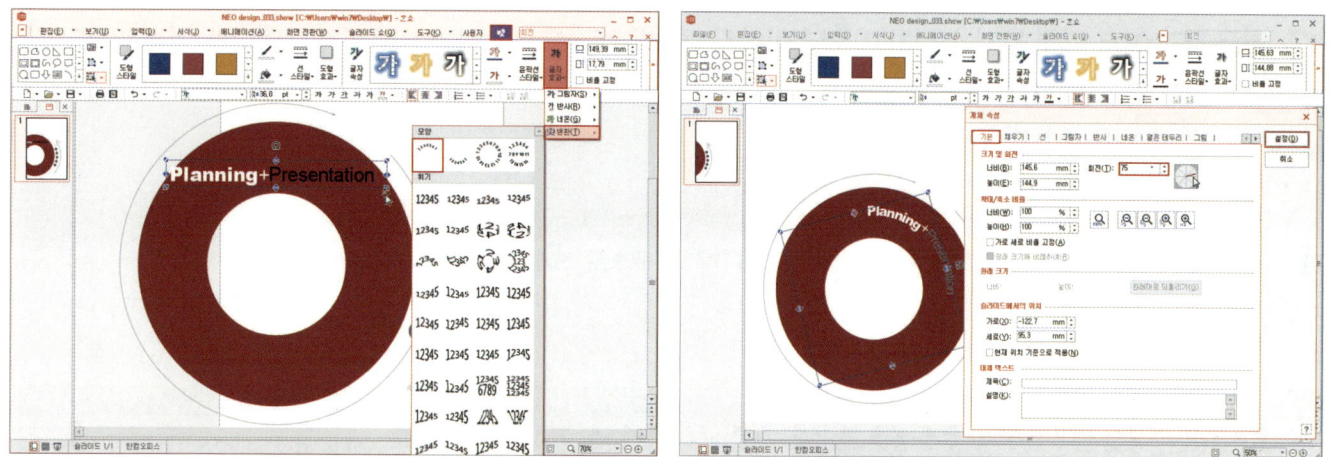

Tip & Tech   텍스트 박스 조절점을 이용해 너비와 높이를 조절하여 정삼각형을 만들 수 있으나 [개체 속성] 대화상자에서 수치를 입력하는 방식이 가장 정확합니다.

06 디자인한 텍스트와 개체를 그림으로 저장하기

과정 05까지 작업한 개체와 텍스트를 하나씩 선택하고 PNG 파일로 저장합니다.

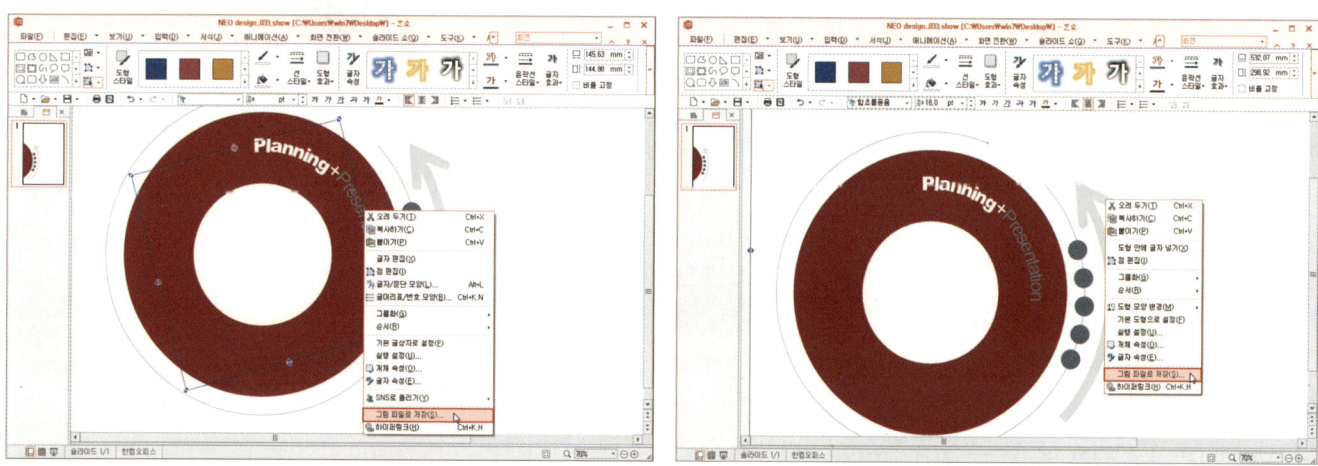

Tip & Tech   한글에서 편집할 때 편의성을 생각하여 그림으로 저장합니다. 예제 006과 같이 한쇼에서 디자인한 것은 모두 그룹하여 큰 덩어리로 저장해도 좋고, 하나씩 분리하여 개체로 저장해도 좋습니다. 두 가지 방식 모두 장단점이 있습니다. 하나씩 개체를 저장할 경우 한글에서 편집할 때 작업이 번거로운 대신 레이아웃에 변화를 줄 수 있습니다.

07 한글 NEO에서 편집 용지 설정하고 도넛 이미지 불러오기

01 한글 NEO를 실행합니다.

02 F7 키를 눌러 편집 용지를 설정합니다.
- 용지 종류 : A4(국배판) [210×297mm], 용지 방향 : 세로, 제본 : 한쪽
- 용지 여백 : 위쪽(10.0mm), 머리말(0.0mm), 왼쪽(10.0mm), 오른쪽(10.0mm), 꼬리말(0.0mm), 아래쪽(10.0mm)

03 [입력] 탭 – [그림]을 클릭하고 도넛 이미지를 가져옵니다. 마우스로 드래그한 후 용지 용심부에 배치합니다.
- Part 03\08\red 도넛 도형.png

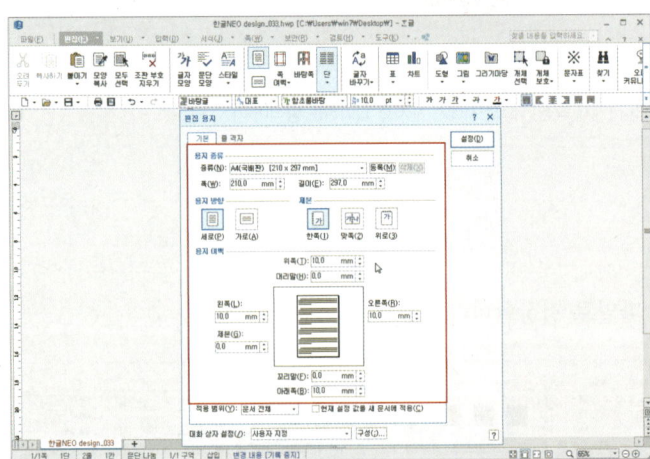 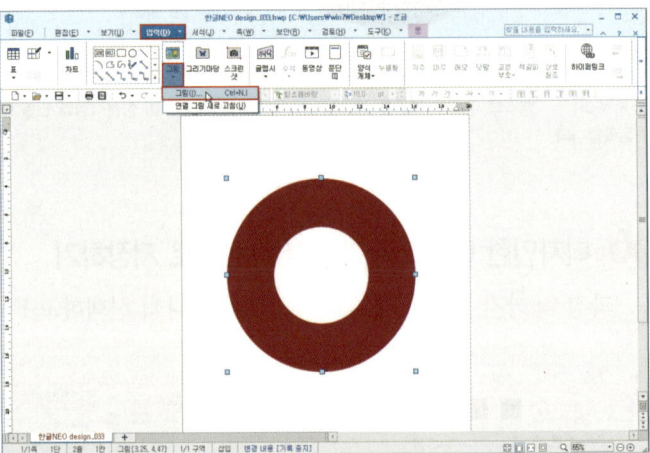

Tip & Tech 한글 2007의 경우 배경이 투명한 PNG 파일이 흰색으로 채워진 상태로 열립니다.

08 도넛에 원호 텍스트 배치하기

01 도넛 이미지를 클릭하고 왼쪽 일부를 '자르기'한 후 크기를 조절합니다.
- 너비 : 145.21mm, 높이 : 205.55mm

02 자르기한 도넛 이미지를 용지 왼쪽 아랫부분에 배치합니다.

03 [입력] 탭 – [그림]을 클릭하고 원호 텍스트 이미지를 가져와 드래그합니다.
- Part 03\08\원호 텍스트.png

04 원호 텍스트 이미지를 클릭하고 빈 공간을 '자르기'한 후 크기를 조절합니다.
- 너비 : 111.38mm, 높이 : 100.21mm

05 자르기한 원호 텍스트 이미지를 도넛 이미지 오른쪽 윗부분에 배치합니다.

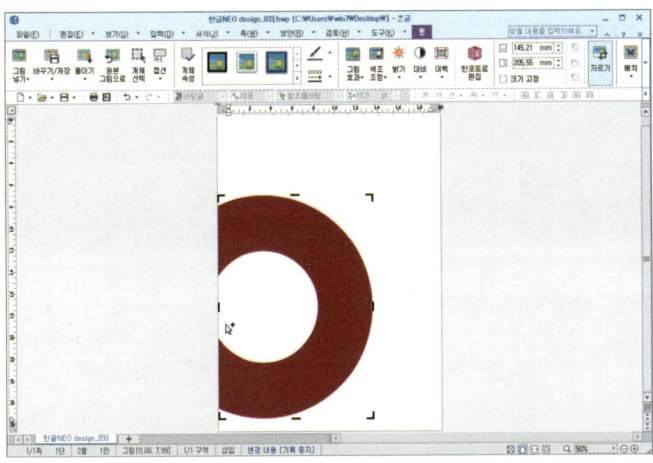
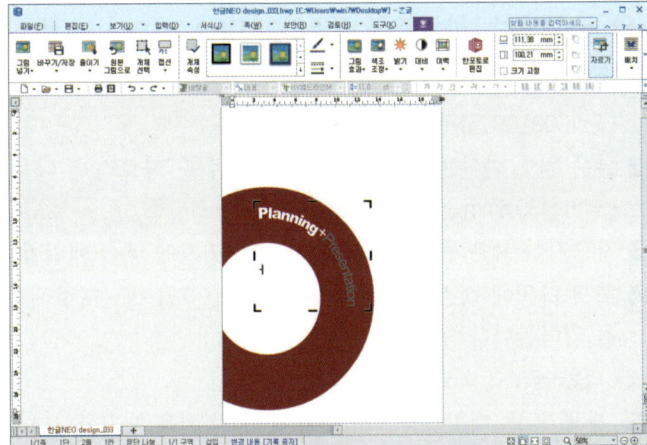

Tip & Tech   한쇼에서 디자인한 결과물을 참고하며 배치합니다.
· Part 03\08\완성\한쇼NEO design_008.show

09 얇은 원호 화살표와 다섯 개의 타원 배열하기

01 [입력] 탭 - [그림]을 클릭하고 얇은 원호 화살표 이미지를 가져와 드래그합니다.
- Part 03\08\얇은 원호 화살표.png

02 얇은 원호 화살표를 클릭하고 왼쪽 일부를 '자르기'한 후 크기를 조절합니다.
- 너비 : 157.93mm, 높이 : 228.11mm

03 자르기한 얇은 원호 화살표를 도넛 이미지에 맞춰 배열합니다.

04 [입력] 탭 - [그림]을 클릭하고 회색 타원 이미지를 가져와 드래그합니다.

05 크기를 조절하고 얇은 원호 화살표에 맞춰 다섯 개를 배열합니다.
- 너비 : 15.95mm, 높이 : 15.95mm

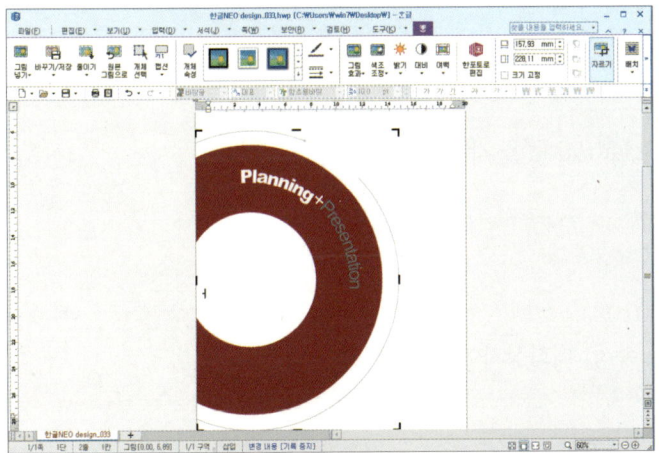
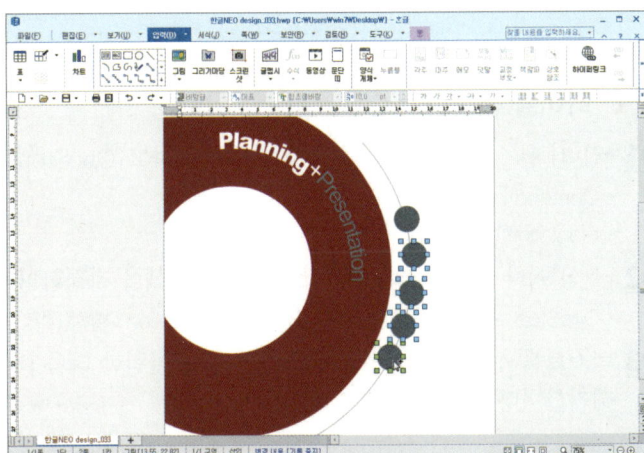

Tip & Tech   다섯 개의 '회색 타원'을 배치할 때 방향키를 이용하면 간격을 세밀하게 조절할 수 있습니다.

10 굵은 원호 화살표를 배열하고 다섯 개 타원에 텍스트 편집하기

01 [입력] 탭 – [그림]을 클릭하고 굵은 원호 화살표 이미지를 가져와 드래그합니다.
- Part 03\08\굵은 원호 화살표.png

02 굵은 원호 화살표를 클릭하고 왼쪽 일부를 '자르기'한 다음 크기를 조절합니다.
- 너비 : 139.6mm, 높이 : 174.95mm

03 자르기한 굵은 원호 화살표를 도넛 이미지에 맞춰 배열합니다.

04 회색 타원에 텍스트를 배치하기 위해 [입력] 탭 – 도형에서 [가로 글상자]를 클릭하고 글상자에 구상을 입력합니다.
- 나눔바른고딕, 14pt, 글자 색 : 흰색

05 [개체 속성] 대화상자에서 배경 색과 선 색을 제거합니다.

06 완성된 '구상'을 (Ctrl+D)하여 회색 타원 각각에 배치한 다음 텍스트 내용을 바꿉니다.

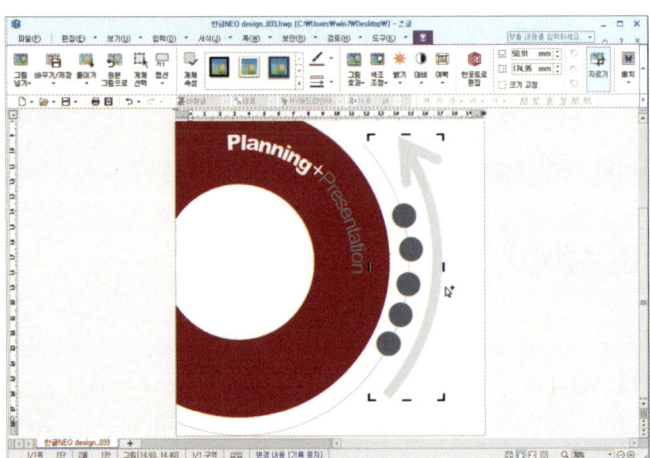 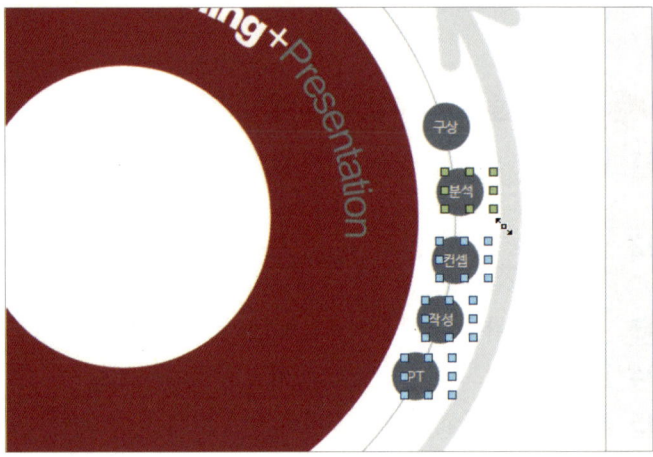

Tip & Tech 동일한 형식의 텍스트들은 하나만 디자인한 후 복제(Ctrl+D)하여 내용만 바꾸면 쉽게 작업할 수 있습니다.

11 타이틀 편집하기

01 [입력] 탭 – 도형에서 [가로 글상자]를 클릭하고 'OneStop'과 'Plantation'을 각각 입력합니다.
- OneStop : Arial Black, 77pt
- Plantation : Arial Black, 57pt

02 [서식]이나 [글자 모양] 대화상자에서 글자 색을 지정합니다.
- OneStop : 검정색/회색(R128 G128 B128), Plantation : 빨강(R186 G30 B34)

03 텍스트를 선택하고 마우스 오른쪽 버튼을 클릭한 다음 [개체 속성] 대화상자에서 배경 색과 선 색을 제거합니다.
- [개체 속성]-[선] 탭-[종류] : 선 없음, [개체 속성]-[채우기] 탭-[색 채우기 없음]

04 타이틀을 얇은 원호 화살표에 맞춰 배치합니다.

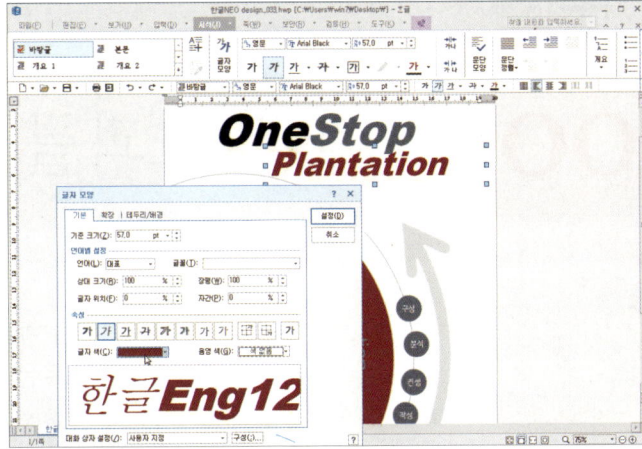

Tip&Tech   자간을 조정할때 너무 붙거나 너무 떨어져도 완성도가 떨어집니다.

12 본문 편집과 로고 배치하기

01 [입력] 탭 – 도형에서 [가로글상자]를 클릭하고 본문 텍스트를 입력합니다.
- 나눔바른고딕, 12pt, 글자 색 : 회색(R122 G122 B122)

02 배경 색과 선 색을 제거한 다음 문단 모양([Alt]+[T])에서 줄 간격을 조정합니다.
- [서식] 탭–[문단 모양]–[간격] : 125%

03 본문 텍스트를 왼쪽 정렬한 후 각 줄마다 얇은 원호 화살표에 맞춰 들여쓰기합니다.

04 [서식] 탭 – [글자 모양]을 클릭하여 [글자 모양] 대화상자([Alt]+[L])를 열고 텍스트를 보다 짜임새 있게 만듭니다.
- **[기본]** 자간 : 0%, 장평 : 100%
- **[확장]** 기타 : [글꼴에 어울리는 빈칸] 체크

05 '로고 타입'을 아랫부분에 편집하고 배치합니다(예제 006 과정 12 참고).

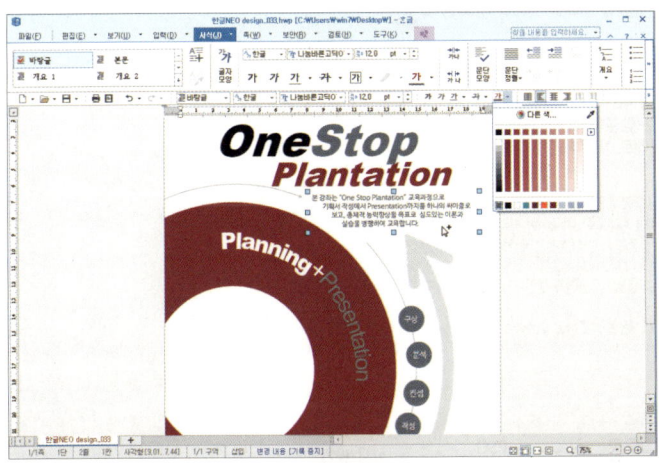
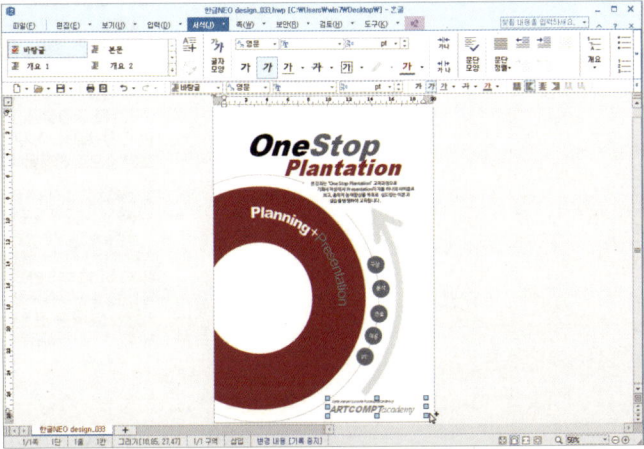

Tip&Tech   과정 12 본문처럼 여러 줄을 원호에 맞춰 단계적으로 들여쓰려면 [Spacebar] 키를 이용합니다.

009 칼집 효과를 활용한 타이틀 디자인

보고서나 제안서 디자인에서 핵심 키워드나 타이틀을 강조해야 할 경우가 있습니다. 단순히 텍스트만 크게 확장하는 것으로는 디자인 완성도가 떨어집니다. 텍스트를 강조하기 위한 짜깁기 형식의 장식 효과나 디자인 요소는 오히려 독이 될 수 있습니다. 이런 경우 텍스트 일부를 절단한 듯 표현하고 칼집 효과를 적용하면 시인성을 높이면서 색다른 느낌을 연출할 수 있습니다.

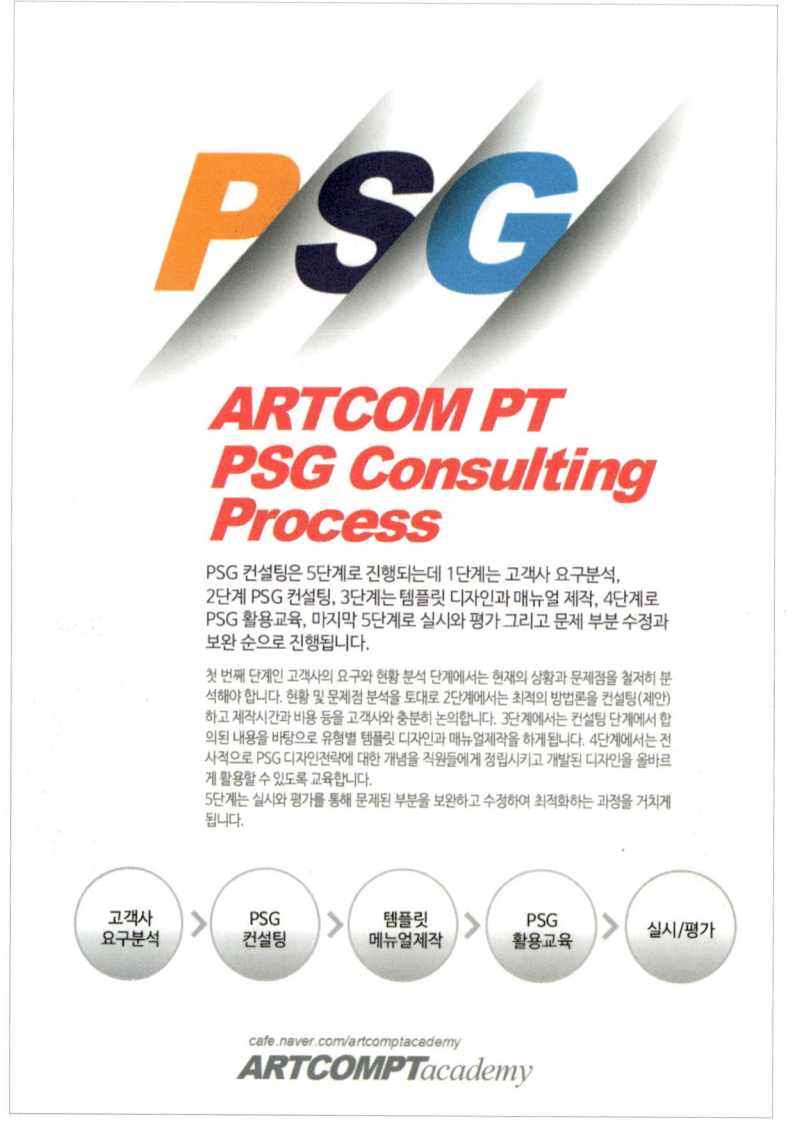

|난이도| ★★★★☆ |예제 폴더| Part 03\09 |완성 파일| Part 03\09\완성\한글NEO design_009.hwp
|과정 파일| Part 03\09\완성\한쇼NEO design_009_12단계.show
|색상 베리에이션| Part 03\09\완성\한쇼NEO design_009_4컬러.show
|인터넷으로 보기| http://cafe.naver.com/artcomptacademy/2192

디자인 포인트

이번 예제에서 주목해야 할 디자인은 메인 키워드에 칼집 효과를 적용하는 것입니다. 칼집 효과는 타원 그라데이션을 PNG 파일로 저장한 후 불러들여 일부분을 자르기하면 쉽게 만들 수 있습니다. 칼집 효과를 보다 효과적으로 표현하기 위해서는 키워드 일부를 잘라 주거나 가려 주는 방식을 사용하는 것이 좋습니다.

4컬러 베리에이션

01 한쇼 NEO에서 메인 키워드 편집하기

01 한쇼 NEO를 실행합니다.

※ 용지 종류는 [A4 용지], 슬라이드 방향은 [세로]입니다. 용지는 [서식] 탭-[슬라이드 크기]-[쪽 설정]에서 설정합니다.

02 [입력]-[글상자]를 클릭한 다음 'P', 'S', 'G'를 각각 입력하고 글자 크기를 조정합니다.

- Arial Black, 141pt, 기울임

03 글꼴 색을 지정합니다.

- P : 노랑(R255 G177 B15), S : 보라(R88 G58 B110), G : 파랑(R0 G185 B242)

04 세 개의 메인 키워드를 일정 간격을 유지하여 배치합니다.

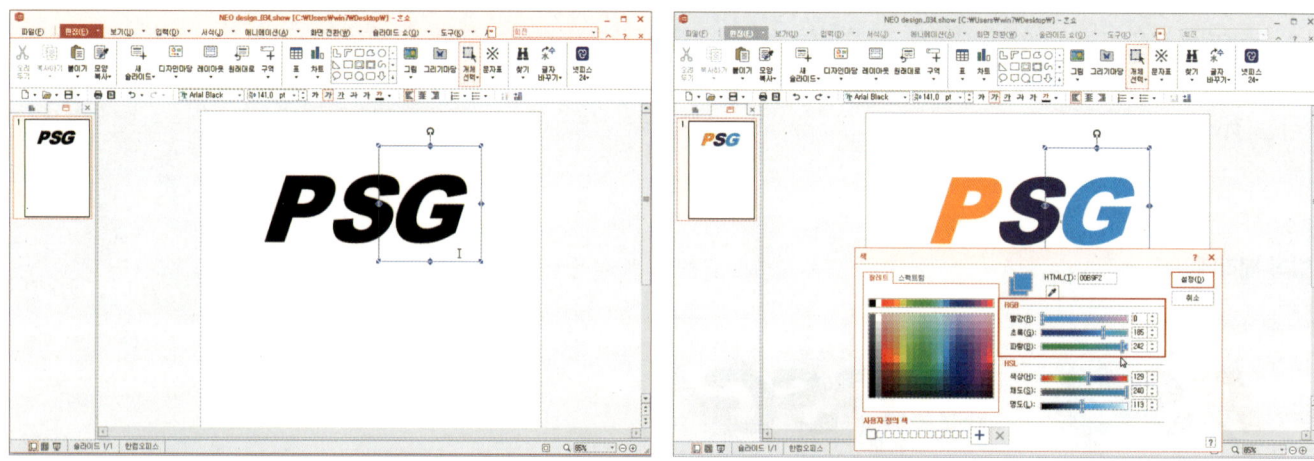

Tip & Tech PSG 메인 키워드를 따로 작성해야 향후 작업에 문제가 없습니다. 키워드를 워드아트 형식으로 변환하려면 [도형]-[글자 효과]-[변환]-[휘기]-[사각형]을 선택합니다.

02 직각 삼각형으로 텍스트 일부 가리기

01 [입력] 탭-도형에서 [자세히] 단추를 클릭하고 [기본 도형]-[직각 삼각형]을 선택합니다.

02 Shift 키를 누른 상태에서 드래그하여 직각 삼각형을 그립니다. [도형] 탭-[회전]-[좌우 대칭]을 클릭하여 직각 삼각형으로 좌우 대칭으로 회전합니다.

- 너비 : 42.5mm, 높이 : 47mm

03 직각 삼각형을 복제(Ctrl+D)하여 각각의 키워드 앞쪽에 배치합니다. [순서] 기능(맨 앞으로, 맨 뒤로, 앞으로, 뒤로)을 이용하여 배치합니다.

04 직각 삼각형의 색상은 흰색으로 지정하고 [선 없음]으로 지정합니다.

Tip & Tech 파워포인트(2013 버전 이상)에 있는 도형 병합 기능을 이용하면 텍스트 일부를 자를 수 있습니다. 초급자는 레이어 개념을 이해하지 못해 과정 02 작업이 어려울 수 있습니다. 간단한 도형 몇 개로 도형 순서를 바꾸는 연습을 해 보기 바랍니다.

03 잘린 타원 그림자 배치하기

01 [입력] 탭 - [그림]에서 잘린 타원 그림자 이미지를 불러옵니다.
  • Part 03\09\잘린 타원 그림자.png

02 'P'자 오른쪽 잘린 타원 그림자를 배치합니다.

03 'S'자와 'G'자에도 잘린 타원 그림자를 복제(Ctrl+D)하여 배치합니다. [순서] 기능을 이용하여 앞뒤 순서가 잘못된 부분이 있으면 위치를 바꿉니다.

 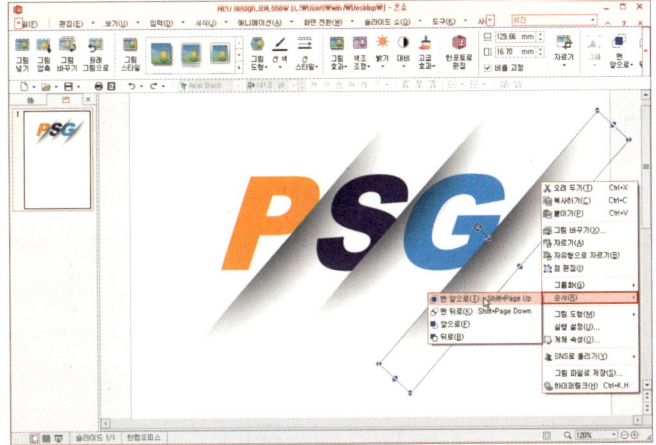

Tip & Tech 순서를 바꾸기 위해 특정 개체를 선택하려 하지만 선택하기 어려울 때가 있습니다. 이런 경우 Tab 키를 활용합니다. Tab 키를 누를 때마다 맨 밑 개체부터 순서대로 선택할 수 있습니다. 반대로 Shift+Tab 키를 누를 때마다 맨 위에서부터 순서대로 선택할 수 있습니다.

04 메인 키워드 저장하기

01 전체를 선택하고 그룹(Ctrl+G)으로 묶습니다.

02 그룹으로 묶은 타이틀을 마우스 오른쪽 버튼으로 클릭한 다음 [그림 파일로 저장]을 실행하여 지금까지 디자인한 것을 PNG 파일로 저장합니다.

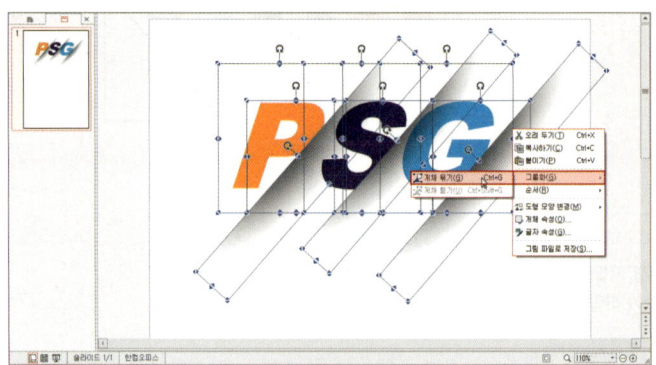 

Tip&Tech PNG 파일 형식은 배경이 투명한 상태로 저장되어 한글에서 불러들여 배치할 때 문제가 없습니다. JPG, BMP 파일 형식은 배경이 흰색으로 저장됩니다. 한글 2007의 경우 PNG 파일을 불러들이면 투명한 배경이 흰색으로 변환되어 보입니다.

05 타원 텍스트 박스 만들기

01 [입력] 탭 - 도형에서 [자세히] 단추를 클릭하고 [기본 도형] - [타원]을 선택합니다.

02 Shift 키를 누른 상태에서 드래그하여 타원을 그립니다.
  • 너비 : 27.4mm, 높이 : 27.4mm

03 선 형태를 지정합니다.
  • 선 굵기 : 1.5pt, 회색(R204 G204 B204)

04 타원에 그라데이션 효과를 적용하고 중지점1에 회색을 적용합니다.
  • [개체 속성] - [채우기] 탭 - [그러데이션], 기울임 : 270°
  • 중지점1 : 회색(R204 G204 B204), 중지점3 : 흰색, 중지점2 : 흰색

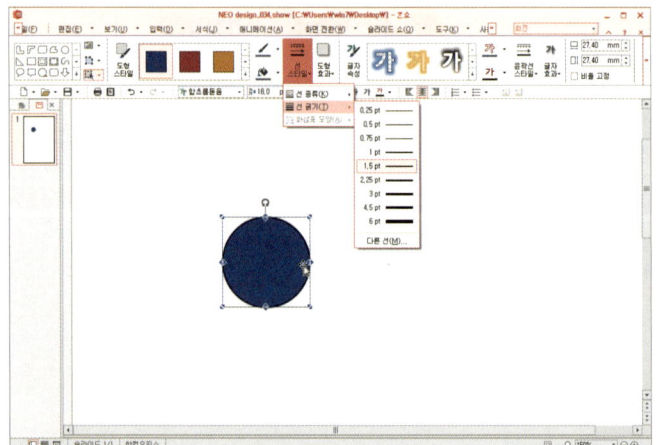 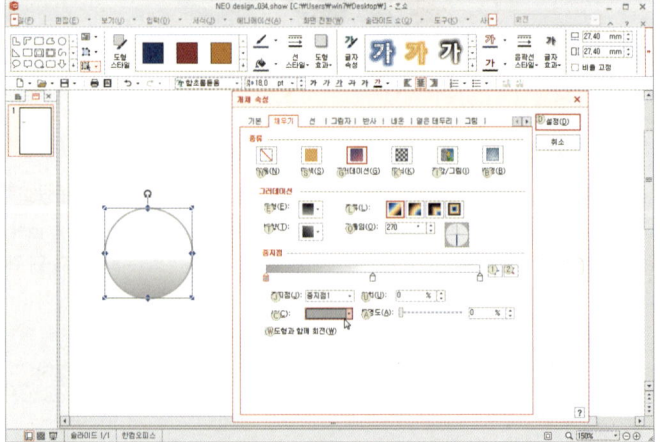

Tip&Tech Gradation의 한글 표기는 파워포인트에서는 '그라데이션'이고, 한쇼에서는 '그러데이션'입니다. 파워포인트와 한쇼는 중지점 순서가 다릅니다. 파워포인트는 중지점이 추가될 때 항상 처음이 중지점1이고 다음이 중지점2-중지점3-중지점4순으로 나타납니다. 한쇼는 중지점1과 2가 양쪽에 정해져 있고 중간에 추가된 중지점 수치가 표기됩니다(예를 들어 네 개의 중지점이 있을 경우 중지점1-중지점3-중지점4-중지점2로 표기).

06 'L자 화살표' 만들기

01 화살표를 만들기 위해 [입력] 탭 - 도형에서 [자세히] 단추를 클릭하고 [기본 도형] - [L도형]을 선택합니다.

02 Shift 키를 누른 상태에서 드래그하여 'L도형'을 크게 그립니다.
• 너비 : 30mm, 높이 : 30mm

03 두 개의 노란색 조절점을 이용하여 두께를 조절하고 시계 반대 방향으로 225° 회전합니다.

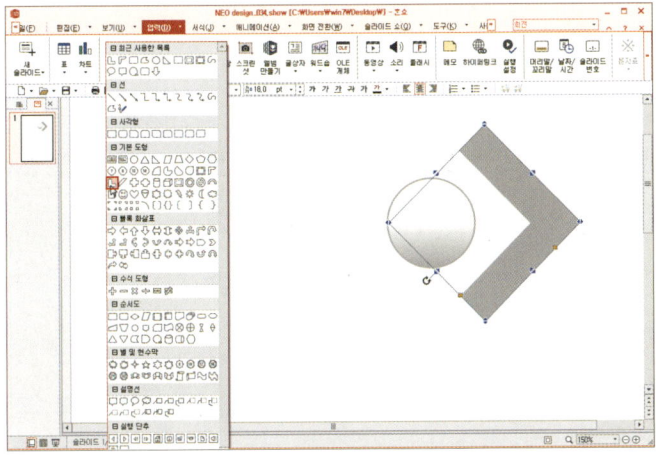

Tip & Tech   타원 텍스트 박스와 L자 화살표를 하나씩만 저장한 다음 한글에서 원하는 개수만큼 배치해도 좋습니다.

07 다섯 개의 '타원 텍스트 박스' 배열하기

01 과정 05에서 만든 '타원 텍스트 박스' 오른쪽에 'L자 화살표'를 작게 축소하여 배치합니다.
• 너비 : 4.89mm, 높이 : 4.89mm

02 '타원 텍스트 박스' 다섯 개와 'L자 화살표' 네 개를 수평으로 배치한 후 그룹(Ctrl+G)으로 묶고 PNG 파일로 저장합니다.

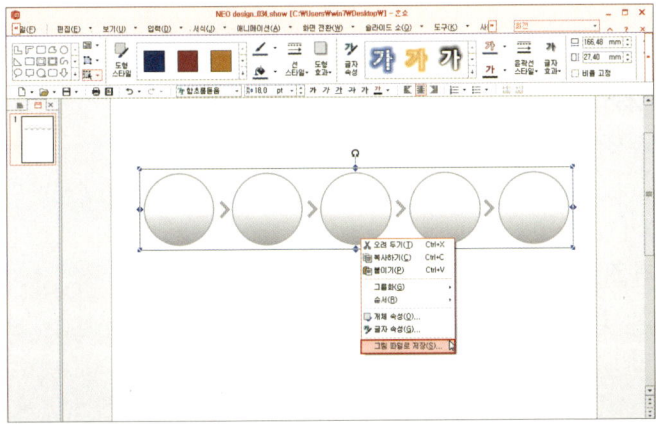

08 한글 NEO에서 편집 용지 설정하고 메인 타이틀 불러오기

01 한글 NEO를 실행합니다.

02 F7 키를 눌러 편집 용지를 설정합니다.
- 용지 종류 : A4(국배판) [210×297mm], 용지 방향 : 세로, 제본 : 한쪽
- 용지 여백 : 위쪽(10.0mm), 머리말(0.0mm), 왼쪽(10.0mm), 오른쪽(10.0mm), 꼬리말(0.0mm), 아래쪽(10.0mm)

03 [입력] 탭-[그림]을 클릭하고 PSG 타이틀 이미지를 삽입한 다음 마우스로 드래그하여 용지 윗부분에 배치합니다.
- Part 03\09\PSG 타이틀.png
- 너비 : 184.96mm, 높이 : 117.52mm

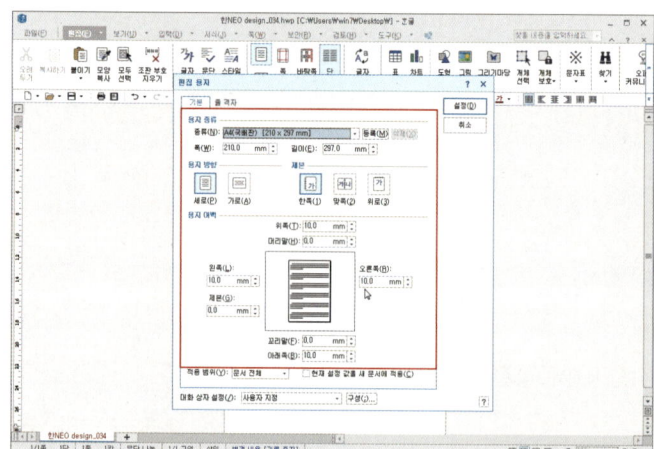 

Tip & Tech 한글 2007 버전의 경우 배경이 투명한 PNG 파일이 흰색으로 채워진 상태로 열립니다. 이런 경우 한쇼에서 EMF 파일 형식으로 저장하면 됩니다.

09 서브 타이틀 편집하기

01 [입력] 탭-도형에서 [가로 글상자]를 클릭하고 'ARTCOM PT'와 'PSG Consulting', 'Process'를 각각 입력합니다.
- Arial Black, 45pt, 기울임

02 [서식] 탭이나 [글자 모양] 대화상자에서 글자 색을 자주색(R255 G10 B102)으로 지정합니다.

03 텍스트를 선택하고 마우스 오른쪽 버튼을 클릭한 다음 [개체 속성] 대화상자에서 배경 색과 선 색을 제거합니다.
- [개체 속성]-[선] 탭-[종류] : 선 없음, [개체 속성]-[채우기] 탭-[색 채우기 없음]

04 세 개의 텍스트를 선택한 후 왼쪽 맞춤을 하고 일정한 줄 간격을 주어 배치합니다.
- [도형] 탭-[맞춤]-[왼쪽 맞춤]

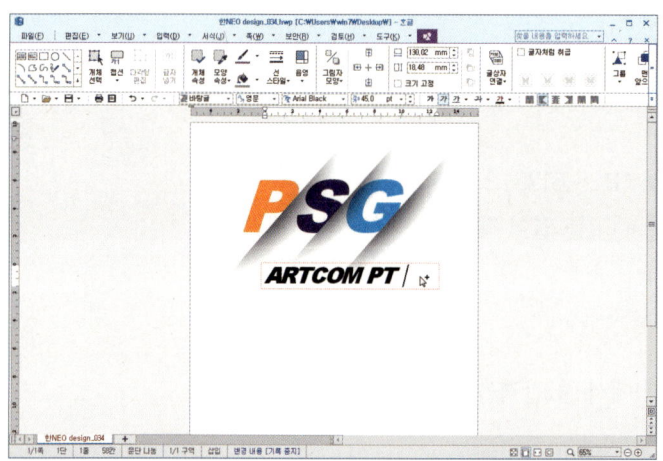 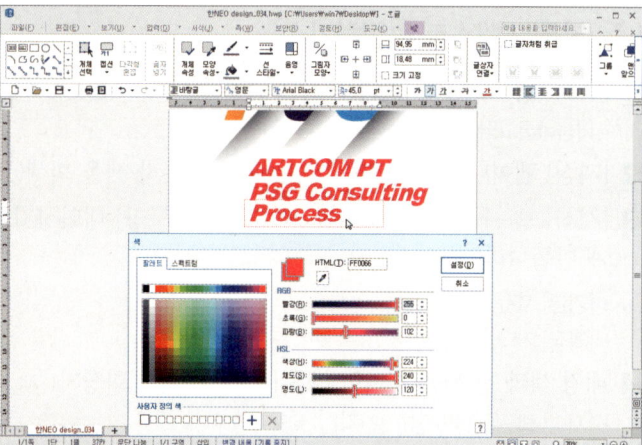

Tip & Tech   여러 개의 텍스트를 배치할 때 간격(행간)이 너무 떨어지거나 붙지 않도록 주의해야 합니다. 행간이 너무 붙으면 답답해 보이고, 너무 떨어져 있으면 짜임새가 없어 보입니다.

10 본문 1 텍스트 편집하기

01 [입력] 탭 - 도형에서 [가로 글상자]를 클릭하고 본문 1 텍스트를 입력합니다.
- 나눔바른고딕OTF, 14pt, 왼쪽 정렬

02 [서식] 탭이나 [글자 모양] 대화상자에서 글자 색을 진한 보라(R88 G58 B110)로 지정합니다.

03 [서식] 탭 - [글자 모양]을 클릭하고 [글자 모양] 대화상자(Alt+L)를 열어 텍스트를 보다 짜임새 있게 만듭니다.
- [기본] 자간 : -5%, 장평 : 100%
- [확장] 기타 : [글꼴에 어울리는 빈칸] 체크

04 배경 색과 선 색을 제거한 다음 문단 모양(Alt+T)에서 [줄 간격]을 조정합니다.
- [서식] 탭 - [문단 모양] - [간격] : 125%

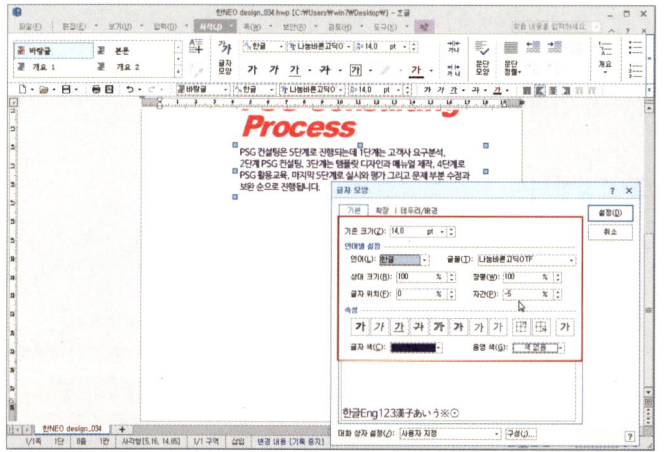 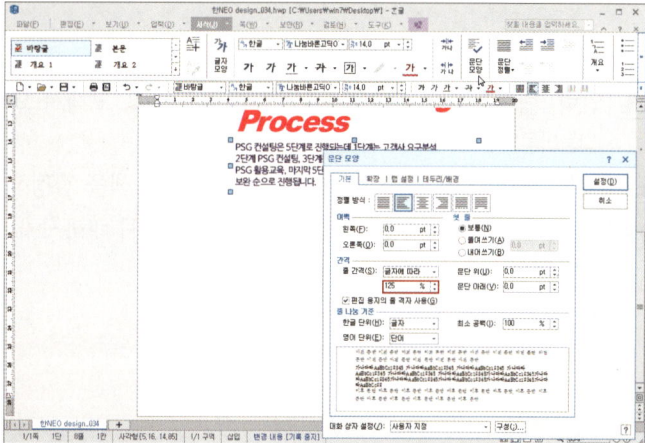

Tip & Tech   텍스트가 많은 경우 반드시 폰트를 규정하고 자간과 줄 간격, 문단의 정렬 등을 점검해야 합니다.

11 본문 2 텍스트 편집하기

01 [입력] 탭 - 도형에서 [가로 글상자]를 클릭하고 본문 2 텍스트를 입력합니다.
- 나눔바른고딕OTF, 12pt, 양쪽 정렬

02 [서식] 탭이나 [글자 모양] 대화상자에서 글자 색을 회색(R128 G128 B128)으로 지정합니다.

03 [서식] 탭 - [글자 모양]을 클릭하고 [글자 모양] 대화상자(Alt+L)를 열어 텍스트를 보다 짜임새 있게 만듭니다.
- [기본] 자간 : -5%, 장평 : 90%
- [확장] 기타 : [글꼴에 어울리는 빈칸] 체크

04 배경 색과 선 색을 제거한 다음 [문단 모양] 대화상자(Alt+T)에서 줄 간격을 조정합니다.
- [서식] 탭 - [문단 모양] - [간격] : 130%

05 [도형] 탭 - [자리 차지]를 클릭합니다.

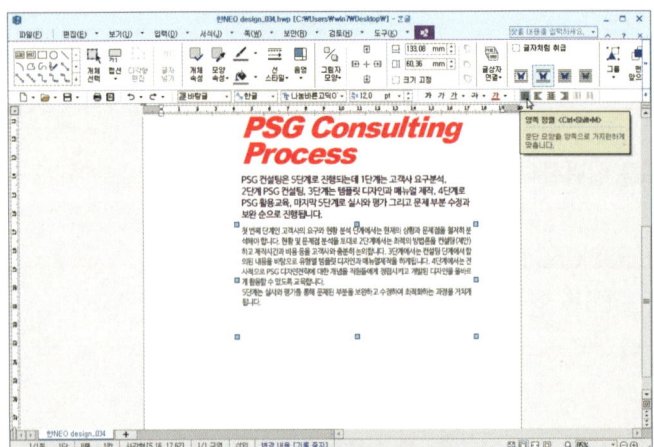 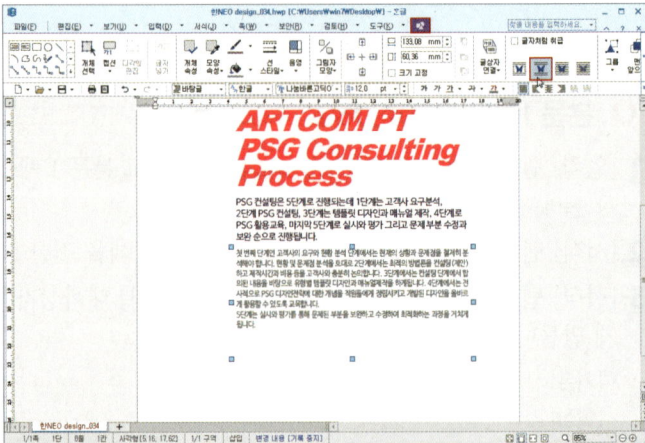

Tip & Tech 양쪽 정렬은 디자인 측면에서 보면 한층 짜임새가 있어 보이지만 단어가 끊어지는 문제가 있습니다.

12 타원 박스에 텍스트 편집하기

01 [입력] 탭 - 도형에서 [가로 글상자]를 클릭하고 '고객사 요구분석'을 입력합니다.
- 나눔바른고딕OTF, 13pt, 가운데 정렬, 줄 간격 : 120%

02 [서식] 탭이나 [글자 모양] 대화상자에서 글자 색을 검정색으로 지정합니다.

03 [서식] 탭 - [글자 모양]을 클릭하고 [글자 모양] 대화상자(Alt+L)를 열어 텍스트를 보다 짜임새 있게 만듭니다.
- [기본] 자간 : 0%, 장평 : 100%
- [확장] 기타 : [글꼴에 어울리는 빈칸] 체크

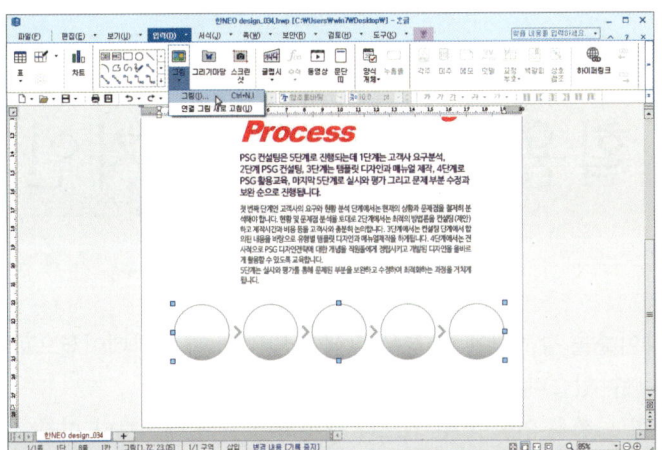
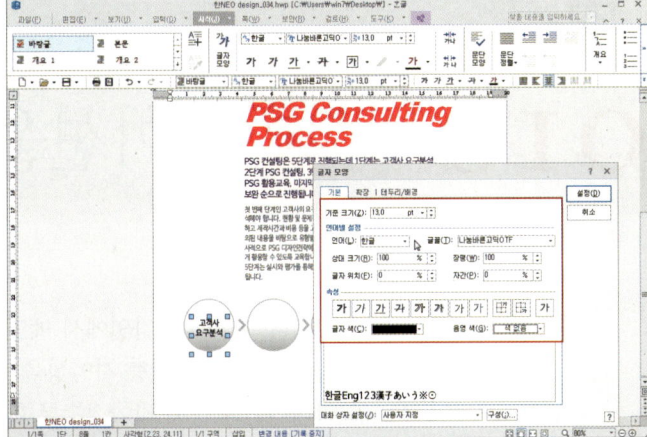

Tip&Tech   [서식] 탭을 클릭하면 폰트, 크기, 색상, 문단 모양, 글자 자간, 줄 간격 등을 조정할 수 있습니다.

13 타원 박스 다섯 개에 텍스트 배치하기

01 과정 12에서 편집한 '고객사 요구분석'을 복제(Ctrl+D)하여 각각의 타원에 배치한 다음 내용을 변경합니다.

02 '로고 타입'을 아랫부분에 편집하고 배치합니다(예제 006 과정 12 참고).

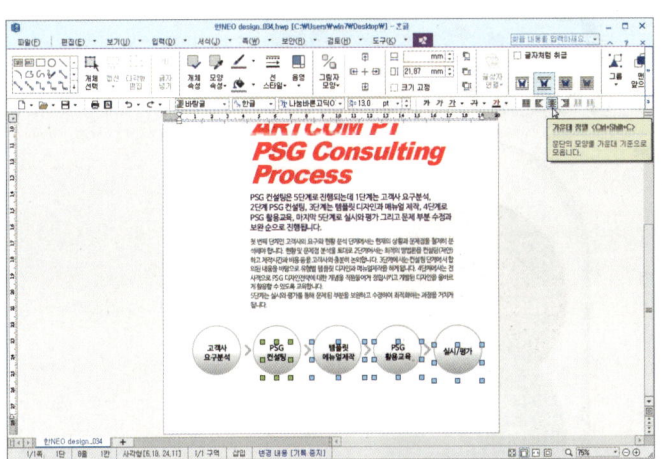
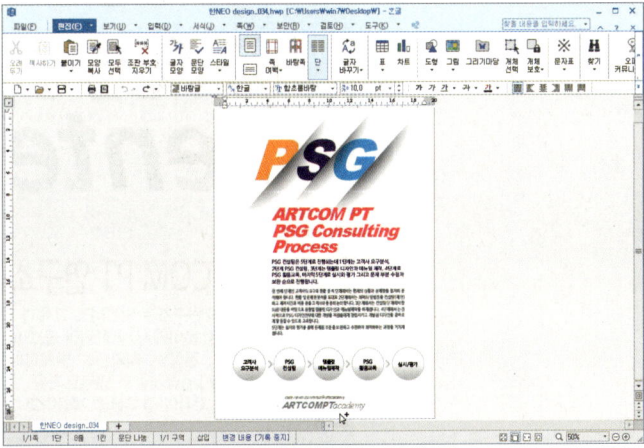

Tip&Tech   로고타입(마크)는 본문에 맞춰 왼쪽 맞춤으로 정렬하는 것이 좋습니다. 로고타입의 크기가 너무 크거나 색상이 현란하면 시선을 분산시킬 수 있습니다. 타이틀이나 본문 텍스트에 시선을 유도하려면 로고나 마크는 상대적으로 약화시키는 것이 좋습니다.

OIO 그라데이션을 활용한 타이틀 디자인

보고서나 제안서 디자인에서 메인 타이틀을 강조해야 할 경우 단색이 밋밋할 때 그라데이션으로 색상 배색을 하면 한층 시인성을 높일 수 있습니다.

그라데이션 색상이 많아질수록 화려한 느낌을 연출할 수 있으나 잘못하면 단색 배색보다 디자인이 가벼워 보이고 눈에 피로감을 줄 수 있으므로 색상 배색에 주의해야 합니다.

| 난이도 | ★★★★☆　| 예제 폴더 | Part 03\10　| 완성 파일 | Part 03\10\완성\한글NEO design_010.hwp
| 과정 파일 | Part 03\10\완성\한쇼NEO design_010_12단계.show
| 색상 베리에이션 | Part 03\10\완성\한쇼NEO design_010_4컬러.show
| 인터넷으로 보기 | http://cafe.naver.com/artcomptacademy/2186

디자인 포인트

이번 예제에서 주목해야 할 디자인은 메인 타이틀에 그라데이션 색상을 배색하는 것입니다. 그라데이션 색상을 보다 화려하게 연출하기 위해 중지점을 여러 개 추가하고 때로는 원색에 가깝게 때로는 파스텔 톤을 더하여 배색합니다.
주변 개체나 텍스트에도 그라데이션 색상에 쓰였던 색을 배색하여 상호 조화를 이루도록 합니다. 배경은 무채색으로 배색하여 현란한 느낌을 중화시켜 줍니다.

4컬러 베리에이션

01 한쇼 NEO에서 그라데이션 타이틀 편집하기

01 한쇼 NEO를 실행합니다.

※ 용지 종류는 [A4 용지], 슬라이드 방향은 [세로]입니다. 용지는 [서식] 탭 – [슬라이드 크기] – [쪽 설정]에서 설정합니다.

02 [입력] 탭 – [글상자] – [가로 글상자]를 클릭한 다음 'artcompt presentation center'를 입력하고 글자 크기를 조정합니다.

- 나눔고딕OTF, 58pt, 기울임

03 [서식] 탭 – [글자 모양]에서 자간과 커닝을 조절합니다.

- 자간 : -2pt, 커닝 : 12pt

04 [글자 속성] – [채우기] 탭 – [그러데이션]을 클릭하고 글자에 그라데이션 색상을 배색합니다.

- 기울임 : 354°, 투명도 : 0%
- 분홍색(R235, G0, B139), 진한 빨강(R139 G0 B0), 진한 녹색(R46 G77 B62), 옥색(R26 G166 B191), 진한 녹색(R0 G128 B0), 노랑색(R253 G186 B15), 빨간색(R255 G0 B0)

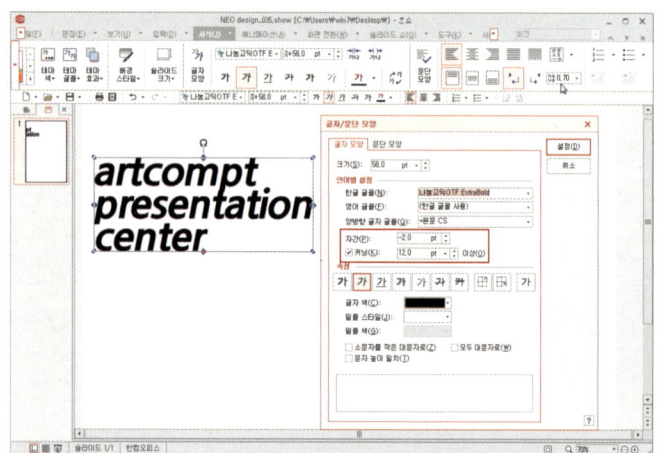 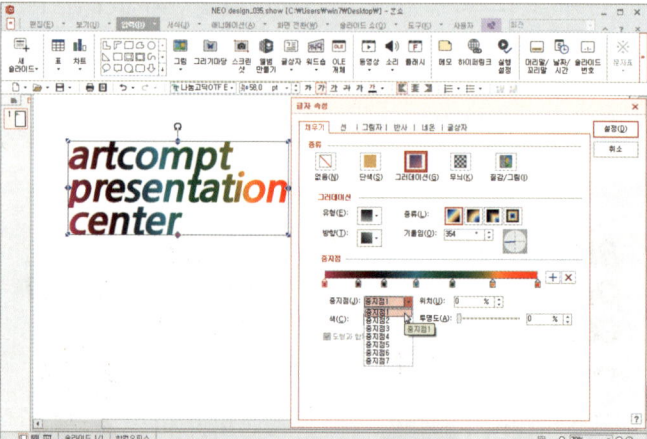

Tip & Tech
- '커닝(Cerning)'은 한글에서 [글꼴에 어울리는 빈칸] 기능에 해당합니다. 커닝은 글자의 모양에 따라 간격을 보기 좋게 조정하여 시각적으로 짜임새 있게 보이게 합니다.
- 한쇼는 그라데이션 조절 막대에 클릭하여 중지점을 추가하면 중지점 번호가 됩니다. 그렇기 때문에 그라데이션 조절 막대 왼쪽부터 중지점1, 2, 3순으로 번호가 붙지 않습니다. 클릭하여 중지점을 추가한 곳에 중지점 번호가 붙습니다.

02 타원 프레임 만들기

01 [입력] 탭 – 도형에서 [자세히] 단추를 클릭하고 [사각형] – [모서리가 둥근 직사각형]을 선택합니다

02 드래그하여 모서리가 둥근 직사각형을 세로 방향으로 길게 그립니다.

03 [선 없음]으로 지정하고 색상은 흰색으로 지정합니다.

04 [개체 속성] – [그림자] 탭 – [대각선 왼쪽 위]를 클릭하고 타원 프레임에 그림자 효과를 적용합니다.

- 색 : 검정색, 투명도 : 50%, 흐리게 : 6pt, 거리 : 6pt, 각도 : 225°

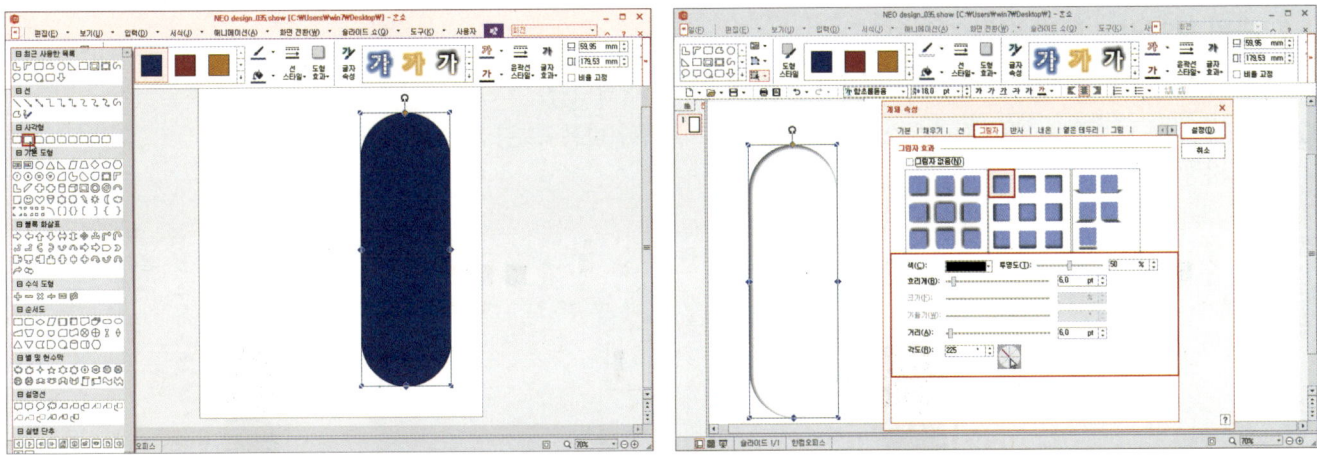

Tip & Tech   둥근 모서리를 원형으로 둥글게 하기 위해 노란색 조절점을 오른쪽으로 움직여 줍니다.

03 투명 타원 텍스트 박스 네 개 만들기

01 [입력] 탭 - 도형에서 [자세히] 단추를 클릭하고 [기본 도형] - [타원]을 선택합니다.

02 Shift 키를 누른 상태에서 드래그하여 타원을 그립니다.
  - 너비 : 59.95mm, 높이 : 179.53mm

03 [선 없음]으로 지정하고 색상은 빨강(R167 G25 B51)으로 지정합니다.

04 완성된 타원을 세 개 복제(Ctrl+D)하여 세로 방향으로 포개 놓습니다.
  - [도형] - [맞춤] - [왼쪽 맞춤]/[세로 간격을 동일하게]

05 세 개의 타원에 색상을 지정하고 각각 투명도를 '10%'로 설정합니다.
  - 청록색(R48 G168 B174), 진한 녹색(R102 G151 B6), 주황색(R254 G120 B10)

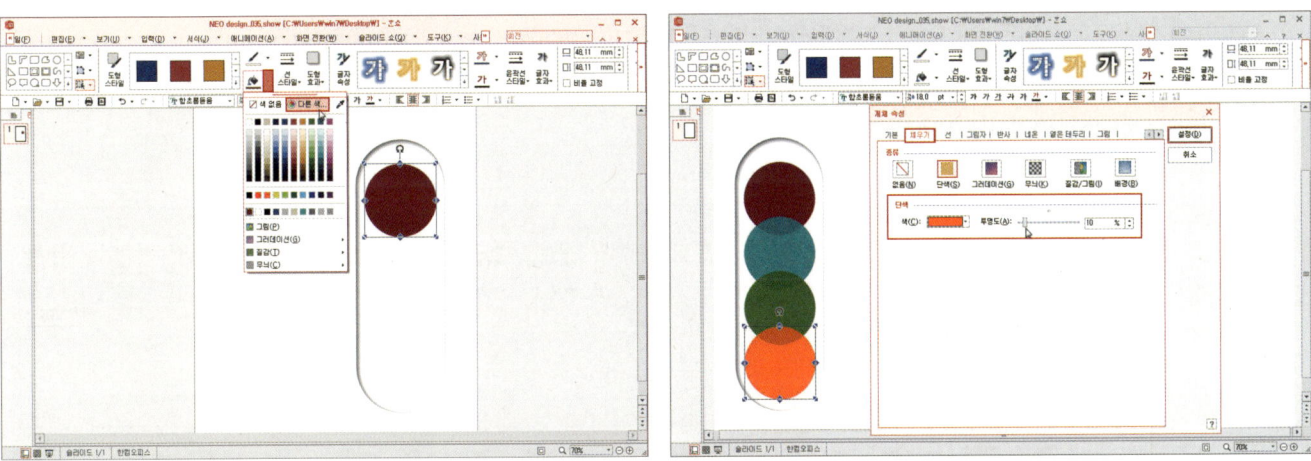

Tip & Tech   과정 03에서 가장 중요한 부분은 색상 배색입니다. 잘못하면 촌스럽게 배색될 수 있으므로 잘 배색된 디자인들을 참고하여 적합한 색상을 배색하는 것이 좋습니다.

04 타원 프레임과 투명 타원 저장하기

01 과정 **02**에서 작업한 타원 프레임을 선택하고 PNG 파일로 저장합니다.

02 네 개의 투명 타원을 선택하고 마우스 오른쪽 버튼으로 클릭한 다음 [그림 파일로 저장]을 PNG 파일로 저장합니다.

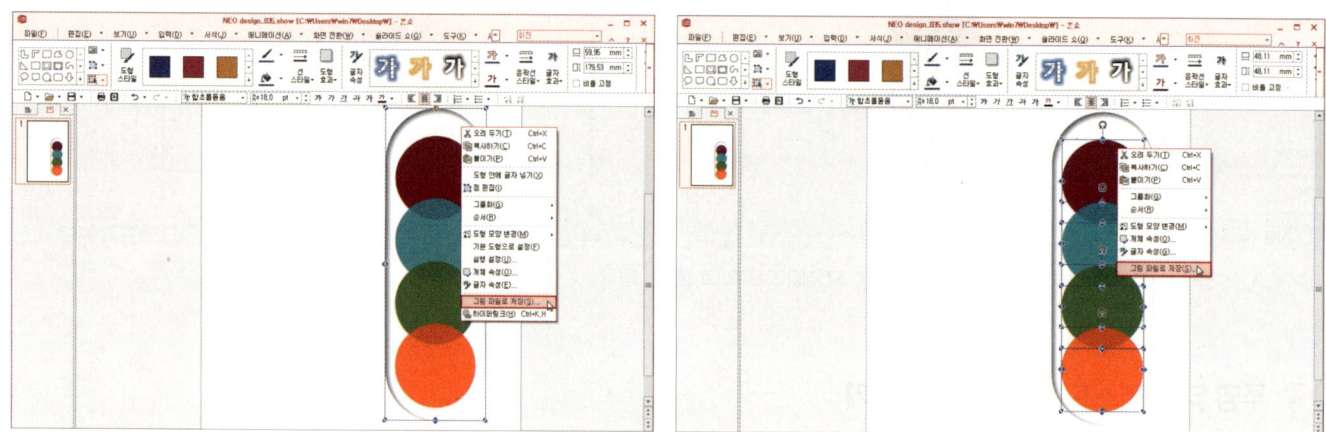

Tip & Tech   PNG 파일 형식은 배경이 투명한 상태로 저장되어 한글에서 불러들여 배치할 때 문제가 없습니다. JPG, BMP 파일 형식은 배경이 흰색으로 저장됩니다. 한글 2007의 경우 PNG 파일을 불러들이면 투명한 배경이 흰색으로 변환되어 보이게 됩니다. 이런 경우 EMF 파일 형식으로 저장하면 됩니다.

05 한글 NEO에서 편집 용지와 배경 이미지 설정하기

01 한글 NEO를 실행합니다.

02 F7 키를 눌러 편집 용지를 설정합니다.
- 용지 종류 : A4(국배판) [210×297mm], 용지 방향 : 세로, 제본 : 한쪽
- 용지 여백 : 위쪽(10.0mm), 머리말(0.0mm), 왼쪽(10.0mm), 오른쪽(10.0mm), 꼬리말(0.0mm), 아래쪽(10.0mm)

03 [쪽] 탭 - [쪽 테두리/배경] - [배경] 탭 - [그림] - [그림 파일]을 클릭하고 용지에 연회색 배경 이미지를 삽입한 다음 [문서에 포함]에 체크 표시합니다.
- Part 03\10\BG_연회색.png

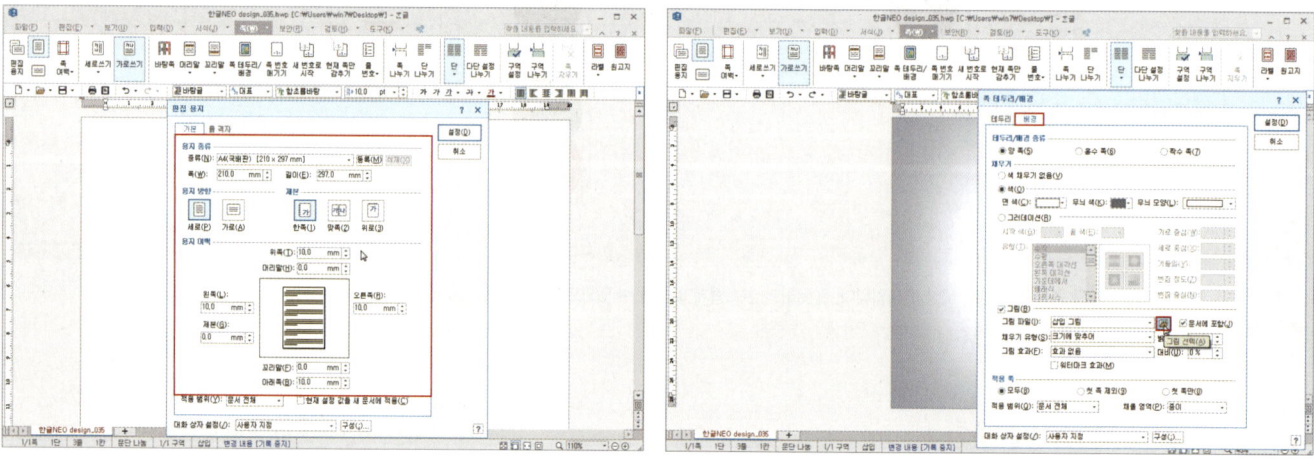

Tip & Tech   배경 이미지는 한글에서 만들기 어렵기 때문에 포토샵이나 한쇼, 파워포인트 등에서 만들어 BMP 형식 또는 PNG 형식으로 저장하여 한글에서 불러들여 활용합니다.

06 그라데이션 타이틀 배치하기

01 [입력] 탭 – 도형에서 [가로 글상자]를 클릭하고 URL을 용지 왼쪽 윗부분에 입력합니다.
- Arial, 16pt, 진하게, 회색(R128 G128 B128)

02 텍스트를 선택하고 마우스 오른쪽 버튼을 클릭한 다음 [개체 속성] 대화상자에서 배경 색과 선 색을 제거합니다.
- [개체 속성]-[선] 탭-[종류] : 선 없음, [개체 속성]-[채우기] 탭-[색 채우기 없음]

03 [입력] 탭-[그림]을 클릭하여 그라데이션 타이틀 이미지를 선택하고 마우스로 드래그한 다음 용지 윗부분에 배치합니다.
- Part 03\10\그라데이션 타이틀.png
- 너비 : 171.39mm, 높이 : 71.69mm

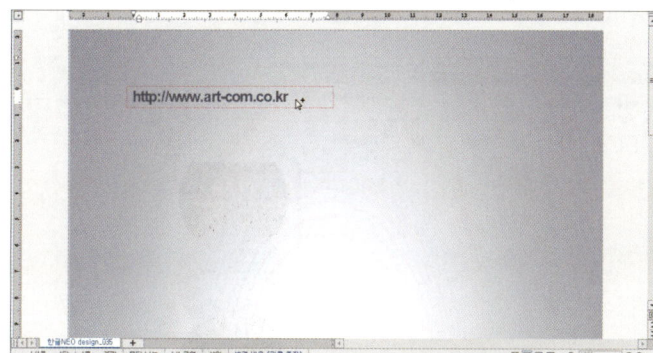 

Tip & Tech 이번 예제는 '그라데이션 타이틀'을 크게 확장하여 배치한 것이 특징입니다. 타이틀을 과감하게 키워 시인성을 높입니다.

07 타원 프레임과 투명 타원 이미지 배치하기

01 [입력] 탭-[그림]을 클릭하고 타원 프레임 이미지를 가져옵니다. 마우스로 드래그한 다음 용지 오른쪽에 배치합니다.
- Part 03\10\타원 프레임.png

02 [입력] 탭-[그림]을 클릭하고 투명 타원 이미지를 가져옵니다. 마우스로 드래그한 다음 타원 프레임 안쪽에 배치합니다.
- 너비 : 52.08mm, 높이 : 167.93mm
- Part 03\10\투명 타원.png

03 투명 타원이 타원 프레임 어느 한쪽으로 붙지 않도록 여백을 점검합니다.

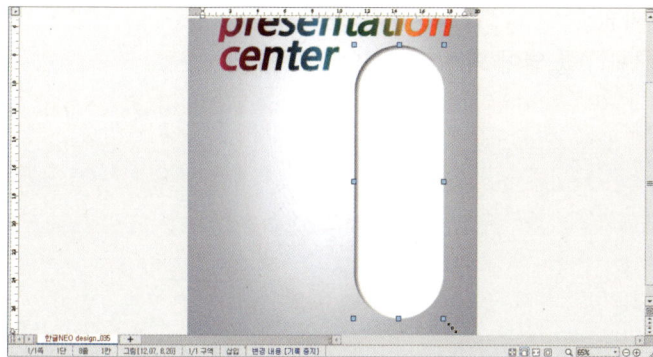 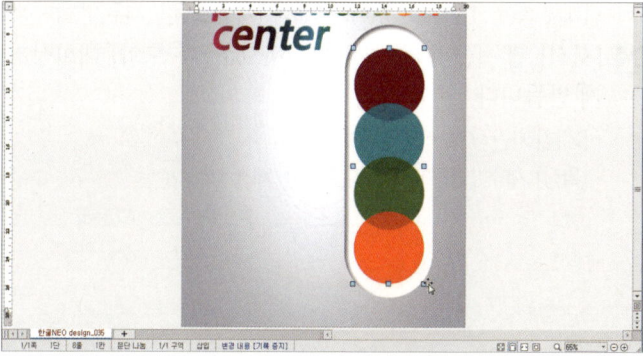

08 투명 타원에 텍스트 편집하기

01 [입력] 탭 – 도형에서 [가로 글상자]를 클릭하고 'PT교육'과 'Business PT Education'을 각각 입력합니다.
- PT교육 : 나눔바른고딕OTF, 19pt
- Business PT Education : Arial, 13pt

02 [서식] 탭이나 [글자 모양] 대화상자에서 글자 색을 흰색으로 지정합니다.

03 [서식] 탭 – [글자 모양]을 클릭하고 [글자 모양] 대화상자(Alt+L)를 열어 텍스트를 보다 짜임새 있게 만듭니다.
- [기본] 자간 : 0%, 장평 : 100%
- [확장] 기타 : [글꼴에 어울리는 빈칸] 체크

04 01~03까지 편집한 텍스트를 복제(Ctrl+D)하여 각각의 투명 타원에 배치한 다음 내용을 변경합니다.

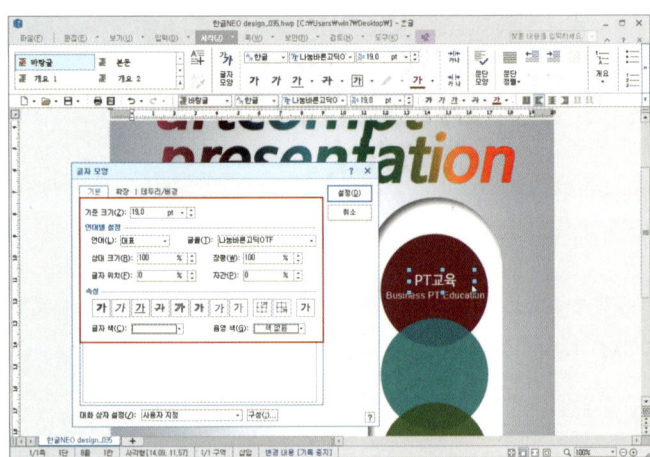 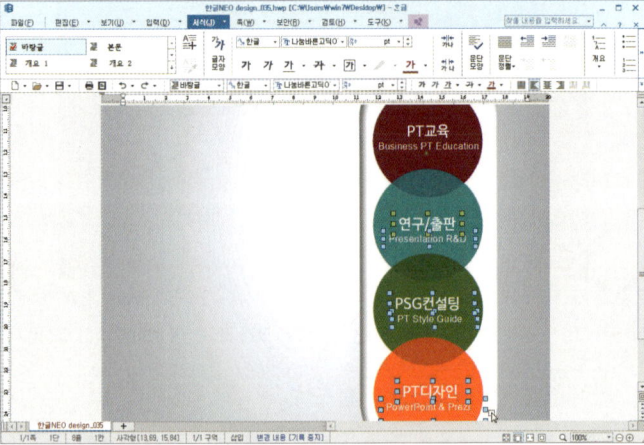

Tip & Tech 비슷한 유형의 텍스트는 하나만 완성한 다음 복제(Ctrl+D)하여 내용을 변경하는 방식으로 작업하면 시간을 크게 단축할 수 있습니다.

09 서브 타이틀 편집하기

01 [입력] 탭 – 도형에서 [가로 글상자]를 클릭하고 'ARTCOM PT 연구소는?'을 입력합니다.
- 나눔바른고딕OTF, 31pt

02 [서식] 탭이나 [글자 모양] 대화상자에서 글자 색을 진한 빨강(R191 G1 B1)으로 지정합니다.

03 텍스트를 선택하고 마우스 오른쪽 버튼을 클릭한 다음 [개체 속성]을 실행하고 배경 색과 선 색을 제거합니다.
- [개체 속성]–[선] 탭–[종류] : 선 없음, [개체 속성]–[채우기] 탭–[색 채우기 없음]

04 [서식] 탭 – [글자 모양]을 클릭하고 [글자 모양] 대화상자(Alt+L)를 열어 텍스트를 보다 짜임새 있게 만듭니다.
- [기본] 자간 : 0%, 장평 : 78%
- [확장] 기타 : [글꼴에 어울리는 빈칸] 체크

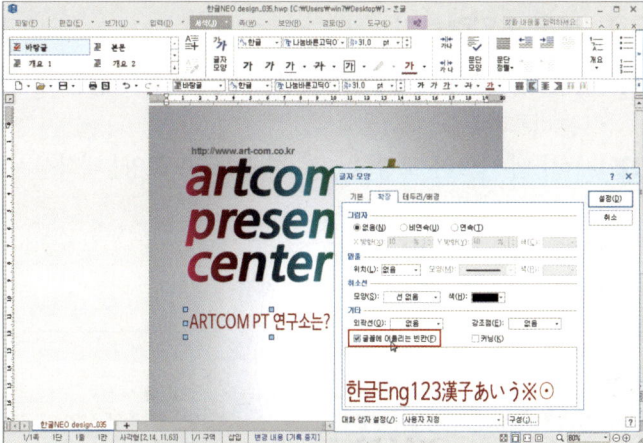

Tip&tech   서브 타이틀이 밋밋해 보일 때 장평을 조절하는 것만으로도 한층 시선을 끌 수 있습니다.

10 본문 1 편집하기

01 [입력] 탭 – 도형에서 [가로 글상자]를 클릭하고 본문1 텍스트를 입력합니다.
- 나눔바른고딕OTF, 14pt, 양쪽 정렬

02 [서식] 탭이나 [글자 모양] 대화상자에서 글자 색을 진한 보라(R114 G82 B105) 지정합니다.

03 [서식] 탭 – [글자 모양]을 클릭하고 [글자 모양] 대화상자(Alt+L)를 열어 텍스트를 보다 짜임새 있게 만듭니다.
- [기본] 자간 : –2%, 장평 : 100%
- [확장] 기타 ; [글꼴에 어울리는 빈칸] 체크

04 배경 색과 선 색을 제거한 다음 문단 모양(Alt+T)에서 줄 간격을 조정합니다.
- [서식] 탭 – [문단 모양] – [간격] : 120%

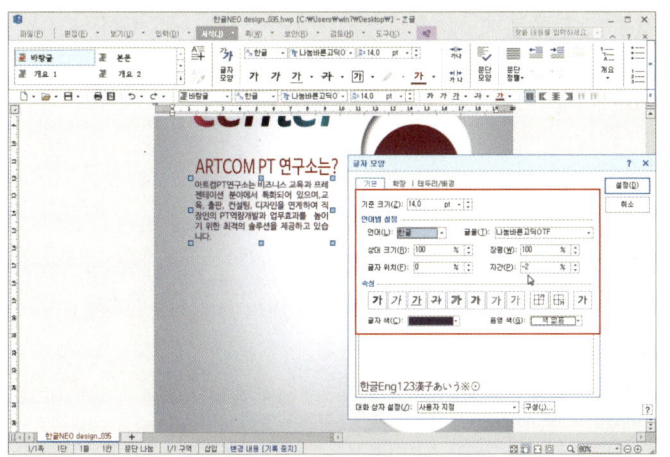
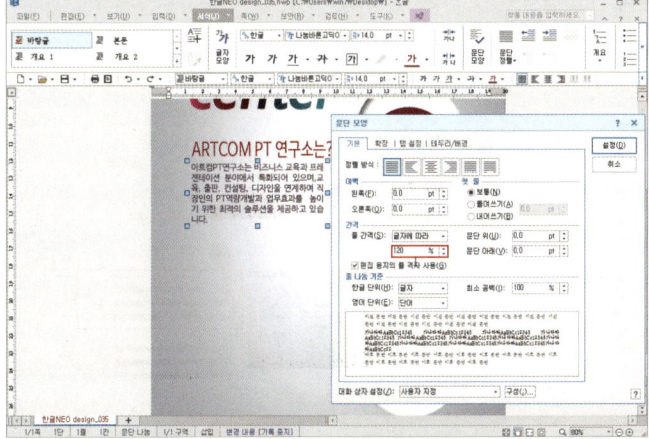

Tip&tech   텍스트를 입력한 다음 [개체 속성(P)], [글자 모양(Alt+L)], [문단 모양(Alt+T)] 대화상자는 항상 열어서 설정합니다.

11 본문 2 입력하기

01 [입력] 탭 – 도형에서 [가로 글상자]를 클릭하고 본문 2 텍스트를 입력합니다.
- 나눔바른고딕OTF, 12pt, 양쪽 정렬

02 [서식] 탭 – [글자 모양]을 클릭하고 [글자 모양] 대화상자(Alt+L)를 열어 텍스트를 보다 짜임새 있게 만듭니다.
- [기본] 자간 : 0%, 장평 : 100%
- [확장] 기타 : [글꼴에 어울리는 빈칸] 체크

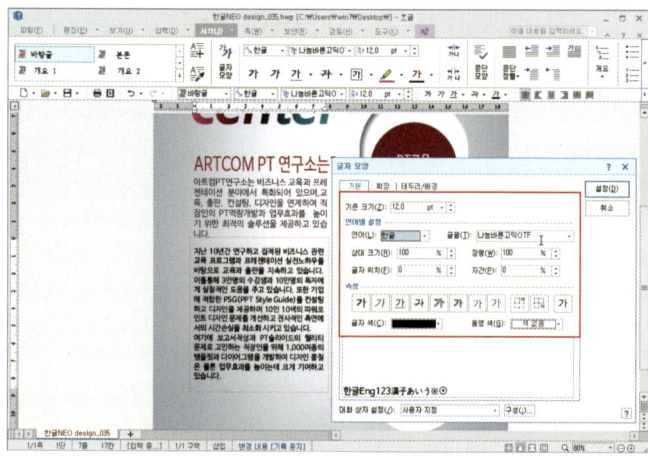

Tip&tech　양쪽 정렬은 디자인 측면에서 짜임새 있어 보이지만 단어가 끊어지는 문제가 있어 충분히 고려해야 합니다.

12 본문 2 편집하기

01 [서식] 탭이나 [글자 모양] 대화상자에서 글자 색을 진한 녹색(R131 G165 B98)으로 지정합니다.

02 배경 색과 선 색을 제거한 다음 문단 모양(Alt+T)에서 줄 간격을 조정합니다.
- [서식] 탭 – [문단 모양] – [간격] : 130%

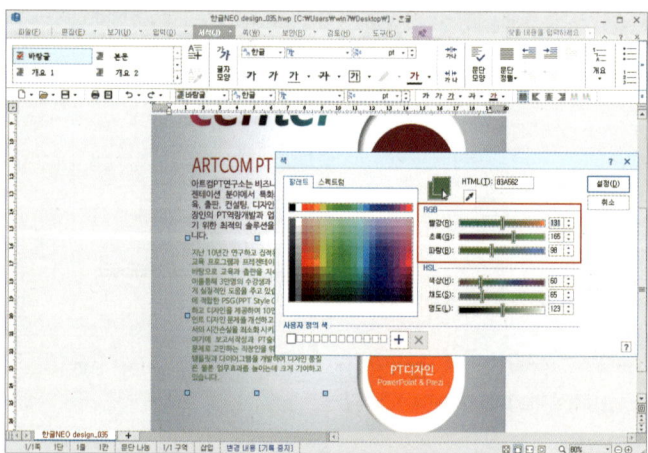

13 로고 입력하기

01 [입력] 탭 – 도형에서 [가로 글상자]를 클릭하고 영문 텍스트를 각각 입력합니다.
- cafe.naver.com/artcomptacademy : Arial, 11pt, 기울임
- ARTCOM PT : Arial Black, 25pt, 기울임
- academy : Times New Roman, 25pt, 기울임

02 [서식] 탭이나 [글자 모양] 대화상자에서 글자 색을 회색(R153 G153 B153)으로 지정합니다.

03 [개체 속성] 대화상자(P)에서 배경 색과 선 색을 제거합니다.
- [개체 속성]-[선] 탭-[종류] : 선 없음, [개체 속성]-[채우기] 탭-[색 채우기 없음]

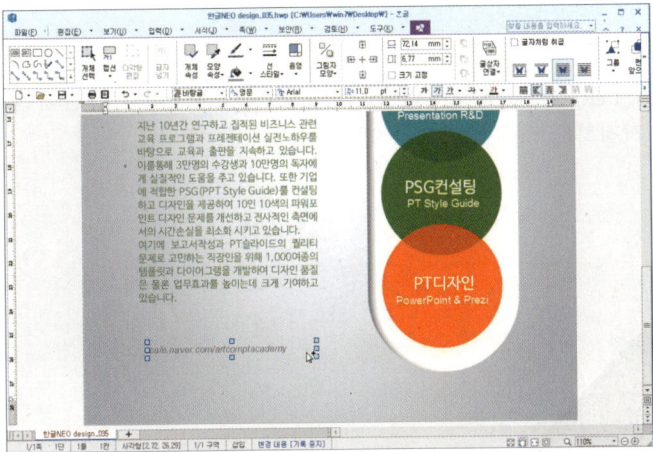

Tip&tech 로고타입의 크기가 너무 크거나 색상이 현란하면 시선을 분산시킬 수 있습니다. 타이틀이나 본문 텍스트에 시선을 유도하려면 로고나 마크는 상대적으로 약화시키는 것이 좋습니다.

14 로고 짜임새 있게 만들기

[서식] 탭-[글자 모양]을 클릭하고 [글자 모양] 대화상자(Alt+L)를 열어 영문 텍스트를 보다 짜임새 있게 만듭니다.
- [확장] 기타 : [글꼴에 어울리는 빈칸] 체크

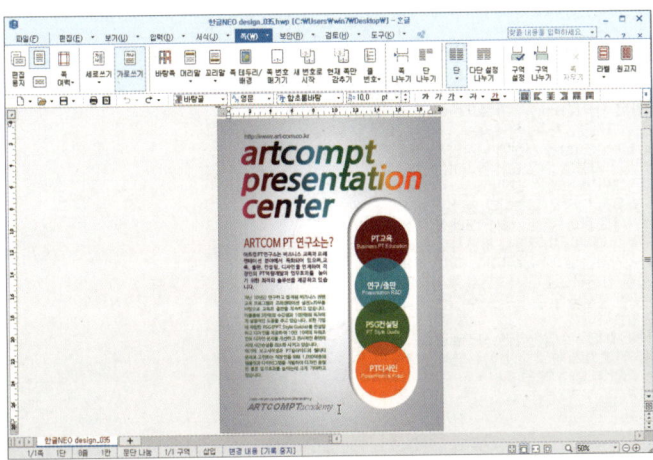

011 그래픽 요소를 활용한 타이틀 디자인

보고서나 제안서 디자인에서 메인 타이틀을 강조해야 할 경우 그래픽 요소들을 활용하면 한층 짜임새가 생기면서 시인성을 높일 수 있습니다.

그래픽 요소는 텍스트를 제외한 디자인 요소로, 도형, 라인, 스트라이프, 그림자, 클립아트, 이미지 등을 말합니다. 그래픽 요소가 많아질수록 다채로운 연출이 가능하지만 잘못하면 산만해 보이고 눈에 피로감을 줄 수 있으므로 적절하게 적용할 필요가 있습니다.

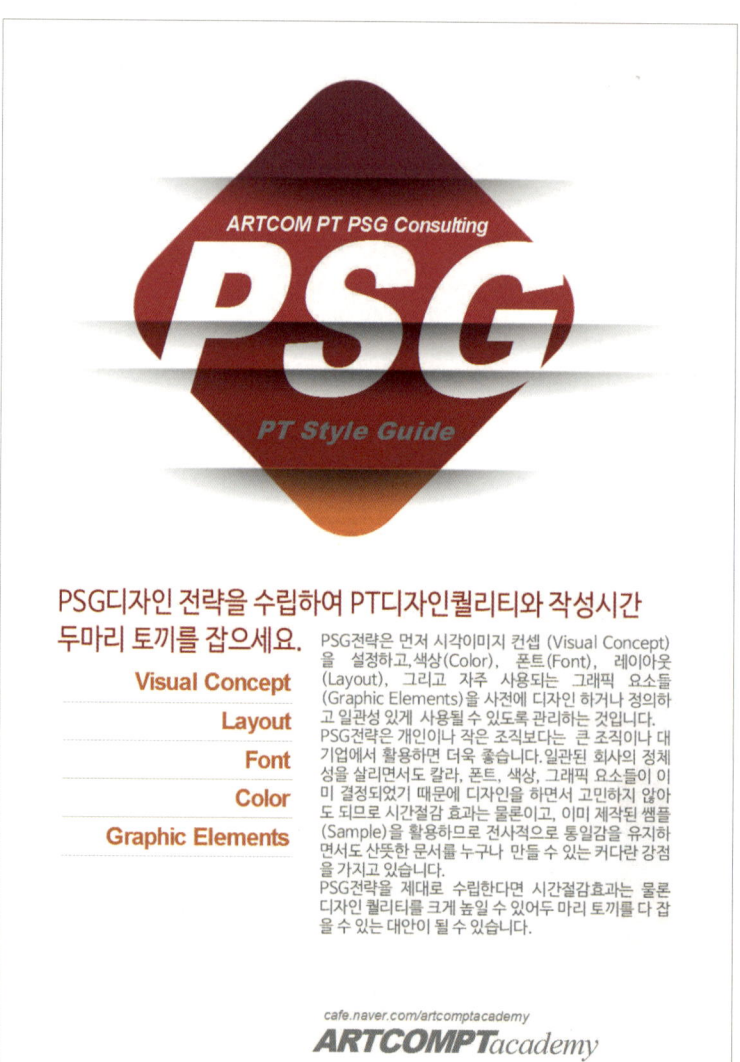

|난이도| ★★★★☆ |예제 폴더| Part 03\11 |완성 파일| Part 03\11\완성\한글NEO design_011.hwp
|과정 파일| Part 03\11\완성\한쇼NEO design_011_11단계.show
|색상 베리에이션| Part 03\11\완성\한쇼NEO design_011_4컬러.show
|인터넷으로 보기| http://cafe.naver.com/artcomptacademy/2190

디자인 포인트

이번 예제에서 주목해야 할 디자인은 그래픽 요소를 활용하는 것입니다. 마름모꼴 도형은 모서리가 둥근 직사각형을 회전시켜 만들고, 색상 변화를 주기 위해 마름모꼴 도형을 복제한 다음 각각의 색상을 배색합니다. 색상별로 PNG 파일 형식으로 저장한 후 불러들여 자르기하여 조각별로 배열하는 방식입니다. 그래픽 효과를 위해 메인 타이틀과 색상 경계 부분에 '잘린 타원 그림자' 이미지를 가미합니다.

4컬러 베리에이션

01 한쇼 NEO에서 마름모꼴 도형 만들기

01 한쇼 NEO를 실행합니다.
  ※ 용지 종류는 [A4 용지], 슬라이드 방향은 [세로]입니다. 용지는 [서식] 탭–[슬라이드 크기]–[쪽 설정]에서 설정합니다.

02 [입력] 탭–도형에서 [자세히] 단추를 클릭하고 [사각형]–[모서리가 둥근 직사각형]을 선택합니다.

03 Shift 키를 누른 상태에서 드래그하여 '모서리가 둥근 직사각형'을 그립니다.
  • 너비 : 90mm, 높이 : 90mm

04 [선 없음]으로 지정하고 빨강(R197 G0 B10)으로 지정한 다음 [개체 속성]–[기본] 탭–[크기 및 회전]을 클릭하고 회전 핸들을 시계 방향(45°)으로 돌립니다.

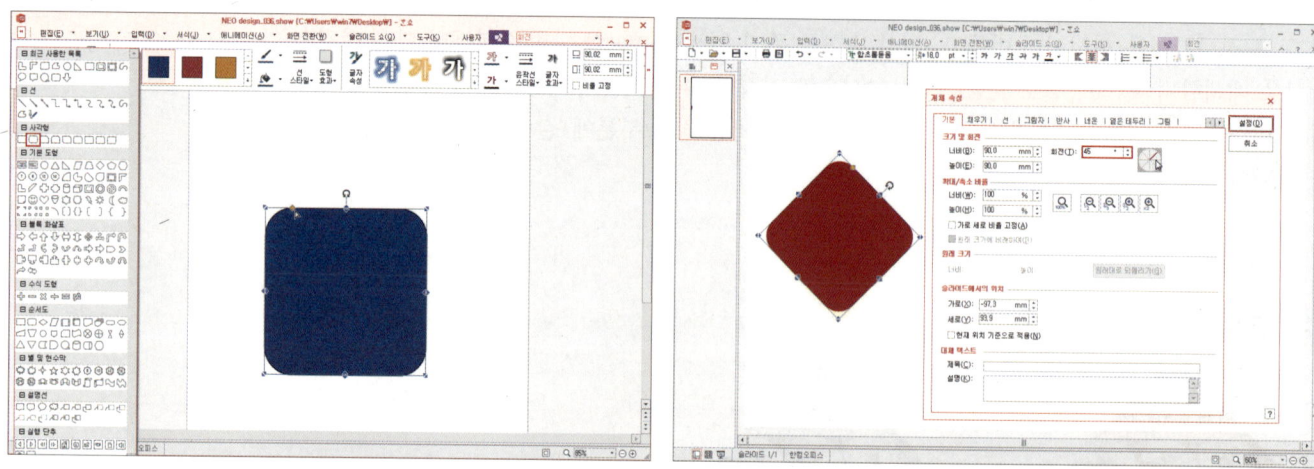

Tip&Tech Shift 키를 누르지 않고 드래그하면 아무리 정확하게 그려도 너비와 높이 값이 달라집니다. 과정 01의 마름모꼴 도형을 만들려면 너비와 높이 값이 같아야 합니다.

02 마름모꼴 도형 색상 배색하고 저장하기

01 과정 01에서 만든 마름모꼴 도형을 세 개 복제(Ctrl+D)합니다.

02 복제한 마름모꼴 도형에 각각 색상을 배색합니다.
  • 분홍(R161 G47 B70), 빨강(R216 G53 B70), 주황(R241 G147 B49)

03 마름모꼴 도형 세 개를 각각 선택하고 PNG 파일 형식으로 저장합니다.

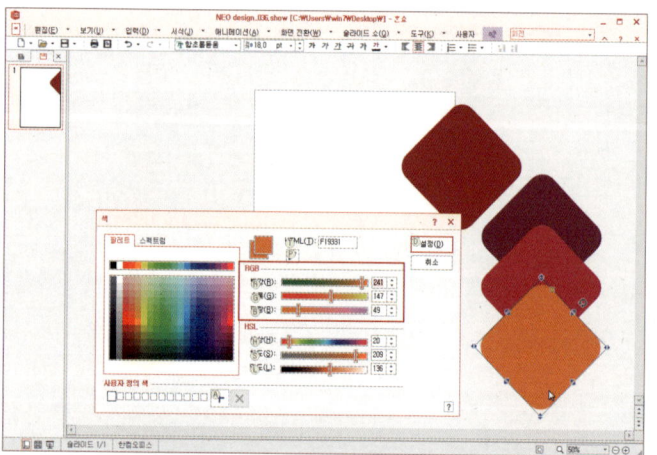 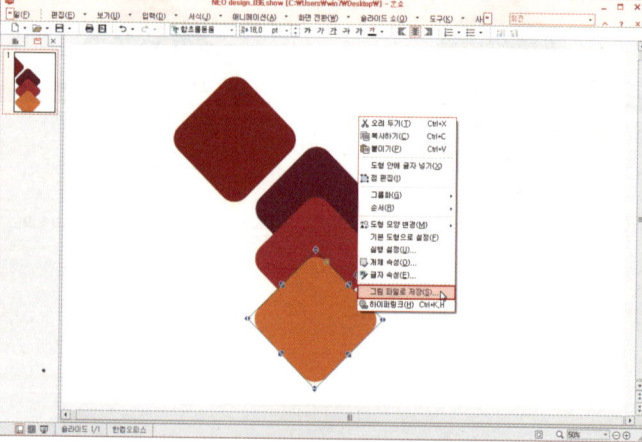

03 마름모꼴 도형 이미지 잘라서 배치하기

01 [입력] 탭 - [그림]을 클릭하고 과정 02에서 저장한 자주색 마름모꼴 이미지를 불러옵니다.
- Part 03\11\자주색 마름모.png
- 너비 : 90mm, 높이 : 90mm

02 [도형] 탭 - [자르기]를 클릭하고 자주색 마름모꼴 이미지를 잘라 빨간색 마름모꼴 윗부분에 배치합니다.

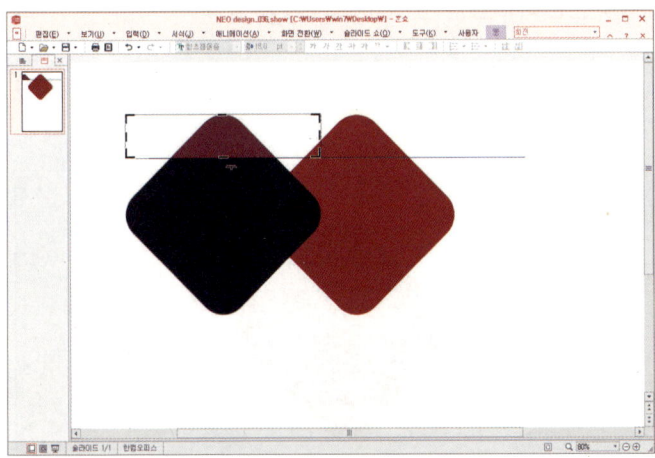

Tip & Tech 이미지를 불러와 자르기(트리밍)할 때 잘라질 부분은 검은색이나 회색으로 보이게 됩니다. 초급자는 이미지를 자르고 정확하게 맞춰서 배치하는 작업을 어렵게 생각합니다. 숙련되면 매우 쉬운 작업이기 때문에 다양하게 자르고 붙이는 연습이 필요합니다.

04 마름모꼴 도형 세 개의 이미지 잘라서 배치하기

01 빨간색 마름모꼴 이미지를 불러와 자주색 마름모꼴 이미지 밑에 잘라서 배치합니다.
- Part 03\11\빨간색 마름모.png
- 너비 : 115.37mm, 높이 : 36.41mm

02 주황색 마름모꼴 이미지를 불러와 빨간색 마름모꼴 아랫부분에 잘라서 배치합니다.
- Part 03\11\주황색 마름모.png
- 너비 : 115.37mm, 높이 : 17.36mm

03 전체를 선택하고 그룹(Ctrl+G)으로 묶은 다음 마우스 오른쪽 버튼을 클릭합니다. [그림 파일로 저장]을 실행하고 PNG 형식으로 지정한 다음 '타이틀 배경 디자인'이라는 이름으로 저장합니다.

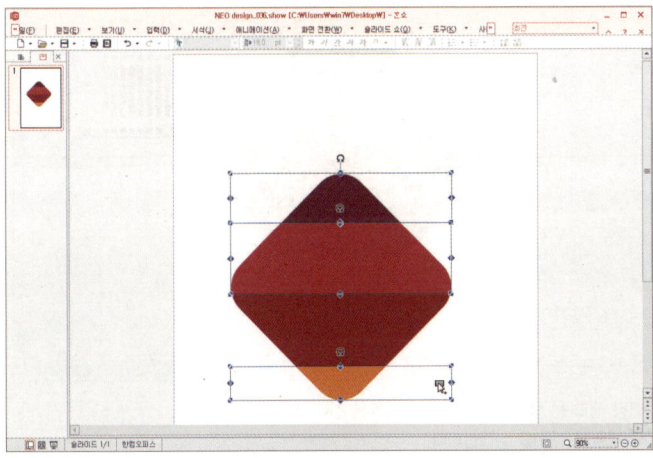

05 한글 NEO에서 편집 용지 설정하고 메인 타이틀 배경 배치하기

01 한글 NEO을 실행합니다.

02 F7 키를 눌러 편집 용지를 설정합니다.
- 용지 종류 : A4(국배판) [210×297mm], 용지 방향 : 세로, 제본 : 한쪽
- 용지 여백 : 위쪽(10.0mm), 머리말(0.0mm), 왼쪽(10.0mm), 오른쪽(10.0mm), 꼬리말(0.0mm), 아래쪽(10.0mm)

03 [입력] 탭-[그림]을 클릭하여 타이틀 배경 디자인 이미지를 가져오고 마우스로 드래그한 다음 용지 윗부분에 배치합니다.
- Part 03\11\타이틀 배경 디자인.png
- 너비 : 127.44mm, 높이 : 127.44mm

 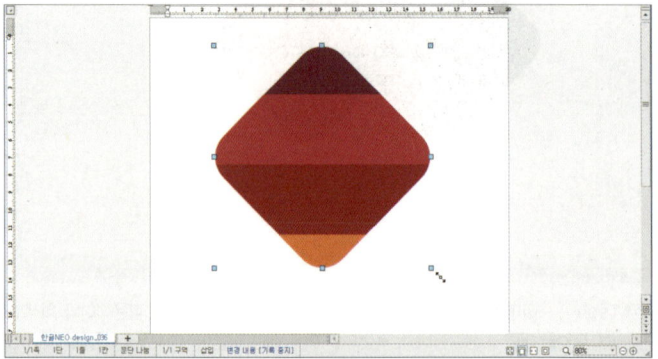

06 윗부분 보조 텍스트 편집하기

01 [입력] 탭-도형에서 [가로 글상자]를 클릭하고 'ARTCOM PT PSG Consulting'을 입력합니다.
- Arial, 16pt, 진하게, 기울임, 흰색

02 [서식] 탭-[글자 모양]을 클릭하고 [글자 모양] 대화상자(Alt+L)를 열어 텍스트를 보다 짜임새 있게 만듭니다.
- [기본] 자간 : 0%, 장평 : 100%
- [확장] 기타 : [글꼴에 어울리는 빈칸] 체크

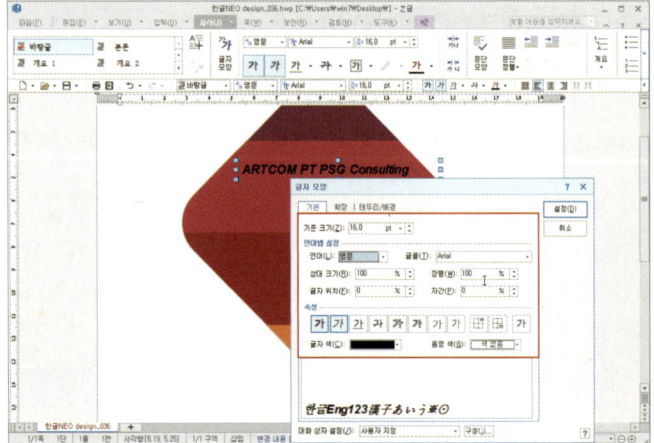 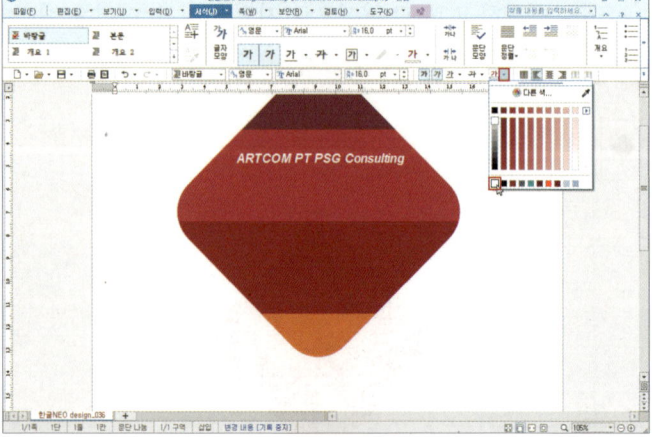

Tip&Tech 텍스트 박스에 배경 색과 검은색 라인이 있을 경우 [개체 속성] 대화상자에서 배경 색과 선 색을 제거합니다. 텍스트를 선택하고 마우스 오른쪽 버튼을 클릭한 다음 [개체 속성]-[선] 탭-[종류] : 선 없음, [개체 속성]-[채우기] 탭-[색 채우기 없음]을 실행합니다.

07 아랫부분 보조 텍스트 편집하기

01 [입력] 탭 – 도형에서 [가로 글상자]를 클릭하고 'PSG Style Guide'를 입력합니다.
- Arial Black, 20pt, 기울임, 회색(R153 G153 B153)

02 [서식] 탭 – [글자 모양]을 클릭하고 [글자 모양] 대화상자(Alt+L)를 열어 텍스트를 보다 짜임새 있게 만듭니다.
- [기본] 자간 : 0%, 장평 : 100%
- [확장] 기타 : [글꼴에 어울리는 빈칸]을 체크합니다.

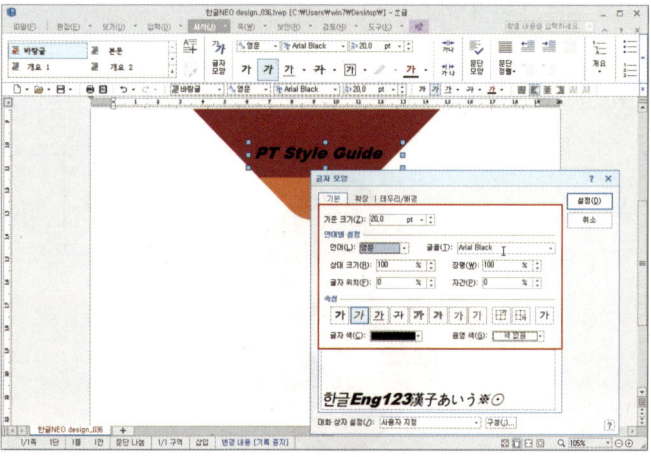

08 보조 텍스트 정렬하기

텍스트가 한쪽으로 치우지지 않도록 좌우 여백을 살피며 정렬합니다.

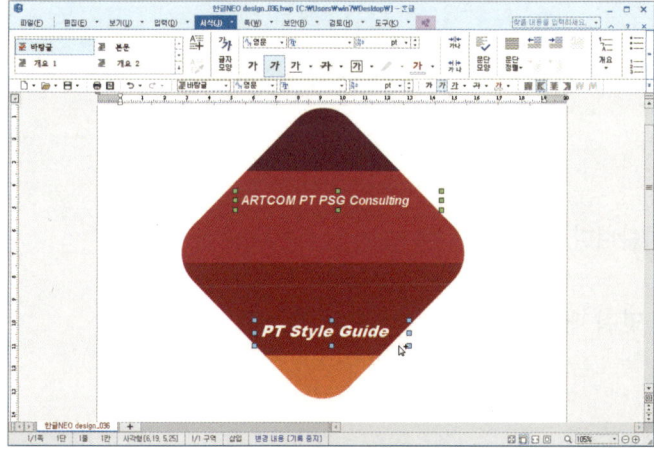

Tip & Tech   편집 디자인에서 정렬은 매우 중요합니다. 개체 여러 개와 텍스트를 구성하다 보면 왼쪽 맞춤, 가운데 맞춤 등 정렬이 되지 않은 경우가 종종 있습니다. 정렬이 되지 않은 경우 보기에 좋지 않고, 무엇보다 완성도가 떨어집니다.

09 메인 타이틀 편집하기

01 [입력] 탭 – 도형에서 [가로 글상자]를 클릭하고 'PSG'를 입력합니다.
- Arial Black, 20pt, 기울임, 흰색

02 [서식] 탭 – [글자 모양]을 클릭하고 [글자 모양] 대화상자(Alt+L)를 열어 텍스트를 보다 짜임새 있게 만듭니다.
- [기본] 자간 : 0%, 장평 : 86%
- [확장] 기타 : [글꼴에 어울리는 빈칸] 체크

03 아랫부분 보조 텍스트에 맞춰 텍스트 간격을 유지하고 가운데 맞춤으로 정렬합니다.

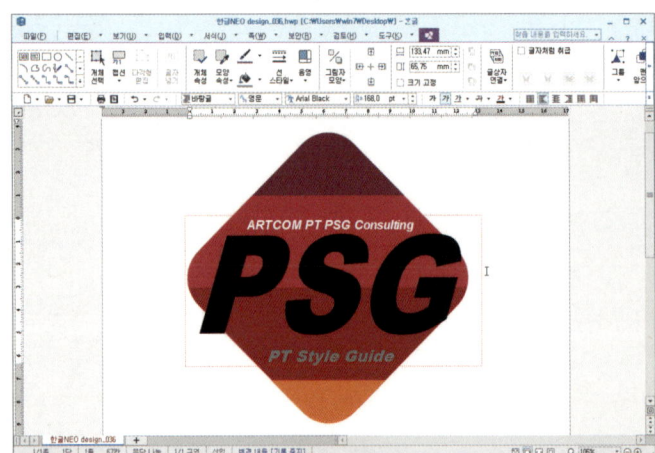 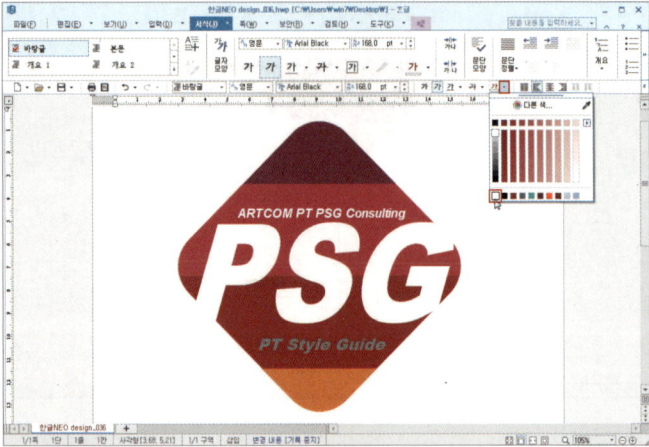

Tip&Tech 'PSG' 텍스트가 '타이틀 배경디자인' 이미지 밖으로 크게 확장되어 배치되는 것이 포인트입니다. '한쇼'와 '한글' 기능만으로 마크나 로고 디자인을 완성도 높게 만들 수 있습니다.

10 잘린 타원 그림자 배치하기

01 [입력] 탭 – [그림]을 클릭하고 잘린 타원 그림자 이미지를 선택한 다음 타이틀 배경 디자인 윗부분 컬러 경계 부분에 배치합니다.
- Part 03\11\잘린 타원 그림자(1).png
- 너비 : 149.33mm, 높이 : 14.81mm

02 두 번째 잘린 타원 그림자를 불러와 PSG 텍스트 앞쪽에 배치합니다.
- Part 03\11\잘린 타원 그림자(2).png

03 나머지 잘린 타원 그림자 이미지를 불러와 컬러 경계 부분에 맞춰 배치합니다.
- Part 03\11\잘린 타원 그림자(3).png, 잘린 타원 그림자(4).png

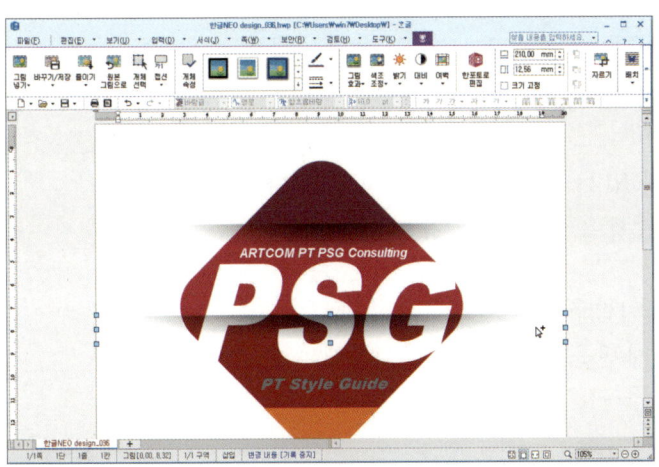 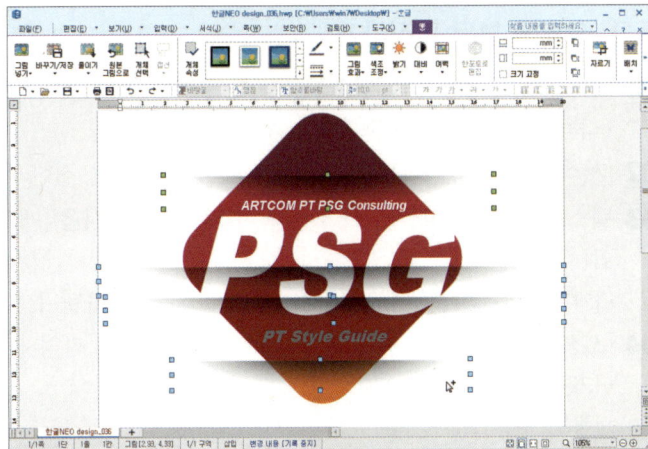

Tip&Tech 잘린 타원 그림자는 시인성을 높이는 요소로 활용되며 디자인 미감을 살리는 역할을 합니다. 그림자의 농도가 너무 진하지 않도록 주의해야 합니다.

II 서브 타이틀 편집하기

01 [입력] 탭 - 도형에서 [가로 글상자]를 클릭하고 'PSG디자인 전략을 수립하여…'를 입력합니다.

- 나눔바른고딕OTF, 23pt, 줄 간격 : 130%, 왼쪽 정렬

02 [서식] 탭이나 [글자 모양] 대화상자에서 글자 색을 진한 빨강(R197 G0 B10)으로 지정합니다.

03 텍스트를 마우스 오른쪽 버튼으로 클릭한 다음 [개체 속성]을 실행하고 배경 색과 선 색을 제거합니다.

- [개체 속성]-[선] 탭-[종류] : 선 없음, [개체 속성]-[채우기] 탭-[색 채우기 없음]

04 [서식] 탭-[글자 모양]을 클릭하고 텍스트를 보다 짜임새 있게 만듭니다.

- [기본] 자간 : 1%, 장평 : 90%
- [확장] 기타 : [글꼴에 어울리는 빈칸] 체크

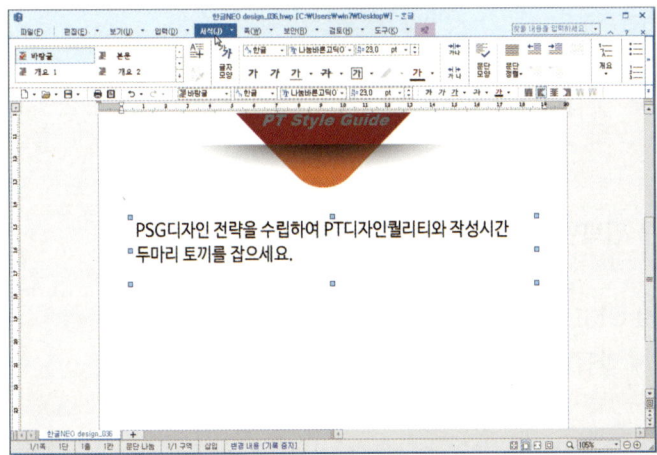 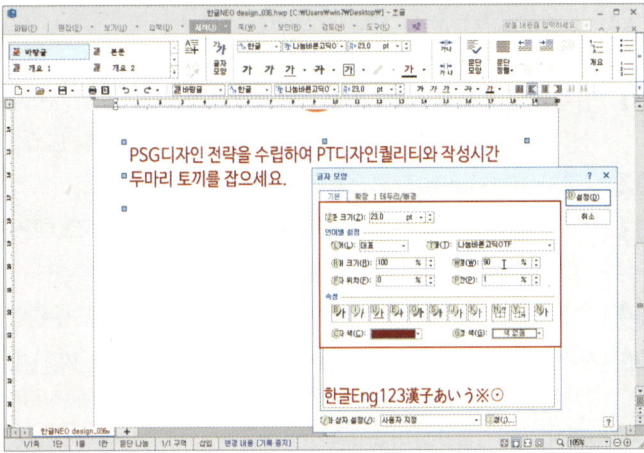

12 오른쪽 본문 편집하기

01 [입력] 탭 도형에서 - [가로 글상자]를 클릭하고 본문 텍스트를 입력합니다.
- 나눔바른고딕OTF, 13pt, 줄 간격 : 115%, 양쪽 정렬

02 [서식] 탭이나 [글자 모양] 대화상자에서 글자 색을 진한 회색(R128 G128 B128)으로 지정합니다.

03 텍스트를 선택하고 마우스 오른쪽 버튼을 클릭한 다음 [개체 속성]을 실행하고 배경 색과 선 색을 제거합니다.
- [개체 속성] - [선] 탭 - [종류] : 선 없음, [개체 속성] - [채우기] 탭 - [색 채우기 없음]

04 [서식] 탭 - [글자 모양]을 클릭하고 텍스트를 보다 짜임새 있게 만듭니다.
- [기본] 자간 : 0%, 장평 : 100%
- [확장] 기타 : [글꼴에 어울리는 빈칸] 체크

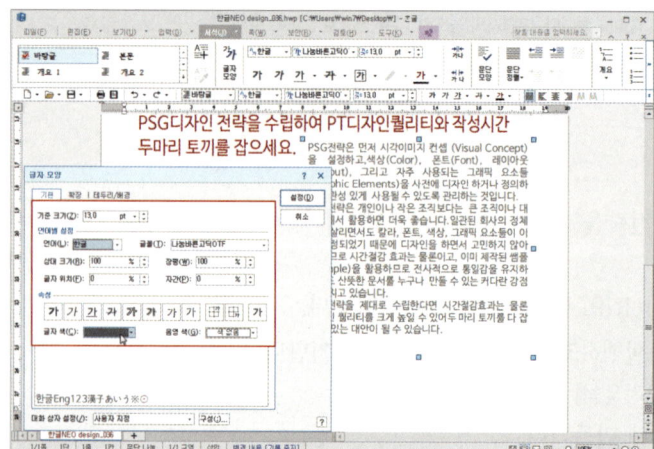 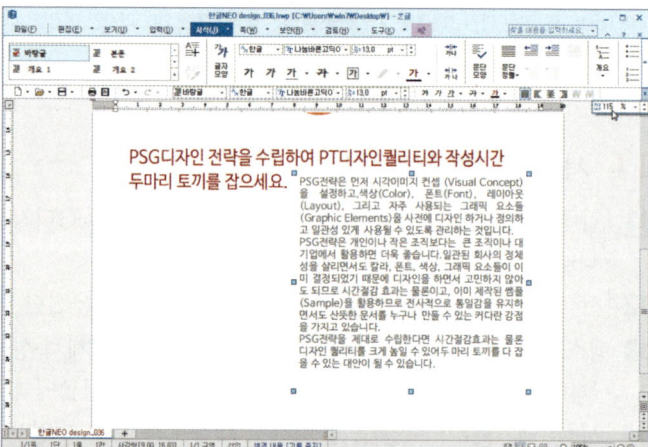

Tip & Tech '양쪽 정렬'은 디자인 측면에서 짜임새 있어 보이지만 단어가 끊어지는 문제가 있어 충분히 고려해야 합니다.

13 왼쪽 라인 긋고 텍스트 편집하기

01 [입력] 탭 - [직선]을 클릭하고 왼쪽 빈 공간에 다섯 개의 직선을 긋습니다.
- 실선, 선 굵기 : 0.12mm, 너비 : 66.76mm, 회색(R204 G204 B204)

02 간격을 10.64mm 간격으로 벌려 줍니다.

03 [입력] 탭 - 도형에서 [가로 글상자]를 클릭하고 왼쪽 텍스트를 입력합니다.
- 나눔바른고딕OTF, 12pt, 줄 간격 : 160%, 오른쪽 정렬

04 [서식] 탭이나 [글자 모양] 대화상자에서 글자 색을 주황(R231 G131 B38)으로 지정합니다.

05 [서식] 탭 - [글자 모양]을 클릭하고 텍스트를 보다 짜임새 있게 만듭니다.
- [기본] 자간 : 0%, 장평 : 100%
- [확장] 기타 : [글꼴에 어울리는 빈칸] 체크

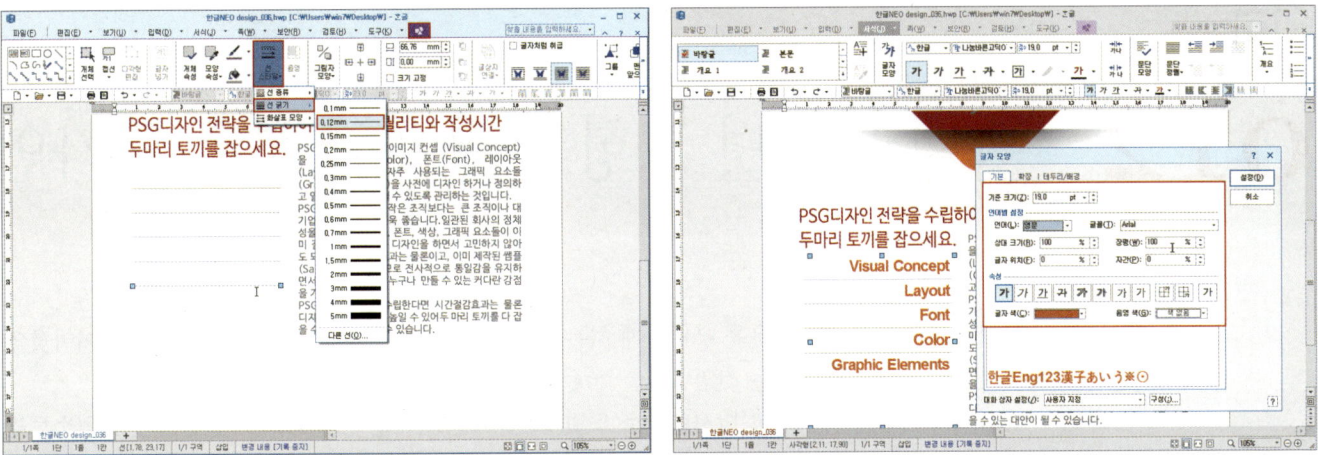

Tip & Tech   여러 개의 라인과 텍스트가 겹쳐 있을 때 작업의 편의상 라인과 텍스트를 선택하고 '개체 묶기'를 합니다.

14 로고 편집하기

01 [입력] 탭-도형에서 [가로 글상자]를 클릭하고 영문 텍스트를 각각 입력합니다.
- cafe.naver.com/artcomptacademy : Arial, 11pt, 기울임
- ARTCOM PT : Arial Black, 25pt, 기울임
- academy : Times New Roman, 25pt, 기울임

02 [서식] 탭이나 [글자 모양] 대화상자에서 글자 색을 회색(R153 G153 B153)으로 지정합니다.

03 [개체 속성] 대화상자(P)에서 배경 색과 선 색을 제거합니다.
- [개체 속성]-[선] 탭-[종류] · 선 없음, [개체 속성]-[채우기] 탭-[새 채우기 없음]

04 [서식] 탭-[글자 모양]을 클릭하고 영문 텍스트를 보다 짜임새 있게 만듭니다.
- [확장] 기타 : [글꼴에 어울리는 빈칸] 체크

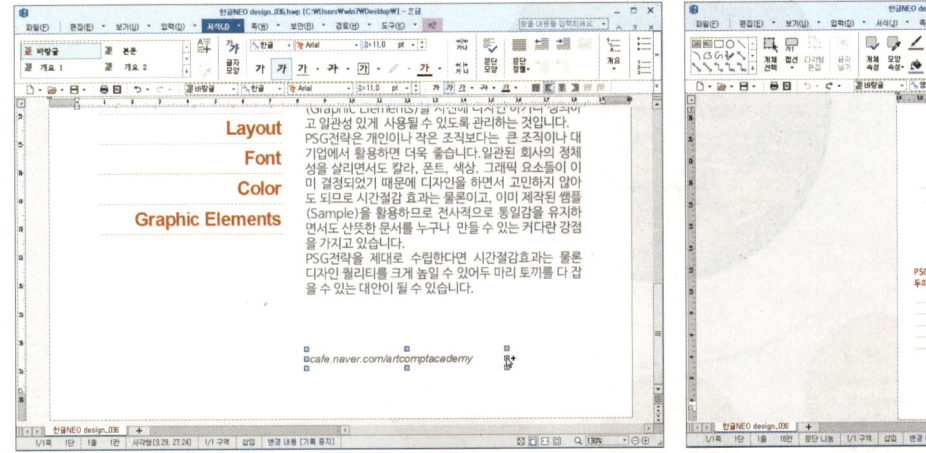

Tip & Tech   로고타입의 크기가 너무 크거나 색상이 현란하면 시선을 분산시킬 수 있습니다. 타이틀이나 본문 텍스트에 시선을 유도하려면 로고나 마크는 상대적으로 약화시키는 것이 좋습니다.

012 타원과 도넛 도형을 활용한 본문 디자인

보고서나 제안서 레이아웃을 흥미롭게 하는 방법 중에 하나가 타원이나 도넛 도형을 레이아웃의 디자인 모티브로 활용하는 것입니다.

중심부에 타원을 배치하고 방사형으로 도넛 도형과 원호 등을 장식 요소로 활용하면서 텍스트를 전개하면 디자인 미감을 살리면서 차별화된 편집 디자인을 할 수 있습니다. 이와 같은 방식으로 사각형이나 육각형, 팔각형 등도 레이아웃 모티브로 활용하면 좋습니다.

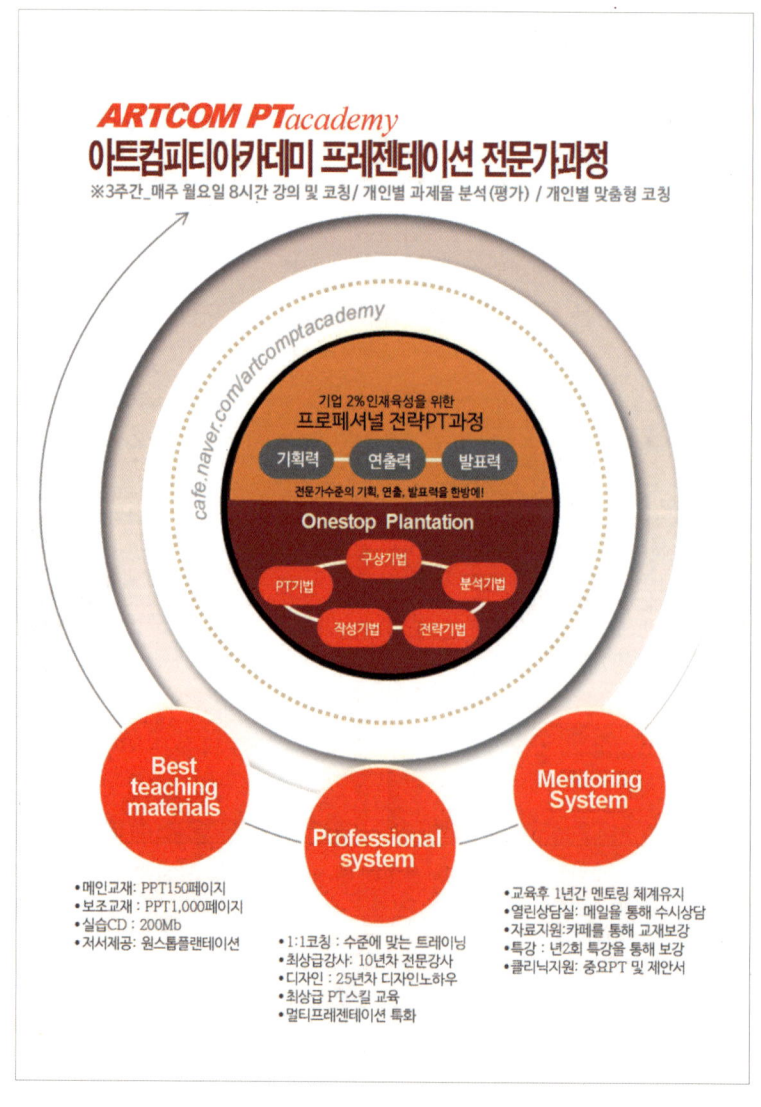

|난이도| ★★★☆☆ |예제 폴더| Part 03\12 |완성 파일| Part 03\12\완성\한글NEO design_012.hwp
|과정 파일| Part 03\12\완성\한쇼NEO design_012_12단계.show
|색상 베리에이션| Part 03\12\완성\한쇼NEO design_012_4컬러.show
|인터넷으로 보기| http://cafe.naver.com/artcomptacademy/2215

디자인 포인트

이번 예제에서 주목해야 할 디자인은 타원과 도넛 도형을 디자인 모티브로 활용하는 것입니다. 타원과 도넛 도형, 원호 화살표 등을 조합한 디자인 요소들은 모두 한쇼에서 작업한 후 PNG 파일 형식으로 저장하고 한글에서 불러들여 편집합니다. 원호형 텍스트(URL) 또한 한쇼에서 작성하여 PNG 파일 형식으로 가져와 배치합니다. 디자인 요소는 한쇼에서 작업하고, 텍스트는 모두 한글에서 작성하고 편집하는 것으로 상호 강점을 활용하면 디자인 완성도를 크게 높일 수 있습니다.

4컬러 베리에이션

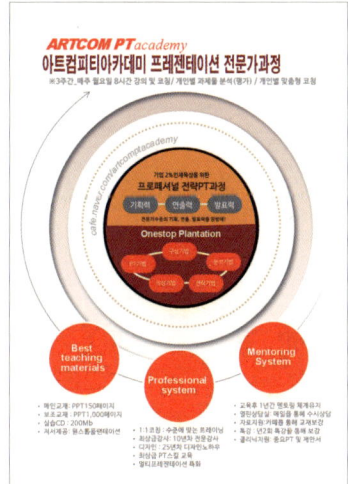
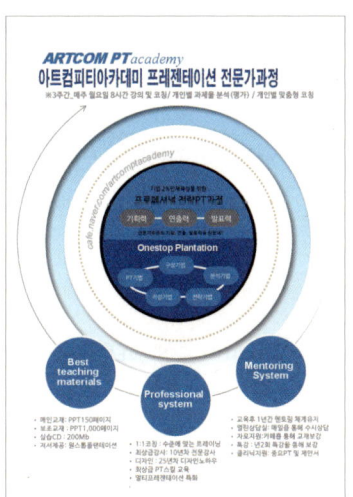

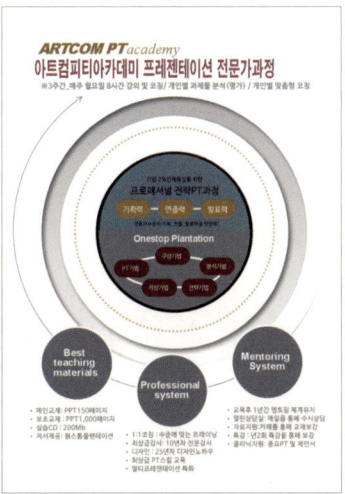

01 한글 NEO에서 편집 용지 설정하고 중심부 장식형 디자인 배치하기

01 한글 NEO를 실행합니다.

02 F7 키를 눌러 편집 용지를 설정합니다.
- 용지 종류 : A4(국배판) [210×297mm], 용지 방향 : 세로, 제본 : 한쪽
- 용지 여백 : 위쪽(15.0mm), 머리말(10.0mm), 왼쪽(15.0mm), 오른쪽(15.0mm), 꼬리말(10.0mm), 아래쪽(15.0mm)

03 [입력] 탭 - [그림]을 클릭하고 중심부 장식형 디자인 이미지를 가져옵니다. 마우스로 드래그한 다음 용지 윗부분에 배치합니다.
- Part 03\12\중심부 장식형 디자인.png

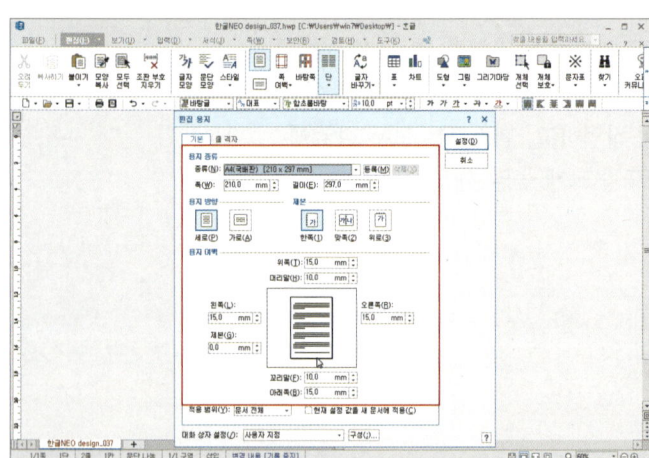 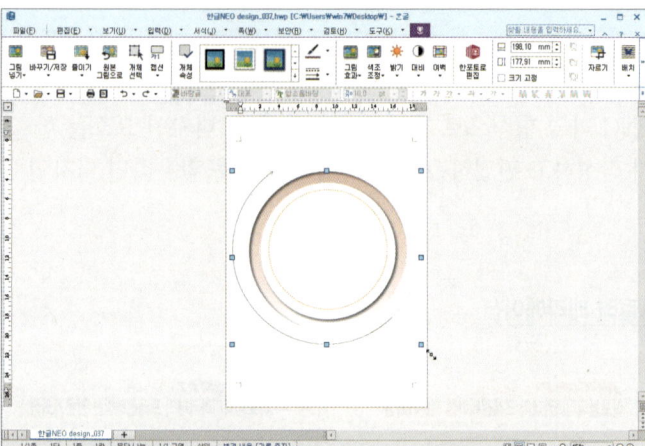

Tip & Tech 이미지 크기를 늘릴 때 모서리에 있는 조절점을 클릭하고 드래그합니다. 중심부 장식형 디자인은 한쇼에서 제작하여 PNG 파일로 저장한 다음 불러들입니다. 제작 방법은 예제 005와 예제 008을 참고하세요.

02 메인 타이틀 편집하기

01 [입력] 탭 - 도형에서 [가로 글상자]를 클릭하고 '아트컴피티아카데미 프레젠테이션 전문가과정…'을 입력합니다.
- HY견고딕, 32pt, 왼쪽 정렬

02 [서식] 탭이나 [글자 모양] 대화상자에서 글자 색을 진한 빨강(R180 G0 B30)으로 지정합니다.

03 [개체 속성] 대화상자(P)에서 배경 색과 선 색을 제거합니다.
- [개체 속성] - [선] 탭 - [종류] : 선 없음, [개체 속성] - [채우기] 탭 - [색 채우기 없음]

04 [서식] 탭 - [글자 모양]을 클릭하고 [글자 모양] 대화상자(Alt + L)를 연 다음 텍스트를 보다 짜임새 있게 만듭니다.
- [기본] 자간 : -10%, 장평 : 71%
- [확장] 기타 : [글꼴에 어울리는 빈칸] 체크

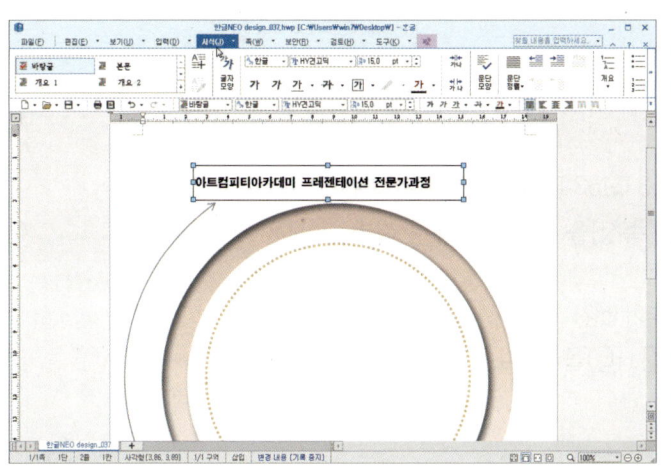
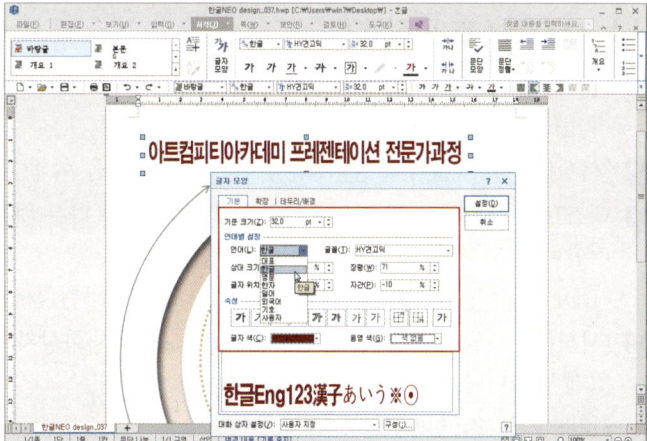

Tip&Tech 색상은 유사색으로 배색하는 것이 무리가 없고 시각적 안정감이 있어 좋으며, 보색은 잘못하면 촌스럽고 현란한 느낌을 주기 때문에 배색하지 않는 것이 좋습니다.

03 로고 편집하기

01 [입력] 탭 – 도형에서 [가로 글상자]를 클릭하고 영문 텍스트를 각각 입력합니다.
- ARTCOM PT : Arial Black, 26pt, 기울임
- academy : Times New Roman, 26pt, 기울임

02 [서식] 탭이나 [글자 모양] 대화상자에서 글자 색을 주황(R255 G54 B0)으로 지정합니다.

03 [개체 속성] 대화상자(P)에서 배경 색과 선 색을 제거합니다.
- [개체 속성]–[선] 탭–[종류] : 선 없음, [개체 속성]–[채우기] 탭–[색 채우기 없음]

04 [서식] 탭–[글자 모양]을 클릭하고 [글자 모양] 대화상자(Alt+L)를 열어 영문 텍스트를 보다 짜임새 있게 만듭니다.
- [확장] 기타 : [글꼴에 어울리는 빈칸] 체크

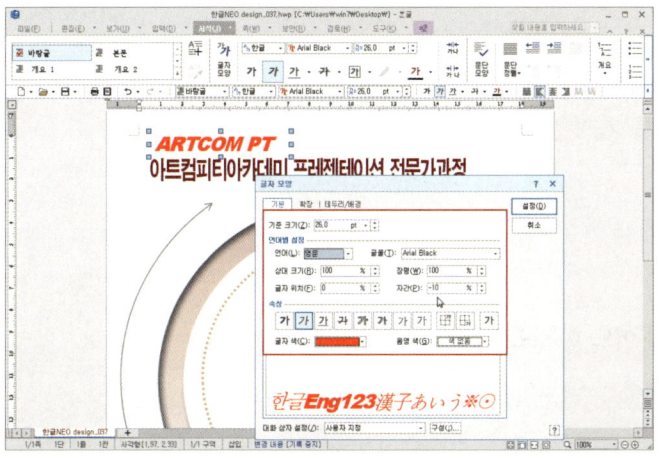
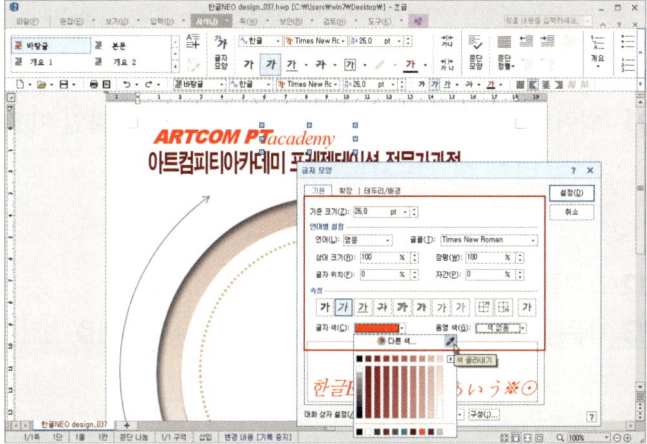

Tip&Tech 로고 색상은 개인의 취향에 따라 배색해서는 안 됩니다. CI나 BI 매뉴얼에 정해진 RGB 값을 그대로 쓰는 것이 원칙입니다.

04 보조 텍스트 편집하기

01 [입력] 탭 – 도형에서 [가로 글상자]를 클릭하고 '※3주간_매주 월요일 8시간 강의…'를 입력합니다.
- 나눔바른고딕OTF, 13pt, 왼쪽 정렬

02 [서식] 탭이나 [글자 모양] 대화상자에서 글자 색을 회색(R153 G153 B153)으로 지정합니다.

03 텍스트를 선택하고 마우스 오른쪽 버튼을 클릭한 다음 [개체 속성]을 실행하고 배경 색과 선 색을 제거합니다.
- [개체 속성] – [선] 탭 – [종류] : 선 없음, [개체 속성] – [채우기] 탭 – [색 채우기 없음]

04 [서식] 탭 – [글자 모양]을 클릭하고 [글자 모양] 대화상자(Alt+L)를 연 다음 텍스트를 보다 짜임새 있게 만듭니다.
- [기본] 자간 : 2%, 장평 : 100%
- [확장] 기타 : [글꼴에 어울리는 빈칸] 체크

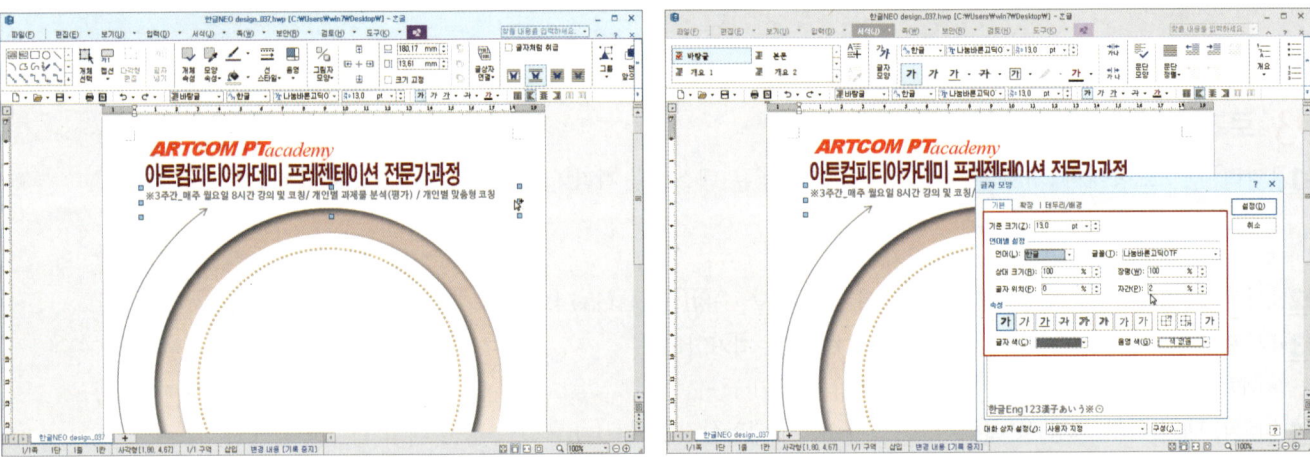

Tip & Tech [글꼴에 어울리는 빈칸]은 될 수 있으면 체크하는 것이 편집 디자인 측면에서 짜임새가 있습니다. 자간은 디자인 상황에 따라 좁히거나 늘리는 것이 좋습니다. 일반적으로 자간은 늘리는 쪽보다 좁히는 쪽이 원칙입니다.

05 중심부 반원형 디자인 불러와 배치하기

01 [입력] 탭 – [그림]을 클릭하고 중심부 반원형 디자인 이미지를 가져온 다음 중심부 장식형 디자인이미지 가운데 배치합니다.
- Part 03\12\중심부 반원형 디자인.png
- 너비 : 97.38mm, 높이 : 97.38mm

02 크기를 조절합니다.

03 가운데 맞춤과 중간 맞춤을 합니다. 상하좌우 여백을 점검하여 어느 한쪽으로 붙지 않도록 주의합니다.

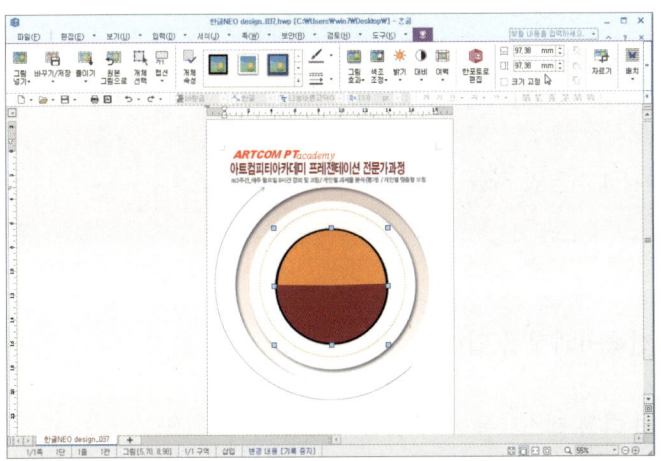 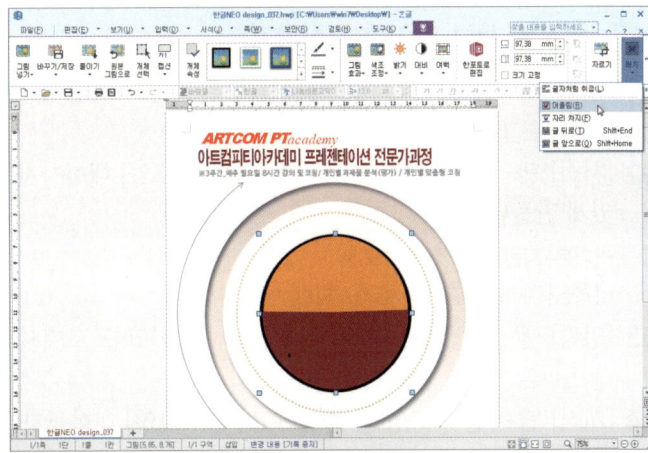

Tip&Tech   타원 이미지 크기가 달라 [도형]의 맞춤 기능을 이용할 수 없으므로 눈으로 점검해야 합니다. 한쇼에서 반원형 디자인을 만들 때 [기본 도형]에 있는 [현]이나 [원형]을 활용합니다.

06 원호형 텍스트 불러와 배치하기

01 [입력] 탭 - [그림]을 클릭하고 원호 텍스트 이미지를 가져와 드래그합니다.
  • Part 03\12\원호 텍스트.png
  • 너비 : 75.64mm, 높이 : 80.96mm

02 원호 텍스트 이미지를 클릭하고 빈 공간을 '자르기'한 다음 크기를 조절합니다.

03 자르기한 원호 텍스트 이미지를 중심부 반원형 디자인 이미지 오른쪽 윗부분에 배치합니다.

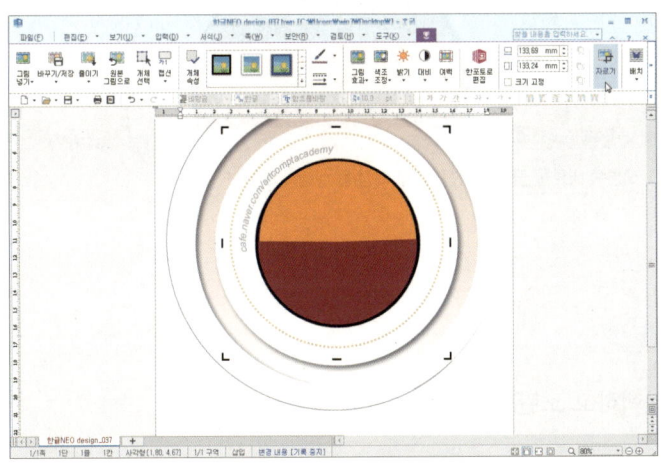 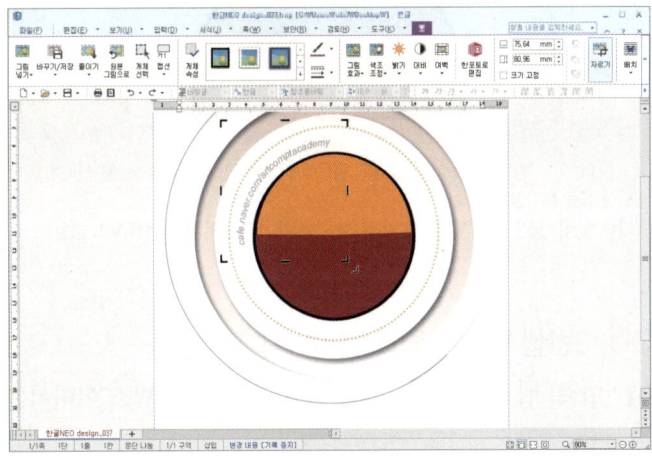

Tip&Tech   편집 디자인에서 정렬은 매우 중요합니다. 여러 개의 개체와 텍스트를 구성하다 보면 정렬에 문제가 되는 부분이 생깁니다. 정렬은 편집 디자인 완성도와 직접 관계가 있기 때문에 꼼꼼하게 점검해야 합니다.
텍스트를 원호형으로 돌리기는 예제 008 과정 05를 참고하기 바랍니다.

07 윗부분 서브 타이틀 편집하기

01 [입력] 탭 – 도형에서 [가로 글상자]를 클릭하고 '기업 2%인재육성…'을 입력합니다.
- 나눔바른고딕OTF, 11pt, 검정색

02 [서식] 탭 – [글자 모양]을 클릭하고 [글자 모양] 대화상자(Alt+L)를 연 다음 텍스트를 보다 짜임새 있게 만듭니다.
- **[기본]** 자간 : 0%, 장평 : 100%
- **[확장]** 기타 : [글꼴에 어울리는 빈칸] 체크

03 [입력] 탭 – 도형에서 [가로 글상자]를 클릭하고 '프로페셔널 전략PT과정'을 입력합니다.
- 나눔바른고딕OTF, 16pt, 검정색

04 [서식] 탭 – [글자 모양]을 클릭하고 [글자 모양] 대화상자를 연 다음 텍스트를 보다 짜임새 있게 만듭니다.
- **[기본]** 자간 : 0%, 장평 : 100%
- **[확장]** 기타 : [글꼴에 어울리는 빈칸] 체크

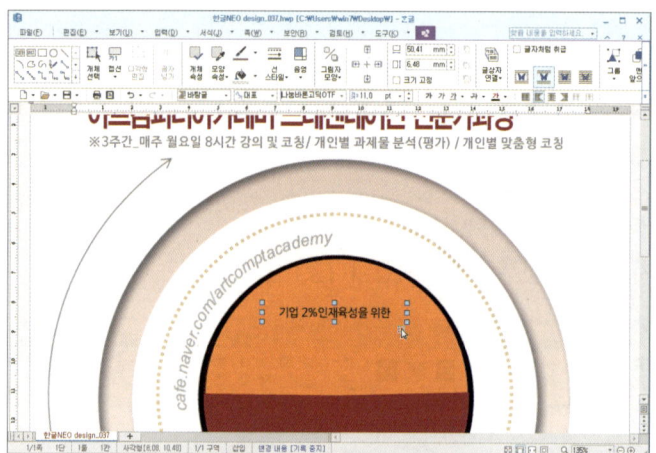 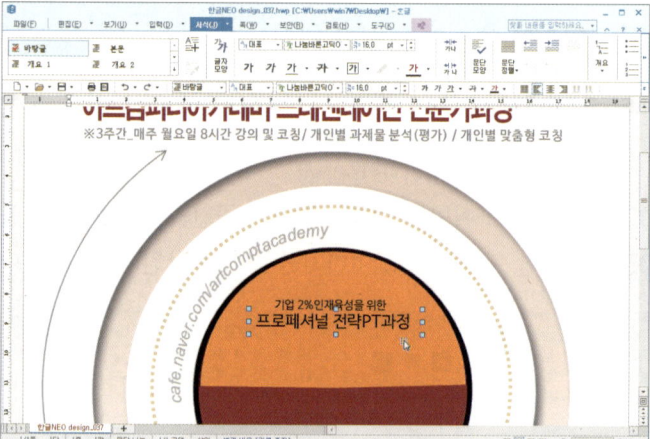

Tip & Tech   텍스트 박스에 배경 색과 검은색 라인이 있을 경우 텍스트를 선택하고 마우스 오른쪽 버튼을 클릭한 다음 [개체 속성]을 실행하고 배경 색과 선 색을 제거합니다.
· [개체 속성]-[선] 탭-[종류] : 선 없음, [개체 속성]-[채우기] 탭-[색 채우기 없음]

08 3컨셉 텍스트 박스 편집하기

01 [입력] 탭 – [그림]을 클릭합니다. 컨셉 회색 박스 이미지를 선택하고 노란색 반원형에 배치합니다.
- Part 03\12\3컨셉 회색 박스.png
- 너비 : 74.8mm, 높이 : 11.74mm

02 [입력] 탭 – 도형에서 [가로 글상자]를 클릭하고 '기획력', '연출력', '발표력'을 각각 입력합니다.
- 나눔바른고딕OTF, 13pt, 흰색

03 [서식] 탭 – [글자 모양]을 클릭하고 [글자 모양] 대화상자(Alt+L)를 연 다음 텍스트를 보다 짜임새 있게 만듭니다.
- **[기본]** 자간 : 0%, 장평 : 100%
- **[확장]** 기타 : [글꼴에 어울리는 빈칸] 체크

04 '전문가수준의 기획, 연출, 발표력을 한방에!'를 입력하고 3컨셉 텍스트 박스 아랫부분에 배치합니다.
- 나눔바른고딕OTF, 9pt, 검정

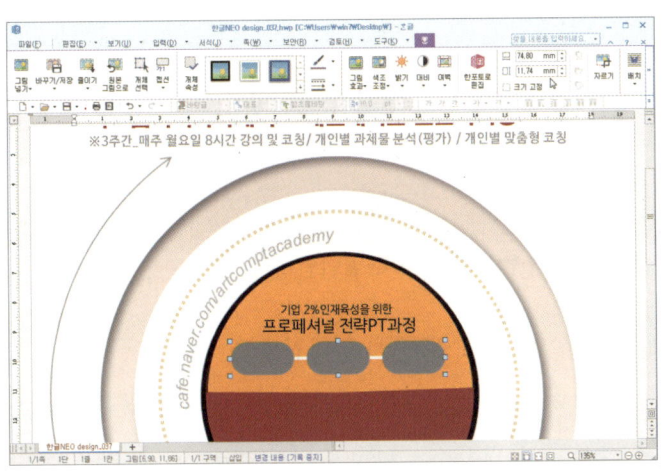 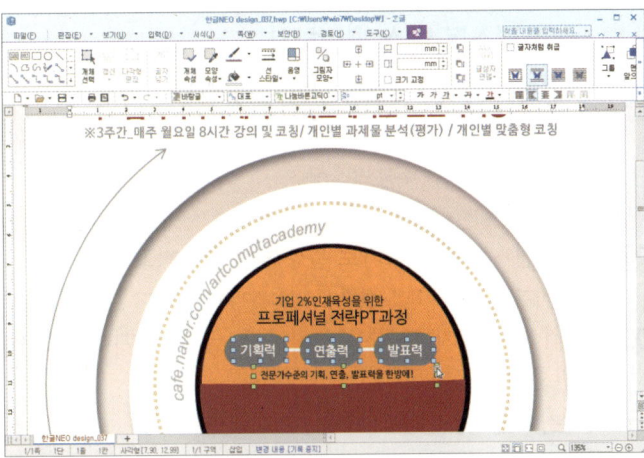

Tip & Tech 회색 텍스트 박스에 텍스트가 정확하게 배치될 수 있도록 세심하게 위치를 조정합니다.

09 아랫부분 서브 타이틀 편집하기

01 [입력] 탭 – 도형에서 [가로 글상자]를 클릭하고 'Onestop Plantation'을 입력합니다.
- Arial, 16pt, 진하게, 왼쪽 정렬

02 [서식] 탭이나 [글자 모양] 대화상자에서 글자 색을 흰색으로 지정합니다.

03 텍스트를 선택하고 마우스 오른쪽 버튼을 클릭한 다음 [개체 속성]을 실행하고 배경 색과 선 색을 제거합니다.
- [개체 속성]-[선] 탭-[종류] : 선 없음, [개체 속성]-[채우기] 탭-[색 채우기 없음]

04 [서식] 탭 – [글자 모양]을 클릭하고 [글자 모양] 대화상자(Alt+L)를 열어 텍스드를 보다 짜임새 있게 만듭니다.
- [기본] 자간 : 0%, 장평 : 90%
- [확장] 기타 : [글꼴에 어울리는 빈칸] 체크

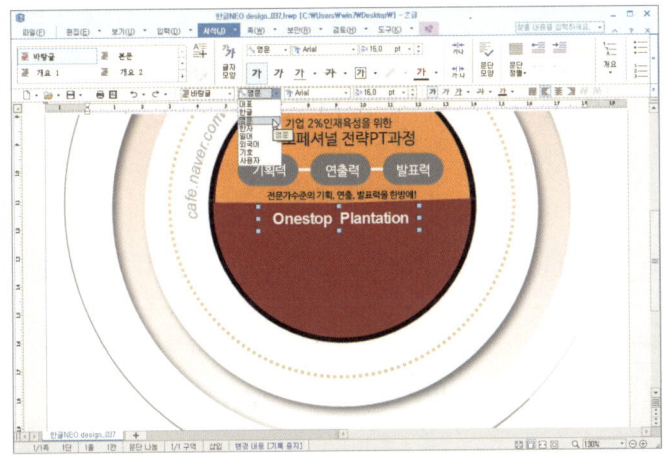 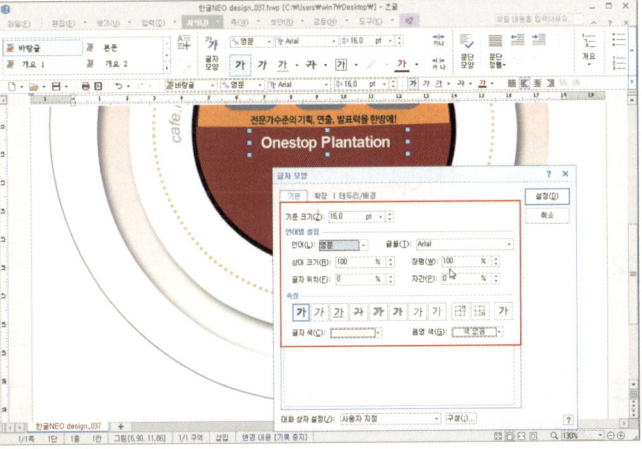

Tip & Tech 키워드 형식의 텍스트는 자간과 장평을 항상 주변 디자인에 맞게 설정합니다.

10 컨셉 텍스트 박스 편집하기

01 [입력] 탭-[그림]-[그림 넣기]를 클릭하고 컨셉 주황 박스 이미지를 선택한 다음 빨간색 반원형에 배치합니다.

- Part 03\12\5컨셉 주황 박스.png
- 너비 : 74.66mm, 높이 : 30.59mm

02 [입력] 탭-도형에서 [가로 글상자]를 클릭하고 '구상기법', '분석기법' 등의 텍스트를 각각 입력합니다.

- 나눔바른고딕OTF, 11pt, 흰색

03 [서식] 탭-[글자 모양]을 클릭하고 [글자 모양] 대화상자(Alt+L)를 열고 텍스트를 보다 짜임새 있게 만듭니다.

- [기본] 자간 : -5%, 장평 : 100%
- [확장] 기타 : [글꼴에 어울리는 빈칸] 체크

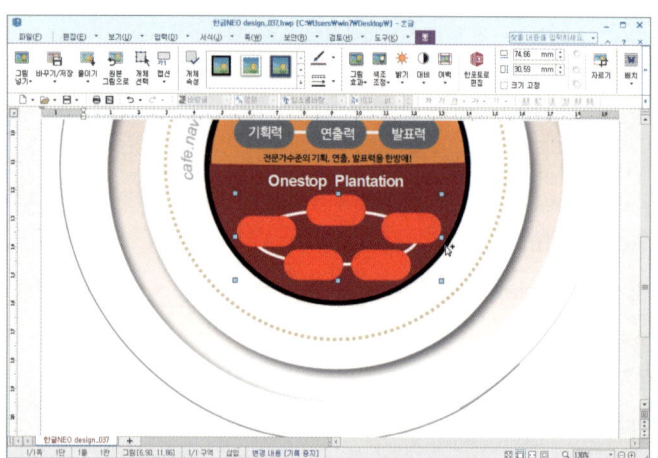 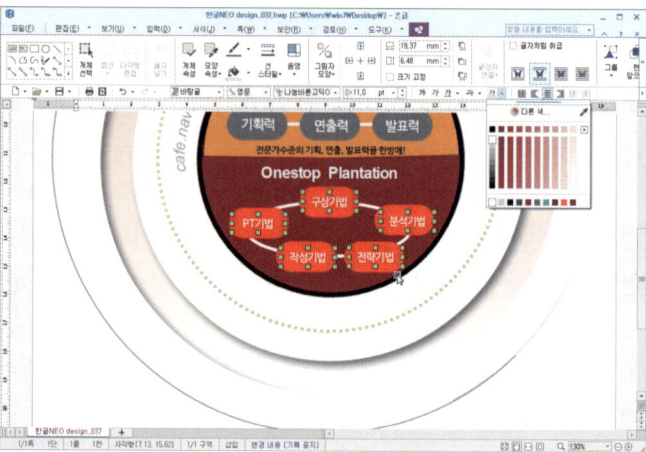

Tip & Tech 컨셉 주황 박스는 한글에서도 '타원'과 '수행시작/종료' 도형으로 작성이 가능합니다.
모서리가 둥근 사각형을 그리려면 [입력] 탭-도형에서 [다른 그리기 조각]-[순서도]-[수행 시작/종료]를 클릭합니다.

11 세 개의 주황 텍스트 박스 편집하기

01 [입력] 탭-[그림]을 클릭하고 주황 텍스트 박스 이미지를 불러와 '원호 라인' 쪽에 일정 간격으로 배치합니다.

- Part 03\12\주황 텍스트 박스.png
- 너비 : 45.72mm, 높이 : 45.72mm

02 [입력] 탭-도형에서 [가로 글상자]를 클릭하고 주황색 텍스트 박스에 배치할 영문 텍스트를 각각 입력합니다.

- Arial, 19pt, 진하게, 흰색, 줄 간격 : 85%, 가운데 정렬

03 [서식] 탭-[글자 모양]을 클릭하고 [글자 모양] 대화상자(Alt+L)를 연 다음 텍스트를 보다 짜임새 있게 만듭니다.

- [기본] 자간 : 0%, 장평 : 100%
- [확장] 기타 : [글꼴에 어울리는 빈칸] 체크

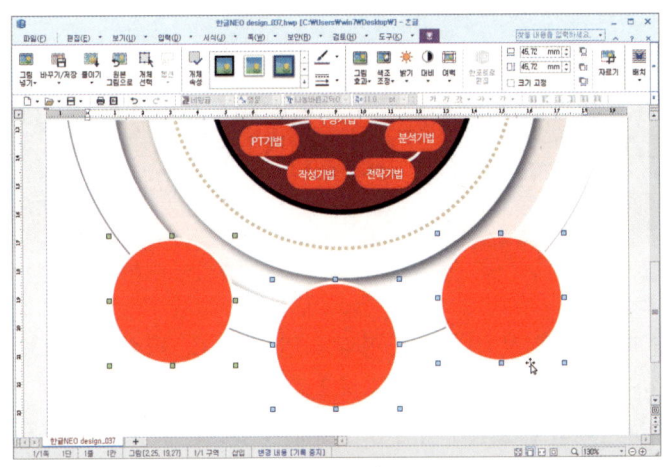 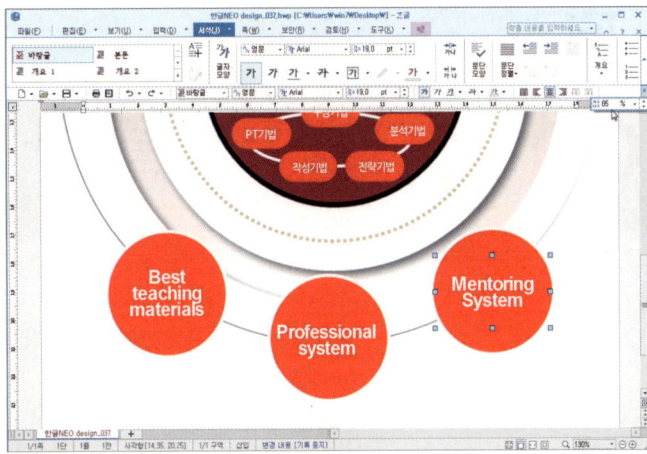

Tip & Tech 글상자에 텍스트를 입력한 다음 [개체 속성(P)], [글자 모양(Alt+L)], [문단 모양(Alt+T)] 대화상자는 항상 열어서 설정합니다.

12 아랫부분 설명 텍스트 편집하기

01 [입력] 탭 – 도형에서 [가로 글상자]를 클릭하고 '아랫부분 설명 텍스트'를 각각 입력합니다.
- 나눔바른고딕OTF, 12pt, 줄 간격 : 120%, 양쪽 정렬

02 [서식]이나 [글자 모양] 대화상자에서 글자 색을 회색(R93 G93 B93)으로 지정합니다.

03 글머리표를 적용합니다.
- [서식] 탭–[글머리표]–[글머리표 모양]–[작은 원형]–[사용자 정의]–[너비 조정] : –15pt

04 주황 텍스트 박스 세 개에 맞춰 하부 설명 텍스트를 정렬합니다.

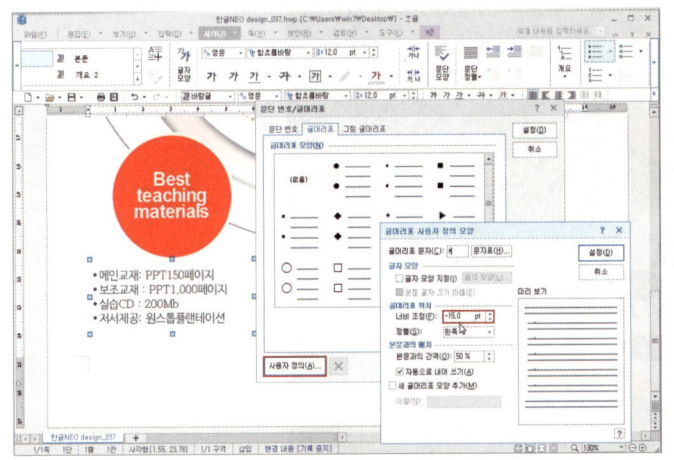 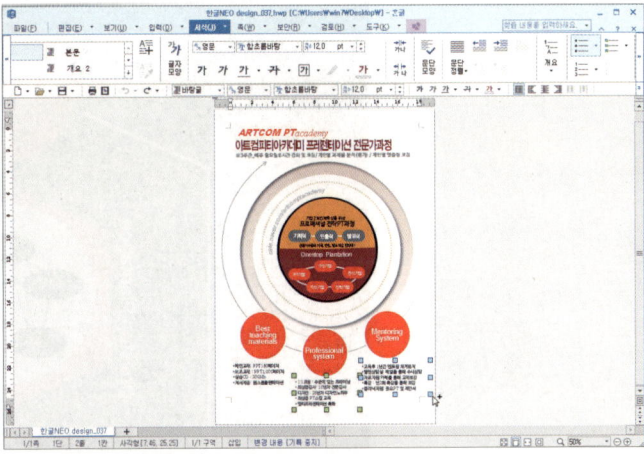

Tip & Tech 글머리표와 텍스트와의 간격이 벌어져 있으면 짜임새가 없어 보입니다. 너무 붙어 있어도 답답해 보이기 때문에 적절한 간격 유지가 중요합니다.

013 흐름도를 활용한 본문 디자인

흐름도는 보고서나 제안서를 작성할 때 종종 사용됩니다. 도형과 라인, 화살표, 텍스트 등으로 이루진 흐름도는 텍스트만으로 설명하기 힘든 부분을 보다 효과적으로 전달할 수 있습니다.
흐름도에서 가장 중요한 요소가 텍스트이므로 무엇보다 가독성이 우선되어야 합니다. 여기에 도형과 라인, 화살표 등이 그래픽적으로 편집되었을 때 가장 이상적이라 할 수 있습니다.

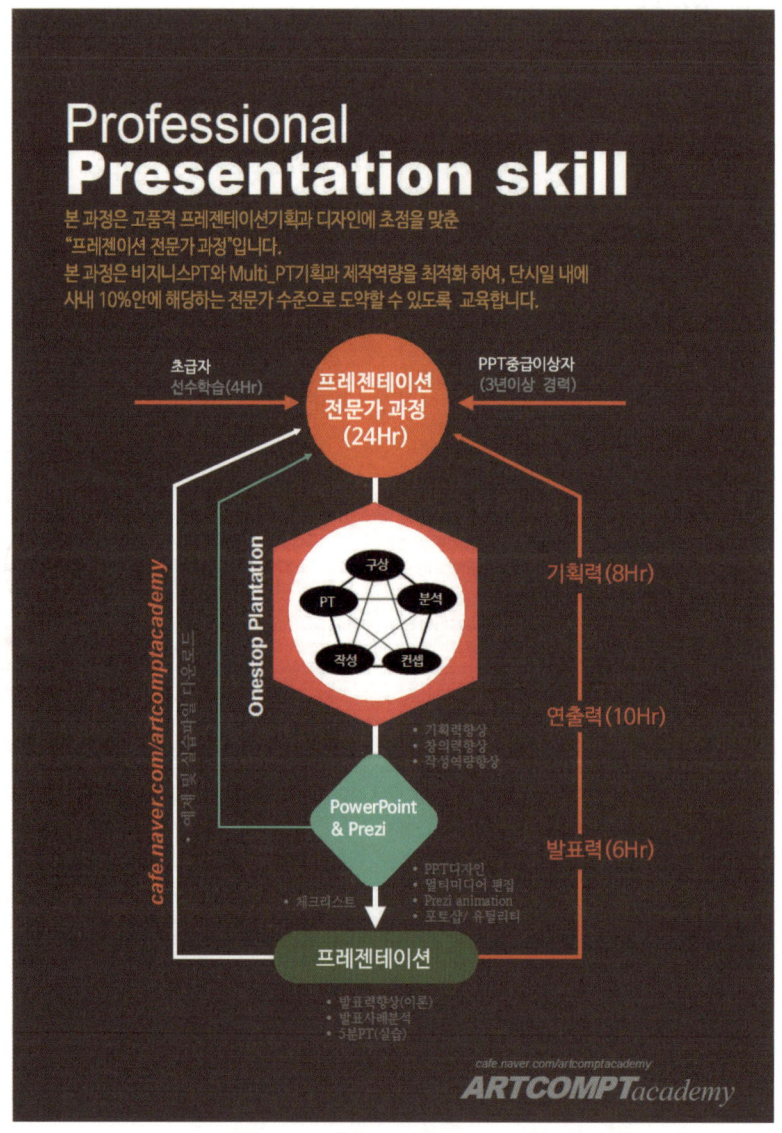

|난이도| ★★★★☆ |예제 폴더| Part 03\13 |완성 파일| Part 03\13\완성\한글NEO design_013.hwp
|과정 파일| Part 03\13\완성\한쇼NEO design_013_16단계.show
|색상 베리에이션| Part 03\13\완성\한쇼NEO design_013_4컬러.show
|인터넷으로 보기| http://cafe.naver.com/artcomptacademy/2173

디자인 포인트

이번 예제에서 주목해야 할 디자인은 도형과 화살표를 활용한 흐름도입니다. 흐름도는 오직 한글에서 제공되는 도형과 라인, 화살표만으로 완성도를 높일 수 있습니다.

도형은 타원, 육각형, 마름모꼴, 모서리가 둥근 직사각형인데 이 모든 것을 한글에서 주어진 도형을 활용하면 쉽게 만들 수 있습니다. 다각형의 화살표는 '다각형' 도형 그리기 기능과 '다각형 편집' 기능을 이용하면 원하는 형태대로 어렵지 않게 만들 수 있습니다.

4컬러 베리에이션

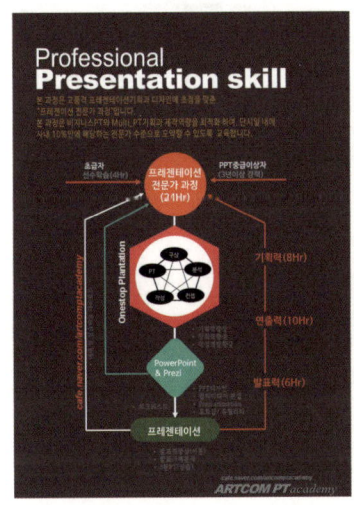
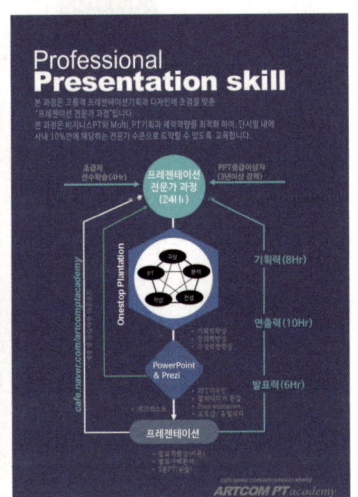
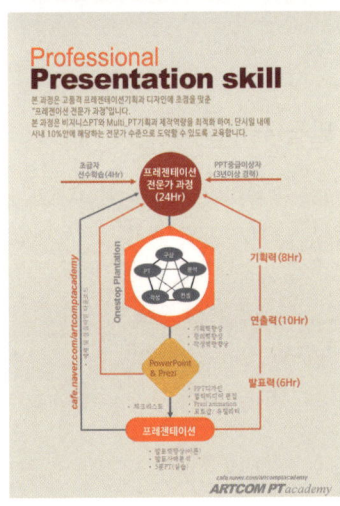

01 한글 NEO에서 편집 용지 설정하고 중심부 장식형 디자인 배치하기

01 한글 NEO를 실행합니다.

02 F7 키를 눌러 편집 용지를 설정합니다.
- 용지 종류 : A4(국배판) [210×297mm], 용지 방향 : 세로, 제본 : 한쪽
- 용지 여백 : 위쪽(10.0mm), 머리말(0.0mm), 왼쪽(10.0mm), 오른쪽(10.0mm), 꼬리말(0.0mm), 아래쪽(10.0mm)

03 배경을 어두운 밤색(R74 G59 B54)으로 지정합니다.
- [쪽] 탭 – [쪽 테두리/배경] – [배경] 탭 – [채우기] – [색] – [면 색]

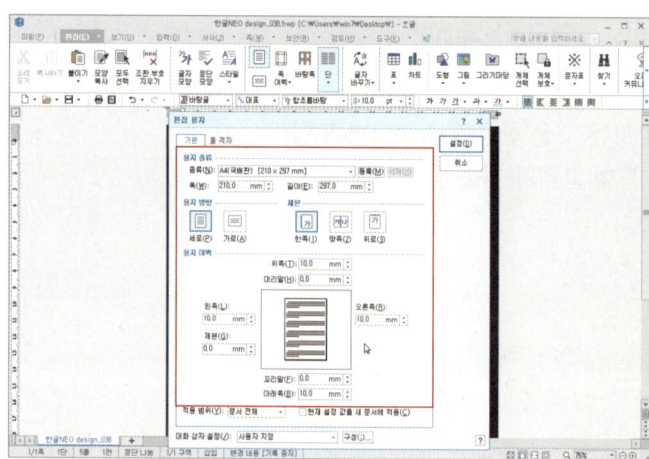 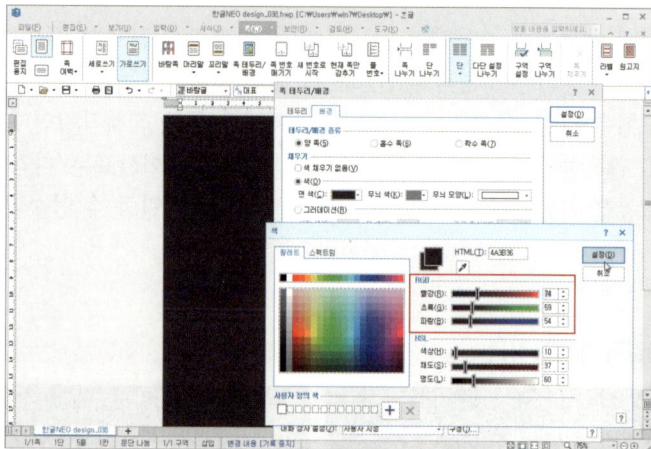

Tip & Tech 용지 배경은 이미지를 적용하는 방식과 배경 색으로 배색하는 방식이 있습니다. 배경 색은 텍스트와 디자인 요소 등에 많은 영향을 주므로 신중하게 결정해야 합니다.

02 메인 타이틀 편집하기

01 [입력] 탭 – 도형에서 [가로 글상자]를 클릭하고 'Professional'을 입력합니다.
- Arial, 41pt, 흰색, 왼쪽 정렬

02 [서식] 탭 – [글자 모양]을 클릭하고 [글자 모양] 대화상자(Alt + L)를 열어 텍스트를 보다 짜임새 있게 만듭니다.
- [기본] 자간 : 0%, 장평 : 100%
- [확장] 기타 : [글꼴에 어울리는 빈칸] 체크

03 [입력] 탭 – 도형에서 [가로 글상자]를 클릭하고 'Presentation skill'을 입력합니다.
- Arial Black, 46pt, 흰색, 왼쪽 정렬

04 [서식] 탭 – [글자 모양]을 클릭하고 [글자 모양] 대화상자를 열어 텍스트를 보다 짜임새 있게 만듭니다.
- [기본] 자간 : 0%, 장평 : 100%
- [확장] 기타 : [글꼴에 어울리는 빈칸] 체크

05 [개체 속성] 대화상자(P)에서 배경 색과 선 색을 제거합니다.
- [개체 속성] – [선] 탭 – [종류] : 선 없음, [개체 속성] – [채우기] 탭 – [색 채우기 없음]

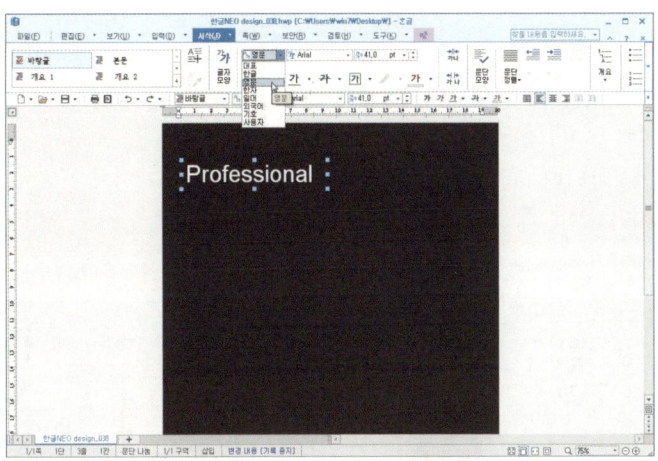
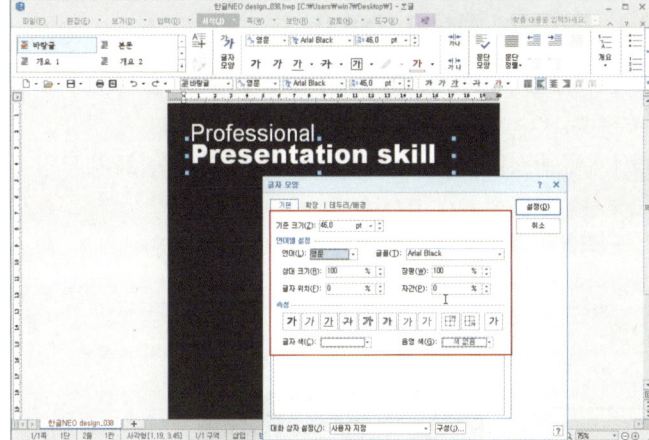

03 설명 텍스트 편집하기

01 [입력] 탭 – 도형에서 [가로 글상자]를 클릭하고 '본 과정은 고품격 프레젠테이션기획…'을 입력합니다.
- 나눔바른고딕OTF, 15pt, 왼쪽 정렬

02 [서식] 탭이나 [글자 모양] 대화상자에서 글자 색을 황금색(R225 G162 B23)으로 지정합니다.

03 텍스트를 선택하고 마우스 오른쪽 버튼을 클릭한 다음 [개체 속성]을 실행하고 배경 색과 선 색을 제거합니다.
- [개체 속성]–[선] 탭–[종류] : 선 없음, [개체 속성]–[채우기] 탭–[색 채우기 없음]

04 [서식] 탭–[글자 모양]을 클릭하고 [글자 모양] 대화상자(Alt+L)를 열어 텍스트를 보다 짜임새 있게 만듭니다.
- [기본] 자간 : –3%, 장평 : 90%
- [확장] 기타 : [글꼴에 어울리는 빈칸] 체크

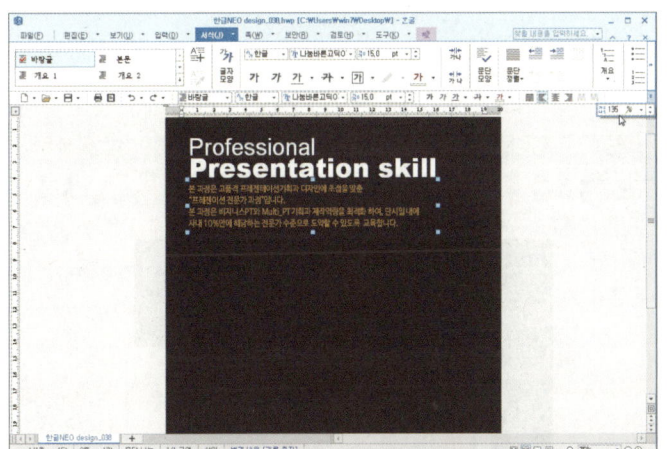
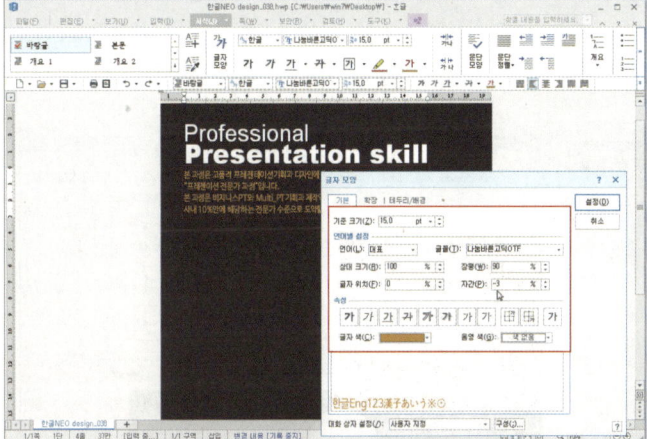

Tip&Tech 배경 색이 어두운 밤색(갈색)일 때 텍스트 색상은 흰색, 노랑색, 금색, 주황색 등이 가장 잘 어울립니다.

04 중심부에 화살표 만들기

01 [입력] 탭 - 도형에서 [그리기 개체] - [직선]을 클릭하고 화살표를 만들기 위해 라인을 그립니다.
- 너비 : 0mm, 높이 : 139.08mm

02 [개체 속성] 대화상자에서 선의 색, 굵기, 화살표의 모양 등을 정합니다.
- 흰색, 실선, 선 굵기 : 1.50mm
- [화살표] 끝 모양 : 화살표, 끝 크기 : 중간 폭 중간 높이

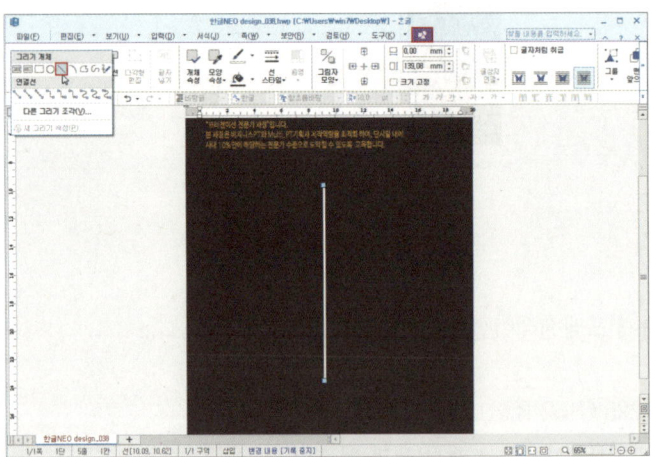 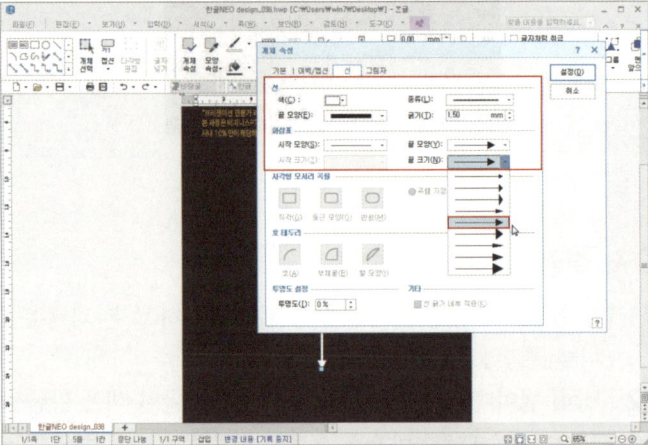

05 화살표 시작점에 타원 디자인하기

01 [입력] 탭 - 도형에서 [다른 그리기 조각] - [기본 도형] - [타원]을 클릭하고 화살표 시작점에 타원 박스를 그립니다.
- 너비 : 38.66mm, 높이 : 38.66mm

02 [개체 속성] 대화상자에서 색상을 지정합니다.
- [개체 속성] - [선] 탭 - [종류] : 선 없음, [개체 속성] - [채우기] 탭 - [색] : 주황(R238 G89 B34)

03 [개체 속성] - [기본] 탭 - [위치] - [자리 차지]를 선택합니다.

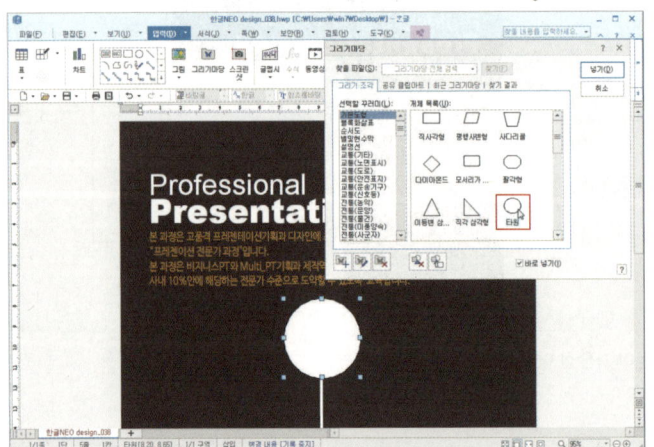 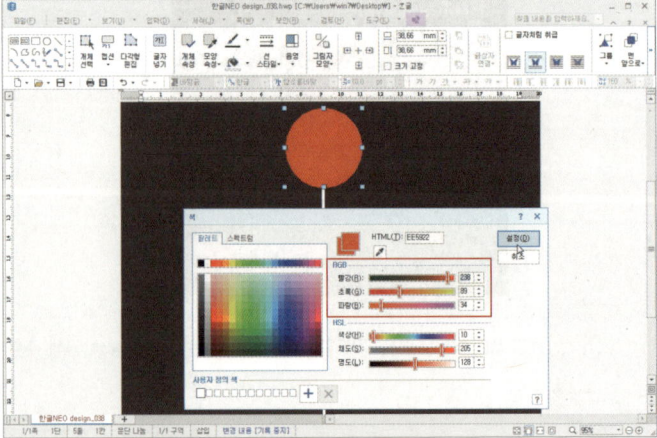

Tip & Tech 한글에서 타원이 80% 화면에서는 깨져 보일 수 있으나 200% 이상 크게 확대해 보면 매끄럽게 보입니다. 타원이나 직사각형, 직선, 원호 등 자주 쓰이는 도형들은 [입력] 탭 - 도형에서 바로 보입니다.

06 육각형 도형 디자인하기

01 타원 아래쪽에 육각형 도형을 그립니다.
- [입력] 탭-도형에서 [다른 그리기 조각]-[기본 도형]-[육각형]

02 [개체 속성] 대화상자에서 색상을 지정합니다.
- [개체 속성]-[선] 탭-[종류] : 선 없음, [개체 속성]-[채우기] 탭-[색] : 빨간색(R238 G61 B69)

03 육각형을 시계 방향으로 90° 회전한 다음 크기를 조정합니다.
- 너비 : 56.53mm, 높이 : 59.89mm

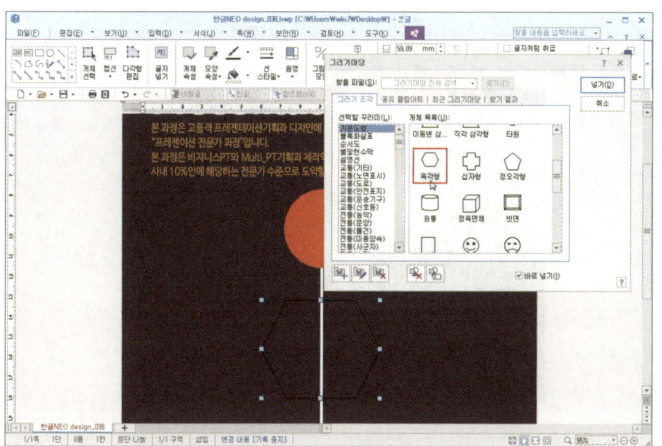 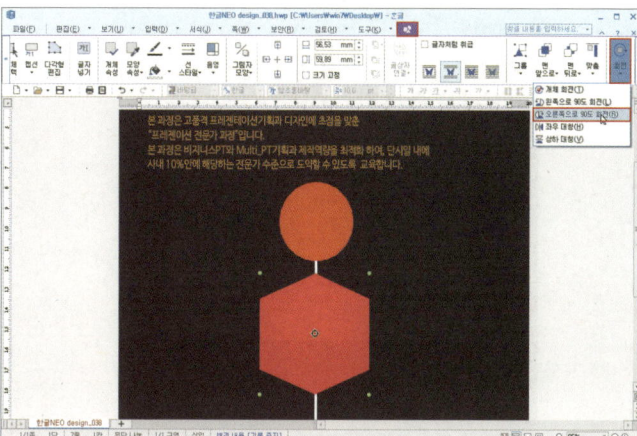

Tip & Tech 　 회전 기능은 [도형] 탭-[회전]-[개체 회전]을 통해서도 조절할 수 있습니다.

07 마름모꼴 도형 디자인하기

01 육각형 아래쪽에 '모서리가 둥근 사각형' 도형을 그립니다.
- [입력] 탭-도형에서 [다른 그리기 조각]-[기본 도형]-[모서리가 둥근 사각형]

02 [개체 속성] 대화상자에서 색상을 지정합니다.
- [개체 속성]-[선] 탭-[종류] : 선 없음, [개체 속성]-[채우기] 탭-[색] : 청록(R77 G181 B153)

03 모서리가 둥근 사각형을 시계 방향으로 45° 회전한 다음 크기를 조정합니다.
- 너비 : 39mm, 높이 : 39mm

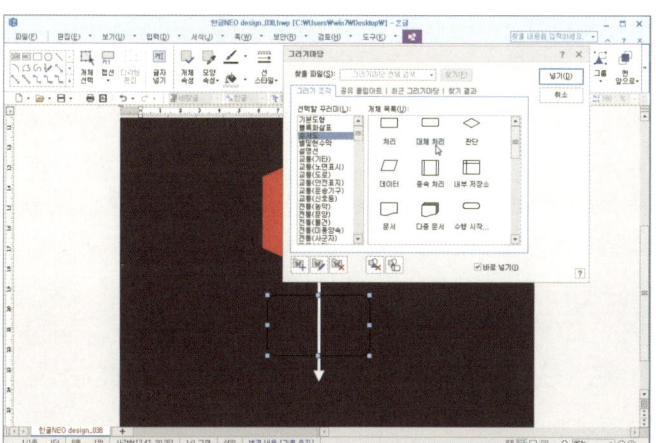 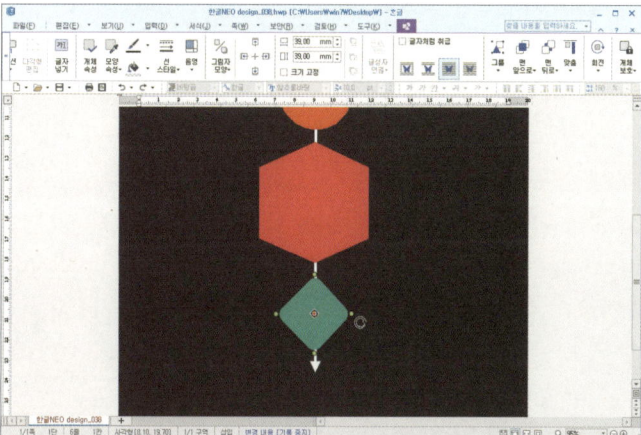

Tip & Tech 　 조절점으로 모양을 만들기 어려울 때는 [개체 속성]-[기본] 탭-[크기]에서 너비와 높이 수치를 입력합니다.

08 좌우가 둥근 직사각형 디자인하기

01 마름모꼴 도형 아래쪽에 좌우가 둥근 직사각형을 그립니다.
- [입력] 탭 - 도형에서 [다른 그리기 조각] - [순서도] - [수행 시작/종료]

02 [개체 속성] 대화상자에서 색상을 지정합니다.
- [개체 속성] - [선] 탭 - [종류] : 선 없음, [개체 속성] - [채우기] 탭 - [색] : 진한 녹색(R79 G116 B41)

03 모서리가 둥근 사각형을 시계 방향으로 45° 회전한 다음 크기를 조정합니다.
- 너비 : 56.53mm, 높이 : 13.9mm

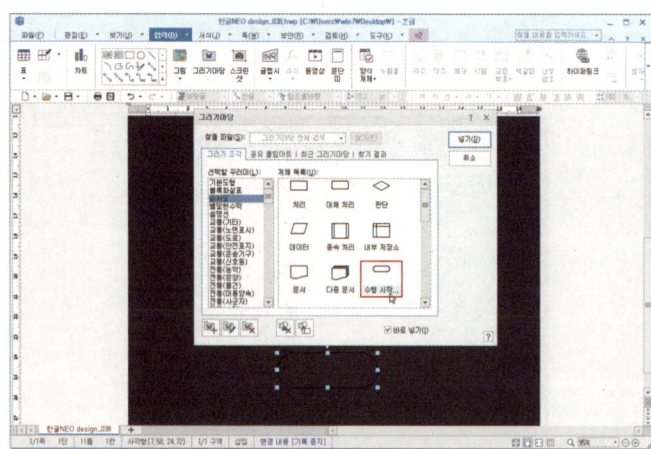 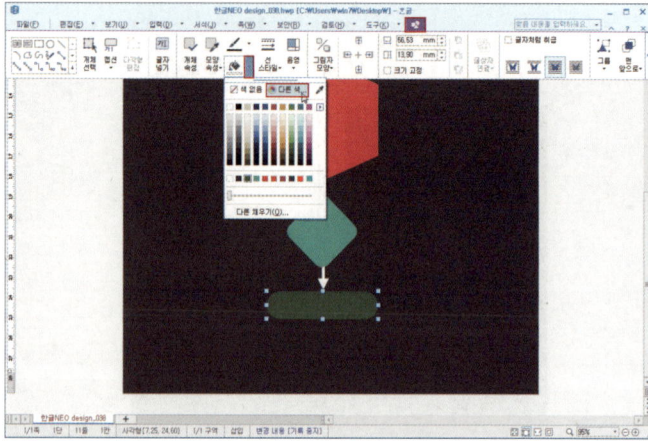

Tip & Tech 한글에서는 한쇼나 파워포인트처럼 도형을 자유롭게 변형하기 어렵습니다. 그렇기 때문에 주어진 도형을 최대한 활용하여 디자인해야 합니다.
흐름도 제작에서 중요한 부분이 색상 배색입니다. 채도가 높은 빨간색, 연두색, 노란색, 초록색, 파란색 등을 배색하면 촌스럽게 느껴지기 때문에 주의해서 사용해야 합니다.

09 타원 좌우측 화살표 디자인하기

01 [입력] 탭 - 도형에서 [그리기 개체]를 클릭하고 화살표를 만들기 위해 왼쪽에 선을 그립니다.
- 너비 : 45.87mm, 높이 : 0mm

02 [개체 속성] 대화상자에서 선의 색, 굵기, 화살표의 모양 등을 정합니다.
- 주황(R238 G89 B34), 실선, 선 굵기 : 1.00mm
- [화살표] 끝 모양 : 화살표, 끝 크기 : 중간 폭 중간 높이

03 왼쪽에 완성된 화살표를 오른쪽에 복제(Ctrl+D)하고 좌우대칭을 합니다.
- [도형] 탭 - [회전] - [좌우 대칭]

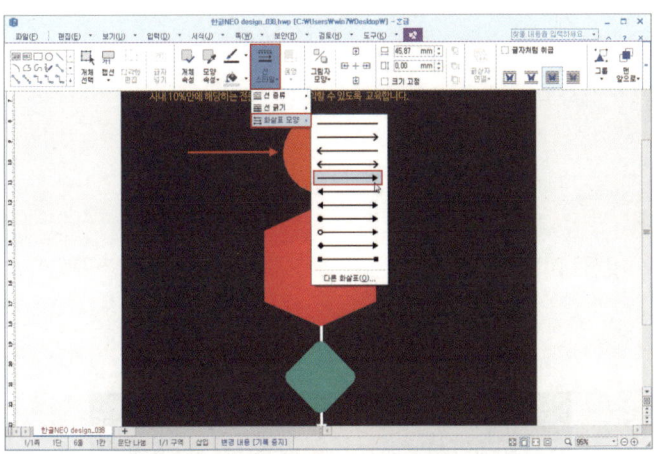

Tip & Tech 선 색상은 타원색과 동일합니다. [색 골라내기] 일명 스포이트 기능을 활용하면 쉽게 색상을 배색할 수 있습니다. 선이 선택된 상태에서 [다른 색]-[색 골라내기]를 선택하면 커서가 스포이트 모양으로 변경됩니다. 스포이트로 '타원'을 클릭하면 선 색상이 '타원'과 동일한 주황색으로 변경됩니다.

IO 타원과 화살표 주변 텍스트 편집하기

01 [입력] 탭 - 도형에서 [가로 글상자]를 클릭하고 '프레젠테이션 전문가 과정(24Hr)'을 입력합니다.
- 나눔바른고딕OTF, 17pt, 흰색, 가운데 정렬, 줄 간격 : 120%

02 텍스트를 선택하고 마우스 오른쪽 버튼을 클릭한 다음 [개체 속성]을 실행하고 배경 색과 선 색을 제거합니다.
- [개체 속성]-[선] 탭-[종류] : 선 없음, [개체 속성]-[채우기] 탭-[색 채우기 없음]

03 [서식] 탭 - [글자 모양]을 클릭하고 [글자 모양] 대화상자(Alt+L)를 연 다음 텍스트를 보다 짜임새 있게 만듭니다.
- [기본] 자간 : 0%, 장평 : 100%
- [확장] 기타 : [글꼴에 어울리는 빈칸] 체크

04 [입력] 탭 - 도형에서 [가로 글상자]를 클릭하고 왼쪽에 '초급자 선수학습(4Hr)'을 입력합니다.
- 나눔바른고딕OTF, 12pt, 흰색, 회색(R153 G153 153), 왼쪽 정렬, 줄 간격 : 130%

05 왼쪽 완성된 텍스트를 복제(Ctrl+D)하고 오른쪽 화살표 위쪽에 배치합니다.

06 텍스트 내용을 'PPT중급이상자(3년이상 경력)'으로 변경한 후 문단 정렬을 '오른쪽 정렬'로 고칩니다.

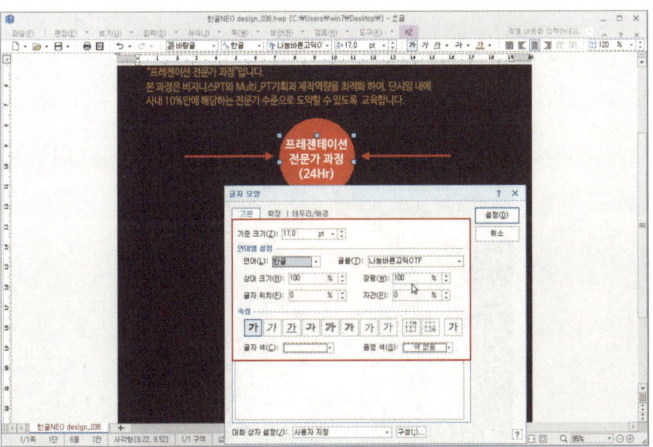
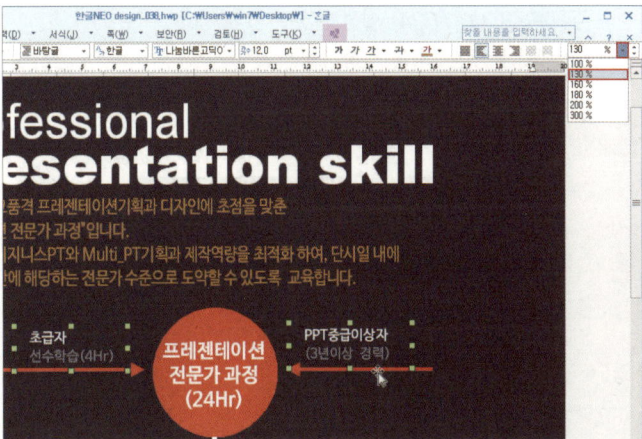

11 왼쪽 다각형 화살표 선 디자인하기

01 [입력] 탭 - 도형에서 [그리기 개체] - [다각형]을 클릭하고 둥근 직사각형에서 타원까지 다각형 라인을 왼쪽에 그립니다.

- 너비 : 45.57mm, 높이 : 140.9mm

02 [개체 속성] - [채우기] 탭에서 [색 채우기 없음]을 선택합니다.

03 [개체 속성] 대화상자에서 선의 색, 굵기, 화살표의 모양 등을 정합니다.

- 흰색, 실선, 선 굵기 : 1.00mm
- [화살표] 끝 모양 : 화살표, 끝 크기 : 작은 폭 작은 높이

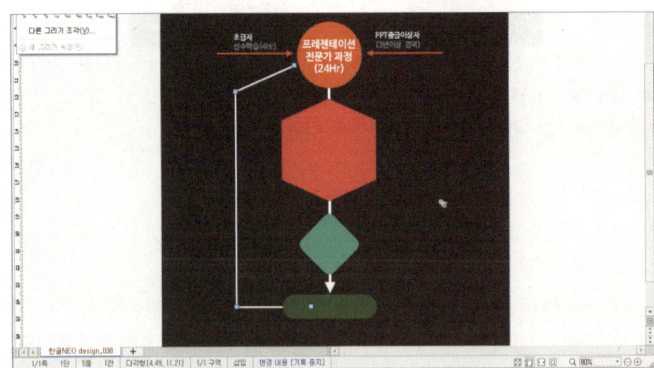 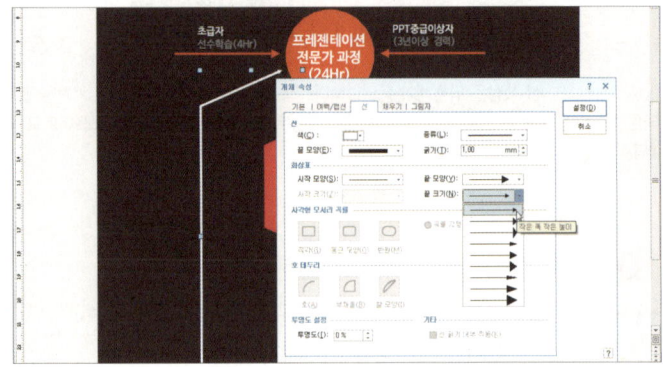

12 작은 다각형 화살표 선과 오른쪽 다각형 화살표 선 디자인하기

01 과정 11과 같은 방식으로 작은 다각형 화살표와 오른쪽 다각형 화살표를 그립니다.

02 왼쪽 작은 다각형 화살표를 그립니다. [개체 속성] 대화상자에서 선의 색, 굵기, 화살표의 모양 등을 정합니다.

- 너비 : 31.15mm, 높이 : 99.68mm
- 청록(R77 G181 153), 실선, 선 굵기 : 0.70mm
- [화살표] 끝 모양 : 화살표, 끝 크기 : 작은 폭 작은 높이

03 과정 11과 같은 방식으로 오른쪽 다각형 화살표를 그립니다. [개체 속성] 대화상자에서 선의 색, 굵기, 화살표의 모양 등을 정합니다.

- 너비 : 31.15mm, 높이 : 99.68mm
- 주황(R238 G89 B34), 실선, 선 굵기 : 1.00mm,
- [화살표] 끝 모양 : 화살표, 끝 크기 : 작은 폭 작은 높이

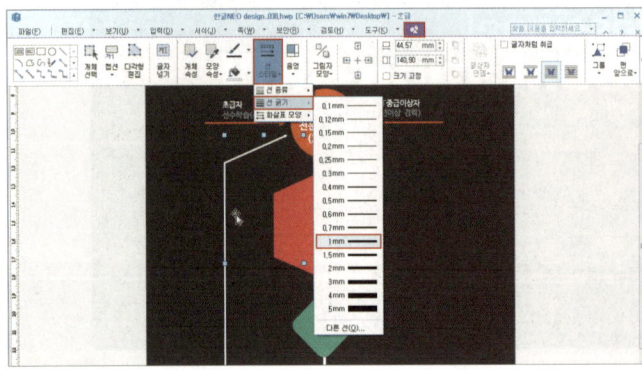 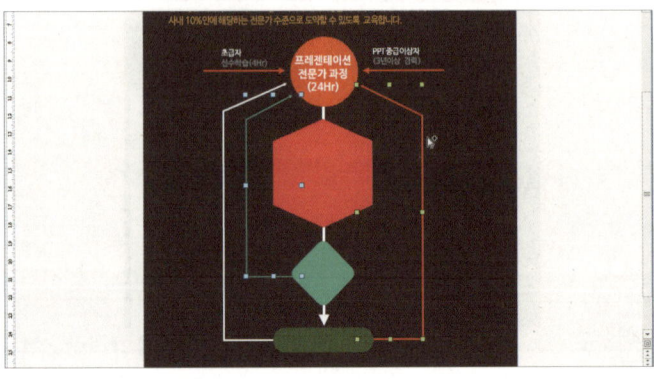

13 5컨셉 박스 불러와 배치하기

01 [입력] 탭 - 도형에서 [다른 그리기 조각] - [기본 도형] - [타원]을 클릭하고 육각형 안쪽에 흰색 타원을 그립니다.
- 너비 : 48.31mm, 높이 : 48.31mm

02 [입력] 탭 - [그림]을 클릭하고 컨셉 박스 이미지를 불러와 **01**에서 그린 타원 안쪽에 배치합니다.
- Part 03\13\5컨셉 박스.png
- 너비 : 44.12mm, 높이 : 33.87mm

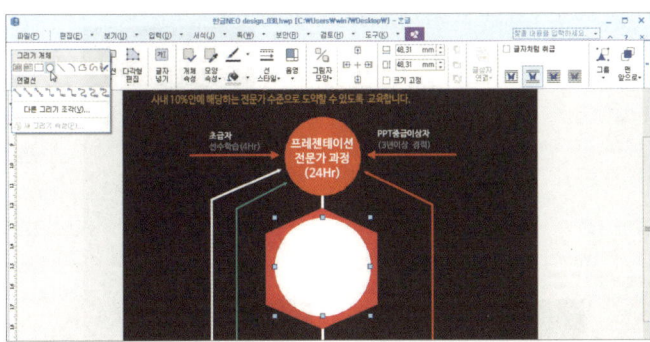 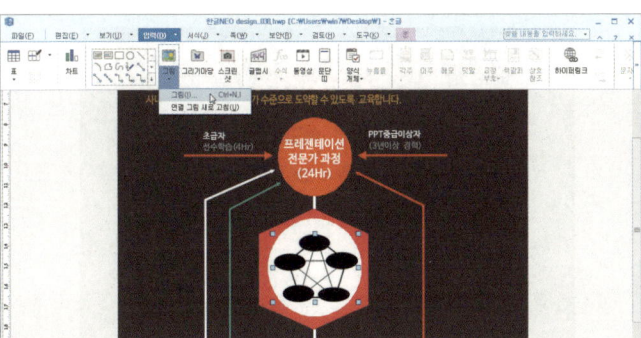

Tip & Tech '5컨셉 박스'는 한글에서 기본 도형에 있는 오각형과 타원, 라인 등으로 충분히 작업할 수 있는 유형입니다. 이번 과정에서는 작성 시간 단축을 위해 만들어진 이미지를 활용합니다.

14 5컨셉 박스와 도형에 텍스트 배치하기

01 [입력] 탭 - 도형에서 [가로 글상자]를 클릭하고 5컨셉 박스에 배치할 텍스트를 각각 입력합니다.
- 나눔바른고딕, 10pt, 흰색

02 [서식] 탭 - [글자 모양]을 클릭하고 [글자 모양] 대화상자(Alt + L)를 열어 텍스트를 보다 짜임새 있게 만듭니다.
- [기본] 자간 : 0%, 장평 : 100%
- [확장] 기타 : [글꼴에 어울리는 빈칸] 체크

03 [입력] 탭 - 도형에서 [가로 글상자]를 클릭하고 마름모꼴에 들어갈 텍스트를 입력한 다음 배치합니다.
- 나눔바른고딕, 13pt, 흰색

04 [입력] 탭 - 도형에서 [가로 글상자]를 클릭하고 양쪽 둥근 직사각형에 들어갈 텍스트를 입력한 다음 배치합니다.
- 나눔바른고딕, 17pt, 흰색

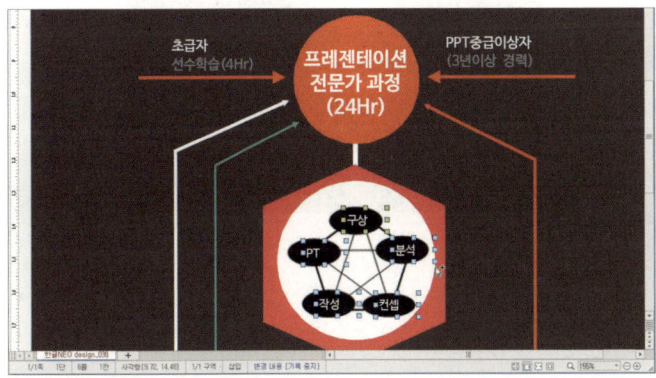 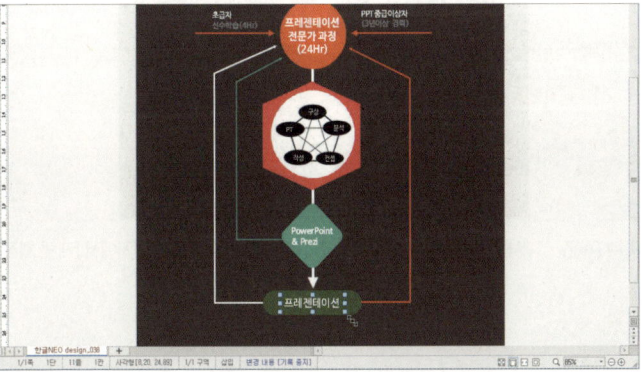

15 세로 방향으로 회전할 텍스트 입력하고 저장하기

01 [입력] 탭 – 도형에서 [가로 글상자]를 클릭하고 세로 방향으로 회전할 텍스트를 각각 입력합니다.
- cafe.naver.com... : Arial, 15pt, 주황(R238 G89 B34)
- 예제 및 실습파일... : 나눔 명조, 10pt, 회갈색(R148 G138 B135), 작은 타원 글머리표
- Onestop Plantation : Arial, 진하게, 14pt, 흰색

02 입력한 텍스트를 각각 EMF 형식으로 저장합니다.

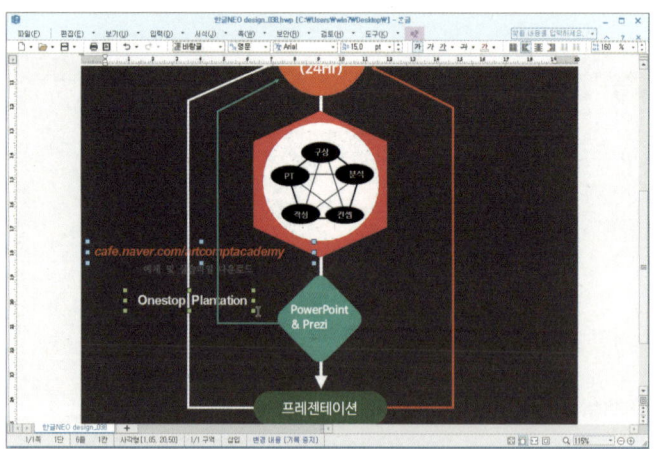
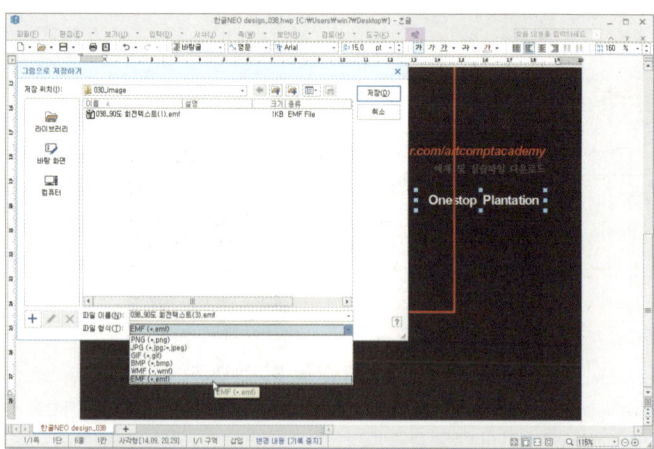

Tip & Tech PNG 형식으로 텍스트를 저장하면 배경이 흰색으로 채워집니다. 그렇기 때문에 EMF 파일 형식으로 저장합니다.

16 세로 방향으로 돌려서 배치하기

01 [입력] 탭 – [그림]을 클릭하고 EMF 파일 형식으로 저장한 URL 텍스트를 불러옵니다.
- Part 03\13\세로 방향 텍스트(1).emf

02 시계 반대 방향으로 90° 회전한 다음 크기를 조정합니다.
- 너비 : 8.69mm, 높이 : 101.35mm

03 과정 15에서 작성하여 저장한 다른 텍스트도 같은 방식으로 회전하여 배치합니다.
- Part 03\13\세로 방향 텍스트(2).emf, 세로 방향 텍스트(3).emf

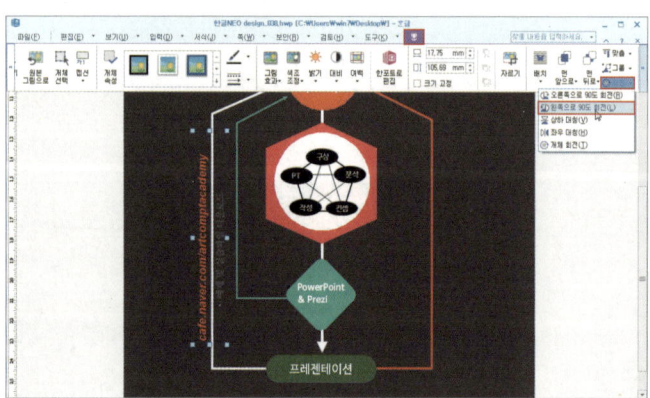
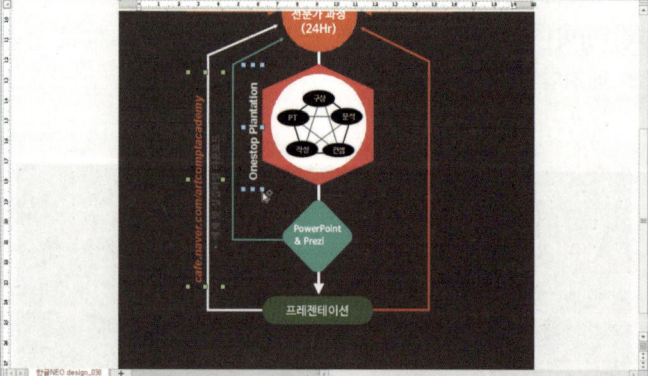

Tip & Tech 시계 반대 방향으로 90° 회전하려면 [개체 속성] 대화상자에서 [개체 회전] 회전각을 270°로 설정합니다.

17 오른쪽 키워드 텍스트 편집하기

01 [입력] 탭-도형에서 [가로 글상자]를 클릭하고 '기획력(8Hr)', '연출력(10Hr)', '발표력(6Hr)'을 각각 입력합니다.
  - 나눔바른고딕OTF, 16pt, 주황(R238 G89 B34), 왼쪽 정렬

02 [개체 속성] 대화상자에서 선 색은 제거하고 채우기 색을 지정합니다.
  - [개체 속성]-[선] 탭-[종류] : 선 없음, [개체 속성]-[채우기] 탭-[색] : 어두운 밤색(R74 G59 B54)

03 본문과의 배치를 [글 앞으로]로 지정합니다.
  - [개체 속성]-[기본] 탭-[위치]-[글 앞으로]

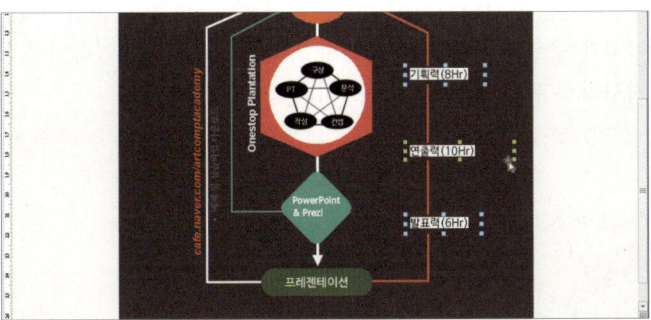 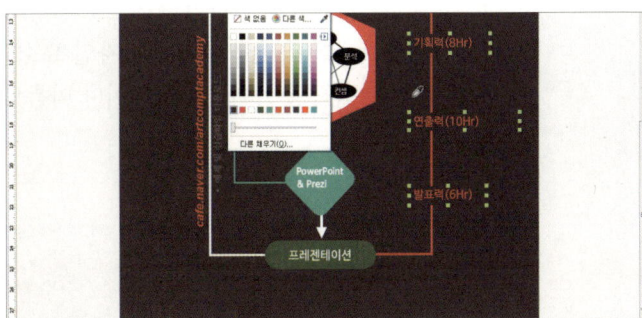

Tip & Tech 여러 개의 텍스트와 도형들을 구성할 때 개체 순서가 바뀌지 않거나 텍스트가 보이지 않을 경우 [본문과 배치]를 반드시 점검해 보세요.

18 설명 텍스트 편집하기

01 [입력] 탭-도형에서 [가로 글상자]를 클릭하고 설명 텍스트를 각각 입력합니다.
  - 나눔명조, 10pt, 줄 간격 : 120%, 왼쪽 정렬

02 [서식] 탭이나 [글자 모양] 대화상자에서 글자 색을 회갈색(R148 G138 B135)으로 지정합니다.

03 글머리표를 적용합니다.
  - [서식] 탭-[글머리표]-[글머리표 모양]-[작은 원형]

04 [서식] 탭-[글머리표]-[글머리표 모양]-[사용자 정의]를 클릭하고 글머리표와 텍스트와의 간격을 좁힙니다.
  - [글머리 위치]-[너비 조정] : -3pt

05 해당 위치에 맞춰 설명 텍스트를 배치하고 정렬합니다.

06 로고를 오른쪽 아랫부분에 배치합니다(예제 011 과정 12 참고).

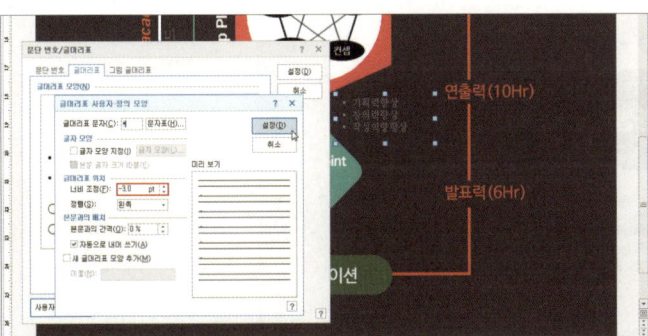 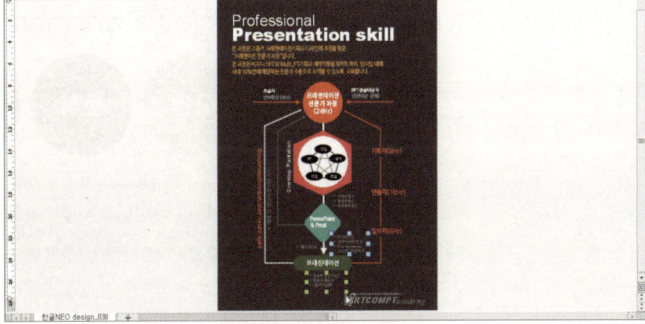

Tip & Tech 설명 텍스트는 부가적인 부분이기 때문에 강하지 않게 표현하는 것이 좋습니다. 폰트와 종류, 크기, 색상 등이 강하지 않도록 주의합니다.

014 육각형을 활용한 본문 디자인

보고서나 제안서 본문을 작성할 때 틀에 박힌 형식을 벗어나고 싶을 때가 있습니다. 이런 경우 육각형을 디자인 모티브로 활용하면 짜임새가 생기면서 색다른 레이아웃을 전개할 수 있습니다. 또한 육각형 주변에 디자인 요소를 어떻게 구성했느냐 따라 다양한 느낌을 연출할 수 있습니다. 육각형 이외에도 타원이나 마름모, 직사각형 등을 적용해도 좋습니다.

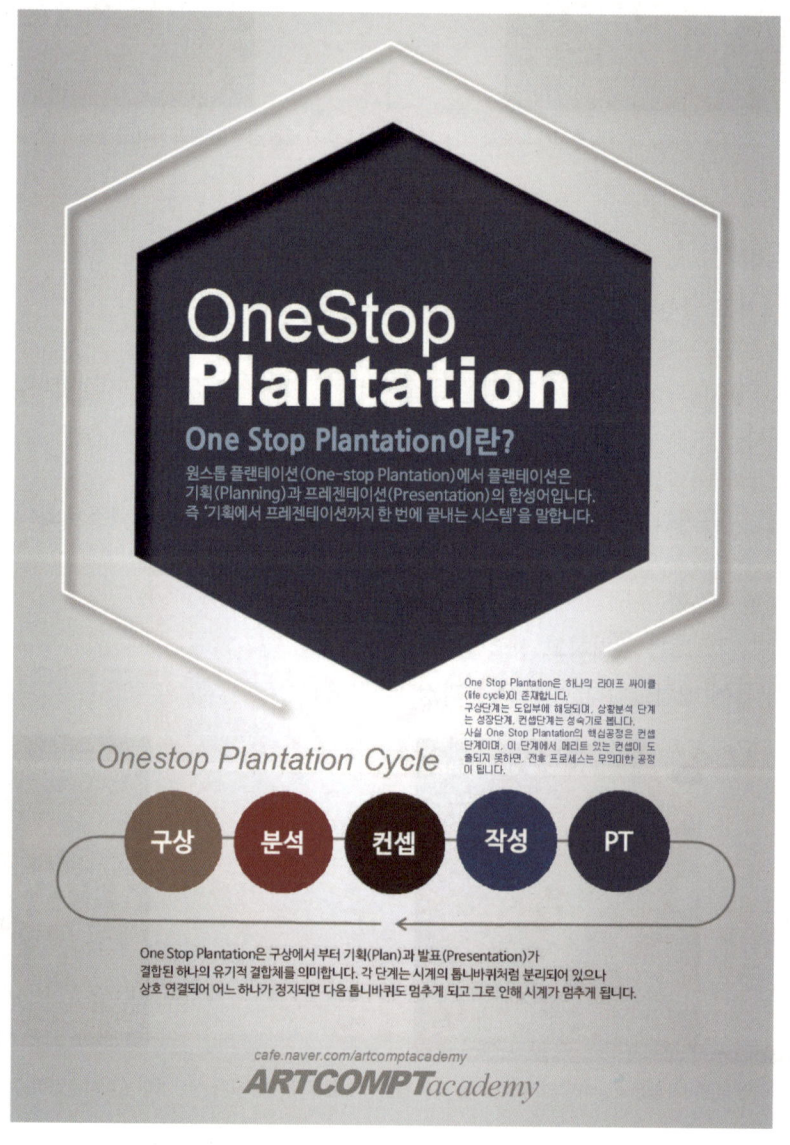

|난이도| ★★★★☆ |예제 폴더| Part 03\14 |완성 파일| Part 03\14\완성\한글NEO design_014.hwp
|과정 파일| Part 03\14\완성\한쇼NEO design_014_12단계.show
|색상 베리에이션| Part 03\14\완성\한쇼NEO design_014_4컬러.show
|인터넷으로 보기| http://cafe.naver.com/artcomptacademy/2172

디자인 포인트

이번 예제에서 주목해야 할 디자인은 육각형을 디자인 요소로 활용하는 것입니다. 기본적인 육각형 디자인은 한쇼에서 작성하고 한글에서 불러들여 텍스트를 편집합니다. 육각형은 주어진 도형 그대로 사용하기보다는 45° 돌려서 활용하는 것이 좋습니다. 육각형 라인은 [경로 열기]와 [점 편집] 등을 통해 모양을 변경한 다음 그림자 효과를 주면 색다른 장식 요소로 활용할 수 있습니다.

4컬러 베리에이션

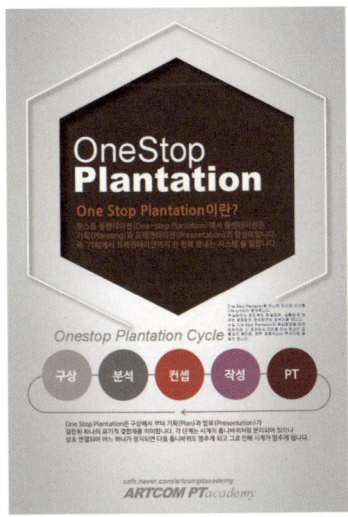

01 한쇼 NEO에서 육각형 도형 만들기

01 한쇼 NEO를 실행합니다.
　※용지 종류는 [A4 용지], 슬라이드 방향은 [세로]입니다. 용지는 [서식] 탭-[슬라이드 크기]-[쪽 설정]에서 설정합니다.

02 [입력] 탭 - 도형에서 [자세히] 단추를 클릭하고 [기본 도형] - [육각형]을 선택합니다.

03 Shift 키를 누른 상태에서 드래그하여 육각형을 그립니다.

04 [개체 속성] 대화상자에서 선 색은 제거하고 채우기 색을 지정합니다.
- [개체 속성]-[선] 탭-[종류] : 선 없음, [개체 속성]-[채우기] 탭-[색] : 청회색(R57 G81 B107)

05 왼쪽으로 90도 회전하고 크기를 조절합니다.
- [도형]-[회전]-[왼쪽으로 90도 회전]
- 너비 : 140.49mm, 높이 : 131.47mm

06 육각형에 그림자 효과를 적용합니다.
- [개체 속성]-[그림자] 탭-[대각선 왼쪽 위]
- 검정색, 투명도 : 50%, 흐리게 : 6pt, 거리 : 15pt, 각도 : 225°

07 완성된 육각형을 '육각형 디자인'이라는 이름의 PNG 파일로 저장합니다.

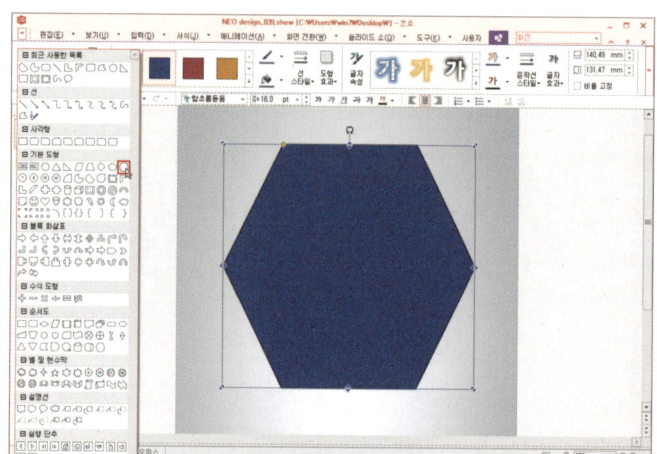 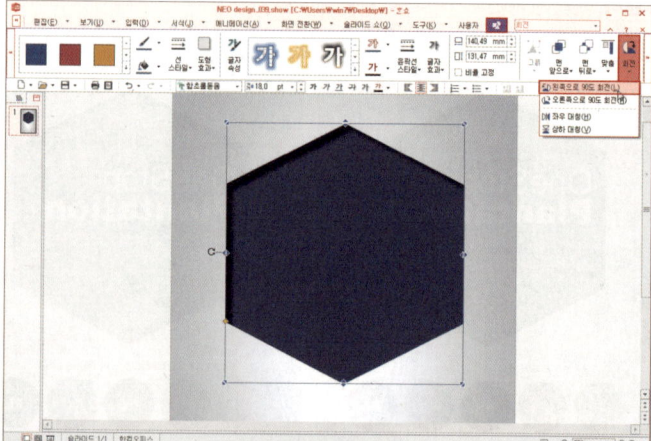

Tip & Tech 개체를 회전하는 방법은 세 가지가 있습니다. 회전 핸들을 이용하거나 [도형]-[회전] 기능을 이용할 수 있고, 개체 속성에서 회전 값을 입력하는 방법도 있습니다.

02 육각형 장식 라인 점 편집하기

01 과정 01에서 작성한 육각형을 복제(Ctrl+D)합니다.

02 그림자를 없애고 크기를 조절합니다.
- 너비 : 180.4mm, 높이 : 168.83mm

03 육각형 아랫부분 좌우에 점을 두 개 추가합니다.
- 마우스 오른쪽 버튼 클릭-[점 편집]-[점 추가]

04 추가한 점을 클릭한 후 [경로 열기]를 합니다.

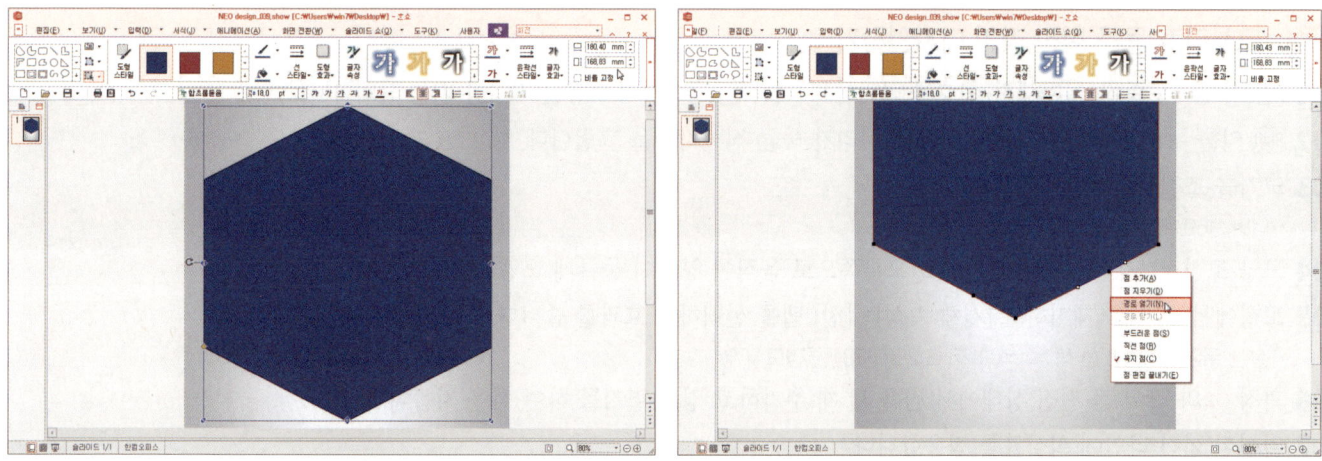

Tip & Tech 점을 추가하거나 경로 열기를 하려면 점 편집 상태에 있어야 하며, 커서 모양이 바뀐 상태에서 점을 추가하거나 삭제, 경로 열기 등이 가능해집니다.

03 육각형 장식 라인 디자인 효과 주기

01 채우기 색을 제거합니다.
- [도형] 탭-[채우기 색]-[색 없음]

02 점 두 개를 제거합니다(경로 열기한 점과 아래쪽 점).
- 마우스 오른쪽 버튼 클릭-[점 지우기]

03 점 편집된 육각형 라인을 선택하고 [개체 속성]-[선] 탭을 선택하여 효과를 줍니다.
- 실선, 굵기 : 2.25pt, 흰색, 투명도 : 0%

04 육각형 라인에 그림자 효과를 적용합니다.
- [개체 속성]-[그림자] 탭-[대각선 오른쪽 아래]
- 검정색, 투명도 : 50%, 흐리게 : 6pt, 크기 : 100%, 거리 : 6pt, 각도 : 45°

05 완성된 육각형을 '육각형 장식 라인'이라는 이름의 PNG 파일로 저장합니다.

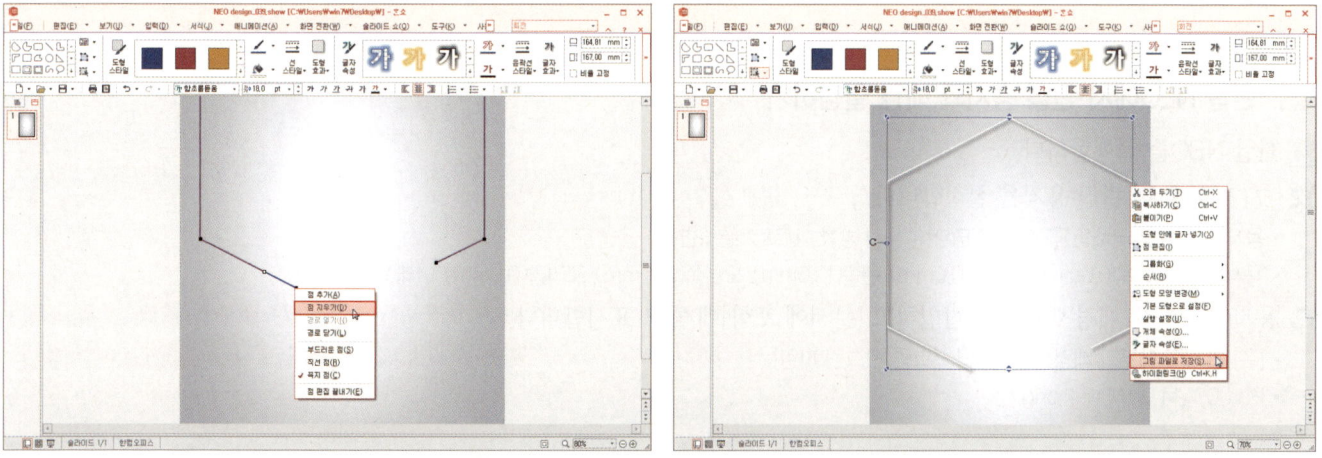

Tip & Tech 초급자에게는 점 편집 개념이 쉽게 이해되지 않을 수 있습니다. 연습을 통해 [경로 열기], [점 추가], [점 지우기] 기능 등을 완전하게 체득할 필요가 있습니다.

04 모서리가 둥근 회전 라인 디자인하기

01 [입력] 탭 – 도형에서 [자세히] 단추를 클릭하고 [사각형] – [모서리가 둥근 직사각형]을 선택합니다.

02 Shift 키를 누른 상태에서 드래그하여 모서리가 둥근 직사각형을 그립니다.

03 크기를 조절합니다.
- 너비 : 169.28mm, 높이 : 20.47mm

04 모양 조절점(노란색 다이아몬드)를 오른쪽으로 움직여 양쪽이 둥글게 모양을 만듭니다.

05 도형에서 선 색을 제거하고 [개체 속성] – [선] 탭을 선택하여 효과를 줍니다.
- 실선, 굵기 : 1.50pt, 선 색 : 회색(R128 G128 B128), 투명도 : 0%

06 과정 **02**와 같이 점 편집 상태에서 점을 세 개 추가하고 경로 열기를 하여 점을 지웁니다.

07 완성된 회전 라인에 화살표를 적용합니다.
- [도형] 탭 – [선 스타일] – [화살표 모양]

08 화살표가 적용된 회전 라인에 '모서리가 둥근 회전 라인'이라는 이름의 PNG 파일로 저장합니다.

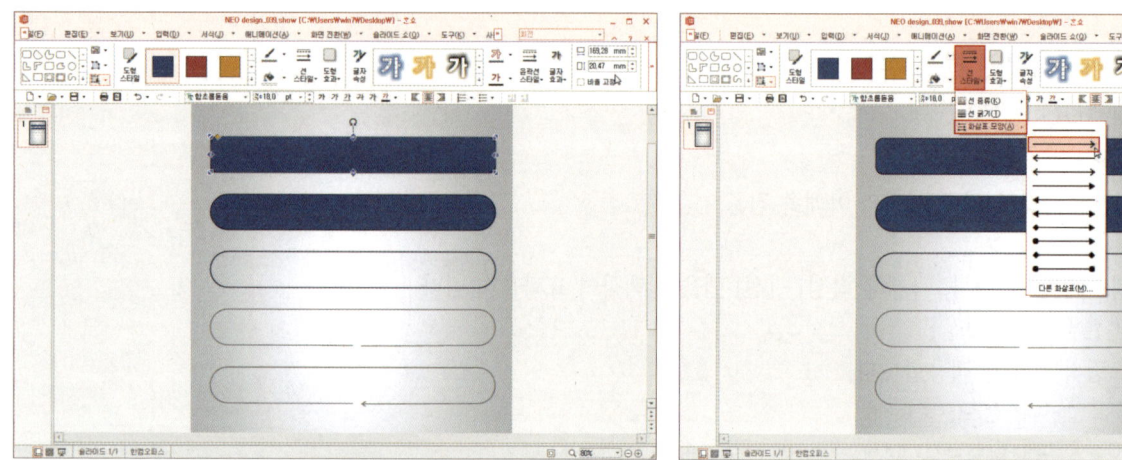

Tip & Tech 설명이 이해가 가지 않거나 결과물의 완성도가 떨어질 경우 부록 예제를 참고하세요.
· Part 03\14\완성\한쇼NEO design_014.show

05 한글 NEO에서 편집 용지와 배경 설정하기

01 한글 NEO를 실행합니다.

02 F7 키를 눌러 편집 용지를 설정합니다.
- 용지 종류 : A4(국배판) [210 × 297mm], 용지 방향 : 세로, 제본 : 한쪽
- 용지 여백 : 위쪽(10.0mm), 머리말(0.0mm), 왼쪽(10.0mm), 오른쪽(10.0mm), 꼬리말(0.0mm), 아래쪽(10.0mm)

03 용지에 연회색 배경 이미지를 삽입하고 [문서에 포함]에 체크 표시합니다.
- [쪽] 탭 – [쪽 테두리/배경] – [배경] 탭 – [그림] – [그림 파일]
- Part 03\14\회색 배경.png

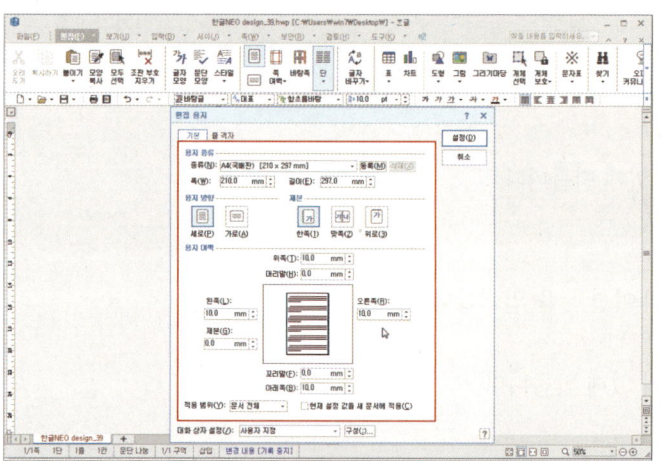 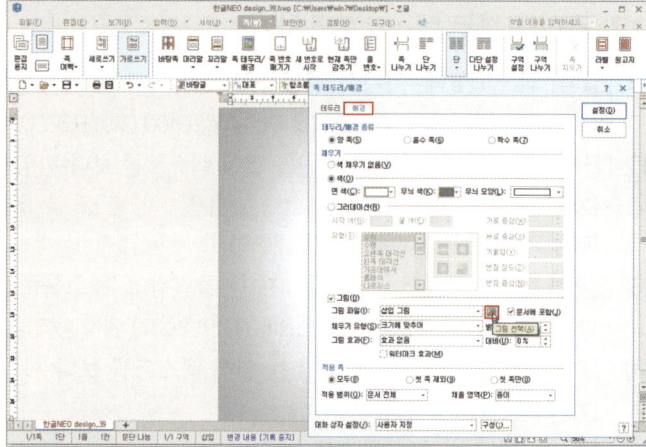

Tip & Tech 한글 디자인을 보다 차별화하려면 사전에 배경 이미지를 다양하게 만들어 놓고 상황에 맞춰 즉시 활용할 수 있도록 준비할 필요가 있습니다.

06 육각형 이미지 배치하고 메인 타이틀 편집하기

01 [입력] 탭-[그림]을 클릭하고 안쪽 그림자가 적용된 육각형 이미지를 선택하여 드래그합니다.
- Part 03\14\육각형 디자인.png

02 육각형 이미지 크기를 조절합니다.
- 너비 : 142.5mm, 높이 : 155.22mm

03 [입력] 탭-도형에서 [가로 글상자]를 클릭하고 'Onestop Plantation'을 글상자에 입력하여 육각형 이미지 안쪽에 배치합니다.
- 왼쪽 정렬, Onestop : Arial, Plantation : Arial Black, 54pt

04 [서식] 탭이나 [글자 모양] 대화상자에서 글자 색을 흰색으로 지정합니다.

05 [개체 속성] 대화상자에서 배경 색과 선 색을 제거합니다.
- [개체 속성]-[선] 탭-[종류] : 선 없음, [개체 속성]-[채우기] 탭-[색 채우기 없음]

06 [글자 모양] 대화상자(Alt+L)를 열어 텍스트를 보다 짜임새 있게 만듭니다.
- [기본] 자간 : 0%, 장평 : 100%
- [확장] 기타 : [글꼴에 어울리는 빈칸] 체크

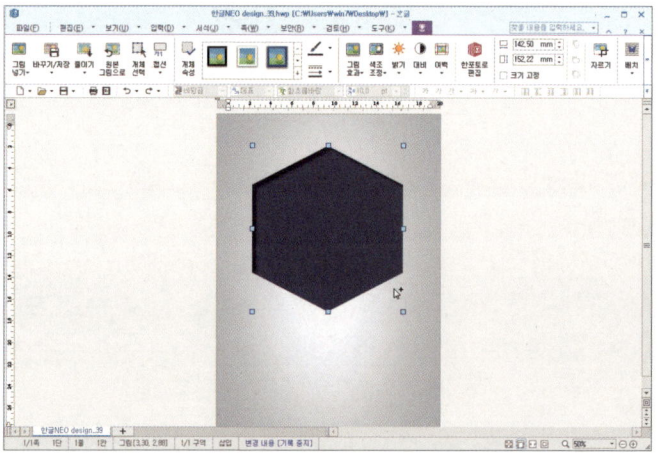 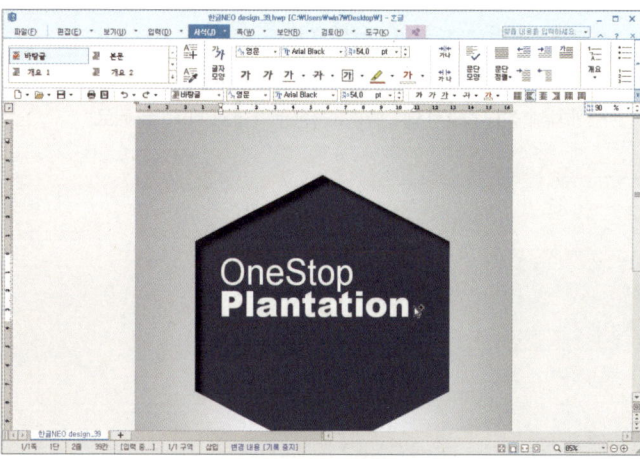

07 중심부 본문 텍스트 편집하기

01 [입력] 탭 – 도형에서 [가로 글상자]를 클릭하고 'Onestop Plantation이란?'을 입력합니다.
- 나눔바른고딕OTF ExtraBold, 22pt, 연한 파랑(R160 G191 B222)

02 [글자 모양] 대화상자([Alt]+[L])를 열어 텍스트를 보다 짜임새 있게 만듭니다.
- [기본] 자간 : 0%, 장평 : 100%
- [확장] 기타 : [글꼴에 어울리는 빈칸] 체크

03 [입력] 탭 – 도형에서 [가로 글상자]를 클릭하고 '원스톱플랜테이션...'을 입력합니다.
- 나눔바른고딕OTF, 12pt, 연한 파랑(R160 G191 B222), 왼쪽 정렬, 줄 간격 : 125%

04 [글자 모양] 대화상자([Alt]+[L])를 열어 텍스트를 보다 짜임새 있게 만듭니다.
- [기본] 자간 : 0%, 장평 : 100%,
- [확장] 기타 : [글꼴에 어울리는 빈칸] 체크

 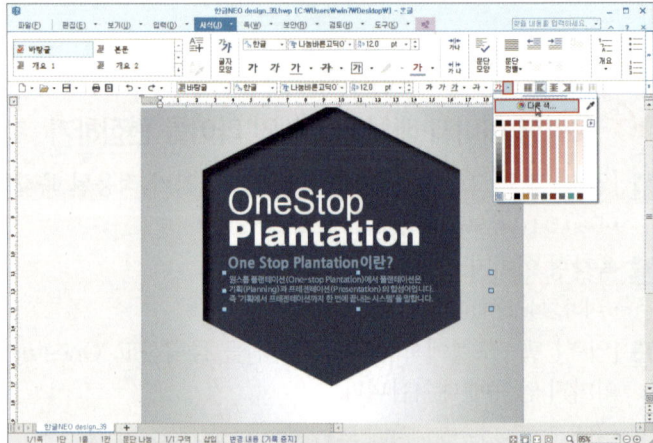

Tip & Tech 텍스트 박스에 배경 색과 검은색 라인이 있을 경우 [개체 속성] 대화상자에서 배경 색과 선 색을 제거합니다.
- [개체 속성] – [선] 탭 – [종류] : 선 없음, [개체 속성] – [채우기] 탭 – [색 채우기 없음]

08 육각형 장식 라인 배치하기

01 [입력] 탭 – [그림]를 클릭하고 육각형 장식 라인 이미지를 가져온 다음 크기를 조절하여 배치합니다.
- Part 03\14\육각형 장식 라인.png
- 너비 : 185.87mm, 높이 : 183.39mm

02 본문과의 배치를 [글 뒤로] 지정합니다.
- [개체 속성] – [기본] 탭 – [위치] – [본문과의 배치] – [글 뒤로]

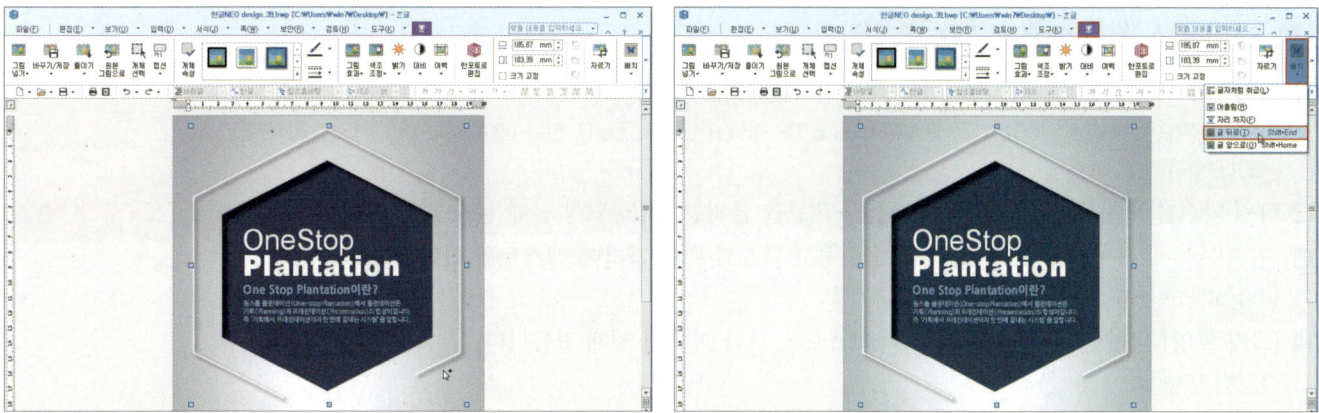

Tip & Tech 텍스트와 개체가 여러 개 겹쳐서 배치되다 보면 글씨가 안 보이거나 편집하기 어려운 경우가 있습니다. 이런 경우 개체를 [글 뒤로] 보냅니다. 그리고 육각형 장식 라인 같은 개체는 [순서]를 [맨 뒤로] 보냅니다.

09 모서리가 둥근 회전 라인 배치하고 타원 박스 다섯 개 그리기

01 [입력] 탭-[그림]을 클릭하고 모서리가 둥근 회전 라인 이미지를 가져온 다음 크기를 조절하여 배치합니다.
- Part 03\14\모서리가 둥근 회전 라인.png
- 너비 : 187.73mm, 높이 : 25.4mm

02 모서리가 둥근 회전 라인 위쪽에 타원 박스를 한 개 그립니다.
- [입력] 탭-도형에서 [다른 그리기 조각]-[기본 도형]-[타원]
- 너비 : 27.36mm, 높이 : 27.36mm

03 완성된 타원 박스를 네 개 복제(Ctrl+D)하고 정렬합니다.
- [도형] 탭-[맞춤]-[가로 간격을 동일하게]

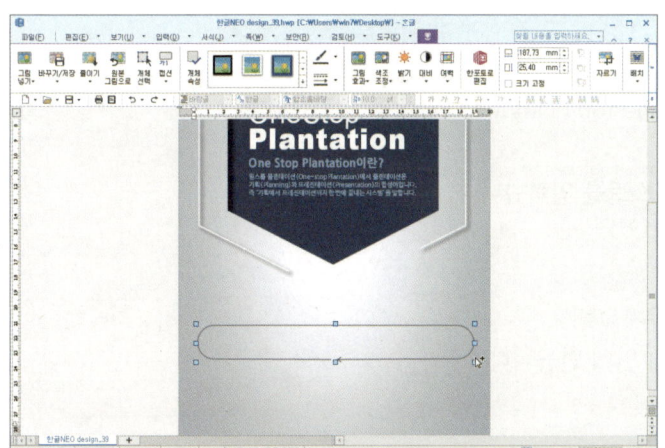 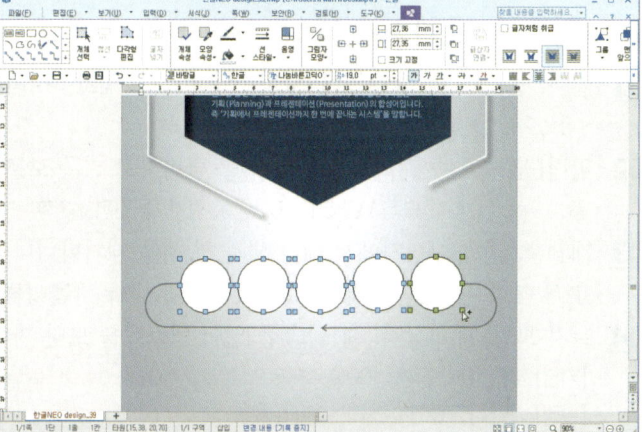

Tip & Tech 한글에서 만든 타원 박스는 화면 상태로 보면 타원이 깨져 보이는 경우가 있으나 화면 크기를 확대해 보면 매끄럽게 보입니다.

10 타원 박스 색상 배색 및 텍스트 입력하기

01 타원 박스 외곽선은 선 색을 제거하고 색상 각각을 지정합니다.
- 밝은 밤색(R163 G128 B109), 벽돌색(R169 G69 B70), 밤색(R79 G62 B54), 진한 파랑(R44 G86 B136), 청색(R57 G81 B107)

02 타원 박스를 모두 선택하고 마우스 오른쪽 버튼을 클릭한 다음 [도형 안에 글자 넣기]를 실행합니다.

03 [입력] 탭 - 도구에서 [가로 글상자]를 클릭하고 텍스트 박스 각각에 텍스트를 입력합니다.
- 나눔바른고딕OTF, 19pt, 진하게, 흰색, 가운데 정렬

04 [글자 모양] 대화상자(Alt+L)를 열어 텍스트를 보다 짜임새 있게 만듭니다.
- [기본] 자간 : 0%, 장평 : 100%
- [확장] 기타 : [글꼴에 어울리는 빈칸] 체크

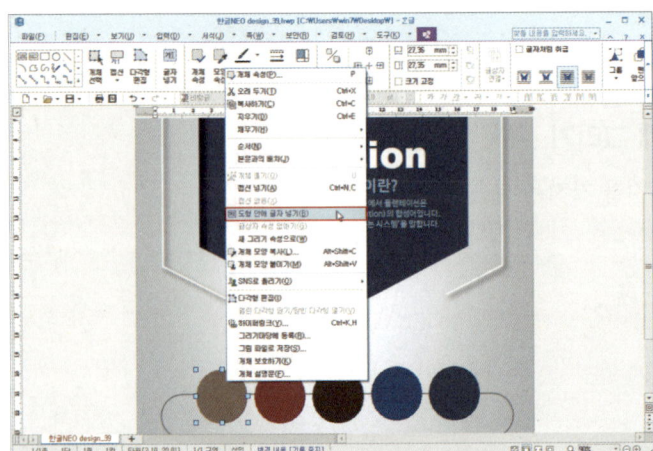 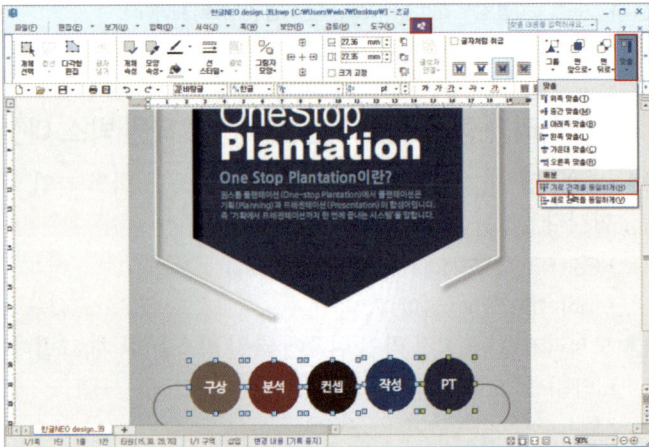

Tip & Tech 도형에 직접 텍스트를 입력하려면 반드시 [도형 안에 글자 넣기]를 실행해야 합니다.

11 서브 타이틀과 보조 텍스트 편집하기

01 [입력] 탭 - 도형에서 [가로 글상자]를 클릭하고 서브 타이틀 'Onestop Plantation Cycle'을 입력합니다.
- Arial, 24pt, 회색(R153 G153 B153), 왼쪽 정렬

02 [입력] 탭 - 도형에서 [가로 글상자]를 클릭하고 왼쪽 보조 텍스트를 입력합니다.
- 굴림, 7pt, 진한 파랑(R44 G85 B136), 양쪽 정렬, 줄 간격 : 135%

03 [개체 속성] 대화상자에서 배경 색과 선 색을 제거합니다.
- [개체 속성] - [선] 탭 - [종류] : 선 없음, [개체 속성] - [채우기] 탭 - [색 채우기 없음]

04 [글자 모양] 대화상자(Alt+L)를 열어 텍스트를 보다 짜임새 있게 만듭니다.
- [기본] 자간 : 0%, 장평 : 100%
- [확장] 기타 : [글꼴에 어울리는 빈칸] 체크

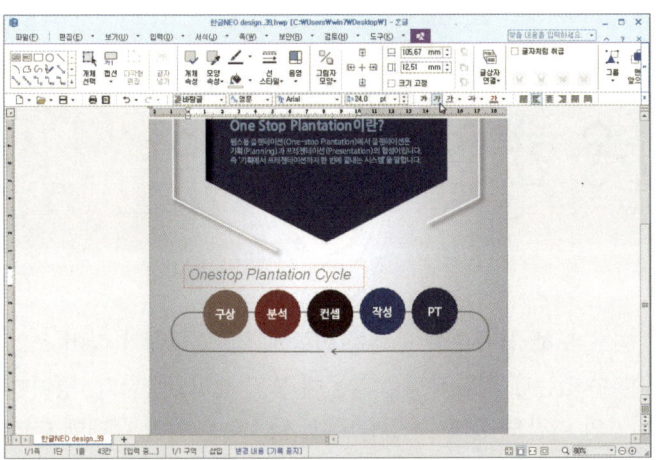 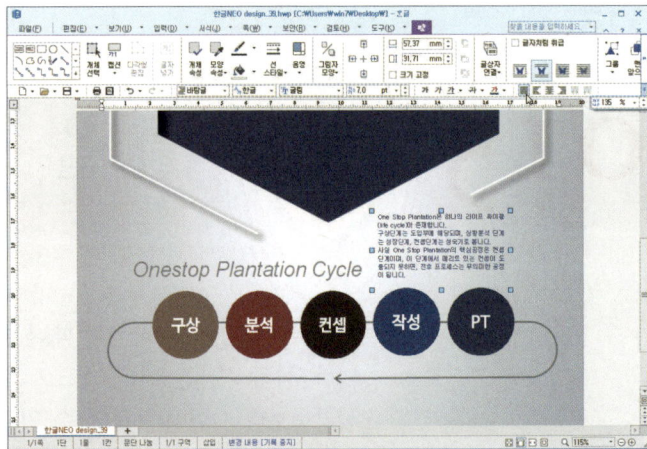

Tip&Tech   글상자에 텍스트를 입력한 다음 [개체 속성(P)], [글자 모양(Alt+L)], [문단 모양(Alt+T)] 대화상자는 항상 열어서 설정합니다.

12 하부 설명 텍스트 편집하기

01 [입력] 탭 - 도형에서 [가로 글상자]를 클릭하고 하부 설명 텍스트를 각각 입력합니다.
- 나눔바른고딕OTF, 10pt, 줄 간격 : 135%, 왼쪽 정렬

02 [서식] 탭이나 [글자 모양] 대화상자에서 글자 색을 밤색(R79 G62 B54)으로 지정합니다.

03 [글자 모양] 대화상자(Alt+L)를 열어 텍스트를 보다 짜임새 있게 만듭니다.
- [기본] 자간 : 0%, 장평 : 100%
- [확장] 기타 : [글꼴에 어울리는 빈칸] 체크

04 로고를 아랫부분 가운데 배치합니다(예제 011 과정 12 참고).

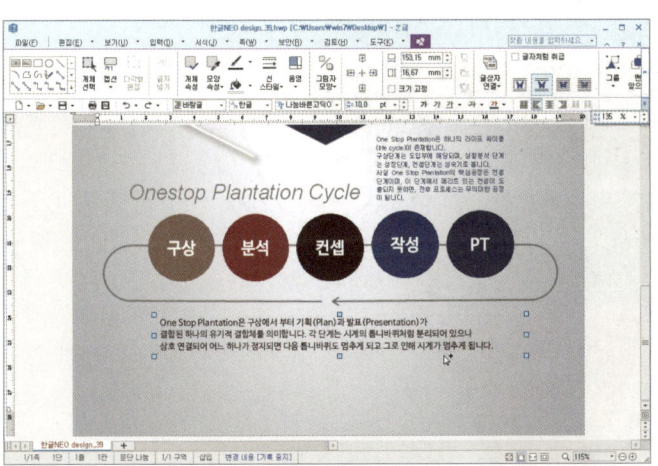 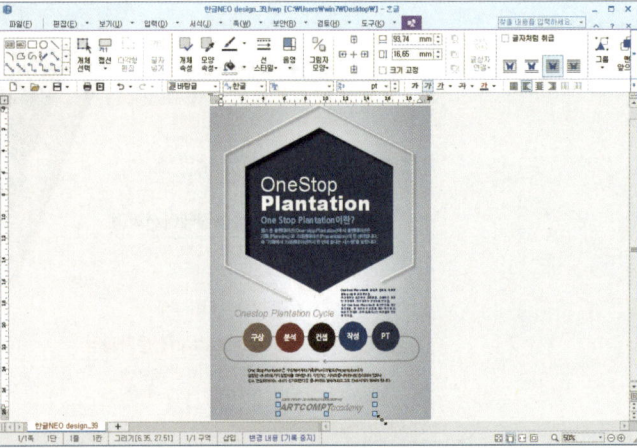

Tip&Tech   로고 위치는 오른쪽 아랫부분이 일반적이지만 레이아웃에 따라 아랫부분 가운데 또는 왼쪽에 붙여야 될 때가 있으며 오른쪽 윗부분에 배치해야 할 경우도 있습니다.

015 역삼각형을 활용한 본문 디자인

보고서나 제안서를 작성할 때나 피라미드 도해나 계층형 도해를 만들 때 삼각 형태가 많이 쓰입니다. 삼각 형태는 여러 각도로 전개할 수 있는데 역삼각형을 활용해 보면 재미있습니다. 평이한 삼각형보다 시인성을 높일 수 있고 디자인 미감도 살릴 수 있습니다. 텍스트는 삼각 형태에 따라 배열되기 때문에 여백의 미를 살릴 수 있으며 레이아웃도 보다 세련될 수 있습니다.

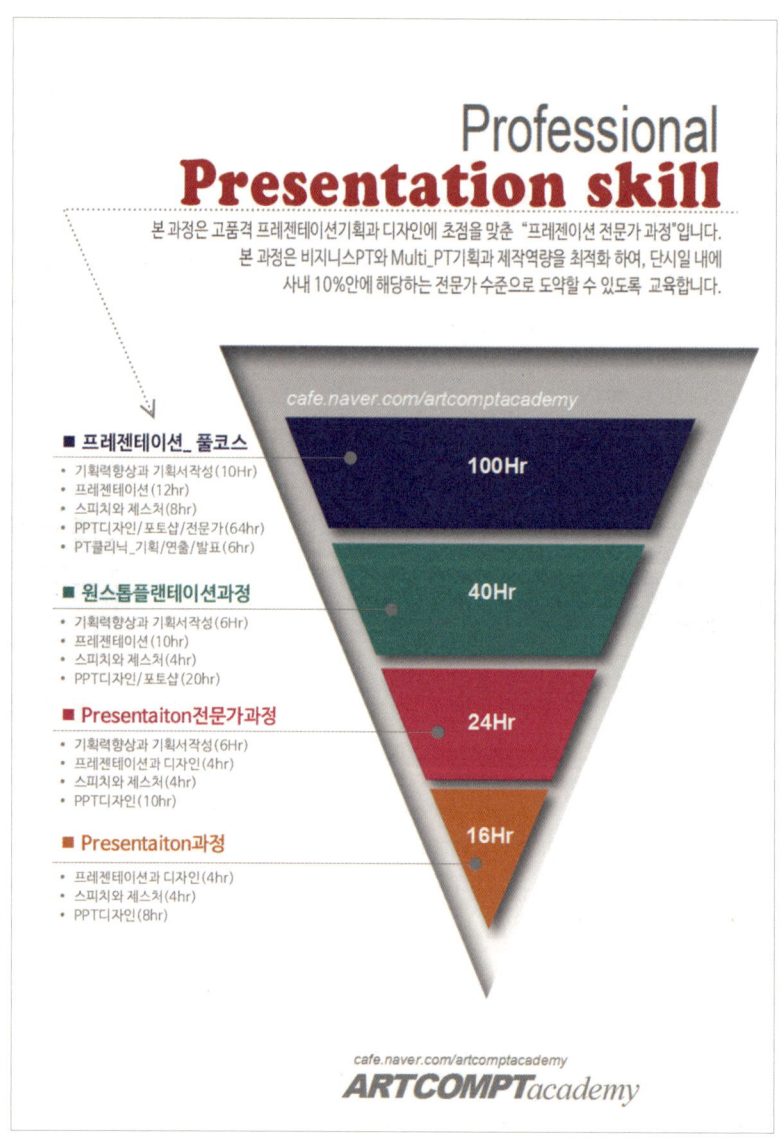

|난이도| ★★★★☆ |예제 폴더| Part 03\15 |완성 파일| Part 03\15\완성\한글NEO design_015.hwp
|과정 파일| Part 03\15\완성\한쇼NEO design_015_12단계.show
|색상 베리에이션| Part 03\15\완성\한쇼NEO design_015_4컬러.show
|인터넷으로 보기| http://cafe.naver.com/artcomptacademy/2175

디자인 포인트

이번 예제에서 주목해야 할 디자인은 역삼각형을 활용하여 도해를 만드는 것입니다. 역삼각형은 이등변 삼각형을 회전하여 만들 수 있으며, 내용을 4컨셉으로 나누기 위해 사다리꼴을 이용하여 형태를 만듭니다. 4컨셉 역삼각 도해는 색상 배색이 매우 중요하며, 보조 라인 또한 디자인 미감을 살리는 중요한 역할을 합니다.

4컬러 베리에이션

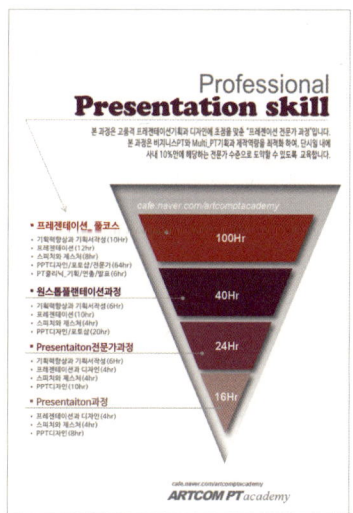

01 한쇼 NEO에서 회색 역삼각 이미지 만들기

01 한쇼 NEO를 실행합니다.

※ 용지 종류는 [A4 용지], 슬라이드 방향은 [세로]입니다. 용지는 [서식] 탭 – [슬라이드 크기] – [쪽 설정]에서 설정합니다.

02 [입력] 탭 – 도형에서 [자세히] 단추를 클릭하고 [기본 도형] – [이등변 삼각형]을 선택합니다.

03 Shift 키를 누른 상태에서 드래그하여 이등변 삼각형을 그립니다.

04 선 색은 제거하고 상하 대칭으로 회전하여 역삼각형을 만듭니다.

- [도형] – [회전] – [상하 대칭]

05 [개체 속성] – [채우기] 탭 – [그러데이션]을 클릭하고 회색에서 흰색으로 그라데이션 효과를 적용합니다.

- 기울임 : 270°
- [중지점1] 투명도 : 0%, 색 : 회색(R204 G204 B204)
- [중지점2] 투명도 : 0%, 색 : 흰색

06 역삼각형 크기를 조절합니다.

07 [개체 속성] – [그림자] 탭 – [대각선 왼쪽 위]를 클릭하여 역삼각형에 그림자 효과를 적용합니다.

- 색 : 검정색, 투명도 : 50%, 흐리게 : 10pt, 거리 : 10pt, 각도 : 225°

08 완성된 육각형을 '회색 역삼각'이라는 이름의 PNG 파일로 저장합니다.

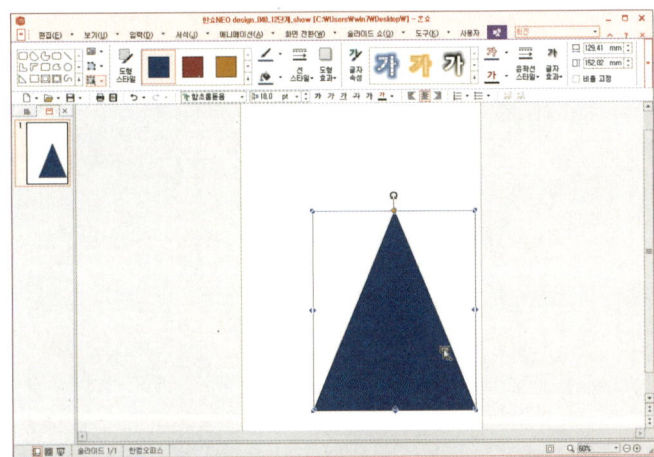 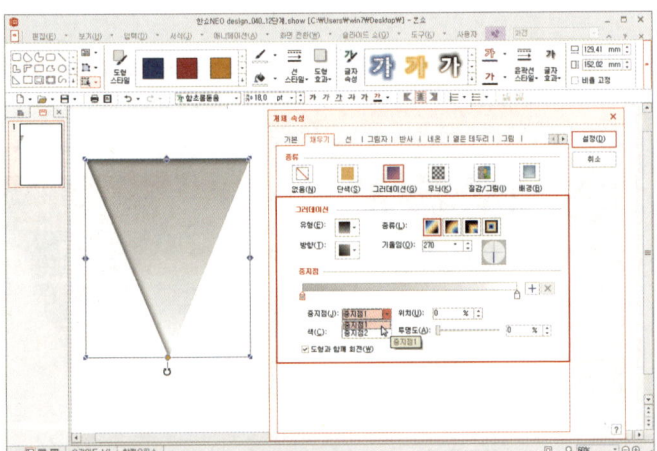

Tip & Tech 개체를 회전하는 방법은 세 가지가 있습니다. 회전 핸들을 이용하거나 [도형] 탭 – [회전] 기능을 이용할 수 있고, 개체 속성에서 회전 값을 입력하는 방법도 있습니다.

· [개체 속성] – [기본] 탭 – [크기 및 회전] – [회전] : 180°

02 4컨셉 역삼각 형태 만들기

01 4컨셉 역삼각을 만들기 위해 선 두 개를 삼각 형태로 그어 줍니다.

02 [입력] 탭 - 도형에서 [자세히] 단추를 클릭하고 [기본 도형] - [사다리꼴]을 선택합니다.

03 사다리꼴 도형을 상하대칭 시킨 다음 과정 01에서 그린 라인에 맞춰 크기와 각도를 조절합니다.

04 두 번째 세 번째 사다리꼴도 일정 간격(3.6mm)을 벌리면서 같은 방식으로 그립니다.

05 맨 밑에 있는 삼각형은 과정 01과 같은 이등변 삼각형으로 그립니다.

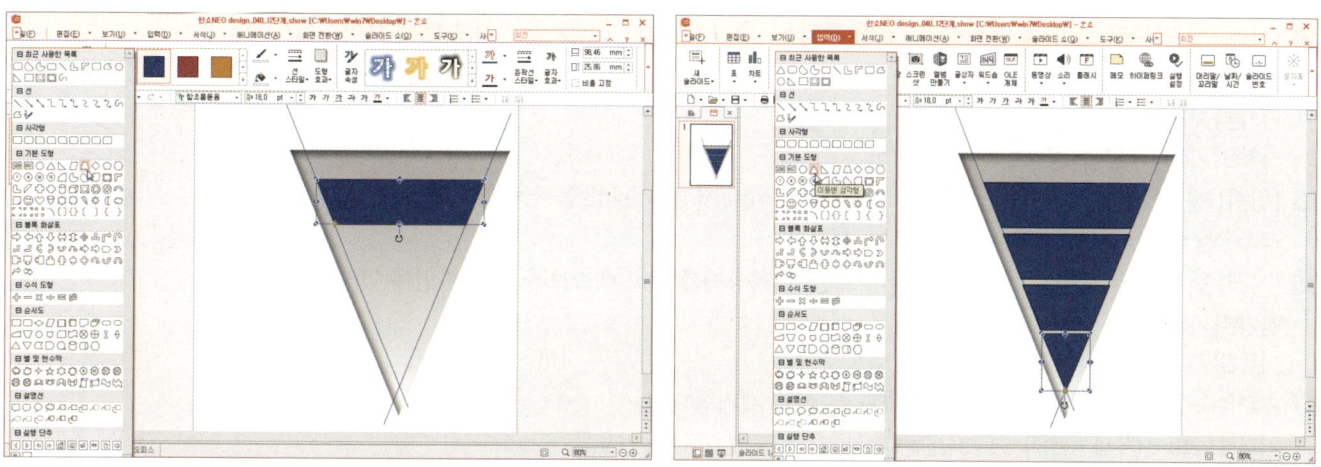

Tip & Tech 과정 01에서 그린 보조 라인에 맞춰 형태를 조절하면 정확하게 만들 수 있습니다.

03 4컨셉 역삼각 색싱 배색하고 그림자 효과 주기

01 4컨셉의 색상을 각각 배색합니다.
- 남색(R57 G66 B133), 진한 청록(R1 G154 B136), 분홍(R230 G42 B119), 주황(R232 G139 B46)

02 [개체 속성] - [그림자] 탭 - [대각선 오른쪽 아래]를 클릭하고 4컨셉 역삼각에 그림자 효과를 적용합니다.
- 색 : 검정색, 투명도 : 50%, 흐리게 : 6pt, 크기 : 100%, 거리 : 6pt, 각도 : 45°

03 완성된 디자인을 '4컨셉 역삼각'이라는 이름의 PNG 파일로 저장합니다.

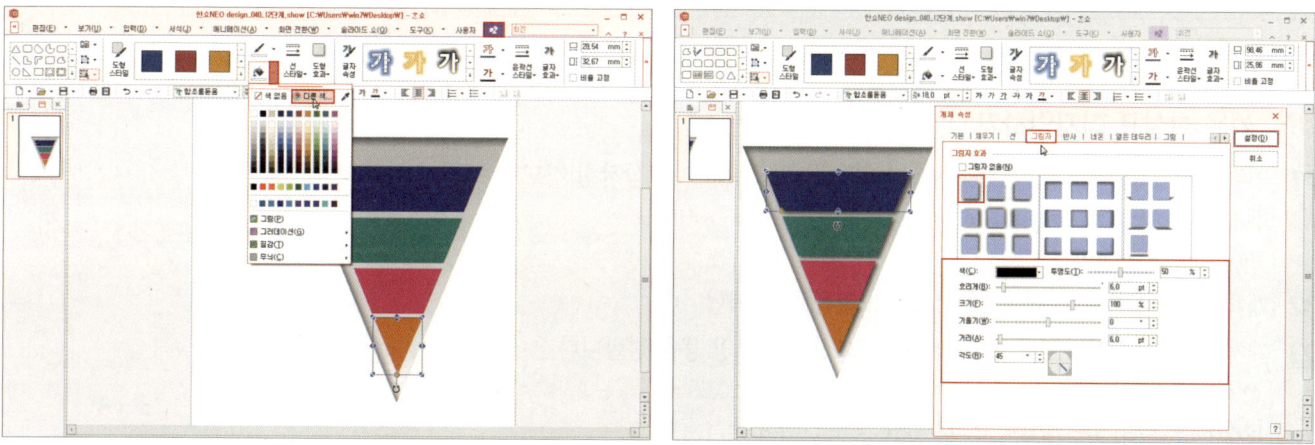

Tip & Tech 그림자가 너무 진하거나 흐려도 좋지 않습니다. 특히 그림자가 탁하지 않도록 주의합니다.

04 한글 NEO에서 편집 용지 설정하고 메인 타이틀 편집하기

01 한글 NEO를 실행합니다.

02 F7 키를 눌러 편집 용지를 설정합니다.
- 용지 종류 : A4(국배판) [210×297mm], 용지 방향 : 세로, 제본 : 한쪽
- 용지 여백 : 위쪽(10.0mm), 머리말(0.0mm), 왼쪽(10.0mm), 오른쪽(10.0mm), 꼬리말(0.0mm), 아래쪽(10.0mm)

03 [입력] 탭 – 도형에서 [가로 글상자]를 클릭하고 'Professional'을 입력합니다.
- Arial, 49pt, 회색(R128 G128 B128)

04 [서식] 탭 – [글자 모양]을 클릭하여 [글자 모양] 대화상자(Alt+L)를 열고 텍스트를 보다 짜임새 있게 만듭니다.
- **[기본]** 자간 : 0%, 장평 : 75%
- **[확장]** 기타 : [글꼴에 어울리는 빈칸] 체크

05 [입력] 탭 – 도형에서 [가로 글상자]를 클릭하고 'Presentation skill'을 입력합니다.
- Cooper Std Black, 49pt, 빨강(R216 G53 B70)

06 [서식] 탭 – [글자 모양]을 클릭하여 [글자 모양] 대화상자를 열고 텍스트를 보다 짜임새 있게 만듭니다.
- **[기본]** 자간 : 0%, 장평 : 90%
- **[확장]** 기타 : [글꼴에 어울리는 빈칸] 체크

07 [개체 속성] 대화상자(P)에서 배경 색과 선 색을 제거합니다.
- [개체 속성]–[선] 탭–[종류] : 선 없음, [개체 속성]–[채우기] 탭–[색 채우기 없음]

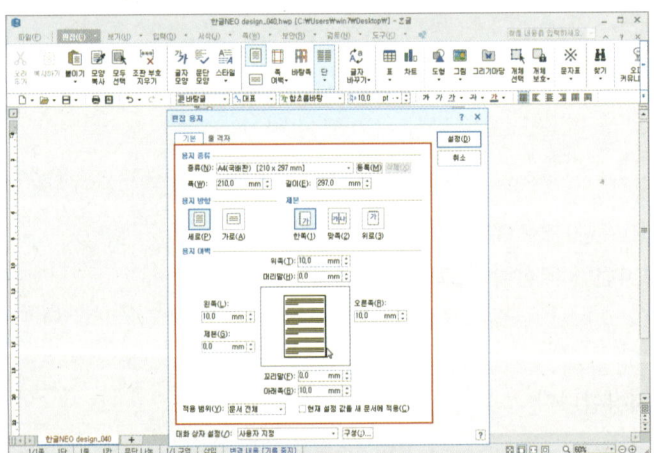 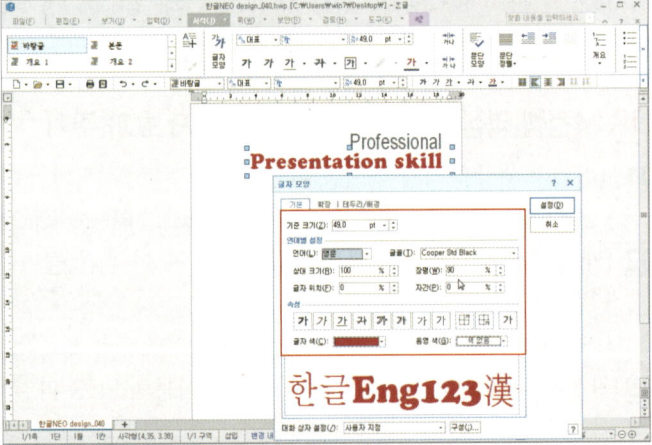

05 꺾은 화살표 디자인하기

01 [입력] 탭 – 도형에서 [그리기 개체] – [다각형]을 클릭하고 역삼각형 각도를 보면서 다각형 라인을 그립니다.
- 너비 : 185.4mm, 높이 : 55.35mm

02 [개체 속성] – [채우기] 탭에서 [색 채우기 없음]을 선택합니다.

03 [개체 속성] 대화상자에서 선의 색, 굵기, 화살표의 모양 등을 정합니다.
- 선 색 : 회색(R153 G153 B153), 선 종류 : 원형 점선, 선 굵기 : 0.60mm
- **[화살표]** 끝 모양 : 열린 화살표, 끝 크기 : 중간 폭 중간 높이

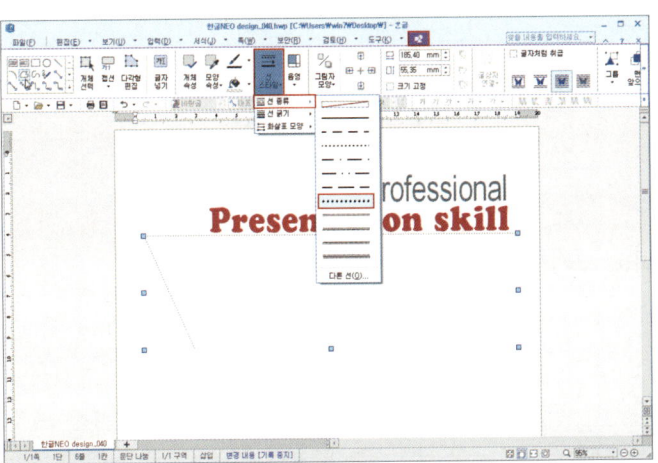
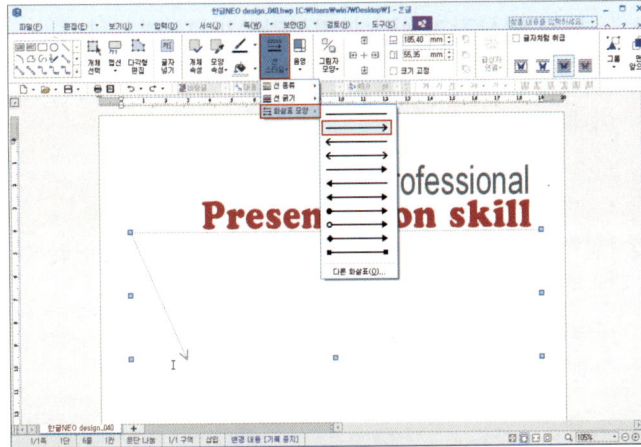

Tip & Tech   다각형을 선택하고 클릭할 때마다 점이 하나씩 생기며 [다각형 편집]을 통해 크기와 각도를 조절할 수 있습니다.

06 타이틀 보조 텍스트 편집하기

01 [입력] 탭 – 도형에서 [가로 글상자]를 클릭하고 꺾은 화살표 밑으로 타이틀 보조 텍스트를 입력한 다음 배치합니다.
- 나눔바른고딕OTF, 15pt, 회색(R119 G119 B119), 오른쪽 정렬, 줄 간격 : 135%

02 [서식] 탭 – [글자 모양]을 클릭하고 [글자 모양] 대화상자([Alt]+[L])를 열어 텍스트를 보다 짜임새 있게 만듭니다.
- [기본] 자간 : 0%, 장평 : 80%
- [확장] 기타 : [글꼴에 어울리는 빈칸] 체크

03 [개체 속성] 대화상자([P])에서 배경 색과 선 색을 제거합니다.
- [개체 속성]–[선] 탭–[종류] : 선 없음, [개체 속성]–[채우기] 탭–[색 채우기 없음]

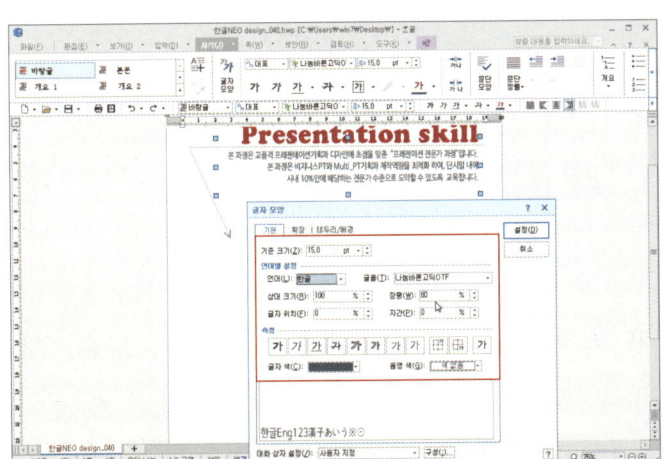
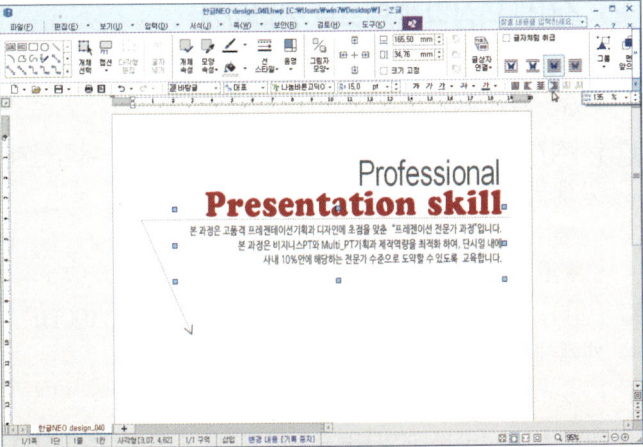

Tip & Tech   글상자에 텍스트를 입력한 다음 [개체 속성]([P]), [글자 모양]([Alt]+[L]), [문단 모양]([Alt]+[T])] 대화상자는 항상 열어서 설정합니다.

07 회색 역삼각과 4컨셉 역삼각 이미지 배치하기

01 [입력] 탭-[그림]을 클릭하여 회색 역삼각 이미지를 선택하고 크기를 조절하여 타이틀 보조 텍스트 아래쪽에 배치합니다.
- Part 03\15\회색 역삼각.png
- 너비 : 148.47mm, 높이 : 174.3mm

02 [입력] 탭-[그림]을 클릭하여 4컨셉 역삼각 이미지를 선택하고 크기를 조절하여 회색 역삼각 안쪽에 배치합니다.
- Part 03\15\4컨셉 역삼각.png
- 너비 : 117.28mm, 높이 : 140.55mm

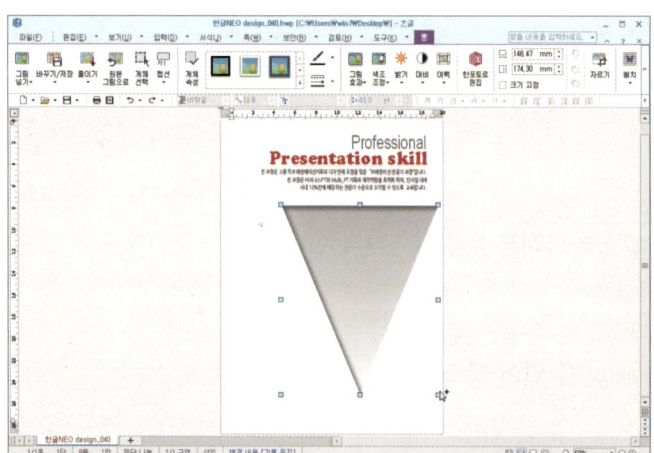 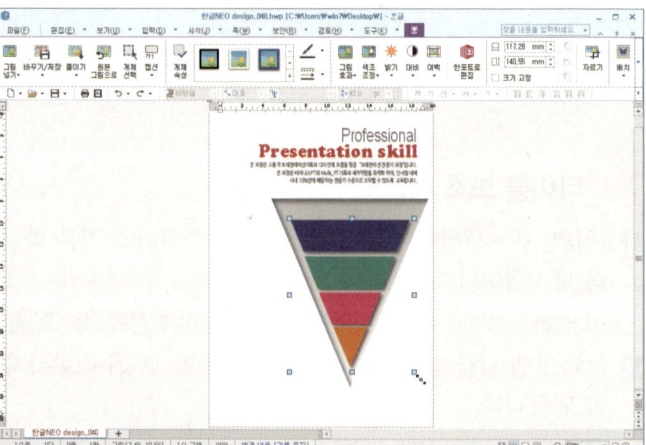

Tip & Tech 한글에서 디자인하기 어려운 디자인 요소는 한쇼나 파워포인트에서 디자인하여 PNG 파일 형식이나 BMP 파일 형식으로 저장하여 한글에서 불러들여 편집합니다.

08 4컨셉 역삼각에 텍스트 편집하기

01 [입력] 탭-도형에서 [가로 글상자]를 클릭하고 URL 텍스트를 입력합니다.
- Arial, 15pt, 흰색

02 [서식] 탭-[글자 모양]을 클릭하고 [글자 모양] 대화상자(Alt+L)를 연 다음 텍스트를 보다 짜임새 있게 만듭니다.
- **[기본]** 자간 : 0%, 장평 : 100%
- **[확장]** 기타 : [글꼴에 어울리는 빈칸] 체크

03 [입력] 탭-도형에서 [가로 글상자]를 클릭하고 '100Hr', '40Hr' 등 시간 텍스트를 입력한 다음 해당 개체에 배치합니다.
- Arial, 17pt, 흰색

04 [서식] 탭-[글자 모양]을 클릭하고 [글자 모양] 대화상자를 열어 각각의 텍스트를 보다 짜임새 있게 만듭니다.
- **[기본]** 자간 : 0%, 장평 : 100%
- **[확장]** 기타 : [글꼴에 어울리는 빈칸] 체크

05 [개체 속성] 대화상자(P)에서 배경 색과 선 색을 제거합니다.
- [개체 속성]-[선] 탭-[종류] : 선 없음, [개체 속성]-[채우기] 탭-[색 채우기 없음]

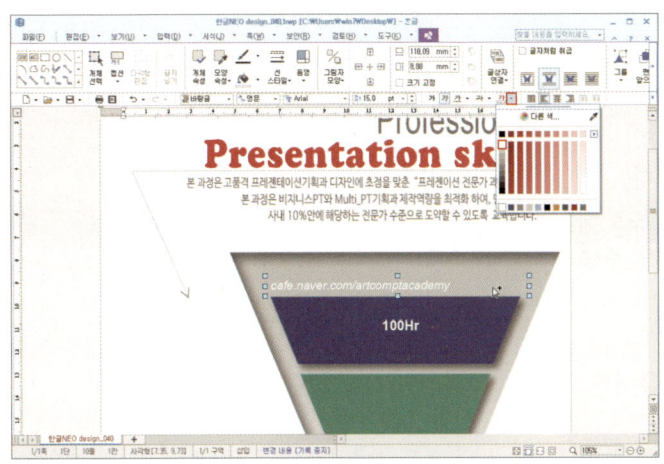 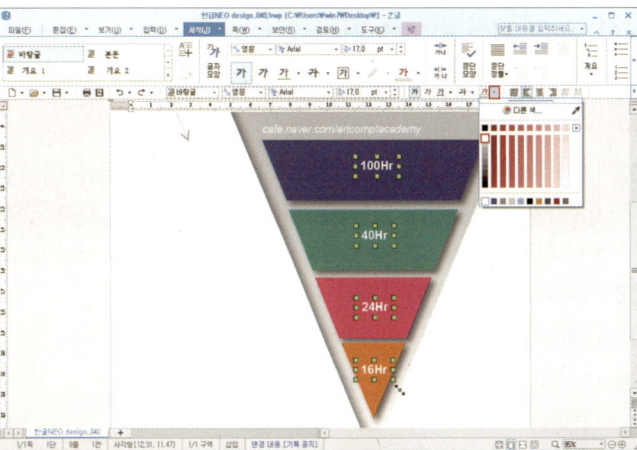

09 왼쪽 설명선 디자인하기

01 [입력] 탭 - 도형에서 [그리기 개체] - [직선]을 클릭하고 화살표를 만들기 위해 왼쪽에 선을 그립니다.

02 [개체 속성] 대화상자에서 선 색, 굵기, 화살표의 모양 등을 정합니다.
- 회색(R153 G153 B153), 실선, 선 굵기 : 0.12mm
- [화살표] 끝 모양 : 원형 화살표, 끝 크기 : 중간 폭 중간 높이

03 완성된 원형 화살표를 복제(Ctrl+D)하여 해당 위치에 배치합니다.

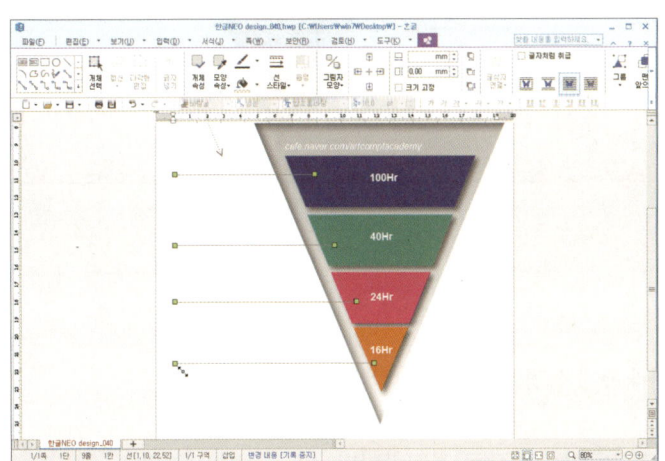 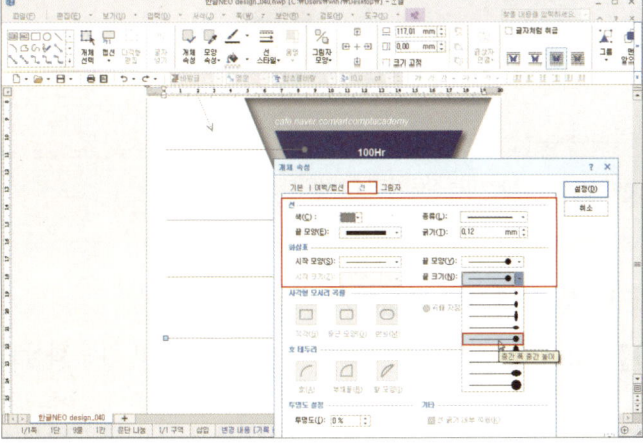

Tip & Tech 원형 화살표는 끝 크기가 중요합니다. 너무 크면 거칠고 너무 작으면 시인성이 약해집니다.

10 왼쪽 서브 타이틀 편집하기

01 [입력] 탭–[가로 글상자]를 클릭하고 원형 화살표 위쪽에 서브 타이틀을 각각 입력합니다.
- 나눔바른고딕OTF, 15pt, 왼쪽 정렬

02 [서식] 탭이나 [글자 모양] 대화상자에서 글자 색을 배색합니다.
- 글자 색은 [색 골라내기] 기능을 이용하여 오른쪽 4컨셉 색상과 같은 색상으로 배색합니다.
- 남색(R57 G66 B133), 진한 청록(R1 G154 B136), 분홍(R230 G42 B119), 주황(R232 G139 B46)

03 글머리표를 적용합니다.
- [서식] 탭–[글머리표]–[글머리표 모양]–[작은 사각]

04 [서식] 탭–[글머리표]–[글머리표 모양]–[사용자 정의]에서 글머리표와 텍스트와의 간격을 좁힙니다.
- [글머리 위치]–[너비 조정] : –10pt

05 서브 타이틀을 모두 선택하고 왼쪽 맞춤으로 정렬합니다.
- [도형] 탭–[맞춤]–[왼쪽 맞춤]

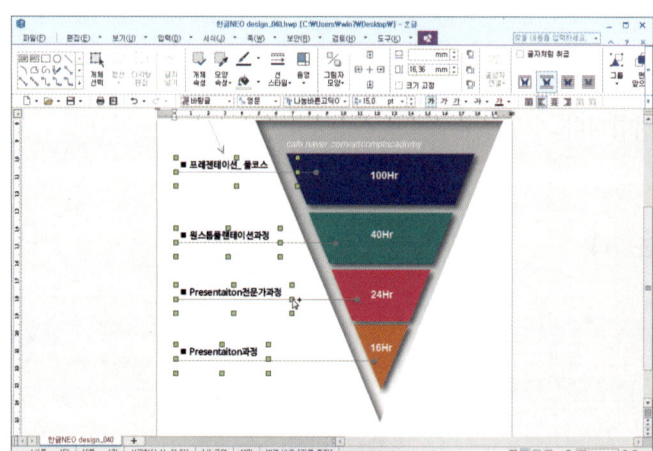 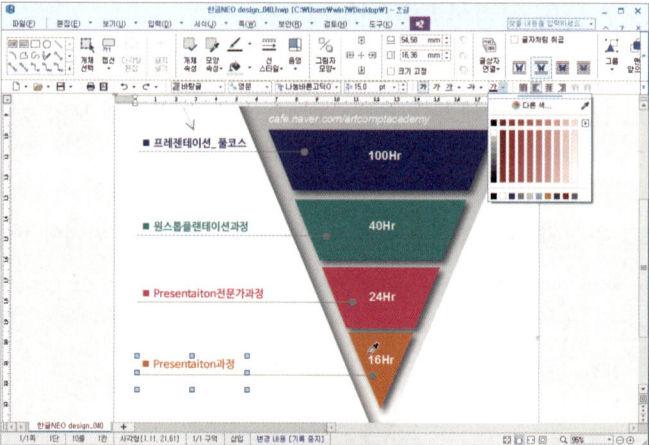

Tip & Tech 글머리표는 작은 사각이나 작은 타원이 적절합니다.

11 설명 텍스트 편집하기

01 [입력] 탭–도형에서 [가로 글상자]를 클릭하고 원형 화살표 아래쪽에 설명 텍스트를 각각 입력합니다.
- 나눔바른고딕OTF, 11pt, 왼쪽 정렬, 줄 간격 : 130%

02 [서식] 탭이나 [글자 모양] 대화상자에서 글자 색을 회색(R151 G151 B151)으로 지정합니다.

03 설명 텍스트에 글머리표를 적용합니다.
- [서식] 탭–[글머리표]–[글머리표 모양]–[작은 타원]

04 [서식] 탭–[글머리표]–[글머리표 모양]–[사용자 정의]에서 글머리표와 텍스트와의 간격을 좁힙니다.
- [글머리표 위치]–[너비 조정] : –8pt

05 설명 텍스트를 모두 선택하고 왼쪽 맞춤으로 정렬합니다.
- [도형] 탭–[맞춤]–[왼쪽 맞춤]

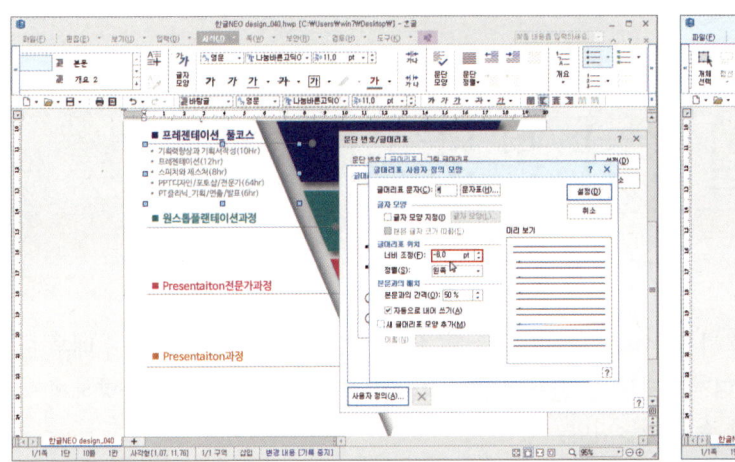
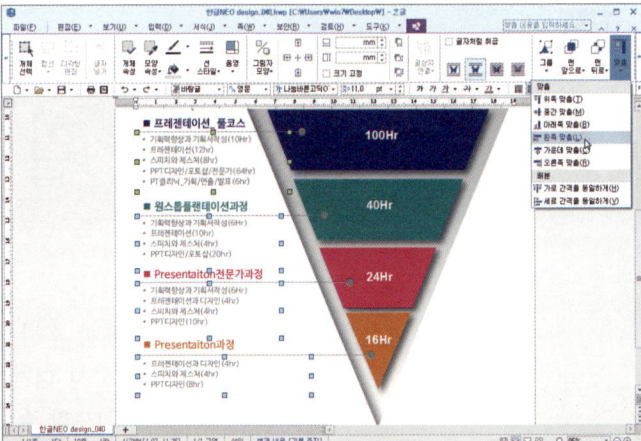

Tip&Tech 편집 디자인은 정렬이 매우 중요합니다. 정렬이 잘못된 경우는 기본이 안 된 상태이므로 디자인 완성도를 기대하기 어렵습니다.

12 로고타입 편집하기

01 [입력] 탭 - 도형에서 [가로 글상자]를 클릭하고 회색 역삼각 아래쪽에 영문 텍스트를 각각 입력합니다.
- cafe.naver.com/artcomptacademy : Arial, 11pt, 기울임
- ARTCOM PT : Arial Black, 25pt, 기울임
- academy : Times New Roman, 25pt, 기울임

02 [서식] 탭이나 [글자 모양] 대화상자에서 글자 색을 회색(R153 G153 B153)으로 지정합니다.

03 [서식] 탭 - [글자 모양]을 클릭하고 [글자 모양] 대화상자(Alt+L)를 열어 영문 텍스트를 보다 짜임새 있게 만듭니다.
- [확장] 기타 : [글꼴에 어울리는 빈칸] 체크

04 URL과 로고 텍스트를 짜임새 있게 배열합니다.

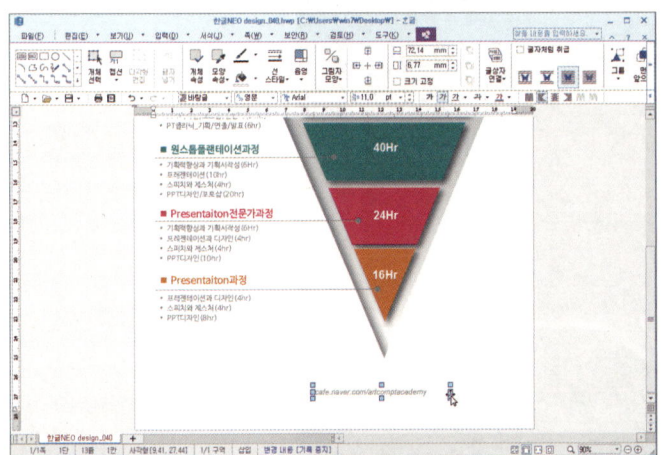
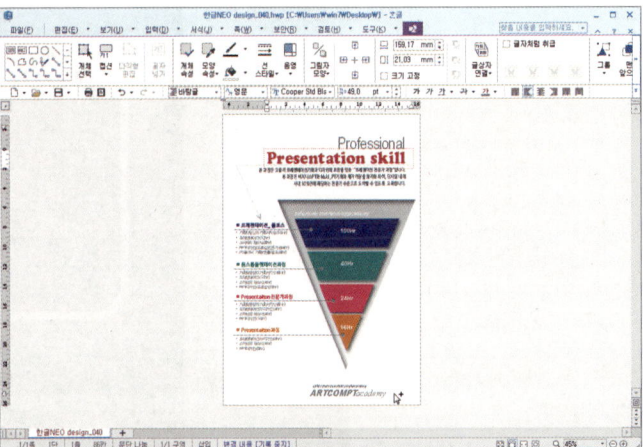

Tip&Tech 로고 위치는 아랫부분 오른쪽이 일반적이지만 레이아웃에 따라 아랫부분 가운데 또는 왼쪽에 붙여야 될 때가 있으며 오른쪽 윗부분에 배치해야 할 경우도 있습니다.

016 설명선을 활용한 본문 디자인

설명선은 편집 디자인에서 흔히 볼 수 있습니다. 풍선 도움말이라고도 불리며 스타일이 매우 다양합니다. 제안서나 보고서 디자인에 종종 활용되는데 정해진 형식이 없기 때문에 다양하게 만들어 디자인 차별화를 시도할 수도 있습니다.

편집 디자인이 단조로울 때, 레이아웃에 변화를 주고자 할 때, 특정 키워드에 시인성을 높이고 자세하게 설명하려 할 때 설명선을 활용하면 효과적입니다.

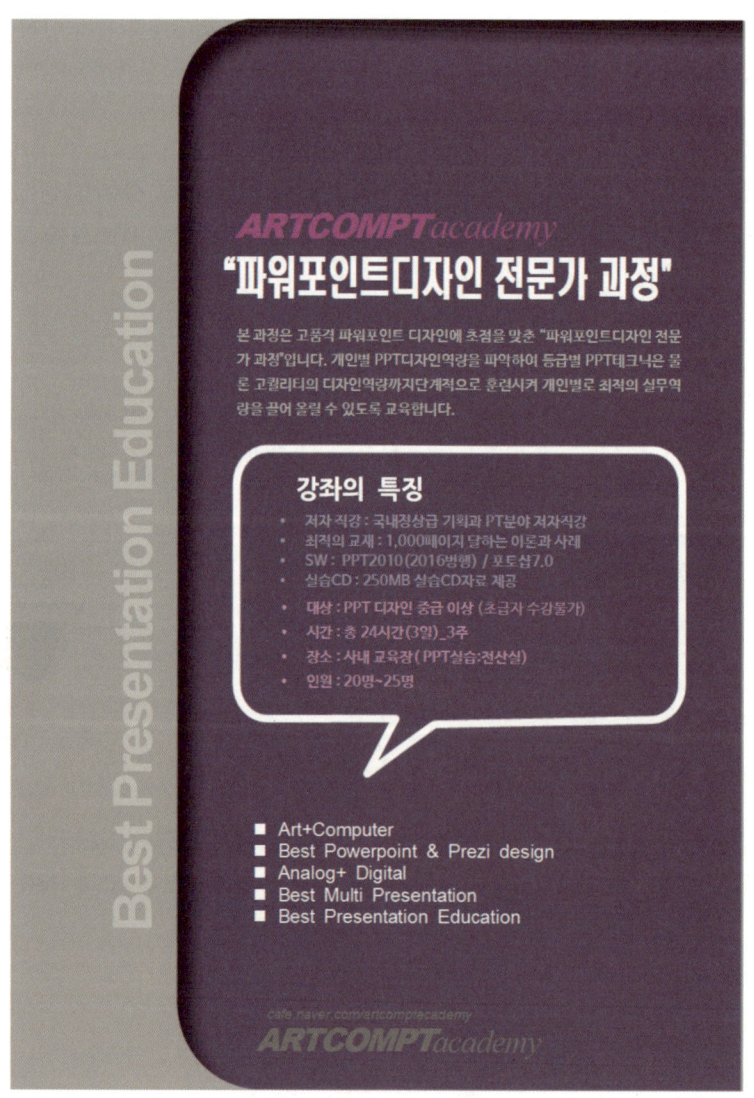

|난이도| ★★★★☆ |예제 폴더| Part 03\16 |완성 파일| Part 03\16\완성\한글NEO design_016.hwp
|과정 파일| Part 03\16\완성\한쇼NEO design_016_12단계.show
|색상 베리에이션| Part 03\16\완성\한쇼NEO design_016_4컬러.show
|인터넷으로 보기| http://cafe.naver.com/artcomptacademy/2169

디자인 포인트

이번 예제에서 주목해야 할 디자인은 설명선(풍선 도움말)을 활용하여 편집하는 것입니다. 한쇼나 파워포인트에서 설명선을 디자인하여 PNG 형식으로 저장하고 한글에서 불러들여 배치하는 형식입니다.

설명선은 모서리가 둥근 직사각형에 [점 편집] 기능을 이용하여 형태를 만듭니다. 채우기 색을 없애고 라인만 강조하여 심플하게 표현합니다.

4컬러 베리에이션

01 한쇼 NEO에서 모서리가 둥근 배경 만들기

01 한쇼 NEO를 실행합니다.
  ※ 용지 종류는 [A4 용지], 슬라이드 방향은 [세로]입니다. 용지는 [서식] 탭-[슬라이드 크기]-[쪽 설정]에서 설정합니다.

02 [입력] 탭-도형에서 [자세히] 단추를 클릭하고 [사각형]-[양쪽 모서리가 둥근 직사각형]을 선택합니다.

03 드래그하여 모서리가 둥근 직사각형을 그립니다.
  • 너비 : 275.17mm, 높이 : 149.26mm

04 [개체 속성] 대화상자에서 선 색은 제거하고 채우기 색상을 보라색(R94 G68 B118)으로 지정한 다음 회전 핸들을 시계 반대 방향으로 돌립니다.
  • [개체 속성]-[기본]-[크기 및 회전]

05 양쪽 모서리가 둥근 직사각형에 그림자 효과를 적용합니다.
  • [개체 속성]-[그림자] 탭-[대각선 오른쪽 아래]
  • 색 : 검정색, 투명도 : 50%, 흐리게 : 10pt, 크기 : 100%, 거리 : 17pt, 각도 : 225°

06 완성된 디자인을 '모서리가 둥근 배경'이라는 이름의 PNG 파일로 저장합니다.

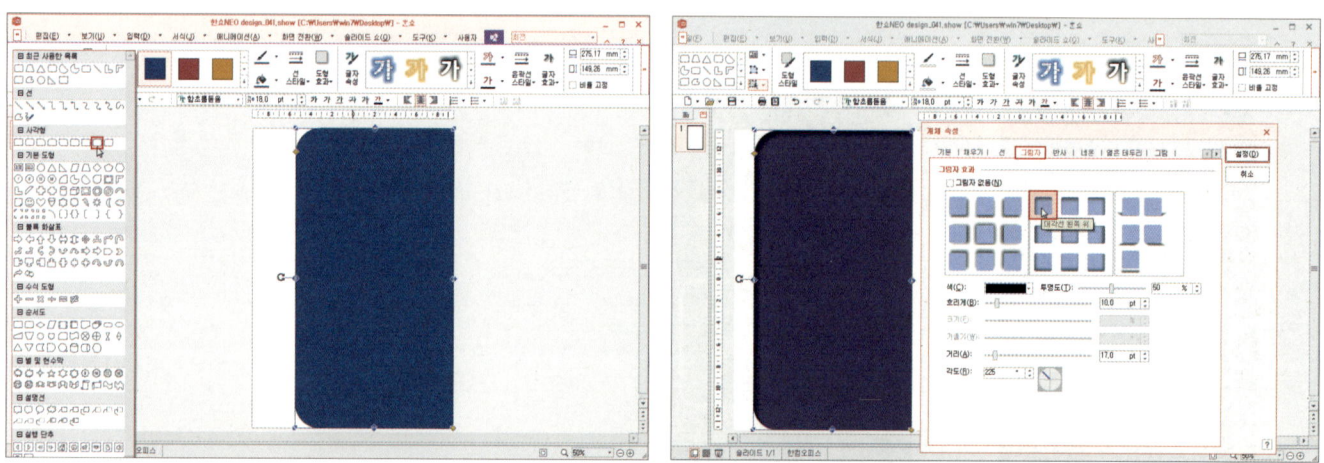

Tip & Tech   한글에서 배경을 만들기 어렵기 때문에 한쇼에서 작업하여 PNG 파일로 저장합니다.

02 모서리가 둥근 직사각형 라인 만들기

01 [입력] 탭-도형에서 [자세히] 단추를 클릭하고 [사각형]-[양쪽 모서리가 둥근 직사각형]을 선택합니다.

02 드래그하여 모서리가 둥근 직사각형을 그립니다.

03 [개체 속성] 대화상자에서 선 색은 제거하고 선 색, 굵기, 화살표 모양 등을 지정합니다.
  • 흰색, 실선, 선 굵기 : 6pt

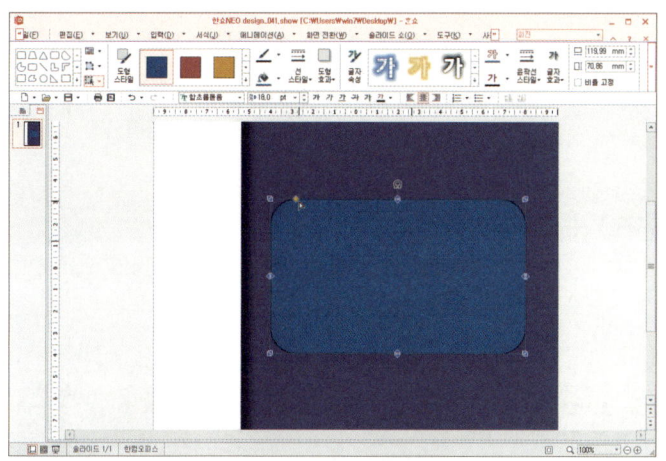
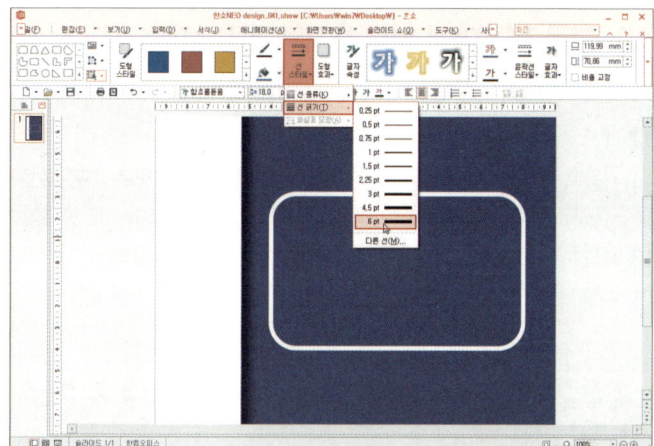

Tip&Tech 사각형과 기본 도형을 이용하여 풍선 도움말을 만들 수 있습니다.

03 풍선 도움말 형태 만들고 저장하기

01 모서리가 둥근 직사각형 아랫부분에 점을 세 개 추가합니다.
- 마우스 오른쪽 버튼 클릭-[점 편집]-[점 추가]

02 추가한 점 세 개 중에서 중간점을 이동시켜 풍선 도움말 모양을 만듭니다.

03 완성된 풍선 도움말을 '모서리가 둥근 설명선'이라는 이름의 PNG 파일로 저장합니다.

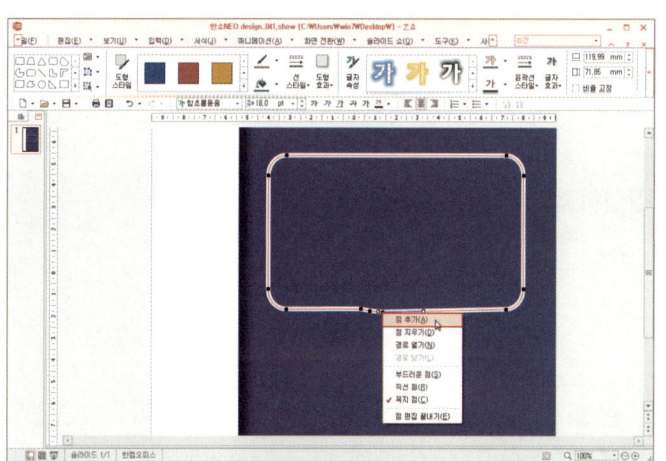
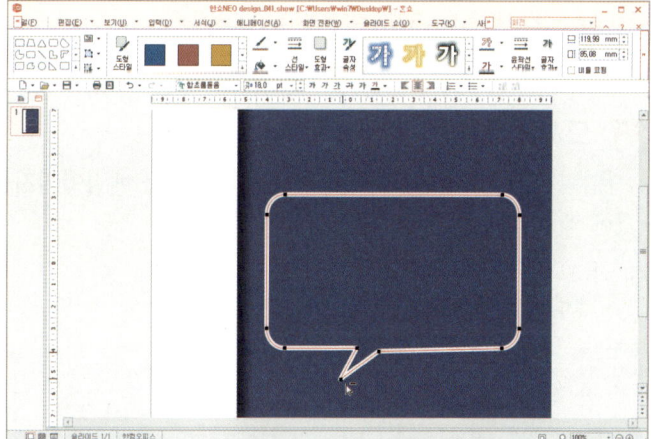

Tip&Tech 과정 03은 매우 간단한 작업이며, 점 편집 작업 숙련도에 따라 매우 정교한 모양을 만들 수 있습니다.

04 한글 NEO에서 편집 용지와 배경 설정하기

01 한글 NEO를 실행합니다.

02 F7 키를 눌러 편집 용지를 설정합니다.
- 용지 종류 : A4(국배판) [210×297mm], 용지 방향 : 세로, 제본 : 한쪽
- 용지 여백 : 위쪽(10.0mm), 머리말(0.0mm), 왼쪽(10.0mm), 오른쪽(10.0mm), 꼬리말(0.0mm), 아래쪽(10.0mm)

03 배경을 회색(R179 G5179 B179)으로 지정합니다.
- [쪽] 탭 - [쪽 테두리/배경] - [배경] 탭 - [채우기] - [색] - [면 색]

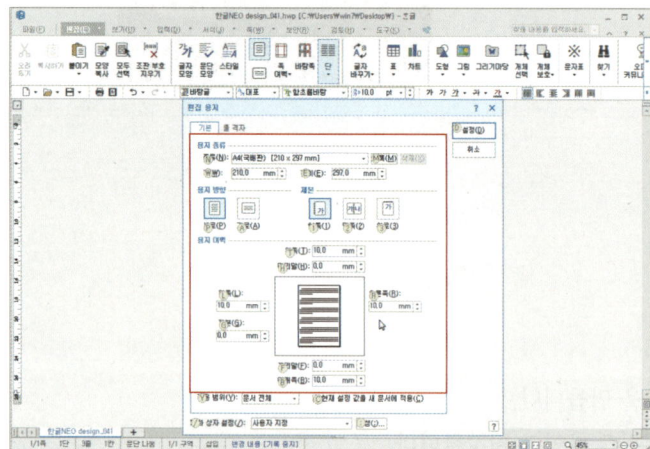 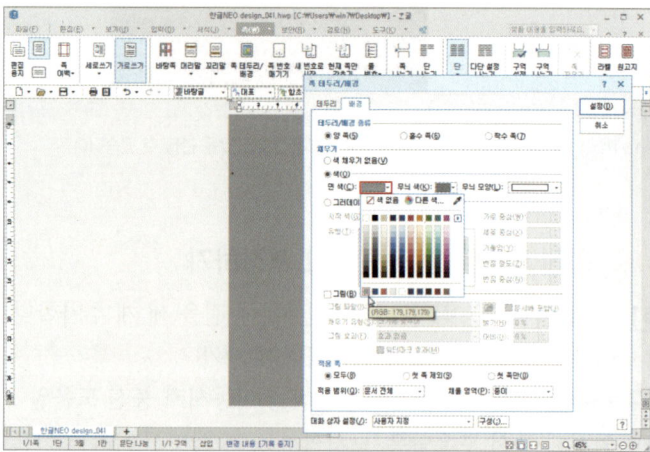

Tip & Tech 배경 색이 디자인 전체에 영향을 미치기 때문에 배경 색상, 명도 등을 결정할 때 신중해야 합니다. 배경 색을 어떻게 배색할지 모를 경우 채도가 높은 색상은 피하고 우선 무채색으로 배색하는 것이 좋습니다.

05 모서리가 둥근 배경 배치하기

[입력] 탭 - [그림]을 클릭하여 모서리가 둥근 배경이미지를 삽입하고 크기를 조절하여 용지 오른쪽에 배치합니다.
- Part 03\16\모서리가 둥근 배경.png
- 너비 : 161.78mm, 높이 : 297.78mm

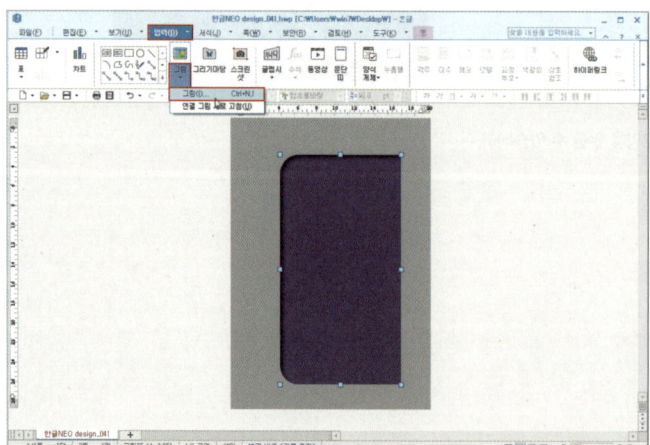 

Tip & Tech 배경 이미지는 [개체 속성] - [그림] 탭에 있는 기능을 통해 '회색조'로 변환하거나 '밝기', '대비' 효과 등을 줄 수 있습니다.

06 세로로 회전할 키워드 저장하기

01 세로 방향으로 회전할 텍스트를 입력합니다.
- [입력] 탭 – 도형에서 [가로 글상자]
- Arial, 43pt, 진하게, 회색(R204 G204 B204)

02 입력한 텍스트를 '세로 키워드'라는 이름으로 EMF 형식으로 저장합니다.

Tip&Tech 한글에서 만든 텍스트를 그림으로 저장할 때 PNG 형식이 아닌 EMF 형식으로 저장해야 한글 배경이 투명해집니다.

07 세로 키워드 편집하기

01 [입력] 탭 – [그림]을 클릭하고 EMF 형식으로 저장한 텍스트를 불러들입니다.
- Part 03\16\세로 키워드.emf
- 너비 : 17.3mm, 높이 : 189.36mm

02 텍스트 이미지를 왼쪽으로 회전하여 왼쪽에 배치합니다.
- [도형] 탭 – [회전] – [왼쪽으로 90도 회전]

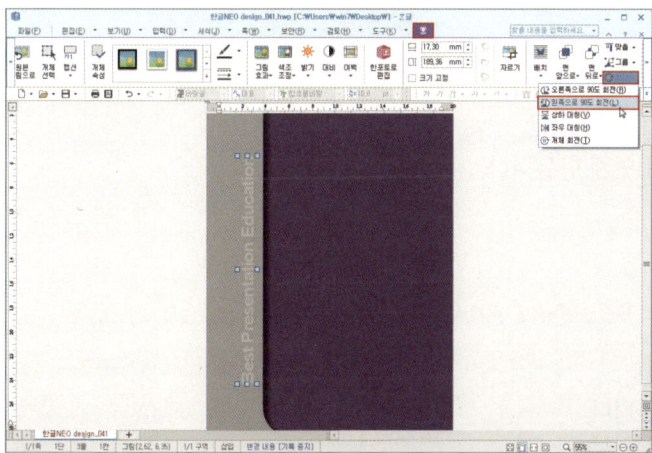

Tip&Tech 시계 반대 방향으로 90° 회전하려면 [개체 속성] – [기본] 탭 – [개체 회전]에서 회전각을 270°로 설정합니다.

08 타이틀 윗부분 영문 텍스트 편집하기

01 영문 텍스트를 입력합니다.
- [입력] 탭 – 도형에서 [가로 글상자]
- ARTCOM PT : Arial Black, 27pt, 기울임
- academy : Times New Roman, 29pt, 기울임

02 [서식] 탭이나 [글자 모양] 대화상자에서 글자 색을 분홍(R195 G64 B156)으로 지정합니다.

03 [개체 속성] 대화상자(P)에서 배경 색과 선색을 제거합니다.
- [개체 속성]–[선] 탭–[종류] : 선 없음, [개체 속성]–[채우기] 탭–[색 채우기 없음]

04 [글자 모양] 대화상자(Alt+L)를 열고 영문 텍스트를 보다 짜임새 있게 만듭니다.
- [서식] 탭–[글자 모양]
- [확장] 기타 : [글꼴에 어울리는 빈칸] 체크

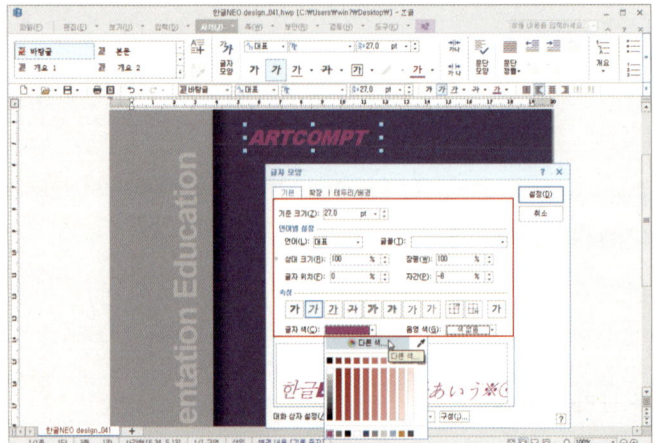 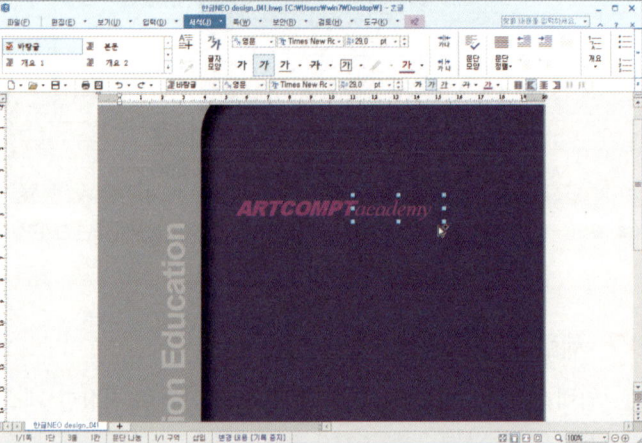

Tip & Tech 디자인 요소는 한쇼나 파워포인트에서 작업하고, 제목이나 본문 텍스트는 한글에서 입력하고 편집하는 것이 가장 이상적인 방식입니다.

09 타이틀과 설명 문안 편집하기

01 '파워포인트 디자인 전문가 과정'을 입력합니다.
- [입력] 탭 – 도형에서 [가로 글상자]
- HY헤드라인M, 36pt, 흰색

02 [글자 모양] 대화상자(Alt+L)를 열고 텍스트를 보다 짜임새 있게 만듭니다.
- [기본] 자간 : 0%, 장평 : 70%
- [확장] 기타 : [글꼴에 어울리는 빈칸] 체크

03 제목 아래에 설명 문안을 입력합니다.
- [입력] 탭 – 도형에서 [가로 글상자]
- 나눔바른고딕, 12pt, 회색(R204 G204 B204), 양쪽 정렬, 줄 간격 : 160%

04 [글자 모양] 대화상자를 열고 텍스트를 보다 짜임새 있게 만듭니다.
- [기본] 자간 : 0%, 장평 : 100%
- [확장] 기타 : [글꼴에 어울리는 빈칸] 체크

05 [개체 속성] 대화상자(P)에서 배경 색과 선 색을 제거합니다.
- [개체 속성]–[선] 탭–[종류] : 선 없음, [개체 속성]–[채우기] 탭–[색 채우기 없음]

Tip&Tech 텍스트를 입력한 다음 [개체 속성(P)], [글자 모양(Alt+L)], [문단 모양(Alt+T)] 대화상자는 항상 열어서 설정합니다.

10 설명선 배치하고 타이틀 붙이기

01 [입력] 탭-[그림]을 클릭하고 모서리가 둥근 설명선 이미지를 삽입한 다음 설명 문안 아래쪽에 배치합니다.
- Part 03\16\모서리가 둥근 설명선.png
- 너비 : 129.99mm, 높이 : 92.88mm

02 크기를 조절합니다.

03 설명선 안쪽에 '강좌의 특징'을 입력합니다.
- [입력] 탭-도형에서 [가로 글상자]
- 나눔고딕OTF ExtraBold, 20pt, 흰색

04 [글자 모양] 대화상자(Alt+L)를 열고 텍스트를 보다 짜임새 있게 만듭니다.
- [서식] 탭-[글자 모양]
- [기본] 자간 : 0%, 장평 : 100%
- [확장] 기타 : [글꼴에 어울리는 빈칸] 체크

05 [개체 속성] 대화상자(P)에서 배경 색과 선 색을 제거합니다.
- [개체 속성]-[선] 탭-[종류] : 선 없음. [개체 속성]-[채우기] 탭-[색 채우기 없음]

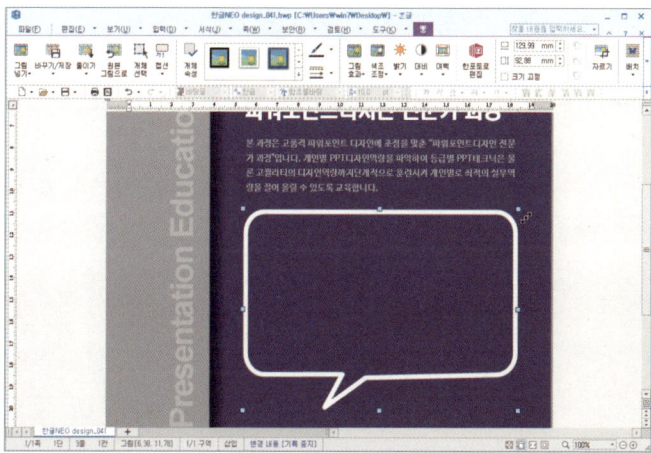 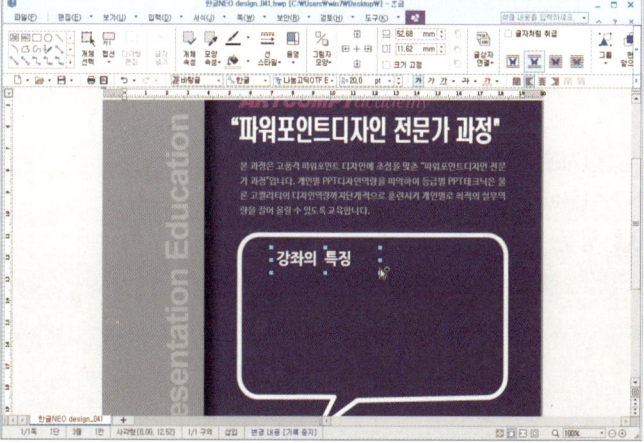

Tip&Tech 크기를 조절할 때 Shift 키를 누르지 않고 대각선 방향으로 조정합니다.

11 설명선 안에 텍스트 편집하기

01 '강좌의 특징' 아래쪽에 '본문 텍스트'를 각각 입력합니다.
- [입력] 탭 - 도형에서 [가로 글상자]
- 나눔바른고딕, 12pt, 왼쪽 정렬, 줄 간격 : 160%

02 [서식] 탭이나 [글자 모양] 대화상자(Alt+L)에서 글자 색을 배색합니다.
- 연보라(R178 G158 B198), 분홍(R223 G154 B202)

03 본문 텍스트 각각에 글머리표를 적용합니다.
- [서식] 탭 - [글머리표] - [글머리표 모양] - [작은 타원]

04 글머리표와 텍스트와의 간격을 좁힙니다.
- [서식] 탭 - [글머리표] - [글머리표 모양] - [사용자 정의] - [글머리표 위치] - [너비 조정] : 0pt

05 본문 텍스트를 모두 선택하고 왼쪽 맞춤으로 정렬합니다.
- [도형] 탭 - [맞춤] - [왼쪽 맞춤]

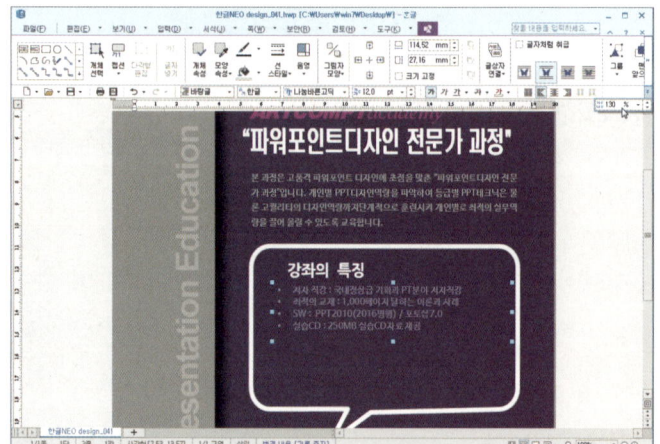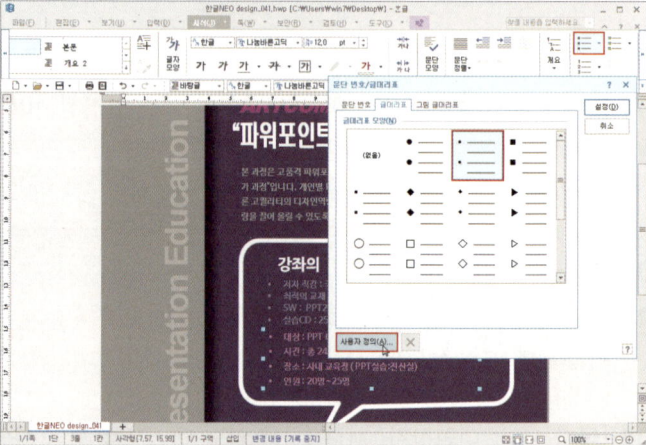

Tip & Tech 글머리표와 텍스트 간격을 좁히려면 [글머리표 위치] - [너비 조정]을 '-4' 이상 적용하면 됩니다.

12 설명선 아래 텍스트 편집하고 글머리표 적용하기

01 설명선 아래 영문 텍스트를 입력합니다.
- [입력] 탭 - 도형에서 [가로 글상자]
- Arial, 15pt, 흰색, 왼쪽 정렬, 줄 간격 : 115%

02 [글자 모양] 대화상자(Alt+L)를 열고 텍스트를 보다 짜임새 있게 만듭니다.
- [서식] 탭 - [글자 모양]
- [기본] 자간 : 0%, 장평 : 100%
- [확장] 기타 : [글꼴에 어울리는 빈칸] 체크

03 영문 텍스트에 글머리표를 적용합니다.
- [서식] 탭 - [글머리표] - [글머리표 모양] - [사각]

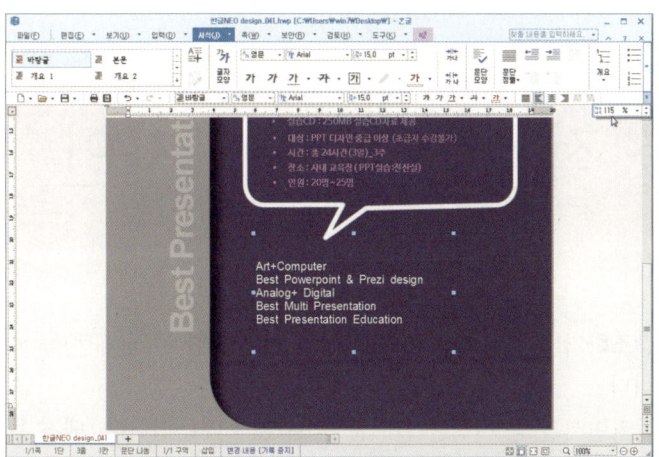 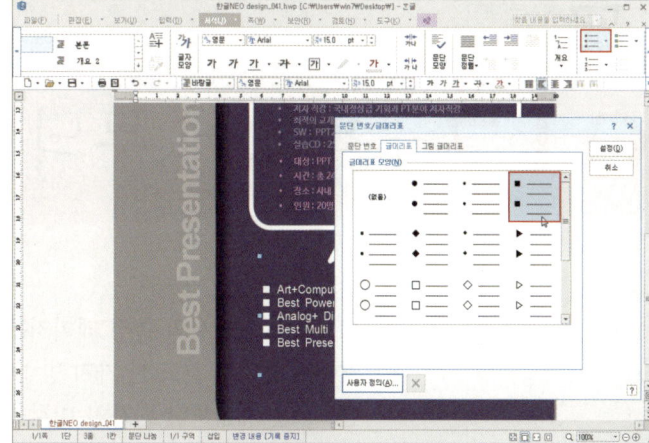

Tip & Tech   편집 디자인은 줄 간격이 중요합니다. 일반적으로 130%~160%를 주로 적용합니다. 그러나 텍스트 내용, 복잡도, 여백에 따라 줄 간격을 좁혀 주거나 넓힐 필요가 있습니다.

13 글머리표 간격 좁히고 로고 타입 편집하기

01 글머리표와 텍스트와의 간격을 좁힙니다.
- [서식] 탭-[글머리표]-[글머리표 모양]-[사용자 정의]-[글머리표 위치]-[너비 조정] : -2pt

02 텍스트를 설명선 세로 라인에 맞춰 정렬합니다.

03 URL과 로고 텍스트를 짜임새 있게 배열합니다(예제 015 과정 12 참고).

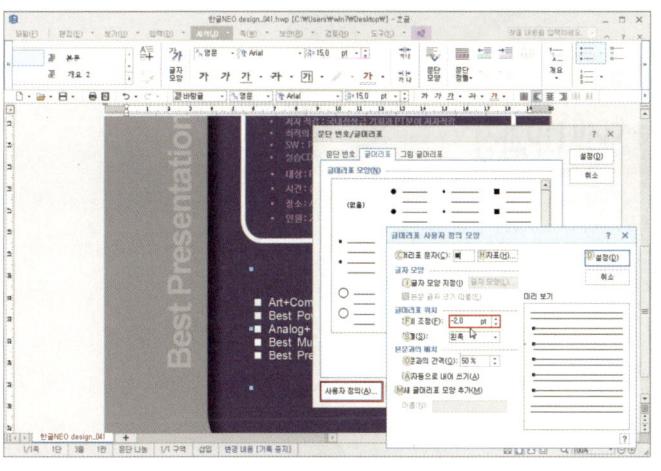 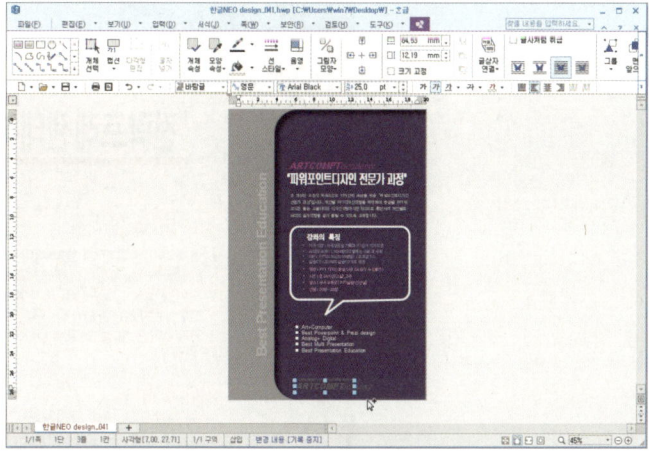

Tip & Tech   로고 위치는 설명선에 맞춰 왼쪽 맞춤을 합니다.

017 배경에 무늬를 적용한 본문 디자인

보고서나 제안서의 특정 페이지를 강조하거나 변별력을 높이고 싶을 때 잔잔한 무늬(패턴)를 배경에 적용하는 것도 한 가지 방법입니다.
단조로운 배경보다 디자인 미감을 살리면서 한층 시선을 끌어들일 수 있기 때문입니다. 배경 무늬는 점선, 대각선, 격자, 체크, 눈금, 물결 등 다양하며 개인적 취향보다는 내용에 맞게 선택하는 것이 좋습니다.

|난이도| ★★★★☆ |예제 폴더| Part 03\17 |완성 파일| Part 03\17\완성\한글NEO design_017.hwp
|과정 파일| Part 03\17\완성\한쇼NEO design_017_16단계.show
|색상 베리에이션| Part 03\17\완성\한쇼NEO design_017_4컬러.show
|인터넷으로 보기| http://cafe.naver.com/artcomptacademy/2196

디자인 포인트

이번 예제에서 주목해야 할 디자인은 배경에 무늬(패턴)를 적용하는 것입니다. 배경 무늬는 '대각선 줄무늬'로, 색상은 전경색과 배경색을 비슷한 계조로 배색하고, BMP 파일이나 PNG 파일로 저장한 다음 한글에 불러들여 용지 배경으로 활용합니다.
무늬가 너무 도출되면 전체 디자인이 산만해질 수 있고 가독성에 문제가 될 수 있어 무늬(패턴) 종류, 색상 배색 및 명도 조절에 주의가 필요합니다.

4컬러 베리에이션

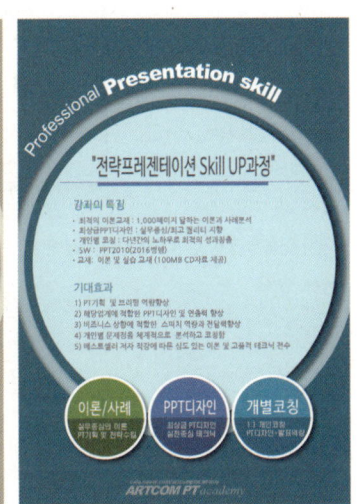
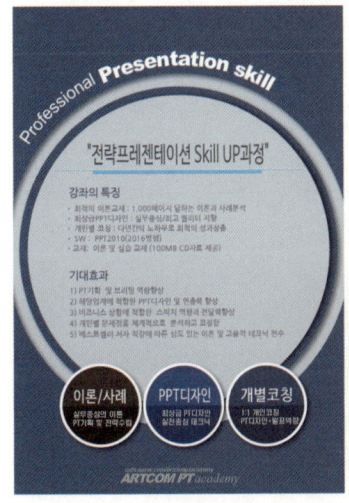

01 NEO 한쇼에서 무늬 배경 디자인하기

01 한쇼 NEO를 실행합니다.
　※ 용지 종류는 [A4 용지], 슬라이드 방향은 [세로]입니다. 용지는 [서식] 탭-[슬라이드 크기]-[쪽 설정]에서 설정합니다.

02 [입력] 탭 - 도형에서 [자세히] 단추를 클릭하고 [사각형] - [직사각형]을 선택합니다.

03 드래그하여 슬라이드에 꽉 차게 그려 줍니다.
　• 너비 : 190.5mm, 높이 : 275.2mm

04 [개체 속성] 대화상자에서 선 색을 제거하고 무늬를 적용합니다.
　• [개체 속성]-[채우기] 탭-[무늬]-[무늬 18]
　• 전경 색 : 황갈색(R182 G173 B146), 배경 색 : 황갈색(R196 G186 B166)

05 완성된 디자인을 '대각선 무늬 배경'이라는 이름의 PNG 파일로 저장합니다.

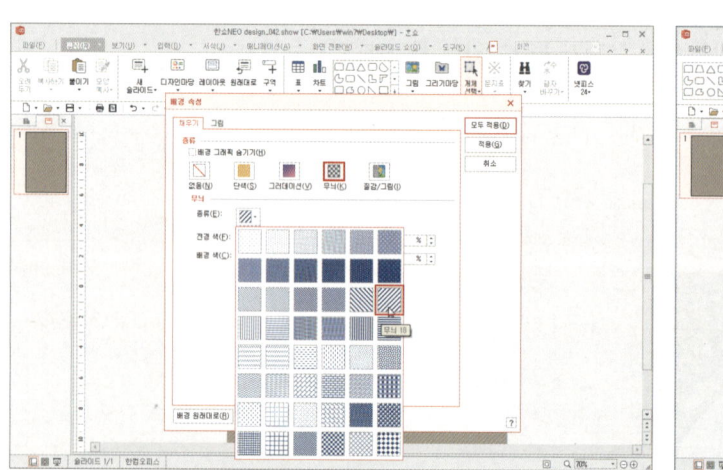
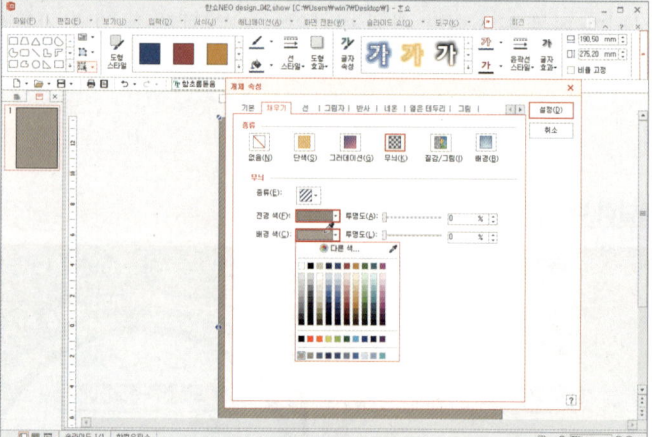

Tip & Tech　무늬 색상은 [전경 색]을 [배경 색]에 동일하게 적용한 다음 명도를 조금 밝거나 어둡게 조절합니다. 동일한 색상 만들기는 '색 골라내기' 기능(스포이트)을 이용하면 편리합니다.

02 중심부 타원 디자인하기

01 [입력] 탭 - 도형에서 [자세히] 단추를 클릭하고 [기본 도형] - [타원]을 선택합니다.

02 Shift 키를 누른 상태에서 드래그하여 타원을 그립니다.
　• 너비 : 174.19mm, 높이 : 174.19mm

03 [개체 속성] 대화상자에서 선 색을 제거하고 채우기 색상을 밝은 갈색(R238 G234 B218)으로 지정합니다.

04 타원형에 그림자 효과를 적용합니다.
　• [개체 속성]-[그림자] 탭-[오른쪽]
　• 색 : 검정색, 투명도 : 50%, 흐리게 : 6pt, 크기 : 100%, 거리 : 6pt, 각도 : 0°

05 완성된 디자인을 '중심부 타원'이라는 이름의 PNG 파일로 저장합니다.

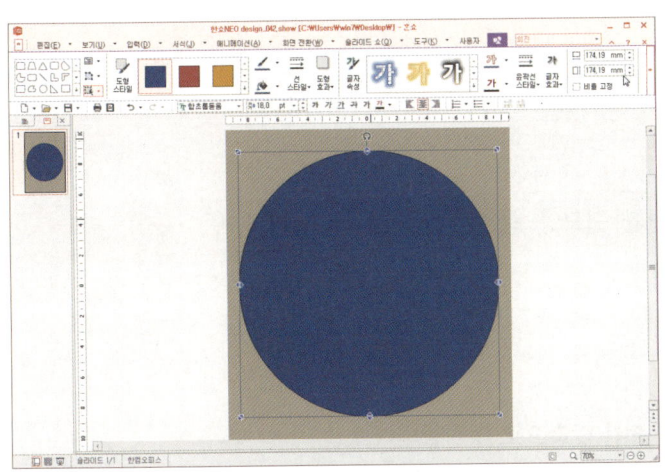
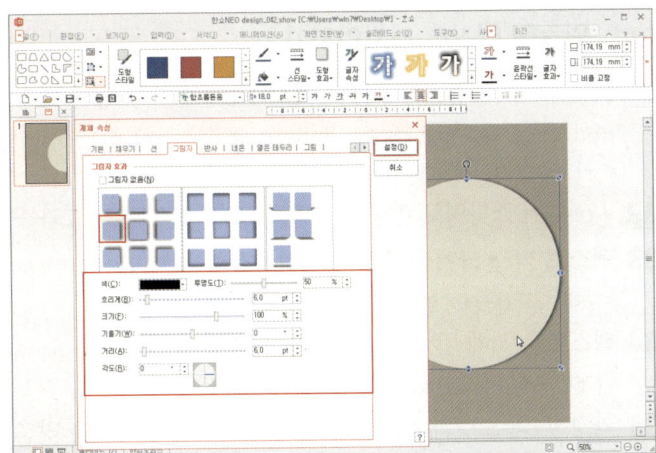

Tip&Tech 본문을 편집할 중심부 타원 색상은 배경 무늬 색상과 비슷한 계조의 색상이 무난합니다.

03 외곽 도넛 장식 디자인하기

01 [입력] 탭 - 도형에서 [자세히] 단추를 클릭하고 [기본 도형] - [도넛]을 선택합니다.

02 Shift 키를 누른 상태에서 드래그하여 도넛을 그립니다.
- 너비 : 198.44mm, 높이 : 198.44mm

03 도넛 구멍을 조절한 다음 [개체 속성] 대화상자에서 선 색을 제거하고 채우기 색상을 밝은 갈색 (R238 G234 B218)으로 지정합니다.

04 도넛에 그림자 효과를 적용합니다.
- [개체 속성] 탭 - [그림자] - [대각선 안쪽 위]
- 색 : 검정색, 투명도 : 50%, 흐리게 : 6pt, 거리 : 6pt, 각도 : 225°

05 완성된 디자인을 '외곽 도넛 장식'이라는 이름의 PNG 파일로 저장합니다.

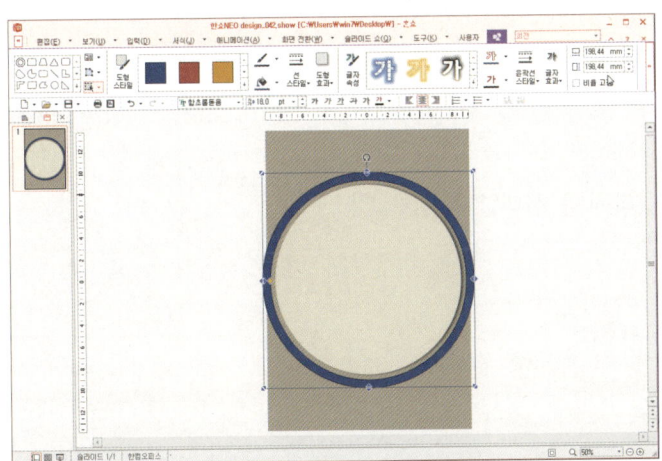
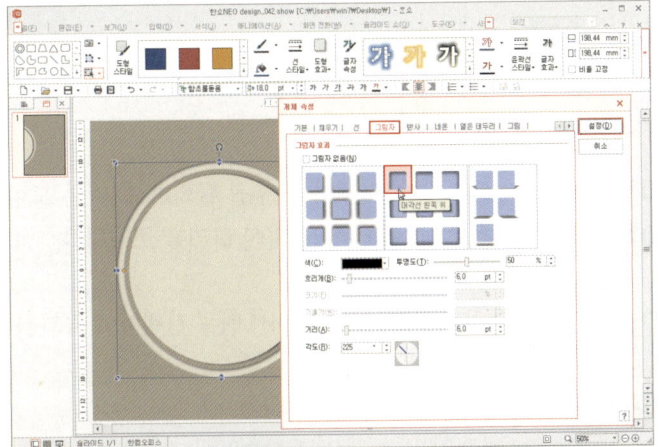

Tip&Tech 도넛 색상은 과정 02 중심부 타원 색상과 동일하게 지정합니다. PNG 형식으로 저장한 디자인 요소들은 한글에서 다양하게 활용할 수 있습니다.

04 원호형 텍스트 디자인하기

01 [입력] 탭 – 도형에서 [가로 글상자]를 클릭하고 영문 텍스트를 입력합니다.
- Professional : Arial, 28pt, 흰색
- +Presentation Skill : Arial, 33p, 흰색

02 WordArt 스타일로 변형하기 위해 [도형] 탭 – [글자 효과] – [변환] – [모양] – [위쪽 원호]를 클릭합니다.

03 텍스트 박스 크기를 조절하여 정사각형을 만듭니다.
- 너비 : 213.89mm, 높이 : 216.89mm

04 텍스트를 시계 방향으로 회전합니다.
- [개체 속성] – [기본] 탭 – [회전] : 30°

05 과정 03의 도넛과 원호형 텍스트를 선택하고 가운데 맞춤과 중간 맞춤으로 정렬합니다.
- [도형] 탭 – [맞춤] – [가운데 맞춤]/[중간 맞춤]

06 완성된 디자인을 '원호형 텍스트'라는 이름의 PNG 파일로 저장합니다.

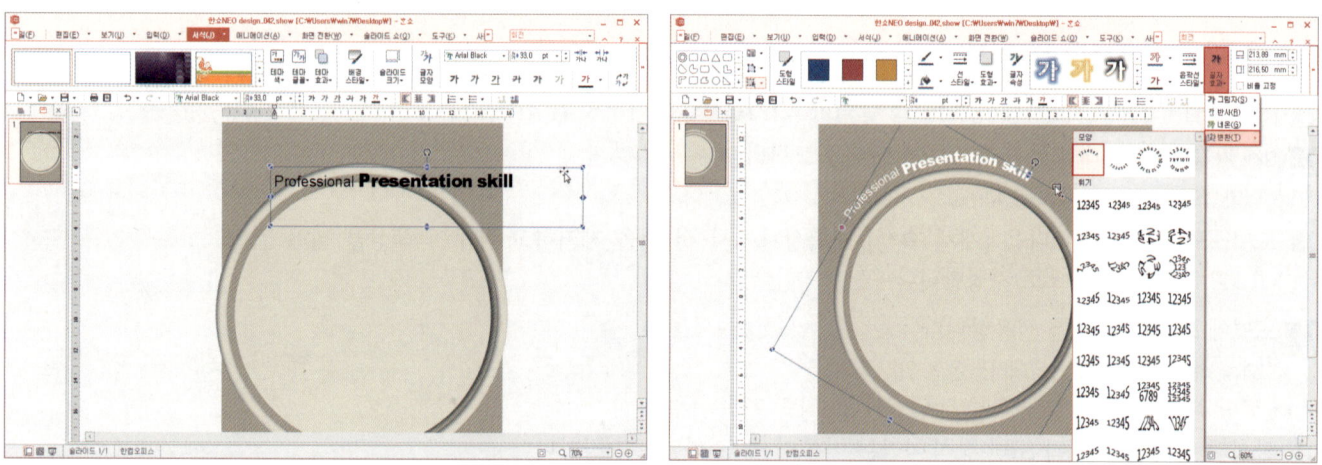

Tip & Tech 텍스트 박스가 정사각형이 되지 않으면 원호형 텍스트가 완전한 원형이 되지 못하기 때문에 완성도가 떨어집니다. 텍스트 박스 너비와 높이 값이 동일해야 합니다.

05 컬러 타원 디자인하기

01 [입력] 탭 – 도형에서 [자세히] 단추를 클릭하고 [기본 도형] – [타원]을 선택합니다.

02 Shift 키를 누른 상태에서 드래그하여 타원을 그립니다.
- 너비 : 45.5mm, 높이 : 45.5mm

03 타원을 선택하고 [개체 속성] – [선] 탭을 선택하여 효과를 줍니다.
- 실선, 굵기 : 4.5pt, 흰색

04 타원에 그림자 효과를 적용합니다.
- [개체 속성] – [그림자] 탭 – [대각선 오른쪽 아래]
- 색 : 검정색, 투명도 : 50%, 흐리게 : 6pt, 크기 : 100%, 거리 : 6pt, 각도 : 45°

05 완성된 타원을 두 개 복제(Ctrl+D)하고 수평으로 배치한 다음 색상 배색을 합니다.
- 주황(R241 G147 B49), 빨강(R216 G53 B70), 분홍(R161 G47 B70)

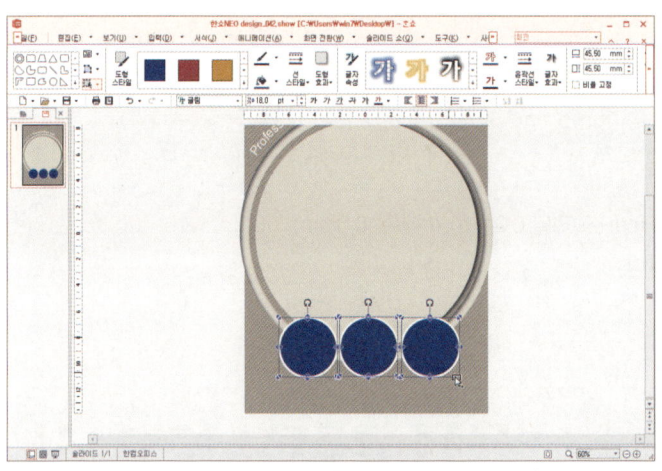 

Tip&Tech 타원 색상을 배색할 때 배경 색과 주변 디자인 요소들의 색상을 고려해야 합니다. 타원 여러 개의 색상을 배색할 때 채도가 높은 색상은 피하고 상호 조화를 이룰 수 있도록 근접 색상을 배색하는 것이 좋습니다.

06 컬러 타원에 투명한 반원 적용하기

01 [입력] 탭 - 도형에서 [자세히] 단추를 클릭하고 [기본 도형] - [현]을 선택합니다.

02 Shift 키를 누른 상태에서 드래그하여 타원을 그립니다.
- 너비 : 44.51mm, 높이 : 44.51mm

03 현의 조절점을 돌려 아래쪽으로 반원이 되게 만듭니다.

04 [개체 속성] 대화상자에서 선 색을 제거하고 채우기 색상을 지정합니다.
- 검정색, 투명도 : 73%

05 투명한 반원을 복제(Ctrl+D)하여 컬러 타원 각각에 정확하게 포개 놓습니다.

06 완성된 디자인을 '컬러 타원(1/2/3)'이라는 이름의 PNG 파일로 저장합니다.

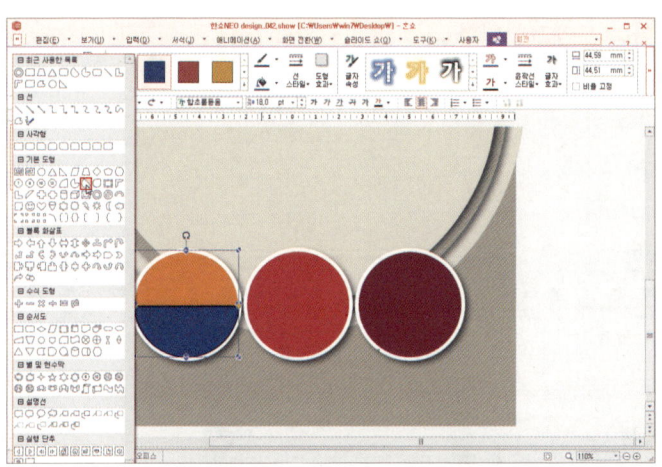 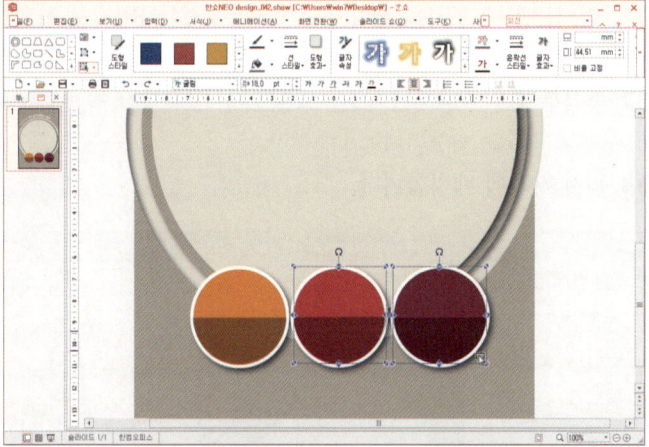

07 한글 NEO에서 편집 용지와 배경 설정하기

01 한글 NEO를 실행합니다.

02 F7 키를 눌러 편집 용지를 설정합니다.
- 용지 종류 : A4(국배판) [210×297mm], 용지 방향 : 세로, 제본 : 한쪽
- 용지 여백 : 위쪽(10.0mm), 머리말(0.0mm), 왼쪽(10.0mm), 오른쪽(10.0mm), 꼬리말(0.0mm), 아래쪽(10.0mm)

03 용지에 무늬 배경을 삽입하고 [문서에 포함]에 체크 표시합니다.
- [쪽] 탭-[쪽 테두리/배경]-[배경] 탭-[그림]-[그림 파일]
- Part 03\17\대각선 무늬 배경.png

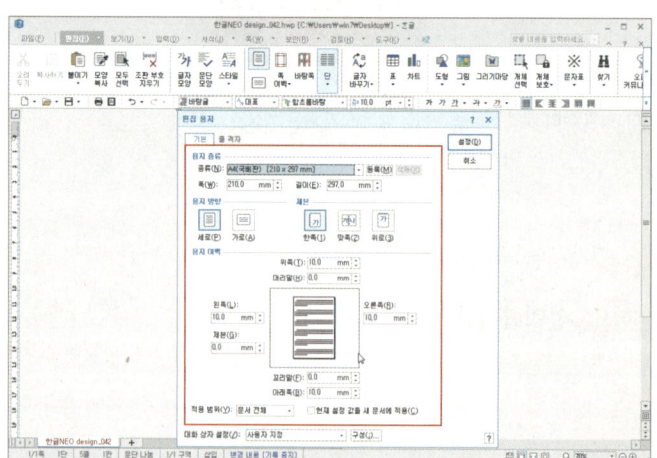 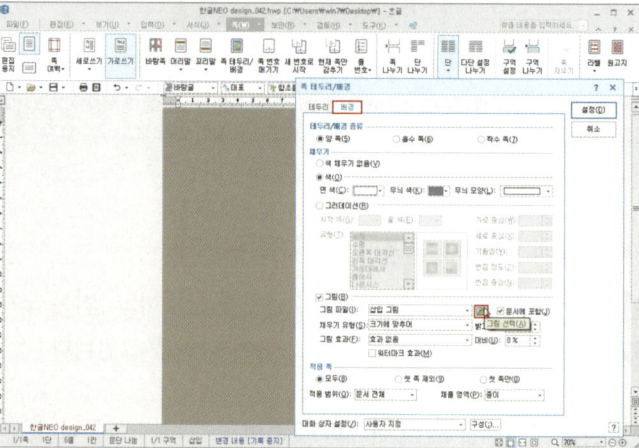

Tip&Tech 한글 디자인을 보다 차별화하려면 사전에 무늬 배경 이미지를 다양하게 만들고 상황에 맞춰 즉시 활용할 수 있도록 준비할 필요가 있습니다.

08 중심부 타원 이미지 배치하기

01 [입력] 탭-[그림]을 클릭하고 중심부 타원 이미지를 삽입한 다음 드래그합니다.
- Part 03\17\중심부 타원.png

02 중심부 타원 이미지 크기를 조절합니다.
- 너비 : 195.5mm, 높이 : 195.5mm

03 용지 가운데 배치합니다.

 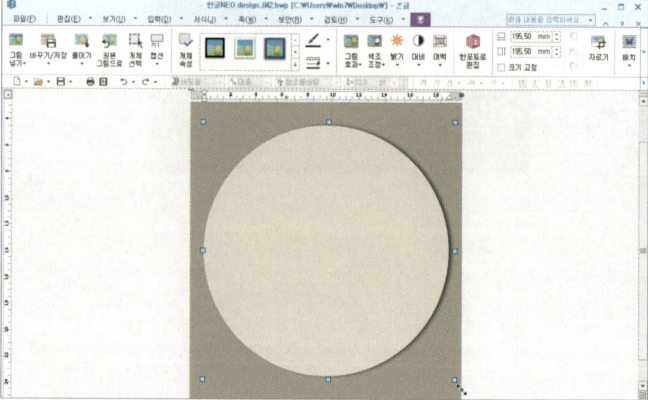

Tip&Tech 타원 이미지는 한글에서 여러 용도로 활용할 수 있으므로 다양하게 PNG 파일로 만들면 편집 시간을 크게 단축할 수 있습니다.

09 외곽 도넛 장식 이미지 배치하기

01 [입력] 탭 - [그림]을 클릭하여 외곽 도넛 장식 이미지를 삽입하고 드래그합니다.
- Part 03\17\외곽 도넛 장식.png

02 크게 확대했을 때 양쪽 옆이 잘라질 것을 예상하여 확대 전에 트리밍합니다.
- [그림] 탭 - [자르기]

03 트리밍한 도넛 이미지 크기를 조절합니다.
- 너비 : 212.78mm, 높이 : 218.01mm

04 중심부 타원에 맞춰 배치한 다음 [그림] 탭 - [맨 뒤로]를 클릭하고 맨 뒤로 보냅니다.

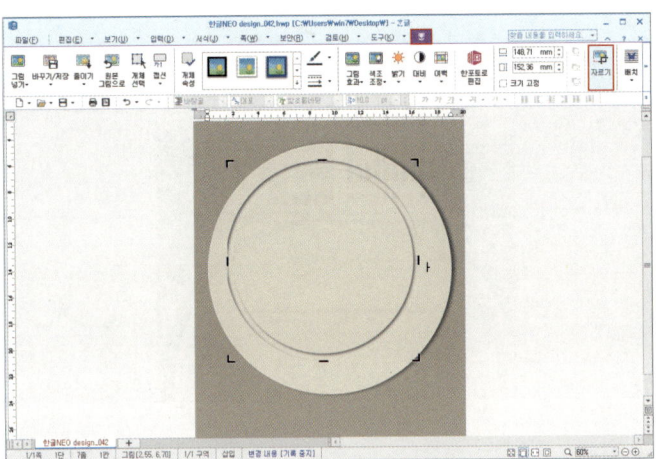
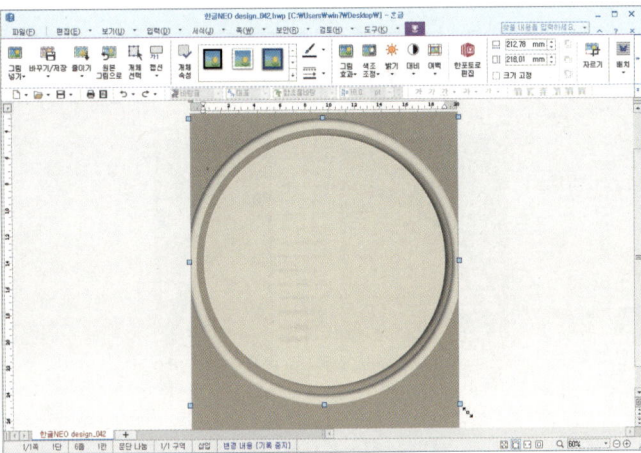

Tip & Tech 개체를 여러 개 포개 놓을 경우 순서가 매우 중요합니다. 텍스트 박스나 작은 개체들이 선택되지 않을 경우 투명한 개체가 맨 앞쪽에 있기 때문입니다.

10 원호형 텍스트 이미지 배치하기

01 [입력] 탭 - [그림]을 클릭하여 원호형 텍스트 이미지를 삽입하고 드래그합니다.
- Part 03\17\원호형 텍스트.png

02 원호형 텍스트 이미지를 클릭하고 빈 공간을 자른 다음 크기를 조절합니다.
- 너비 : 176.29mm, 높이 : 70.63mm

03 자른 원호형 텍스트 이미지를 도넛 이미지 왼쪽 윗부분에 배치합니다.

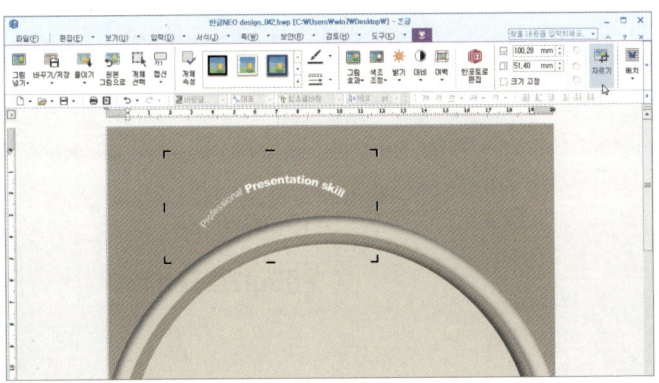
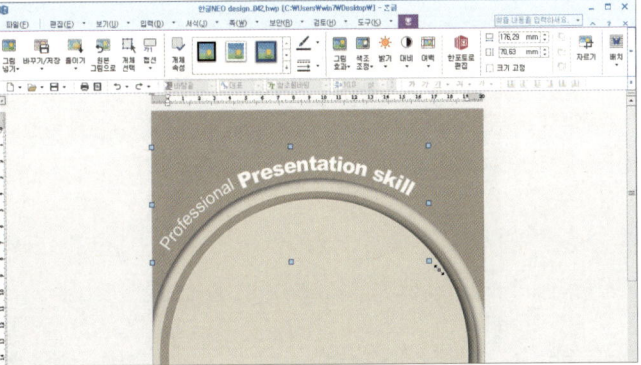

Tip & Tech 한쇼나 파워포인트에서 작업한 원호형 텍스트는 정사각형으로 공간이 저장되기 때문에 자르기를 통해 불필요한 공간을 최대로 없앨 필요가 있습니다.

11 타이틀 라인 디자인하기

01 타이틀 라인을 디자인하기 위해 중심부 타원 윗부분에 가는 라인을 그립니다.
- [입력] 탭 – 도형에서 [그리기 개체] – [직선]
- 너비 : 167.83mm, 높이 : 0mm

02 [개체 속성] 대화상자에서 선의 색, 굵기 등을 정합니다.
- 빨간색(R216 G53 B70), 실선, 선 굵기 : 0.12mm

03 가는 라인 아래쪽 중간에 굵은 라인을 그려 배치합니다.
- 너비 : 111.45mm, 높이 : 0mm
- 빨간색(R216 G53 B70), 실선, 선 굵기 : 2mm

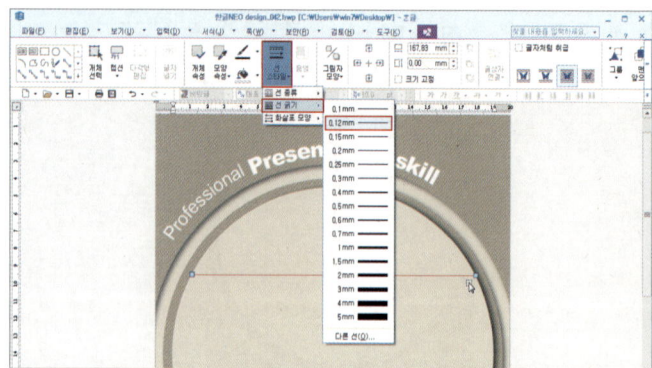 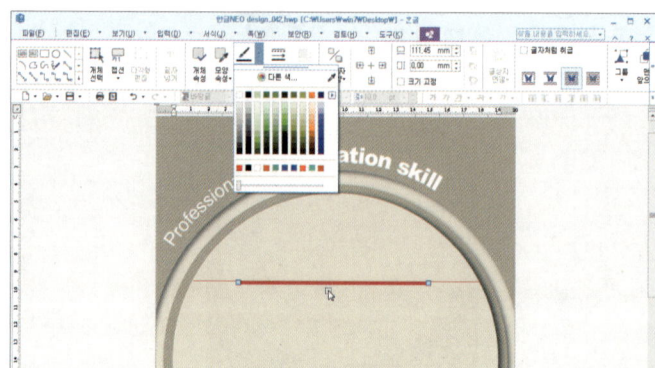

12 본문 타이틀 편집하기

01 '전략프레젠테이션 Skill UP과정'을 입력합니다.
- [입력] 탭 – 도형에서 [가로 글상자]
- 나눔바른고딕OTF, 36pt, 진하게, 어두운 회색(R77 G77 B77)

02 [글자 모양] 대화상자(Alt + L)를 열고 텍스트를 보다 짜임새 있게 만듭니다.
- [서식] 탭 – [글자 모양]
- [기본] 자간 : 0%, 장평 : 67%
- [확장] 기타 : [글꼴에 어울리는 빈칸] 체크

03 [개체 속성] 대화상자(P)에서 배경 색과 선 색을 제거합니다.
- [개체 속성] – [선] 탭 – [종류] : 선 없음, [개체 속성] – [채우기] 탭 – [색 채우기 없음]

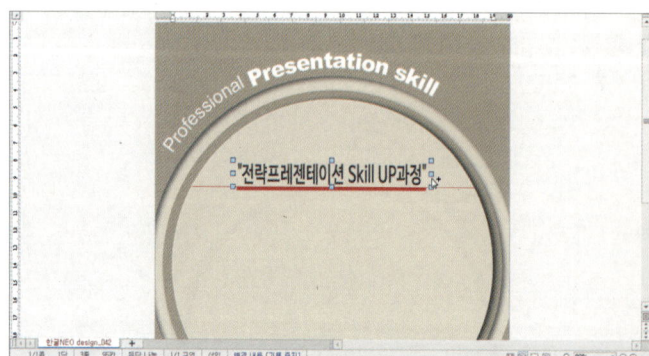 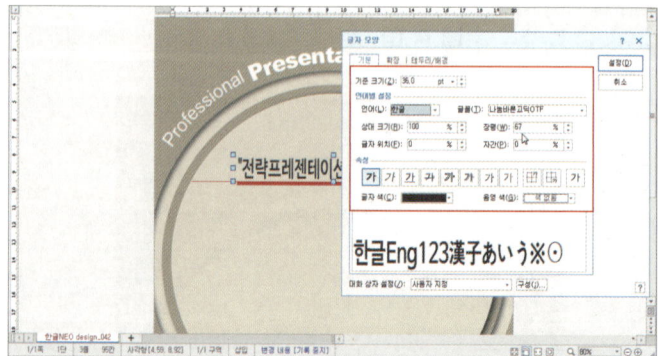

Tip & Tech 타이틀과 타이틀 라인 간격이 너무 떨어지면 보기 좋지 않습니다. 라인과 텍스트와의 간격이 2mm가 넘지 않도록 배치합니다.

13 본문 1 편집하기

01 서브 타이틀인 '강좌의 특징'을 입력합니다.
- [입력] 탭 – 도형에서 [가로 글상자]
- 나눔바른고딕OTF, 18pt, 빨강(R216 G53 B70)

02 [서식] 탭 – [글자 모양]을 클릭하여 [글자 모양] 대화상자(Alt+L)를 열고 텍스트를 보다 짜임새 있게 만듭니다.
- [기본] 자간 : 0%, 장평 : 100%
- [확장] 기타 : [글꼴에 어울리는 빈칸] 체크

03 서브 타이틀 아래 본문 텍스트를 입력합니다.
- [입력] 탭 – [가로 글상자]
- 나눔고딕, 12pt, 진하게, 회색(R128 G128 B128), 왼쪽 정렬, 줄 간격 : 130%

04 [서식] 탭 – [글자 모양]을 클릭하여 [글자 모양] 대화상자를 열고 텍스트를 보다 짜임새 있게 만듭니다.
- [기본] 자간 : 0%, 장평 : 100%
- [확장] 기타 : [글꼴에 어울리는 빈칸] 체크

05 본문 텍스트에 글머리표를 적용합니다.
- [서식] 탭 – [글머리표] – [글머리표 모양] – [작은 타원]

06 글머리표와 텍스트와의 간격을 좁힙니다.
- [서식] 탭 – [글머리표] – [글머리표 모양] – [사용자 정의] – [글머리표 위치] – [너비 조정] : –10pt

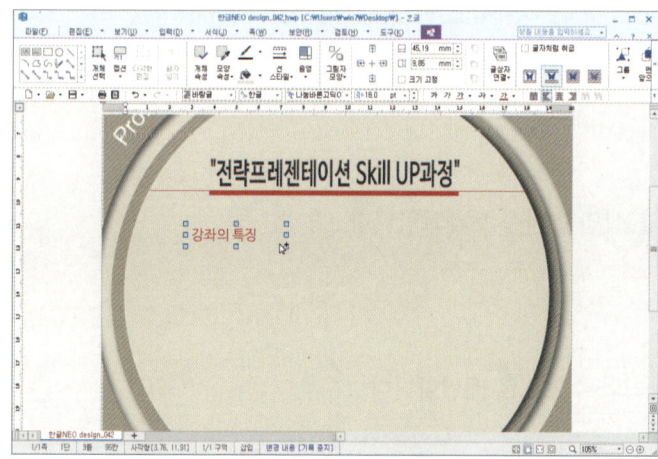 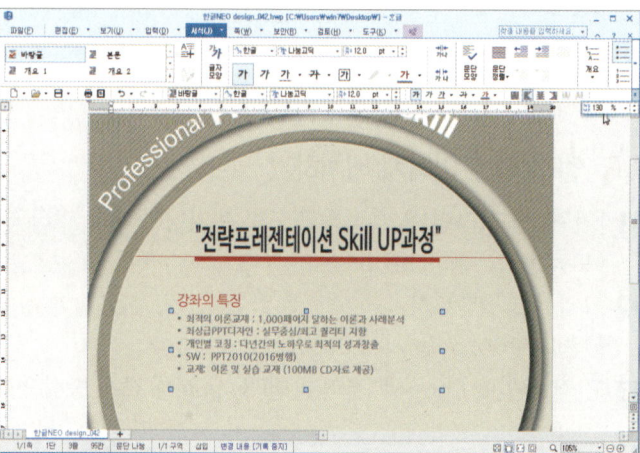

Tip & Tech 텍스트 박스에 배경 색과 선 색이 있으면 [개체 속성] 대화상자(P)에서 배경 색과 선 색을 제거합니다.
· [개체 속성] – [선] 탭 – [종류] : 선 없음, [개체 속성] – [채우기] 탭 – [색 채우기 없음]

14 본문 2 편집하기

01 과정 13의 본문 1 서브 타이틀을 복제(Ctrl+D)하여 본문 아래쪽에 배치하고 텍스트를 '기대효과'로 바꿉니다.

02 '기대효과' 서브 타이틀 아래에 본문 2 텍스트를 입력합니다. 과정 13 본문 텍스트를 복제(Ctrl+D)하여 배치합니다.

03 글머리표를 제거하고 번호를 붙입니다.
- [서식] 탭-[글머리표]-[없음]

 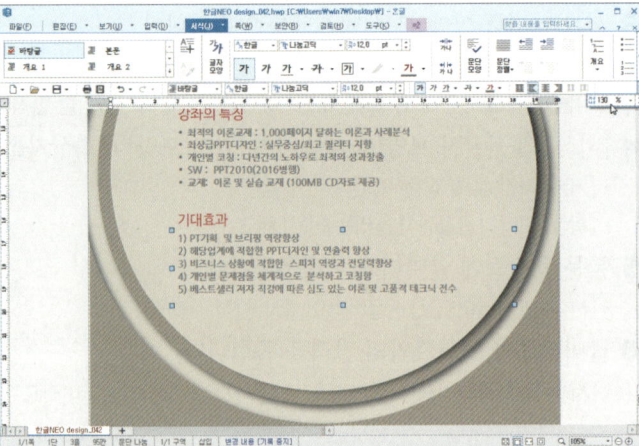

Tip & Tech 　동일한 폰트와 동일한 형식의 텍스트는 복제(Ctrl+D)하고 내용만 변경합니다.

15 컬러 타원 이미지 배치하기

01 [입력] 탭-[그림]을 클릭하고 도넛 이미지 아래쪽 컬러 타원을 삽입한 다음 드래그합니다.
- Part 03\17\컬러 타원(1).png

02 크기를 조절합니다.
- 너비 : 52.04mm, 높이 : 52.04mm

03 '컬러 타원(2).png'와 '컬러 타원(3).png'을 같은 방식으로 불러와 수평으로 배열합니다.

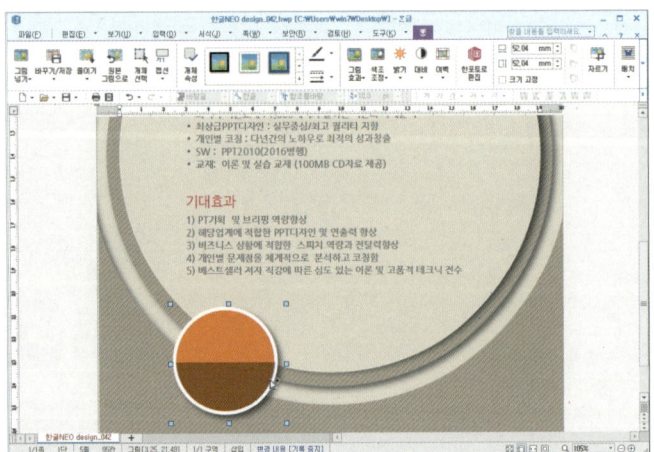 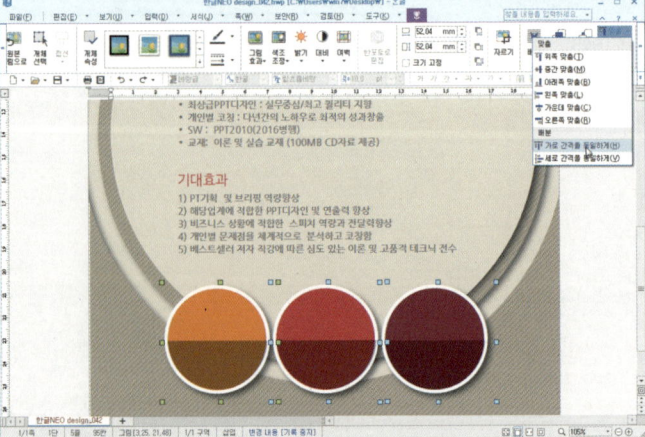

Tip & Tech 　컬러 타원 세 개를 정렬하려면 [그림] 탭-[맞춤]-[위쪽 맞춤]/[가로 간격을 동일하게]를 클릭합니다.

16 컬러 타원에 텍스트 편집하기

01 컬러 타원 윗부분에 키워드를 각각 입력합니다.
- 나눔바른고딕OTF, 25pt, 흰색

02 [서식] 탭-[글자 모양]을 클릭해 [글자 모양] 대화상자(Alt+L)를 열고 텍스트를 보다 짜임새 있게 만듭니다.
- [기본] 자간 : 0%, 장평 : 80%
- [확장] 기타 : [글꼴에 어울리는 빈칸] 체크

17 타원 아래 텍스트 입력하고 로고 적용하기

01 [입력] 탭-도형에서 [가로 글상자]를 클릭하고 키워드 아래에 본문을 각각 입력합니다.
- HY헤드라인M, 11pt, 진하게, 회색(R191 G191 B191), 왼쪽 정렬, 줄 간격 : 125%

02 [서식] 탭-[글자 모양]을 클릭하여 [글자 모양] 대화상자를 열고 텍스트를 보다 짜임새 있게 만듭니다.
- [기본] 자간 : -4%, 장평 : 100%
- [확장] 기타 : [글꼴에 어울리는 빈칸] 체크

03 URL과 로고 텍스트를 짜임새 있게 배열합니다(예제 015 과정 12 참고).

Tip & Tech 로고가 지나치게 부각되지 않도록 로고(마크) 크기와 색상 등에 주의해야 합니다.

018 수채 번짐 효과를 활용한 본문 디자인

제안서나 보고서를 작성할 때 특별히 부각할 페이지가 있습니다. 이런 경우 다양한 기술이 있겠지만 수채화 번짐을 배경으로 활용하는 것도 한 가지 방법입니다. 수채화 번짐을 이용한 페이지는 수십 페이지 본문 중에서 단번에 시선을 끌게 될 것입니다.
수채 번짐 효과는 신문이나 잡지 광고, 사보 등에서 자주 쓰이는 기법으로 딱딱한 그래픽 요소보다 한층 인간적인 체온을 느끼게 해 줍니다.

|난이도| ★★★⯨☆ |예제 폴더| Part 03\18 |완성 파일| Part 03\18\완성\한글NEO design_018.hwp
|과정 파일| Part 03\18\완성\한쇼NEO design_018_8단계.show
|색상 베리에이션| Part 03\18\완성\한쇼NEO design_018_4컬러.show
|인터넷으로 보기| http://cafe.naver.com/artcomptacademy/2201

디자인 포인트

이번 예제에서 주목해야 할 디자인은 수채 번짐 효과를 활용하여 편집하는 것입니다. 수채 번짐은 실제 수채화 물감을 이용하여 만들고 스캔하여 PNG 파일 형식으로 저장합니다. 수채 번짐 이미지는 한쇼의 [색조 조정] 기능을 이용하여 다양한 색상으로 변경할 수 있습니다. 수채 번짐 효과는 적절한 복잡도를 가지고 있기 때문에 텍스트와 디자인 요소는 될 수 있으면 심플하게 배치해야 효과적입니다.

4컬러 베리에이션

01 한글 NEO에서 편집 용지 설정하고 수채 번짐 배경 배치하기

01 한글 NEO를 실행합니다.

02 F7 키를 눌러 편집 용지를 설정합니다.
- 용지 종류 : A4(국배판) [210×297mm], 용지 방향 : 세로, 제본 : 한쪽
- 용지 여백 : 위쪽(10.0mm), 머리말(0.0mm), 왼쪽(10.0mm), 오른쪽(10.0mm), 꼬리말(0.0mm), 아래쪽(10.0mm)

03 [입력] 탭 – [그림]을 클릭하고 수채 번짐 배경 이미지를 삽입한 다음 드래그하여 용지 윗부분에 배치합니다.
- Part 03\18\수채 번짐 배경.png

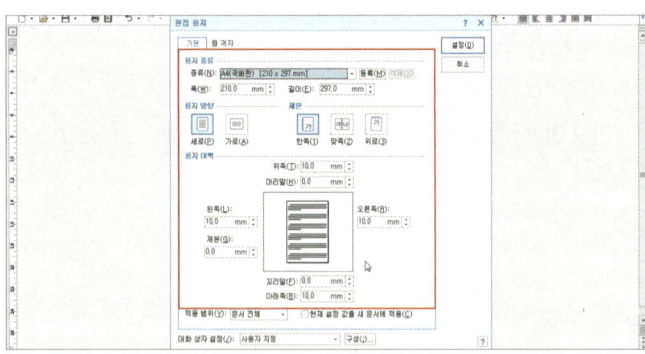
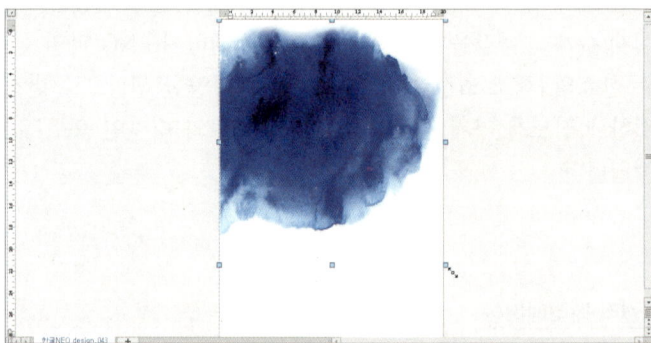

Tip & Tech '수채 번짐 배경' 이미지 형태와 색상 등에 따라 차후 전개될 디자인 요소 배치와 텍스트 편집 등이 달라지기 때문에 '수채 번짐 이미지' 선정은 신중해야 합니다.

02 서브 영문 텍스트 편집하기

01 [입력] 탭 – 도형에서 [가로 글상자]를 클릭하고 'Presentation'을 입력합니다.
- Arial, 27pt, 기울임, 연한 파랑(R101 G158 B249)

02 [서식] 탭 – [글자 모양]을 클릭하여 [글자 모양] 대화상자(Alt+L)에서 텍스트를 보다 짜임새 있게 만듭니다.
- [기본] 자간 : 0%, 장평 : 100%
- [확장] 기타 : [글꼴에 어울리는 빈칸] 체크

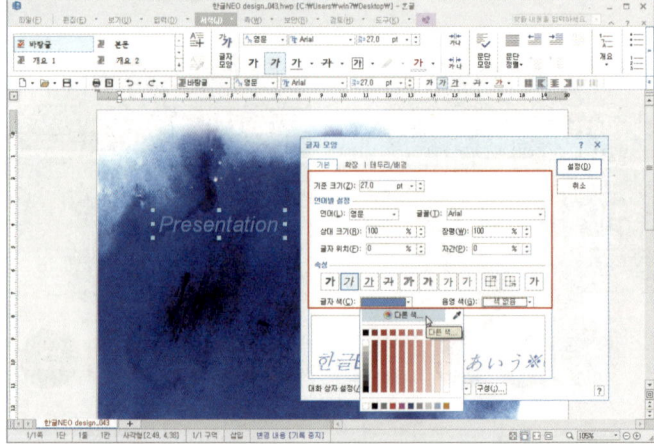

Tip & Tech 글상자를 통해 텍스트를 입력했을 경우 [개체 속성] 대화상자에서 배경 색과 선 색을 제거합니다.
· [개체 속성]–[선] 탭–[종류] : 선 없음, [개체 속성]–[채우기] 탭–[색 채우기 없음]

03 메인 영문 텍스트 편집하기

01 [입력] 탭 – 도형에서 [가로 글상자]를 클릭하고 'design Skill – up'을 입력합니다.
- Cooper Std Black, 27pt, 진하게, 기울임, 연한 파랑(R101 G158 B249)

02 [서식] 탭 – [글자 모양]을 클릭하여 [글자 모양] 대화상자(Alt+L)를 열고 텍스트를 보다 짜임새 있게 만듭니다.
- [기본] 자간 : 0%, 장평 : 100%
- [확장] 기타 : [글꼴에 어울리는 빈칸] 체크

03 [개체 속성] 대화상자에서 배경 색과 선 색을 제거합니다.
- [개체 속성]–[선] 탭–[종류] : 선 없음, [개체 속성]–[채우기] 탭–[색 채우기 없음]

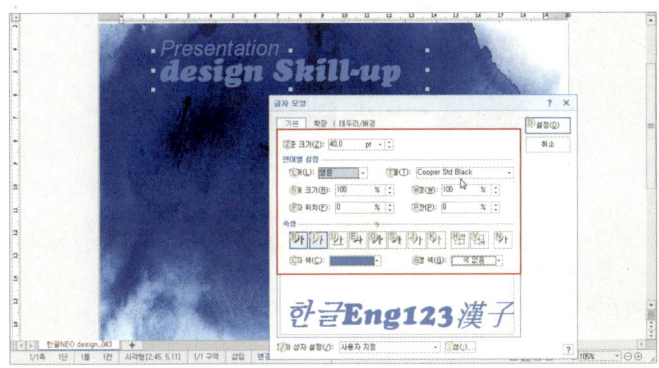 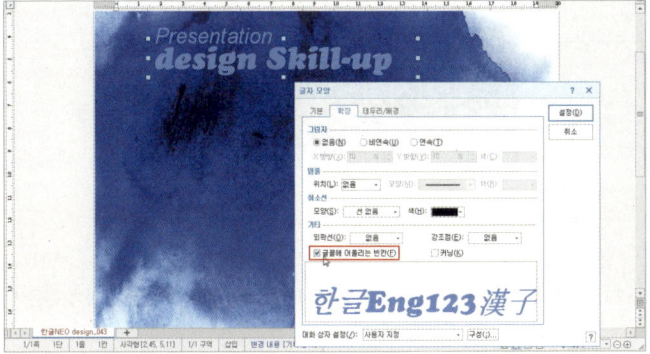

Tip & Tech Cooper Std Black 폰트가 없는 경우 명조 계열 폰트로 대체합니다.

04 핵심 키워드 편집하기

01 [입력] 탭 – 도형에서 [가로 글상자]를 클릭하고 핵심 키워드를 입력합니다.
- 나눔바른고딕OTF, 46pt, 줄 간격 : 110%, 왼쪽 정렬

02 [서식] 탭이나 [글자 모양] 대화상자(Alt+L)에서 글자 색을 흰색으로 지정합니다.

03 [개체 속성] 대화상자에서 배경 색과 선 색을 제거합니다.
- [개체 속성]–[선] 탭–[종류] : 선 없음, [개체 속성]–[채우기] 탭–[색 채우기 없음]

04 [서식] 탭 – [글자 모양]을 클릭하고 [글자 모양] 대화상자(Alt+L)에서 텍스트를 보다 짜임새 있게 만듭니다.
- [기본] 자간 : –5%, 장평 : 110%
- [확장] 기타 : [글꼴에 어울리는 빈칸] 체크

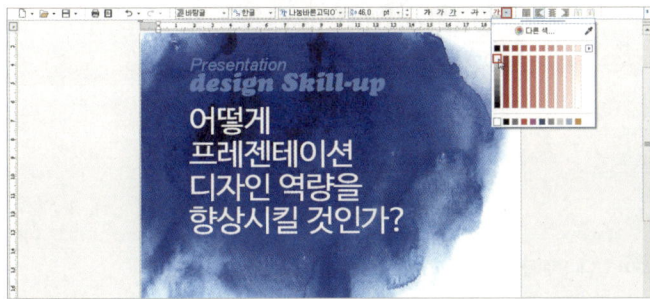 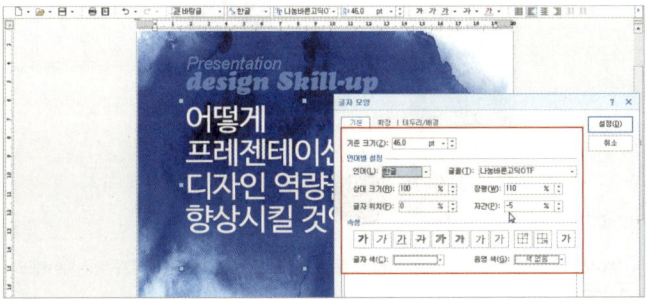

Tip & Tech 수채 번짐 이미지 색이 어둡기 때문에 핵심 키워드는 최대한 밝게 배색해야 가독성을 높일 수 있습니다. 폰트는 과감하게 키워서 주목성을 높입니다.

05 타원 정렬하고 색상 배색하기

01 '수채 번짐' 이미지 아랫부분에 타원을 한 개 그립니다.
  • [입력] 탭 – 도형에서 [다른 그리기 조각] – [기본 도형] – [타원]

02 완성된 타원을 세 개 복제(Ctrl+D)하고 정렬합니다.
  • [도형] 탭 – [맞춤] – [가로 간격을 동일하게]

03 타원 네 개 외곽선의 선 색을 제거하고 채우기 색상을 지정합니다.
  • 회색(R123 G123 B123), 진한 회색(R72 G72 B72), 주황(R245 G92 B0), 빨강(R226 G19 B28)

 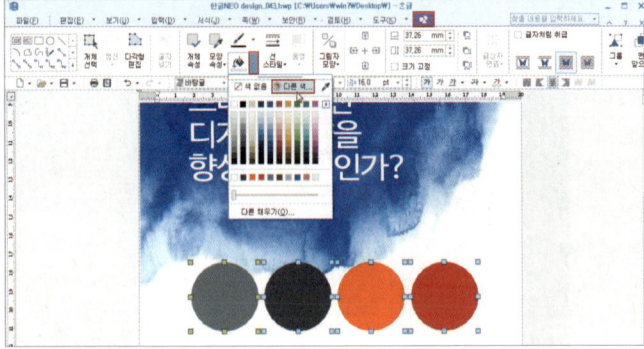

Tip & Tech 동일한 크기의 도형 여러 개 색채를 배색할 때 무채색(흰색, 회색, 검은색)을 함께 쓰면 보다 안정적인 배색을 할 수 있습니다.

06 타원에 텍스트 편집하기

01 타원 각각을 마우스 오른쪽 버튼으로 클릭하고 [도형 안에 글자 넣기]를 실행합니다.

02 [입력] 탭 – 도형에서 [가로 글상자]를 클릭하고 타원 각각에 텍스트 입력합니다.
  • Arial, 16pt, 진하게, 흰색, 가운데 정렬, 줄 간격 : 120%

03 [서식] 탭 – [글자 모양]을 클릭하여 [글자 모양] 대화상자(Alt+L)에서 텍스트를 보다 짜임새 있게 만듭니다.
  • [기본] 자간 : 0%, 장평 : 100%
  • [확장] 기타 : [글꼴에 어울리는 빈칸] 체크

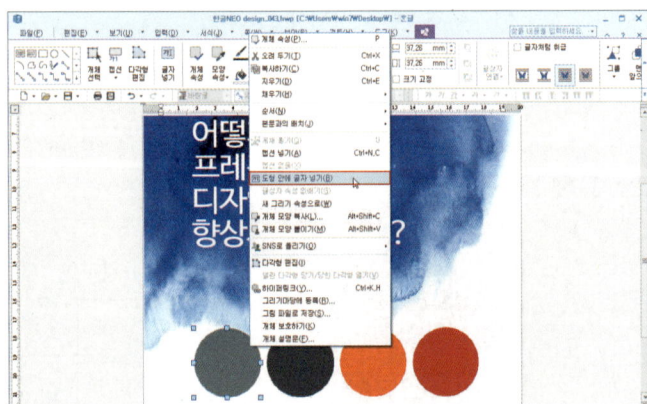 

Tip & Tech 도형에 텍스트를 직접 입력하려면 반드시 [도형 안에 글자 넣기]에 체크 표시해야 합니다. 한글에서 만든 타원은 화면 상태로 보면 타원 외곽이 깨져 보이지만 화면 크기를 확대하면 매끄럽게 보입니다.

07 본문 텍스트 편집하기

__01__ [입력] 탭 – 도형에서 [가로 글상자]를 클릭하고 본문 텍스트를 입력합니다.
- 나눔바른고딕OTF, 13pt, 줄 간격 : 140%, 양쪽 정렬

__02__ [서식] 탭이나 [글자 모양] 대화상자에서 글자 색을 진한 회색(R75 G73 B74)으로 지정합니다.

__03__ [개체 속성] 대화상자에서 배경 색과 선 색을 제거합니다.
- [개체 속성]-[선] 탭-[종류] : 선 없음, [개체 속성]-[채우기] 탭-[색 채우기 없음]

__04__ [서식] 탭 – [글자 모양]을 클릭하고 [글자 모양] 대화상자를 열어 텍스트를 보다 짜임새 있게 만듭니다.
- [기본] 자간 : -3%, 장평 : 90%
- [확장] 기타 : [글꼴에 어울리는 빈칸] 체크

 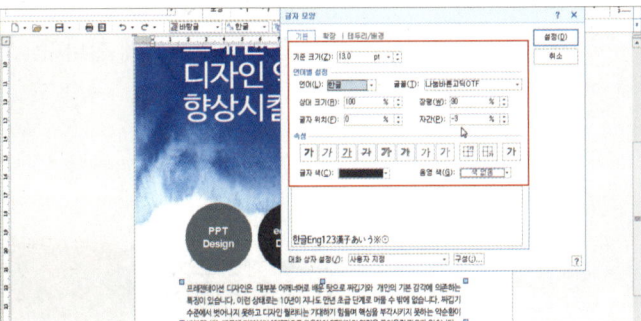

08 로고 편집하기

__01__ [입력] 탭 – 도형에서 [가로 글상자]를 클릭하고 영문 텍스트를 각각 입력합니다.
- cafe.naver.com/artcomptacademy : Arial, 11pt, 기울임
- ARTCOM PT : Arial Black, 25pt, 기울임
- academy : Times New Roman, 25pt, 기울임

__02__ [서식] 탭 – [글자 모양]을 클릭하여 텍스트를 보다 짜임새 있게 만듭니다.
- [ARTCOM PT] 자간 : -8%, 장평 : 100%
- [academy] 자간 : -2%, 장평 : 100%
- [확장] 기타 : [글꼴에 어울리는 빈칸] 체크, 회색(R153 G153 B153)

__03__ [개체 속성] 대화상자(P)에서 배경 색과 선 색을 제거합니다.

__04__ [서식] 탭 – [글자 모양]을 클릭하고 영문 텍스트를 보다 짜임새 있게 만듭니다.
- [확장] 기타 : [글꼴에 어울리는 빈칸] 체크

Tip & Tech   로고 텍스트는 부가적인 부분이기 때문에 강하지 않게 표현하는 것이 좋습니다. 로고 크기, 색상 등이 강하지 않게 하는 것에 주의합니다.

019 붓 터치 효과를 활용한 본문 디자인

붓 터치 효과는 수채화 번짐 효과만큼 회화감을 느낄 수 있으며 광고나 홍보물에 자주 쓰이는 기법입니다. 붓 터치 효과는 표지, 목차, 본문 등에 적용하면 좋은데 디자인 미감을 살리면서 시인성을 높이고자 할 때 효과적입니다. 붓 터치의 속도감과 회화감은 보다 역동감을 주면서 감성적인 아름다움을 느끼게 합니다.

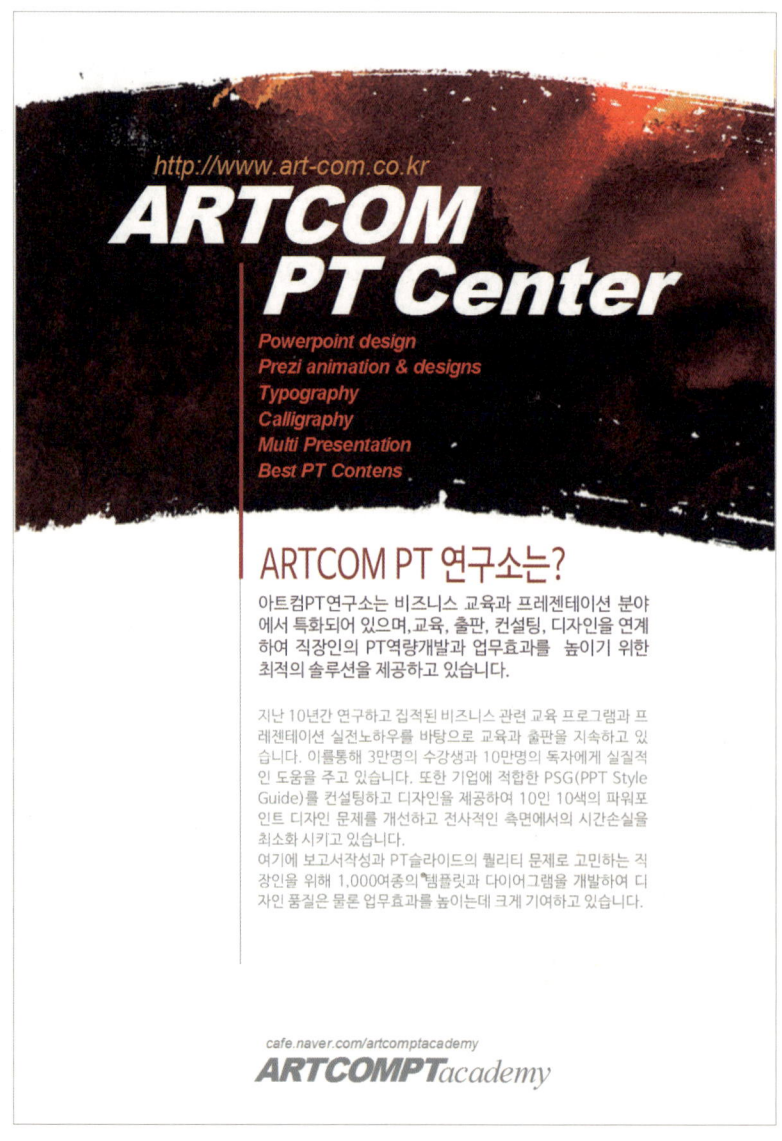

|난이도| ★★★☆☆ |예제 폴더| Part 03\19 |완성 파일| Part 03\19\완성\한글NEO design_019.hwp
|과정 파일| Part 03\19\완성\한쇼NEO design_019_8단계.show
|색상 베리에이션| Part 03\19\완성\한쇼NEO design_019_4컬러.show
|인터넷으로 보기| http://cafe.naver.com/artcomptacademy/2199

디자인 포인트

이번 예제에서 주목해야 할 디자인은 붓 터치 효과를 활용하여 편집하는 것입니다. 붓 터치 효과를 표현하기 위해서는 먹을 이용하여 붓 터치를 만들고 포토샵 작업을 통해 완성합니다. 완성된 붓 터치 이미지는 PNG 형식으로 저장하고 한글로 불러들여 배경이나 그래픽 요소로 활용합니다. 붓 터치 이미지와 텍스트 조합으로도 충분히 차별화된 편집 디자인이 가능합니다.

4컬러 베리에이션

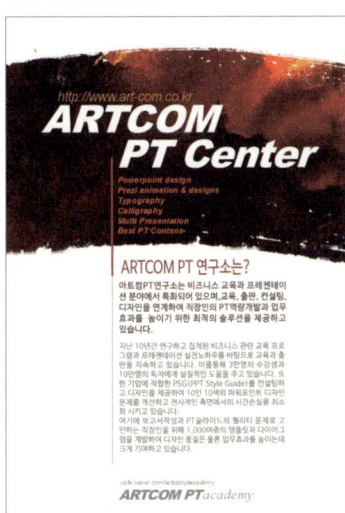 

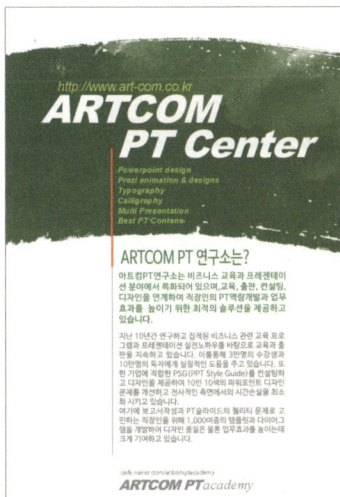 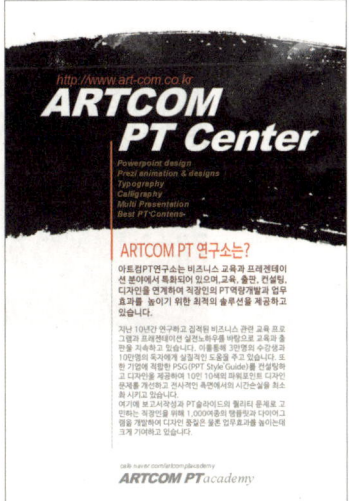

01 한글 NEO에서 편집 용지 설정하고 붓 터치 배경 배치하기

01 한글 NEO를 실행합니다.

02 F7 키를 눌러 편집 용지를 설정합니다.
- 용지 종류 : A4(국배판) [210×297mm], 용지 방향 : 세로, 제본 : 한쪽
- 용지 여백 : 위쪽(10.0mm), 머리말(0.0mm), 왼쪽(10.0mm), 오른쪽(10.0mm), 꼬리말(0.0mm), 아래쪽(10.0mm)

03 [입력] 탭-[그림]을 클릭하고 붓 터치 배경 이미지를 삽입합니다. 마우스로 드래그한 다음 용지 윗부분에 배치합니다.
- Part 03\19\붓 터치 배경.jpg
- 너비 : 209.82mm, 높이 : 140.68mm

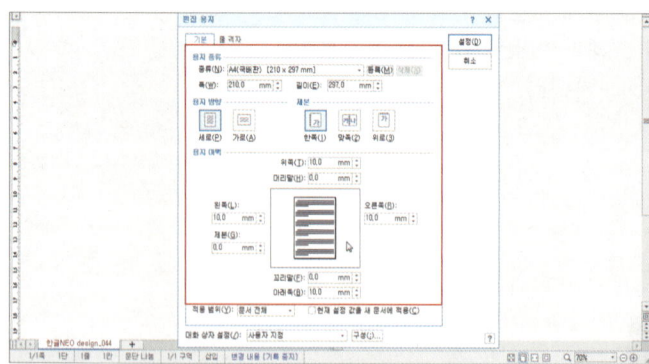 

Tip & Tech 불러들인 붓 터치 배경 중에서 불필요한 부분은 [그림] 탭-[자르기] 기능을 이용하여 잘라 줍니다.

02 URL 텍스트 편집하기

01 [입력] 탭-도형에서 [가로 글상자]를 클릭하고 URL 텍스트를 입력합니다.
- Arial, 20pt, 기울임, 노란색(R252 G170 B32)

02 [글자 모양] 대화상자(Alt+L)를 연 다음 텍스트를 보다 짜임새 있게 만듭니다.
- [기본] 자간 : 0%, 장평 : 100%
- [확장] 기타 : [글꼴에 어울리는 빈칸] 체크

 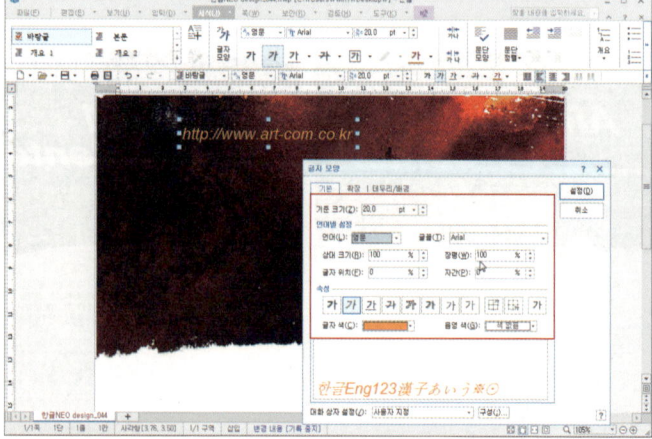

Tip & Tech 글상자를 통해 텍스트를 입력했을 경우 [개체 속성] 대화상자에서 배경 색과 선 색을 제거합니다.
· [개체 속성]-[선] 탭-[종류] : 선 없음, [개체 속성]-[채우기] 탭-[색 채우기 없음]

03 메인 영문 텍스트 편집하기

01 [입력] 탭 – 도형에서 [가로 글상자]를 클릭하고 'ARTCOM'과 'PT Center'를 각각 입력합니다.
  - Arial Black, 61pt, 기울임, 흰색

02 [서식] 탭 – [글자 모양]을 클릭하여 [글자 모양] 대화상자(Alt + L)를 열고 텍스트를 보다 짜임새 있게 만듭니다.
  - [기본] 자간 : -5%, 장평 : 100%
  - [확장] 기타 : [글꼴에 어울리는 빈칸] 체크

03 [개체 속성] 대화상자에서 배경 색과 선 색을 제거합니다.
  - [개체 속성]-[선] 탭-[종류] : 선 없음, [개체 속성]-[채우기] 탭-[색 채우기 없음]

04 텍스트를 두 줄로 배치하고 어긋나게 구성합니다.

 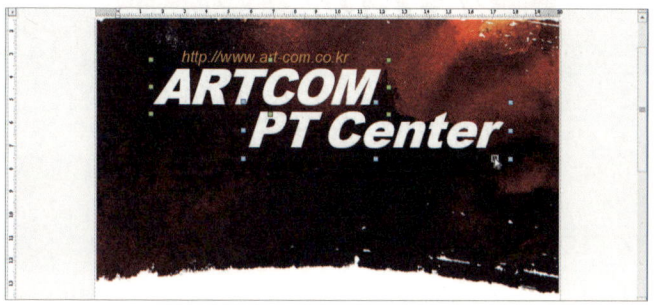

Tip & Tech   텍스트 세 개를 모두 왼쪽 맞춤을 하면 변화가 없고 단조로워지기 때문에 어긋나게 구성하는 것이 좋습니다.

04 세로 라인 디자인하기

01 두꺼운 세로 라인을 만들기 위해 직선을 선택하고 세로로 그립니다.
  - [입력] 탭 – 도형에서 [그리기 개체]-[직선]
  - 너비 : 0mm

02 [개체 속성] 대화상자에서 선 색, 굵기 등을 설정합니다.
  - 빨간색(R210 G26 B45), 실선, 선 굵기 : 1mm

03 가는 세로 라인을 빨간색 라인 밑에 그립니다.
  - 너비 : 0mm, 회색(R153 G153 B153), 실선, 선 굵기 : 0.12mm

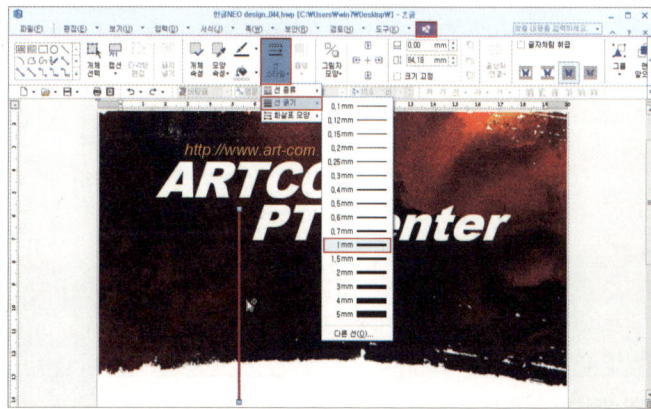 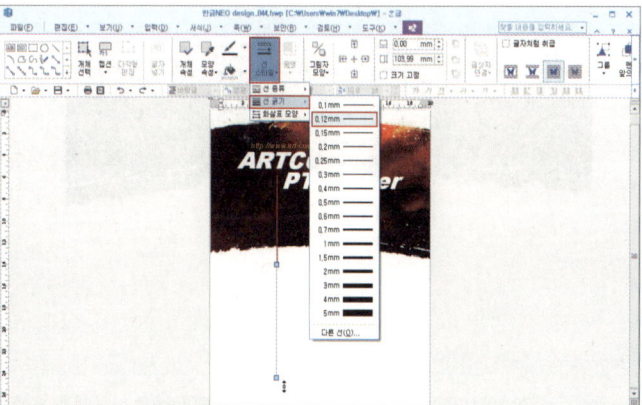

Tip & Tech   라인이 너무 굵어도 너무 가늘어도 디자인이 반감됩니다. 굵기와 길이를 조절하여 심플한 느낌을 살립니다.

05 영문 키워드 편집하기

01 [입력] 탭 – 도형에서 [가로 글상자]를 클릭하고 영문 키워드를 입력합니다.
- Arial, 15pt, 진하게, 기울임, 빨간색(R250 G50 B0), 왼쪽 정렬, 줄 간격 : 130%

02 [서식] 탭 – [글자 모양]을 클릭하여 [글자 모양] 대화상자(Alt+L)를 열고 텍스트를 보다 짜임새 있게 만듭니다.
- [기본] 자간 : 0%, 장평 : 100%
- [확장] 기타 : [글꼴에 어울리는 빈칸] 체크

03 [개체 속성] 대화상자에서 배경 색과 선 색을 제거합니다.
- [개체 속성]–[선] 탭–[종류] : 선 없음, [개체 속성]–[채우기] 탭–[색 채우기 없음]

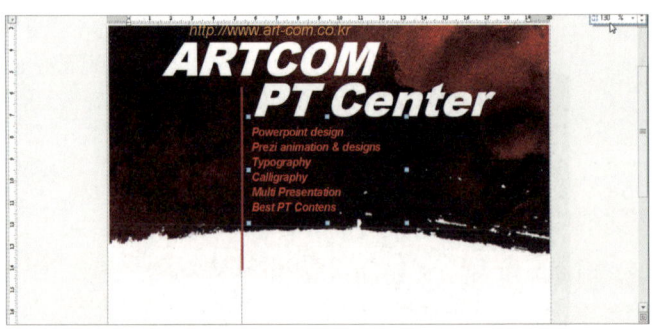 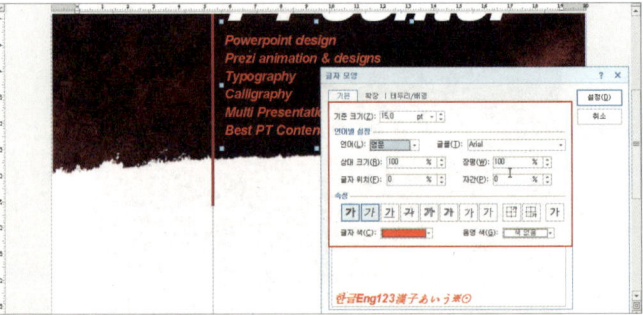

Tip & Tech 텍스트는 배경과 어울리는 배색이 중요합니다. 명도는 밝지 않도록 조절하여 메인 키워드보다 약화시킵니다.

06 본문 타이틀 편집하기

01 [입력] 탭 – 도형에서 [가로 글상자]를 클릭하고 본문 타이틀을 입력합니다.
- 나눔바른고딕OTF, 31pt, 줄 간격 : 160%, 왼쪽 정렬

02 [서식] 탭이나 [글자 모양] 대화상자(Alt+L)에서 글자 색을 진한 빨강(R191 G1 B1)으로 지정합니다.

03 [개체 속성] 대화상자에서 배경 색과 선 색을 제거합니다.
- [개체 속성]–[선] 탭–[종류] : 선 없음, [개체 속성]–[채우기] 탭–[색 채우기 없음]

04 [서식] 탭 – [글자 모양]을 클릭하여 [글자 모양] 대화상자를 열고 텍스트를 보다 짜임새 있게 만듭니다.
- [기본] 자간 : 0%, 장평 : 78%
- [확장] 기타 : [글꼴에 어울리는 빈칸] 체크

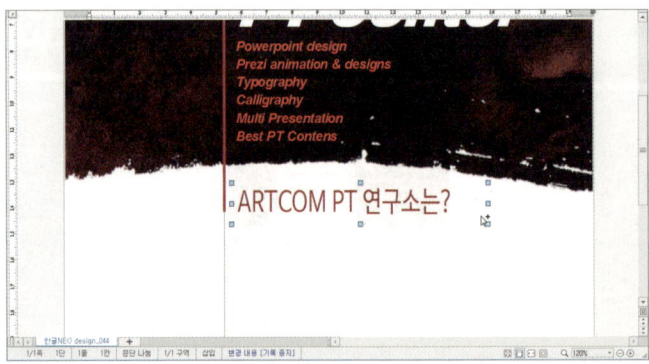 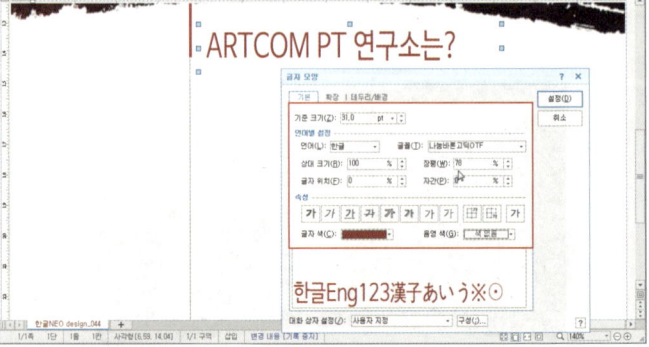

Tip & Tech 한쇼에서 편집한 텍스트는 복사하여 한글에 붙여넣으면 배경 색과 선 색이 제거된 상태로 들어옵니다.

07 서브 텍스트 편집하기

01 [입력] 탭-[가로 글상자]를 클릭하고 서브 텍스트를 입력합니다.
- 나눔바른고딕OTF, 14pt, 줄 간격 : 120%, 양쪽 정렬

02 [서식] 탭이나 [글자 모양] 대화상자에서 글자 색을 진한 자주(R66 G21 B52)로 지정합니다.

03 [개체 속성] 대화상자에서 배경 색과 선 색을 제거합니다.
- [개체 속성]-[선] 탭-[종류] : 선 없음, [개체 속성]-[채우기] 탭-[색 채우기 없음]

04 [서식] 탭-[글자 모양]을 클릭하고 텍스트를 보다 짜임새 있게 만듭니다.
- [기본] 자간 : -2%, 장평 : 100%
- [확장] 기타 : [글꼴에 어울리는 빈칸] 체크

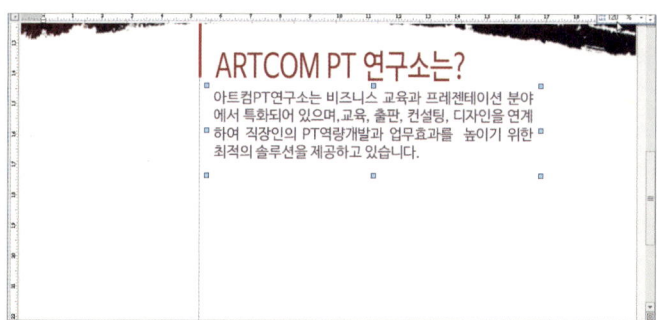 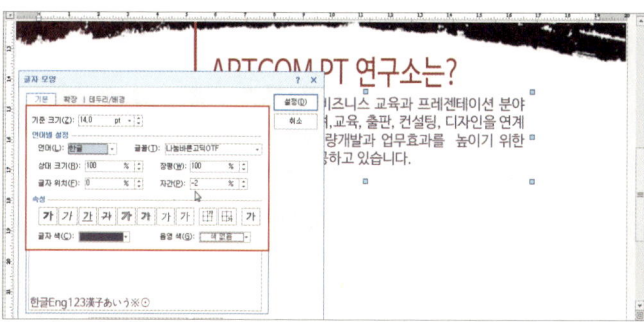

Tip & Tech   양쪽 정렬은 디자인 측면에서 한층 정리가 되어 보이지만 단어가 끊어져 배치되는 문제가 생깁니다.

08 본문 편집하기

01 [입력] 탭-도형에서 [가로 글상자]를 클릭하고 본문 텍스트를 입력합니다.
- 나눔바른고딕OTF, 12pt, 줄 간격 : 130%, 양쪽 정렬

02 [서식] 탭이나 [글자 모양] 대화상자(Alt+L)에서 글자 색을 회색(R160 G160 B160)으로 지정합니다.

03 [개체 속성] 대화상자에서 배경 색과 선 색을 제거합니다.

04 [서식] 탭-[글자 모양]을 클릭하여 [글자 모양] 대화상자(Alt+L)를 열고 텍스트를 보다 짜임새 있게 만듭니다.
- [기본] 자간 : 0%, 장평 : 100%
- [확장] 기타 : [글꼴에 어울리는 빈칸] 체크

05 로고를 작성하여 본문에 맞춰 배치합니다(예제 018 과정 12 참고).

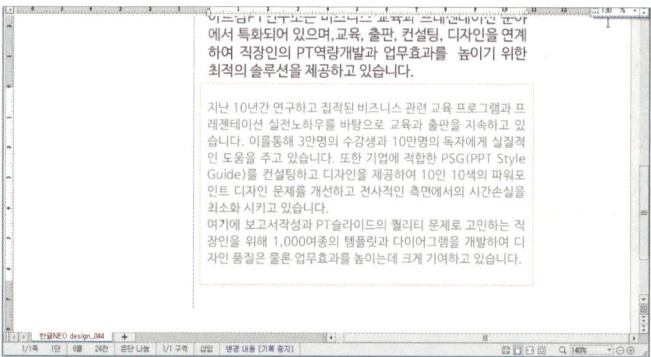 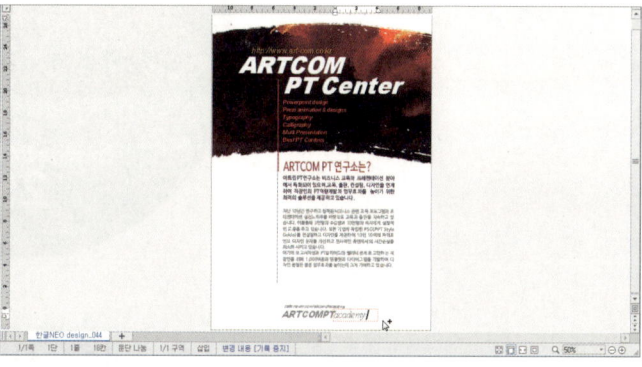

Tip & Tech   로고 텍스트는 부가적인 부분이기 때문에 강하지 않게 표현하는 것이 좋습니다. 로고 크기, 색상 등이 강하지 않도록 주의합니다.

020 셀로판지 느낌을 활용한 본문 디자인

보고서나 제안서 디자인을 할 때 도형을 많이 사용합니다. 여러 도형을 겹쳐 놓으면 답답하게 느껴질 수 있는데 투명도를 주어 셀로판지를 겹친 듯 표현하면 한층 산뜻하면서 심미감이 높아집니다. 셀로판지 느낌을 활용하려면 형태와 색상 배색이 중요합니다. 형태는 타원뿐만 아니라 삼각형, 사각형, 육각형 등을 활용해도 좋으며 색상은 파스텔 색조와 무채색을 배색하면 세련되어 보입니다.

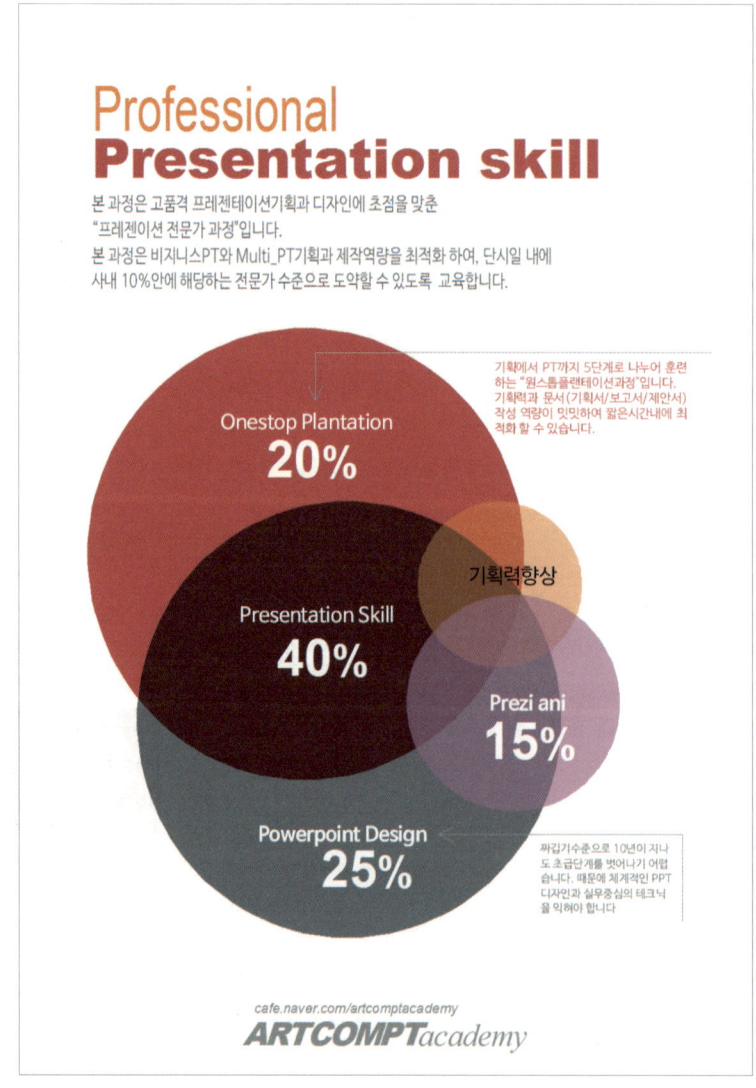

|난이도| ★★★☆☆ |예제 폴더| Part 03\20 |완성 파일| Part 03\20\완성\한글NEO design_020.hwp
|과정 파일| Part 03\20\완성\한쇼NEO design_020_12단계.show
|색상 베리에이션| Part 03\20\완성\한쇼NEO design_020_4컬러.show
|인터넷으로 보기| http://cafe.naver.com/artcomptacademy/2174

디자인 포인트

이번 예제에서 주목해야 할 디자인은 셀로판지 느낌을 활용하여 편집하는 것입니다. 셀로판지 효과는 기본 도형에 투명도를 적용하여 표현할 수 있습니다. 한글에 있는 도형과 투명도 기능을 활용하면 한쇼나 파워포인트에서 만들지 않아도 원하는 느낌을 손쉽게 표현할 수 있습니다. 겹친 셀로판지 형식에 텍스트를 적절하게 배치하면 한층 완성도 높은 편집 디자인을 할 수 있습니다.

4컬러 베리에이션

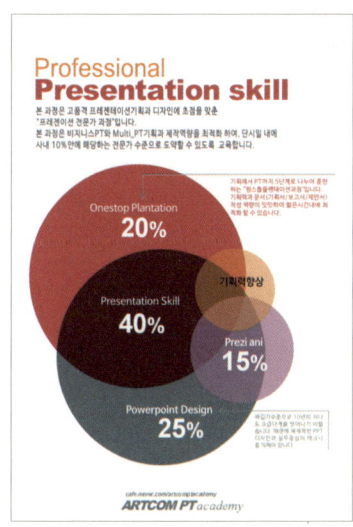
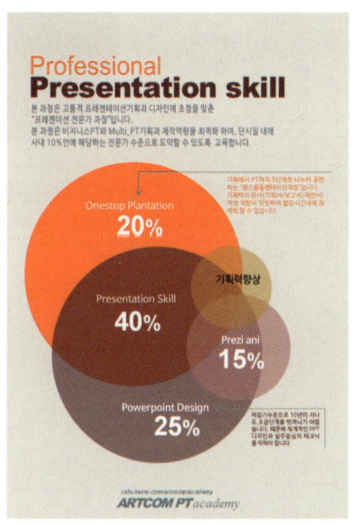
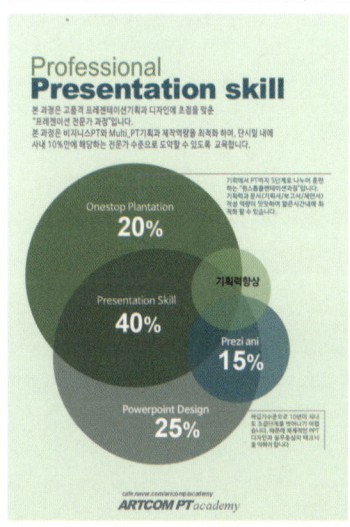
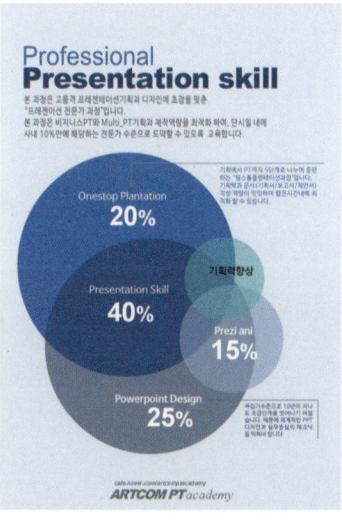

01 한글 NEO에서 편집 용지 설정하고 타원 그리기

01 한글 NEO를 실행합니다.

02 F7 키를 눌러 편집 용지를 설정합니다.
- 용지 종류 : A4(국배판) [210×297mm], 용지 방향 : 세로, 제본 : 한쪽
- 용지 여백 : 위쪽(10.0mm), 머리말(0.0mm), 왼쪽(10.0mm), 오른쪽(10.0mm), 꼬리말(0.0mm), 아래쪽(10.0mm)

03 용지 왼쪽에 타원을 그립니다.
- [입력] 탭-도형에서 [다른 그리기 조각]-[기본 도형]-[타원]
- 너비 : 125.32mm, 높이 : 125.32mm

04 [개체 속성] 대화상자(P)에서 선 색을 제거하고 채우기 색상을 빨강(R216 G53 B70)으로 지정합니다.

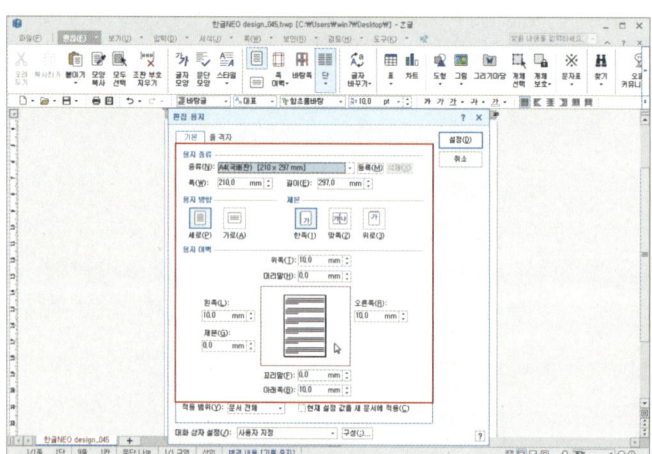 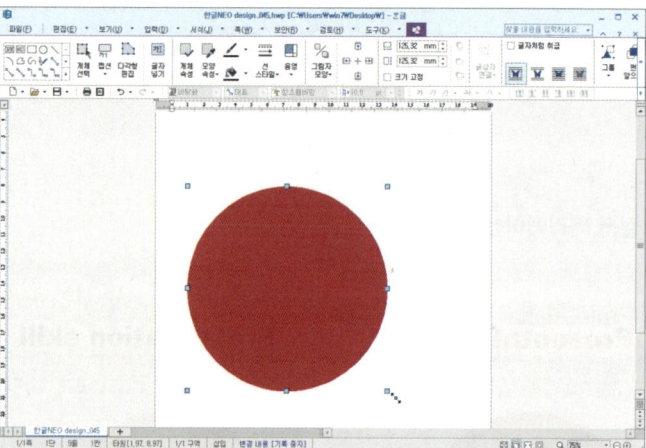

Tip & Tech 너비와 높이가 같은 정원을 그리려면 Shift 키를 누른 상태에서 드래그합니다.

02 검은색 타원을 그리고 투명도 적용하기

01 빨간색 타원 아래에 검은색 타원을 그립니다.
- [입력] 탭-도형에서 [다른 그리기 조각]-[기본 도형]-[타원]
- 너비 : 121.28mm, 높이 : 121.28mm

02 [개체 속성] 대화상자(P)에서 선 색을 제거하고 채우기 색상을 검은색으로 지정합니다.

03 투명도를 설정합니다.
- [개체 속성]-[채우기] 탭-[투명도 설정]-[투명도] : 46%

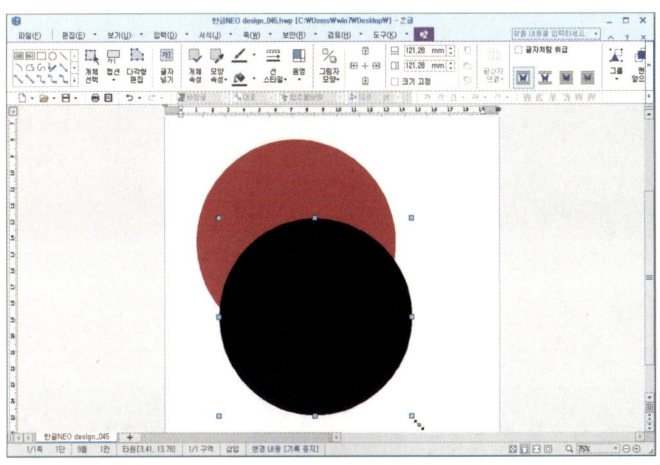
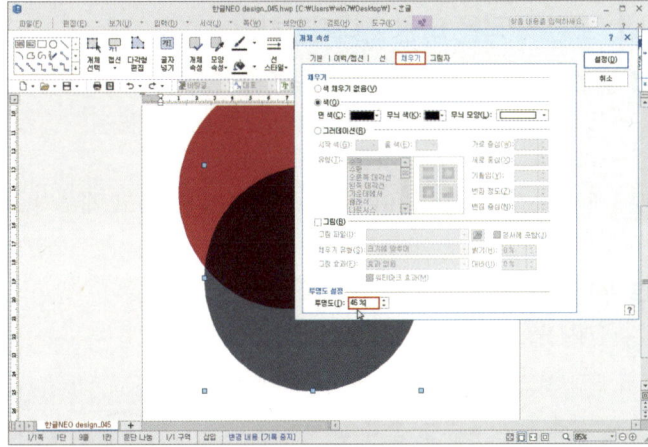

Tip & Tech 검은색에서 투명도를 적용해야 산뜻한 느낌을 줄 수 있습니다. 회색에서 투명도를 적용하지 않도록 주의합니다.

03 오른쪽 작은 타원 1 디자인하기

01 빨간색 타원 오른쪽에 주황색 타원을 그립니다.
- [입력] 탭 – 도형에서 [다른 그리기 조각] – [기본 도형] – [타원]
- 너비 : 46.33mm, 높이 : 46.33mm

02 [개체 속성] 대화상자(P)에서 선 색을 제거하고 채우기 색상을 주황색(R241 G147 B49)으로 지정합니다.

03 투명도를 설정합니다.
- [개체 속성] [채우기] 탭 [투명도 설정] [투명도] : 50%

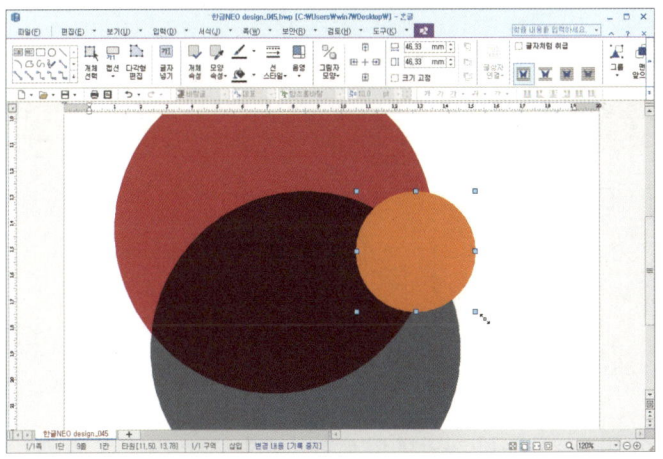
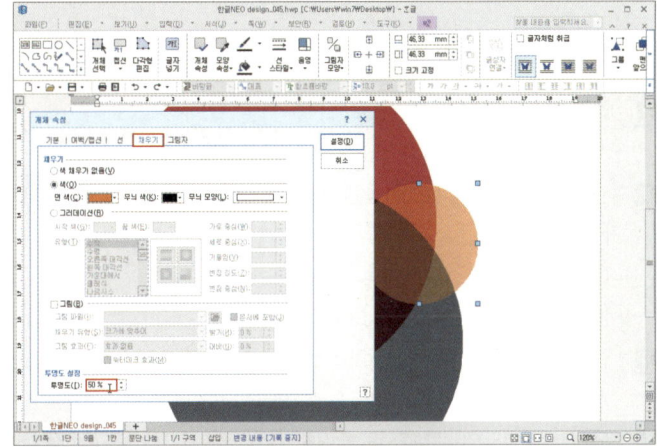

Tip & Tech 셀로판지 표현은 색상과 투명도에 따라 느낌이 달라집니다.

04 오른쪽 작은 타원 2 디자인하기

01 검은색 타원 오른쪽에 자주색 타원을 그립니다.
- [입력] 탭 – 도형에서 [다른 그리기 조각] – [기본 도형] – [타원]
- 너비 : 46.33mm, 높이 : 46.33mm

02 [개체 속성] 대화상자(P)에서 선 색을 제거하고 채우기 색상을 자주색(R189 G106 B162)으로 지정합니다.

03 투명도를 설정합니다.
- [개체 속성] – [채우기] 탭 – [투명도 설정] – [투명도] : 37%

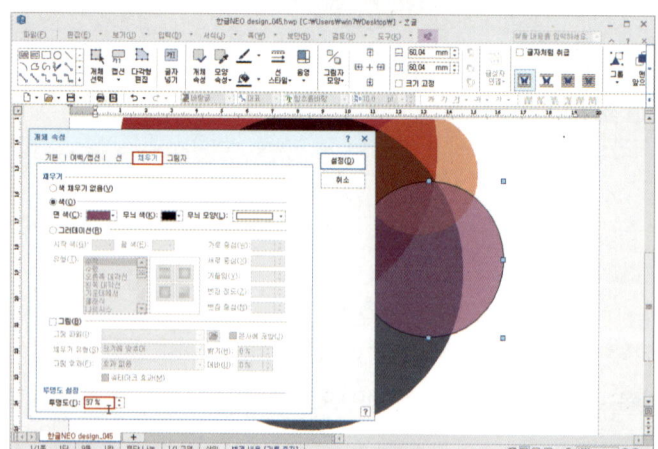 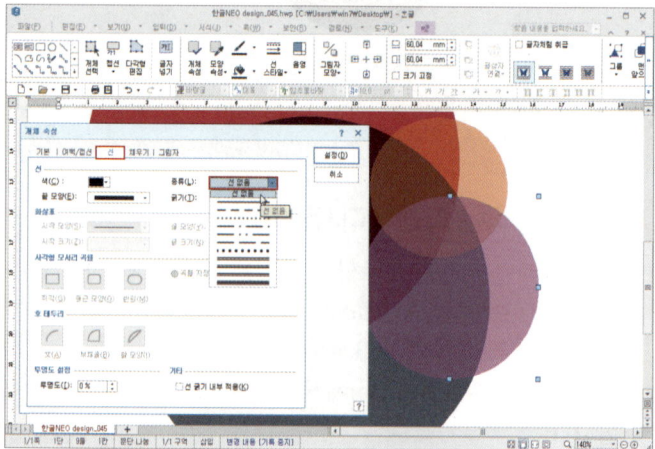

Tip & Tech 크고 작은 타원 네 개가 겹쳤을 때 시각적으로 어색하지 않아야 합니다. 셀로판지를 겹친 효과에 문제가 있다면 겹친 정도, 투명도, 색상 등을 종합적으로 점검합니다.

05 영문 타이틀 편집하기

01 [입력] 탭 – 도형에서 [가로 글상자]를 클릭하고 'Professional'을 입력합니다.
- Arial, 49pt, 노랑색(R241 G147 B49), 왼쪽 정렬

02 [서식] 탭 – [글자 모양]을 클릭하고 [글자 모양] 대화상자(Ctrl+L)를 열어 텍스트를 보다 짜임새 있게 만듭니다.
- [기본] 자간 : 0%, 장평 : 75%
- [확장] 기타 : [글꼴에 어울리는 빈칸] 체크

03 [입력] 탭 – 도형에서 [가로 글상자]를 클릭하고 'Presentation skill'을 입력합니다.
- Arial Black, 44pt, 빨강(R216 G53 B470), 왼쪽 정렬

04 [서식] 탭 – [글자 모양]을 클릭하고 [글자 모양] 대화상자를 열어 텍스트를 보다 짜임새 있게 만듭니다.
- [기본] 자간 : -2%, 장평 : 100%
- [확장] 기타 : [글꼴에 어울리는 빈칸] 체크

05 [개체 속성] 대화상자(P)에서 텍스트 박스의 배경 색과 선 색을 제거합니다.
- [개체 속성] – [선] 탭 – [종류] : 선 없음, [개체 속성] – [채우기] 탭 – [색 채우기 없음]

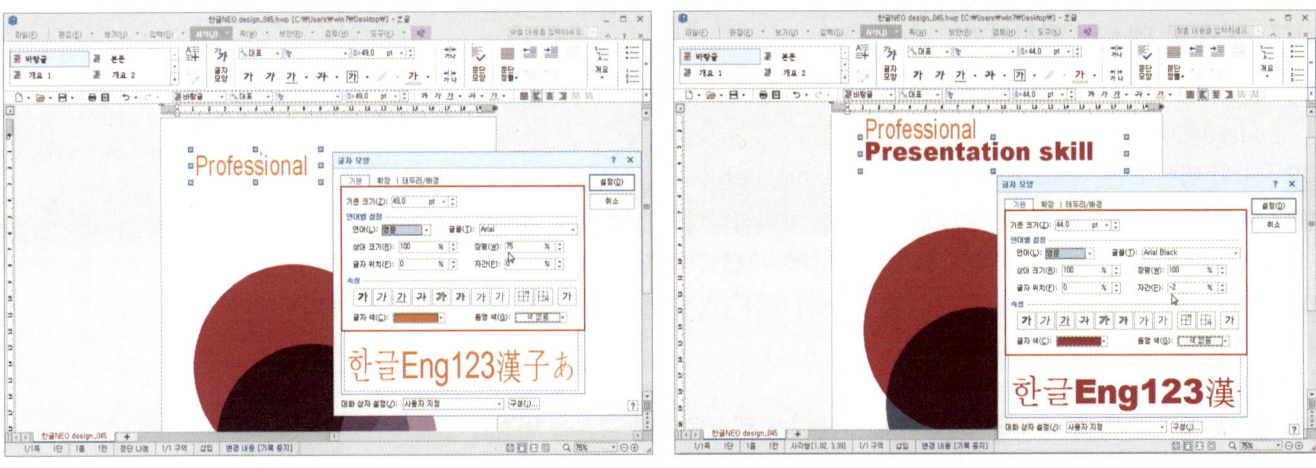

Tip & Tech   텍스트를 입력한 다음 [개체 속성(P)], [글자 모양(Alt+L)], [문단 모양(Alt+T)] 대화상자는 항상 열어서 설정합니다.

06 본문 텍스트 편집하기

<u>01</u> [입력] 탭 – 도형에서 [가로 글상자]를 클릭하고 본문 타이틀을 입력합니다.
- 나눔바른고딕OTF, 15pt, 줄 간격 : 135%, 왼쪽 정렬

<u>02</u> [서식] 탭이나 [글자 모양] 대화상자(Alt+L)에서 글자 색을 회색(R119 G119 B119)으로 지정합니다.

<u>03</u> [개체 속성] 대화상자에서 텍스트 박스의 배경 색과 선 색을 제거합니다.
- [개체 속성]–[선] 탭–[종류] : 선 없음, [개체 속성]–[채우기] 탭–[색 채우기 없음]

<u>04</u> [서식] 탭 – [글자 모양]을 클릭하여 [글자 모양] 대화상자를 열고 텍스트를 보다 짜임새 있게 만듭니다.
- [기본] 자간 : 0%, 장평 : 90%
- [확장] 기타 : [글꼴에 어울리는 빈칸] 체크

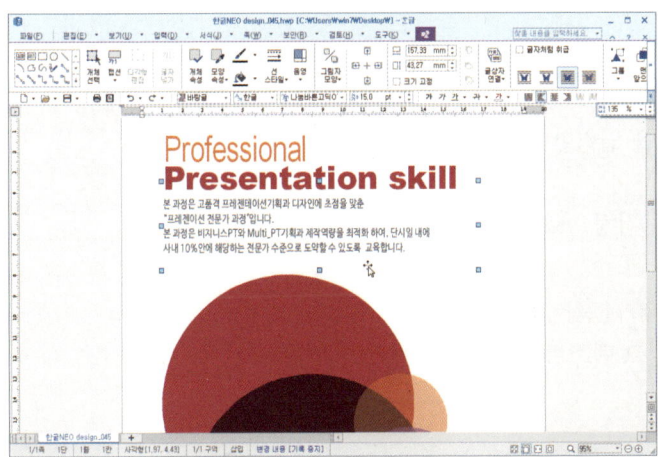 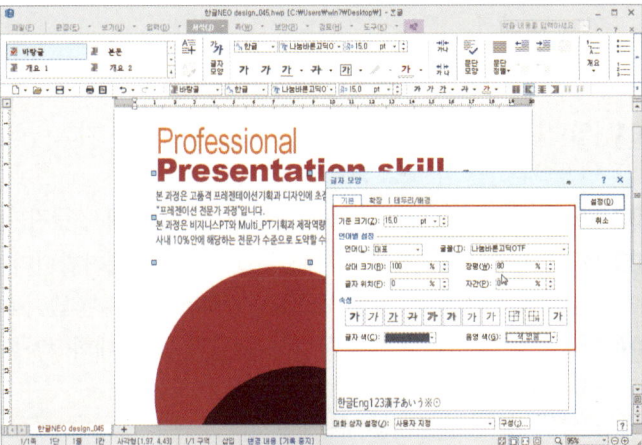

07 큰 항목 텍스트 편집하기

01 [입력] 탭 – 도형에서 [가로 글상자]를 클릭하고 'Onestop Plantation'을 입력합니다.
- 나눔바른고딕OTF, 16pt, 줄 간격 : 120%, 양쪽 정렬

02 [서식] 탭이나 [글자 모양] 대화상자(Alt+L)에서 글자 색을 흰색으로 지정합니다.

03 [개체 속성] 대화상자에서 배경 색과 선 색을 제거합니다.
- [개체 속성]–[선] 탭–[종류] : 선 없음, [개체 속성]–[채우기] 탭–[색 채우기 없음]

04 [서식] 탭–[글자 모양]을 클릭하여 [글자 모양] 대화상자를 열고 텍스트를 보다 짜임새 있게 만듭니다.
- [기본] 자간 : 0%, 장평 : 100%
- [확장] 기타 : [글꼴에 어울리는 빈칸] 체크

05 완성된 텍스트를 복제(Ctrl+D)하여 배치한 다음 텍스트 내용 각각을 변경합니다.

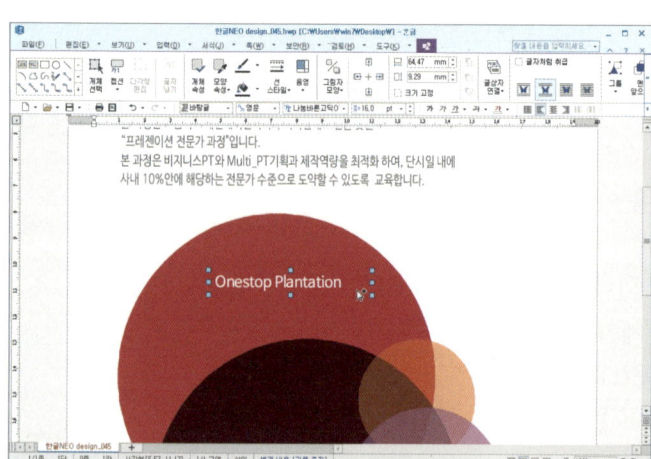 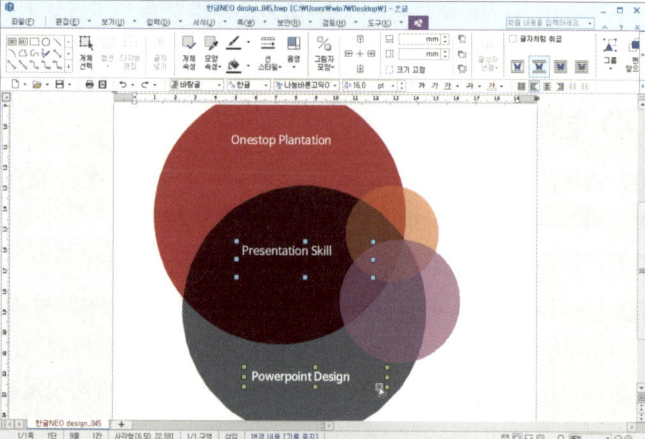

Tip & Tech 동일한 폰트와 크기, 색상이 같을 경우 완성된 텍스트를 복제하여 내용만 변경하면 편집 디자인 시간을 크게 단축할 수 있습니다.

08 작은 항목 텍스트 편집하기

01 [입력] 탭 – 도형에서 [가로 글상자]를 클릭하고 '기획력향상'을 입력합니다.
- 나눔바른고딕OTF, 16pt, 줄 간격 : 120%, 양쪽 정렬

02 [서식] 탭이나 [글자 모양] 대화상자(Alt+L)에서 글자 색을 검정으로 지정합니다.

03 [개체 속성] 대화상자에서 배경 색과 선 색을 제거합니다.
- [개체 속성]–[선] 탭–[종류] : 선 없음, [개체 속성]–[채우기] 탭–[색 채우기 없음]

04 [서식] 탭 – [글자 모양]을 클릭하여 [글자 모양] 대화상자를 열고 텍스트를 보다 짜임새 있게 만듭니다.
- [기본] 자간 : 0%, 장평 : 100%
- [확장] 기타 : [글꼴에 어울리는 빈칸] 체크

05 완성된 텍스트를 복제(Ctrl+D)하고 텍스트 색상은 흰색으로 지정한 다음 텍스트 내용을 변경합니다.

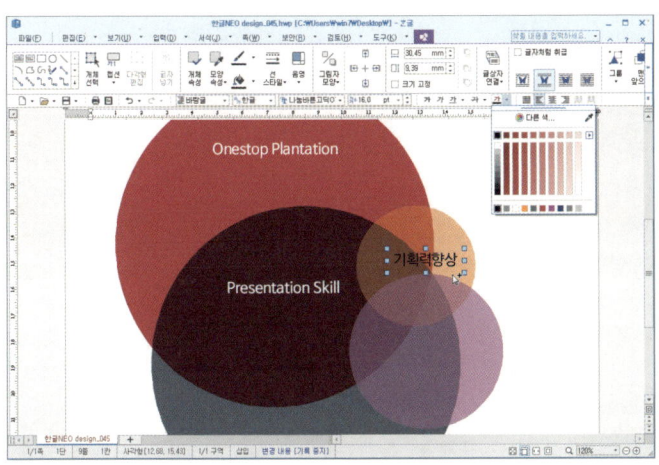
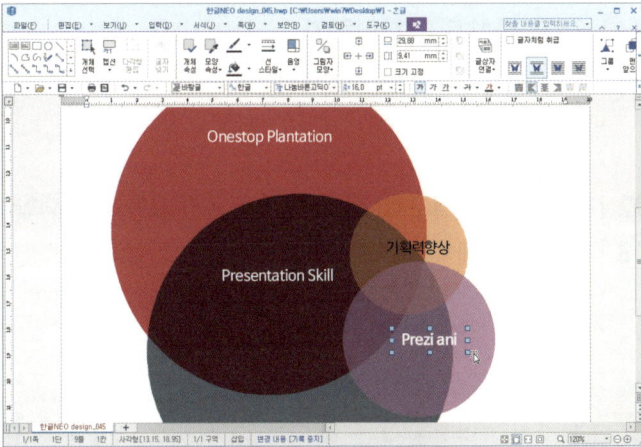

09 숫자 편집하기

01 [입력] 탭 – 도형에서 [가로 글상자]를 클릭하고 숫자 텍스트를 입력합니다.
  • Arial, 41pt, 왼쪽 정렬

02 [서식] 탭이나 [글자 모양] 대화상자(Alt+L)에서 글자 색을 흰색으로 지정합니다.

03 [개체 속성] 대화상자에서 배경 색과 선 색을 제거합니다.
  • [개체 속성]–[선] 탭–[종류] : 선 없음, [개체 속성]–[채우기] 탭–[색 채우기 없음]

04 [서식] 탭 – [글자 모양]을 클릭하여 [글자 모양] 대화상자를 열고 텍스트를 보다 짜임새 있게 만듭니다.
  • [기본] 자간 : 0%, 장평 : 100%
  • [확장] 기타 : [글꼴에 어울리는 빈칸] 체크

05 완성된 숫자 텍스트를 복제(Ctrl+D)하여 배치한 다음 텍스트 내용 각각을 변경합니다.

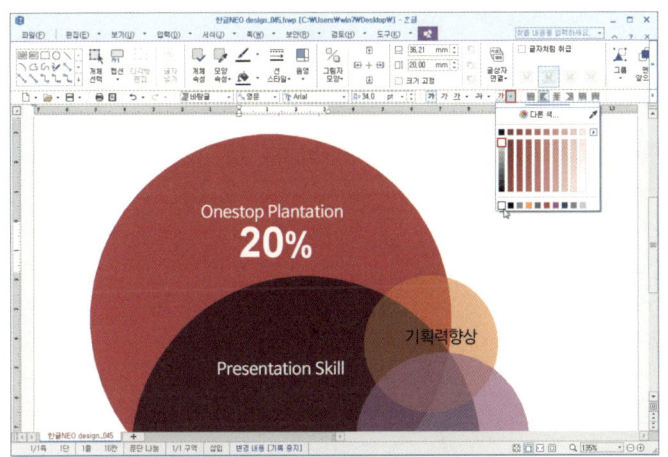
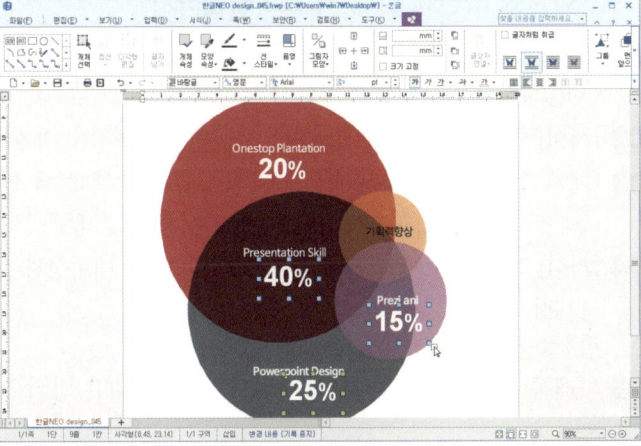

Tip & Tech 숫자와 %를 같이 쓸 경우 %의 크기를 숫자와 같은 크기로 표기하는 방식과 숫자보다 %를 작게 표기하는 방식이 있습니다.

IO 꺾은 화살표 디자인하기

01 직각으로 꺾은 라인을 그립니다.
- [입력] 탭 – 도형에서 [그리기 개체] – [다각형]
- 너비 : 45.57mm, 높이 : 140.9mm

02 [개체 속성] – [채우기] 탭에서 [색 채우기 없음]을 선택합니다.

03 [개체 속성] 대화상자에서 선의 색, 굵기, 화살표의 모양 등을 정합니다.
- 선 색 : 회색(R169 G169 B169), 선 종류 : 실선, 선 굵기 : 0.12mm
- [화살표] 끝 모양 : 열린 화살표, 끝 크기 : 중간 폭 중간 높이

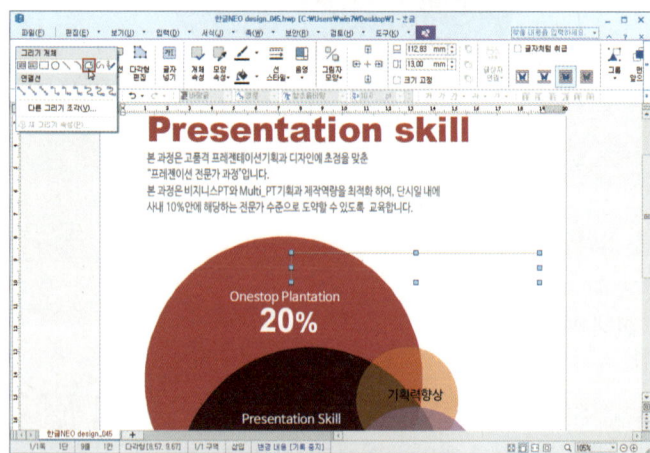 

Tip & Tech 화살표를 그릴 때 화살표 끝 모양과 크기가 매우 중요합니다. 화살표 끝이 너무 작으면 느낌이 반감되고, 너무 크면 촌스럽습니다. 다각형을 그릴 때 드래그하고 클릭하는 식으로 형태를 만들고 끝 부분은 더블클릭하여 마무리합니다.

II 화살표 라인에 맞춰 텍스트 편집하기

01 [입력] 탭 – 도형에서 [가로 글상자]를 클릭해 직각 화살표에 맞춰 해당 텍스트를 입력합니다.
- 나눔바른고딕OTF, 10pt, 줄 간격 : 120%, 양쪽 정렬

02 [서식] 탭이나 [글자 모양] 대화상자(Alt + L)에서 글자 색을 빨강(R226 G104 B117)으로 지정합니다.

03 [개체 속성] 대화상자에서 텍스트 박스의 배경 색과 선 색을 제거합니다.
- [개체 속성] – [선] 탭 – [종류] : 선 없음, [개체 속성] – [채우기] 탭 – [색 채우기 없음]

04 [서식] 탭 – [글자 모양]을 클릭하여 [글자 모양] 대화상자를 열고 텍스트를 보다 짜임새 있게 만듭니다.
- [기본] 자간 : 0%, 장평 : 100%
- [확장] 기타 : [글꼴에 어울리는 빈칸] 체크

05 아래쪽 꺾인 화살표 디자인과 텍스트 편집도 같은 방식으로 진행합니다.

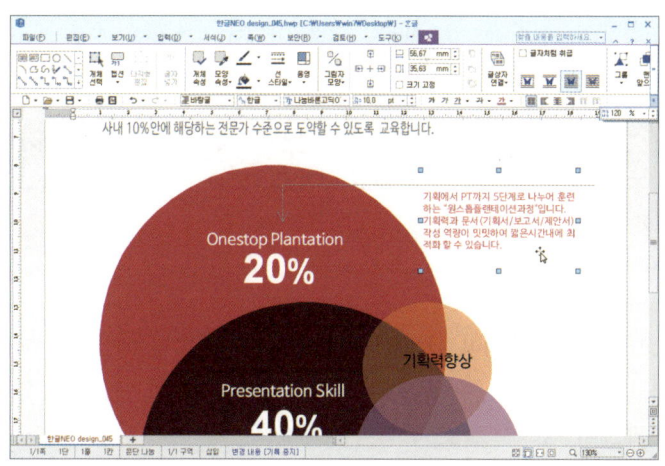
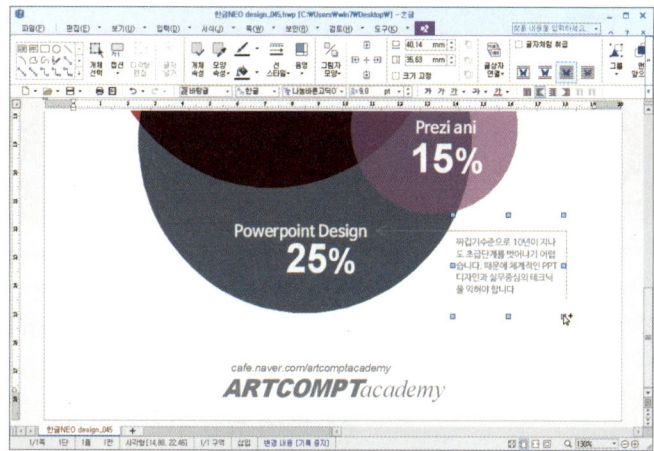

Tip & Tech   양쪽 정렬은 디자인 측면에서 한층 정리가 되어 보이지만 단어가 끊어져 배치되는 문제가 생깁니다. 과정 10에서 작업한 꺾인 화살표를 복제(Ctrl+D)하여 좌우 대칭하고 화살표 방향 등을 바꾸면 쉽게 꺾은 화살표를 완성할 수 있습니다.

12 로고 편집하기

01 [입력] 탭 – 도형에서 [가로 글상자]를 클릭하고 영문 텍스트를 각각 입력합니다.

- cafe.naver.com/artcomptacademy : Arial, 11pt, 기울임
- ARTCOM PT : Arial Black, 25pt, 기울임
- academy : Times New Roman, 25pt, 기울임

02 [서식] 탭 – [글자 모양]을 클릭하여 [글자 모양] 대화상자(Alt+L)를 열고 텍스트를 보다 짜임새 있게 만듭니다.

- [ARTCOM PT] 자간 : −8%, 장평 : 100%
- [academy] 자간 : −2%, 장평 : 100%
- [확장] 기타 : [글꼴에 어울리는 빈칸] 체크
- 글자 색 : 회색(R153 G153 B153)

03 [개체 속성] 대화상자(P)에서 배경 색과 선 색을 제거합니다.

- [개체 속성]–[선] 탭–[종류] : 선 없음, [개체 속성]–[채우기] 탭–[색 채우기 없음]

04 [서식] 탭 – [글자 모양]을 클릭해 [글자 모양] 대화상자를 열고 영문 텍스트를 보다 짜임새 있게 만듭니다.

- [확장] 기타 : [글꼴에 어울리는 빈칸] 체크

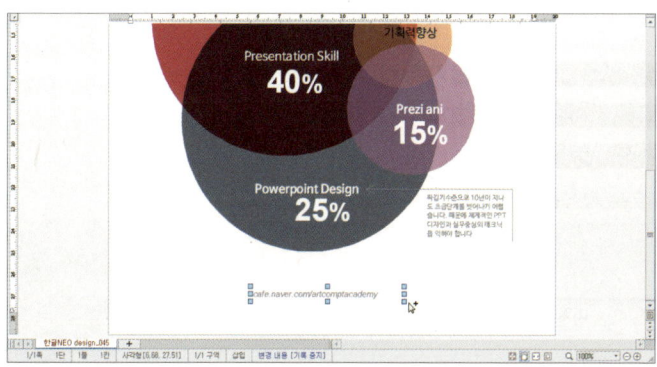
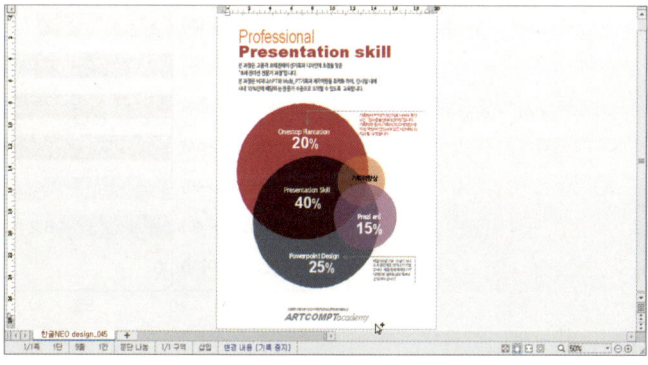

021 직접 그린 그래프를 활용한 본문 디자인

보고서나 제안서를 작성할 때 막대그래프를 삽입해야 할 경우가 있습니다. 대부분 엑셀이나 파워포인트에서 작성된 그래프를 그대로 적용하는 경우가 많은데 주변 디자인 요소와 어울리지 않는 경우가 많습니다. 이런 경우 주변 개체와 텍스트에 맞춰서 직접 그래프를 그리는 방법이 좋습니다. 한글의 도형에서 제공되는 타원과 라인, 직사각형 등으로 세련되게 그래프를 표현할 수 있습니다.

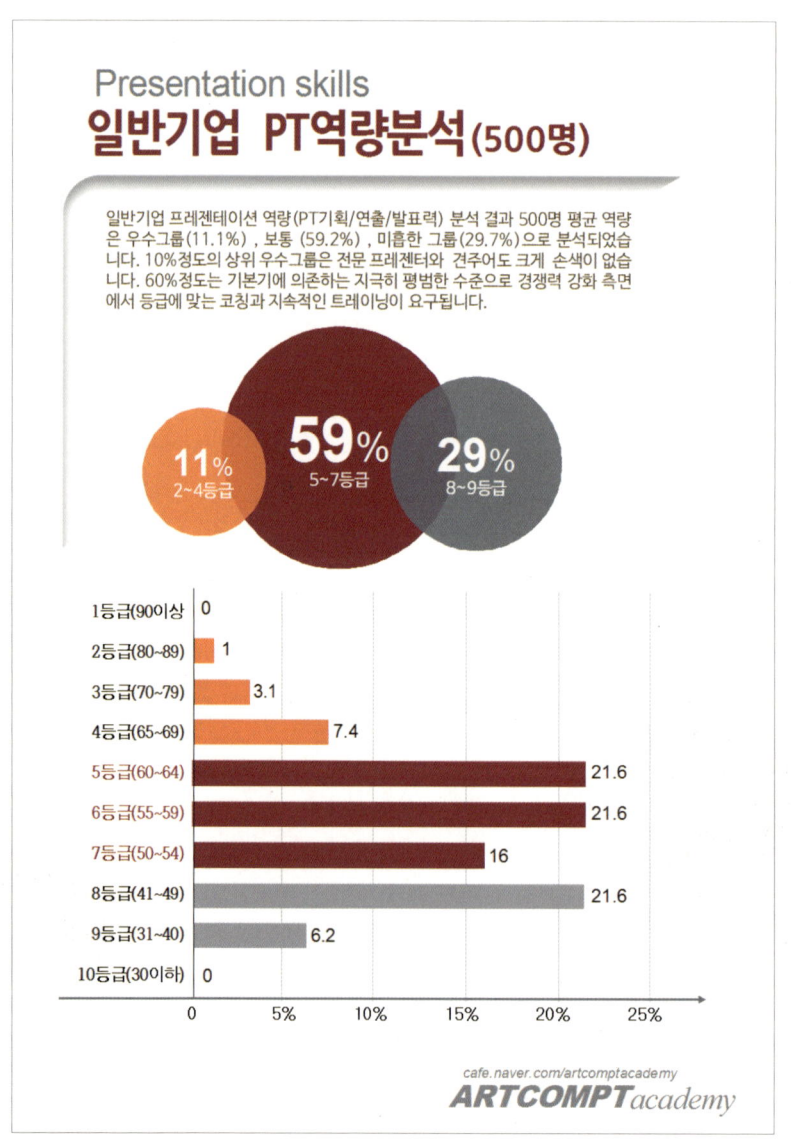

|난이도| ★★★★☆ |예제 폴더| Part 03\21 |완성 파일| Part 03\21\완성\한글NEO design_021.hwp
|과정 파일| Part 03\21\완성\한쇼NEO design_021_16단계.show
|색상 베리에이션| Part 03\21\완성\한쇼NEO design_021_4컬러.show
|인터넷으로 보기| http://cafe.naver.com/artcomptacademy/2222

디자인 포인트

이번 예제에서 주목할 디자인은 도형으로 그래프를 직접 그려서 표현하는 것입니다. 막대그래프는 한글에서 제공하는 직사각형과 라인을 이용하여 그려서 표현합니다. 정확한 그래프 길이는 PNG 파일로 만든 눈금자(Part 03\21\눈금자.png)를 활용합니다. 텍스트(항목, 수치)는 막대그래프에 맞춰 편집합니다.

4컬러 베리에이션

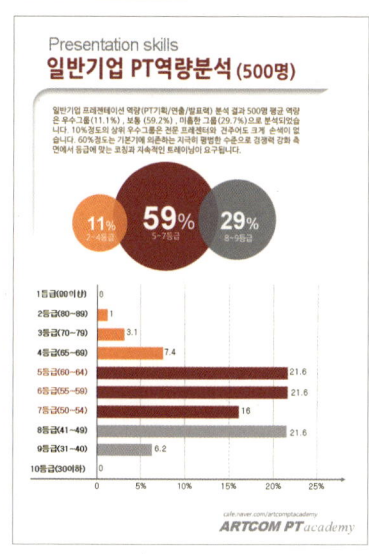
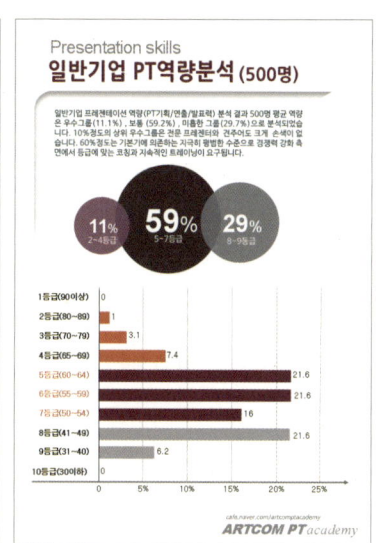
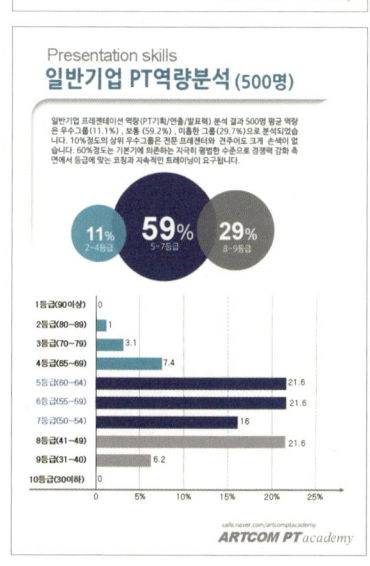
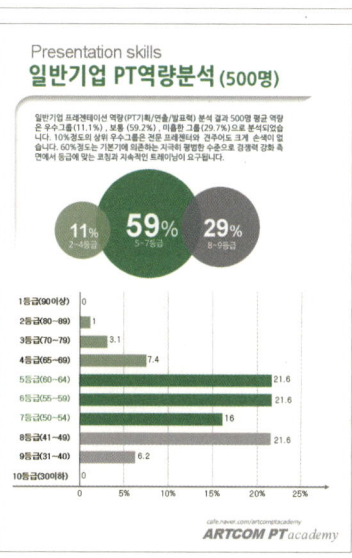

01 한글 NEO에서 편집 용지 설정하고 영문 텍스트 편집하기

01 한글 NEO를 실행합니다.

02 F7 키를 눌러 편집 용지를 설정합니다.
- 용지 종류 : A4(국배판) [210 X 297mm], 용지 방향 : 세로, 제본 : 한쪽
- 용지 여백 : 위쪽(10.0mm), 머리말(0.0mm), 왼쪽(10.0mm), 오른쪽(10.0mm), 꼬리말(0.0mm), 아래쪽(10.0mm)

03 [입력] 탭 – 도형에서 [가로 글상자]를 클릭하고 'Presentation Skills'를 입력합니다.
- 영문, Arial, 28pt, 회색(R141 G141 B141), 왼쪽 정렬

04 [서식] 탭 – [글자 모양]을 클릭하고 [글자 모양] 대화상자(Alt + L)를 열어 텍스트를 보다 짜임새 있게 만듭니다.
- [기본] 자간 : –4%, 장평 : 100%
- [확장] 기타 : [글꼴에 어울리는 빈칸] 체크

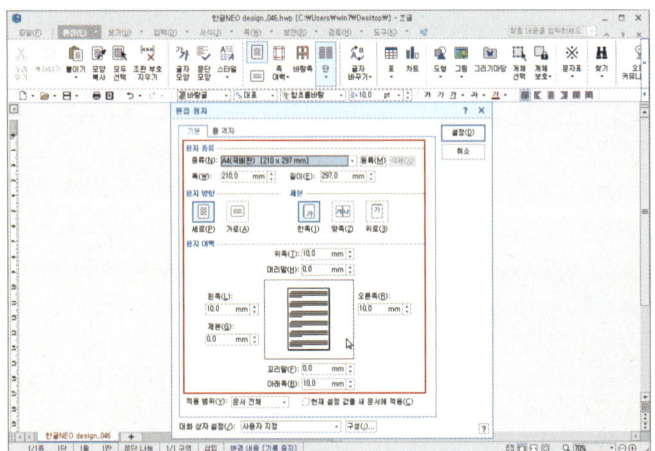 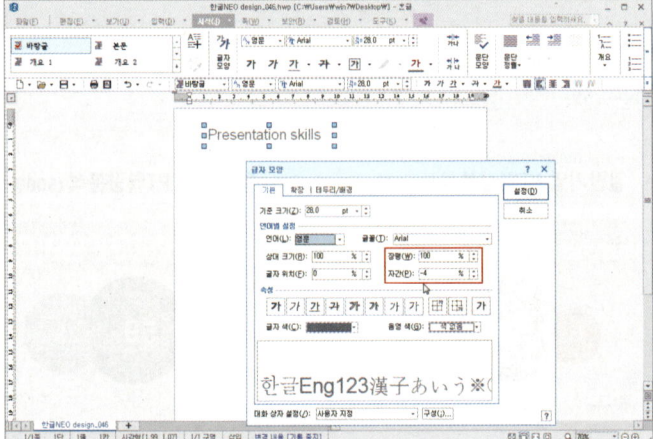

Tip & Tech 글상자를 통해 텍스트를 입력했을 경우 [개체 속성] 대화상자(P)에서 텍스트 박스 배경 색과 선 색을 제거합니다.
· [개체 속성] – [선] 탭 – [종류] : 선 없음, [개체 속성] – [채우기] 탭 – [색 채우기 없음]

02 타이틀 편집하기

01 [입력] 탭 – 도형에서 [가로 글상자]를 클릭하고 타이틀을 입력합니다.
- 나눔고딕 ExtraBold, 진하게
- 일반기업 PT역량분석 : 37pt, 500명 : 27pt

02 [서식] 탭이나 [글자 모양] 대화상자(Alt + L)에서 글자 색을 진한 빨강(R180 G0 B30)으로 지정합니다.

03 [개체 속성] 대화상자에서 텍스트 박스의 배경 색과 선 색을 제거합니다.
- [개체 속성] – [선] 탭 – [종류] : 선 없음, [개체 속성] – [채우기] 탭 – [색 채우기 없음]

04 [서식] 탭 – [글자 모양]을 클릭하여 [글자 모양] 대화상자를 열고 텍스트를 보다 짜임새 있게 만듭니다.
- [기본] 자간 : –7%, 장평 : 95%
- [확장] 기타 : [글꼴에 어울리는 빈칸] 체크

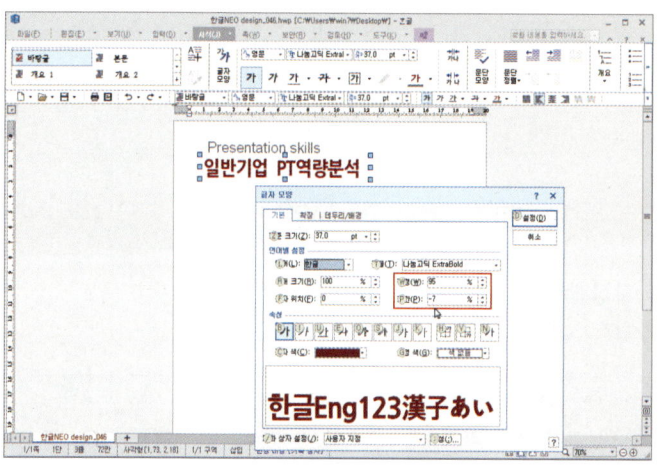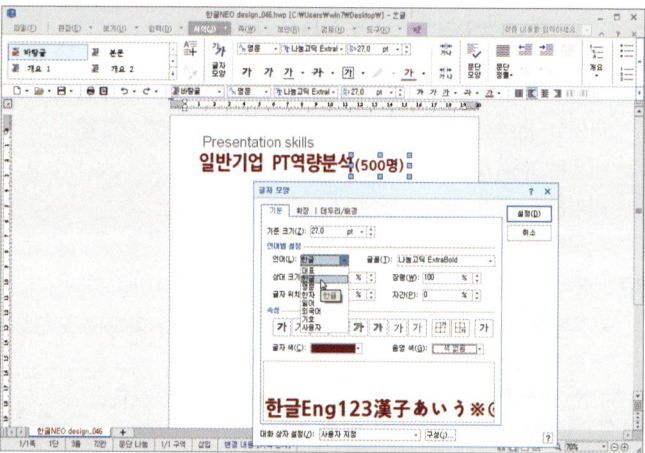

03 둥근 모서리 그림자 배치하고 본문 텍스트 편집하기

01 [입력] 탭-[그림]을 클릭하고 둥근 모서리 그림자 이미지를 타이틀 아래쪽에 배치합니다.
- Part 03\21\둥근 모서리 그림자.png

02 크기를 조절합니다.

03 [입력] 탭-도형에서 [가로 글상자]를 클릭하고 본문 타이틀을 입력합니다.
- 나눔바른고딕OTF, 13pt, 줄 간격 : 120%, 양쪽 정렬

04 [서식] 탭이나 [글자 모양] 대화상자([Alt]+[L])에서 글자 색을 진한 노랑(R154 G126 B66)으로 지정합니다.

05 [개체 속성] 대화상자에서 텍스트 박스의 배경 색과 선 색을 제거합니다.
- [개체 속성]-[선] 탭-[종류] : 선 없음, [개체 속성]-[채우기] 탭-[색 채우기 없음]

06 [서식] 탭-[글자 모양]을 클릭하고 [글자 모양] 대화상자를 연 다음 텍스트를 보다 짜임새 있게 만듭니다.
- [기본] 자간 : 0%, 장평 : 100%
- [확장] 기타 : [글꼴에 어울리는 빈칸] 체크

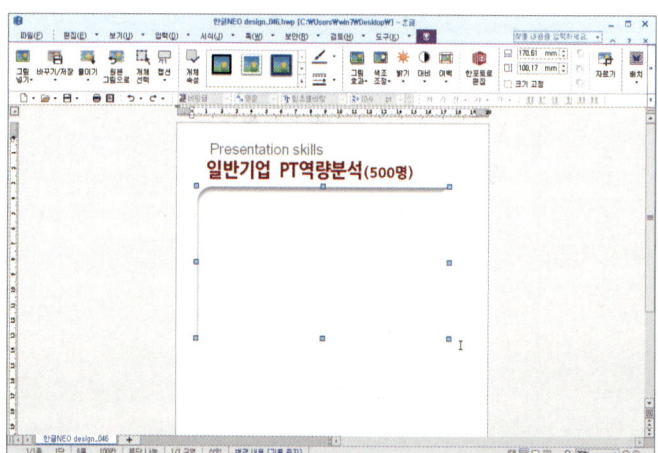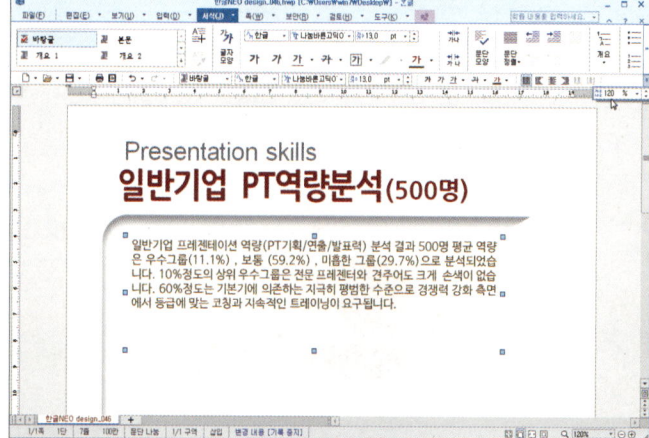

Tip&Tech 보고서의 텍스트 색상은 대부분 검은색이지만 딱딱한 느낌을 줄 수 있습니다. 타이틀 색상에 맞춰 본문 색상에 변화를 주는 것이 좋습니다.

04 세 개의 타원 그리고 색상 지정하기

01 본문 아래쪽에 타원 세 개를 각각 그려서 포개 놓습니다.
- [입력] 탭 – 도형에서 [다른 그리기 조각] – [기본 도형] – [타원]
- [왼쪽 타원] 너비 : 31.12mm, 높이 : 31.12mm
- [가운데 타원] 너비 : 64.82mm, 높이 : 64.82mm
- [오른쪽 타원] 너비 : 46.53mm, 높이 : 46.53mm

02 [개체 속성] 대화상자(P)에서 선 색을 제거하고 채우기 색을 지정합니다.
- 주황색(R247 G148 B99), 빨간색(R180 G0 B30), 회색(R128 G128 B128)

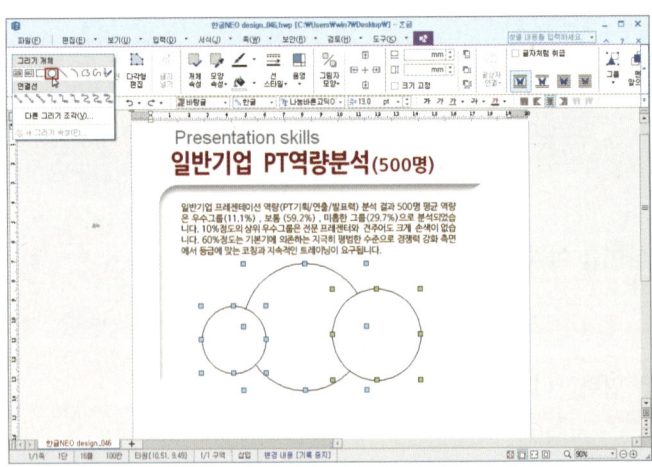
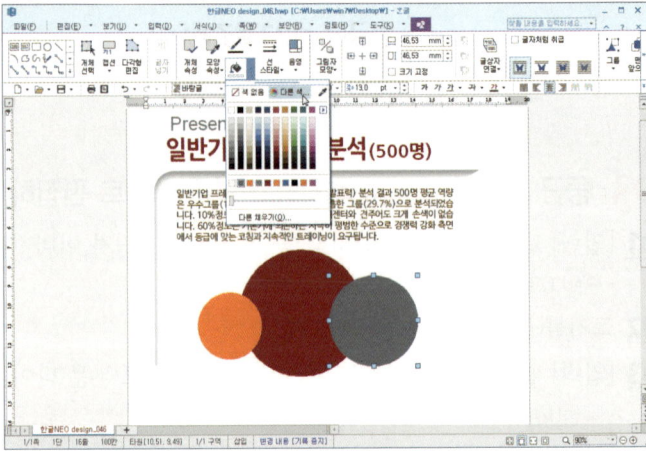

05 타원에 투명도 적용하기

01 주황색 타원을 선택하고 마우스 오른쪽 버튼을 클릭한 다음 [개체 속성]을 실행합니다.

02 투명도를 설정합니다.
- [개체 속성] – [채우기] 탭 – [투명도] : 10%

03 오른쪽 회색 타원도 같은 방법으로 투명도를 설정합니다.

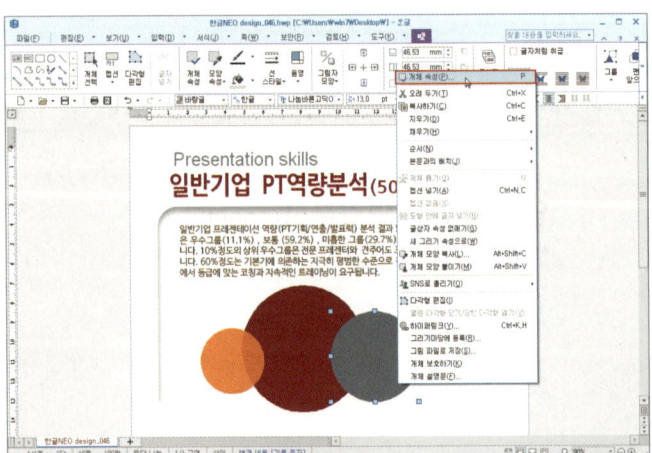
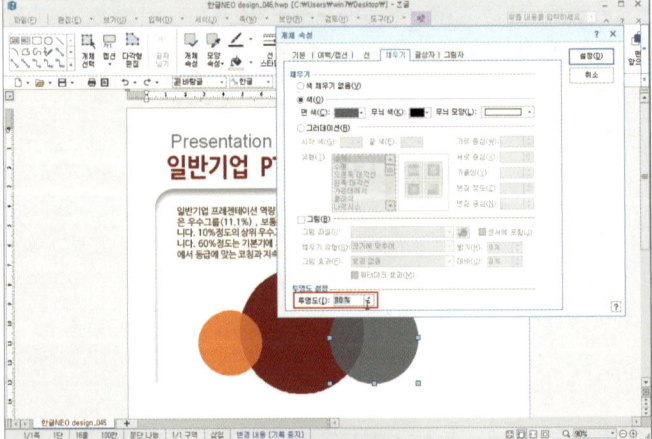

Tip & Tech 인쇄했을 때 투명도를 적용한 부분에 이상이 있을 경우 해당 도형들을 PNG 형식의 그림으로 저장한 다음 불러들여 배치해 봅니다.

06 타원에 메인 텍스트 편집하기

01 타원 각각을 마우스 오른쪽 버튼으로 클릭하고 [도형 안에 글자 넣기]를 실행합니다

02 [입력] 탭 – 도형에서 [가로 글상자]를 클릭하고 타원 각각에 텍스트를 입력합니다.
- 영문, Arial, 28pt, 48pt, 36pt, 흰색, 가운데 정렬

03 [서식] 탭 – [글자 모양]을 클릭하여 [글자 모양] 대화상자(Alt + L)를 열고 텍스트를 보다 짜임새 있게 만듭니다.
- [기본] 자간 : 0%, 장평 : 100%
- [확장] 기타 : [글꼴에 어울리는 빈칸] 체크

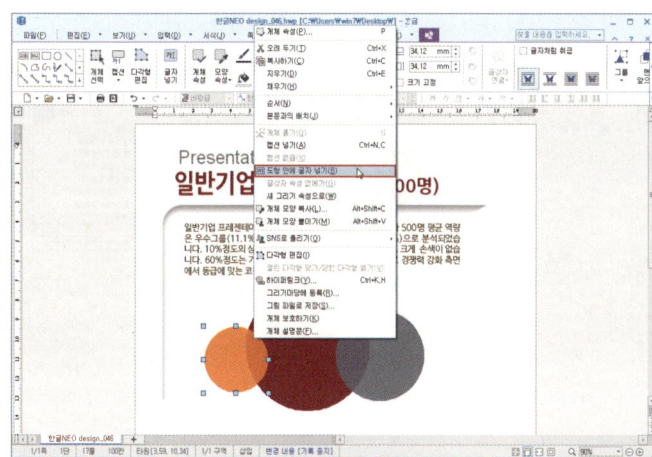 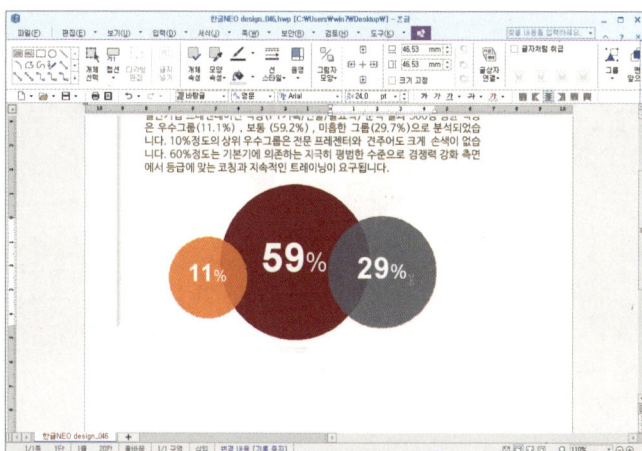

Tip&Tech 11%, 59%, 29%에서 %는 숫자보다 두껍지 않게 하고, 크기는 다소 작게 편집하는 것이 보기에 좋습니다.

07 서브 텍스트 편집하기

01 11% 아래에 서브 텍스트를 입력합니다

02 [입력] 탭 – 도형에서 [가로 글상자]를 클릭하고 타원 각각에 텍스트를 입력합니다.
- 나눔바른고딕OTF, 13pt, 흰색, 가운데 정렬

03 줄 간격을 100%로 좁힙니다.
- [서식] 탭 – [문단 모양] – [간격] – [줄 간격]

04 59%와 29% 아래에도 같은 방식으로 텍스트를 편집합니다.

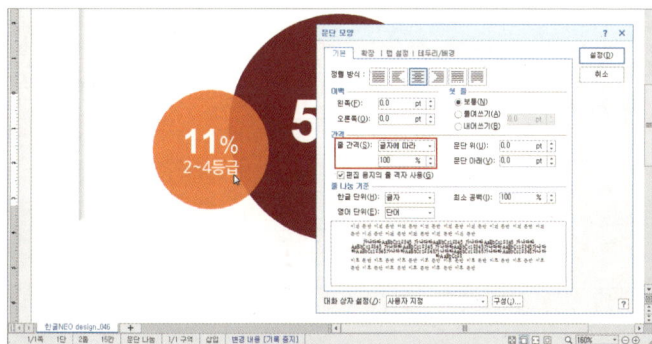 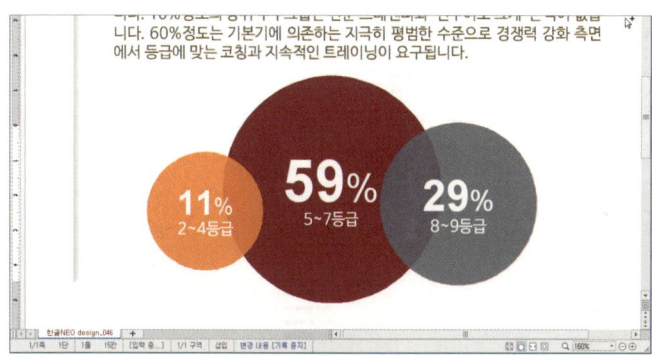

Tip&Tech 동일한 폰트와 크기, 색상이 같을 경우 완성된 텍스트를 복제하여 내용만 변경하면 편집 디자인 시간을 크게 단축할 수 있습니다.

08 세로 라인 편집하기

01 그래프의 Y축 세로 라인을 만들기 위해 직선을 선택하고 세로로 그립니다.
- [입력] 탭–[도형] 탭–[그리기 개체]–[직선]
- 너비 : 0mm, 높이 : 109.52mm

02 [개체 속성] 대화상자에서 선 색, 굵기 등을 정합니다.
- 실선, 검정색, 선 굵기 : 0.3mm

03 검은색 세로 라인 옆으로 회색 세로 라인 다섯 개 그려서 정렬시킵니다.
- 선 종류 : 실선, 회색(R204 G204 B204), 선 굵기 : 0.25mm
- 세로 라인을 모두 선택–[도형] 탭–[맞춤]–[가로 간격을 동일하게]

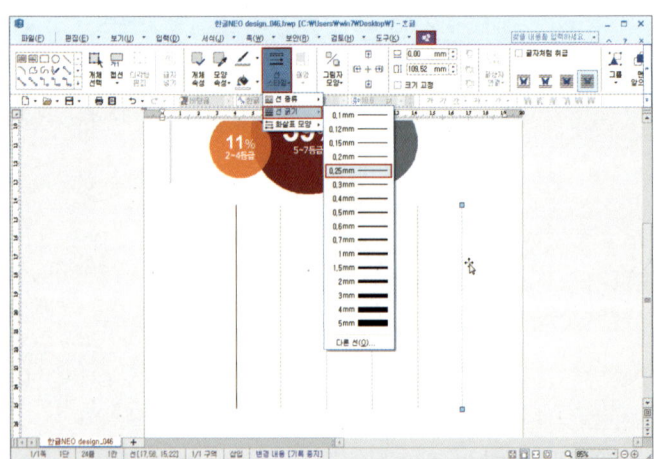 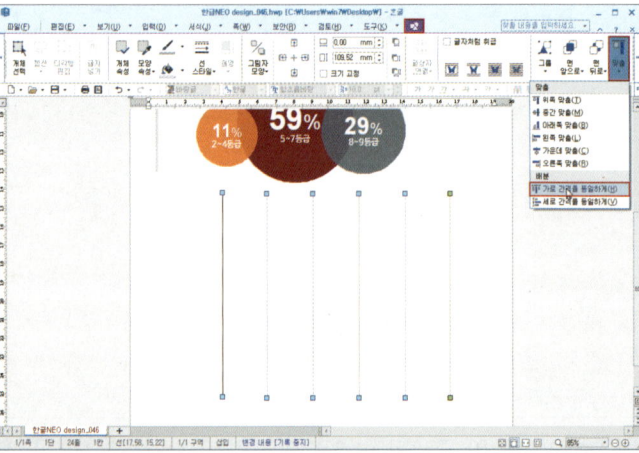

Tip & Tech 회색 라인의 경우 실선을 원형 점선으로 변경해도 좋습니다. 원형 점선으로 변경할 경우 선 굵기를 0.4mm 정도로 변경합니다.

09 가로 라인과 화살표 편집하기

01 그래프의 X축 가로 라인을 만들기 위해 직선을 선택하고 수평 방향으로 그립니다.
- [입력] 탭–[도형]–[그리기 개체]–[직선]
- 너비 : 178.48mm, 높이 : 0mm

02 [개체 속성] 대화상자에서 선의 색, 굵기, 화살표의 모양 등을 정합니다.
- 회색(R127 G127 B127), 실선, 선 굵기 : 0.6mm,
- [화살표] 끝 모양 : 화살표, 크기 : 작은 폭 작은 높이

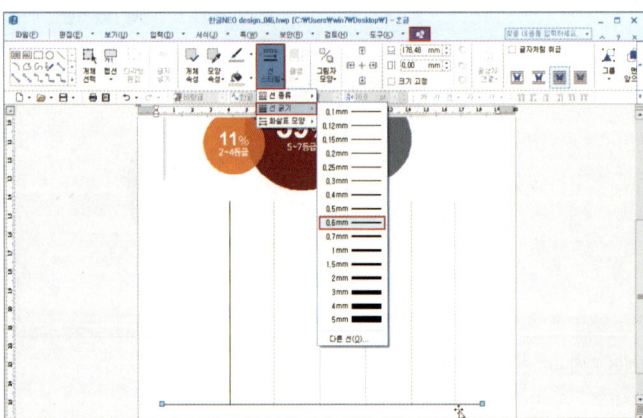 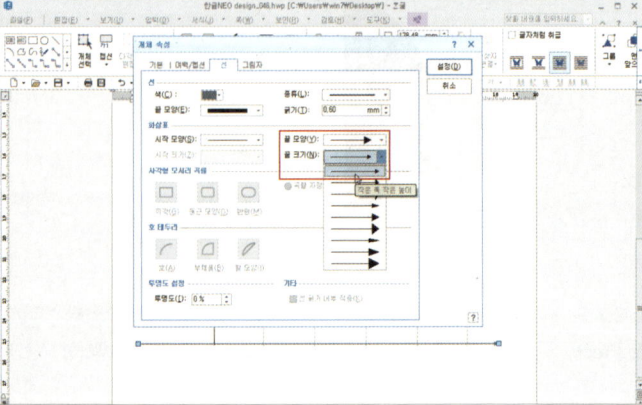

10 왼쪽 항목 텍스트 입력하기

[입력] 탭 – 도형에서 [가로 글상자]를 클릭하고 왼쪽 항목 텍스트를 입력합니다.

- 돋움, 13pt, 진하게, 줄 간격 : 235%, 오른쪽 정렬

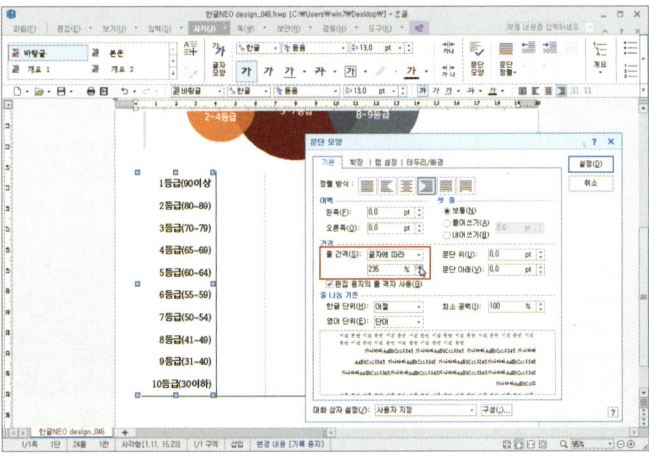

11 왼쪽 항목 텍스트 편집하기

01 [서식] 탭이나 [글자 모양] 대화상자(Alt + L)에서 글자 색을 검정과 빨간색(R180 G0 B30)으로 지정합니다.

02 [개체 속성] 대화상자에서 배경 색과 선 색을 제거합니다.
- [개체 속성] – [선] 탭 – [종류] : 선 없음, [개체 속성] – [채우기] 탭 – [색 채우기 없음]

03 [서식] 탭 – [글자 모양]을 클릭하여 [글자 모양] 대화상자(Alt + L)를 열고 텍스트를 보다 짜임새 있게 만듭니다.
- [기본] 자간 : -5% , 장평 : 100%
- [확장] 기타 : [글꼴에 어울리는 빈칸] 체크

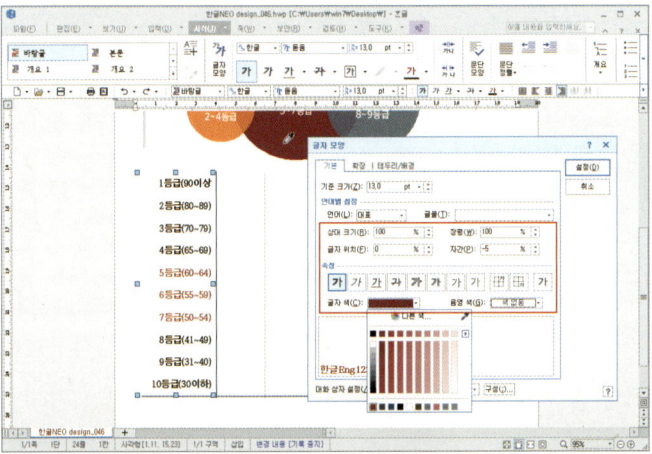

Tip & Tech 빨간색 텍스트는 과정 04에서 만든 빨간색 타원 색상과 동일합니다. 스포이트(색 골라내기) 기능을 활용합니다.

12 노란색 막대그래프 길이 조절하기

01 직사각형을 세 개 그려 2등급, 3등급, 4등급에 맞춰 배열합니다.
- [입력] 탭-[도형]에서 [직사각형]

02 직사각형 각각의 선 색을 제거하고 채우기 색을 지정합니다.
- [개체 속성]-[선] 탭-[종류] : 선 없음, [개체 속성]-[채우기] 탭-[색] : 노랑색(R247 G148 B29)

03 [입력] 탭-[그림]을 클릭하고 눈금자 이미지를 세로 라인에 맞춰 배치합니다.
- Part 03\21\눈금자.png

04 직사각형 각각의 크기를 눈금자에 맞춰 조정합니다.
- [2등급] 너비 : 5.85mm, 높이 : 6.88mm
- [3등급] 너비 : 15.48mm, 높이 : 6.88mm
- [4등급] 너비 : 37.47mm, 높이 : 6.88mm

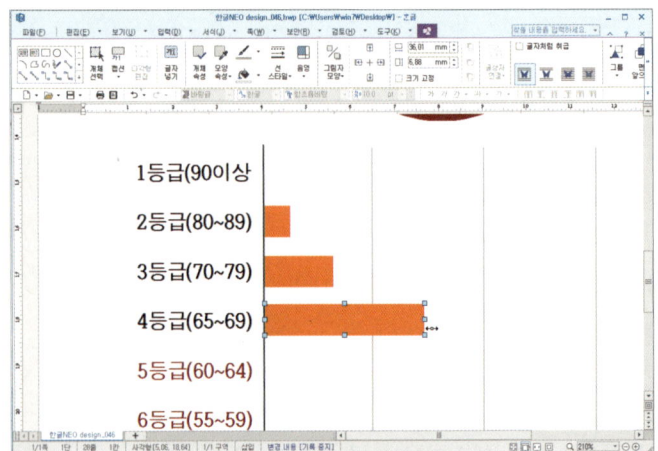 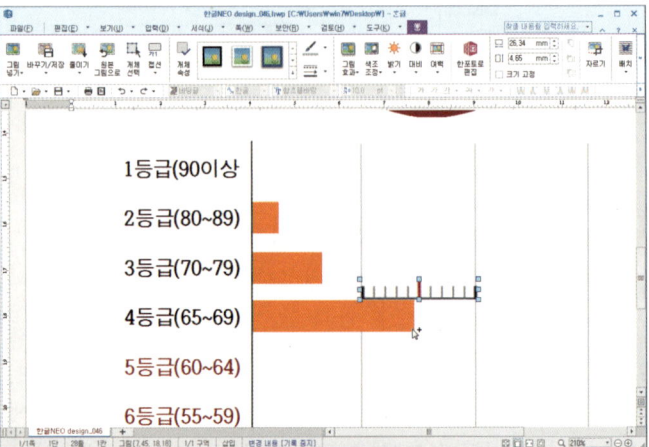

Tip & Tech 도형으로 막대그래프 그리기는 과정 11 작업이 가장 중요합니다. 눈대중으로 대략 그리지 말고 '눈금자' 이미지를 이용하여 정확하게 그립니다.

13 빨간색 막대그래프 길이 조절하기

01 과정 12과 같은 방식으로 직사각형으로 막대그래프 형태를 그립니다

02 직사각형의 선 색을 제거하고 채우기 색을 지정합니다.
- [개체 속성]-[선] 탭-[종류] : 선 없음, [개체 속성]-[채우기] 탭-[색] : 빨간색(R180 G0 B30)

03 직사각형 각각의 크기를 눈금자에 맞춰 조정합니다.
- [5등급] 너비 : 108.31mm, 높이 : 6.88mm
- [6등급] 너비 : 108.31mm, 높이 : 6.88mm
- [7등급] 너비 : 80.44mm, 높이 : 6.88mm

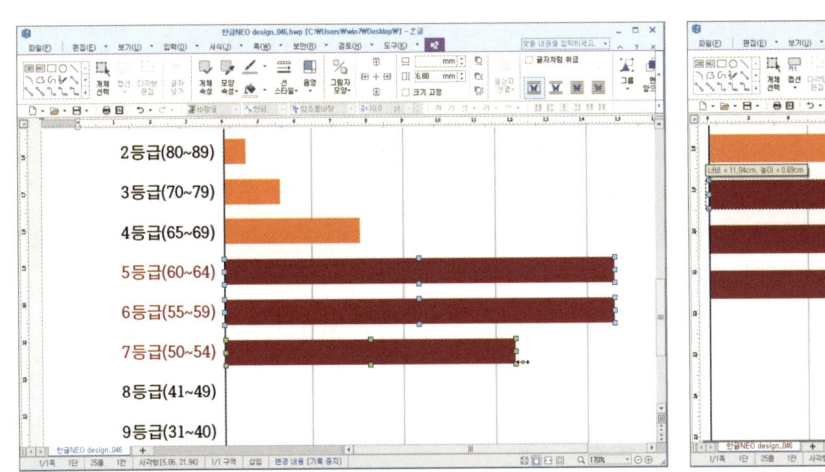
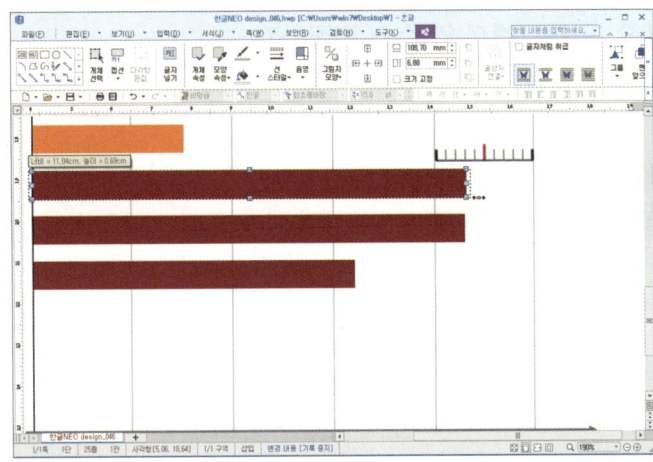

Tip & Tech 막대그래프가 세로 라인 앞쪽에 배치되지 않을 경우 세로 라인을 모두 선택하고 위치를 [글 뒤로] 보냅니다.
· [개체 속성] - [기본] 탭 - [위치] - [본문과의 배치] - [글 뒤로]

14 회색 막대그래프 길이 조절하기

01 과정 12~13과 같은 방식으로 직사각형으로 막대그래프 형태를 그립니다

02 직사각형 각각의 선 색을 제거하고 채우기 색을 지정합니다.
   - [개체 속성] - [선] 탭 - [종류] : 선 없음, [개체 속성] - [채우기] 탭 - [색] : 회색(R179 G179 B179)

03 직사각형 각각의 크기를 눈금자에 맞춰 조정합니다.
   - [8등급] 너비 : 107.46mm, 높이 : 6.88mm
   - [9등급] 너비 : 31.28mm, 높이 : 6.88mm

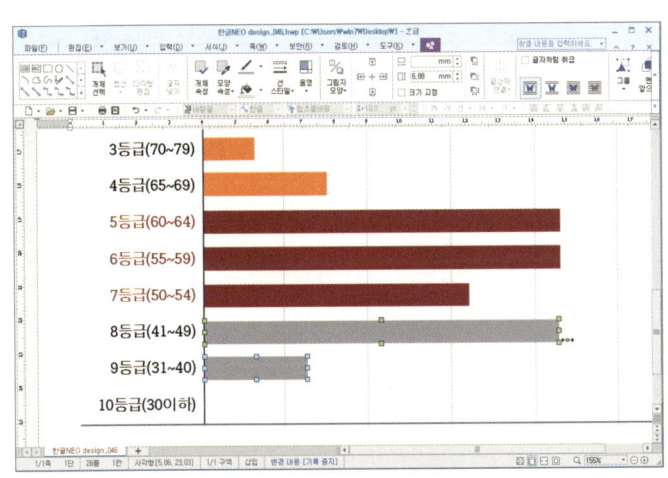
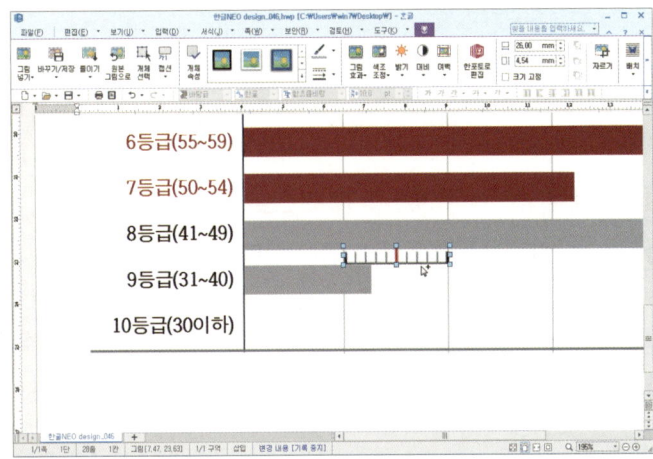

Tip & Tech 도형 크기를 미세하게 조절할 때 '도형의 조절점'을 조정하는 것보다 수치를 입력하는 것이 정교합니다.

15 막대그래프 옆 수치 편집하기

01 [입력] 탭 – 도형에서 [가로 글상자]를 클릭하고 막대그래프 옆에 수치 텍스트를 입력합니다.
- Arial, 14pt, 왼쪽 정렬

02 [서식] 탭이나 [글자 모양] 대화상자([Alt]+[L])에서 글자 색을 검은색으로 지정합니다.

03 [개체 속성] 대화상자에서 배경 색과 선 색을 제거합니다.
- [개체 속성]-[선] 탭-[종류] : 선 없음, [개체 속성]-[채우기] 탭-[색 채우기 없음]

04 [서식] 탭 – [글자 모양]을 클릭하여 [글자 모양] 대화상자를 열고 텍스트를 보다 짜임새 있게 만듭니다.
- [기본] 자간 : 0%, 장평 : 100%
- [확장] 기타 : [글꼴에 어울리는 빈칸] 체크

05 완성된 수치 텍스트를 복제([Ctrl]+[D])하여 막대 그래프에 옆에 배치한 다음 각각의 텍스트 내용을 변경합니다.

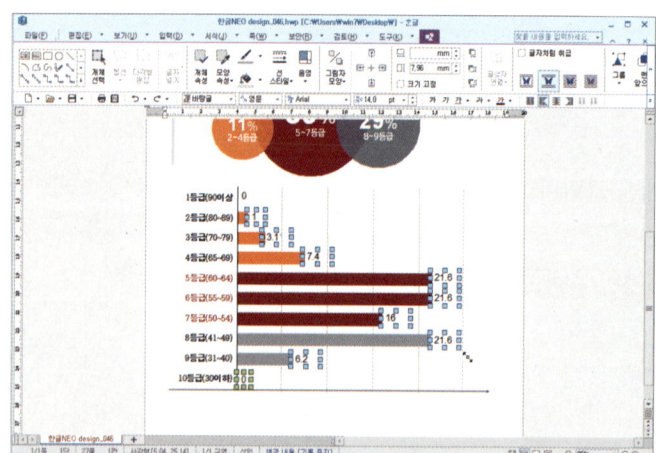 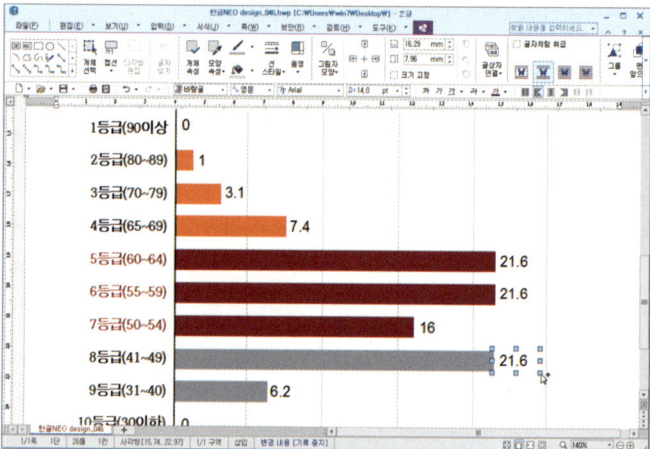

Tip & Tech 텍스트를 각각의 막대그래프에 맞춰 정확하게 배치하지 않으면 완성도가 떨어집니다. 손이 많이 가는 작업 같아도 숙련되면 빠른 시간 안에 할 수 있습니다.

16 세로 라인 간격에 맞춰 텍스트 편집하기

01 [입력] 탭 – 도형에서 [가로 글상자]를 클릭하고 세로 라인 간격에 맞춰 텍스트를 입력하고 배열합니다.
- 돋움, 13pt, 진하게, 왼쪽 정렬

02 [서식] 탭이나 [글자 모양] 대화상자([Alt]+[L])에서 글자 색을 검은색으로 지정합니다.

03 [개체 속성] 대화상자에서 배경 색과 선 색을 제거합니다.
- [개체 속성]-[선] 탭-[종류] : 선 없음, [개체 속성]-[채우기] 탭-[색 채우기 없음]

04 [서식] 탭 – [글자 모양]을 클릭하여 [글자 모양] 대화상자([Alt]+[L])를 열고 텍스트를 보다 짜임새 있게 만듭니다.
- [기본] 자간 : 0%, 장평 : 100%
- [확장] 기타 : [글꼴에 어울리는 빈칸] 체크

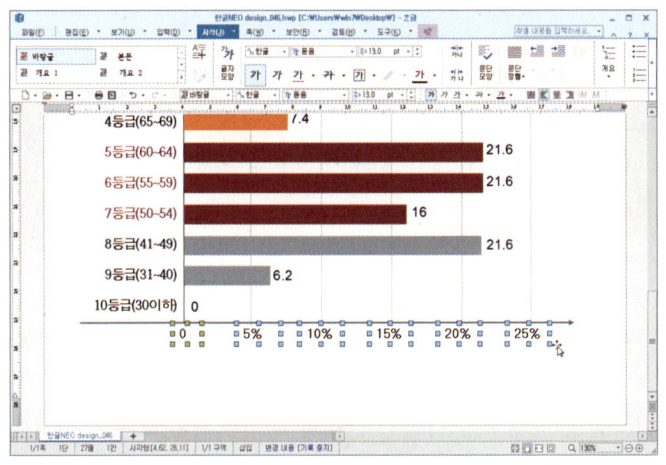 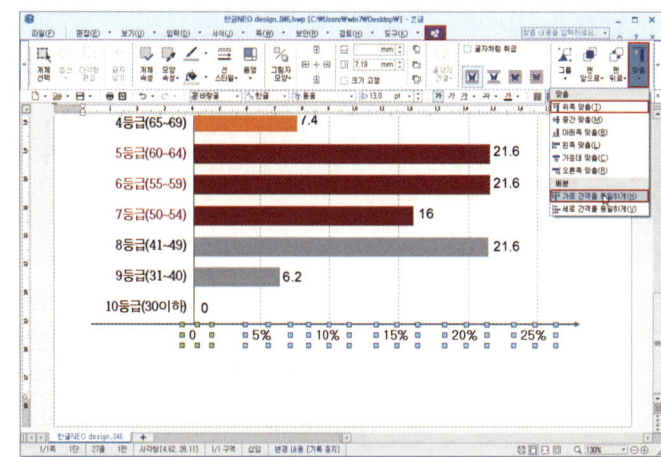

Tip & Tech 텍스트를 대략 배열하고 항상 정렬합니다.
· [도형] 탭 – [맞춤] – [위쪽 맞춤]/[가로 간격을 동일하게]

17 로고 편집하기

01 [입력] 탭 – 도형에서 [가로 글상자]를 클릭하고 영문 텍스트를 각각 입력합니다.
- cafe.naver.com/artcomptacademy : Arial, 11pt, 기울임
- ARTCOM PT : Arial Black, 23pt, 기울임
- academy : Times New Roman, 24pt, 기울임

02 [서식] 탭 – [글자 모양]을 클릭하여 [글자 모양] 대화상자(Alt+L)를 열고 텍스트를 보다 짜임새 있게 만든 다음 글자 색을 회색(R153 G153 B153)으로 지정합니다.
- [ARTCOM PT] 자간 : -4%, 장평 : 100%
- [academy] 자간 : -4%, 장평 : 100%
- [확장] 기타 : [글꼴에 어울리는 빈칸] 체크

03 [개체 속성] 대화상자(P)에서 배경 색과 선 색을 제거합니다.
- [개체 속성] – [선] 탭 – [종류] : 선 없음, [개체 속성] – [채우기] 탭 – [색 채우기 없음]

04 [서식] 탭 – [글자 모양]을 클릭하여 [글자 모양] 대화상자를 열고 영문 텍스트를 보다 짜임새 있게 만듭니다.
- [확장] 기타 : [글꼴에 어울리는 빈칸] 체크

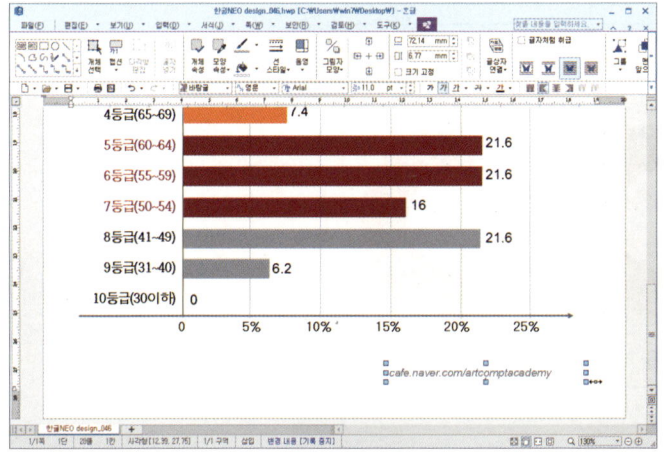 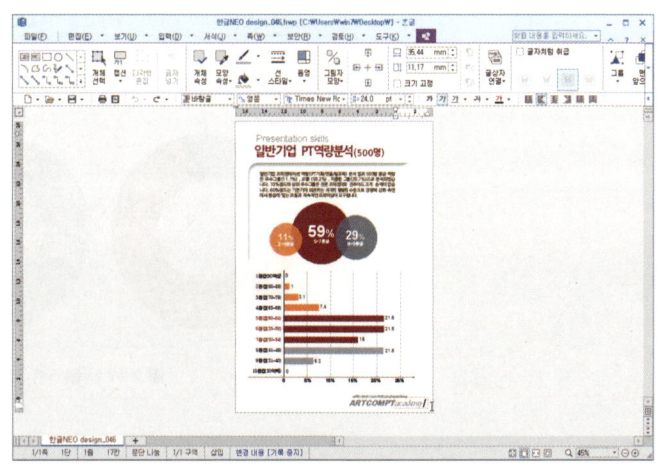

022 도표와 도넛 그래프를 배치한 디자인

보고서나 제안서를 작성할 때 도표, 차트, 텍스트가 한 페이지 안에서 복잡하게 배치되는 경우가 있습니다. 이런 경우 짜임새 있는 레이아웃이 매우 중요하며 디자인의 일관성이 필요합니다. 즉 도표나 차트, 텍스트 중에서 어느 것도 겉돌지 않도록 디자인 원칙을 정하고 부분보다는 전체를 보면서 디자인해야 합니다. 엑셀 차트를 그대로 적용하거나 디자인 요소들을 짜깁기한 보고서를 보면 대부분 구성 요소(타이틀, 본문 텍스트, 도표, 차트) 사이 조화를 이루지 못하는 경우가 많습니다.

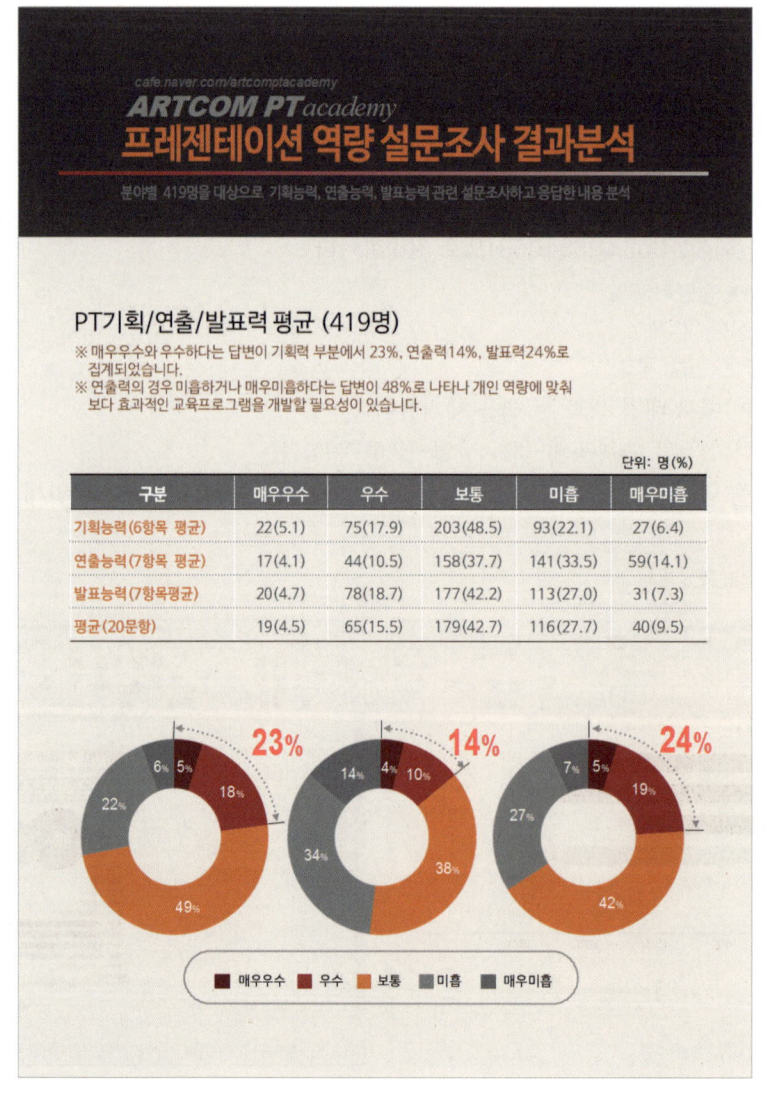

|난이도| ★★★★☆ |예제 폴더| Part 03\22 |완성 파일| Part 03\22\완성\한글NEO design_022.hwp
|과정 파일| Part 03\22\완성\한쇼NEO design_022_16단계.show
|색상 베리에이션| Part 03\22\완성\한쇼NEO design_022_4컬러.show
|인터넷으로 보기| http://cafe.naver.com/artcomptacademy/2235

디자인 포인트

이번 예제에서 주목해야 할 디자인은 도표와 도넛 그래프를 표현하는 것입니다. 도표의 경우 엑셀 형식을 그대로 쓰게 되면 디자인을 기대하기 어렵기 때문에 도표의 라인과 형식, 색상 등을 재가공해야 합니다. 도넛 그래프의 경우도 보조 라인과 원호 등을 활용하여 밋밋하지 않도록 디자인하고 범례 또한 디자인 미감을 살리는 것이 좋습니다.

4컬러 베리에이션

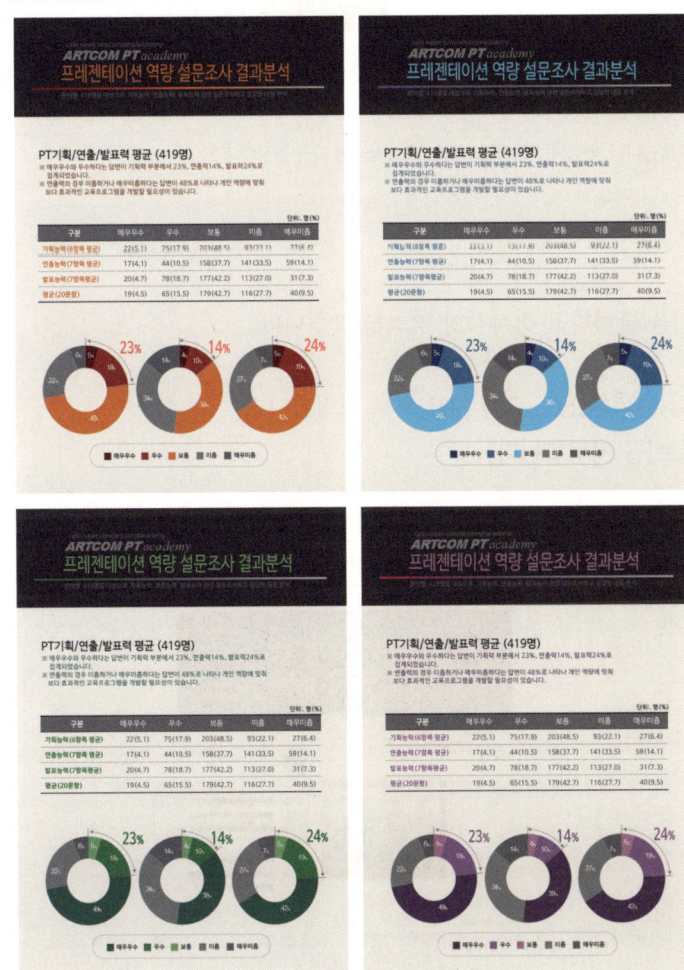

01 한글에서 편집 용지 설정하기

01 한글을 실행합니다.

02 F7 키를 눌러 편집 용지를 설정합니다.
- 용지 종류 : A4(국배판) [210×297mm], 용지 방향 : 세로, 제본 : 한쪽
- 용지 여백 : 위쪽(10.0mm), 머리말(0.0mm), 왼쪽(10.0mm), 오른쪽(10.0mm), 꼬리말(0.0mm), 아래쪽(10.0mm)

03 배경을 흰색에 가까운 밝은 갈색(R245 G242 B240)으로 지정합니다.
- [쪽] 탭-[쪽 테두리/배경]-[배경]-[채우기] 탭-[색]-[면 색]

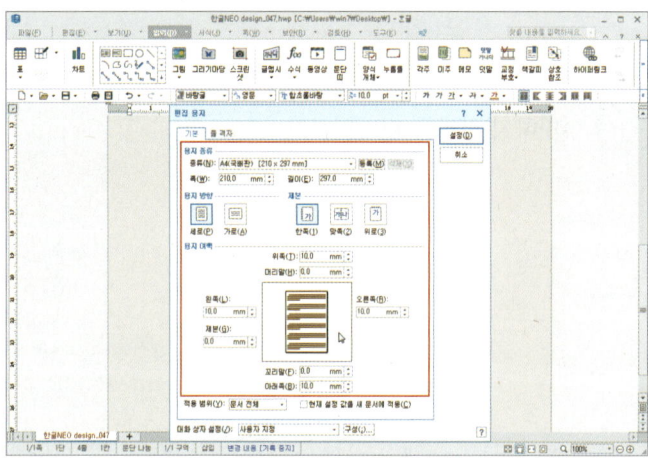 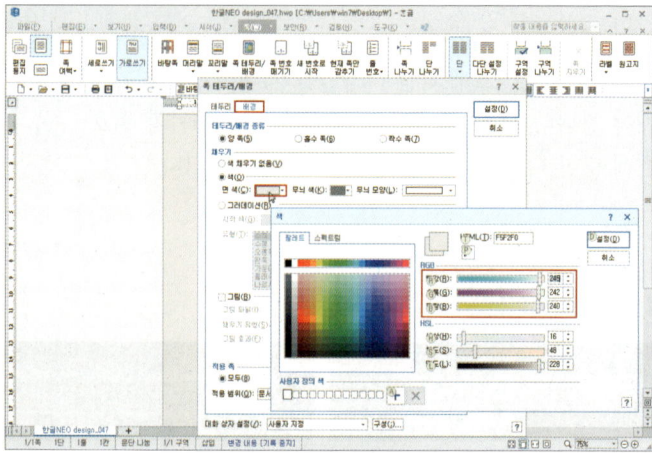

Tip & Tech 아무리 흰색에 가까운 색상이라 하여도 배경색이 있고 없는 차이는 분명히 있습니다. 배경색은 전개될 디자인 요소 색상에 따라 결정합니다.

02 윗부분 타이틀 영역 만들기

01 윗부분 타이틀 편집을 위해 [입력] 탭-도형에서 [직사각형]을 클릭하고 직사각형 박스를 그립니다.
- 너비 : 210.56mm, 높이 : 63.03mm

02 [개체 속성] 대화상자에서 선 색을 제거하고 채우기 색을 검은 회색(R65 G64 B66)으로 지정합니다.

03 [개체 속성]-[기본] 탭-[위치]에서 본문과의 배치를 [글 뒤로]를 지정합니다.

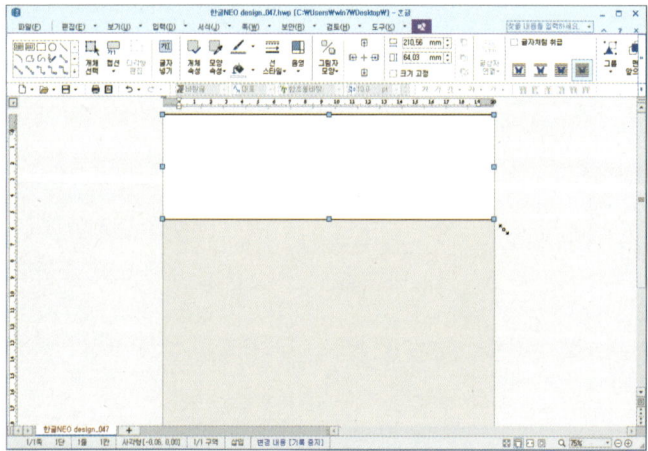 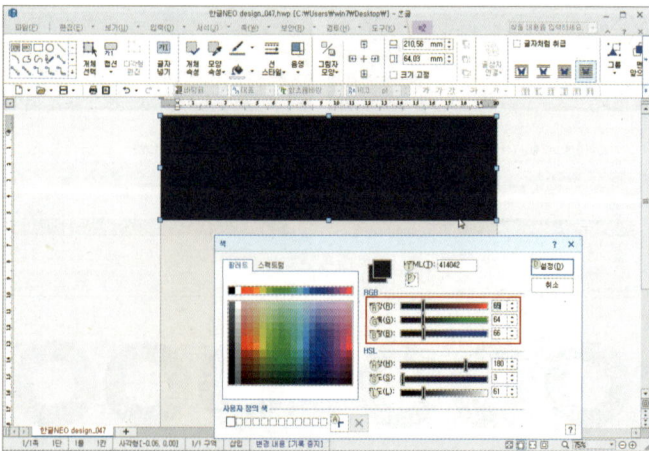

03 그라데이션 타이틀 바 만들기

01 가는 그라데이션 타이틀 바를 만들기 위해 [입력] 탭-도형에서 [직사각형]을 클릭하고 직사각형 박스를 그립니다.
- 너비 : 186mm, 높이 : 1mm

02 선을 제거합니다.
- [개체 속성]-[선] 탭-[종류] : 선 없음

03 그라데이션 색상을 지정합니다.
- [개체 속성]-[채우기] 탭-[그러데이션]-[유형]-[수직]
- 시작 색 : 빨강(R187 G6 B29), 끝 색 : 회색(R206 G204 B202)

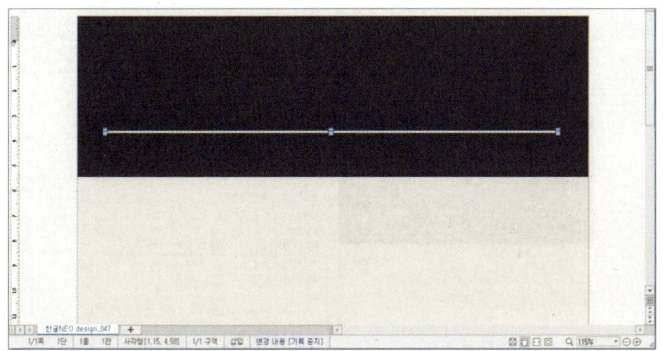
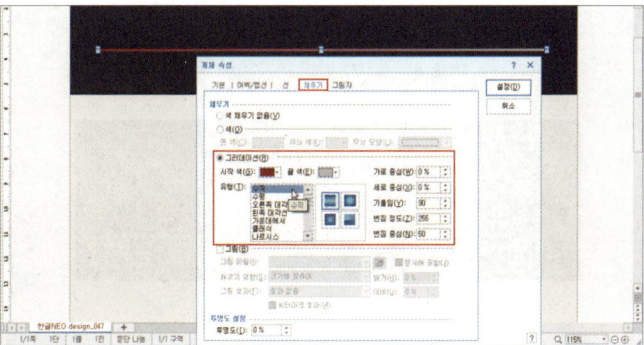

Tip & Tech   한쇼나 파워포인트를 활용하면 라인에 직접 다채로운 색상의 그라데이션을 적용할 수 있습니다.

04 타이틀 바 윗부분 타이틀 편집하기

01 [입력] 탭 - 도형에서 [가로 글상자]를 클릭하고 타이틀을 입력합니다.
- 나눔바른고딕OTF, 32pt, 진하게, 왼쪽 정렬

02 [서식] 탭이나 [글자 모양] 대화상자(Alt + L)에서 글자 색을 오렌지색(R235 G127 B18)으로 지정합니다.

03 [개체 속성] 대화상자에서 배경 색과 선 색을 제거합니다.
- [개체 속성]-[선] 탭-[종류] : 선 없음, [개체 속성]-[채우기] 탭-[색 채우기 없음]

04 [서식] 탭-[글자 모양]을 클릭하여 [글자 모양] 대화상자를 열고 텍스트를 보다 짜임새 있게 만듭니다.
- [기본] 자간 : -3%, 장평 : 90%
- [확장] 기타 : [글꼴에 어울리는 빈칸] 체크

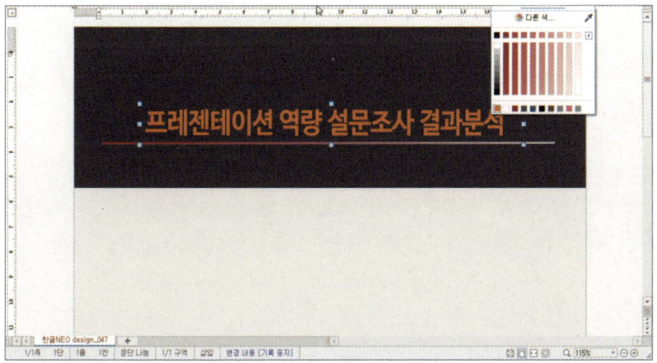
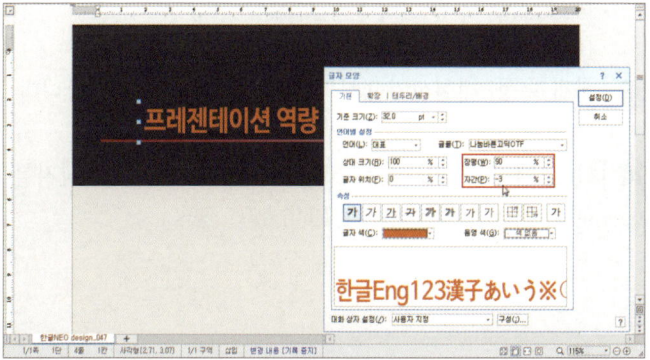

05 타이틀 바 아랫부분 텍스트 편집하기

01 [입력] 탭-도형에서 [가로 글상자]를 클릭하고 타이틀 바 아랫부분에 텍스트를 입력합니다.
- 나눔바른고딕OTF, 12pt, 왼쪽 정렬

02 [서식] 탭이나 [글자 모양] 대화상자(Alt+L)에서 글자 색을 회색(R128 G128 B128)으로 지정합니다.

03 [개체 속성] 대화상자에서 배경 색과 선 색을 제거합니다.
- [개체 속성]-[선] 탭-[종류] : 선 없음, [개체 속성]-[채우기] 탭-[색 채우기 없음]

04 [서식] 탭-[글자 모양]을 클릭하여 [글자 모양] 대화상자를 열고 텍스트를 보다 짜임새 있게 만듭니다.
- [기본] 자간 : -2%, 장평 : 95%
- [확장] 기타 : [글꼴에 어울리는 빈칸] 체크

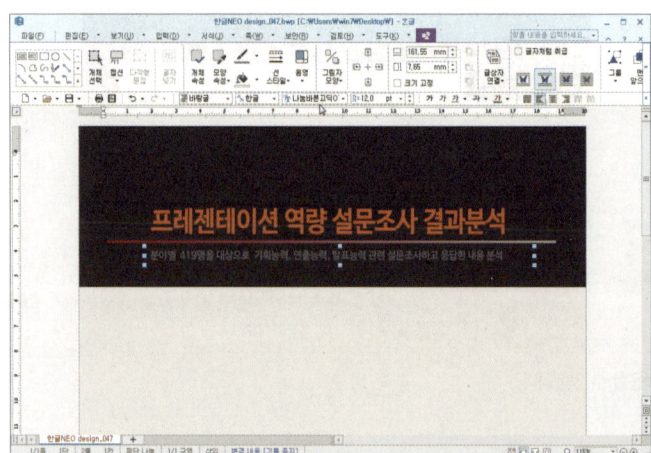 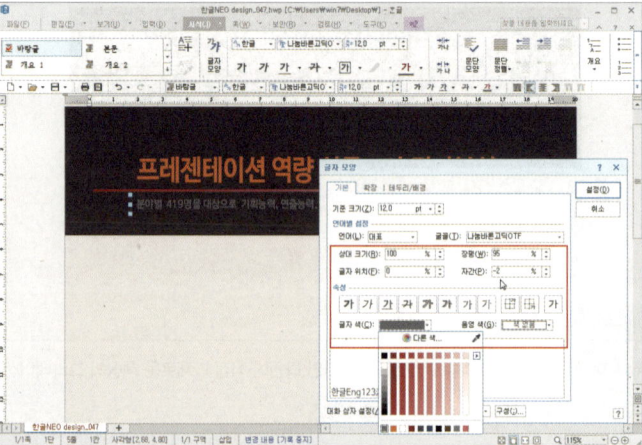

Tip & Tech 텍스트의 기본 색상은 무채색(흰색, 회색, 검은색)입니다. 텍스트 색상 배색을 어떻게 해야 할지 모를 경우 우선 회색부터 배색해 봅니다.

06 로고 텍스트 편집하기

01 [입력] 탭-[가로 글상자]를 클릭하고 영문 텍스트를 각각 입력합니다.
- cafe.naver.com/artcomptacademy : Arial, 11pt, 기울임
- ARTCOM PT : Arial Black, 22pt, 기울임
- academy : Times New Roman, 22pt, 기울임

02 [서식] 탭-[글자 모양]을 클릭하여 [글자 모양] 대화상자(Alt+L)를 열고 텍스트를 보다 짜임새 있게 만든 다음 글자 색상을 회색(R153 G153 B153)으로 지정합니다.
- [ARTCOM PT] 자간 : -2%, 장평 : 100%
- [academy] 자간 : -2%, 장평 : 100%
- [확장] 기타 : [글꼴에 어울리는 빈칸] 체크

03 [개체 속성] 대화상자에서 배경 색과 선 색을 제거합니다.
- [개체 속성]-[선] 탭-[종류] : 선 없음, [개체 속성]-[채우기] 탭-[색 채우기 없음]

04 [서식] 탭-[글자 모양]을 클릭하여 [글자 모양] 대화상자를 열고 텍스트를 보다 짜임새 있게 만듭니다.
- [확장] 기타 : [글꼴에 어울리는 빈칸] 체크

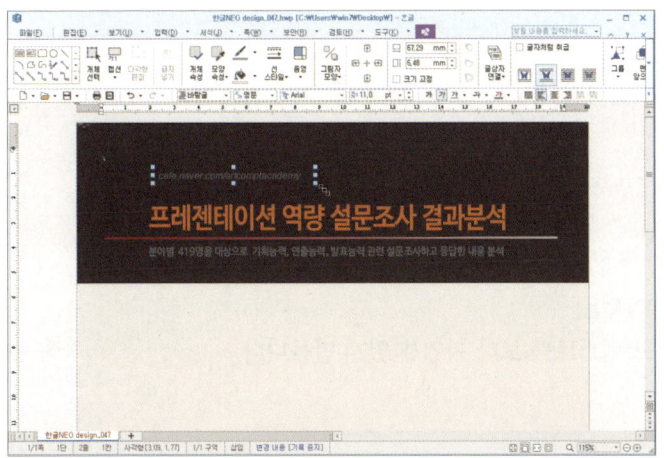 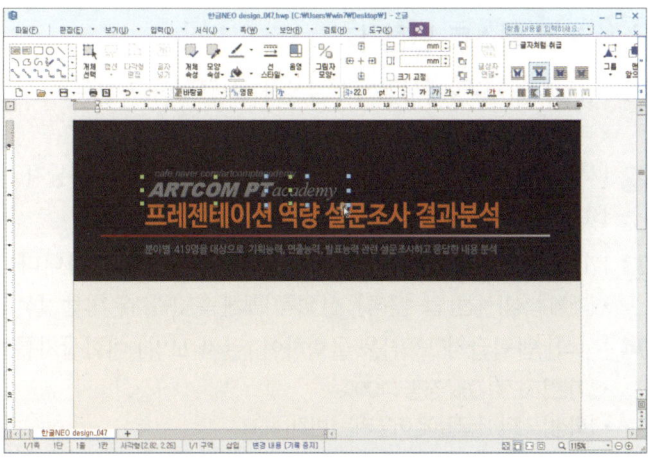

07 본문 타이틀 편집하기

01 [입력] 탭-도형에서 [가로 글상자]를 클릭하고 본문 타이틀을 입력합니다.
- 나눔바른고딕OTF, 19pt, 왼쪽 정렬

02 [서식] 탭-[글자 모양]을 클릭하여 [글자 모양] 대화상자(Alt+L)를 열고 글자 색을 검정으로 지정합니다.

03 [개체 속성] 대화상자에서 배경 색과 선 색을 제거합니다.
- [개체 속성]-[선] 탭-[종류] : 선 없음, [개체 속성]-[채우기] 탭-[색 채우기 없음]

04 [서식] 탭-[글자 모양]을 클릭하여 [글자 모양] 대화상자를 열고 텍스트를 보다 짜임새 있게 만듭니다.
- [기본] 자간 : 0%, 장평 : 100%
- [확장] 기타 : [글꼴에 어울리는 빈칸] 체크

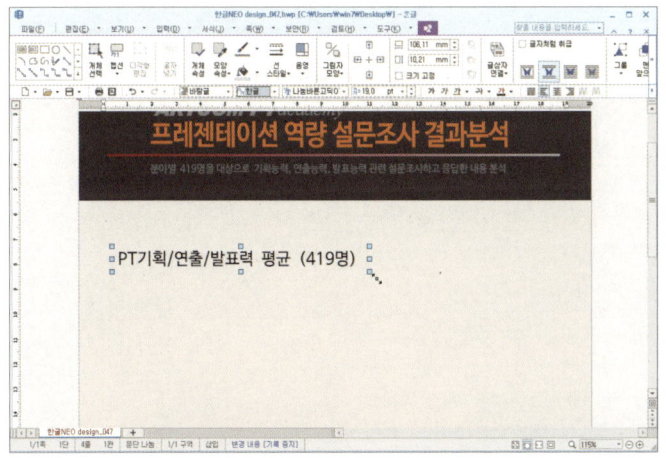 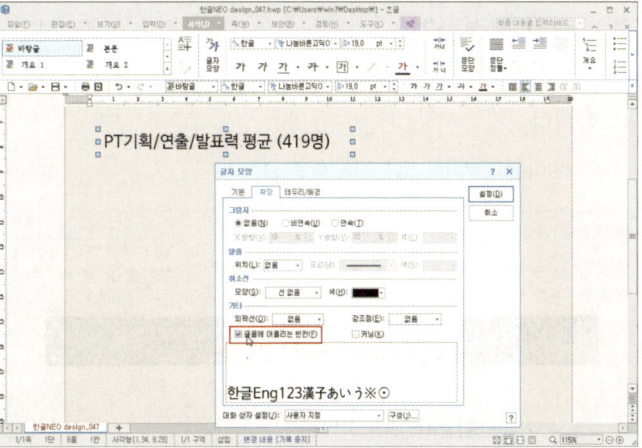

Tip&Tech 검은색 텍스트를 다른 색상으로 배색하려면 어두운 갈색이나 어두운 회색도 좋습니다.

08 본문 텍스트 편집하기

01 [입력] 탭-도형에서 [가로 글상자]를 클릭하고 본문 타이틀을 입력합니다.
- 나눔바른고딕OTF, 12pt, 왼쪽 정렬, 줄 간격 : 115%

02 [서식] 탭-[글자 모양]을 클릭하여 [글자 모양] 대화상자(Alt+L)를 열고 글자 색을 밤색(R155 G83 B12)으로 지정합니다.

03 [개체 속성] 대화상자에서 배경 색과 선 색을 제거합니다.
- [개체 속성]-[선] 탭-[종류] : 선 없음, [개체 속성]-[채우기] 탭-[색 채우기 없음]

04 [서식] 탭-[글자 모양]을 클릭하여 [글자 모양] 대화상자를 열고 텍스트를 보다 짜임새 있게 만듭니다.
- [기본] 자간 : 0%, 장평 : 100%
- [확장] 기타 : [글꼴에 어울리는 빈칸] 체크

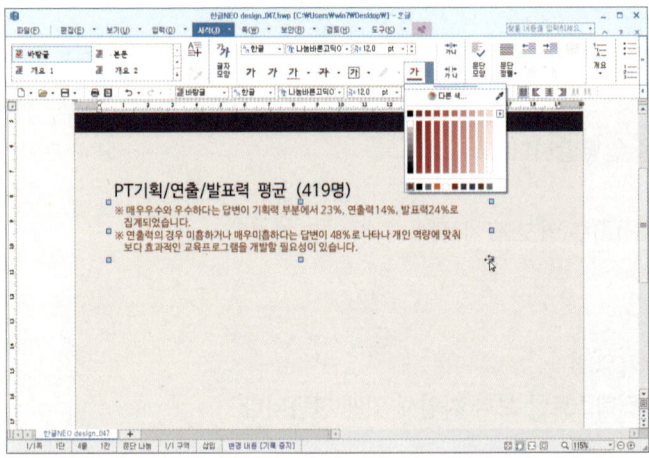

09 단위 입력하기

[입력] 탭-도형에서 [가로 글상자]를 클릭하고 도표 단위를 입력하여 본문 오른쪽 아랫부분에 배치합니다.
- 나눔바른고딕OTF, 11pt, 왼쪽 정렬, 검정

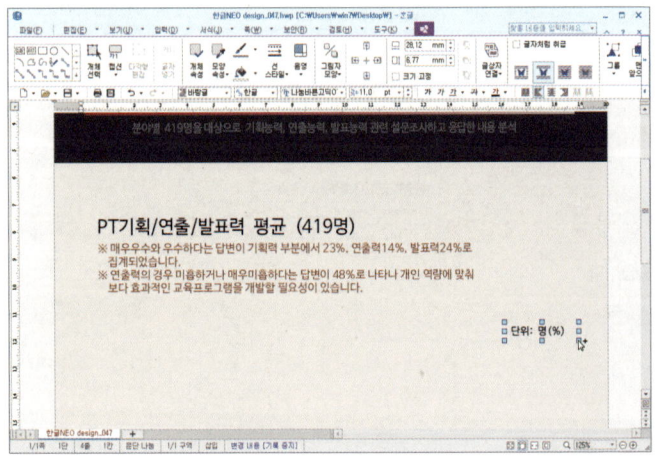

10 도표 만들기

01 용지 중심부 커서를 클릭합니다.

02 [입력] 탭-[표]를 통해 5줄×6칸인 도표를 그립니다.
- 너비 : 63.68mm, 높이 : 57.75mm

03 그림과 같이 열과 행의 간격을 조절합니다.

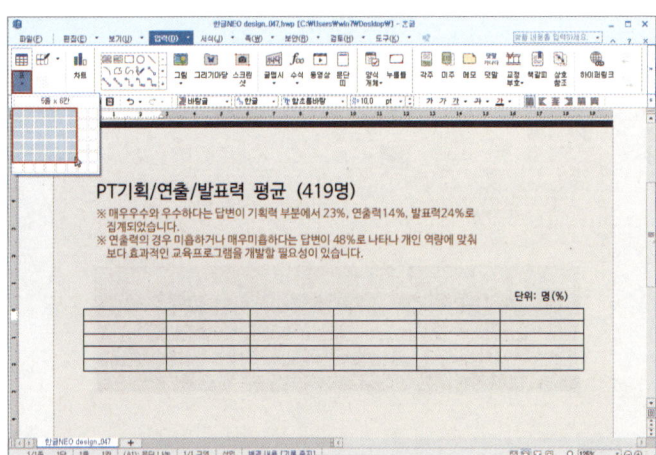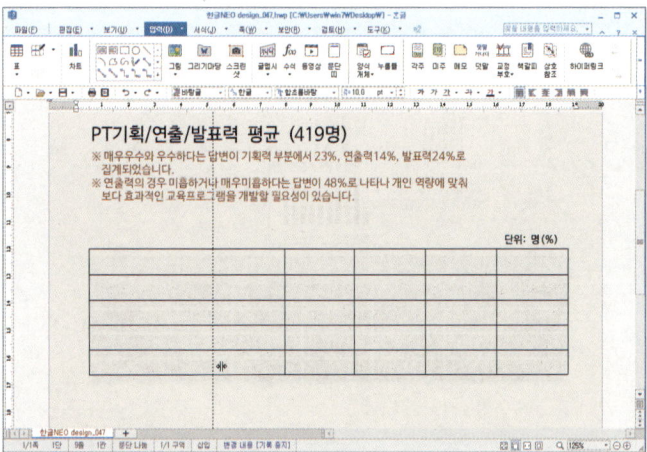

Tip & Tech 첫 번째 열은 텍스트가 길기 때문에 셀을 넓게(47.39mm) 벌려 줍니다. 두 번째에서 여섯 번째 열까지는 셀 너비를 같게 합니다. 너비를 같게 할 해당 셀을 모두 선택하고 마우스 오른쪽 버튼을 클릭한 다음 [셀 너비를 같게]를 실행합니다.

11 도표 윗부분 항목 색상 넣고 점선 선택하기

01 첫 번째 행(윗부분 항목)의 색상을 회색(R124 G122 B125)으로 지정합니다.

02 두 번째에서 다섯 번째 행까지를 모두 선택한 다음 셀 테두리 모양을 점선으로 바꿉니다.
- [표] 탭-[셀 테두리 모양/굵기]-[원형 점선]

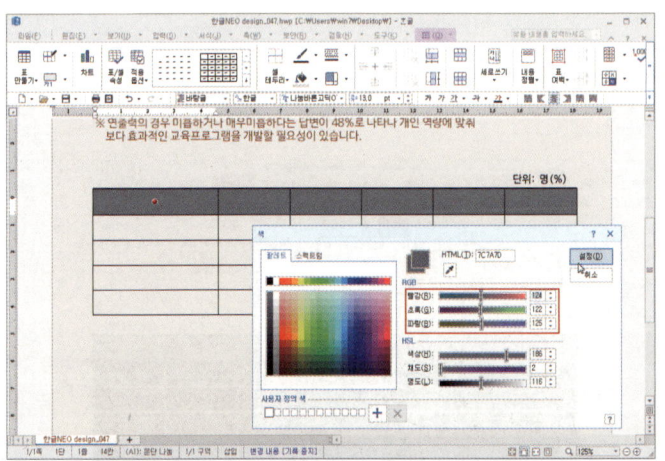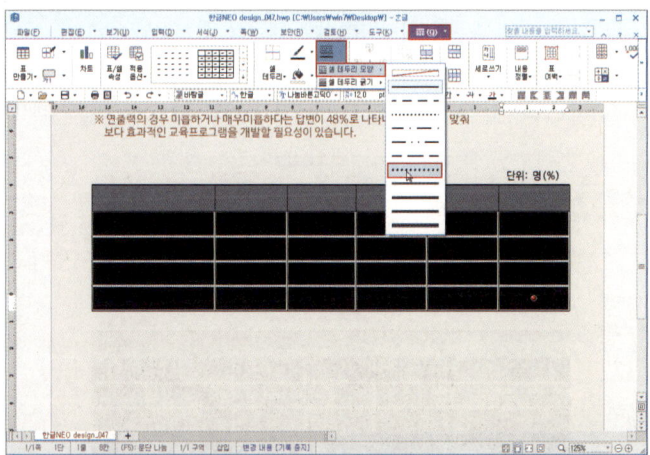

Tip & Tech 디자인 미감을 살리기 위해 도표에도 특정 부분에 색상을 배색하거나 셀 테두리 모양에 변화를 주는 것이 좋습니다. 단, 과유불급입니다. 지나치게 치장하다 보면 오히려 평범한 도표보다 못할 수가 있습니다.

12 중간 테두리 점선으로 변경하기

01 셀 테두리 색상을 선택합니다.
- [표] 탭-[셀 테두리 색]-[다른 색]-[테두리 색] : 검정

02 원형 점선의 굵기를 설정합니다.
- [셀 테두리/배경]-[굵기] : 0.2mm

03 [안쪽 가로]를 선택하여 셀 테두리 색상과 굵기를 변경합니다.
- [셀 테두리]-[안쪽 가로]

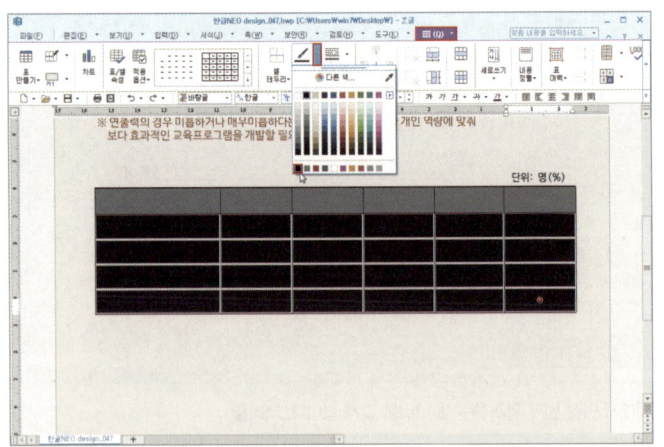 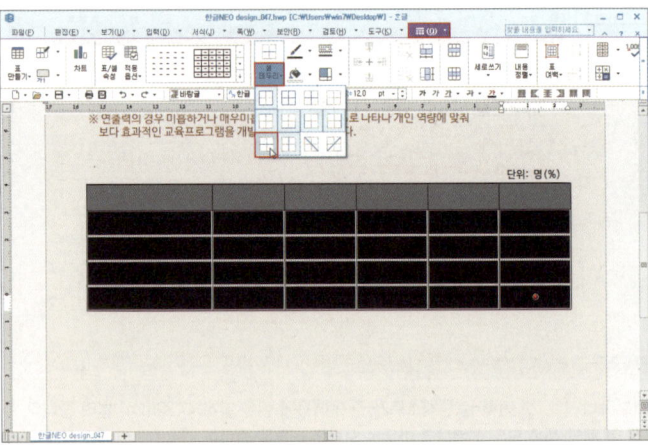

Tip & Tech 과정 10~11까지 지정한 셀 테두리 모양이나 색상, 굵기 등은 [셀 테두리]에 있는 [안쪽 가로] 아이콘을 클릭해야 변경됩니다. 표 윗부분 가로 라인(실선/0.4mm)과 표 아랫부분 가로 라인(실선/0.2mm)도 같은 방식으로 변경합니다.

13 세로 테두리 색상 배색하기

01 세로 테두리 색을 바꾸기 위해 셀 전체를 드래그하여 선택합니다.

02 셀 테두리 색상을 선택합니다.
- [표] 탭-[셀 테두리 색]-[다른 색]-[테두리 색] : 흰색

03 [셀 테두리]에 있는 해당 아이콘을 선택하여 셀 테두리 색상을 변경합니다.
- [셀 테두리]를 클릭하고 [왼쪽]/[오른쪽]/[안쪽 세로] 아이콘을 선택

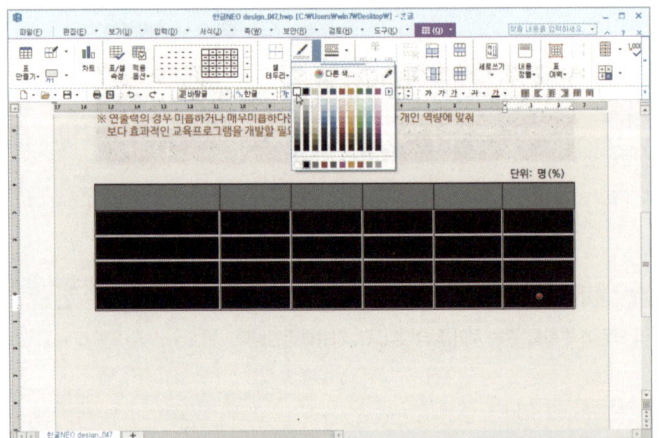 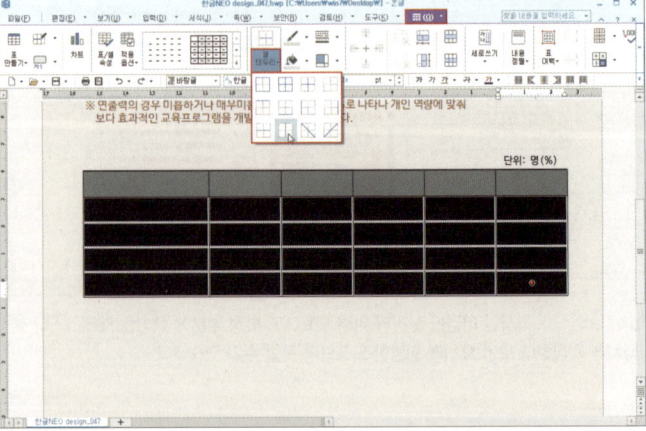

Tip & Tech 세로 줄이 한 번에 변경되지 않기 때문에 [왼쪽]/[오른쪽]/[안쪽 세로] 아이콘을 각각 선택하여 색상을 변경합니다.

14 윗부분 항목에 텍스트 넣기

01 도표에 항목 텍스트를 입력합니다.
- 나눔바른고딕OTF, 13pt, 가운데 정렬

02 글자 색을 흰색으로 지정합니다.

03 [서식] 탭–[글자 모양]을 클릭하여 [글자 모양] 대화상자(Alt+L)를 열고 텍스트를 보다 짜임새 있게 만듭니다.
- [기본] 자간 : 0%, 장평 : 100%
- [확장] 기타 : [글꼴에 어울리는 빈칸] 체크

04 안쪽 여백을 지정합니다.
- [표/셀 속성]–[표] 탭–[모든 셀의 안 여백]–[위쪽] : 3.00mm

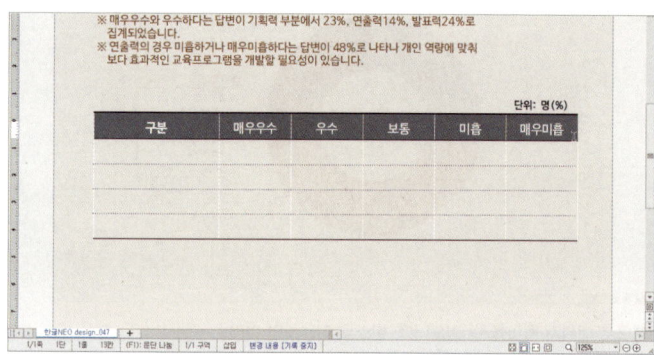 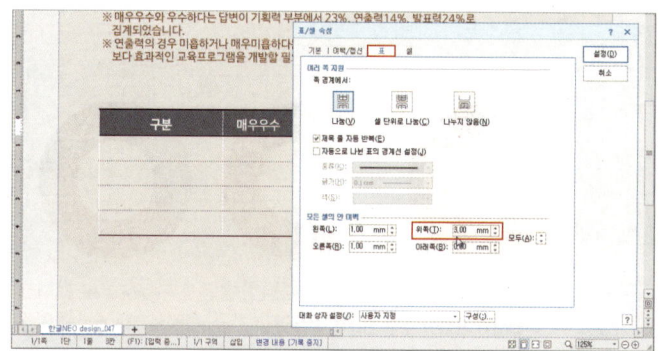

Tip & Tech [표]에서 전체 셀에 일괄적으로 안쪽 여백을 지정할 수도 있지만 [셀]에서 해당 셀만 안쪽 여백을 지정할 수도 있습니다.

15 도표에 세부 내용 텍스트 넣기

01 왼쪽 항목 텍스트를 입력합니다.
- 나눔바른고딕OTF, 12pt, 왼쪽 정렬, 주황(R235 G127 B18)

02 두 번째에서 여섯 번째 열까지 텍스트를 입력합니다.
- 나눔바른고딕OTF, 12pt, 가운데 정렬, 회색(R77 G77 B77)

03 두 번째에서 다섯 번째 행까지의 셀을 모두 선택한 다음 안쪽 여백을 지정합니다.
- [표/셀 속성]–[표]–[모든 셀의 안 여백]
- 왼쪽 : 1.00mm, 오른쪽 : 1.00mm, 위쪽 : 3.00mm

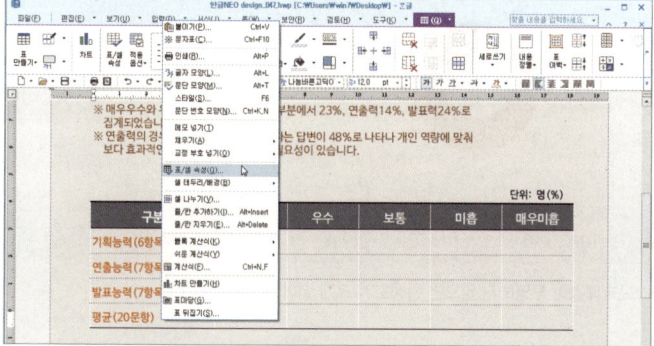 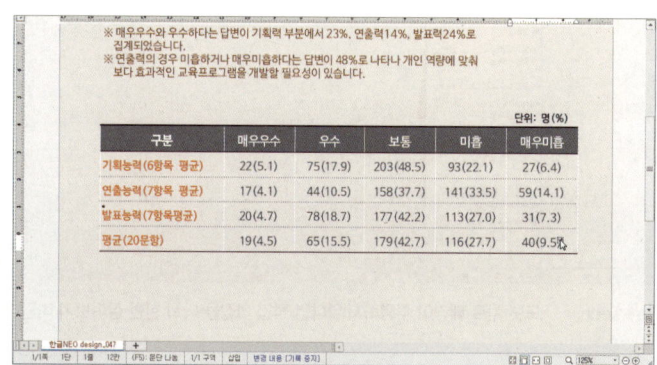

Tip & Tech 왼쪽을 '1.00mm'로 설정하지 않으면 텍스트가 왼쪽 테두리에 붙게 되고 위쪽을 '3.00mm'로 설정하지 않으면 위쪽으로 붙게 됩니다.

16 한셀에서 도넛 차트 복사하여 한쇼로 불러오기

01 한셀을 실행합니다. 작성한 도넛형 차트 파일을 열고 첫 번째 도넛 차트를 복사(Ctrl+C)합니다.
- Part 03\22\도넛형 차트.cell

02 한쇼를 실행하고 새 문서를 클릭합니다.

03 슬라이드에 한셀에서 복사한 도넛 차트를 붙입니다(Ctrl+V).

04 한글로 보내기 위해 도넛 차트를 선택하고 복사(Ctrl+C)합니다.

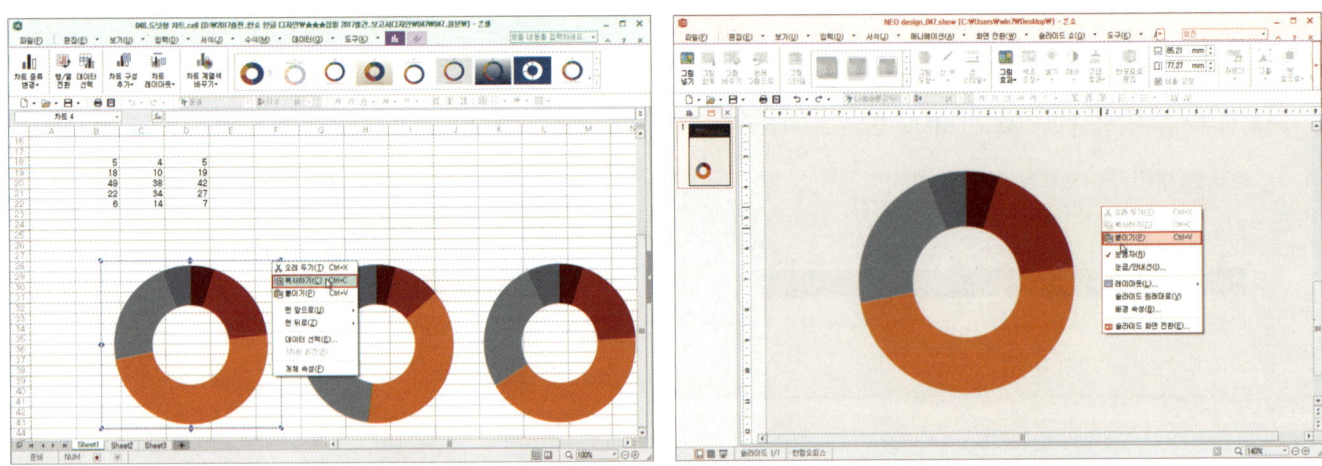

Tip & Tech 한셀에서 복사한 도넛 차트를 한글에 바로 붙여넣으면 도넛 구멍과 배경이 흰색으로 메워져 들어올 수 있습니다. 한쇼를 이용하면 이러한 문제를 해결할 수 있습니다.

17 도넛 차트를 한글에 붙여넣기

01 한쇼에서 복사(Ctrl+C)한 도넛 차트를 한글에 붙여넣기(Ctrl+V)합니다.

02 도넛 차트의 크기를 조절합니다.
- 너비 : 60.11mm, 높이 : 60.11mm

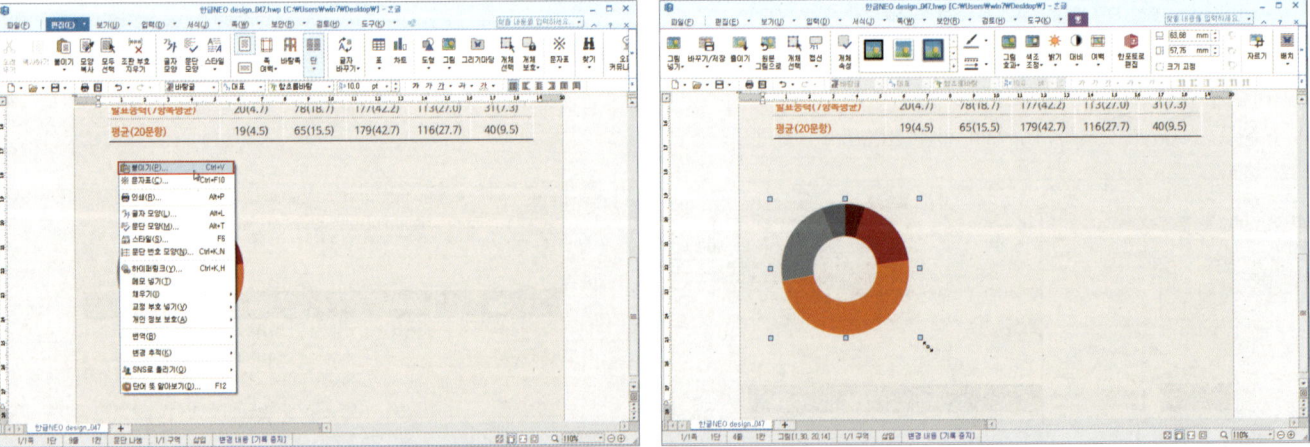

Tip & Tech 도넛 차트 배경이 투명하지 않다면 작업 과정을 다시 한번 살펴보기 바랍니다. 도넛 배경이 투명하지 않으면 완성도가 크게 떨어집니다.

18 구분선 만들고 원호 선택하기

01 직선을 이용하여 진한 빨간색과 빨간색 경계선에 구분선을 만듭니다.
   • [입력] 탭-[도형]-[그리기 개체]-[직선]
02 파이 경계선에 맞춰 5mm 정도로 짧게 긋습니다.
   • 선 굵기 : 0.12mm, 검정
03 파이 각도에 맞춰 라인의 각도를 조절합니다.
04 [입력] 탭-도형에서 [그리기 개체]-[호]를 선택합니다.

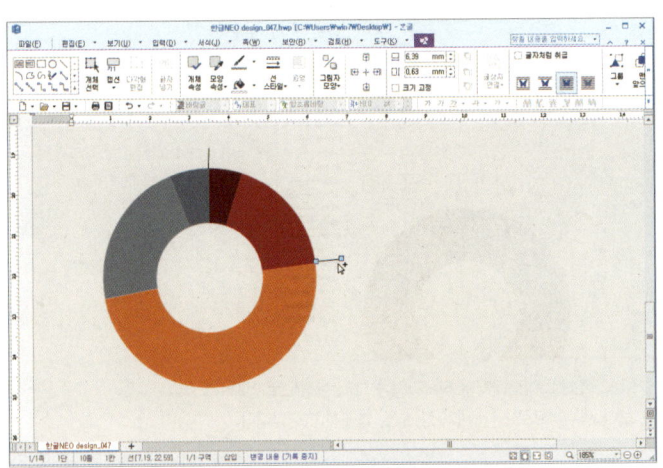 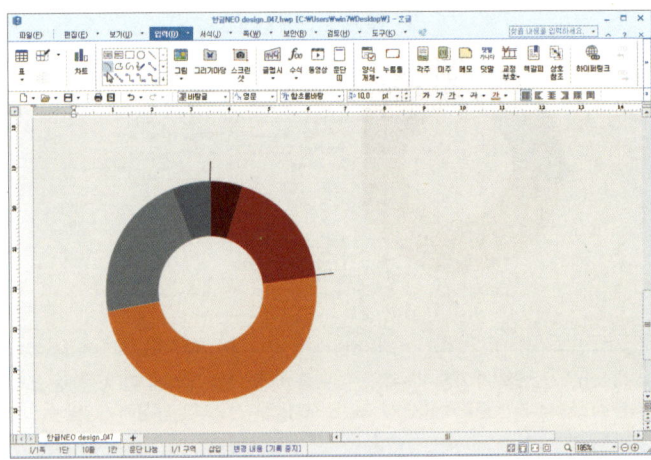

Tip&Tech 미세한 작업은 화면을 200% 정도 크게 확대하는 것이 좋습니다.

19 원호 크기 조절하기

01 '원호'를 드래그하여 그립니다.
02 색상을 제거하고 원호 양쪽에 있는 조절점을 돌려 그림과 같은 모양으로 만듭니다.
   • 너비 : 60.11mm, 높이 : 60.11mm
03 도넛 차트와 원호를 포개 놓고 상하좌우 여백을 점검합니다.

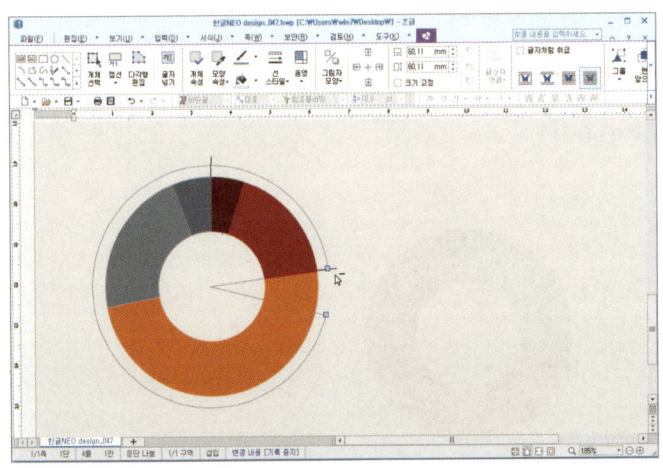 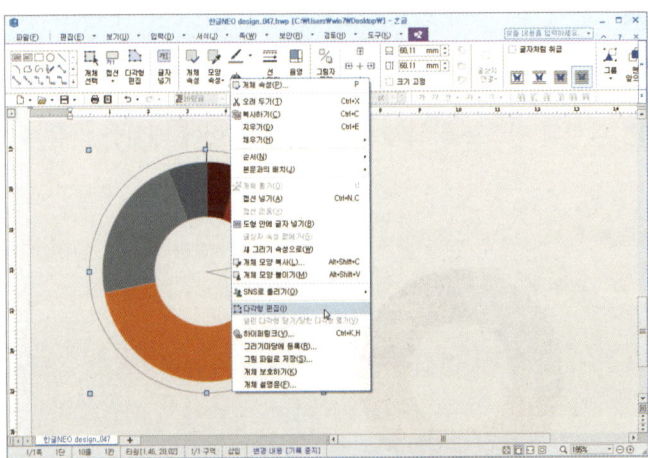

Tip&Tech 원호를 그림과 같이 연꽃잎처럼 만들려면 원호를 선택하고 오른쪽 마우스를 클릭한 다음 [다각형 편집]을 실행합니다. 원호 양쪽에 조절점이 생기는데 이 조절점을 돌려 원호 형태를 만듭니다. 원호를 연꽃잎 모양으로 만드는 이유는 도넛 차트에 원호를 포개 놓았을 때 상하좌우의 여백을 맞추기 위해서 입니다.

20 원호에 화살표 적용하기

01 연꽃잎 모양의 원호를 구분선에 맞춰 그림과 같이 부채꼴 모양으로 돌려 줍니다.

02 부채꼴 모양에서 원호 라인만 남기기 위해 [호]를 선택합니다.
- [개체 속성]–[선] 탭–[호 테두리]–[호]

03 [개체 속성] 대화상자에서 선의 색, 굵기, 화살표 모양 등을 정합니다.
- 선 색 : 회색(R153 G153 B153), 선 종류 : 둥근 점선, 선 굵기 : 0.60mm
- [화살표] 시작 모양/끝 모양 : 화살표, 시작 크기/끝 크기 : 작은 폭 작은 높이

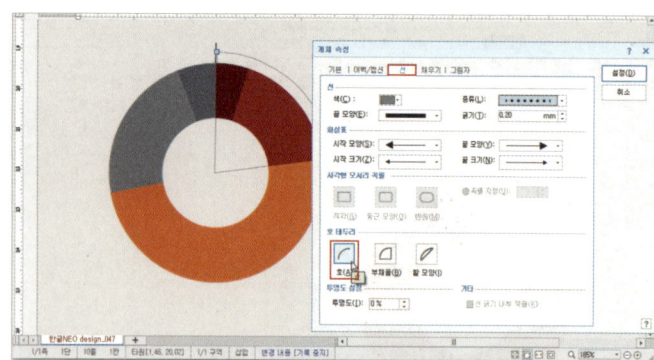 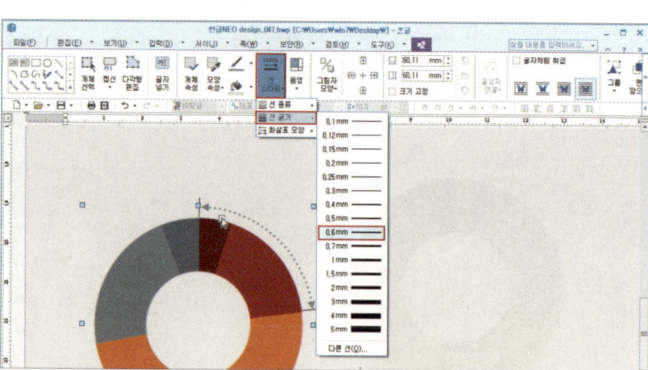

Tip & Tech 초급자가 가장 어려워하는 부분 중 하나가 원호 작업입니다. 처음에는 조작하기가 까다롭지만 익숙해지면 직사각형을 그리는 정도로 쉽게 조작할 수 있습니다. 선 종류와 굵기, 선 모양은 [도형] 탭–[선 스타일]을 통해 변경할 수 있습니다. 보다 세부적으로는 [개체 속성]–[선] 탭에서 변경합니다.

21 파이 각각에 텍스트 배치하기

01 연꽃잎 모양의 원호를 구분선에 맞춰 그림과 같이 부채꼴 모양으로 돌려 줍니다.
- Arial, 12pt/7pt

02 [서식] 탭–[글자 모양]을 클릭하여 [글자 모양] 대화상자(Alt+L)를 열고 글자 색을 흰색으로 지정합니다.

03 [개체 속성] 대화상자에서 배경 색과 선 색을 제거합니다.
- [개체 속성]–[선] 탭–[종류] : 선 없음, [개체 속성]–[채우기] 탭–[색 채우기 없음]

04 [서식] 탭–[글자 모양]을 클릭하여 [글자 모양] 대화상자를 열고 텍스트를 보다 짜임새 있게 만듭니다.
- [기본] 자간 : 0%, 장평 : 100%
- [확장] 기타 : [글꼴에 어울리는 빈칸] 체크

05 완성된 텍스트를 복제하여 각각의 파이에 배치한 다음 숫자를 바꿉니다.

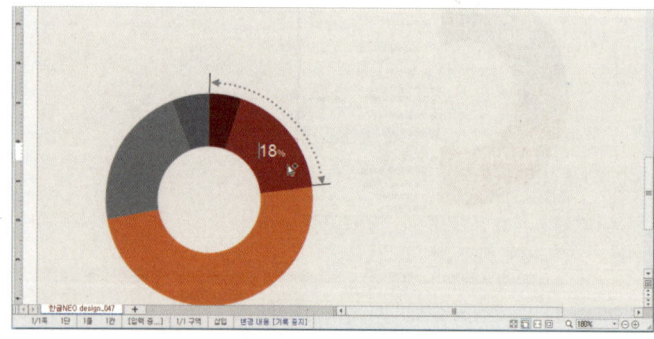 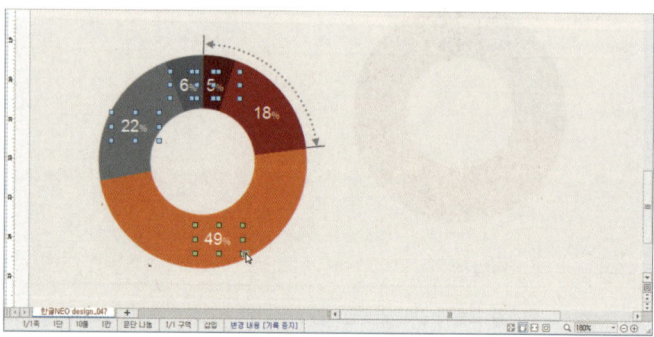

Tip & Tech 디자인 관점에서 숫자는 크게, %는 작게 표현하는 것이 세련되어 보입니다.

22 23% 텍스트 디자인하기

01 [입력] 탭–[가로 글상자]를 클릭하고 '23%'를 입력합니다.
- Arial, 29pt(진하게)/23pt

02 [서식] 탭–[글자 모양]을 클릭하여 [글자 모양] 대화상자(Alt+L)를 열고 글자 색을 다홍(R255 G85 B85)으로 지정합니다.

03 [개체 속성] 대화상자에서 배경 색과 선 색을 제거합니다.
- [개체 속성]–[선] 탭–[종류] : 선 없음, [개체 속성]–[채우기] 탭–[색 채우기 없음]

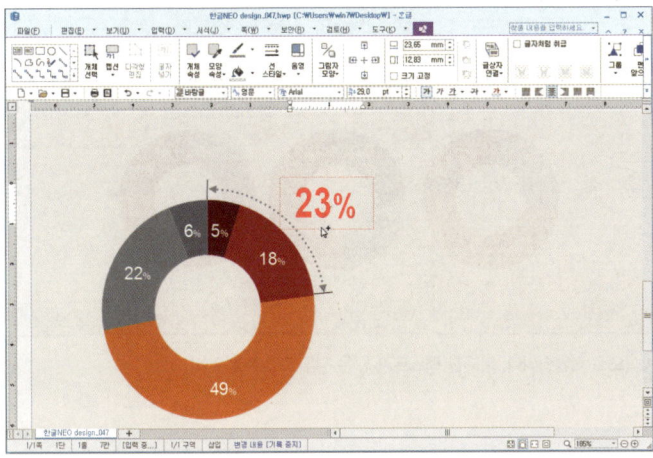

23 23% 텍스트 짜임새 있게 만들기

[서식] 탭–[글자 모양]을 클릭하여 [글자 모양] 대화상자를 열고 텍스트를 보다 짜임새 있게 만듭니다.
- **[기본]** 자간 : –5%, 장평 : 90%
- **[확장]** 기타 : [글꼴에 어울리는 빈칸] 체크

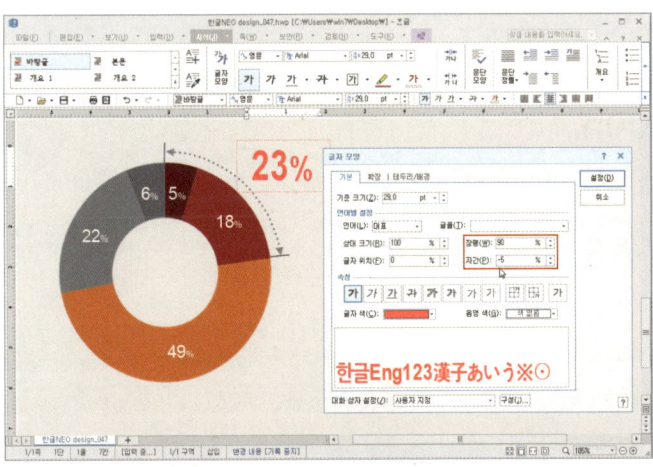

Tip & Tech   강조하고자 하는 숫자는 색상과 장평을 주어 평이하지 않게 표현합니다.

24 도넛 차트 세 개 완성하기

01 과정 16~17과 같은 방식으로 가운데와 오른쪽 도넛 차트를 한쇼에서 복사하여 붙여넣습니다.

02 과정 18~20과 같이 구분선과 원호를 작업합니다.

03 과정 21~23과 같이 텍스트를 편집합니다.

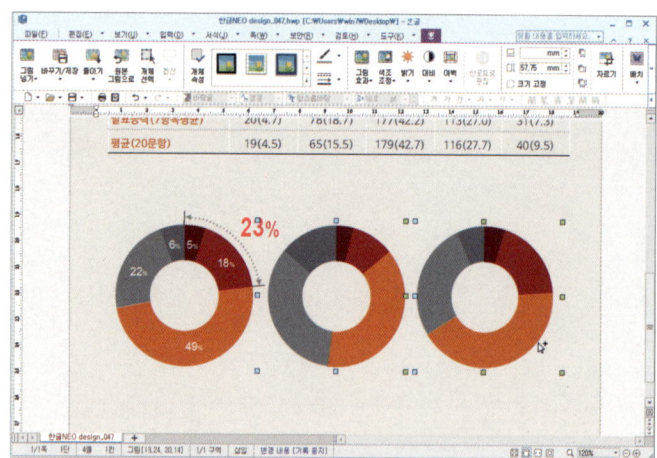 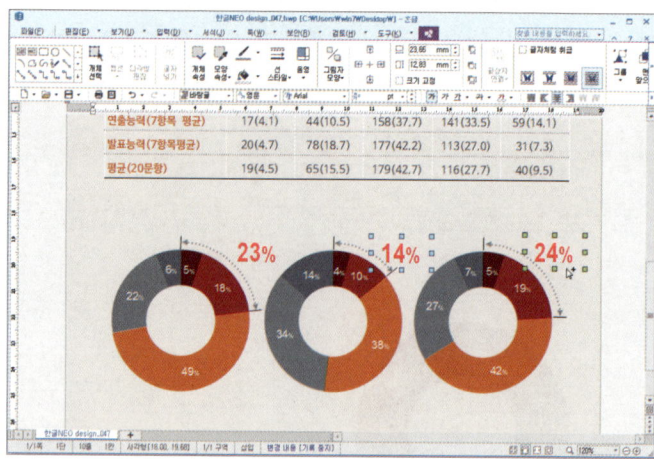

Tip & Tech 동일한 형식의 텍스트는 완성된 텍스트를 복제(Ctrl+D)하여 내용만 바꾸는 방식으로 작업합니다. 복제한 텍스트가 많은 경우 텍스트를 변경할 때 실수가 있을 수 있으므로 주의합니다.
텍스트와 개체가 포개져 있을 경우 [개체 속성]-[기본] 탭-[위치]에서 [본문과의 배치]를 점검합니다.

25 범례 디자인하기

01 세 개의 도넛 차트 아래쪽에 좌우가 둥근 직사각형을 그립니다.
- [입력] 탭-도형에서 [다른 그리기 조각]-[순서도]-[수행 시작/종료]

02 크기를 조절합니다.
- 너비 : 112.55mm, 높이 : 14.53mm

03 색상을 제거하고 선 굵기를 지정한 다음 선 색상을 지정합니다.
- 선 굵기 : 0.4mm, 회색(R153 G153 B153)

04 범례 색상을 만들기 위해 정사각형을 그려 그림과 같이 배치합니다.
- [입력] 탭-도형에서 [직사각형]
- 너비 : 4.28mm, 높이 : 4.28mm

05 [채우기]-[색 골라내기] 기능을 이용하여 다섯 개의 파이 색상을 정사각형에 채워 넣습니다.

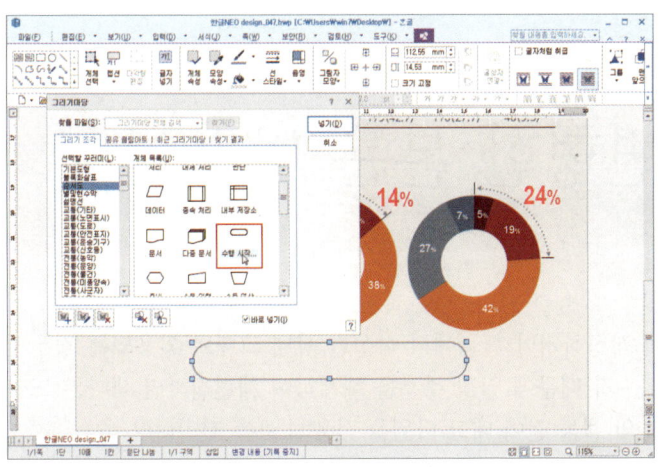 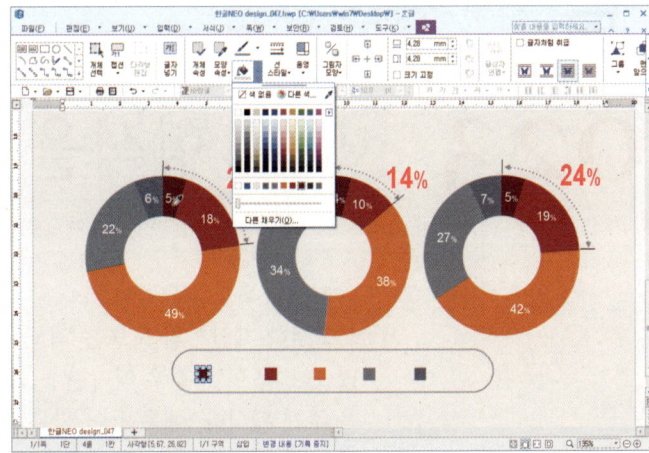

Tip&Tech 색 골라내기(스포이트) 기능은 정확하게 색상을 복사할 수 있어 매우 유용합니다. 좌우가 둥근 직사각형은 본문과의 배치를 [글 뒤로] 지정합니다.

26 범례 색상과 텍스트 편집하기

01 [입력] 탭–[가로 글상자]을 클릭하고 글상자를 통해 범례 텍스트를 각각 입력합니다.
- 나눔바른고딕OTF, 왼쪽 정렬

02 [서식] 탭–[글자 모양]을 클릭하여 [글자 모양] 대화상자(Alt + L)를 열고 글자 색을 검정으로 지정합니다.

03 [개체 속성] 대화상자에서 배경 색과 선 색을 제거합니다.
- [개체 속성]–[선] 탭–[종류] : 선 없음, [개체 속성]–[채우기] 탭–[색 채우기 없음]

04 [서식] 탭–[글자 모양]을 클릭하여 [글자 모양] 대화상자를 열고 텍스트를 보다 짜임새 있게 만듭니다.
- [기본] 자간 : 0%, 장평 : 100%
- [확장] 기타 : [글꼴에 어울리는 빈칸] 체크

05 본문과의 배치를 점검합니다.

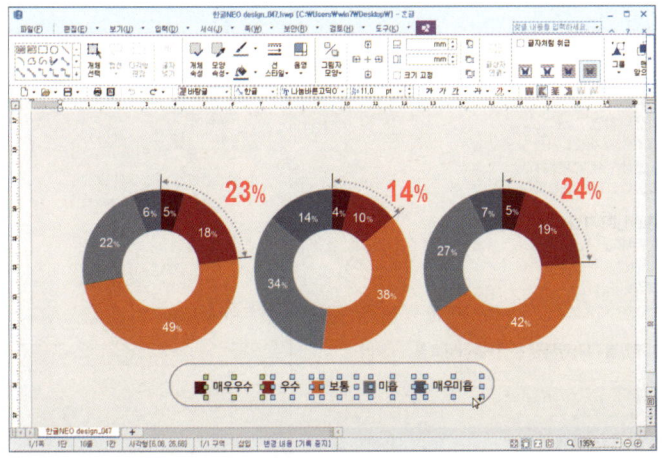 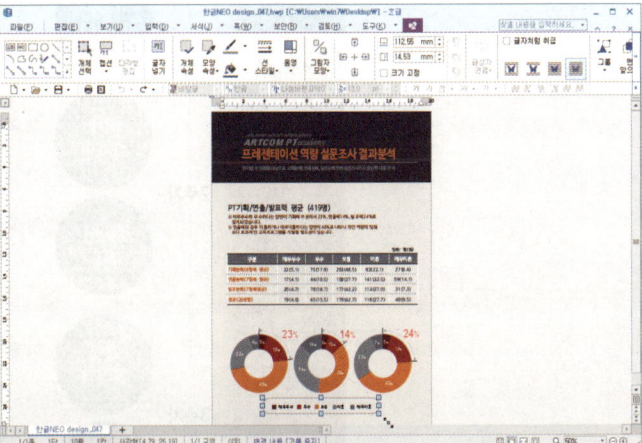

Tip&Tech 텍스트와 개체가 포개져 있을 경우 [개체 속성]–[기본] 탭–[위치]에서 [본문과의 배치]를 점검합니다.

023 도표 형식을 변형한 본문 디자인

보고서나 제안서의 도표는 엑셀에서 작성하거나 한글에서 작성한 상태 그대로 활용되는 경우가 많습니다. 이런 경우 딱딱한 느낌을 주기 때문에 일정 부분을 해체하여 재편집하면 색다른 느낌을 주게 됩니다. 예를 들어 항목 부분의 셀을 걷어 내고 타원을 적용해 보는 것입니다.

타원 외에 모서리가 둥근 사각형, 사리리꼴 도형, 블록 화살표, 설명선 등도 항목에 적용하면 효과적입니다.

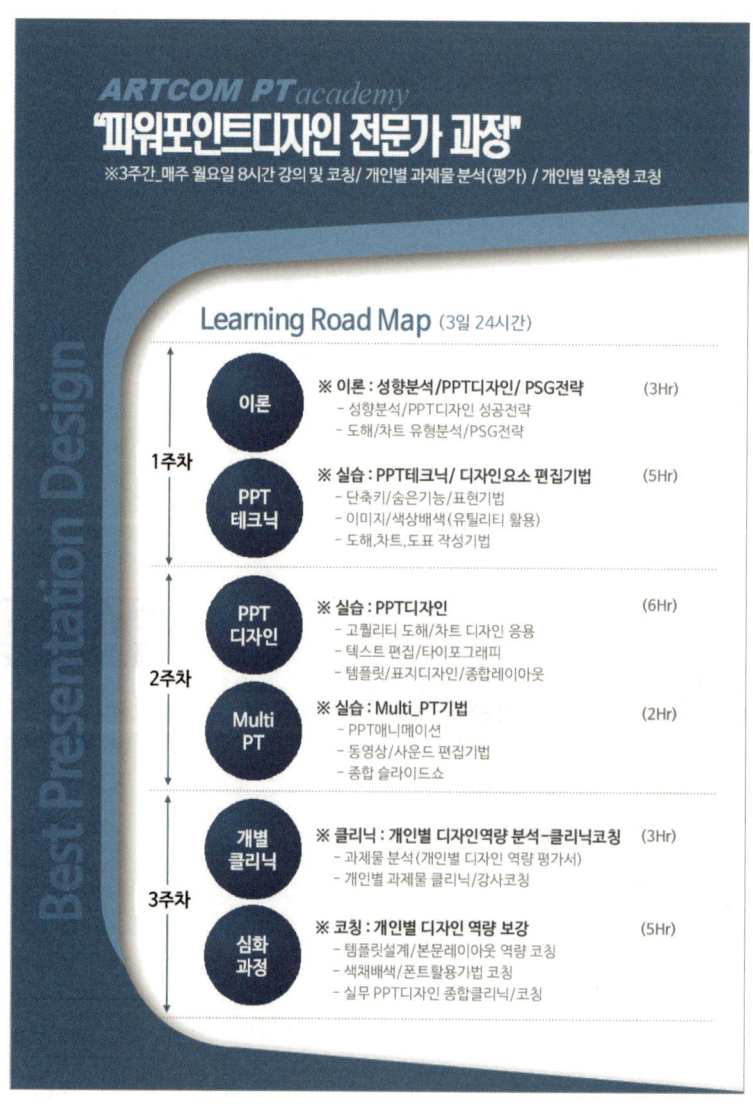

|난이도| ★★★★☆ |예제 폴더| Part 03\23 |완성 파일| Part 03\23\완성\한글NEO design_023.hwp
|과정 파일| Part 03\23\완성\한쇼NEO design_023_16단계.show
|색상 베리에이션| Part 03\23\완성\한쇼NEO design_023_4컬러.show
|인터넷으로 보기| http://cafe.naver.com/artcomptacademy/2211

디자인 포인트

이번 예제에서 주목해야 할 디자인은 타원을 이용하여 도표를 표현하는 것입니다. 타원 디자인은 PNG 형식으로 한쇼에서 만들어 불러들이는 방식과 한글에서 직접 제작하는 방식이 있습니다. 한글에서 만든 타원은 [도형 안에 글자 넣기]로 텍스트를 편집할 수 있어 한층 편리합니다.

4컬러 베리에이션

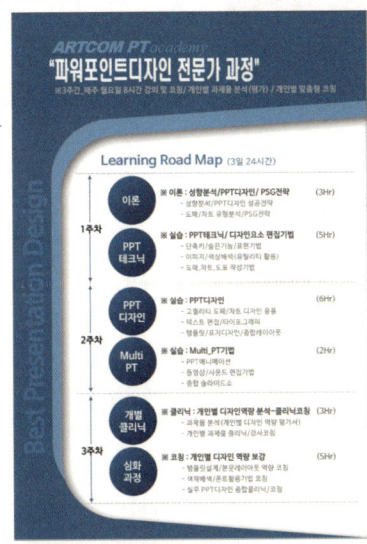
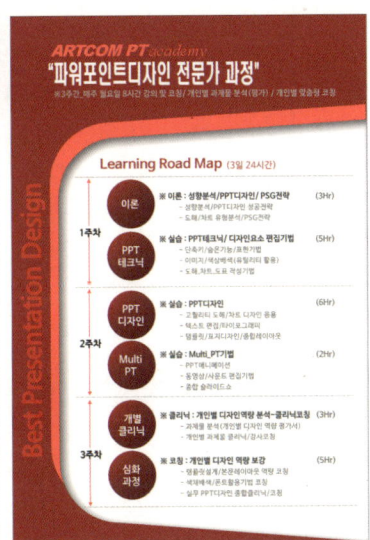
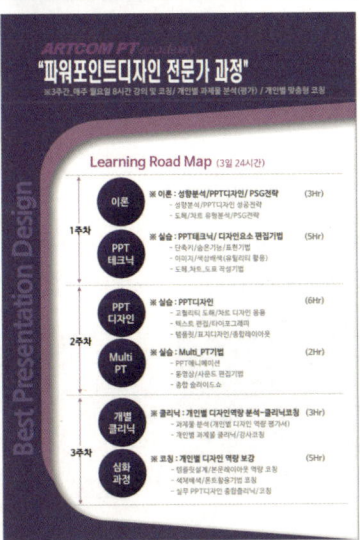
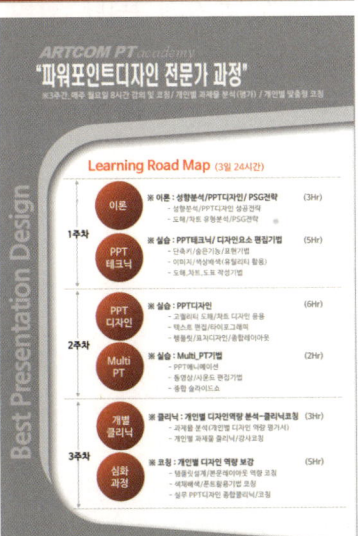

01 한쇼 NEO에서 양쪽 모서리가 둥근 사각형 만들기

01 한쇼 NEO를 실행합니다.

※ 용지 종류는 [A4 용지], 슬라이드 방향은 [세로]입니다. 용지는 [서식] 탭-[슬라이드 크기]-[쪽 설정]에서 설정합니다.

02 [입력] 탭 - 도형에서 [자세히] 버튼을 클릭하고 [사각형] - [양쪽 모서리가 둥근 사각형]을 선택합니다.

03 드래그하여 양쪽 모서리가 둥근 사각형을 그리고 선을 제거합니다.

04 왼쪽으로 90도 회전하고 크기를 조절합니다.
- [도형] 탭-[회전]-[왼쪽으로 90도 회전]
- 너비 : 198.02mm, 높이 : 169.73mm

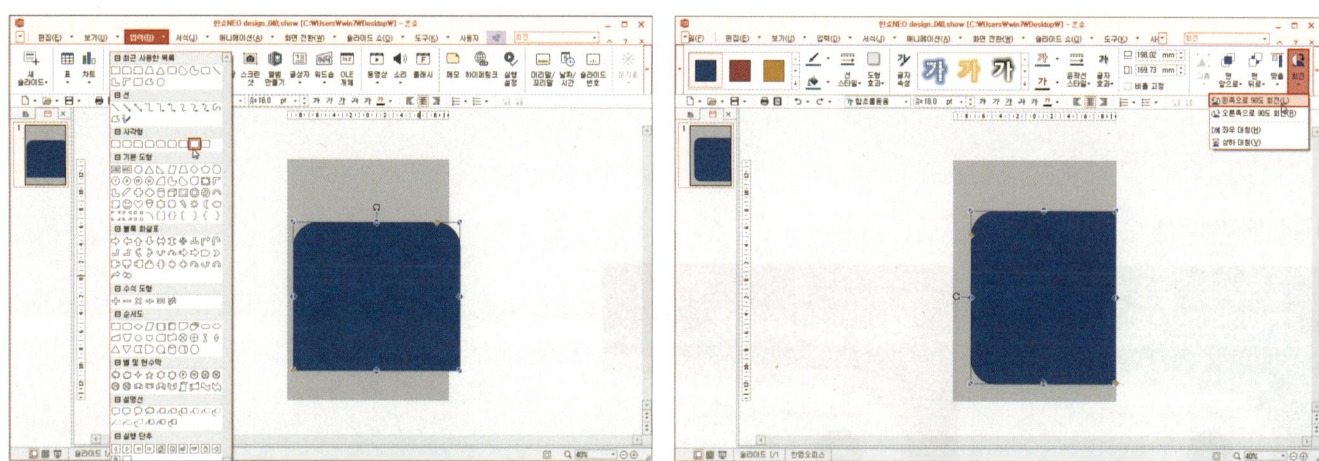

Tip & Tech   회전 핸들 기능을 활용하여 회전할 때 Shift 키를 누른 상태에서 시계 반대 방향으로 돌립니다.

02 양쪽 둥근 모서리 사각형 변형하기

01 점 편집 작업을 위해 수평으로 두 개의 수평 라인을 긋습니다.

02 마우스 오른쪽 버튼을 클릭하고 [점 편집]을 선택합니다.

03 오른쪽 윗부분 점을 클릭하고 9mm 정도 위쪽으로 이동시켜 줍니다.

04 오른쪽 아랫부분 점을 클릭하고 03과 같이 9mm 정도 아래쪽으로 이동합니다.

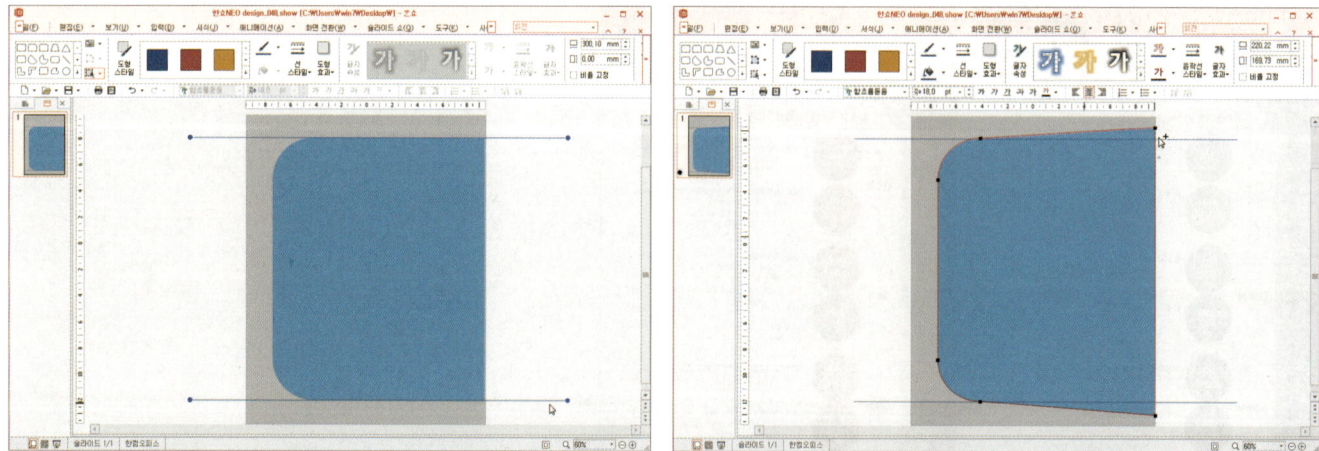

Tip & Tech   초급자는 점 편집이 쉽지 않은 작업입니다. 숙련되면 매우 쉬운 작업이기 때문에 간단한 도형부터 연습할 필요가 있습니다.

03 흰색 둥근 모서리 사각형 편집하기

01 과정 02에서 완성된 둥근 모서리 사각형을 복제(Ctrl+D)합니다.

02 복제한 도형을 과정 02의 둥근 모서리 사각형과 8.5mm 정도 어긋나게 배치합니다.

03 복제한 도형 색상은 흰색으로 지정합니다.

04 마우스 오른쪽 버튼으로 클릭하고 [점 편집]을 선택한 다음 오른쪽 슬라이드 바깥쪽에 나온 부분을 그림과 같이 정리합니다.

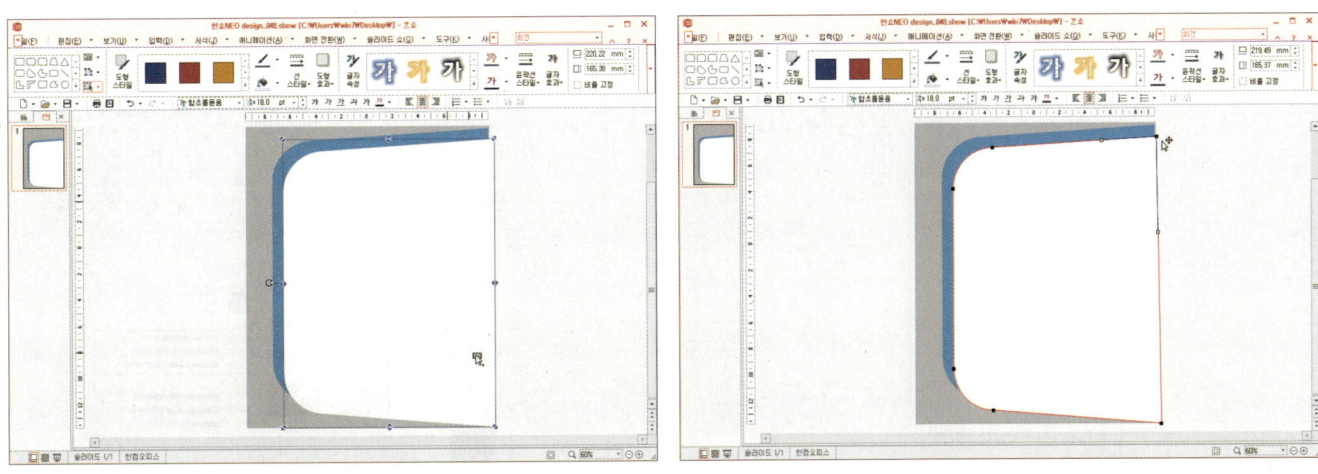

Tip&Tech 오른쪽 두 개의 점을 이용하여 점 편집을 할 때 슬라이드 라인과 일치되도록 정확하게 작업합니다. 한 개의 점이 이동되는 과정에서 주변 형태가 변형될 수 있으므로 전체를 보면서 작업합니다.

04 그림자 효과 넣고 저장하기

01 흰색 도형에 그림자 효과를 적용합니다.
- [개체 속성]-[그림자] 탭-[대각선 왼쪽 위]
- 색 : 검정색, 투명도 : 50%, 흐리게 : 10pt, 거리 : 8pt, 각도 : 225°

02 완성된 육각형을 '둥근 모서리 BG'이라는 이름의 PNG 파일로 저장합니다.

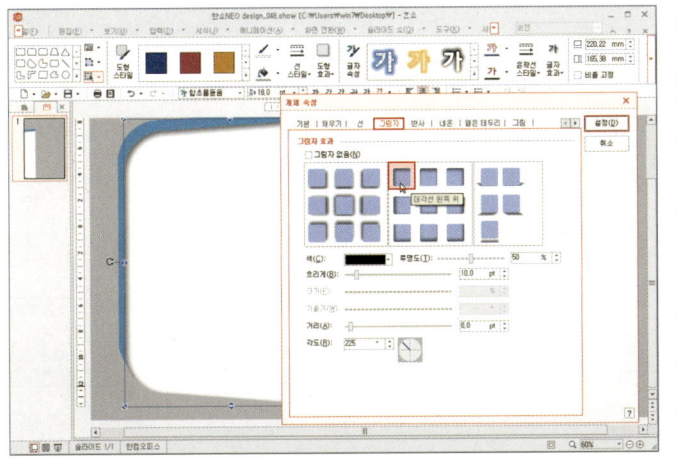 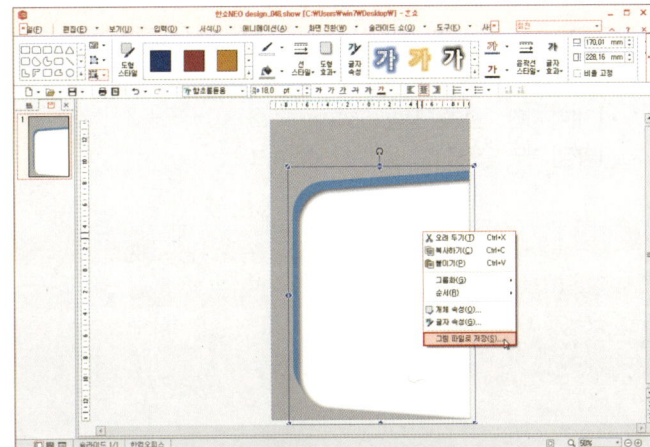

Tip&Tech 여러 개의 도형을 선택하여 그림으로 저장할 때 그룹으로 묶어(Ctrl+G) 저장하는 것이 좋습니다. 그룹으로 묶지 않을 경우 일부가 누락되는 경우가 종종 있습니다.
반드시 PNG 형식으로 저장해야 도형의 여백 부분이 투명하게 저장됩니다.

05 한글 NEO에서 편집 용지와 배경 설정하기

01 한글 NEO를 실행합니다.

02 F7 키를 눌러 편집 용지를 설정합니다.
- 용지 종류 : A4(국배판) [210×297mm], 용지 방향 : 세로, 제본 : 한쪽
- 용지 여백 : 위쪽(10.0mm), 머리말(0.0mm), 왼쪽(10.0mm), 오른쪽(10.0mm), 꼬리말(0.0mm), 아래쪽(10.0mm)

03 배경을 진한 파랑(R32 G117 B156)으로 지정합니다.
- [쪽] 탭 – [쪽 테두리/배경] – [배경] 탭 – [채우기] – [색] – [면 색]

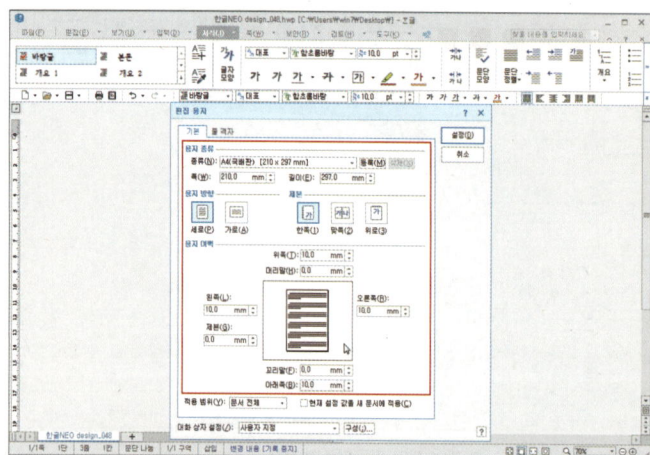 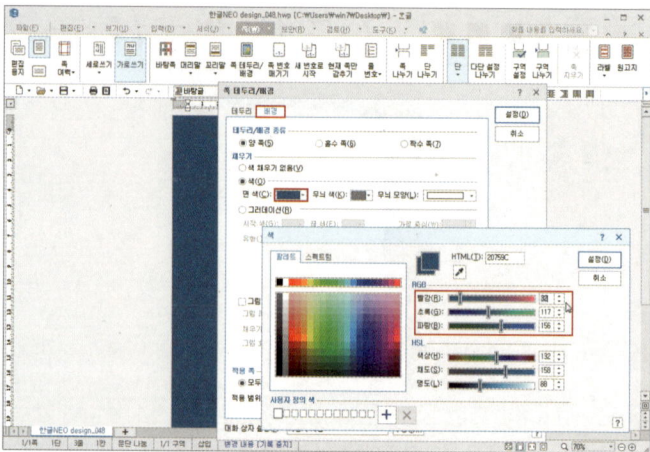

Tip & Tech 용지 배경은 이미지를 적용하는 방식과 배경색으로 배색하는 방식이 있습니다. 배경색은 텍스트와 디자인 요소 등에 많은 영향이 있으므로 신중하게 결정해야 합니다.

06 메인 타이틀 편집하기

01 [입력] 탭 – 도형에서 [가로 글상자]를 클릭하고 '파워포인트디자인 전문가 과정'을 입력합니다.
- HY헤드라인M, 36pt, 진하게, 가운데 정렬

02 [서식] 탭이나 [글자 모양] 대화상자(Alt + L)에서 글자 색을 흰색으로 지정합니다.

03 [개체 속성] 대화상자에서 배경 색과 선 색을 제거합니다.
- [개체 속성] – [선] 탭 – [종류] : 선 없음, [개체 속성] – [채우기] 탭 – [색 채우기 없음]

04 [서식] 탭 – [글자 모양]을 클릭하여 [글자 모양] 대화상자를 열고 텍스트를 보다 짜임새 있게 만듭니다.
- [기본] 자간 : -10%, 장평 : 75%
- [확장] 기타 : [글꼴에 어울리는 빈칸] 체크

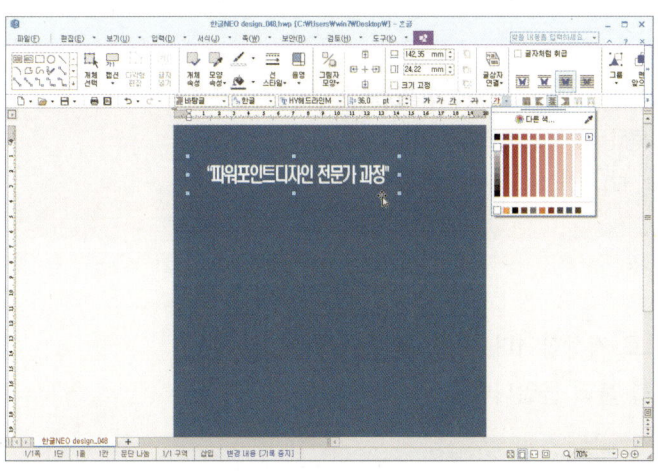
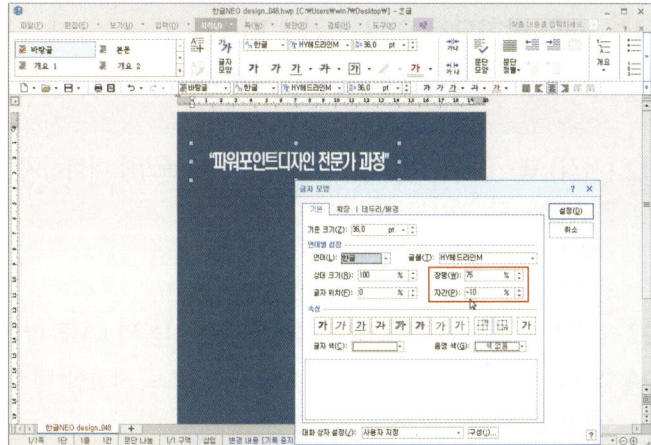

Tip & Tech   배경색이 어두울 때 타이틀은 최대 밝게 배색하는 것이 가독성 측면에서 좋습니다.

07 위아래 서브 텍스트 편집하기

01 [입력] 탭 - 도형에서 [가로 글상자]를 클릭하고 타이틀 아랫부분에 한글 텍스트를 입력합니다.
- 나눔바른고딕OTF, 13pt, 흰색, 왼쪽 정렬

02 [서식] 탭 - [글자 모양]을 클릭하여 [글자 모양] 대화상자(Alt+L)를 열고 텍스트를 보다 짜임새 있게 만듭니다.
- [기본] 자간 : -2%, 장평 : 100%
- [확장] 기타 : [글꼴에 어울리는 빈칸] 체크

03 [입력] 탭 도형에서 [가로 글상자]를 클릭하고 타이틀 윗부분 영문 텍스트를 각각 입력합니다.
- ARTCOM PT : Arial Black, 24pt, 기울임
- academy : Times New Roman, 26pt, 기울임
- 글자 색 : 연한 파랑(R102 G175 B216)

04 [서식] 탭 - [글자 모양]을 클릭하여 [글자 모양] 대화상자를 열고 텍스트를 보다 짜임새 있게 만듭니다.
- [ARTCOM PT] 자간 : 0%, 장평 : 100%
- [academy] 자간 : 0%, 장평 : 100%
- [확장] 기타 : [글꼴에 어울리는 빈칸] 체크

Tip & Tech   글상자에 텍스트를 입력한 다음 [개체 속성](P), [글자 모양](Alt+L), [문단 모양](Alt+T) 대화상자는 항상 열어서 설정합니다.

08 세로 방향으로 영문 키워드 편집하기

01 [입력] 탭 – 도형에서 [가로 글상자]를 클릭하고 세로 방향으로 회전할 텍스트를 입력합니다.
- Best Presentation Design : 나눔고딕OTF ExtraBold, 41pt, 진하게, 파랑(R48 G140 B189)

02 [서식] 탭 – [글자 모양]을 클릭하여 [글자 모양] 대화상자(Alt+L)를 열고 텍스트를 보다 짜임새 있게 만듭니다.
- 자간 : -2%, 장평 : 95%
- [확장] 기타 : [글꼴에 어울리는 빈칸] 체크

03 입력한 텍스트를 '세로 영문 텍스트'라는 이름의 EMF 형식으로 저장합니다.

04 [입력] 탭 – [그림]을 클릭하고 EMF 형식으로 저장한 텍스트를 불러 들입니다.
- Part 03\23\세로 영문 텍스트.emf

05 텍스트 이미지를 왼쪽으로 회전하여 왼쪽에 배치합니다.
- [도형] 탭 – [회전] – [왼쪽으로 90도 회전]
- 너비 : 15.57mm, 높이 : 160.51mm

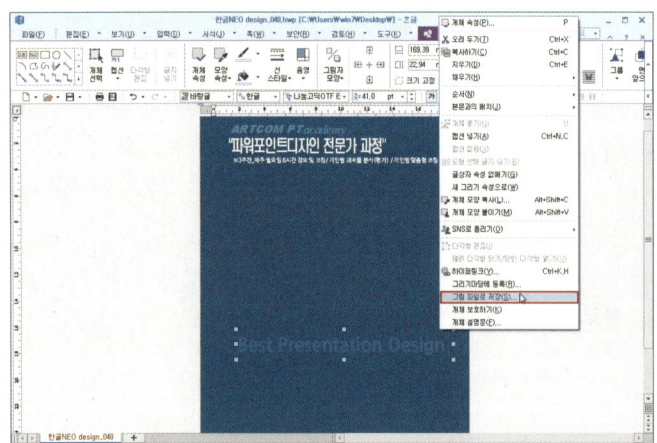 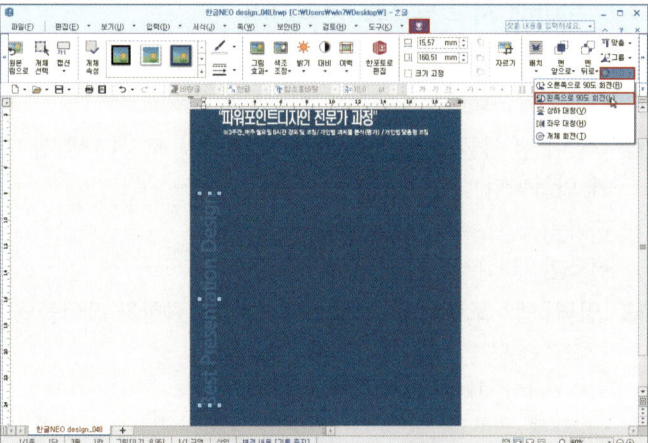

Tip & Tech 한글에서 작성한 텍스트를 그림으로 저장할 때 PNG 형식이 아닌 EMF 형식으로 저장해야 텍스트 배경이 투명해집니다.

09 둥근 모서리 배경 불러와 배치하기

01 [입력] 탭 – [그림]을 클릭하고 '둥근 모서리 BG' 이미지를 선택한 다음 대각선 방향으로 드래그합니다.
- Part 03\23\둥근 모서리 BG.png

02 '둥근 모서리 BG' 이미지 오른쪽을 자르기 기능을 이용하여 트리밍합니다.

03 크기를 조절하고 용지 오른쪽에 배치합니다.
- 너비 : 184.83mm, 높이 : 247.44mm

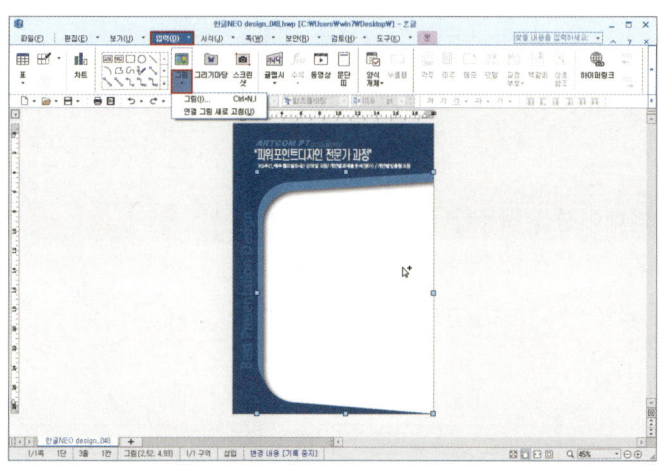

Tip & Tech   여러 개의 개체를 묶어 PNG 형식으로 저장하는 과정에서 미세하게 공간이 생기는 경우가 있는데 [자르기] 기능을 이용하여 깨끗하게 정리해 줍니다.

10 도표 타이틀 편집하기

01 [입력] 탭-도형에서 [가로 글상자]를 클릭하고 '둥근 모서리 BG' 윗부분에 'Learning Road Map'을 입력합니다.

- 나눔바른고딕OTF, 23pt, 파랑(R48 G140 B189)

02 [서식] 탭-[글자 모양]을 클릭하여 [글자 모양] 대화상자(Alt+L)를 열고 텍스트를 보다 짜임새 있게 만듭니다.

- **[기본]** 자간 : -3%, 장평 : 95%
- **[확장]** 기타 : [글꼴에 어울리는 빈칸] 체크

03 '(3일 24시간)'을 입력하여 'Learning Road Map' 옆에 배치합니다.

- 나눔바른고딕OTF, 14pt, 파랑(R48 G140 B189)

04 [서식] 탭-[글자 모양]을 클릭하여 [글자 모양] 대화상자를 열고 텍스트를 보다 짜임새 있게 만듭니다.

- **[기본]** 자간 : 0%, 장평 : 100%
- **[확장]** 기타 : [글꼴에 어울리는 빈칸] 체크

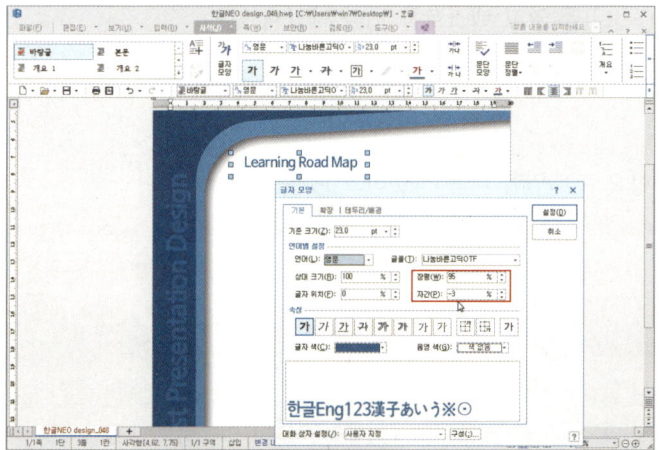
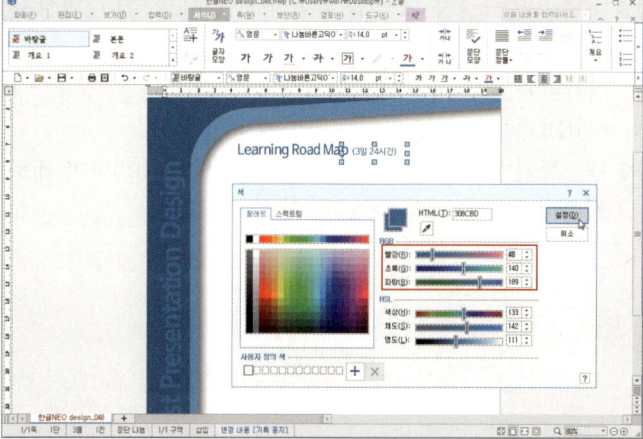

Tip & Tech   글상자를 통해 텍스트를 입력했다면 [개체 속성] 대화상자(P)에서 배경 색과 선 색을 제거합니다.
· [개체 속성]-[선] 탭-[종류] : 선 없음, [개체 속성]-[채우기] 탭-[색 채우기 없음]

11 타원에 그라데이션 효과 적용하기

01 도표 타이틀 아래쪽에 타원을 그립니다.
- [입력] 탭-도형에서 [타원]
- 너비 : 27.80mm, 높이 : 27.80mm

02 [개체 속성] 대화상자(P)에서 선 색은 제거하고 채우기에 그라데이션을 적용합니다.
- [개체 속성]-[채우기] 탭-[그러데이션]-[사용자 정의]
- 시작 색 : 파란색(R14 G109 B152), 끝 색 : 진한 파랑(R8 G71 B100)

03 그라데이션 기울임 및 번짐 정도를 조정합니다.
- 가로 중심 : 25%, 세로 중심 : 25%, 기울임 : 45°, 번짐 정도 : 255, 번짐 중심 : 50

Tip & Tech 한글과 한쇼에서는 '그러데이션'으로 표기하고 파워포인트는 '그라데이션'이라 표기하고 있습니다.

12 타원 안에 텍스트 넣고 배열하기

01 그라데이션이 적용된 타원을 마우스 오른쪽 버튼으로 클릭하고 [도형 안에 글자 넣기]를 실행합니다.

02 [입력] 탭 - 도형에서 [가로 글상자]를 클릭하고 타원에 '이론'을 입력합니다.
- 나눔바른고딕OTF, 15pt, 흰색, 가운데 정렬

03 [서식] 탭 - [글자 모양]을 클릭하여 [글자 모양] 대화상자(Alt+L)를 열고 텍스트를 보다 짜임새 있게 만듭니다.
- [기본] 자간 : 0%, 장평 : 100%
- [확장] 기타 : [글꼴에 어울리는 빈칸] 체크

04 텍스트가 입력된 타원을 다섯 개 복제(Ctrl+D)하여 세로 방향으로 배열한 다음 정렬하고 내용을 변경합니다.

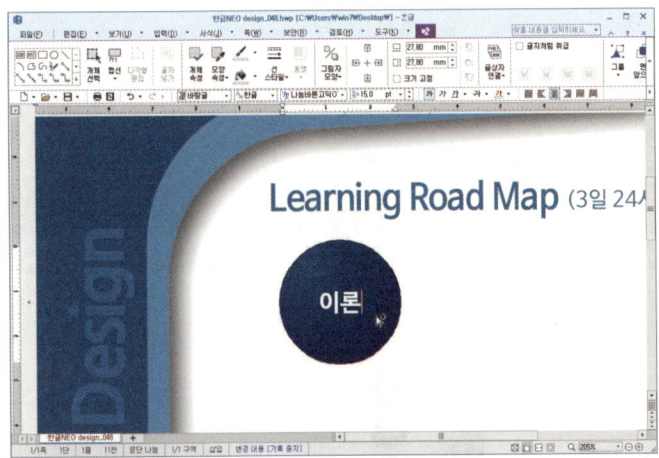
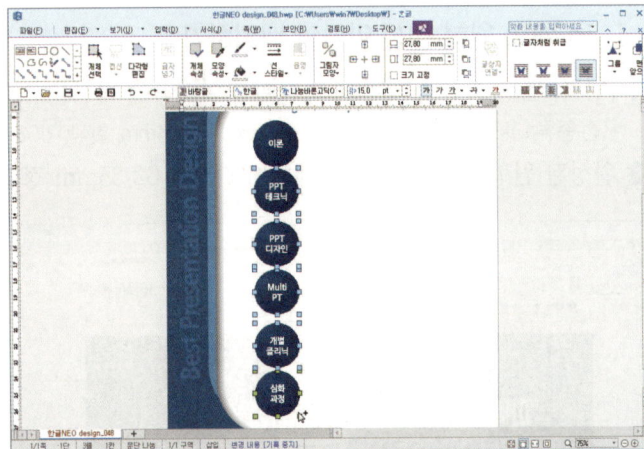

Tip & Tech 타원을 정렬할 때 왼쪽이나 가운데 맞춤을 합니다.
· [도형] 탭 – [맞춤] – [왼쪽 맞춤]/[가운데 맞춤]

13 세부 내용 텍스트 편집하기

01 [입력] 탭 – 도형에서 [가로 글상자]를 클릭하고 타원 옆에 본문을 각각 입력합니다.
- 메인 텍스트 : 나눔바른고딕OTF, 13pt, 진하게, 진한 회색(R77 G77 B77)
- 보조 텍스트 : 나눔바른고딕OTF, 12pt, 회색(R128 G128 B128)

02 문단을 정렬합니다.
- 왼쪽 정렬, 줄 간격 : 140%

03 [서식] 탭 – [글자 모양]을 클릭합니다. [글자 모양] 대화상자(Alt+L)를 열고 텍스트를 보다 짜임새 있게 만듭니다.
- [기본] 자간 : 0%, 장평 : 100%
- [확장] 기타 : [글꼴에 어울리는 빈칸] 체크

04 완성된 텍스트를 다섯 개 복제(Ctrl+D)하여 세로 방향으로 배열하고 정렬한 다음 내용을 변경합니다.

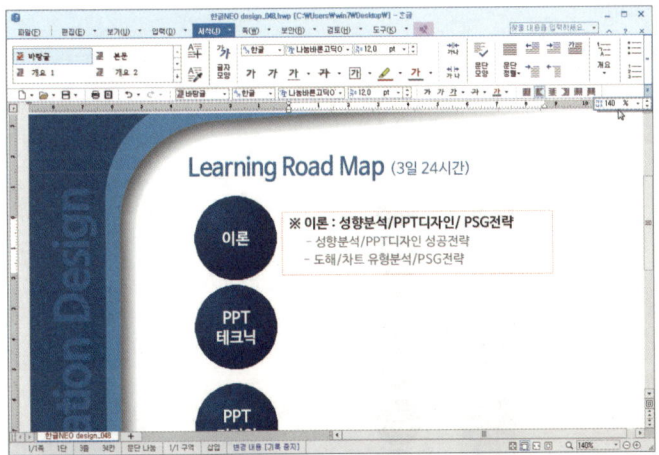
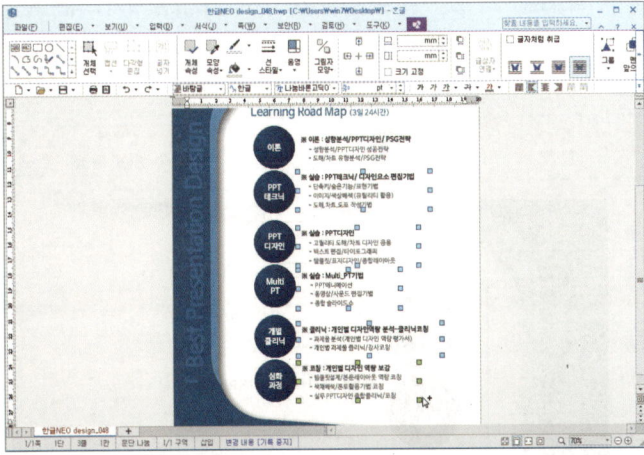

Tip & Tech 보조 텍스트의 들여쓰기는 Spacebar 키를 이용하여 편집합니다. Spacebar 키는 공백 문자를 입력할 때 사용합니다.

14 네 개의 원형 점선 만들어 배치하기

01 [입력] 탭 – [직선]을 클릭하고 타이틀 아래쪽에 직선을 그어 줍니다.
- 선 종류 : 원형 점선, 선 굵기 : 0.5mm, 너비 : 162.34mm, 회색(R153 G153 B153)

02 완성된 원형 점선을 세 개 복제하여 간격을 62.35mm 정도로 벌려 줍니다.

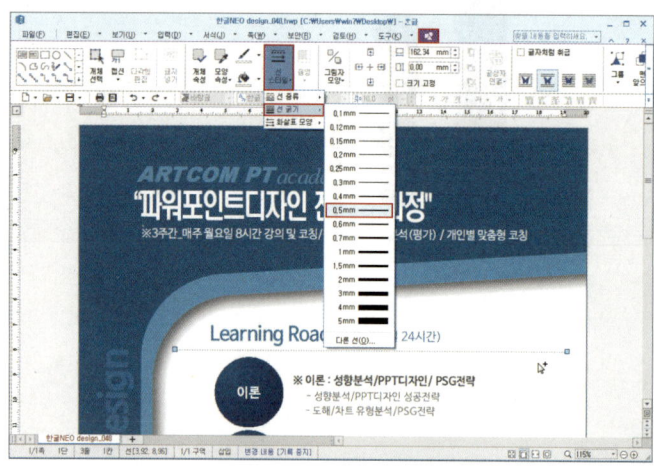 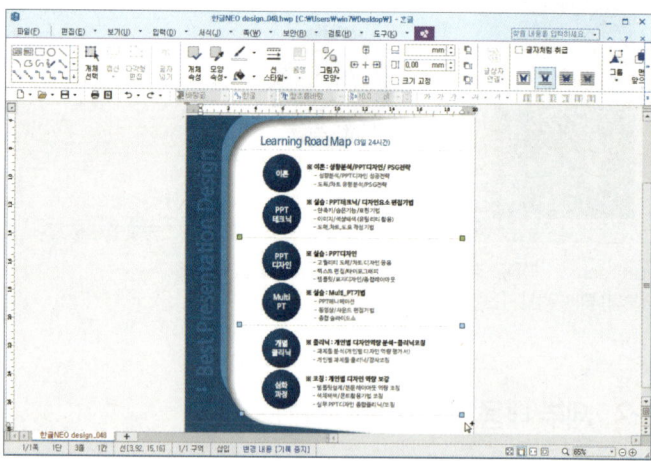

Tip & Tech 점선을 세부적으로 이동할 때 방향키를 이용합니다. 한글에서 '얇은 라인'을 선택하기가 쉽지 않습니다. 이런 경우 화면을 150% 정도 크게 확대한 다음 라인 부분에 커서를 움직이면 라인 커서 모양이 바뀌게 되는데 이때 클릭하면 라인이 선택됩니다.

15 세로 화살표 만들기

01 세로 화살표를 만들기 위해 타원 왼쪽에 세로 라인을 그립니다.
- [입력] 탭 – [도형] 탭 – [그리기 개체]
- 너비 : 0mm, 높이 : 60.52mm

02 [개체 속성] 대화상자에서 선의 색, 굵기, 화살표 모양 등을 정합니다.
- 선 색 : 파랑(R32 G117 B156), 선 종류 : 실선, 선 굵기 : 10.35mm,
- [화살표] 시작 모양/끝 모양 : 화살표 , 시작 크기/끝 크기 : 작은 폭 작은 높이

03 세로 방향으로 완성된 화살표를 두 개를 복제(Ctrl+D)한 후 배치합니다.

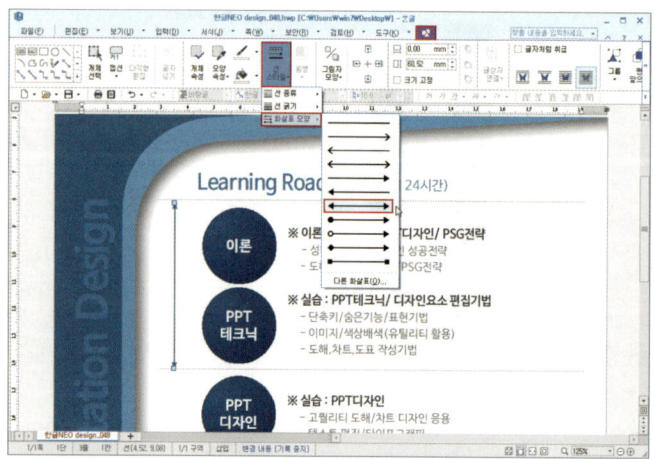 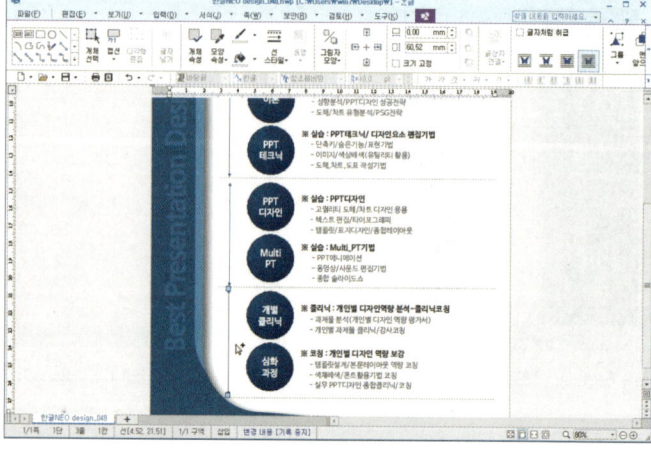

Tip & Tech 화살표 길이는 원형 점선의 배치 간격에 맞춰 조절합니다.

16 왼쪽 텍스트 편집하기

01 [입력] 탭 – 도형에서 [가로 글상자]를 클릭하고 '1주차', '2주차', '3주차'를 각각 입력합니다.
- 나눔바른고딕OTF, 15pt, 진하게, 검정

02 [서식] 탭 – [글자 모양]을 클릭하여 [글자 모양] 대화상자(Alt+L)를 열고 텍스트를 보다 짜임새 있게 만듭니다.
- [기본] 자간 : 0%, 장평 : 100%
- [확장] 기타 : [글꼴에 어울리는 빈칸] 체크

03 [개체 속성] – [선] 탭 – [종류]를 [선 없음]으로 지정하고 [개체 속성] 대화상자(P)에서 선 색을 제거한 다음 각각의 화살표 중간에 배치합니다.
- 글상자 배경색 : 흰색

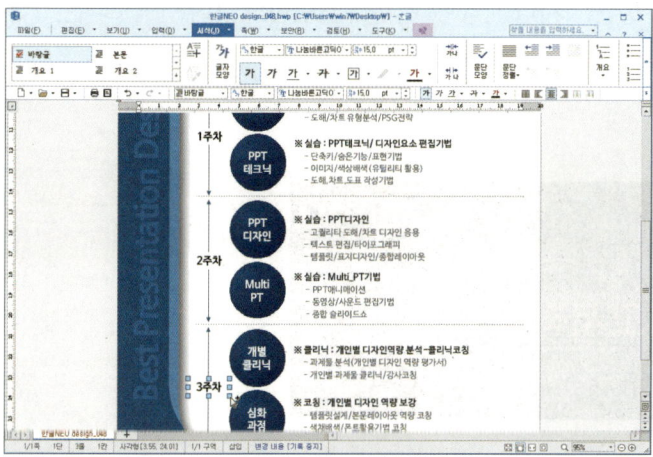

Tip & Tech 텍스트와 개체, 라인 등이 복잡하게 구성된 경우 [개체 속성] – [기본] 탭 – [위치]에서 [본문과의 배치]를 점검합니다. [본문과의 배치]가 잘못 지정되어 있으면 텍스트가 보이지 않거나 다음 페이지로 개체가 넘어가는 경우가 있습니다.

17 오른쪽 텍스트 편집하기

[입력] 탭 – 도형에서 [가로 글상자]를 클릭하고 '(3Hr)', '(5Hr)'……를 각각 입력한 다음 오른쪽에 배치합니다.
- 나눔바른고딕OTF, 12pt, 진하게, 회색(R128 G128 B128)

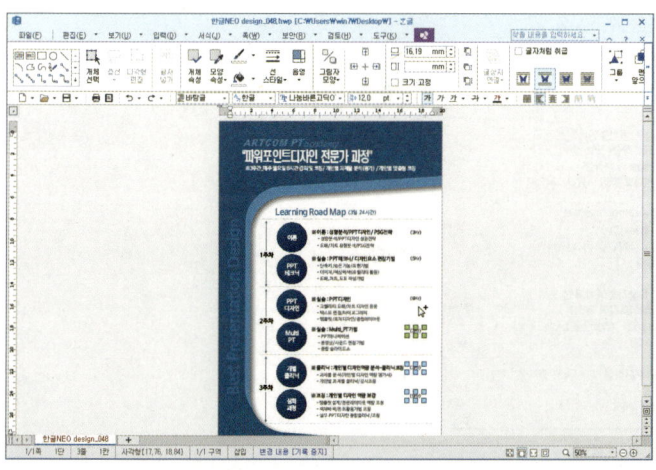

024 도표의 항목을 강조한 본문 디자인

도표에 디자인 미감을 살릴 수 있는 곳은 항목이 있는 부분입니다. 윗부분과 왼쪽 항목 부분만 디자인해도 밋밋하고 딱딱한 도표는 색 다른 느낌을 주게 됩니다. 다양한 방법이 있겠으나 항목 부분의 형태를 변경하고 그라데이션으로 색상을 배색하면 효과적입니다. 항목 형태는 직각 사각형보다는 모서리가 잘린 사각형이나 둥근 모서리 사각형, 사다리꼴 등이 좋으며 단색보다는 그라데이션 색상 배색이 디자인 미감을 살리면서 주목성을 높일 수 있습니다.

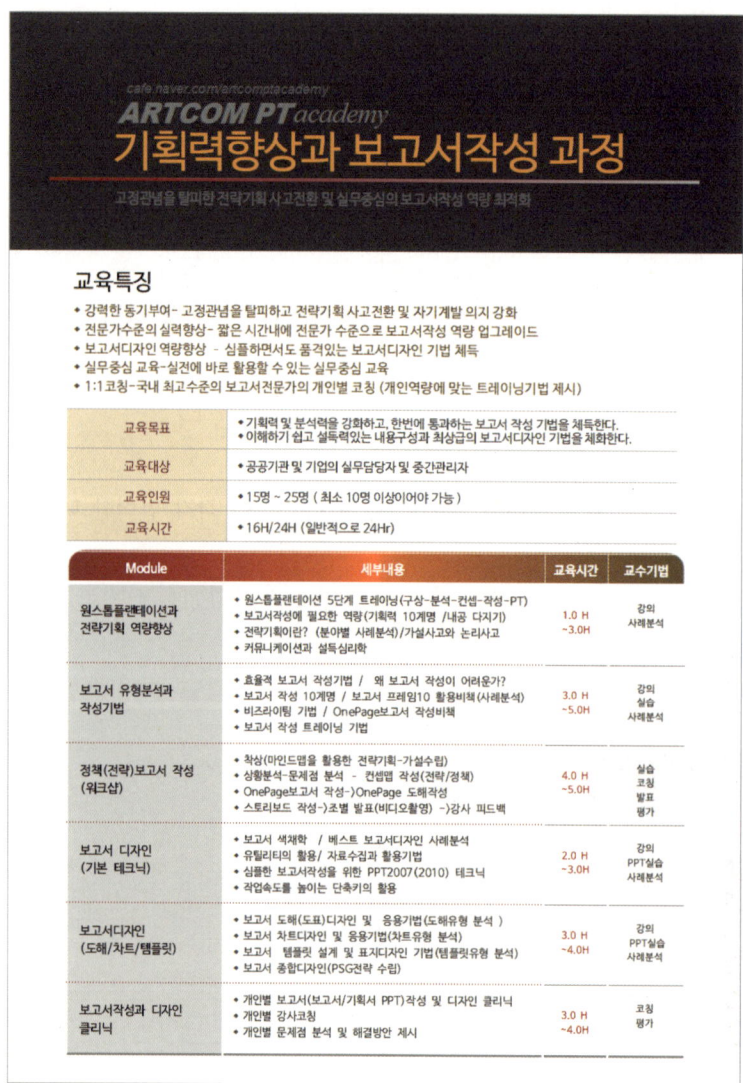

|난이도| ★★★★☆ |예제 폴더| Part 03\24 |완성 파일| Part 03\24\완성\한글NEO design_024.hwp
|과정 파일| Part 03\24\완성\한쇼NEO design_024_16단계.show
|색상 베리에이션| Part 03\24\완성\한쇼NEO design_024_4컬러.show
|인터넷으로 보기| http://cafe.naver.com/artcomptacademy/2233

디자인 포인트

이번 예제에서 주목해야 할 디자인은 도표의 항목 부분을 표현하는 것입니다. 항목 부분의 디자인 요소는 한쇼에서 작업하여 PNG 형식으로 저장하고 한글로 불러들여 도표에 배치합니다. 양쪽 모서리가 둥근 사각형을 디자인 요소로 사용하며 세 가지 이상의 그라데이션을 배색합니다.

4컬러 베리에이션

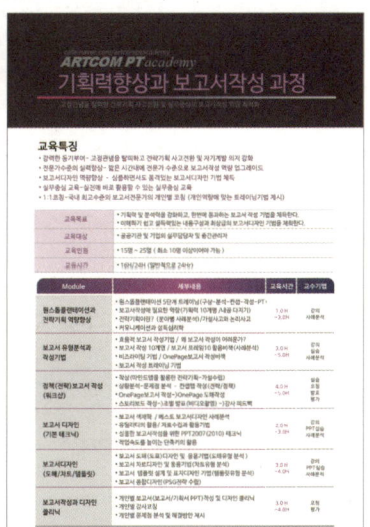
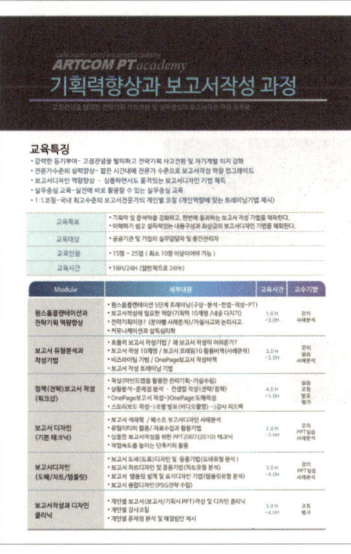
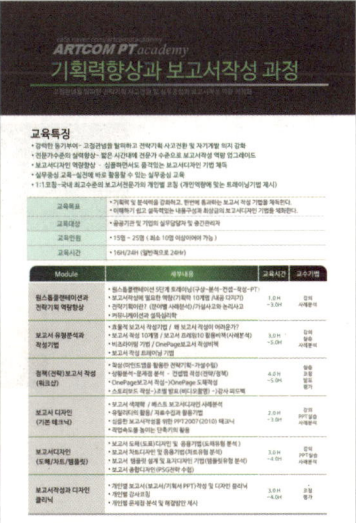

01 한글 NEO에서 편집 용지 설정하기

01 한글 NEO를 실행합니다.

02 F7 키를 눌러 편집 용지를 설정합니다.
- 용지 종류 : A4(국배판) [210×297mm], 용지 방향 : 세로, 제본 : 한쪽
- 용지 여백 : 위쪽(10.0mm), 머리말(0.0mm), 왼쪽(10.0mm), 오른쪽(10.0mm), 꼬리말(0.0mm), 아래쪽(10.0mm)

03 배경은 흰색으로 지정합니다.
- [쪽] 탭 – [쪽 테두리/배경] – [배경] 탭 – [채우기] 탭 – [색] – [면 색]

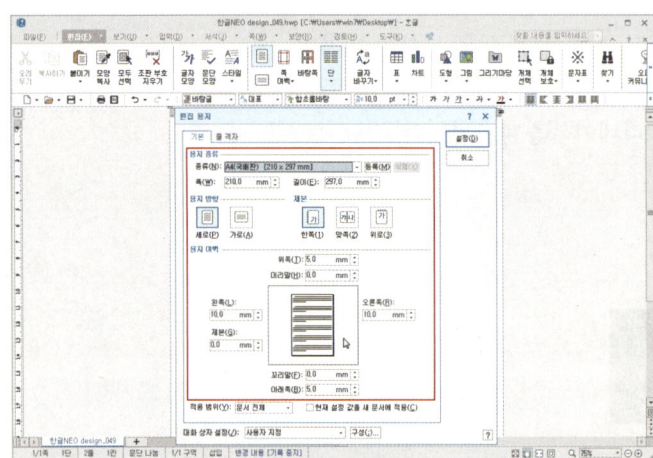 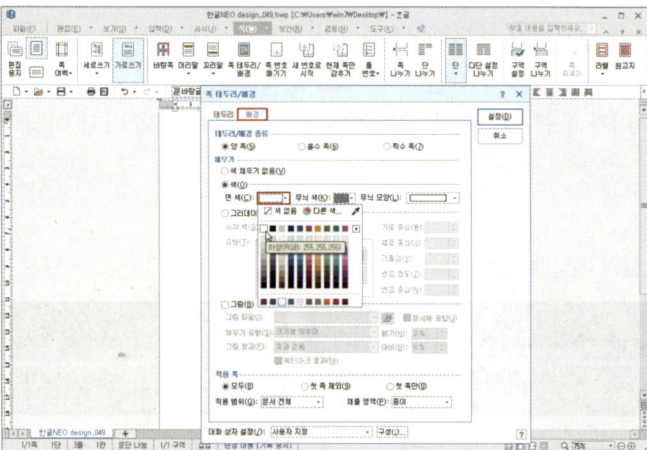

02 윗부분 타이틀 영역 만들기

01 [입력] 탭 – 도형에서 [직사각형]을 클릭하고 윗부분 타이틀 편집을 위해 직사각형 박스를 그립니다.
- 너비 : 186mm, 높이 : 1mm

02 [개체 속성] 대화상자에서 선 색은 제거하고 채우기 색을 지정합니다.
- [개체 속성] – [선] 탭 – [종류] : 선 없음, [개체 속성] – [채우기] 탭 – [색] : 검은 회색(R65 G64 B66)

03 배치를 [글 뒤로]를 지정합니다.
- [개체 속성] – [기본] – [위치] : 글 뒤로

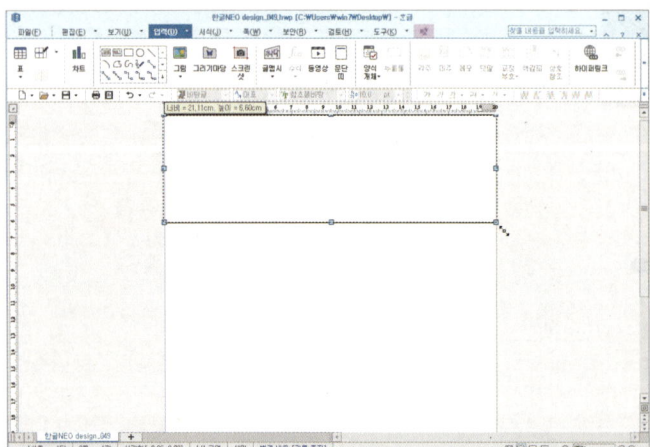 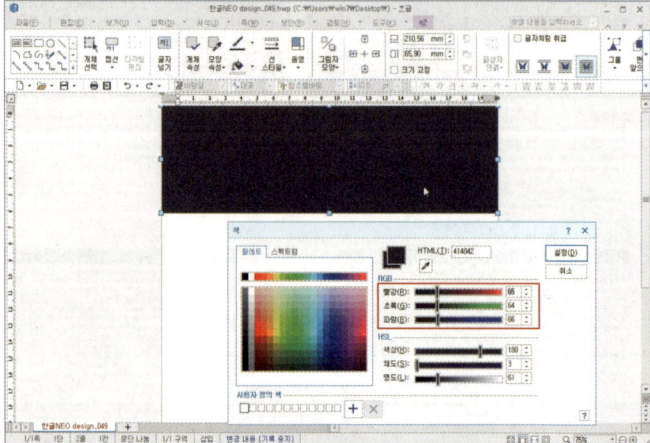

Tip & Tech 선 색을 제거하려면 [개체 속성] 외에 [도형] 탭 – [선 스타일] – [선 종류]에서 제거할 수 있습니다.

03 그라데이션 타이틀 바 만들기

01 가는 그라데이션 타이틀 바를 만들기 위해 직사각형 박스를 그립니다.
- [입력] 탭 - 도형에서 [직사각형]
- 너비 : 175.03mm, 높이 : 37.18mm

02 선 색을 제거합니다.
- [도형] 탭 - [선 스타일] - [선 종류]

03 그라데이션 색상을 지정합니다.
- [개체 속성] - [채우기] 탭 - [그러데이션] - [유형] - [수직]
- 시작 색 : 빨강(R187 G6 B29), 끝 색 : 회색(R206 G204 B202)

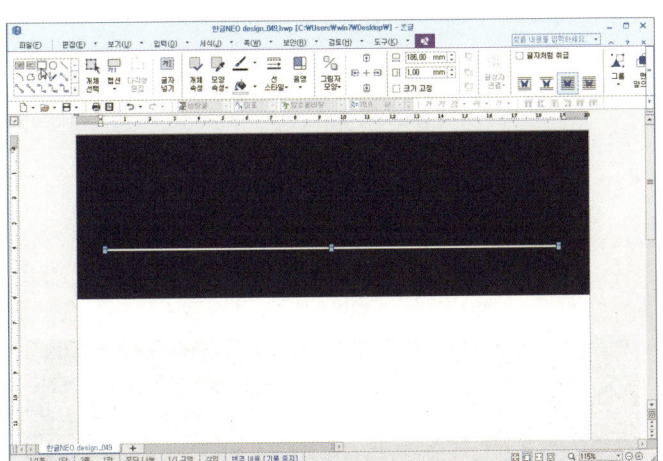 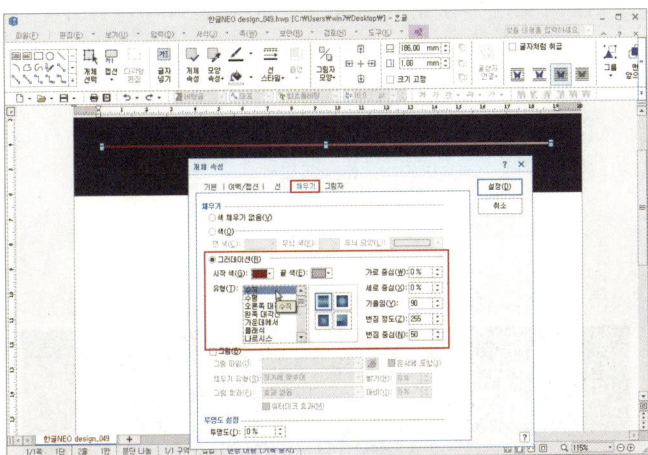

04 타이틀 바 윗부분 타이틀 편집하기

01 [입력] 탭 - 도형에서 [가로 글상자]를 클릭하고 타이틀을 입력합니다.
- 나눔바른고딕OTF, 34pt, 왼쪽 정렬

02 [서식] 탭이나 [글자 모양] 대화상자(Alt+L)에서 글자 색을 노랑색(R255 G185 B44)으로 지정합니다.

03 [개체 속성] 대화상자에서 배경 색과 선 색을 제거합니다.
- [개체 속성] - [선] 탭 - [종류] : 선 없음, [개체 속성] - [채우기] 탭 - [색 채우기 없음]

04 [서식] 탭 - [글자 모양]을 클릭하여 [글자 모양] 대화상자를 열고 텍스트를 보다 짜임새 있게 만듭니다.
- [기본] 자간 : -3%, 장평 : 105%
- [확장] 기타 : [글꼴에 어울리는 빈칸] 체크

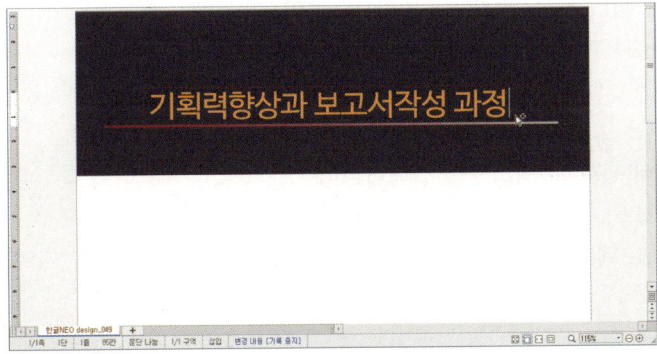 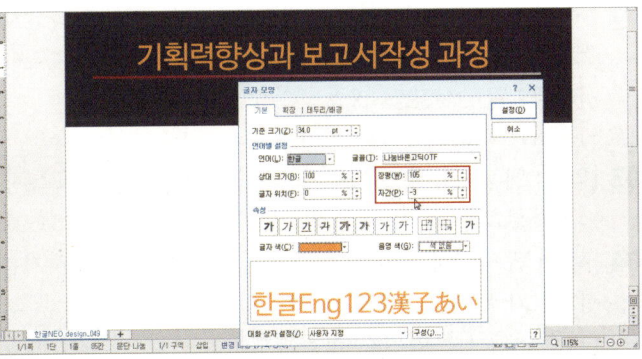

05 보조 텍스트 편집하기

01 [입력] 탭 - 도형에서 [가로 글상자]를 클릭하고 타이틀 윗부분에 영문 텍스트를 각각 입력합니다.
- cafe.naver.com/artcomptacademy : Arial, 11pt, 기울임
- ARTCOM PT : Arial Black, 22pt, 기울임
- academy : Times New Roman, 22pt, 기울임

02 [서식] 탭 - [글자 모양]을 클릭하여 [글자 모양] 대화상자(Alt+L)를 열고 색상을 회색(R153 G153 B153)으로 지정한 다음 텍스트를 보다 짜임새 있게 만듭니다.
- [ARTCOM PT] 자간 : -2%, 장평 : 100%
- [academy] 자간 : -2%, 장평 : 100%

03 [입력] 탭 - 도형에서 [가로 글상자]를 클릭하고 타이틀 바 아랫부분에 보조 텍스트를 입력합니다.
- 나눔바른고딕OTF, 12pt, 왼쪽 정렬, 회색(R128 G128 B128)

04 [서식] 탭 - [글자 모양]을 클릭하여 [글자 모양] 대화상자를 열고 텍스트를 보다 짜임새 있게 만듭니다.
- [기본] 자간 : -2%, 장평 : 95%
- [확장] 기타 : [글꼴에 어울리는 빈칸] 체크

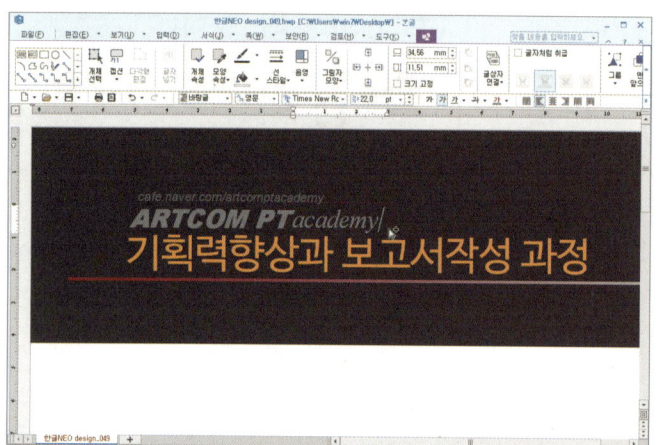 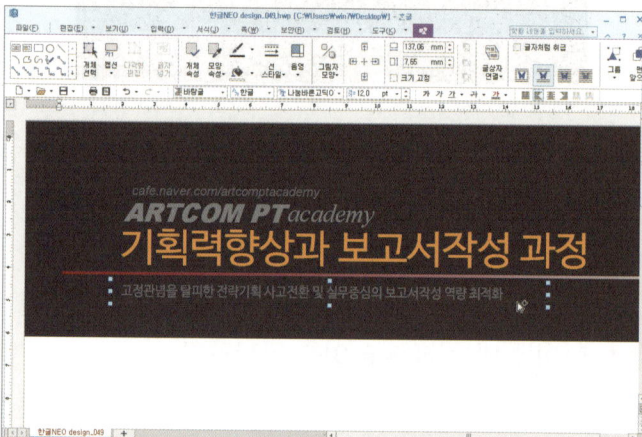

Tip & Tech 텍스트를 글상자를 통해 입력했다면 [개체 속성] 대화상자에서 배경 색과 선 색을 제거합니다.
· [개체 속성] - [선] 탭 - [종류] : 선 없음, [개체 속성] - [채우기] 탭 - [색 채우기 없음]

06 '교육특징' 타이틀과 본문 텍스트 편집하기

01 [입력] 탭 - 도형에서 [가로 글상자]를 클릭하고 '교육특징'을 입력합니다.
- 나눔바른고딕OTF, 18pt, 왼쪽 정렬, 검정

02 [서식] 탭 - [글자 모양]을 클릭하여 [글자 모양] 대화상자(Alt+L)를 열고 텍스트를 보다 짜임새 있게 만듭니다.
- [기본] 자간 : 0%, 장평 : 100%
- [확장] 기타 : [글꼴에 어울리는 빈칸] 체크

03 [입력] 탭 - 도형에서 [가로 글상자]를 클릭하고 '교육특징' 아래에 본문 텍스트를 입력합니다.
- 나눔바른고딕OTF, 11pt, 왼쪽 정렬, 줄 간격 : 135%, 갈색(R125 G90 B13)

04 [서식] 탭 - [글자 모양]을 클릭하여 [글자 모양] 대화상자를 열고 텍스트를 보다 짜임새 있게 만듭니다.
- [기본] 자간 : 0%, 장평 : 100%
- [확장] 기타 : [글꼴에 어울리는 빈칸] 체크

05 [서식] 탭-[글머리표]-[글머리표 모양]-[작은 마름모]를 클릭하여 글머리표를 적용합니다.

06 글머리표와 텍스트와의 간격을 좁힙니다.
- [서식] 탭-[글머리표]-[글머리표 모양]-[사용자 정의]-[글머리표 위치]-[너비 조정] : -10pt

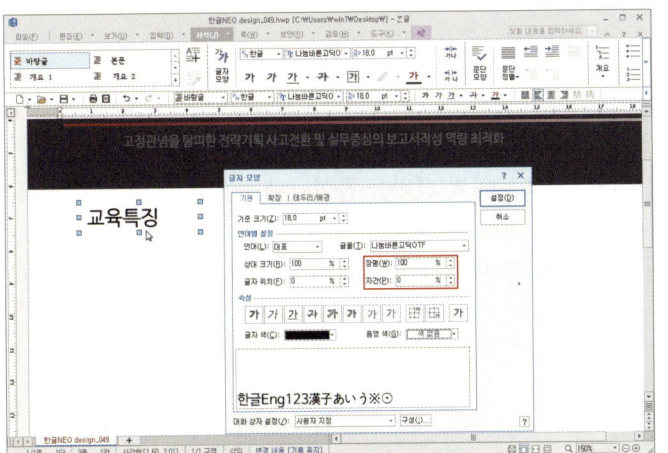 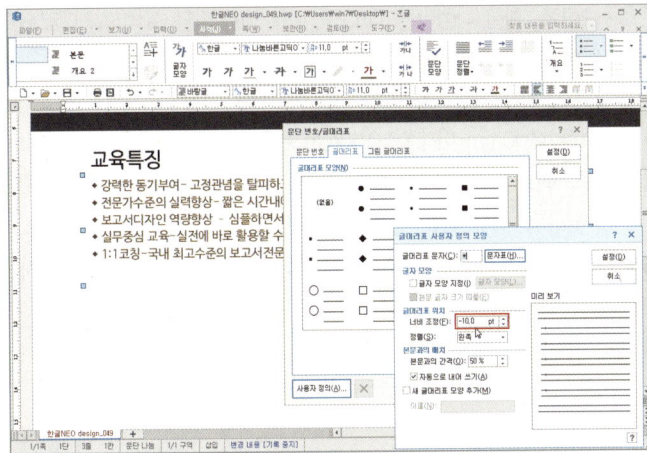

07 4줄 도표 그리고 색상 배색하기

01 '교육특징' 본문 아래에 커서를 클릭한 다음 [입력] 탭-[표]를 통해 4줄×2칸 도표를 그립니다.
- 너비 : 175.03mm, 높이 : 37.18mm

02 그림과 같이 줄(행)과 칸(열) 간격을 조절합니다.

03 첫 번째 칸의 색상을 밝은 노랑(R251 G239 B212)으로 지정합니다.

04 [표]-[셀 테두리 색]-[다른 색]을 클릭하고 도표 좌우측 세로 라인을 제거합니다. 셀 전체를 선택한 다음 셀 테두리 색상을 회색(R191 G191 B191)으로 지정합니다.

05 [셀 테두리]에 있는 해당 아이콘을 선택하여 셀 테두리 색상을 변경합니다. [셀 테두리]를 클릭하고 [안쪽 모두] 아이콘을 선택합니다.

06 도표를 선택하고 위치는 [자리 차지]로 지정합니다.
- [개체 속성]-[표/셀 속성]-[위치]-[본문과의 배치]-[자리 차지]

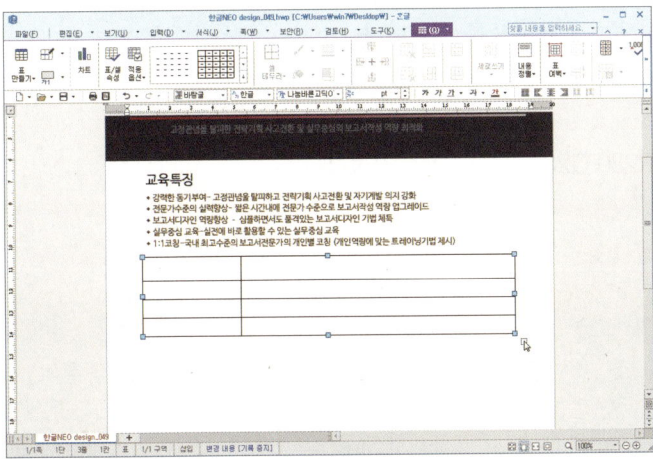 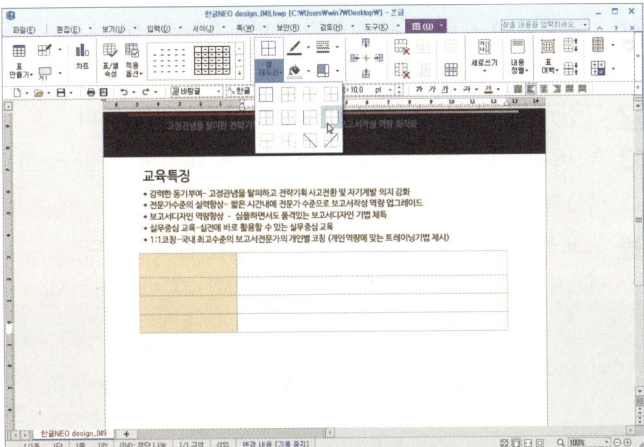

Tip & Tech   도표 좌우측 세로 라인을 제거하려면 해당 칸(열)을 모두 선택한 다음 [셀 테두리]를 클릭하고 [왼쪽]과 [오른쪽] 아이콘을 클릭합니다.

08 도표에 텍스트 편집하기

01 도표에 텍스트를 입력합니다.
- 왼쪽 : 한글, 나눔바른고딕OTF, 11pt, 가운데 정렬, 빨강(R149 G48 B48)
- 오른쪽 : 한글, 나눔바른고딕OTF, 10pt, 좌측 정렬, 회색(R77 G77 B77)

02 셀 안쪽 여백을 지정합니다.
- [표/셀 속성]-[표] 탭-[모든 셀의 안 여백]
- 위쪽 : 2.00mm, 아래쪽 : 0.50mm, 왼쪽 : 1.80mm, 오른쪽 : 1.80mm

03 왼쪽 텍스트에 과정 06과 같은 작은 마름모꼴 글머리표를 적용하고 텍스트와의 간격을 좁힙니다.
- [서식] 탭-[글머리표]-[글머리표 모양]-[사용자 정의]-[글머리 위치]-[너비 조정] : -10pt

04 [서식] 탭-[글자 모양]을 클릭하여 [글자 모양] 대화상자(Alt+L)를 열고 텍스트를 보다 짜임새 있게 만듭니다.
- [기본] 자간 : 0%, 장평 : 100%
- [확장] 기타 : [글꼴에 어울리는 빈칸] 체크

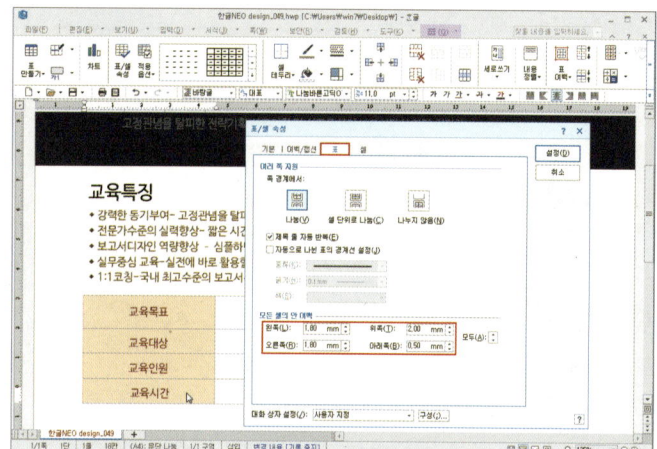 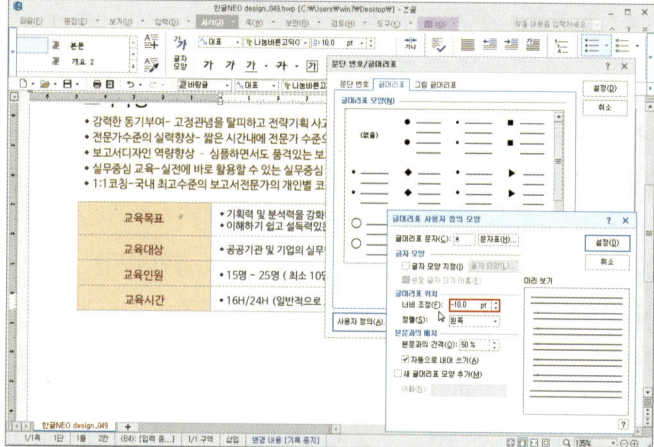

Tip & Tech [표]에서 전체 셀에 일괄적으로 안쪽 여백을 지정할 수도 있지만 [셀]에서 해당 셀만 안쪽 여백을 지정할 수도 있습니다.

09 7줄 도표 그리고 색상 지정하기

01 4줄 도표 아래에 커서를 클릭한 다음 [입력] 탭-[표]를 통해 7줄×4칸 도표를 그립니다.
- 너비 : 176.18mm, 높이 : 139.01mm

02 그림과 같이 줄(행)과 칸(열)의 간격을 조절합니다.

03 첫 번째 칸(왼쪽 항목)을 선택하고 셀 배경 색을 밝은 회색(R230 G230 B230)으로 지정합니다.
- [셀 테두리/배경]-[각 셀마다 적용]-[배경] 탭-[면 색]

04 도표를 선택하고 위치는 [자리 차지]를 클릭합니다.
- [개체 속성]-[표/셀 속성]-[위치]-[본문과의 배치]-[자리 차지]

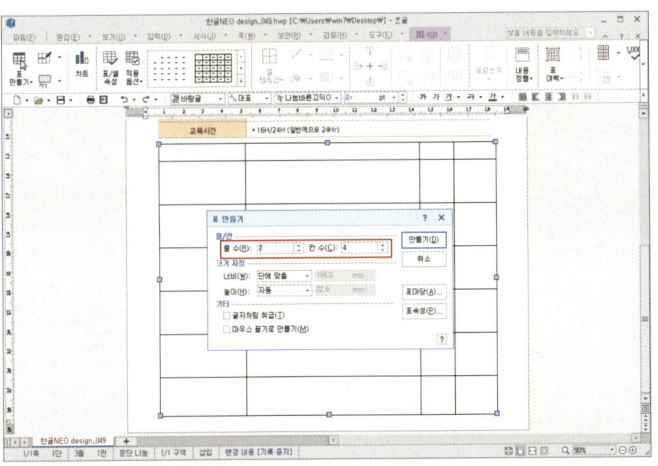
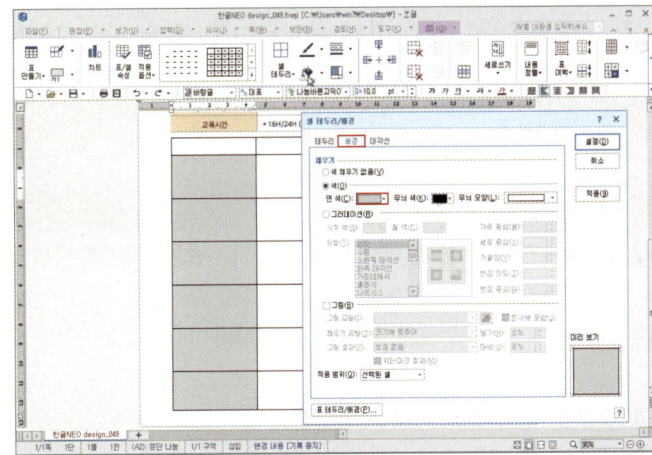

Tip&Tech 도표의 둘째 줄과 마지막 가로 줄은 0.7mm 정도로 굵게 설정합니다.

10 도표의 세로와 가로 라인 색상 배색하기

01 도표 왼쪽과 오른쪽 세로 라인을 제거합니다.
- 왼쪽 칸(열)을 모두 선택한 다음 [셀 테두리]를 클릭하고 [왼쪽] 아이콘을 선택합니다.
- 오른쪽 칸(열)을 모두 선택한 다음 [셀 테두리]를 클릭하고 [오른쪽] 아이콘을 선택합니다.

02 세로 라인 색상을 배색합니다.
- [표]-[셀 테두리 색]-[다른 색], 테두리 색 : 흰색
- 셀을 모두 선택하고 [셀 테두리]-[안쪽 세로]를 클릭합니다.

03 첫째 칸과 둘째 칸 가로 라인 테두리 모양을 지정하고 빨간색(R189 G61 B61)으로 지정합니다.
- 셀 테두리 모양-[원형 점선], 셀 테두리 굵기 : 0.2mm

04 윗부분 첫째 줄을 제외한 첫째 칸과 둘째 칸의 셀을 모두 선택하고 [셀 테두리]-[안쪽 가로]를 클릭합니다.

05 셋째 칸과 넷째 칸 가로 줄 테두리 모양을 지정하고 회색(R128 G128 B128)으로 지정합니다.
- 셀 테두리 모양-[실선], 셀 테두리 굵기 : 0.2mm

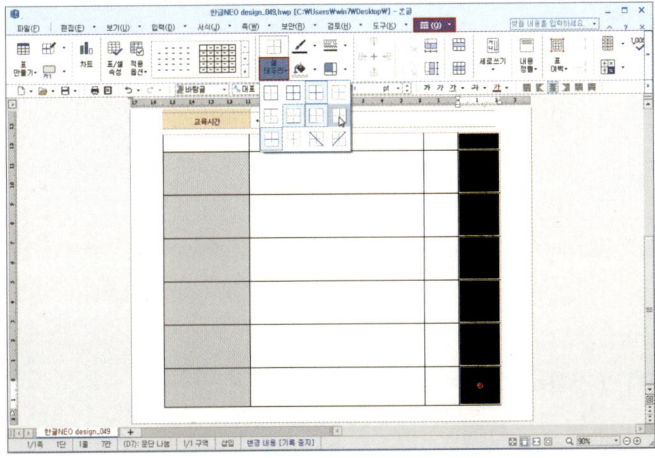
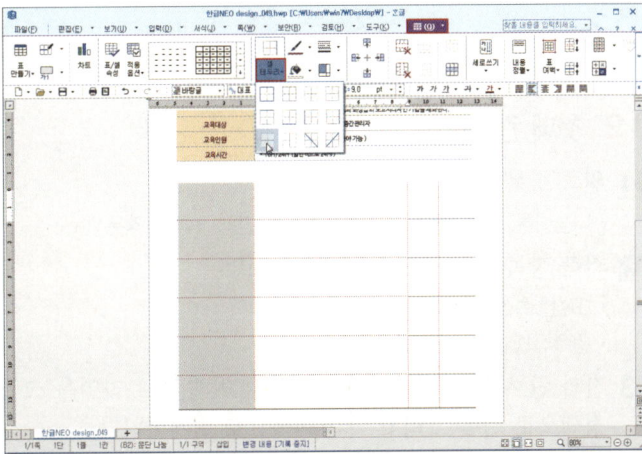

Tip&Tech 초급자에게는 도표를 자유롭게 작성하기가 쉽지 않은 일입니다. 셀 테두리 모양, 셀 테두리 굵기, 셀 배경과 테두리 색 지정 등과 셀 테두리 아이콘 기능을 정확하게 숙지하여 어떤 형식의 도표도 자유롭게 작성하고 수정할 수 있어야 합니다.

11 그라데이션 바 이미지 배치하고 항목 텍스트 편집하기

01 [입력] 탭-[그림]을 클릭합니다. 그라데이션 바 이미지를 가져오고 크기를 조절하여 도표 윗부분에 배치합니다.
- Part 03\24\그라데이션 바.png
- 너비 : 176.84mm, 높이 : 9.97mm

02 그라데이션 바를 선택하고 배치를 [글 뒤로] 지정합니다.
- [개체 속성]-[기본]-[위치]-[본문과의 배치]-[글 뒤로]

03 그라데이션 바를 도표 뒤쪽을 보냅니다.
- [순서]-[맨 뒤로]

04 윗부분 항목에 텍스트를 입력합니다.
- 나눔바른고딕OTF, 10pt, 진하게, 가운데 정렬, 흰색

05 항목 셀의 안쪽 여백을 지정합니다.
- [표/셀 속성]-[표] 탭-[모든 셀의 안 여백]
- 위쪽 : 3.00mm, 아래쪽 : 1.00mm 왼쪽 : 1.80mm, 오른쪽 : 1.80mm

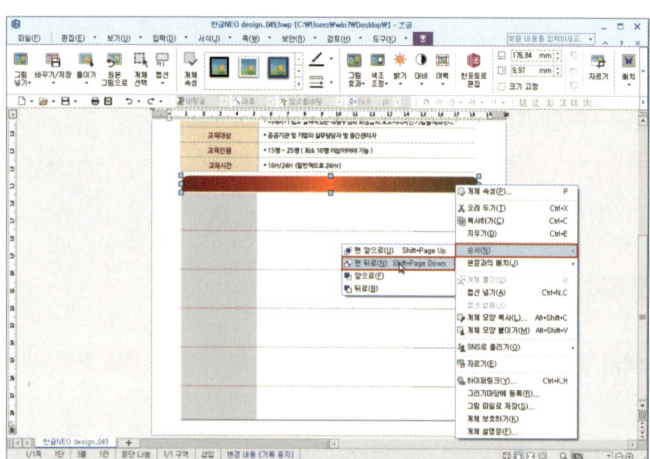 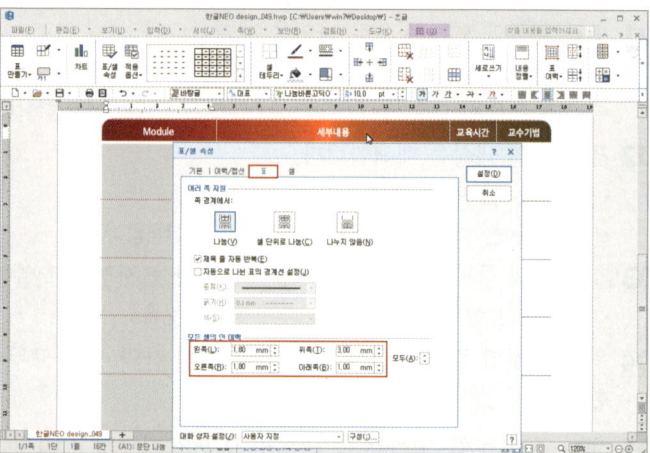

Tip & Tech 그라데이션 바는 한쇼에서 쉽게 만들 수 있습니다. [입력] 탭-도형에서 [사각형]-[양쪽 모서리가 둥근 사각형]을 선택하고 그립니다. 그라데이션 색은 [개체 속성]-[채우기] 탭-[그라데이션]에서 세 개의 중지점에 색상을 배색합니다. 완성된 그라데이션 바는 PNG 형식의 그림으로 저장합니다.

12 첫째 칸 텍스트 편집하기

01 왼쪽 항목 텍스트를 입력합니다.
- 나눔바른고딕OTF, 10pt, 왼쪽 정렬, 줄 간격 : 140%, 검은색

02 좌측 항목의 안쪽 여백을 지정합니다.
- [표/셀 속성]-[셀]
- 왼쪽 : 4.00mm, 위쪽 : 6.00mm

03 칸과 칸 사이를 세련되게 표현하기 위해 세로 라인을 그립니다. (정확하게 라인을 배치하기 위해 검정색으로 선을 그리고 이후 흰색으로 변경합니다.)
- 선 굵기 : 0.6mm, 선 길이 : 130.71mm

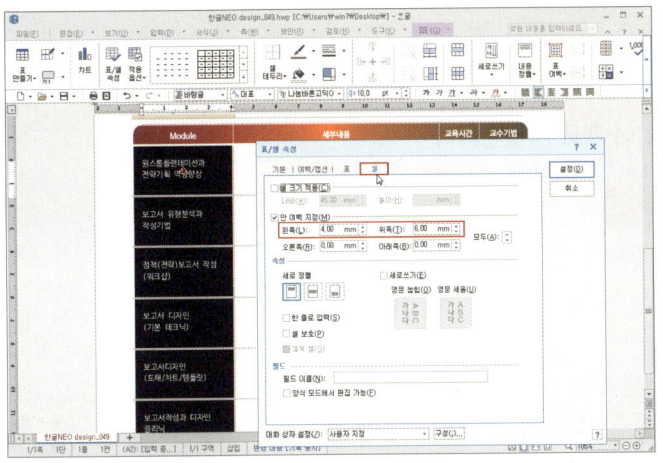 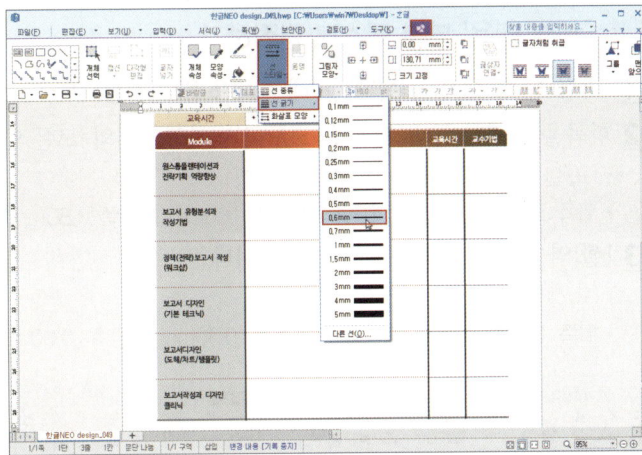

13 둘째 칸 텍스트 편집하기

01 둘째 칸 둘째 줄의 텍스트를 입력합니다.
- 나눔바른고딕OTF, 9pt, 왼쪽 정렬, 줄 간격 : 139%, 어두운 회색(R77 G77 B77)

02 [서식] 탭 - [글자 모양]을 클릭하여 [글자 모양] 대화상자(Alt + L)를 열고 텍스트를 보다 짜임새 있게 만듭니다.
- [기본] 자간 : 0%, 장평 : 100%

03 '작은 마름모꼴' 글머리표를 적용하고 텍스트와의 간격을 좁힙니다.
- [서식] 탭-[글머리표]-[글머리표 모양]-[사용자 정의]-[글머리표 위치]-[너비 조정] : -10pt

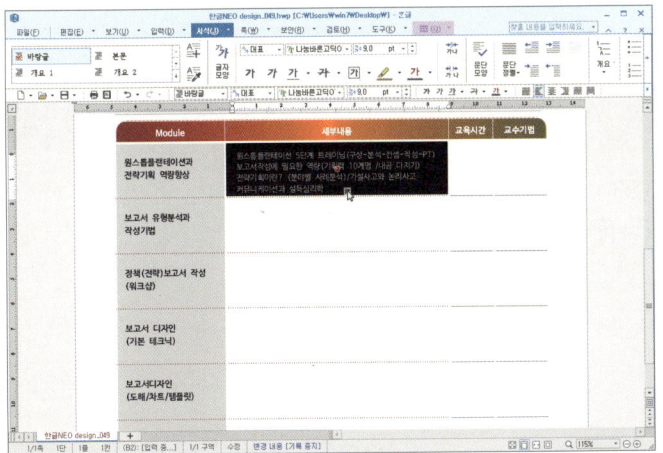 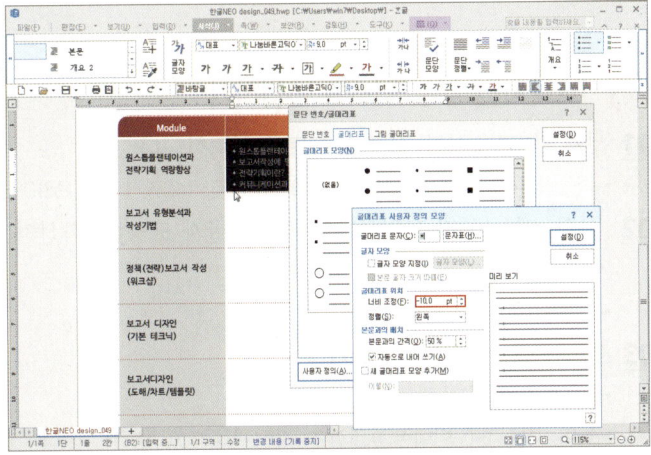

Tip & Tech 텍스트는 메모장에서 대략 편집하여 셀에 붙이는 방식으로 작업하면 편리합니다.

14 '세부 내용' 부분 텍스트 편집하기

01 과정 13과 같이 두 번째 칸 '세부 내용'을 편집합니다.

02 항목을 제외한 두 번째 칸을 모두 선택하고 [표]의 '모든 안쪽 여백'을 지정합니다.
- [표/셀 속성]-[표] 탭-[모든 셀의 안 여백]
- 위쪽 : 3.00mm, 아래쪽 : 1.00mm, 왼쪽 : 1.80mm, 오른쪽 : 1.80mm

03 [셀]의 위쪽과 왼쪽 여백을 지정합니다.
- [표/셀 속성]-[셀] 탭-[셀의 안 여백]
- 위쪽 : 3.00mm, 왼쪽 : 3.00mm, 아래쪽 : 0.00mm, 오른쪽 : 0.00mm

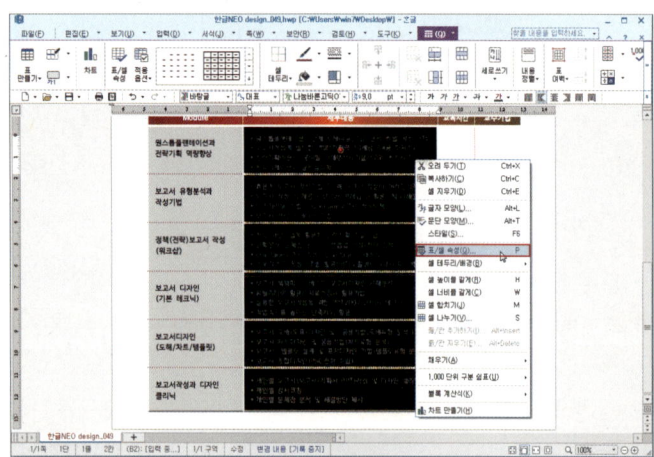 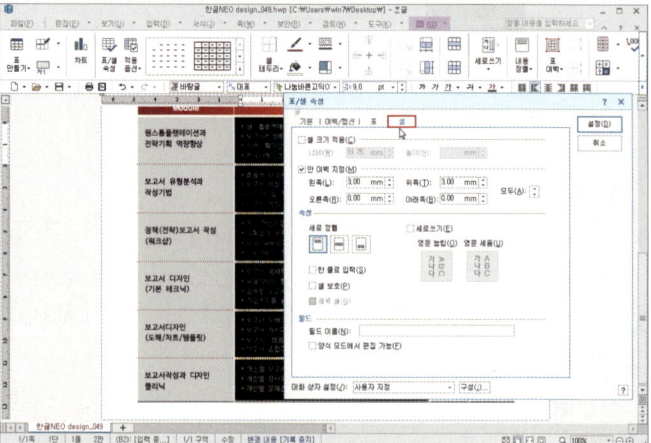

Tip & Tech 셀의 [안쪽 여백]은 [표] 탭과 [셀] 탭에서 지정할 수 있습니다. [표] 탭에서는 '모든 셀'에 여백이 지정되고 [셀] 탭에서는 '해당 셀'만 여백을 지정할 수 있어 편리합니다.

15 '교육시간' 부분 텍스트 편집하기

01 셋째 칸 '교육시간' 부분 텍스트를 입력합니다.
- 나눔바른고딕OTF, 8pt, 가운데 정렬, 줄 간격 : 140%, 빨간색(R210 G55 B31)

02 [서식] 탭-[글자 모양]을 클릭하여 [글자 모양] 대화상자(Alt+L)를 열고 텍스트를 보다 짜임새 있게 만듭니다.
- [기본] 자간 : 0%, 장평 : 100%

03 셀의 안쪽 여백을 지정합니다.
- [표/셀 속성]-[표] 탭-[모든 셀의 안 여백]
- 위쪽 : 3.00mm, 아래쪽 : 1.00mm, 왼쪽 : 1.80mm, 오른쪽 : 1.80mm

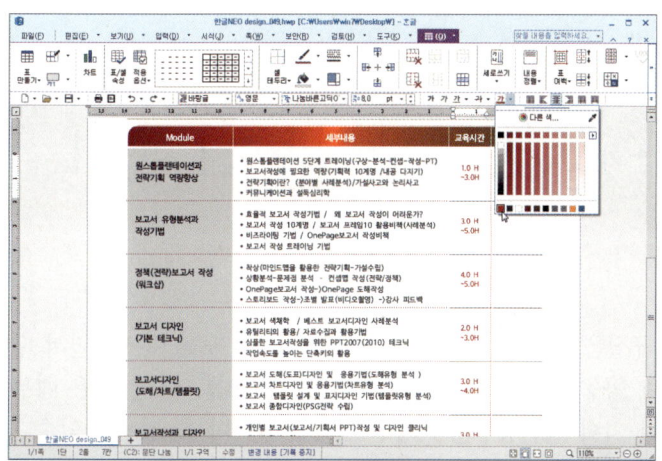
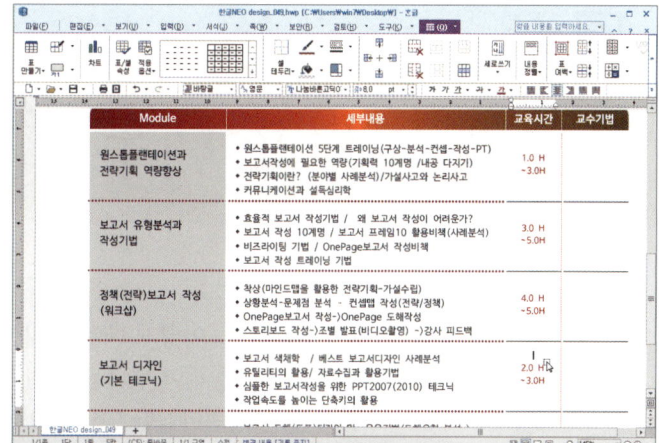

Tip & Tech   위쪽 3.0mm 간격에서 시작하는 텍스트를 그림과 같이 셀 가운데로 내려 보내려면 텍스트 첫 줄에 커서를 클릭하고 Enter 키를 눌러 한 줄 아래로 내려 보냅니다.

16 '교수기법' 부분 텍스트 편집하기

01 네 번째 칸 '교수기법' 부분의 텍스트를 입력합니다.
- 나눔바른고딕OTF, 8pt, 가운데 정렬, 줄 간격 : 140%, 어두운 회색(R77 G77 B77)

02 [서식] 탭 – [글자 모양]을 클릭하여 [글자 모양] 대화상자(Alt+L)를 열고 텍스트를 보다 짜임새 있게 만듭니다.
- [기본] 자간 : 0%, 장평 : 100%

03 [셀]의 위쪽 여백을 지정합니다.
- [표/셀 속성] – [셀] 탭 – [셀의 안 여백] – [위쪽] : 5.00mm

04 전체적으로 타이틀과 본문 내용, 도표 등을 짜임새 있게 정렬합니다.

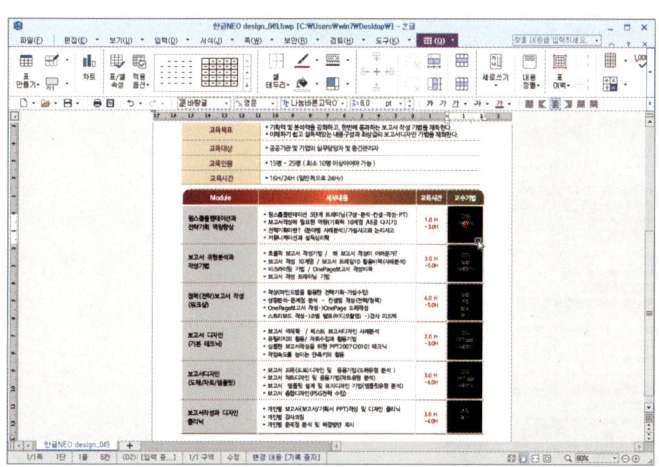
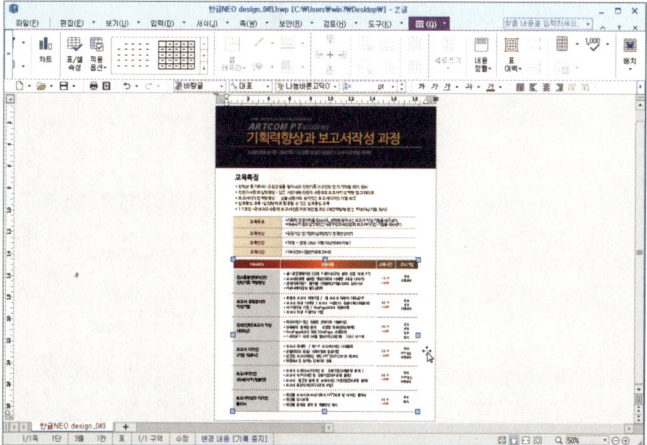

Tip & Tech   텍스트 위쪽 여백을 만드는 방법은 과정 15와 같이 Enter 키를 눌러 텍스트를 한 칸 내리는 방법과 [셀]에서 위쪽 여백을 지정하는 방법이 있습니다.

025 도표 테두리가 강조된 본문 디자인

도표 디자인을 어떻게 해야 한다는 규정은 없습니다. 분명한 것은 도표의 기능을 유지하면서 디자인 미감을 살려야 한다는 것입니다. 공공 문서의 경우 도표에 디자인 요소를 더하는 것은 매우 좋지 않은 방법이지만 영업 제안서나 기획서의 경우는 디자인 미감을 살려야 할 경우도 있습니다. 테두리에 그라데이션 효과를 적용하거나 도표 외곽 형태에 변화를 주는 것만으로도 정형화되지 않은 도표를 작성할 수 있습니다.

|난이도| ★★★★☆ |예제 폴더| Part 03\25 |완성 파일| Part 03\25\완성\한글NEO design_025.hwp
|과정 파일| Part 03\25\완성\한쇼NEO design_025_16단계.show
|색상 베리에이션| Part 03\25\완성\한쇼NEO design_025_4컬러.show
|인터넷으로 보기| http://cafe.naver.com/artcomptacademy/2234

디자인 포인트

이번 예제에서 주목해야 할 디자인은 도표 외곽 라인을 표현하는 것입니다. 도표 외곽의 '양쪽 모서리가 둥근 라인'은 한쇼에서 작업하여 PNG 형식으로 저장하고 한글로 불러들여 도표에 배치하는 방식으로 작업합니다. '양쪽 모서리가 둥근 라인'을 만들기 위해 '한쇼'나 '파워포인트'에서 '양쪽 모서리가 둥근 사각형'에 점 편집 기능을 이용하여 'ㄷ'자 형태를 만들고 라인에 그라데이션 색상을 배색합니다.

4컬러 베리에이션

 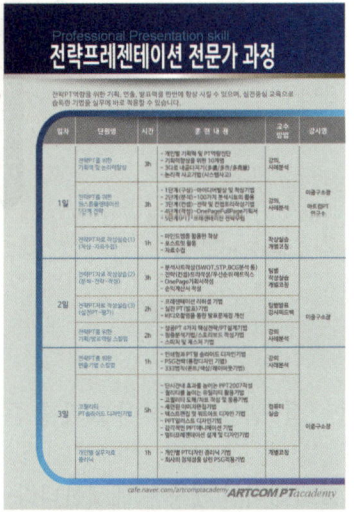

01 한쇼 NEO에서 양쪽 모서리가 둥근 사각형 만들기

01 한쇼 NEO를 실행합니다.
  ※ 용지 종류는 [A4 용지], 슬라이드 방향은 [세로]입니다. 용지는 [서식] 탭-[슬라이드 크기]-[쪽 설정]에서 설정합니다.

02 [입력] 탭 - 도형에서 [자세히] 버튼을 클릭하고 [사각형] - [양쪽 모서리가 둥근 사각형]을 선택합니다.

03 드래그하여 양쪽 모서리가 둥근 사각형을 그리고 선을 제거합니다.

04 왼쪽으로 90도 회전하고 크기를 조절합니다.
  • [도형] 탭 - [회전] - [왼쪽으로 90도 회전]
  • 너비 : 203.5mm, 높이 : 170.01mm

05 양쪽 모서리가 둥근 사각형 오른쪽에 한두 개의 점을 추가합니다.
  • [점 편집] - [점 추가]

06 05에서 추가한 점 하나를 선택하고 [경로 열기]를 실행한 다음 점 삭제를 합니다. ㄷ 형태를 완성한 다음 채우기 색상을 지웁니다.

02 '둥근 테두리 라인' 만들기

01 경로 열기한 '둥근 테두리 라인'을 선택한 후 [개체 속성] - [선] 탭을 선택하여 효과를 줍니다.
  • 선 종류 : 실선, 굵기 : 10.pt

02 [개체 속성] - [선] 탭 - [그러데이션]을 클릭하여 라인에 그라데이션 색상을 배색합니다.
  • 기울임 : 130°, 투명도 : 0%

03 왼쪽부터 중지점 순서에 따라 그라데이션 색상을 배색합니다.
  • 빨간색(R181 G16 B16), 오렌지색(R245 G130 B31), 노랑색(R255 G221 B15)

04 완성한 라인을 '둥근 테두리 라인'이라는 이름의 PNG 파일로 저장합니다.

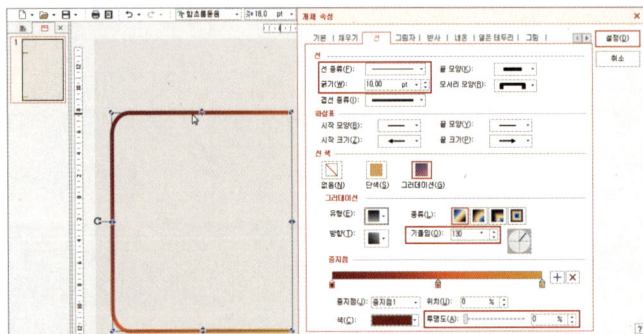 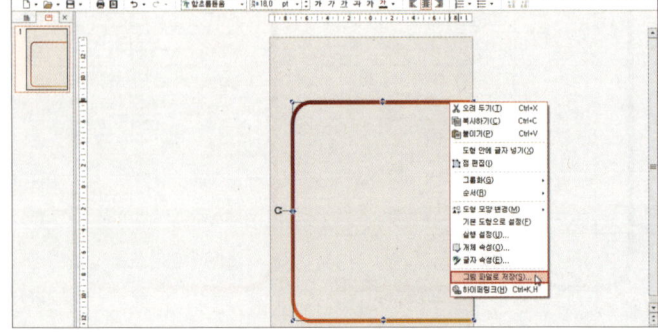

03 한글에서 편집 용지 설정하기

01 윈도우 시작 창에서 한글을 실행합니다.

02 F7 키를 눌러 편집 용지를 설정합니다.
- 용지 종류 : A4(국배판) [210×297mm], 용지 방향 : 세로, 제본 : 한쪽
- 용지 여백 : 위쪽(10.0mm), 머리말(0.0mm), 왼쪽(0.0mm), 오른쪽(0.0mm), 꼬리말(0.0mm), 아래쪽(10.0mm)

03 배경을 어두운 연한 노랑(R245 G242 B240)으로 지정합니다.
- [쪽] 탭 – [쪽 테두리/배경] – [배경] 탭 – [채우기] – [색] – [면 색]

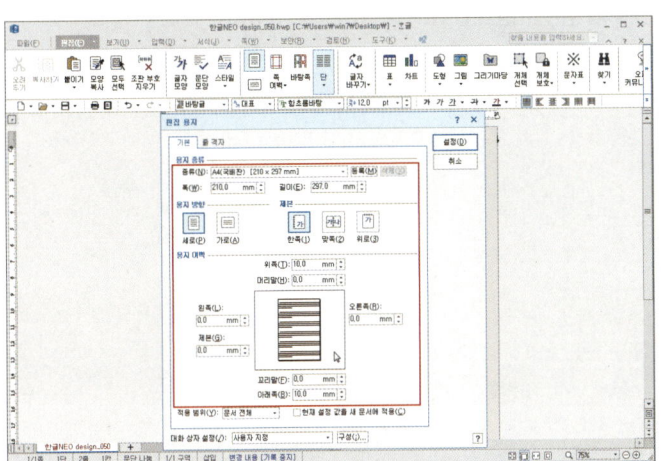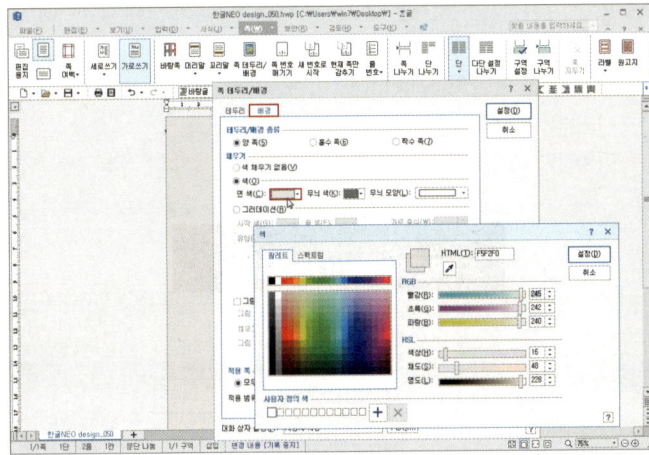

Tip & Tech 용지 여백에서 오른쪽을 '0.0mm'로 설정해야 도표를 용지 오른쪽 끝까지 늘릴 수 있습니다.

04 타이틀 바 만들기

01 윗부분 타이틀 바를 만들기 위해 직사각형 박스를 그리고 선 색을 제거합니다.
- [입력] 탭 – 도형에서 [직사각형]
- 너비 : 210mm, 높이 : 41.01mm

02 그라데이션 색상을 지정합니다.
- [개체 속성] – [채우기] 탭 – [그러데이션] – [유형] – [수직]
- 시작 색 : 진한 빨간색(R113 G2 B0), 끝 색 : 빨간색(R170 G4 B0)

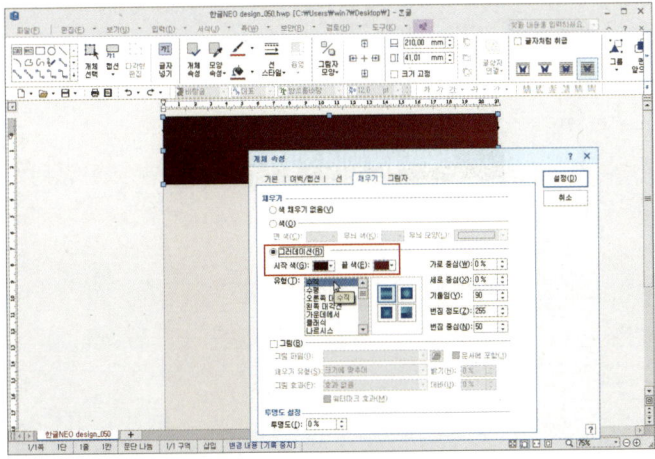

05 타이틀 텍스트 편집하기

01 [입력] 탭-[가로 글상자]를 클릭하고 타이틀 윗부분 영문을 입력합니다.
- Arial, 25pt, 노랑색(R253 G204 B18), 왼쪽 정렬

02 [서식] 탭-[글자 모양]을 클릭하여 [글자 모양] 대화상자(Alt+L)를 열고 텍스트를 보다 짜임새 있게 만듭니다.
- [기본] 자간 : -5%, 장평 : 95%
- [확장] 기타 : [글꼴에 어울리는 빈칸] 체크

03 [입력] 탭-[가로 글상자]를 클릭하고 '전략프레젠테이션 전문가 과정'을 입력합니다.
- 나눔고딕 ExtraBold, 42pt, 흰색, 왼쪽 정렬

04 [서식] 탭-[글자 모양]을 클릭하고 [글자 모양] 대화상자를 열어 텍스트를 보다 짜임새 있게 만듭니다.
- [기본] 자간 : -5%, 장평 : 80%
- [확장] 기타 : [글꼴에 어울리는 빈칸] 체크

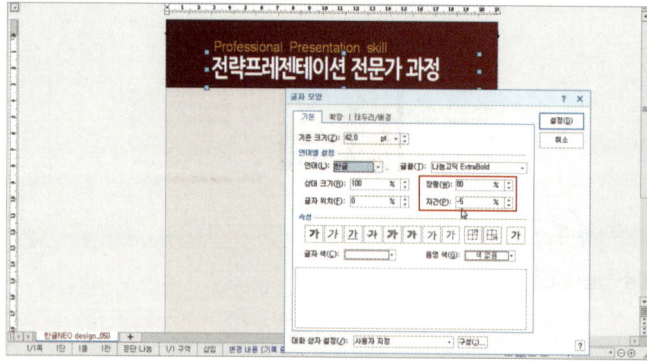

06 타이틀 바 아래에 장식 요소 만들기

01 타이틀 바 아래 장식 요소를 만들기 위해 직사각형 박스를 그리고 선 색을 제거합니다.
- 너비 : 210mm, 높이 : 3.17mm

02 그라데이션 색상을 배색합니다.
- [개체 속성]-[채우기] 탭-[그러데이션]-[유형]-[수직]
- 시작 색 : 흰색, 끝 색 : 황갈색(R147 G130 B68)

03 '잘린 타원 그림자' 이미지를 가져온 다음 타이틀 바 장식 요소 아래에 드래그합니다.
- Part 03\25\잘린 타원 그림자.png

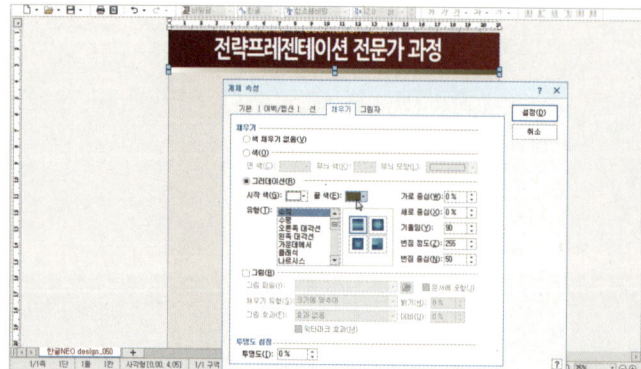 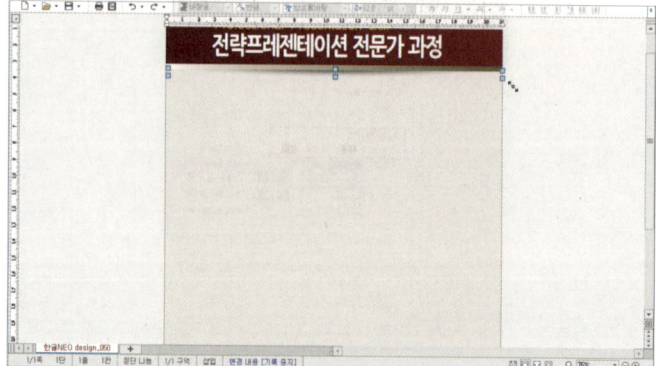

07 둥근 테두리 라인 이미지 불러와 배치하기

01 [입력] 탭 – [가로 글상자]를 클릭하고 타이틀 장식 요소 아래쪽에 텍스트를 입력합니다.
- 나눔바른고딕OTF, 12pt, 회색(R128 G128 B128), 왼쪽 정렬, 줄 간격 : 125%

02 [글자 모양] 대화상자(Alt+L)를 열어 텍스트를 보다 짜임새 있게 만듭니다.
- [기본] 자간 : 0%, 장평 : 100%
- [확장] 기타 : [글꼴에 어울리는 빈칸] 체크

03 과정 02에서 저장했던 '둥근 테두리 라인' 이미지를 가져온 다음 텍스트 아래에 드래그합니다.
- Part 03\25\둥근 테두리 라인.png

04 용지 오른쪽에 딱 맞게 붙이고 크기를 조절합니다.
- 너비 : 189.72mm, 높이 : 220.86mm

05 '둥근 테두리 라인' 이미지를 선택하고 위치는 [글 뒤로]로 지정합니다.

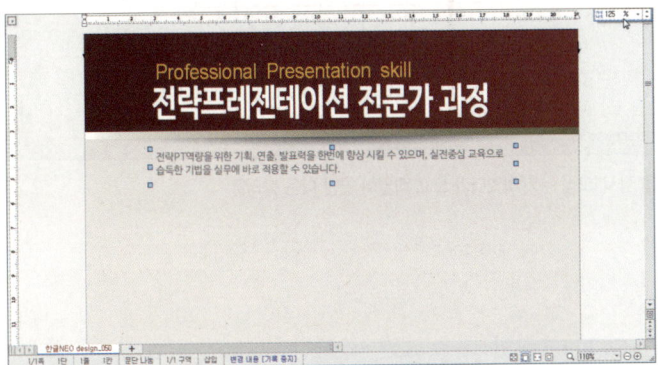 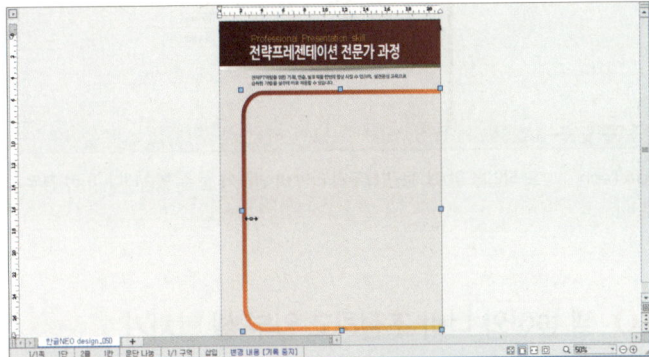

Tip & Tech 향후 '둥근 테두리 라인' 안쪽으로 도표의 라인, 도형 등이 배치되기 때문에 [본문과의 배치]와 [순서]에 신경 써야 작업이 원활합니다. 작업 중 도표가 선택되지 않거나 라인 작업에 어려움이 있다면 [본문과의 배치]와 [순서]등이 잘못 지정된 것입니다.

08 다각형으로 회색 바 만들기

01 다각형으로 '회색 바'를 그림과 같이 그려서 '둥근 테두리 라인' 윗부분에 붙입니다.
- [입력] 탭 – 도형에서 [그리기 개체] – [다각형]
- 너비 : 188.21mm, 높이 : 17.99mm

02 [개체 속성] – [채우기] 탭에서 색상을 회색(R159 G160 B161)으로 지정합니다.

03 완성된 다각형 도형을 [맨 뒤로] 보낸 다음 본문과의 위치를 지정합니다.

04 과정 06의 '잘린 타원 그림자'를 복제(Ctrl+D)하여 '둥근 테두리 라인'에 맞춰 그림과 같이 붙입니다.

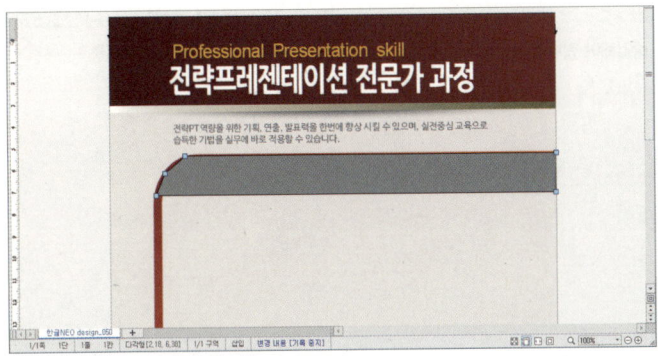 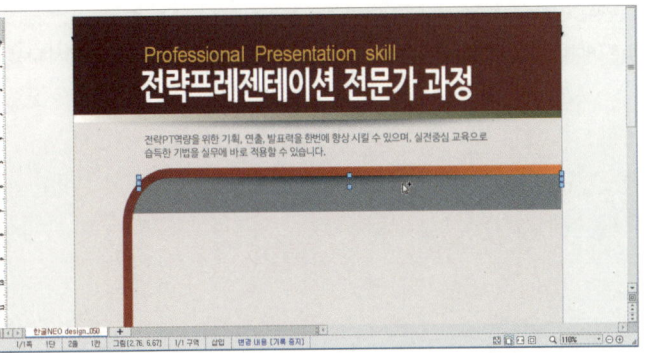

09 10줄 도표 그리기

01 왼쪽 여백에 커서를 클릭한 다음 [입력] 탭-[표]를 통해 10줄×6칸 도표를 그립니다.

02 그림과 같이 도표 크기를 조절합니다.
- 너비 : 185.38mm, 높이 : 213.42mm

03 도표를 선택하고 위치를 [글 뒤로]로 조정합니다.
- [개체 속성]-[표/셀 속성]-[위치]-[본문과의 배치]-[글 뒤로]

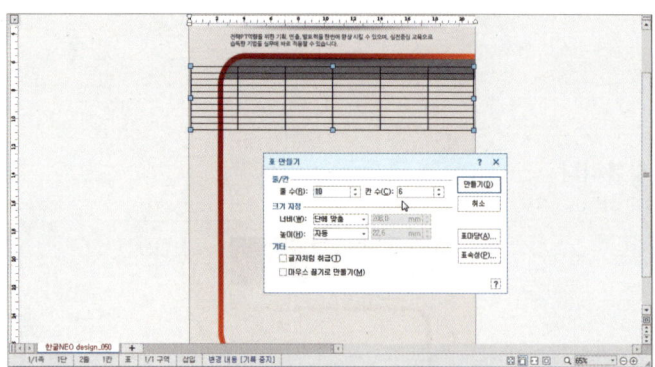 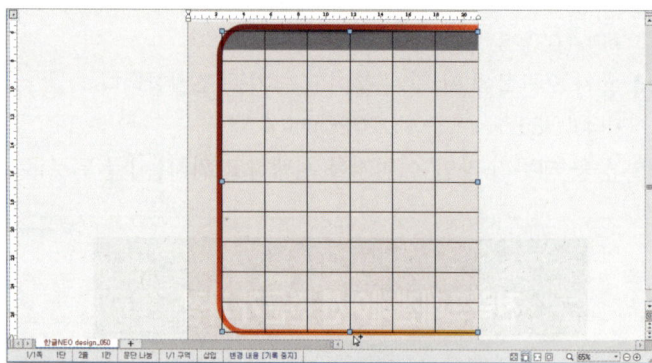

Tip & Tech 표 작업을 할 때 '둥근 테두리 라인'이 방해가 될 수 있습니다. 이런 경우 라인을 잠시 '오려 두기'하였다가 도표 작업이 끝난 다음 불러들입니다.

10 셀 높이와 너비 조절하고 일부 셀 합치기

01 그림과 같이 가로와 세로 셀 테두리를 선택하고 셀의 너비와 높이를 조절합니다.

02 셀의 너비와 높이는 텍스트의 길이와 글줄 등을 생각하여 조절합니다.

03 첫째 칸과 여섯째 칸의 셀들은 그림과 같이 세 줄씩을 선택하여 [셀 합치기]를 합니다.

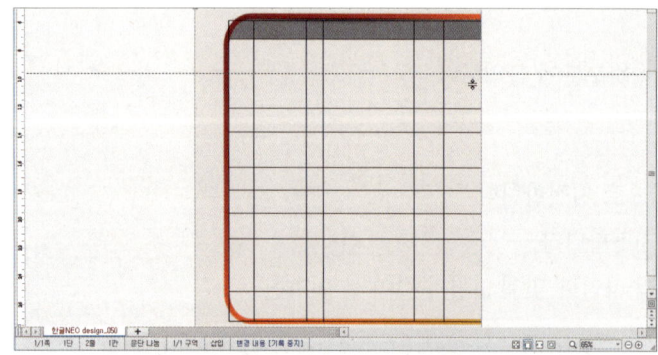 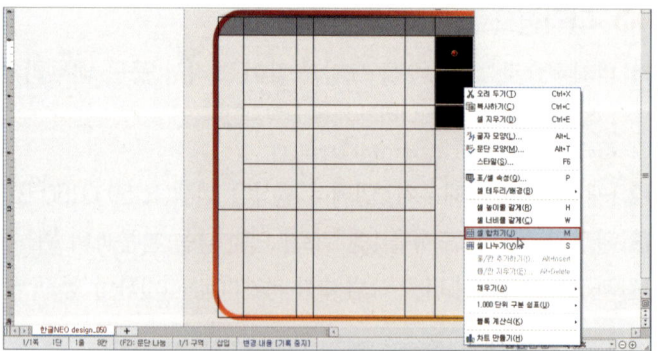

Tip & Tech 셀 너비와 높이 조절은 대략적으로 하고 텍스트가 채워진 상태에서 다시 한번 작업해야 합니다.

11 안쪽 가로 줄 셀 테두리 색 바꾸기

01 셀 전체를 선택하고 셀 테두리의 굵기를 변경합니다.
- 가로 줄 : 0.12mm, 세로 줄 : 0.25mm

02 안쪽 가로 줄 색상을 바꾸기 위해 해당 셀들을 선택한 다음 셀 테두리 색상을 황갈색(R181 G161 B120)으로 지정합니다.
- [표]-[셀 테두리 색]-[다른 색]

03 [셀 테두리]를 클릭하고 [안쪽 가로] 아이콘을 선택합니다.

04 안쪽 세로 줄 색상을 바꾸기 위해 **02**와 같이 해당 셀을 선택하고 색상을 회색(R128 G128 B128)으로 지정합니다. 윗부분 항목 세로 줄은 흰색으로 지정합니다.

05 [셀 테두리]를 클릭하고 [안쪽 세로] 아이콘을 선택합니다.

06 첫째 줄 가로 테두리는 삭제합니다. (과정 **08** 회색 바 부분)

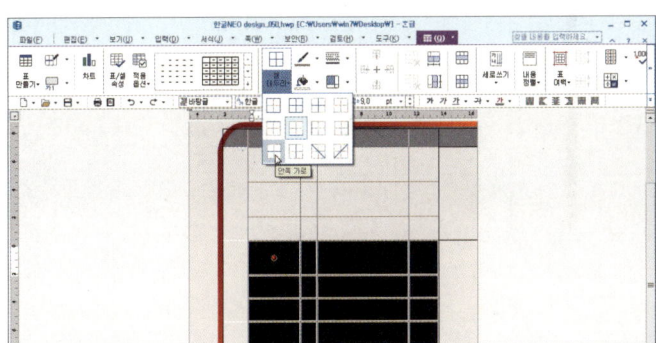 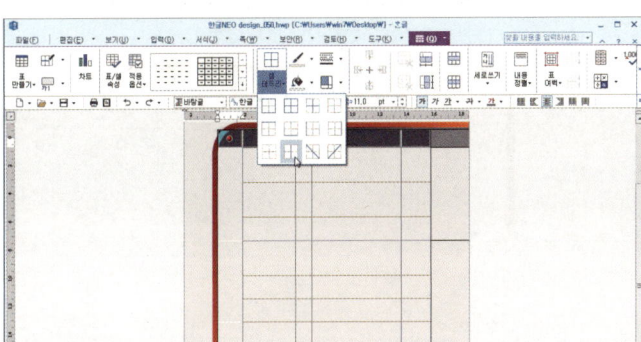

12 첫째 칸과 여섯째 칸 테두리 색 바꾸기

01 첫째 칸과 여섯째 칸 안쪽 가로 줄 색상을 바꾸기 위해 해당 셀들을 선택한 다음 셀 테두리 색상을 흰색으로 지정합니다.

02 [셀 테두리]를 클릭하고 [안쪽 가로] 아이콘을 선택합니다.

03 첫째 칸 왼쪽과 여섯째 칸 오른쪽 세로 줄 색상을 바꾸기 위해 그림과 같이 셀을 선택하고 색상을 흰색으로 지정합니다.

04 [셀 테두리]를 클릭하고 첫째 칸은 [왼쪽]을 여섯째 칸은 [오른쪽] 아이콘을 선택합니다.

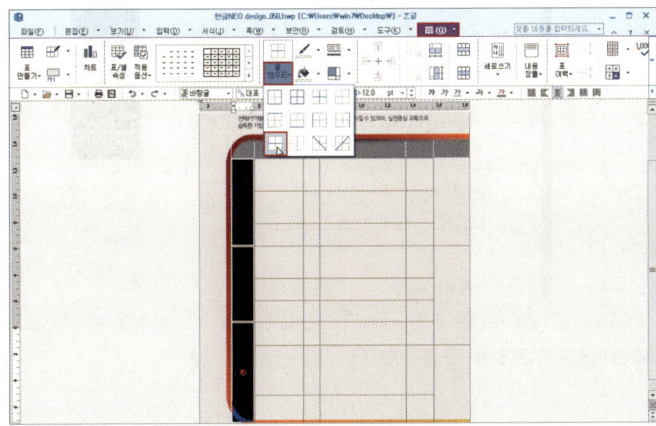 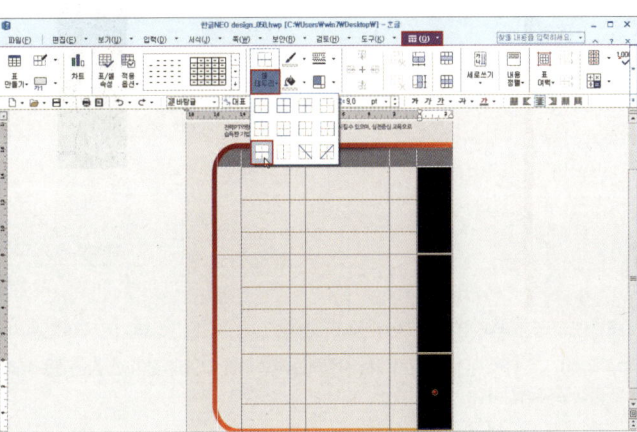

13 첫째 줄 항목 부분 편집하기

01 윗부분 항목에 텍스트를 입력합니다.
- 나눔바른고딕OTF, 11pt, 진하게, 가운데 정렬, 흰색

02 표의 안쪽 여백을 지정합니다.
- [표/셀 속성]-[표] 탭-[모든 셀의 안 여백]
- 위쪽 : 4.00mm 아래쪽 : 1.00mm 왼쪽 : 1.80mm 오른쪽 : 1.80mm

03 다섯째 칸 '교수 방법' 안쪽 여백을 지정합니다.
- [표/셀 속성]-[셀] 탭-[안 여백 지정]
- 위쪽 : 3.00mm 아래쪽 : 1.00mm

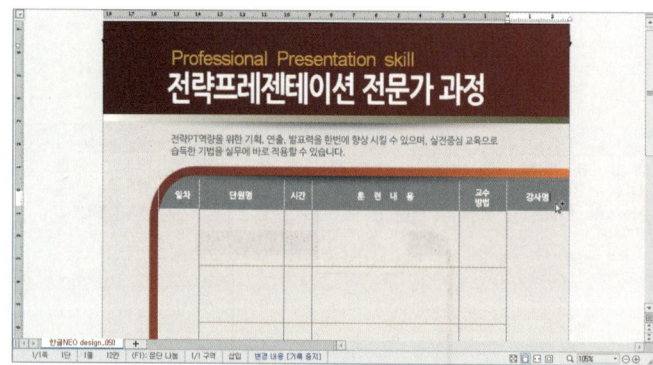
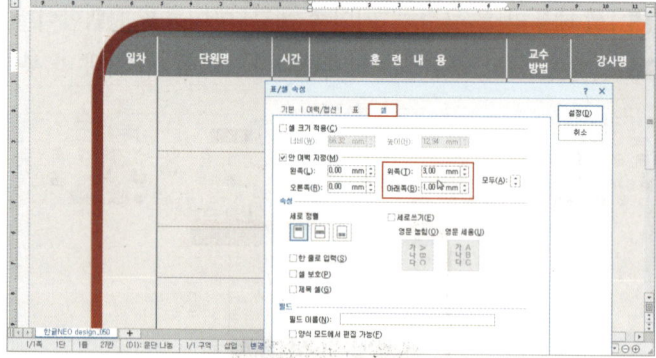

14 첫 번째 칸과 여섯 번째 칸 편집하기

01 첫 번째 칸과 여섯 번째 칸에 텍스트를 입력합니다.
- **[첫 번째 칸]** 나눔바른고딕OTF, 12pt, 가운데 정렬, 빨강(R181 G16 B16)
- **[여섯 번째 칸]** 나눔바른고딕OTF, 9pt, 가운데 정렬, 회색(R77 G77 B77)

02 [서식] 탭-[글자 모양]을 클릭하고 [글자 모양] 대화상자(Alt+L)를 열어 텍스트를 보다 짜임새 있게 만듭니다.
- **[기본]** 자간 : 0%, 장평 : 100%

03 표의 안쪽 여백을 지정합니다.
- 위쪽 : 4.00mm, 아래쪽 : 1.00mm, 왼쪽 : 1.80mm, 오른쪽 : 1.80mm

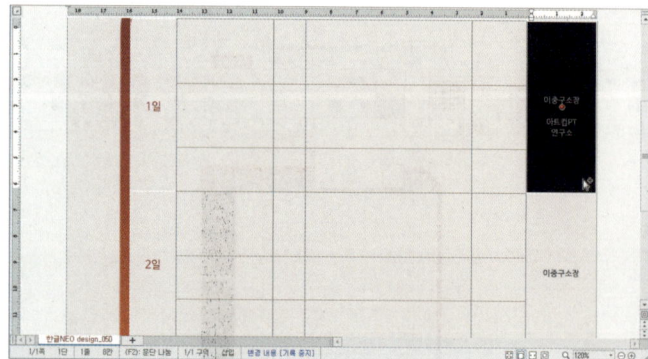
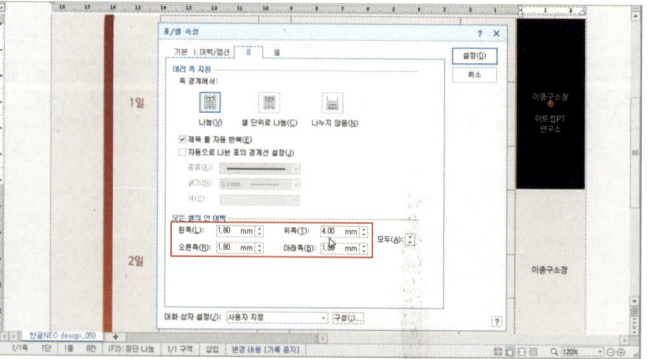

Tip & Tech 위쪽 4.0mm 간격에서 시작하는 텍스트를 그림과 같이 셀 가운데로 내려 보내려면 텍스트 첫 줄에 커서를 클릭하고 Enter 키를 누르면 한 줄씩 아래로 내려갑니다.

11 안쪽 가로 줄 셀 테두리 색 바꾸기

01 셀 전체를 선택하고 셀 테두리의 굵기를 변경합니다.
- 가로 줄 : 0.12mm, 세로 줄 : 0.25mm

02 안쪽 가로 줄 색상을 바꾸기 위해 해당 셀들을 선택한 다음 셀 테두리 색상을 황갈색(R181 G161 B120)으로 지정합니다.
- [표]-[셀 테두리 색]-[다른 색]

03 [셀 테두리]를 클릭하고 [안쪽 가로] 아이콘을 선택합니다.

04 안쪽 세로 줄 색상을 바꾸기 위해 02와 같이 해당 셀을 선택하고 색상을 회색(R128 G128 B128)으로 지정합니다. 윗부분 항목 세로 줄은 흰색으로 지정합니다.

05 [셀 테두리]를 클릭하고 [안쪽 세로] 아이콘을 선택합니다.

06 첫째 줄 가로 테두리는 삭제합니다. (과정 08 회색 바 부분)

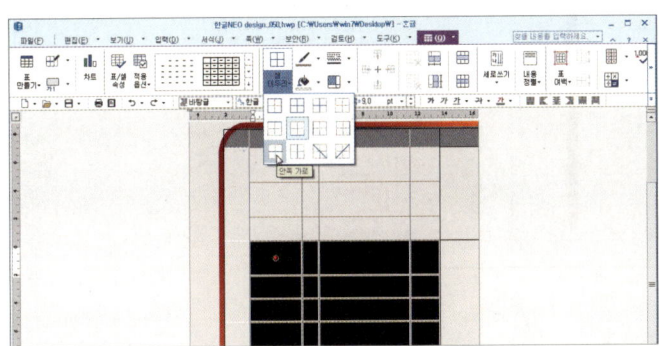 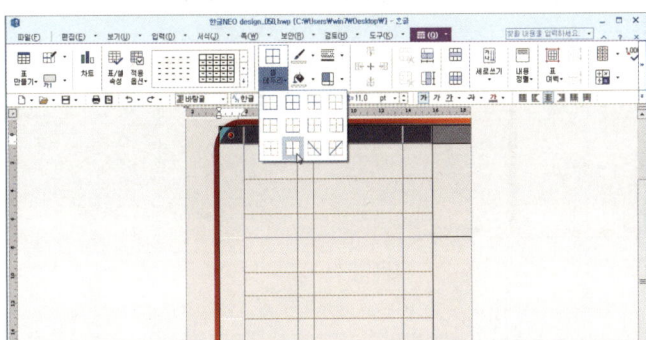

12 첫째 칸과 여섯째 칸 테두리 색 바꾸기

01 첫째 칸과 여섯째 칸 안쪽 가로 줄 색상을 바꾸기 위해 해당 셀들을 선택한 다음 셀 테두리 색상을 흰색으로 지정합니다.

02 [셀 테두리]를 클릭하고 [안쪽 가로] 아이콘을 선택합니다.

03 첫째 칸 왼쪽과 여섯째 칸 오른쪽 세로 줄 색상을 바꾸기 위해 그림과 같이 셀을 선택하고 색상을 흰색으로 지정합니다.

04 [셀 테두리]를 클릭하고 첫째 칸은 [왼쪽]을 여섯째 칸은 [오른쪽] 아이콘을 선택합니다.

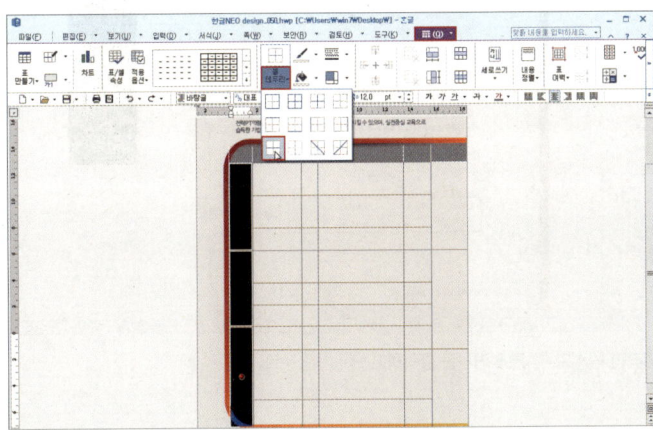 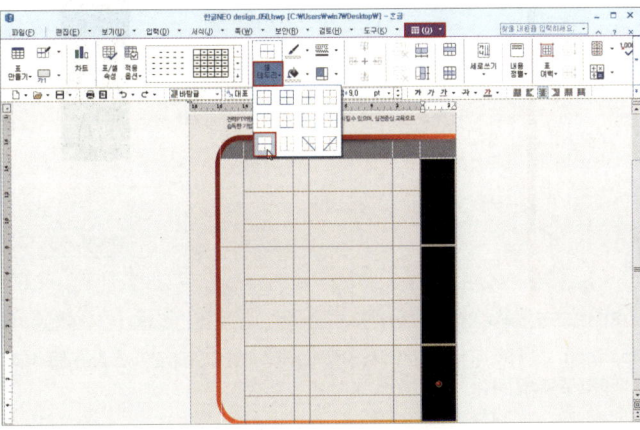

13 첫째 줄 항목 부분 편집하기

01 윗부분 항목에 텍스트를 입력합니다.
- 나눔바른고딕OTF, 11pt, 진하게, 가운데 정렬, 흰색

02 표의 안쪽 여백을 지정합니다.
- [표/셀 속성]-[표] 탭-[모든 셀의 안 여백]
- 위쪽 : 4.00mm 아래쪽 : 1.00mm 왼쪽 : 1.80mm 오른쪽 : 1.80mm

03 다섯째 칸 '교수 방법' 안쪽 여백을 지정합니다.
- [표/셀 속성]-[셀] 탭-[안 여백 지정]
- 위쪽 : 3.00mm 아래쪽 : 1.00mm

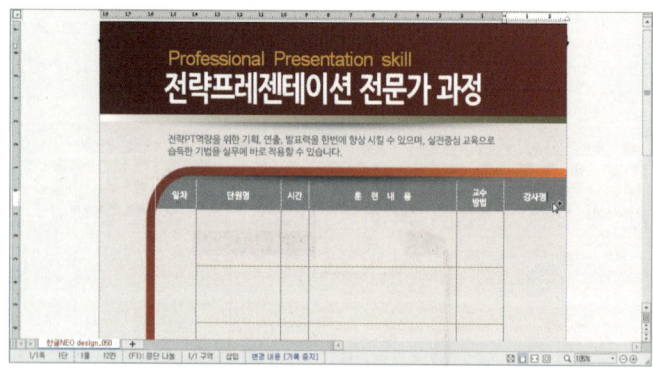 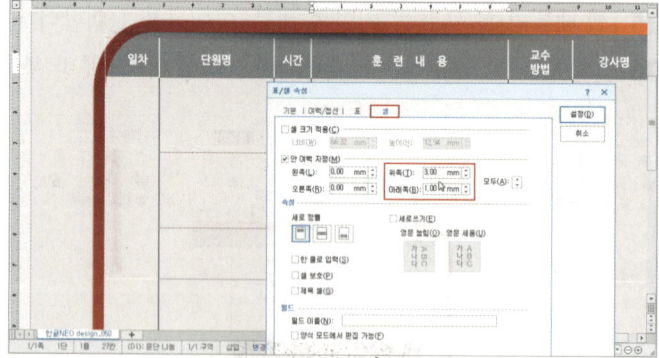

14 첫 번째 칸과 여섯 번째 칸 편집하기

01 첫 번째 칸과 여섯 번째 칸에 텍스트를 입력합니다.
- [첫 번째 칸] 나눔바른고딕OTF, 12pt, 가운데 정렬, 빨강(R181 G16 B16)
- [여섯 번째 칸] 나눔바른고딕OTF, 9pt, 가운데 정렬, 회색(R77 G77 B77)

02 [서식] 탭-[글자 모양]을 클릭하고 [글자 모양] 대화상자(Alt+L)를 열어 텍스트를 보다 짜임새 있게 만듭니다.
- [기본] 자간 : 0%, 장평 : 100%

03 표의 안쪽 여백을 지정합니다.
- 위쪽 : 4.00mm, 아래쪽 : 1.00mm, 왼쪽 : 1.80mm, 오른쪽 : 1.80mm

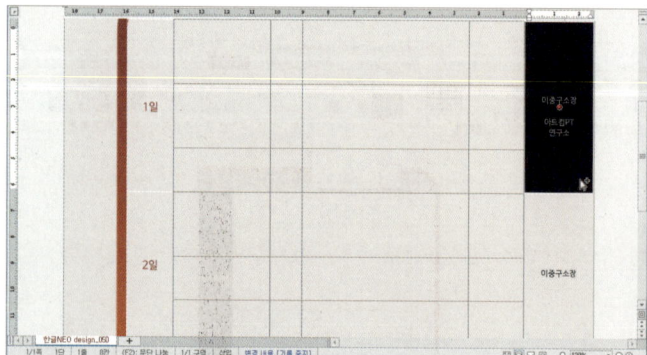 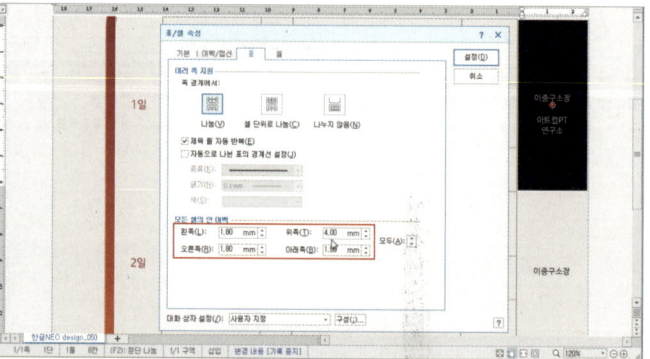

Tip & Tech 위쪽 4.0mm 간격에서 시작하는 텍스트를 그림과 같이 셀 가운데로 내려 보내려면 텍스트 첫 줄에 커서를 클릭하고 Enter 키를 누르면 한 줄씩 아래로 내려갑니다.

15 둘째 칸과 셋째 칸 텍스트 편집하기

01 둘째 칸과 셋째 칸에 텍스트를 입력합니다.
- 둘째 칸 : 나눔바른고딕OTF, 9pt, 가운데 정렬, 황갈색(R140 G107 B37)
- 셋째 칸 : 나눔바른고딕OTF, 9pt, 가운데 정렬, 회색(R77 G77 B77)

02 [서식] 탭-[글자 모양]을 클릭하고 [글자 모양] 대화상자(Alt+L)를 열어 텍스트를 보다 짜임새 있게 만듭니다.
- [기본] 자간 : 0%, 장평 : 100%

03 둘째 칸 [셀]의 왼쪽과 위쪽 여백을 지정합니다.
- [표/셀 속성]-[셀] 탭-[안 여백 지정]
- 왼쪽 : 3.00mm, 위쪽 : 3.00mm

04 셋째 칸 [표]의 안쪽 여백을 지정합니다. 과정 13과 설정 값을 같게 지정합니다.

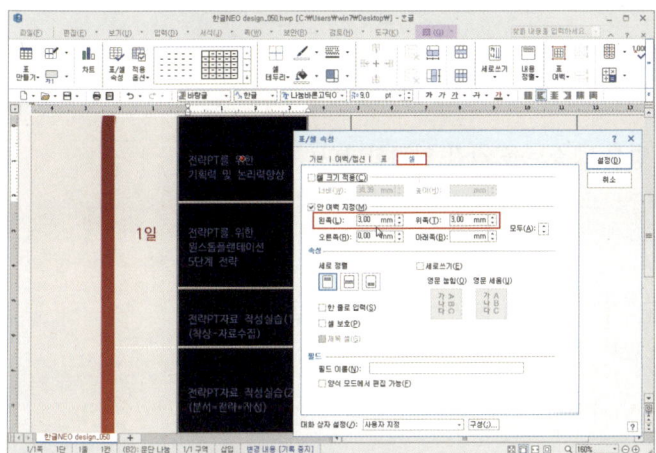 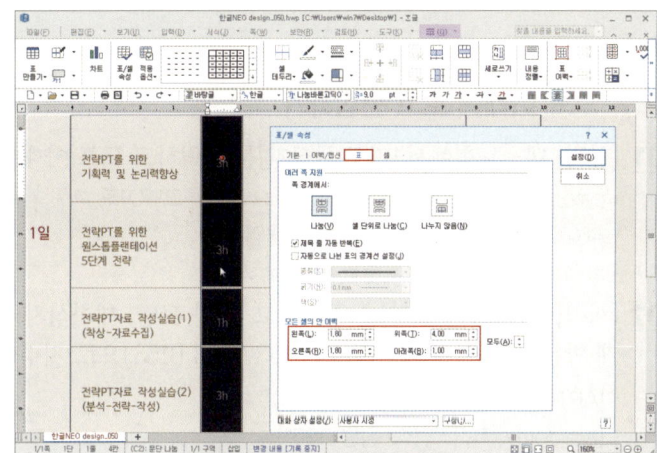

Tip & Tech 셀의 [안쪽 여백]은 [표]와 [셀]에서 지정할 수 있습니다. [표]에서는 '모든 셀'에 여백이 지정되고 [셀]에서는 '해당 셀'만 여백을 지정할 수 있어 편리합니다.

16 세부 내용 편집하고 구분선 만들기

01 넷째 칸과 다섯째 칸에 텍스트를 입력합니다.
- 나눔바른고딕OTF, 9pt, 왼쪽 정렬, 회색(R77 G77 B77)

02 [서식] 탭-[글자 모양]을 클릭하고 [글자 모양] 대화상자(Alt+L)를 열어 텍스트를 보다 짜임새 있게 만듭니다.
- [기본] 자간 : 0%, 장평 : 100%

03 [표/셀 속성]-[셀]-[안 여백 지정]을 클릭하고 셀의 안쪽 여백을 지정합니다.
- [넷째 칸] 왼쪽 : 2.00mm, 위쪽 : 5.00mm, 아래쪽 : 1.0mm
- [다섯째 칸] 왼쪽 : 2.00mm, 위쪽 : 2.00mm

04 그림과 같이 1일, 2일, 3일을 구분하기 위한 주황색 구분선을 두 개 그립니다.
- 선 굵기 : 0.4mm, 선 길이 : 187.14mm, 주황색(R255 G102 B0)

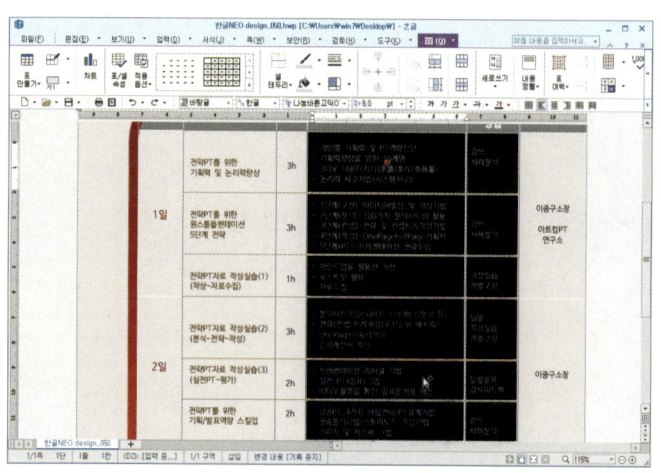
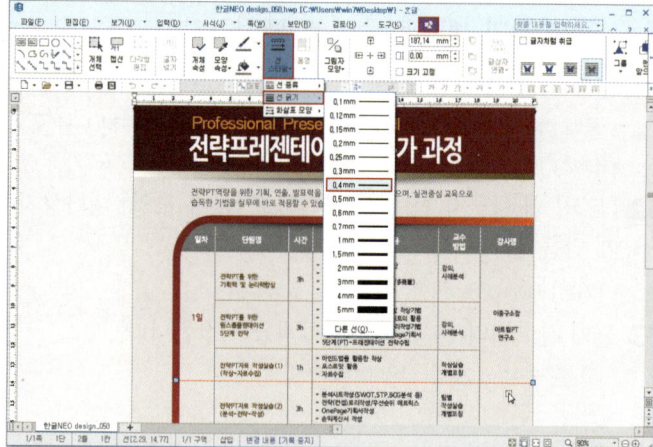

Tip & Tech   주황색 라인은 [셀 테두리 모양/굵기]와 [셀 테두리 색] 기능을 이용해도 좋습니다.

17 도표 아래에 로고 편집하기

01 [입력] 탭-도형에서 [가로 글상자]를 클릭하고 도표 아래에 영문 텍스트를 각각 입력합니다.
- cafe.naver.com/artcomptacademy : 나눔바른고딕OTF, 12pt, 기울임
- ARTCOM PT : Arial Black, 18pt, 기울임
- academy : Times New Roman, 21pt, 기울임

02 [서식] 탭-[글자 모양]을 클릭하고 [글자 모양] 대화상자(Alt+L)를 열어 텍스트를 보다 짜임새 있게 만든 다음 글자 색을 회색(R153 G153 B153)으로 지정합니다.
- [ARTCOM PT] 자간 : -3%, 장평 : 100%
- [academy] 자간 : -3%, 장평 : 100%

03 영문 텍스트를 선택하고 위치는 [글 뒤로]로 지정합니다.
- [개체 속성]-[기본] 탭-[위치]-[본문과의 배치]-[글 뒤로]

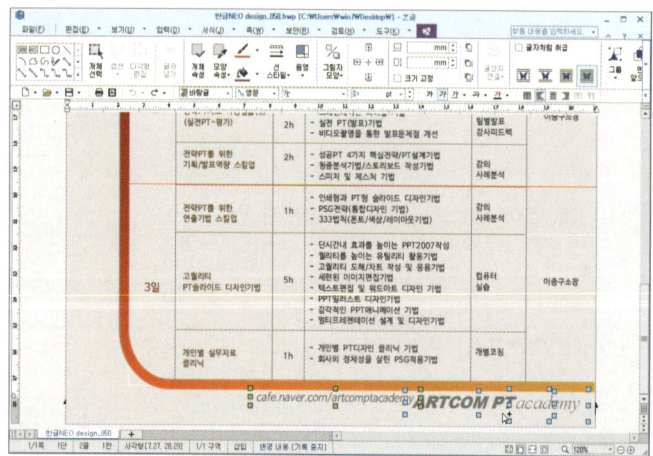
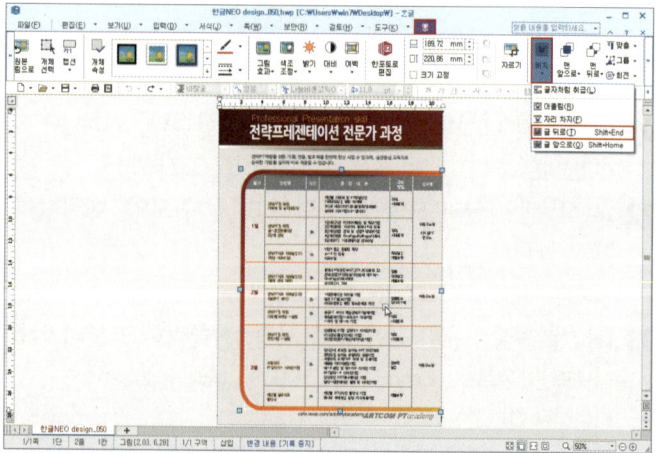

Tip & Tech   화면을 크게 확대하여 둥근 테두리 라인과 도표, 회색 바, 잘린 타원 그림자 등이 짜임새 있게 배치되었는지 점검합니다.

Index  찾아보기

E - W

EMF 파일 46
PNG 파일 46
PSG 26
WorkArt 스타일 154

ㄱ

가독성 30
가로 중심 468
가운데 맞춤 284
각 셀마다 적용 478
간격 279
개체 속성 250
결합 48
경로 열기 370
고급 효과 66
교차 48
굵기 296
그라데이션 49
그라데이션 채우기 99
그래픽 요소 38
그러데이션 274
그룹 265
그리기마당 69
그림 251
그림 도구 154
그림자 51, 250, 294
그림 파일로 저장 250
글꼴 색 95
글꼴에 어울리는 빈칸 253
글 뒤로 275
글상자 251
글상자 속성 없애기 80
글 앞으로 288
글자 효과 59, 257
기본 도구 상자 78
기본 도형 264
기본 도형으로 설정 41
기본 텍스트 상자로 설정 42
기울임 274

길이 296
꾸밈 효과 154
끝 모양 360
끝 크기 360

ㄴ

너비 293
높이 293

ㄷ

다른 그리기 조각 425
다시 칠하기 122, 165
단색 채우기 128
대비 효과 65
대시 179
도구, 그림 154
도넛 264
도형 병합 147
도형 삽입 147
도형 스타일 116
도형 안에 글자 넣기 80
도형 윤곽선 116, 159
동심원 96
둥근 점선 456
디자인 컨셉 16

ㄹ

라인 38, 265
레이아웃 30
로마자 270
리허설 19

ㅁ

마름모꼴 338
맞춤 271
맨 뒤로 보내기 112
맨 앞으로 가져오기 177

면 색 358
모노톤 162
모서리가 둥근 직사각형 300
무늬 400
문단 모양 279, 315
문서에 포함 330

ㅂ

반경 154
발표 19
밝기 256
밝기 효과 65
배경 그래픽 숨기기 55
배경 색 253
배경색 74
배경 제거 43
배색 44
번짐 정도 468
번짐 중심 468
병합 48
보고서 디자인 스타일 가이드 26
복제 325
본문과의 배치 275
브리핑 19
빼기 48

ㅅ

사다리꼴 158
사용자 지정 슬라이드 크기 92
사진 꾸미기 66
색상 33
색조 조정 65, 251, 258
색 채우기 없음 332
서식 47, 355
서식 도구 상자 78
선 색 253
선 스타일 372
선 없음 318
세로 간격을 동일하게 329
세로 중심 468

세피아 122
셀 테두리 452
셀 테두리 모양/굵기 451
스포이트 44
슬라이드 마스터 55, 92
슬라이드 방향 92, 250
슬라이드 크기 250
심미성 30

ㅇ

안 여백 지정 493
양쪽 맞춤 161
양쪽 모서리가 둥근 직사각형 390
엷은 테두리 65
옅은 테두리 300
왼쪽 맞춤 271
왼쪽 정렬 343
용지 여백 252
용지 종류 250, 252
워드아트 85
원스톱 플랜테이션 14
원형 351
위쪽 원호 310
육각형 370
윤곽선 없음 116
의사 결정권자 15

ㅈ

자간 53, 253
자료 수집 경로 16
자르기 66
자리 차지 324, 360
자세히 264
자유형 93
작성 시간 18
장평 253
점 추가 391
점 편집 67, 391

정렬 129
조각 47, 176
조절점 284
조정 122, 165
좌우 대칭 129
주목성 30
줄 간격 143, 343
중간 맞춤 284
중간 폭 중간 높이 360
중지점1 264
직사각형 276
직선 344
쪽 252
쪽 테두리 74

ㅊ

차별성 30
채우기 250, 274, 308
추천 폰트 35, 37

ㅋ

컨셉 17
컬러 콥 44
크기 및 회전 380

ㅌ

타원 329
타이포그래피 52
테마 색 116
텍스트 상자 95
텍스트 옵션 141
텍스트 효과 101
템플릿 54
투명도 266
투명한 색 설정 43
특수 문자로 바꾸기 270

ㅍ

파워포인트 21
파워포인트 텍스트 효과 35
파일 형식 250
패턴 38
패턴 채우기 183
폰트 35
표 451
표/셀 속성 453
프레젠테이션 19

ㅎ

한글 24
한셀 70
한쇼 22
한포토 64
행간 54
현 351, 403
호 테두리 456
화살표 360
화살표 모양 372
확장 297
회상성 30
회전 370, 380
회전형 도해 168
휘기 282
흑백 컬러 38